THEOLOGISCHE WISSENSCHAFT

Sammelwerk für Studium und Beruf

Herausgegeben von
Carl Andresen, Werner Jetter,
Wilfried Joest, Otto Kaiser,
Eduard Lohse

Band 16,2

Heinz Schmidt

Religionsdidaktik

Ziele, Inhalte und Methoden religiöser Erziehung
in Schule und Unterricht

Band 2: Der Unterricht in Klasse 1–13

Verlag W. Kohlhammer
Stuttgart Berlin Köln Mainz

CIP-Kurztitelaufnahme der Deutschen Bibliothek

Schmidt, Heinz:
Religionsdidaktik : Ziele, Inhalte u. Methoden
religiöser Erziehung in Schule u. Unterricht /
Heinz Schmidt. — Stuttgart ; Berlin ; Köln ;
Mainz : Kohlhammer
   (Theologische Wissenschaft ; Bd. 16)

NE: GT

Bd. 2. Der Unterricht in Klasse 1—13. — 1984.
   ISBN 3-17-008511-5

Alle Rechte vorbehalten
© 1984 Verlag W. Kohlhammer GmbH
Stuttgart Berlin Köln Mainz
Verlagsort: Stuttgart
Umschlag: hace
Gesamtherstellung:
W. Kohlhammer Druckerei GmbH + Co. Stuttgart
Printed in Germany

Inhalt

Einleitung

Eine Didaktik des Religionsunterrichts, der Jugendlichen helfen will, Glauben als Möglichkeit ihres Lebens zu entdecken und zu begreifen (vgl. Bd. 1), muß die differenzierte Lebenswirklichkeit als Bedingungsfeld der intendierten Sinnorientierung in Anschlag bringen. Damit sei nicht nur dem kaum begründbaren, aber häufig wiederholten Vorurteil entgegengetreten, »daß um des dialektischen Vorausseins des Evangeliums willen die Wirklichkeit . . . in jedem Fall abgewertet werden muß«, wie nun auch Hans-Jürgen Fraas im Blick auf dieses Konzept behauptet.* Es soll außerdem einem Mangel der neueren religionsdidaktischen Arbeiten abgeholfen werden, die, obgleich sie schüler- und gesellschaftsorientiert zu sein vorgeben, eine systematische Darstellung der Lebenswirklichkeit aus psychologischer und soziologischer Sicht vermissen lassen. Durch unkritische Übernahme weniger humanwissenschaftlicher Leitbegriffe legitimiert, begnügt man sich mit einer schematischen Darstellung einiger psychologischer und soziologischer Theorien, um auf ihrem Hintergrund die Aufgaben der Religionsdidaktik meist global und praxisfern zu umschreiben. Die Notwendigkeit der Auswahl aus der Vielfalt der Theorien und empirischen Aussagen sei zugestanden − auch der folgende Band kann nur die vorherrschenden Ansätze gründlicher behandeln −, sie enthebt nicht der Verpflichtung, die ausgewählten in eine Skizze der Gesamtentwicklung einzubinden und dadurch zu relativieren. Dem versucht der I. Teil zu genügen. Die Konzentration auf »Bedingungen und Formen der Sinnorientierung« − so die Überschrift dieses Teiles − gestattet eine auf die Bedürfnisse religiöser Erziehung bezogene Eingrenzung. Bei der Darstellung der Voraussetzungen des Religionsunterrichts im 1. Band blieb eine ausführliche Auseinandersetzung mit den kognitivistischen Theorien religiöser Entwicklung ausgeklammert. Ihre Ausarbeitung erschien damals noch allzu defizitär. Durch die großen Publikationen von J. Fowler und R. Kegan und die von Chr. Brusselmans edierte religionspsychologische Diskussion hat sich die Situation verändert. Hinzu kam im deutschen Sprachraum die sehr materialreiche »Religionspädagogische Psychologie« von B. Grom und die zusammenfassende Publikation des schwedischen Religionspsychologen H. Sundén, die beide eigenständige und integrative Theoriemodelle zur Anwendung bringen.** Den genannten Arbeiten lassen sich konkrete und detaillierte Aussagen zu Möglichkeiten und Formen religiöser Entwicklung entnehmen, auch wenn gelegentlich vor Überschätzung zu warnen und auf Einseitigkeiten hinzuweisen ist. Eine gründlichere Diskussion erschien daher in diesem 2. Band angezeigt. Die für den 2. Band angekündigte schulart- und schulstufenbezogene Darstellung von möglichen Schülervoraussetzungen, Zielen, Inhalten und Methoden finden sich in den Kapiteln II−VI. Es ist der Unterricht von Klasse 1−13 mit Ausnahme der Berufsschule berücksichtigt. Der hohe Grad der Differenzierung des Berufsschulwesens nötigte zu dieser Ausgrenzung, obwohl eine theologisch und pädagogisch ausreichende Arbeit zur Berufsschulreligionsdidaktik nicht greifbar ist. Eine einigermaßen befriedigende Erörterung der vielschichtigen Problematik hätte mindestens weitere 150 Druckseiten in Anspruch genommen und somit der ohnehin schon reichlich strapazierten Toleranz des Lesers zuviel abverlangt.

Bei der Ausarbeitung der einzelnen Kapitel wurde auf die weitverbreitete Übung einer allgemeinen Skizze von »Schülervoraussetzungen« in bestimmten Altersstufen oder Schularten wegen der damit verbundenen Willkür und Anmaßung von Allgemeingültigkeit verzichtet. Wo unumgänglich, sind solche »Schülervoraussetzungen« gesondert beschrieben, die als unmittelbare Folgen der schulischen Organisationsstruktur das Verhalten im Unterricht bestimmen. Ansonsten kommen Schülervoraussetzungen, Intentionen, Inhalte und methodische Hinweise in strenger Ausrichtung auf die im ersten Band ent-

11

wickelten und begründeten Zielperspektiven zur Sprache, für die allerdings der Anspruch erhoben wird, die Sinn- und Wertproblematik von Jugendlichen in ausreichender Breite und Differenzierung zu erfassen. Unter den Kriterien dieser Zielperspektiven sind die theoretischen und empirischen Aussagen des I. Kapitels sowie des 1. Bandes konkret ausgewertet. An vielen Stellen sind vorgeschlagene Inhalte und Methoden durch den Abdruck von Auszügen aus Unterrichtsentwürfen oder durch sonstige Texte und Bilder veranschaulicht. Das Buch dürfte deshalb eine Fundgrube praktikabler Unterrichtsanregungen sein, zumal darüber hinaus in den Anmerkungen die verbreitete unterrichtspraktische Literatur so umfassend wie möglich berücksichtigt wurde.

Strenggenommen handelt es sich bei den beiden Bänden »Religionsdidaktik« um eine »Didaktik des Religionsunterrichts«. Es wurde schon in der Einleitung des ersten Bandes darauf hingewiesen, daß Religionsdidaktik eigentlich die Lehrbarkeit von Religion in allen Bereichen und Lebensaltern zu behandeln habe. Die Eingrenzung auf den Religionsunterricht ist — so schon im ersten Band — nur mit pragmatischen Gründen zu rechtfertigen. Sie wurde und ist durch die Untertitel verdeutlicht. Trotz der schwergewichtigen Konzentration auf den Religionsunterricht scheint mir der allgemeine Titel nach wie vor gerechtfertigt, weil große Teile des ersten Bandes (Kap. IV, V, z.T. VI) und das grundlegende Kapitel I des zweiten Bandes den Rahmen einer Didaktik des Religionsunterrichts überschreiten. Denn sie entwickeln Inhalte und Funktionen religiöser Erziehung auf dem Hintergrund der weltanschaulichen und kulturellen Situation der Gesellschaft sowie der sozialen und psychischen Verfassung von Jugendlichen unterschiedlicher Herkunft und verschiedenen Alters, d.h. die grundlegenden Probleme einer Religionsdidaktik. Didaktische Überlegungen zur Gemeindepädagogik, Familien- und Kindergartenerziehung hätten angesichts der dort neuerdings gewachsenen Aktivitäten und der diesbezüglichen Literatur einen weiteren Band erforderlich gemacht.

I. Bedingungen und Formen der Sinnorientierung

1. Jugendsoziologische Aspekte zur Sinnorientierung

Ambivalenzen säkularer Sinnorientierung

Welche Sinn- und Lebensperspektiven finden sich bei Jugendlichen? Welche Lebensprobleme haben sie zu lösen, und welche Bedeutung kommt dabei religiösen Inhalten zu?

Der erste Band lieferte eine hypothetische Skizze einer säkularen Sinnorientierung (Religiosität im weiteren Sinn).[1] Es wurden dort genannt: Lebenssinn aus beruflichem Erfolg und sozialem Aufstieg, das Glück in den familialen oder quasifamilialen Beziehungen, Integrationserlebnisse von Natur, Umwelt und Individuum, die Erfahrung von Ich-Ausweitung, Selbsterleben und Lebensgenuß, die Suche nach Trost, Halt und Sinn sowie die Sehnsucht nach einem Aufgehen in einer universalen Harmonie, spürbar etwa in den Sterbeerlebnissen. Der einzelne, der derartige Sinnerlebnisse sucht, interpretiert diese nicht im Rahmen eines kohärenten weltanschaulichen Systems, sondern läßt sich von ihnen in bestimmten Lebensphasen und Handlungsbereichen »mitnehmen«, insofern sie ihm über den medial vermittelten Kulturmarkt angeboten werden. Die so übernommenen Sinn- und Wertmuster ersetzen dann zeitweise und sektoral eine (religiöse) Reflexion auf das Ganze der Existenz.

Eine Braunschweiger Studie zu den kirchen- und religionsbezogenen Einstellungen junger Erwachsener konkretisiert diese Annahmen für die Mehrheit der Jugendlichen in folgender Weise:[2] »Wichtig ist, sich als ›freier Mensch fühlen zu können, sich frei und unabhängig‹ sehen zu dürfen. Dieses Bedürfnis − wohl wichtigstes Kennzeichen zur Charakterisierung des Gegenwartsmenschen der entwickelten Industriegesellschaften − wird freilich auch von anderen ›Tönen‹ begleitet, durch die sich die hier befragten jungen Erwachsenen zum Teil deutlich gegenüber früher befragten kennzeichnen lassen. Man bekennt offen, daß man ›etwas vom Leben haben, es genießen will‹; man strebt danach, ›sympatisch zu sein, anderen zu gefallen‹ − ohne Scheu. Also eine Generation junger Narzißten, die in einem Unmaß von Wohlleben um das goldene Kalb tanzen? Gegen derartige Apokalypsen, die im übrigen nur jene freuen könnte, die für ihre Art von Heilsbotschaften stets ein moralisches Chaos brauchen, sprechen die real aufweisbaren Verhältnisse. Das Reden von einer genußsüchtigen, narzißtischen, um die Zukunft nicht besorgten, gleichsam selbstherrlichen jungen Generation ist an der Wirklichkeit vorbeigerichtet. Vielmehr sagt diese Generation unbefangen von sich selber, daß sie ›Trost braucht‹; daß es wichtig ist, ›etwas glauben zu können‹, ›einen Halt zu haben‹; und daß es wichtig ist, ›einen Beruf zu haben, in dem man auch für andere etwas leisten kann‹.«

Zumutung und Dilemma soziokultureller Mündigkeit

Aus sozialpsychologischer Sicht sind Kinder (bis etwa zum 12. Lebensjahr) Träger der Sinn- und Wertorientierungen der Erwachsenen. Sie bilden zwar psychologisch gesehen (s.u.) eigene Formen religiöser und sittlicher Theorie und Praxis aus, rezipieren dabei aber weitgehend die ihnen angebotenen Inhalte. Für Jugendliche stellt sich die Situation heute anders dar. Eine einfache Orientierung an bestimmten, in der (Erwachsenen-)Gesellschaft vorgesehenen Lebenskarrieren erscheint einer großen Zahl von Jugendlichen weder erstrebenswert noch möglich. Autoritätsansprüche der Eltern werden schon während der

Kindheit zurückhaltender vertreten. Die Studie Jugend '81 faßt zusammen: »Die elterliche Autorität wird heute von 10–14jährigen fast so stark in Frage gestellt, wie 1966 von den 15–19jährigen. Das heißt nicht, daß die Familie als emotionaler Schutz und Binnenraum . . . in Frage gestellt wird – diese Bedeutung der Familie bleibt stabil«. Doch die Jugendlichen beginnen früher, »sich gegenüber den Eltern zur Wehr zu setzen, einen eigenen Standpunkt durchzusetzen, sich gewisse Freiheiten herauszunehmen . . . Die Umgangsweisen in der Familie werden egalitärer, der Abbau von Autorität rückt lebensgeschichtlich in jüngere Jahre vor.«[3]

Die Studie weist an mehreren Beispielen (z.B. Ausgehzeiten, Auszug von zu Hause, finanzielles Gebahren, Zugang zu den Genüssen der Erwachsenen: Rauchen, Trinken, kommerzielle Vergnügen, Sexualität) das frühere Ende bewachter Jugendzeit nach. Rücknahme autoritärer Ansprüche und Relativierung traditioneller soziokultureller Verbindlichkeiten sind notwendige Folgen einer Konstruktion gesellschaftlicher Wirklichkeit nach rationalen, ökonomischen und utilitaristischen Prinzipien, die heute durchgängig die hergebrachten Traditionsorientierungen abgelöst haben. Zudem steht der Lebensstil der Älteren angesichts politischer und ökologischer Katastrophen in einem schlechten Ruf. Persönliche Beratung erwarten Jugendliche von solchen Erwachsenen, die ihre Bedürfnisse und Befürchtungen akzeptieren.

Die Gesellschaft schreibt mögliche Lebenskarrieren nicht mehr definitiv vor. Sie bietet den Jugendlichen gleichwohl verschiedene Möglichkeiten an, die meist nicht eindeutig festgelegt sind. Im Gegenteil, von vielen Jugendlichen wird eine individuelle Ausgestaltung bzw. Weiterentwicklung der angebotenen Lebensformen und -stile erwartet. Die meisten Jugendlichen wissen, daß sie (in vielen Beziehungen und Rollen) ihrer Umwelt ein eigenes »Image« anbieten müssen. Diese Aufgabe stellt sich besonders für die Angehörigen der neuen und alten Mittelschichten und verschärft für diejenigen, die am knappen Arbeitsmarkt keinen Platz finden.

Die neu gewonnene Freiheit hat den meisten Jugendlichen den Zugang zu »Genüssen und Lustprivilegien der Älteren« – so die Jugendstudie – eröffnet, sie aber gleichzeitig den damit verbundenen Gefährdungen ausgesetzt, d.h. ihnen schwierige Gestaltungsaufgaben aufgebürdet. Sie müssen mit Drogen aller Art, besonders mit Nikotin und Alkohol umgehen lernen, sie müssen als Konsumenten ihren Markt kennen und ihm gegenüber selbständig bleiben.[4] Sie müssen ihre Sexualität mit verschiedenartigen Beziehungskonstellationen verbinden. Sie müssen ihre gesellschaftliche Rolle als teilabhängige Erwachsene (Postadoleszenten) definieren, wobei sie Diskrepanzen zwischen dem gesellschaftlichen Ideal von Jugendlichkeit und gleichzeitig eingeschränkten Realisierungsbedingungen auf Schritt und Tritt erfahren.[5] Bei diesen Prozessen der Selbstdefinition beobachten und erleben sie »im Grunde verschiedene und zum Teil sich ausschließende Lebensstile«,[6] genauer: es wird ein Spektrum verschiedener prinzipiell gleichwertiger Lebensweisen angeboten, die sich als Lösung der jugendlichen Lebensprobleme empfehlen.

Die Zumutung soziokultureller Mündigkeit ist in der modernen postindustriellen Konsumgesellschaft nicht an eigenständige Erwerbstätigkeit gebunden. Im Gegenteil, »der Eintritt in eine Erwerbsposition verschiebt sich durchschnittlich auf spätere Lebensjahre. Handlungsmöglichkeiten des Erwachsenenseins rücken in frühere Lebensjahre vor. Die nachindustrielle Zivilisation begünstigt beides: früh mündig zu sein, als selbständige Person am Konsum und an der Gesellschaft teilzuhaben und spät durch eigene (Lohn-)-Arbeit seinen Unterhalt selbst zu verdienen. Das ist Ausfluß gesellschaftlichen Reichtums und Ausdruck gesellschaftlichen Dilemmas in einem. Selbständige Konsumenten werden gebraucht, das Angebot an sinnvoller ertragreicher Arbeit ist rar.«[7] Für die neue ausgedehnte Jugendphase, die weit in das dritte Lebensjahrzehnt hineinreicht, wurde der Ausdruck »Postadoleszenz« geprägt[8] und wie folgt definiert: »Der Zeitpunkt voller ökonomischer Mündigkeit rückt in weite Ferne. Mit der Postadoleszenz spielt sich ein neues gesellschaftliches Regulativ in den Vordergrund. Jung sein, mündig sein entscheidet sich hier nach den Kriterien der kompetenten Teilnahme an der Konsumtionssphäre, nicht vorrangig mehr nach Maßgabe von Arbeit und Nichtarbeit.«[9] Hinzuzufügen ist, daß Konsummöglichkeiten für Jugendliche aus den unteren sozialen Schichten zunehmend eingeschränkt werden, sei es durch selbsterlebte Arbeitslosigkeit, sei es durch die der Eltern oder durch fallende Reallöhne. Da materieller Konsum gerade für die unteren Sozialschichten identitätsrelevant geworden ist, drohen hier Verteilungskonflikte.

Sinnsetzungen und Zukunftserwartungen

Zwei Sozialformen sind aus soziologischer Sicht kennzeichnend für die Postadoleszentenphase, die Bindung an Bildungs- oder Ausbildungsmaßnahmen (bzw. an ähnlich strukturierte Arbeitsverhältnisse mit eingeschränkter wirtschaftlicher Selbständigkeit) und der experimentelle Charakter der Wohn- und Beziehungsverhältnisse auf Zeit. Die Ausdehnung dieser Lebensphase bewirkt naturgemäß, daß die dominierenden Sozialformen ihren Sinn nicht in der Vorbereitung auf einen zukünftigen Erwachsenenstatus erfüllen, sondern selbst eine sinnvolle Lebenserfüllung ermöglichen müssen. Damit verschärft sich die Frage nach der Bedeutung der Bildungsinhalte und -erlebnisse für den jeweils gegenwärtigen persönlichen Lebensvollzug. Zudem tritt die Gestaltung der persönlichen Beziehungen zusammen mit der Aufgabe, einen persönlichen Lebensstil zu entwickeln, in den Vordergrund. Beziehungen zu anderen und persönlicher Lebensvollzug müssen sich aus sich selbst als lebenswert erweisen. Man sucht Geborgenheit, Zuwendung und gemeinsame Erfüllung persönlicher Bedürfnisse und Interessen.

Die widersprüchliche Lage der Jugendlichen − Zumutung selbständiger Lebensgestaltung angesichts eines verwirrenden sozialkulturellen Angebots einerseits, ökonomische Abhängigkeit und minderer sozialer Status andererseits − könnte zu der Vermutung verleiten, die Phase der Postadoleszenz würde mehrheitlich als Leben im Noch-Nicht-Ernsthaften, als spielerisches Experimentieren und − in der Zeitperspektive gesehen − als »Leben in der Gegenwart unter Ausklammerung von Vergangenheit und Zukunft« begriffen. Die Vermutung ist falsch. In der Jugendstudie '81 wurden unter Rückgriff auf O. Rammstedts Vorschlag vier Arten des Zeitbewußtseins bei Jugendlichen festgestellt und mit den eruierbaren Zukunftserwartungen korreliert. Dabei stellte sich heraus:[10]

1) Es gibt zwei Untergruppen mit linearem Zeitbewußtsein, die eine offene Zukunft konzipieren, d.h. sie sehen die Zukunft in Abhängigkeit von gegenwärtigen Entwicklungen, die sie glauben beeinflussen zu können. Jugendliche der ersten Untergruppe sind sich des raschen gesellschaftlichen Wandels bewußt, rechnen auch persönlich mit der Notwendigkeit einer häufigeren Neuorientierung, trauen sich aber zu, mit den zukünftigen Problemen fertig zu werden. Sie tendieren dazu, die Jugendzeit als Vorbereitung auf den Erwachsenenstatus zu betrachten. Ihre Zukunftserwartung ist eher optimistisch. Jugendliche der zweiten Untergruppe stellen so etwas wie die Alternative zu dieser positiven Lebens- und Zukunftseinstellung dar. Sie sehen die gesellschaftliche Entwicklung eher pessimistisch, wollen nicht so schnell den Erwachsenenstatus erreichen, artikulieren sich in Protestbewegungen, solidarisieren sich mit Gruppen, die sich radikal für Lebensqualität einsetzen. Auf diese Weise hoffen sie, doch noch eine lebenswerte Zukunft zu retten.

2) Eine zweite Gruppe lebt ganz in der Gegenwart und klammert Zukunft und Vergangenheit aus. Typisch für sie ist die Äußerung: »Allein, wie man heute lebt, zählt.« Mehrheitlich handelt es sich um Jugendliche mit (angestrebtem oder erreichtem) Hauptschulabschluß. Sie bevorzugen Fan- und Musikgruppen, lieben extreme Erlebnisse (action). Ihre Zukunftserwartung ist nicht so optimistisch wie bei Gruppe 1, aber auch nicht ganz

negativ. Offensichtlich ist sie nicht durch eine Zeiterfahrung gedeckt, sondern durch eine naive Fortschreibung der Gegenwartserfahrung begründet. Eine Untergruppe engagiert sich auch bei alternativen Protestgruppen, aber wohl vorrangig wegen der dort erlebbaren Emotionalität.

3) Eine dritte Gruppe konzipiert ein zyklisches Zeitbewußtsein. Sie trennt zwischen Vorher und Nachher, erwartet die Wiederholung der Vergangenheit in der Zukunft. Jugendliche dieser Gruppe träumen oft von einem Leben auf dem Bauernhof. Die Zukunft sehen sie eher düster, was dem zyklischen Geschichtsdenken entspricht (vom goldenen zum eisernen Zeitalter), aber durch die bekannten Zukunftsängste verstärkt wird. In der Zuwendung zum einfachen naturverbundenen Leben sehen sie für sich eine Überlebensmöglichkeit.

4) Eine vierte Großgruppe teilt mit der ersten Gruppe ein lineares Zeitbewußtsein, verbindet dies aber mit einer geschlossenen Zukunftsperspektive. Alles Zeitgeschehen ist für sie in einem göttlichen Plan vorherbestimmt. Daher wird die Zukunft eher zuversichtlich beurteilt: mehr Gleichheit, weniger Isolation, mehr Naturverbundenheit. Die Jugendlichen engagieren sich gern karitativ und interessieren sich hauptsächlich für zwischenmenschliche und soziale Angelegenheiten, während sie von technischen Entwicklungen kaum berührt werden. Insgesamt erscheint die Gruppe eher konservativ bis apolitisch und nicht konsum- oder leistungsorientiert. Die Orientierung auf den Erwachsenenstatus teilt sie mit der ersten Untergruppe der ersten Großgruppe.

Es ließ sich in dieser »religiösen« Gruppe auch eine »Negativgruppe« ausmachen. Sie engagiert sich wie die Alternative der ersten Großgruppe eher in kritisch-verändernden Engagements. Die Aussagen zu dieser Gruppe in der Jugendstudie sind dürftig. Vermutlich schlägt hier ein Defizit des Befragungsinstrumentariums durch: die religiöse Dimension wurde nur im Blick auf ein geschlossenes Geschichtsbild formuliert.[11] Es gibt aber viele Jugendliche, die sich aus religiösen Gründen zu alternativen gesellschaftskritischem Engagement entschließen. Sie begreifen göttliches Geschichtshandeln nicht deterministisch, sondern erwarten von ihm die Erschließung neuer geschichtlicher Möglichkeiten. Ihr Zukunftsbild ist nicht geschlossen, sondern offen. Sie sehen in göttlicher Führung nicht die Garantie einer heilen Welt, sondern den Anstoß zu verantwortlicher Parteinahme. Hätte die Studie mit einer entsprechenden Befragungsskala gearbeitet, wäre wohl diese religiöse Alternative deutlicher geworden. Bei der verwendeten Gruppeneinteilung ist damit zu rechnen, daß sie in der ersten Großgruppe und in der vierten Negativgruppe verschwunden ist.

Die Beschreibung unterschiedlicher Zeitbewußtseinsstrukturen widerspricht auf den ersten Blick der Behauptung, die Mehrheit der Jugendlichen begreife ihre Lebensphase und Lebenswelt nicht als vorläufig, sondern als eigenständig und ausgedehnt. Orientieren sich doch die erste und die vierte Großgruppe offensichtlich — positiv oder negativ — an Standards der Erwachsenengeneration. Freilich besagt das entsprechende Zeitbewußtsein und die damit verbundene Lebenseinstellung nicht, daß die Sinn- und Handlungsmuster der Erwachsenen samt ihrer Lebensformen in den beiden Gruppen einfach global übernommen oder — soweit das noch nicht möglich ist — angestrebt würden. Die Jugendlichen dieser beiden Gruppen interpretieren vermutlich im Rahmen ihrer Möglichkeiten diese Standards neu, wobei sie eigene Zukunftsentwürfe einbeziehen. Da ihre Zukunft für sie nicht eine Kopie ihrer Gegenwart oder der Vergangenheit ihrer Eltern ist, sind sie unsicher, ob und wie sie die gängigen Standards erreichen, bewältigen und gegebenenfalls auch verändern werden. Wie sie die vor ihnen liegenden Situationen und Erfahrungen sehen und zu bewältigen gedenken, hängt vor ihrem Lebensgefühl, von ihren Gesellschaftsbildern und ihren Lebensentwürfen ab.

Jugendkulturelle Stiltypen und subkulturelle Varianten

Hinweise auf Lebensgefühl und Lebensentwürfe der Jugendlichen geben die Erhebungen der Selbstzuordnung und Vorlieben von Jugendlichen hinsichtlich bestimmter in der Öffentlichkeit bekannter Gruppen und ihrer Lebensstile. Im folgenden ist die Tabelle abgedruckt, die Selbstzuordnung und Zustimmung zu den Gruppenstilen zusammenfaßt und nach Bildungsniveau, sozialer Schicht und Geschlecht aufschlüsselt.[12]

(Ausgedrückt in der Differenz von Prozentwerten, mit denen eine Sozialgruppe von der Gesamtgruppe [alle Jugendliche] abweicht)

Rechne mich selbst dazu/finde sie ganz gut	Alle Jugendlichen	Geschlecht nach Bildungsniveau Jungen			Mädchen			Geschlecht nach sozialer Schicht Jungen			Mädchen		
		Hauptschule	Realschule	Gymnasium	Hauptschule	Realschule	Gymnasium	Unterschicht	Mittelschicht	Obere Mittelschicht	Unterschicht	Mittelschicht	Obere Mittelschicht
Engagierter Protest													
Umweltschützer	81%	– 7		+ 8		+ 6	+ 7	– 7				+ 8	
Alternative Gruppen	62%	– 8		+ 5	– 6	+ 9	+ 12		– 9			+ 9	+ 7
Kernkraftgegner	52%	– 8	– 5	+ 11		+ 5	+ 13	– 5	– 5			+ 7	
Hausbesetzer	47%	– 8	+ 13	+ 13	– 10		+ 15	– 5	+ 5		– 8	+ 6	+ 6
Rock-gegen-Rechts-Gruppen	26%	– 7		+ 17	– 9		+ 11		+ 7		– 7		+ 10
Konservative Enthaltung													
Fußball-Fans	35%	+ 15		+ 8		– 14	– 20	+ 18				– 11	– 20
Disco-Fans	34%			– 14	+ 17		– 15		– 6	– 7	+ 14	– 5	
Bundeswehr-Fans	14%	+ 5			– 5		– 7	– 5	+ 5				– 6
Nationale Jugend	4%				+ 5								
politisch-aggressiv													
Punker	18%				+ 6		– 8						– 5
Rocker	8%				+ 5		– 6						
Gewaltgruppen (RAF)	3%												
Fans													
Fans von Musikgruppen	66%	+ 6			– 8	+ 6		– 12	+ 5	– 10		– 5	
Motorrad-Fans	57%	+ 13			– 7		– 7	– 19	+ 6	+ 9	+ 6		– 15	– 10
Neue Jugend-religionen	7%												
Popper	11%				+ 9		– 5			+ 9			

(In die Tabelle sind nur Prozentabweichungen von 5 und mehr Punkten aufgenommen)

Aus: Jugend '81. Lebensentwürfe, Alltagskulturen, Zukunftsbilder. Studie im Auftrag des Jugendwerks der Deutschen Shell, Opladen 1982, S. 497. Verlag Leske + Budrich, Leverkusen.

Die Tabelle zeigt mit hinreichender Deutlichkeit einen Unterschied zwischen Gruppenstilen, die eine sehr hohe Zustimmung genießen, wie Umweltschützer (incl. Alternative und Kernkraftgegner), Musik-, Motorrad- und auch noch Fußball- und Discofans einerseits gegenüber solchen Gruppen, die offensichtlich geringere Zustimmung finden, aber relevante gesellschaftliche Minderheiten ausmachen. Letztere erreichen, rechnet man die nicht kompatiblen zusammen (Popper, Punker, Jugendreligionen) sogar ein Drittel. Die Jugendstudie unterscheidet m.E. zu Recht zwischen jugendkulturellen Stilen und subkulturellen Stilen in folgender Weise: »Es gibt unter den angebotenen Stilen konsensfähige Gruppen, denen sich die Mehrheit sympathisch zuordnet: die Umweltschützer, Musik- und Motorradfans. Offenbar handelt es sich hier um gemeinsam geschätzte Kultgegenstände, die als Kristallisationspunkte für Lebensstile und Ausdruckformen dienen. Zu den industriell produzierten Gegenständen tritt ein vor dieser Industrie zu schützender Bereich hinzu. Was das Motorrad und die Musik angeht, so dürfen wir hier mit Recht von »der Jugendkultur« sprechen, wenn wir diesen Begriff sinnvollerweise für Ausdrucks- und Lebensformen reservieren, die qua industrielle Massenproduktion zum Allgemeingut einer ganzen Altersklasse avancieren. Die im Vergleich geringe Zustimmung, die etwa Popper, Punker, Jugendreligionen, Bundeswehr-Fans bei den Jugendlichen finden, deutet darauf hin, daß wir es hier mit subkulturellen Stilvarianten zu tun haben, Ausdrucksformen von Minderheiten, die durch ihren exklusiven Status im Windschatten des großen Vermarktungsgeschäfts und der stilistischen Durchdringung der ganzen Generation bleiben. Jugendkulturelle Stile bilden eine soziokulturelle Basis für die Selbstdarstellung und Selbsterfahrung der ganzen Generation gegenüber der Erwachsenengeneration – subkulturelle Stile dienen der Ausbuchstabierung von Differenzen und Gegensätzen zwischen den Jugendlichen.«[13]

Lebensziele und Sinnsetzungen in den jugendkulturellen Stiltypen

Bei grober Unterscheidung zwischen Proteststilen und konservativen Stilen[14] zeigt sich eine dominierende Familien- und Berufsorientierung bei den *konservativen Gruppen*. Die familialen Beziehungen werden hochgeschätzt und positiv erlebt; eine Vermehrung des Berufswissens wird angestrebt, die Zukunft der Gesellschaft eher optimistisch betrachtet. Lebensziele sind beruflicher und wirtschaftlicher Erfolg; auch der Traum von der Luxusvilla ist verbreitet. Die typischen Merkmale des Erwachsenenstatus sind ebenso wie die Teilnahme am technisch-ökonomischen Fortschritt erstrebenswert. In Verbindung mit den oben skizzierten Typen des Zeitbewußtseins dürften die Jugendlichen mit einem linear offenen und mit einem traditionell-religiösen, linear geschlossenen Zeitbewußtsein mehrheitlich der konservativen Stilrichtung zuzuordnen sein.
Die Anhänger der *engagierten Proteststile* sind nicht leicht mit positiven Sinnsetzungen oder Lebenszielen zu charakterisieren. Gemeinsam suchen sie nach einem freien, toleranten, humanen und natürlichen Zusammenleben. Freie Wohngemeinschaften und Partnerschaften stehen höher im Kurs als die traditionelle Eheform, Zivildienst erscheint richtiger als Wehrdienst. Selbständigkeit wird höher geschätzt, persönliches Eigentum und herkömmliche Umgangsformen niedriger. Insgesamt sucht man den Übergang in den Erwachsenenstatus aus Furcht vor Vereinnahmung hinauszuzögern. Erfahrungen in einem lebensfeindlichen Großstadtmilieu bestimmen die Umweltwahrnehmung der protestierenden Jugendlichen. Herkömmliche Lebensformen, Statusmerkmale und eine rational verplante fremdbestimmte gesellschaftliche Umwelt fallen für sie zusammen. »Sie selbst stehen machtlos außerhalb des schwer verständlichen und kaum überschaubaren Handlungsgefüges, dessen Macht sich in der Präsenz anonymer Großorganisationen darstellt. Die gleichen Grundelemente bestimmen die eigene aktuelle Lebenssituation. Die Gegenwart ist langfristig unumstößlich von anonymen gesellschaftlichen Instanzen vorherbestimmt.«[15] Der Einwand, dieser Eindruck einer verplanten, fremdbestimmten Umwelt sei objektiv unhaltbar, in fast allen gesellschaftlichen Institutionen seien heute weitgehende Mitwirkungsmöglichkeiten gerade für Jugendliche vorgesehen, mag zutreffen, ändert aber nichts an dem in der Protestgruppe vorherrschenden subjektiven Gesellschaftsbild. Erfahrungen der Undurchschaubarkeit der Institutionen und der Sinnlosigkeit eines Engagements hängen mit deren Größe und Komplexität zusammen. Sie sind außerdem von negativen Erfahrungen der Kindheit und Jugendzeit sowie von jugendspezifischen Ohnmachtsgefühlen und Ängsten gegenüber einer perfektionierten Erwachsenenrationalität beeinflußt, deren »Erfolge« nicht mehr kontrollierbar erscheinen. Wo eine zuträgliche Emotionalität in der Kindheit nicht erfahren werden konnte und die Umwelt kalt und erlebnisarm erschien, ist der zur Mitarbeit und zur Mitgestaltung notwendige Vertrauensvorschuß für die Erwachsenenwelt nicht mehr aufzubringen.
Die Beziehungsstörungen im familialen und im gesellschaftlichen Umfeld erklären die auffälligen Diskrepanzen des Lebensgefühls und der »Moral« in den Protestkulturen.

Spektakulär sind Phänomene von jugendlichem Anarchismus, Hedonismus und von pauschaler Zivilisationskritik. »Jugendlicher Anarchismus fordert die spontane Aktion, die unmittelbare und überschaubare Wirkungen hervorbringt. Damit wird ein Gegenprinzip zum ›zivilisierten‹ Handlungsmodell formuliert, wo Handeln als rationales Kalkül erscheint, das mit indirekten, fernreichenden, spät in Erscheinung tretenden Folgen rechnet«[16]. Ort anarchistischen Handelns ist der sinnlich erlebbare soziale Nahraum der großstädtischen Straßenöffentlichkeit. Die Symbole rationaler Verplanung und Institutionalisierung (Banken, Geschäfte, Behörden) werden zerstört, Wohnraum wird angeeignet und für die eigene Kultur funktionalisiert. Die vorläufige Freistellung von den Zwängen des Arbeits- und Erwachsenenlebens wird für eine Optimierung von Lebensgenuß (= hedonistische Grundorientierung), genutzt. Dabei werden die Sicherungen, Bequemlichkeiten und Genüsse der Erwachsenenwelt selbstverständlich in Anspruch genommen: »Wir machen es jetzt«[17], könnte das Motto lauten. Anarchismus und Hedonismus erscheinen so als die Kehrseite eines zivilisatorischen Pessimismus, der sich durch die Befürchtung und Erfahrung eingeschränkter zukünftiger Lebenschancen oder gar des Überflüssigseins noch erheblich verschärft.

Daß solche Einstellungen nicht mit einer privatistischen oder egozentrischen Lebensauffassung gleichzusetzen sind, zeigen das große Engagement für Frieden und Gerechtigkeit, die Suche nach Unmittelbarkeit und authentischen Beziehungen, die Sensibilität für eigene und fremde Bedürfnisse, die Spontaneität und die Experimente, die auf ein harmonisches Leben mit der natürlichen Umwelt abzielen. Flucht- und Traumorte sind der biodynamisch bewirtschaftete Bauernhof oder das idyllische Fischerdorf, wo man ein Leben im Einklang mit der Natur erhofft. Über vorhandene oder mögliche religiöse Orientierungen und Vorstellungen bei den politisch engagierten Protestgruppen machen die vorliegenden Studien keine Angaben. Sicher stammen einige der genannten sittlichen Motive zur Gesellschaftsveränderung aus christlichen Traditionen. Dennoch verhalten sich Anhänger der Proteststile in jedem Fall institutionskritisch, also auch gegenüber den Kirchen. Freilich gehören zu den Protestgruppen auch christliche Basisgruppen sowie andere kritisch engagierte Jugendliche aus herkömmlichen kirchlichen Jugendgruppen (s.u.).

Eine dritte relevante Gruppe mit eigenem kulturprägenden Stil sind die *Fans von Musik und Motorrad*. Sie halten selbständig einen Markt mit einem vielfältigen Angebot in Funktion. Auch sie leben in und von ihren Familien relativ unabhängig, unterscheiden sich aber von den engagierten Protestlern schon durch ihre soziale Zusammensetzung: »Jüngere, Jungen, Hauptschüler, Realschüler und Lehrlinge, als Arbeiter arbeitende Jugendliche«[18]. Sie entwickeln kein politisches Engagement und keine neuen Zukunftsperspektiven, messen sich aber auch nicht an den Standards der Erwachsenenkultur. Sie suchen Spaß, Spannung, action, um lustbetont aus dem Alltag auszubrechen, ohne dessen Gesetze prinzipiell in Frage zu stellen. Sie lieben Freizeit in Gruppen und Diskotheken, sind überhaupt auf das kommerzielle Freizeitangebot ausgerichtet. Gelegentliches Ausflippen, Blaumachen, Durchmachen, Schwarzfahren, Lärmen mit Musik und Motorrad, Hingabe an den Fahrrausch sind die emotionalen Höhepunkte, die den Alltag erträglich machen. Die expressiv-aggressiven Gruppenstile der »Punker« und »Rocker« und die expressive Extravaganz der Popper gehören zu diesen Versuchen, die innere Wunschwelt erlebbar zu inszenieren. Die Popper-Mädchen, die meist der Unterschicht angehören, »setzen den Traum einer sozial erfolgreichen, sorglosen Jugend in Szene, die Punker-Mädchen inszenieren ihre pubertäre Zerrissenheit und ihren pubertären Protest in schreiender Aufmachung«[19]. Sie demonstrieren dabei ihr Recht auf »männliche Anteile« in proletarischer Form, provokative Wildheit in Kleidung und Verhalten, wie sie männlichen Punkern und Rockern zur Demonstration ihrer Männlichkeit und Stärke dienen. Eine im engeren Sinn religiöse Orientierung ist nicht feststellbar. Da in den Herkunftsfamilien kaum kulturelle Traditionen rezipiert, geschweige denn verbalisiert werden, dürften

Kirche und Religion bestenfalls als Teile der Umwelt bekannt sein, denen gegenüber man sich aggressiv oder aktional profilieren muß. Lebenssinn wird nur im unmittelbaren Sich-selbst-in-Szene-setzen erlebt.

Die soziologische Forschung hat — blickt man zurück — bisher drei deutlich unterscheid-bare jugendkulturelle Stiltypen herausgearbeitet, denen wiederum mehrere subkulturelle Stilvarianten zuzuordnen sind. Die jugendkulturellen Stiltypen sind Ausdruck einer bestimmten gesellschaftlichen Situation verschiedener Gruppen von Jugendlichen in der entwickelten, auf technologischer Rationalität und ökonomischer Produktivität (Wachstum) basierenden Industriegesellschaft. Die subkulturellen Stilvarianten (z.B. Popper, Hausbesetzer, Discofans) können sich der Kulturproduktion entsprechend rasch ändern, die jugendkulturellen Stiltypen werden als Ausdruck struktureller Gegebenheiten relativ konstant bleiben. Engagierte Protestbewegungen spiegeln in ihren Handlungs-weisen und Lebensentwürfen die Diskrepanzen in der Gesellschaft zwischen egoistischer Lebenssteigerung, Leiden daran und der Suche nach einer neuen Menschlichkeit. Die konservativen Gruppen sind diesen Konflikten auch nicht entnommen, erhoffen aber eine Lösung durch konstruktives Engagement und technologische Weiterentwicklung. Die auf rauschhaftes Erlebnis, action und Selbstdarstellung ausgerichteten Gruppen suchen ihren Lebenssinn durch Steigerung ihrer Erlebnismöglichkeiten unter Ausnutzung der gesell-schaftlichen Toleranzbreiten.

2. Religionssoziologische Aspekte zur Sinnorientierung

Die Vermutung, daß Religion und Christentum innerhalb der referierten jugendkultu-rellen Stile einen unterschiedlichen Stellenwert haben und verschiedene Funktionen erfüllen, liegt nahe. Die Annahme, jeder Stiltyp müsse sich mit einer bestimmten — sozio-logisch feststellbaren — Form von Religiosität verbinden, ist gewiß falsch. Sie wäre begründet, wenn die Jugendlichen einfach aus den vorgegebenen Sinnmustern und Lebensformen auswählen würden, was mit dem Hinweis auf das frühe Ende der traditions- und autoritätsgeleiteten Kindheit oben verneint wurde. Danach müssen sich die Jugendlichen mehr oder weniger kritisch und selektierend auf die religiösen Angebote der Erwachsenenkultur beziehen, insofern die religiöse und die allgemeine Sozialisation nicht zu trennen ist. Demzufolge sind die von der neueren religionssoziologischen Forschung erhobenen Formen und Inhalte von Religiosität in Erinnerung zu rufen.

Dimensionen der Religiosität und Bürgerreligion

Beliebter Indikator für Religiosität ist nach wie vor die Teilnahme an den traditionellen religiösen Veranstaltungen (Sonntagsgottesdienste, Amtshandlungen, Unterricht), sodann interessieren das Engagement in kirchlichen Gruppen (Kreise, Jugendarbeit, dia-konische Dienste), die Zustimmung zu bestimmten Glaubenssätzen bzw. Inhalten der Lehre, die Orientierung an religiös begründeten oder kirchlich legitimierten sittlichen Normen bzw. Prinzipien (Wertsysteme) und die Ausübung privater religiöser Praxis, ins-besondere das Beten und das Lesen religiöser Schriften.[20] Die Erwartung enger Bezie-hungen zwischen den genannten Variablen konnte bereits in den fünfziger Jahren nicht mehr bestätigt werden, z.B. korrelierte das persönliche Gebet nicht unbedingt mit häu-figem Gottesdienstbesuch. Dies führt zur Beschreibung unterschiedlicher Dimensionen individueller Religiosität, die unabhängig voneinander untersucht werden konnten. Der entsprechende Vorschlag von Ch. Y. Glock wurde auch hierzulande übernommen. Er unterschied zunächst vier[21], dann fünf Dimensionen[22], wie folgt:

- ritualistische Dimension   (kirchlich normierte religiöse Praxis)
- ideologische Dimension   (persönliche Glaubensvorstellungen)
- intellektuelle Dimension   (Wissen um die Glaubenslehren)
- Erfahrungs-Dimension   (persönliche religiöse Erfahrungen und Bedürfnisse)
- Handlungs-Dimension   (Wirkungen des Glaubens in der Alltagspraxis)

Abgesehen von der damit vollzogenen Erweiterung und Differenzierung des Instrumentariums konnte man so der Bedeutung subjektiver Reflexions- und Entscheidungsprozesse besser gerecht werden. Mit der Unterscheidung von intellektueller und ideologischer Dimension und durch die Thematisierung der persönlichen Erfahrungen und Handlungen kamen religiös empfundene innere Prozesse in den Blick, die bei einer Fixierung auf religiös-kirchliche Rollenerwartungen verborgen blieben. Erwartungsgemäß erwies sich allerdings, daß die verschiedenen Dimensionen – mit Ausnahme der intellektuellen Dimension – stark miteinander korrelieren. Außerdem ließen sich höhere Korrelationen zwischen Items verschiedener Dimensionen, etwa zwischen Gebet und Gottvertrauen, nachweisen als zwischen einzelnen Items einer Dimension, etwa zwischen Gebet und Gottesdienstbesuch[23]. Die Faktorenanalyse stellte schließlich eine »allgemeine Religiosität« als eigenständige Sozialform heraus, die relativ unabhängig von den Beziehungen zu Kirche/Gemeinde und von religiösem Wissen sowie von der Ehe- und Sexualmoral im wesentlichen Items aus der ideologischen und der Erfahrungsdimension umfaßte. »Die Hoffnung auf Gottes Hilfe, das Vertrauen auf Gott, das Sich-geborgen-Fühlen bei einer höheren Macht und der Glaube an einen persönlichen Gott, der direkten Einfluß auf das Leben der Menschen hat, bilden die Grundpfeiler dieses Glaubens. Die Hoffnung und das Vertrauen, das Sinnhaft-Machen der Welt stehen im Mittelpunkt der Religiosität, die dadurch mithilft, Probleme und kritische Situationen fraglos zu machen«[24]. Anhänger dieser von Theologie und Dogmatik weitgehend abgelösten »Bürgerreligion« brauchen Kirchen als Dienstleistungsunternehmen: »Es wird erwartet, daß es eine Legitimations-, Repräsentations- und Konservierungsinstanz in der Gesellschaft gibt, bei der bestimmte generalisierte Werte aufgehoben, deren Sinn- und Hilfsangebote bei Bedarf abgerufen werden können. Sie wird also dann in Anspruch genommen, wenn ›Not am Mann ist‹ und wo die eigenen Handlungsmuster nicht ausreichen«[25]. Dieser Bürgerreligion dienen auch die religiösen Feste im Jahreszyklus –besonders Weihnachten - und die lebenszyklisch festgelegten Vergewisserungsakte an Krisen und Höhepunkten der individuellen Biographie.[26]

Wenn Glocks Dimensionierung der Relgiosität auch revidiert werden mußte, hat sie doch auf die Bedeutung subjektiver Perspektiven für die Erfassung moderner Religiosität aufmerksam gemacht. Traditionelle Lehre und Praxis konnten kein zuverlässiger Indikator mehr für Religiosität sein, sondern die subjektive Beschreibung eigener Glaubensvorstellungen, Lebenserfahrungen und Handlungsorientierungen sowie die subjektive Definition der Beziehungen zu religiösen Institutionen. Untersuchungen zu realisierten oder bewußt angestrebten Lebensinhalten und zu den empfundenen Differenzen bzw. Übereinstimmungen zwischen kirchlich gestützten und alltäglich favorisierten Handlungsorientierungen – von G. Schmidtchen seit 1972 durchgeführt[27] – geben darüber hinaus Hinweise auf die lebensweltlich dominierenden Sinnsetzungen, die durch die allgemeine Religiosität »des Meinens und Fühlens« bei der Mehrheit der Bevölkerung abgestützt werden.

Verbundenheit mit den Kirchen

Die selbstempfundene Bindung an die Kirchen dürfte für die religiöse Erziehung von großer Bedeutung sein. Es ist damit zu rechnen, daß diese Bindung auch auf die Art und Form religiöser Erziehung einwirkt. Denn ältere wie neuere Untersuchungen erweisen, daß die Religiosität des Elternhauses zunächst einmal die Kindheitsreligiosität prägt. Unterscheidet man nur zwischen »Kirchentreuen« und »Kirchenfernen«, so läßt sich bei Kirchentreuen nach der »Pubertätskrise« wieder ein Ansteigen der religiösen Orientierungen feststellen, bei Kirchenfernen sinkt hingegen die religiöse Orientierung mit dem Eintritt ins Erwachsenenalter stark ab. »Religiöse Sozialisation im Elternhaus kann zwar in späteren Lebensphasen unwirksam gemacht werden, aber diese religiöse Sozialisation ist doch eine – nicht die einzige – Voraussetzung für ein enges Verhältnis zur Kirche in den späteren Lebensphasen, wenn hinzukommt, daß der Betreffende auch später noch in der Reichweite kirchlicher Sozialisationseinflüsse lebt«[28]. Indes erscheint die Unterscheidung zwischen Kirchentreuen und Kirchenfernen noch zu undifferenziert, um über die Art religiöser Erziehung Aussagen machen zu können. Die Kirchentreuen – in anderen Untersuchungen als die Hochverbundenen bezeichnet[29] –, die bis zu einem Drittel der Bevölkerung ausmachen[30], können mit W. Marhold und M. Schibilsky in zwei Typen, den kerngemeindlichen und den freikirchlich-pietistischen, unterschieden werden.

a) der kerngemeindliche Typ

»Dieser Typ ist charakterisiert durch Teilnahme an kirchlichen Veranstaltungen und Zugehörigkeit zu kirchlichen Gruppen (Gottesdienst, Jugendarbeit, Frauen-/Männerarbeit, Altenkreise, Bibelkreise, Helferkreise), durch regelmäßige und in der Regel positiv besetzte Interaktion mit (z.T. professionellen) Vertretern der Institution Kirche, durch Informiertheit über das Leben innerhalb einer Kerngemeinde (Übernahme des dort gültigen Norm- und Wertsystems), durch private religiöse Praxis, die inhaltlich bestimmt und bezogen wird auf die in kirchlichen Versammlungsformen praktizierten und erlernten Modelle (Gebete, religiöse Gespräche/Diskussionen, Andachten), . . . In dieser Welt ist der religiöse Bereich zwar von erheblicher Bedeutung, dominiert jedoch nicht generell über alle anderen Lebensbereiche (relative Eigenständigkeit etwa des Berufslebens, der privaten Geselligkeit, auch persönliche Kontakte/Freundschaften über die Kerngemeinde hinaus).«

b) der freikirchlich-pietistische Typ

»Hier . . . bestimmt die Zugehörigkeit zu einer Religionsgemeinschaft nahezu das gesamte Privatleben, alle Lebensbereiche und Interaktionen. Die Umwelt wird scharf getrennt in Gleichgesinnte und Andersgesinnte, dauerhafte und positiv sanktionierte Interaktion findet vorrangig bis ausschließlich nur mit Gleichgesinnten statt. . . . Dieser Typ ist außerdem durch starkes Gemeinschafts- und Zusammengehörigkeitsgefühl (bezogen auf die religiöse Gemeinschaft) charakterisiert, durch nahezu bedingungslose Übernahme des in dieser Gemeinschaft gültigen Norm- und Wertesystems, durch bewußte Isolierung gegenüber anderen Überzeugungssystemen, durch eine intensive private religiöse Praxis (die weit stärker als die kerngemeindlich geprägte von freiformulierten und situationsabhängigen unmittelbar-persönlichen Glaubensäußerungen bestimmt ist), durch das Wissen um die Zugehörigkeit zu eine kognitiven Minderheit (rigide Innen-Außen-Grenzen, verstärktes Missionsinteresse), durch unmittelbar persönliche Glaubensbekenntnisse (Bekehrung als Bedingung für vollgültige Mitgliederschaft, starker Sozialisationsdruck innerhalb der Gruppe hinsichtlich der Bekehrung)«.[31]

Man muß hinzufügen, daß diese Unterscheidung eine Situation vor der auch in den Kirchen spürbaren Verselbständigung von Basisgruppen beschreibt. Diese Gruppen begreifen sich als Alternativen zur Kerngemeinde, aber auch zum freikirchlich-pietistischen Typ. Mit den letzteren teilen sie die dichte Kommunikation, mit der ersteren die kommunikative Offenheit. Ihre religiöse Erziehungspraxis orientiert sich weniger an traditionellen kerngemeindlichen Formen, sondern an erneuerten meditativen und kommunitären Traditionen. Die recht bunte Szene gehört zum Teil zu den Hochverbundenen – wenn sie sich auch kirchenkritisch versteht – und integriert Elemente der kerngemeindlichen und der freikirchlichen Lebensformen. Ihr neuer Lebensstil zeichnet sich durch hohe emotionale Zuwendung aus, gelegentlich aber auch durch eine ziemlich rigide Moral[32].

Nicht nur unter den Kirchentreuen, auch unter den Kirchenfernen ist zu differenzieren. Letztere (etwa 2/3) bilden keineswegs eine religiös uninteressierte Masse. An Kirche und Religion überhaupt nicht interessiert scheinen weniger als 10 % der Bevölkerung zu sein. Von den »Jungen Erwachsenen« der Braunschweiger Untersuchung hielten es nur 6,5 % für gut, »wenn die Kirche in der Gesellschaft ihre Bedeutung verlieren würde«, 62,1 % waren expliziet dagegen. Ca. 10 % tendierten zum Kirchenaustritt.[33] Die größte Bevölkerungsgruppe, also ca. 60 % der Gesamtbevölkerung, aus der auch die meisten Schüler im Religionsunterricht stammen, kann man mit Marhold und Schibilsky vermutlich als »volkskirchlich distanziert« bezeichnen. Formale Mitgliedschaft, passives Mitgliedschaftsbewußtsein und vorwiegende Nichtteilnahme an kirchlichen Veranstaltungen zeichnen sie aus. Lediglich Amtshandlungen bei persönlicher Betroffenheit und eine minimale, ritualisierte religiöse Praxis an hohen Feiertagen sind religiöse Restbestände im Alltag dieser Gruppe. Man akzeptiert die Institution Kirche, besonders auch wegen ihrer karitativen Tätigkeiten, wünscht aber ihre politische Neutralität.

Glaubensvorstellungen und religiöse Praxis

Man wird nicht zögern, die oben genannte allgemeine Religiosität mit ihrer lebenszyklischen Artikulation insbesondere dem so beschriebenen volkskirchlich distanzierten Typ zuzuordnen. Die Statistiken zur Verbreitung eines allgemeinen Gottesglaubens, zur Teilnahme an lebenszyklusbezogenen Amtshandlungen und an religiösen Festen scheinen dies weitgehend zu bestätigen. Indes muß man differenzieren. Die Gottesvorstellungen reichen bei Kirchentreuen und Kirchenfernen von streng orthodoxen über spiritualistisch-symbolistische bis zu sehr allgemeinen naturtheologischen Vorstellungen. Gottesbegriffe sagen deshalb »nicht notwendigerweise etwas darüber aus, ob es zu einer personalen Beziehung zu Gott kommt oder zu Gotteserlebnissen«[34]. Auch muß sich diese recht verschwommene Religiosität nicht mit einer expliziten religiösen Praxis bei lebenszyklisch ausgezeichneten Ereignissen verbinden. Eine allgemeine Religiosität bleibt für Notfälle dennoch abrufbar. Deutlicher als bei den Gottesvorstellungen scheinen Ansichten über Jesus Christus mit der Beziehung zur Kirche übereinzustimmen. Aufgrund einer Umfrage von 1974 stellte Schmidtchen fest: »Der Glaube an Jesus Christus ist so etwas wie eine Kriteriumsfrage für das Verhältnis zur Kirche, mehr allerdings unter Katholiken als unter Protestanten«[35]. Die orthodoxe Auffassung von Jesus Christus (= Sohn Gottes, seine Worte gelten bis heute) findet bei einem knappen Drittel Zustimmung und wird daher auch bei vielen aufrechterhalten, die nicht regelmäßig den Gottesdienst besuchen.[36] Bei Katholiken entspricht sie etwa dem Prozentsatz regelmäßiger Gottesdienstbesucher. Allerdings hatte die Fragestellung Schwächen. Denn sie stellte eine sehr traditionell-orthodoxe Anschauung über Jesus (Sohn Gottes) einer liberal-humanistischen (nur ein Mensch, dessen Lehren viel Wahrheit enthalten) und einer historistischen (großer Religionsstifter; das Christentum ist überholt) gegenüber. Es fehlte die theologisch und auch kirchlich gestützte Vorstellung, daß Jesu Gottessohnschaft in exemplarischer Menschlichkeit zum Ausdruck komme. Wäre ein solches Item erfragt worden, hätte es wohl etwas weniger Zustimmung zur traditionell-orthodoxen und zur liberal-humanistischen zugunsten einer kritisch-theologischen Auffassung gegeben. Unabhängig von dieser Modifikation ist die Dominanz liberal-humanistischer und historischer Jesusinterpretationen bei den »Volkskirchlich-Distanzierten« oder »Lose-Verbundenen« nicht zu verkennen. Von

Belang ist auch die Feststellung, daß sich orthodoxe Gottes- und Jesusbegriffe erwartungsgemäß zusammenfinden, die historistische Jesusvorstellung hingegen nur bei einer Minderheit mit Atheismus einhergeht.[37] Quasi-pantheistische und symbolistische Gottesvorstellungen sind kennzeichnend für eine Form nachchristlicher Religiosität ohne Christus. Offensichtlich sind die erfragbaren Glaubensvorstellungen Ergebnisse einer − rudimentären − christlich-religiösen Sozialisation. Auch sekundäre Sozialisationsprozesse übermitteln spezifisch religiöse Anschauungen, die aus der Geschichte des modernen Christentums erwachsen sind. Eine eindeutige Zuordnung von bestimmten Vorstellungen zu Verbundenheitsgraden ist nicht möglich. Gleichwohl weisen die Untersuchungen eine Tendenz zur Symbolisierung und Spiritualisierung mit abnehmendem Verbundenheitsgrad aus.

Religiöse Sozialisation und religiöse Bewußtseinsinhalte

»In einer volkskirchlich-distanzierten Umwelt findet explizit religiöse Erziehung (Abendgebet, Hausandachten, Ermahnung zum Gottesdienstbesuch usw.) nicht statt. Dennoch kann nicht behauptet werden, es gebe in dieser Umwelt keinerlei religiöse Sozialisation. Sie ist vielmehr reduziert auf die durch die institutionalisierte Kirche angebotenen Instanzen (Religionsunterricht, Konfirmandenunterricht, öffentliche Repräsentanz der Kirchen) und die dadurch vermittelten Sozialisationsversatzstücke.«[38]
Für die Mehrheit der Jugendlichen, die bekanntlich nicht den »Hochverbundenen« zuzurechnen ist, hat die (christliche) Religion eine moralisch orientierende und tröstende bzw. stabilisierende Aufgabe. Diese Jugendlichen variieren das Muster der Bürgerreligion.
Sie akzeptieren christlich-sittliche Zielsetzungen allgemeiner Art (besonders »Nächstenliebe«), die eine persönliche Lebensführung erleichtern können, wehren sich aber gegen alles, was persönliche Freiheit und Beziehungsgestaltung stören könnte. Dogmatische Wahrheiten und traditionelle Glaubenssätze lehnen sie ab oder können nichts mit ihnen anfangen. Ein Zugang zu den zentralen Glaubensinhalten erscheint ihnen ebensowenig erstrebenswert wie zu einer traditionellen Kirche. Diese gilt den meisten als geschlossene Gesellschaft, die ein wortwörtliches Fürwahrhalten von Glaubenssätzen und einen zwanghaften Verhaltensstil abfordert, wohingegen einzelnen Pfarrern oder Christen durchaus Kompetenz (aufgrund von Erfahrung) zugestanden wird. Die Erwartungen der jugendlichen Mehrheit an Kirche und Christentum faßt die Braunschweiger Studie wie folgt zusammen:[39]

»− Begleitung ohne doktrinären Herrschaftsanspruch
 − Glaubensangebote ohne eiserne Abonnementsverpflichtung
 − Tröstung ohne versteckte Drohung
 − Bestätigung des Menschseins statt permanenter Verunsicherung bei dem Bedürfnis nach menschlicher Lebenslust
 − Praktizierung von Alltagswahrhaftigkeit statt Abforderung umfassender Gelöbnisse und fundamentaler Bekenntnisse
 − christlich sein wollen und christlich sein dürfen, ohne ständig den Leistungsschein ›biblischer Christ‹ sonntäglich abliefern zu sollen
 − Respektierung des persönlichen Freiheits- und Entscheidungsspielraumes bei gleichzeitiger Nutzung von Veranstaltungen, die Gemeinschaft, Gruppenleben und Geborgenheit anbieten, aber nicht aufdrängen
 − die orientierende Behandlung von Problemen, die in der Welt, vor allem aber im persönlichen Lebensablauf augenscheinlich und dringlich sind, auf eine nüchterne und sachverständige Weise, ohne die vereinnahmenden ›kirchlichen‹, die ›frommen Patentsprüche‹, die nach dem Urteil der Zuhörer an der Sache vorbeireden, das Problem nicht treffen.«

In die persönliche Bewertung von Kirche und Christentum mischen sich nur selten aggressive Töne. Das Bild ist eher freundlich. Die hier ausgewertete Untersuchung zur Religiosität »Junger Erwachsener« differenziert weder nach den genannten kirchlichen Verbundenheitstypen noch nach den jugendkulturellen Stiltypen. So kann man nur vermuten, daß sich die ca. 60 % − 70 % der volkskirchlich distanzierten Jugendlichen in diesen inhaltlichen Aussagen wiederfinden würden und sich etwa gleichmäßig auf die jugendkulturellen Stiltypen aufteilen ließen. Oben wurde vermutet, daß ein Teil der kirchlich engagierten Jugendlichen den Proteststilen zuneigen; ein anderer Teil dürfte eher konservativ, erwachsenenorientiert und apolitisch sein.

Die EKD-Mitgliedschaftsuntersuchung von 1974 war bei der Ermittlung der Verbundenheitsgrade bereits auf eine Gruppe gestoßen, die sich in die drei bisher genannten »Typen« nicht einordnen ließ, weil sie sich weder positiv noch distanziert auf die bestehende Institution bezog, sondern in meist kritischer Absetzung sowohl von überkommener Religiosität als von den gesellschaftlich herrschenden Lebensstilen eigene Sinnsetzungen zu artikulieren und in entsprechenden Lebensformen zu praktizieren suchte. Ihre Beziehung zur Kirche kann man wohl zu Recht mit der Bezeichnung »kritisch-abständig« kennzeichnen, ohne damit mehr zu sagen, als daß sich diese Gruppe zu den überlieferten Traditionen kritisch selektiv verhält und sie gegebenenfalls unter ungewöhnlichen Sinnperspektiven auswertet. Die Größe dieser Bevölkerungsgruppe ist schwer abzugrenzen. Zählt man alle »alternativen« Gruppierungen dazu (Ökologie-Friedens-Bürgerrechts-Frauen-Dritte Welt-Bewegung, sog. Jugendreligionen usw.), kann man bei Jugendlichen bis auf 15 % »Alternative« und bis auf 50 % Alternativ-Sympathisierende kommen.[40] Bei einer solchen Schätzung würde man aber viele traditionelle kirchliche Gruppen und die schon erwähnten Basisgruppen mitzählen, die sich unter bewußter Inanspruchnahme christlicher Traditionen (charismatische, kommunitäre und Armutstraditionen) auf die Suche nach einem neuen Lebensstil gemacht haben. Diese Überschneidung der Untersuchungsperspektiven zeigt die Grenzen institutionsspezifischer Beziehungsdefinitionen: »Die freigesetzte, von den Kirchen nicht mehr gebundene religiöse Substanz strahlt außerhalb der gewohnten Ordnungen auf und bildet eigene Wirkungsfelder aus. Manche sogenannte ›neue Religiosität‹ vollzieht sich nicht einmal in einer ›Bewegung‹, sondern in einer freien religiösen Szene. Zu ihr zählen die jungen Menschen, die in einer oft vagen, sich selbst undurchsichtigen Weise von religiöser Unruhe ergriffen sind. Sie besuchen nicht die üblichen Gottesdienste, aber mischen sich zu Tausenden unter die Menge unter dem offenen Horizont eines Kirchentags«, so K. E. Nipkow.[41]

Jugendliche aus dieser pluralen und freien religiösen Szene finden sich zunehmend im Religionsunterricht. Ihre Aktivitäten und Kontakte verwischen die Grenzen zwischen den religionssoziologisch definierten Typen von Religiosität, wenngleich die entsprechenden Gruppen im Kern fortbestehen dürften.

3. Psychologische Aspekte zur Sinnorientierung

Bevor über unterrichtliche Konsequenzen angesichts der skizzierten Sozialisationsergebnisse nachgedacht werden kann, ist zu überlegen, wie die religiöse Entwicklung der einzelnen unter den gegebenen Interaktionsverhältnissen[42] vorzustellen ist. Nur radikal behavioristische Lernkonzepte könnten die Annahme begründen, die vorhandenen Einstellungen und Überzeugungen würden (durch konditionierte »Bekräftigung«) von der folgenden Generation so lange unverändert übernommen, bis grundlegende soziale Veränderungen neue Umweltreize schaffen.[43] Alle anderen Entwicklungs- und Lerntheorien rechnen in Übereinstimmung mit Erfahrungen lebensgeschichtlichen und gesellschaftlichen Wandels – unter relativ konstanten sozial-ökonomischen Bedingungen – mit einer individuellen kognitiven und emotionalen Aktivität bei der Ausbildung von Verhalten und Deutungen sowie der sie bestimmenden Strukturen.

Dies gilt auch für die phänomenologischen und strukturalistischen Religionstheorien. Ausgehend von der Universalität religiöser Phänomene erklären Theologen, Philosophen und Religionswissenschaftler bis heute[44] Religion aus einer natürlichen Anlage des Menschen oder aus einer Vorgegebenheit des Seins, die – durch Erfahrung erschlossen – zu religiösen Antworten nötigt.[45] Diese Ansätze postulieren eine interaktionsunabhängige Objektivität geistiger Sachverhalte, die aber erst durch sprachliche Interaktion hervorgebracht und nur als solche wissenschaftlicher Untersuchung zugänglich werden.[46] Es gibt weder eine biologische (religiöse Erbsubstanz) noch eine neurologische (Element des Bewußtseins) noch eine physikalische (Sphäre des Seins) Möglichkeit der Beschreibung von Religion. Diese Theorien können hier auch deshalb außer Betracht bleiben, weil sie keine eigenständigen entwicklungspsychologischen Perspektiven formuliert haben.

Psychoanalytische Theorien zur Glaubensgenese

Bekanntlich war Sigmund Freud der erste, der die Genese religiösen Glaubens aus grundlegenden zwischenmenschlichen Interaktionen erklärte. In der Konkurrenz um die Liebe der Mutter müsse der Knabe seine Libido desexualisieren und sich die Normen des Vaters aneignen. Der Vater werde vergöttlicht. Das Gottesbild fixiere den Vater der Kindheit. Es halte den Gläubigen lebenslang im kindlichen Status.[47] Mit einem noch höheren Preis, mit dem Verlust der geschlechtlichen Autonomie, haben die Frauen solchen Glauben zu bezahlen. Nachdem Freud vor 1925 analog zum Knaben eine Vergöttlichung der Mutter durch das Mädchen vermutet hatte, behauptete er später, »daß auch Mädchen zuerst ihre gleichgeschlechtlichen Elternteile, also ihre Mütter liebten, so daß für sie der Erwerb eines Ödipus-Komplexes so viel bedeute wie ein Geschlechtswandel zu einem weiblichen, vaginal-orientierten Interesse hin, und entsprechend beim Liebesobjekt weg von der Mutter und hin zum Vater. Die präödipale Mutterliebe, so meinte er, würde nun unterdrückt, und zwar aufgrund der Enttäuschung des Mädchens darüber, daß es – ebenso wie die Mutter – kastriert sei . . . Der psychologische Prozeß des Weiblichwerdens beinhalte damit zugleich die Annahme der ›Kastration‹, der Passivität und des Status eines Objekts für die Liebe des Vater-Subjektes.«[48] Zwanglos ergibt sich die Folgerung, daß der vergöttlichte Vater die Frau in ihrem inferioren emotionalen Status festhalte.[49]
Heutige psychoanalytische Kritiker Freuds stellen die These von der Genese des Gottesglaubens aus den Interaktionen mit den ersten Bezugspersonen nicht in Frage. Sie verneinen allerdings die ausschließliche Bindung an eine ödipale Krise und an Vateridentifikationen. Die frühe Mutterbeziehung beeinflußt die Gottesrepräsentation vermutlich stärker als jede andere Identifikation, zumindest hat sie den gleichen Stellenwert wie die Beziehungen zu anderen Interaktionspartnern in den ersten Lebensjahren. In Kulturen, in denen Norm und Autorität traditionell mit dem Vaterbild, unbedingte Liebe und Hilfe mit dem Mutterbild verbunden sind, finden sich auch im Gottesbild beide Züge. Antoine Vergote stellt eine essentielle Polarität in der Bindung an Gott fest. Überzeugter Glaube impliziere das Bewußtsein persönlicher Verantwortung gegenüber einem normierenden göttlichen Willen ebenso wie das Gefühl eines unerschütterlichen Vertrauens in die göttliche Liebe.[50] Im Lauf der kindlichen Entwicklung von Mädchen und Jungen dominieren im Gottesbild mütterliche und väterliche Anteile in verschiedenen Phasen mit unterschiedlichem Gewicht.[51]
Daß diese Dialektik im Gottesbild von gesunden Persönlichkeiten nicht belastend empfunden wird, erklärt sich aus der lebensgeschichtlichen Priorität der Vertrauensbeziehung

zur Mutter. Erfahrungen von Geborgenheit und Selbstwert überwiegen. Die erste Errungenschaft einer gesunden Persönlichkeitsentwicklung ist nach E. Erikson das Grundvertrauen, das auf der Erfahrung der Verläßlichkeit von Atmung, Verdauung und Reflexen sowie der Versorgung durch die Umwelt aufbaut. Die wesentliche Leistung des Säuglings in der oralen Phase ist das Erlernen eines aktiven, bereitwilligen Annehmens: »Das klingt einfacher, als es ist. Denn der tastende und noch unsichere Organismus des Neugeborenen lernt diese Verhaltensweise nur, indem er seine Bereitschaft zu nehmen, was ihm gegeben wird, nach den Methoden der Mutter reguliert und es ihr damit erlaubt, ihre Fähigkeit des Spendens zu entwickeln und zu koordinieren. Die so hergestellte Wechselwirkung der Entspannung ist für die erste Erfahrung eines freundlichen anderen von höchster Bedeutung.«[52] Das Gefühl des Sich-Verlassen-Dürfens auf andere und auf sich selbst bleibt als »dauerndes Residuum jener ersten Abhängigkeit von machtvollen Versorgern« erhalten. Diese Abhängigkeit »drückt sich normalerweise in unseren Abhängigkeitswünschen und Sehnsüchten und und in inneren Zuständen von Hoffnungen und Hoffnungslosigkeit aus«.[53] Die entwicklungsnotwendigen Erfahrungen von Unlust und Versagen führen »ein Gefühl innerer Spaltung und eine allumfassende Sehnsucht nach einem verlorenen Paradies in das Seelenleben«[54] ein. Religion soll nach Erikson das keimende Vertrauen unterstützen. Die lebensnotwendigen Vertrauensbeziehung ist nicht als solche religiös, sie kann und soll aber — im Sinn einer »präreligiösen Disposition«[55] — Anknüpfungspunkt religiöser Entwicklung sein. Der Einwand, auch eine solche, im Prinzip lebensfreundliche Religiosität könne einer gesunden Persönlichkeitsentwicklung entgegenwirken, läßt sich mit der rigiden Moral eines väterlichen Gottes aus der ödipalen Krise verbinden und mit einer Religiosität begründen, die von einem blinden Untertanengehorsam die Erfüllung der ursprünglichen Sehnsucht abhängig macht. Regression und Repression hätten zusammengefunden. Fixiert nicht auch diese Religiosität Kindheitszustände, die im Interesse einer realistischen Lebenseinstellung zu überwinden wären?[56]

Die Unterstellung, christlicher Gottesglaube verfestige notwendigerweise kindliche Abhängigkeiten und sei der Entwicklung eines gesunden Selbstwertgefühls abträglich, kann als widerlegt gelten. Denn es lassen sich deutliche Korrelationen zwischen dem »Maß, in dem ein Individuum Selbstakzeptierung ausdrückt, und dem Maß, in dem es Glauben an einen akzeptierenden Gott ausdrückt«, empirisch nachweisen.[57] Dennoch kann es nicht genügen, die Glaubensgenese ausschließlich mit der Bildung des Grundvertrauens zu verknüpfen. Vertrauen und Selbstwertgefühl können auch ohne Religiosität wachsen. Warum sollten Menschen eine Gottesrepräsentation bilden oder übernehmen, wenn unter günstigen Interaktionsverhältnissen keine emotionale Veranlassung bestünde? S. Freud konnte aus dem erzwungenen Verzicht auf das zentrale Liebesobjekt eine emotionale Ersatzfunktion herleiten. H. Kohut postuliert ein primäres Allmachts- und Vollkommenheitsgefühl, das mit Hilfe einer religiösen Vorstellung bewahrt werden soll. So spekulativ sich das ausnimmt, offensichtlich bringen Menschen Gottesvorstellungen hervor, um grundlegende emotionale Mangelerfahrungen bewältigen zu können. Die Frage ist, ob solcher »Ursprung« der Religiosität im Inneren des Menschen notwendigerweise die generierten Vorstellungen auf die ursprünglichen Mangelerfahrungen fixiert und so das Festhalten eines starren Bildes präformiert oder ob die emotionalen Quellen auch offener sein können und damit ein Reifen der religiösen Vorstellungen ermöglichen.

Mangel-, Versagungs- und Frustrationserfahrungen sind von Anfang an mit menschlichem Leben verbunden, ja sie sind entwicklungsnotwendig und -förderlich, solange sie von positivem Erleben umgriffen bleiben. Religiöse Vorstellungen helfen bei verschiedenartigen Versuchen der Verarbeitung verletzender Widerfahrnisse. Glaubens- und Gottessymbole sind zur Lösung grundlegender Persönlichkeitskonflikte deshalb gut geeignet, weil sie die lebensgeschichtlichen Grenzen, die eine unmittelbare Lösung verhindern, sprengen — weil sie eine »kosmische« Inszenierung der Konflikte erleichtern. Das Überschreiten lebensgeschichtlicher Grenzen wäre aber nur dann ein zu therapierender Irrtum, wenn dabei die lebensgeschichtlichen Bearbeitungsmöglichkeiten nicht genutzt würden. Glaube wird krankhaft, wenn er die Gemeinschaftsbeziehungen nicht integriert. Der narzißtische Grundkonflikt – nach Kohut – und der klassische ödipale Konflikt sind ihrerseits lebensgeschichtliche Konkretionen prinzipiell unlösbarer Widersprüche der menschlichen Verfaßtheit. Die Entwicklung des sich selbst beobachtenden und bewertenden Wesens Mensch macht Trennungen, symbolische Kompensationen und Idealisierungen zu notwendigen Elementen des Lebensprozesses. Bleibender Einklang mit der Umwelt stünde im Widerspruch zur »exzentrischen Position«[58] des Menschen und wäre darum tödlich.

Diese anthropologische Sicht macht auf eine weitere Schwäche der psychoanalytischen Religionstheorien aufmerksam. Aufgrund seiner exzentrischen Position muß der Mensch die einmal gefundenen Vermittlungen (Konfliktlösungen) immer wieder hinter sich lassen. Er kann sie nicht einfach abtun, sondern muß sie neu bearbeiten. Für Freud und Kohut können sich die Symbole im Kern gar nicht verändern, weil sie lebenslang die frühkindlichen affektiven Ansprüche bändigen müssen. Das »grandiose Selbst« wird nach Kohut durch die religiöse Symbolisierung ja gerade nicht umgeformt, sondern durch Verlagerung ins Kosmische erhalten und gleichzeitig gezügelt. Nach Freud bleibt das Gottessymbol die »Reinkarnation« des Vaters der Kindheit, die lebenslang die Erfüllung der libidinösen Wünsche verhindert und deshalb auch den Wunsch weckt, den Vater zu töten. Gleichzeitig garantiert dieses Symbol Beistand in allen schmerzlichen Erfahrungen. Die dem Gottessymbol zugeschriebene Liebe und Barmherzigkeit findet ihr Gegengewicht in den libidofeindlichen Einschränkungen und Verboten. Verstärkt wird die Abhängigkeit durch ein permanentes Schuldgefühl als Folge des Tötungswunsches. Nach beiden Theorien sind demnach Gottessymbole als Ausdruck einer pathologischen Fixierung der infantilen Abhängigkeiten zu begreifen, zu deren Therapie die Überwindung der religiösen Symbole gehört. Freud und (mit Einschränkungen) Kohut[59] kennen nur die pathologische Form von Religiosität, die das autonome Ich daran hindert, narzißtische und libidinöse Energien auf produktive Aktivitäten zu richten und dadurch umzuwandeln. Eine solche Weiterentwicklung ist erschwert, wenn infolge traumatisierender Kränkungen – sei es durch Zuwendungsmangel in der narzißtischen Krise, sei es durch Straf- oder Verlustängste in der ödipalen Krise – die jeweiligen primären Bezugspersonen vergöttert werden bzw. das Selbst sich in magische Größen- und Allmachtsphantasien flüchtet. Das bedrohliche Trauma verhindert die Umformung. Religiöse Symbole stützen dann die neurotische bzw. psychotische Persönlichkeit.[60] Neben solchen infantilen Fixierungen lassen sich aber nichtpathologische Formen von Religiosität nachweisen. In ihnen haben Bezüge auf Gott oder Christus sogar selbst- oder gesellschaftskritische Funktionen. Sie dienen etwa der Befreiung von überlebten Bindungen, aber auch der Überwindung von Kränkungen und Konflikten mit dem Ergebnis neugewonnener Handlungsfähigkeit. Umformungen der narzißtischen Besetzungen und der sittlich-moralischen Bindungen hin zu einem reifen Selbst mit moralischer Autonomie sollten demzufolge mit entsprechenden Umformungen der religiösen Symbolwelt einhergehen können.[61]

Glaubensentwicklung durch Rollenübernahme (H. Sundén)

Nach einer Korrektur der Bewertung von Religion als pathologischem Phänomen bleibt die folgende psychoanalytische Einsicht maßgebend. Sobald die auf totale Geborgenheit und unbegrenzte Handlungsmöglichkeiten gerichteten Wünsche sich mit der Realität nicht mehr vereinbaren lassen, schafft sich der Mensch innere Bilder, die dennoch eine Vertrauenswürdigkeit der Lebenswelt festhalten und damit Handlungssicherheit gewährleisten. Hier setzt nun das rollentheoretische Konzept der Religionsentwicklung des schwedischen Religionspsychologen Hjalmar Sundén ein: Sein Ausgangspunkt: »Die

Religion ist eine Beziehung des Dialogs mit dem Dasein als Totalität. Aber diese Relation wird durch Rollen strukturiert, und ohne Rollen verschwindet sie.«[62] Die »Rollen« finden sich nach Sundén in den religiösen Traditionen, »die mit ihren Mythen und Ritualen dem Menschen Rollen bereitstellen, die in das interaktionelle System Gott-Mensch, Götter-Menschen, Geister-Menschen usw. hineingehören. Übernimmt ein Individuum eine der Menschenrollen des Mythos, so nimmt dieses gleichzeitig z.B. die Rolle Gott auf, was dann bedeutet, daß die Rolle des göttlichen Partners augenblicklich zum Wahrnehmungs-muster oder Referenzrahmen des Individuums wird.«[63] Das Zitat beleuchtet zugleich das Religionsverständnis Sundéns: Religion ist für ihn ein geordnetes System von Überzeu-gungen, Verhaltenserwartungen und entsprechenden »Rollen«. Sie bilden die Binnen-struktur des Religionssystems. Der einzelne bekommt in diesem System seinen Platz angewiesen. Seine möglichen Rollen werden von den Traditionen beschrieben, die – den unterschiedlichen Lebenssituationen entsprechend – allgemeinere und konkretere Rol-lenvorgaben begründen. Das heranwachsende Kind übernimmt sukzessive die lebensge-schichtlich möglichen Rollen und mit ihnen die verschiedenen Möglichkeiten der Lehre und des Ritus. Die religiösen Traditionen stellen die Deutungs- und Handlungsmuster für alle denkbaren Alltagssituationen bereit. Mit den Worten Sundéns: »Wenn wir vor allem an die christliche Erlebniswelt denken, so kann man sagen, daß die Bibel eine ganze Serie von Rollen enthält, die allen möglichen und wechselnden Bedarfssituationen entspre-chen.«[64]

Wer die sozialwissenschaftliche Diskussion etwas kennt, wird sofort bemerken, daß sich Sundén an der klassischen Rollentheorie mit systemtheoretischem Hintergrund orientiert und damit der von E. Durkheim begonnenen religionssoziologischen Theoriebildung folgt.[65] Durkheim beobachtet traditionale Gesellschaften, in denen Mythen, Riten und damit verwobene Weltbilder eine Totalität der Wirklichkeit strukturieren, die die Iden-tität von Gruppen und einzelnen in einer kosmischen Ordnung verankert und diese durch ein System gesellschaftlicher Institutionen und Rollen repräsentiert. Hier präformieren die Traditionen alle Handlungssituationen. Die möglichen individuellen Rollen stehen als immer wiederholbare Muster bereit. Die folgende Generation übernimmt die Rollen bei-nahe unverändert. Sie schlüpft – bildlich gesprochen – in sie hinein.

Strukturen und Sozialisationsprozesse aus traditionalen Gesellschaftssystemen können in den hochzivilisierten Gesellschaften nicht unverändert bleiben, es sei denn um den Preis des Verlusts von Freiheit. Wo aber tradierte Weltbilder und Normen ihre Verbindlichkeit eingebüßt haben und im gesellschaftlichen Zusammenleben unterschiedliche »Moralen«, Interessen, Lebensauffassungen und Weltbilder begegnen, stehen keine festumschriebene Rollen mehr bereit. Selbst die Rollen und Institutionen, die das Funktionieren der plu-ralen Gesellschaft zu gewährleisten haben, sind nur diffus durch einige allgemeine Basis-normen umschrieben. Wer in das Rollenangebot religiöser Traditionen im Sinne Sundéns einfach hineinschlüpfen wollte, müßte in die Traumwelt einer vergangenen sozialen Ord-nung springen. Sundéns klassisches Rollenkonzept impliziert ein statisches Gesellschafts-modell.

Gleichwohl ist das Konzept einer Übernahme religiöser Rollen nicht unbrauchbar. Es erlaubt, Entwicklungen und Veränderungen bei religiösen Vorstellungen wahrzunehmen und zu verfolgen, weil es nicht – wie die Psychoanalyse – Glauben an eine spezifische Symbolisierungsfunktion einer Kindheitsphase fesselt. Auch moderne Sozialisationstheo-rien sehen in der Rollenübernahme einen zentralen Mechanismus der Vergesellschaftung. Dem symbolischen Interaktionismus in der Tradition G. H. Meads[66] ist die Einsicht zu verdanken, daß Rollen in Handlungssituationen ausgestaltet werden, deren »Definition« nicht prinzipiell vorweg feststeht, sondern häufig erst »auszuhandeln« ist.

Dieter Geulen beschreibt den Sachverhalt wie folgt: »Die Situationsdefinition ist nicht durch die jeweiligen objektiven, z.B. physikalischen Gegebenheiten (äußere Situation) festgelegt, obwohl diese für sie in jeweils bestimmter Weise relevant sind. Vielmehr sind innerhalb des gegebenen äußeren Rahmens typischerweise verschiedene Rollen- bzw. Interaktionssysteme möglich. Für letztere habe ich an anderer Stelle den Ausdruck ›Interaktionsspiele‹ vorgeschlagen; relativ allgemeine Typen von Interaktionsspielen sind z.B. ›Zusammen eine Arbeit verrichten‹ oder ›Öffentliche Diskussion‹, konkretere Typen sind z.B. ›Kauf‹, ›Über etwas verhandeln‹, ›Jemanden auf den Arm nehmen‹ usw. Ein wesentlicher Bestandteil der Situationsdefinition sind die jeweils als relevant bzw. geltend angesehenen Verhaltensnormen; die Kategorie der sozialen Norm, die im soziologischen Ansatz der Rollentheorie im Mittelpunkt steht, hat hier also ihren systematischen Platz.«[67]

Geulen macht an anderer Stelle[68] darauf aufmerksam, daß eine ganze Reihe sozialer Handlungsprozesse (und damit auch rollenspezifisches Handeln) in der gegenwärtigen Gesellschaft ohne Übereinstimmung in den individuellen moralischen Überzeugungen ablaufen. Sie sind auf partielle Ziele gerichtet, die mit verschiedenen moralischen und religiösen Überzeugungen vereinbar sein können. Es gibt demnach heute eine Fülle sozialer Rollenübernahmeprozesse ohne sichtbar religiöse Anteile.

Die in den religiösen Traditionen enthaltenen Rollenbilder von Gott und Mensch können – will man Sundéns Anstoß interaktionistisch reformulieren – einen allgemeinen Referenzrahmen bilden, aus dem heraus einzelne und Gruppen in »Interaktionsspiele« eintreten und versuchen können, eine entsprechende Rolleninterpretation lebenspraktisch zu realisieren. Traditionen präformieren nicht mehr die Lebensrollen, sie übermitteln indes Motive, Prinzipien und Sinnperspektiven, die beim »Aushandeln« von Interaktionsrollen Bedeutung gewinnen können, und zwar auf zweierlei Weise:

a) Interaktionspartner artikulieren und konkretisieren das Angebot der Traditionen unter Bezug auf anstehende Handlungsprobleme in Handlungskontexten.
b) Einzene oder Gruppen mühen sich kontinuierlich um ihre Gegenwart betreffende Interpretationen, also um die Formulierung relevanter Motive, Prinzipien, Normen und Sinnperspektiven aus den religiösen Traditionen.

Beide Arten der Auseinandersetzung sollen der Entwicklung, Modifikation oder Neukonstruktion von Sinn- und Handlungsmustern dienen, von denen man hofft, daß sie sich in Interaktionsprozessen bei der Definition von Rollen, Handlungszielen und -mitteln hilfreich erweisen und Anerkennung finden werden. Man kann demzufolge – an Sundén anknüpfend und ihn gleichzeitig korrigierend – den Prozeß religiöser Sozialisation als interaktionsbedingte Entwicklung religiöser Symbolik und normativer Handlungsperspektiven unter Zuhilfenahme religiöser Traditionen beschreiben.

Glaubensentwicklung durch Lernen am Modell

Zu Beginn dieses Kapitels wurde eine Beschreibung religiöser Entwicklung mit Hilfe der klassischen behavioristischen Lerntheorie abgelehnt, weil diese Theorien der Selbsttätigkeit des Individuums nicht Rechnung tragen.[69] Unter der Voraussetzung einer interaktionistisch reformulierten Rollentheorie gewinnt eine neobehavioristische Fassung der Lerntheorie, der sozial-kognitive Ansatz von A. Bandura[70] an erklärendem Wert. Sie vermag plausibel zu machen, wie Menschen sich traditionelle Rollen aneignen und diese neu interpretieren – ohne unmittelbare Belohnung oder Bestrafung.
Bekanntlich neigen alle zur Nachahmung erfolgreichen Verhaltens, weil sie den Erfolg des anderen als eigenen kognitiv antizipieren. Wir lernen so an realen Modellen. Das Nachahmungslernen ist jedoch nicht allein durch den Erfolg bedingt. Wir ahmen auch nach, was uns geachtete oder geliebte Menschen als richtig und gut vor Augen stellen, weil wir uns mit diesen Autoritäten identifizieren. Dieser Umstand weist auf eine psychodynamische Voraussetzung des Modell-Lernens. Es ist kaum zu bestreiten, daß auf diesem Weg

Eltern und Erzieher als reale Modelle für die Übernahme von religiösen Verhaltensformen und Vorstellungen verantwortlich sind. Das Kind betet mit den Eltern und übernimmt von ihnen seinen Gottesglauben.

Lernen orientiert sich aber nicht nur an realen Modellen. Durch Erzählungen und Berichte verschiedener Art werden Personen der Vergangenheit oder ferner Lebenswelten lebendig: Wir machen uns ein Bild von ihnen – ein symbolisches Modell von ihren Eigenschaften, Absichten und Handlungsweisen. Auch sie laden zur Identifikation ein, besonders dann, wenn sie ihre Lebensaufgaben nicht glatt beherrschen, sondern erst – wie es der individuellen Erfahrung entspricht – nach Auseinandersetzung mit inneren und äußeren Widerständen ihre Aufgaben bewältigen. »Wir identifizieren uns eher mit bewältigenden als mit beherrschenden Modellen.«[71] Die biblische Überlieferung enthält ein reiches Angebot »bewältigender« Modelle, in die sogar das Scheitern einbezogen ist. Auch die Übernahme solcher symbolischer Modelle setzt identifikatorische Akte voraus. Das christliche Konzept der Nachfolge bindet im Geschick Jesu symbolisch den Erfolg an das Scheitern, die Macht an die Ohnmacht und die Gerechtigkeit an die Liebe.

Die sozial-kognitive Lerntheorie setzt neben psychodynamischen Prozessen auch kognitive Schematisierungen von vergangenen und zukünftigen Handlungssituationen, von Sinnsetzungen und potentiellen Handlungsstrategien voraus. Reale und symbolische Modelle müssen sozial und historisch geartet, ihre Intentionen in neue Situationen übertragen werden. Das religiöse bzw. sinntransportierende »Rollenmodell« steht ebenso in einem kognitiven Referenzrahmen wie es umgekehrt selbst einen Referenzrahmen für Weltbewältigung darstellt. Rollen- und lerntheoretische Konzepte der religiösen Entwicklung bedürfen der Einbindung in Theorien kognitiver und psychodynamischer Entwicklung.

Die Entwicklung des religiösen Denkens (J. Piaget/R. Goldman)

Die Vielfalt religiöser Symbolik verbietet entwicklungsbezogene Aussagen zu ihrer inhaltlichen Ausprägung mit dem Anspruch auf Allgemeingültigkeit. Aussichtsreicher erscheint die Frage nach universalen Modalformen religiös-symbolischen Denkens, insofern menschlichem Denken prinzipiell identische operative Kompetenzen zugeschrieben werden. J. Piaget hat im Gefolge seiner Untersuchungen zur kognitiven Entwicklung auch die strukturelle Entwicklung des moralischen und religiösen Denkens beschrieben.[72] Besonders hervorzuheben – weil oft nicht beachtet – ist, daß auch Piaget einen emotionalen Ursprung der Religiosität annimmt. Mit dem Schweizer Psychologen und Theologen Pierre Bovet[73] sieht er in der religiösen Bindung eine Übertragung und Sublimierung der ursprünglichen kindlichen Beziehung zur Mutter bzw. zu den Eltern (Liebe und Angst). Zunächst schreibe das Kind seinen Eltern spontan alle Eigenschaften zu, die gemeinhin Gott beigelegt werden, z.B. Allmacht, Allwissenheit, Güte usw., es »divinisiere« die Eltern. Erst mit 5/6 Jahren mache es die desillusionierende Erfahrung, daß auch die Eltern fehlerhaft sind. Jetzt werden die idealen Eigenschaften ersatzweise auf Gott übertragen. Vor dieser Krise von Gott zu reden, sei sinnlos. Das Bedürfnis, sich auf eine allmächtige Instanz zu beziehen, erwachse aus dem allgemeinen Artifizialismus des Kindes, d.h. das Kind führe alle Naturdinge auf Herstellungsprozesse durch Eltern oder Menschen zurück. Ein Kind, das von Gott gehört hat, übertrage seine artifizialistische Denkweise auf Gott, sobald es den Glauben an die Menschenallmacht verloren habe. Gott wird zum Hersteller von Sonne, Mond und Sternen; er lenkt ihre Bahnen genauso wie die der Menschen; er weiß um alles, auch um die zukünftigen Dinge. Mit zunehmendem Alter (zwischen 8 und 12 Jahren) deuten die Kinder die Naturerscheinungen dann naturwissenschaftlich: »Aus den Ausführungen Piagets, der in seinen philosophischen Veröffentlichungen religiösen Fragen gegenüber eine agnostische Haltung einnimmt, wird nicht ersichtlich, ob diese Übertragung und Sublimierung ein unverändertes Beibehalten der anthropomorph-artifizialistischen Schöpfungsvorstellung (neben einer naturwissenschaftlichen Welterklärung) bedeutet oder aber eine deutlichere Unterscheidung zwischen einem menschlich-physischen und einem göttlich-metapysischen Bewirken (Schöpfung als radikales Ermöglichen allen menschlichen und naturhaften Bewirkens) einschließt.«[74]

Die Annahme einer frühen Divinisierung der Eltern ist heute zugunsten einer Tendenz zur Idealisierung der Eltern — stärker ausgeprägt in Familien mit autoritärem als mit partnerschaftlichem Erziehungsstil — relativiert.[75] Wenn man mit Piaget, Bovet und besonders Erikson eine ursprüngliche undifferenzierte Liebes- und Geborgenheitserfahrung als lebensnotwendig annimmt, muß dieses »Urvertrauen« auch die relativierenden Erfahrungen mit den Eltern übergreifen, um den Enttäuschungen und Verletzungen, die das Selbständigwerden begleiten, gewachsen zu sein. Festzuhalten bleiben zwei wesentliche Einsichten Piagets:

a) Emotionale Bedürfnisse, die sich aus primären Beziehungen ausdifferenzieren, entwikkeln eine Eigendynamik, die Anlaß zur Bildung und Übernahme religiöser Vorstellungen ist. Angebotene religiöse Vorstellungen werden bedürfnisadäquat geformt, wobei die verfügbaren kognitiven Strukturen (z.B. Artifizialismus, magisches Denken) dienlich sind.

b) Es läßt sich die Entwicklung eines relativ eigenständigen kognitiven Erkenntnisdrangs beobachten, der auf eine akzeptable Logik der Welt und Lebensdeutung (Welterklärung) gerichtet ist. Zur Lösung der Erkenntnisprobleme können religiöse Vorstellungen dienen, was die Entwicklung religiös-metaphysischer Denkprozesse zur Folge haben kann.

Die Entwicklung solcher religiös-metaphysischer Denkmöglichkeiten hat R. Goldman unter Verwendung von Piagets Theorie der Entwicklung kognitiver Strukturen nachzuzeichnen versucht.[76] Zu beachten ist die grundlegende Beobachtung Piagets, daß jeder Mensch sich mit Hilfe phasenspezifisch unterschiedlicher Denkstrukturen aktiv seine Umwelt aneignet, wobei er gleichzeitig seine Denkstrukturen erprobt, ihre Grenzen erfährt und aufgrund dieser Defiziterfahrung nach adäquateren Strukturen sucht. So entwickeln auch Kinder ihre »Theologien« mit Hilfe der ihnen jeweils verfügbaren Denkstrukturen.

Goldman trennt nun allerdings nicht zwischen Denkformen (struktureller Aspekt) und Inhalten (semantischer Aspekt), weshalb seine didaktischen Konsequenzen nicht überzeugen können.

Auf der Stufe des voroperatorischen Denkens bedient sich das Kind massiv anthropomorpher und artifizialistischer Vorstellungen. Logische Zusammenhänge sind noch unzugänglich. Dementsprechend werden biblische Aussagen buchstäblich und physisch aufgefaßt und in willkürlichen Zusammenhängen geortet (z.B. Mose am Dornbusch erschrickt vor Gottes lauter Stimme). Da die Symbolsprache der Bibel nur mißverstanden werden könne, müsse man auf biblische Unterweisung zugunsten einfacher Grundgedanken über Gott verzichten.

Auch auf der konkret-operatorischen Stufe (ab ca. 8 Jahren) beschränkt sich das Verständnis auf Fakten und Situationen historischer und sozialer Art; die gröbsten Konkretismen werden abgelegt und logische Zusammenhänge erkennbar. Gott wird wie ein Übermensch — ausgestattet mit magischen Kräften — verstanden. Symbolische und spirituelle Deutungen beginnen ansatzweise. Der Unterricht solle sich auf biblische Realienkunde beschränken und symbolträchtige Elemente der Welterfahrung als Bilder erarbeiten (z.B. Licht-Finsternis, Luft-Erde), die auch die Bibel verwendet.

Erst mit der Anwendung des formal-operatorischen Denkens auf religiöse Gegenstände (13/14 Jahre) eröffne sich die Möglichkeit »echten« religiösen, d.h. symbolischen Verstehens. Gottes

Wirklichkeit und Handeln werde von materialistischen Zügen gereinigt und in umfassenden Zusammenhängen rekonstruiert. Erst das Jugendalter sei daher reif für eine vollständige religiöse Unterweisung.

Die didaktischen Hinweise Goldmans entsprechen seinem didaktischen Interesse. Er möchte nachweisen, daß der in England und auch anderswo übliche Bibelunterricht die jüngeren Schüler kognitiv überfordert; er habe eine buchstäblich mißverstandene Interpretation der biblischen Inhalte zur Folge, die in der späteren Entwicklung vieler Jugendlicher zu kognitiven Konflikten und zur Abwendung von biblischen Inhalten führe. So unbestreitbar Goldmans Beschreibung kognitiver Strukturen erscheint — sie wurde neuerdings auch auf breiterer empirischer Basis bestätigt[77] —, so wenig können die didaktischen Folgerungen überzeugen. Denn sie binden die deutende Aktivität an die Angemessenheit kognitiver Strukturen. Vergessen sind die inneren Bilder und Erlebnisse, in denen die religiösen Dimensionen des affektiven Selbst- und Weltbezugs aufleuchten und anklingen. Natürlich wird die analoge metaphorische Rede von Gott dem Vater oder vom »guten Hirten« erst auf der formal-operatorischen Stufe als solche verstehbar. Dies nimmt ihr aber nichts von ihrer emotionalen und symbolgenerierenden Potenz, die sich gerade in den Lebensproblemen jüngerer Kinder stabilisierend oder ermutigend — gewiß auch ängstigend oder unterdrückend — auswirken kann. Kraß buchstäbliche oder konkretistische Denkweisen mögen Erwachsene erschrecken. Den Kindern sichern sie zunächst einmal den Realitätsgehalt ihrer religiösen Deutungen. Sie ermöglichen aber auch eine eigenständige Phantasiearbeit, d.h. eine symbolische Gestaltung der eigenen Gefühle, der angenehmen und der schmerzlichen, der erfreuenden und der ängstigenden. So finden die Kinder in den biblischen Geschichten Bilder und Ereignisse, mit deren Hilfe sie die Erfahrungen bearbeiten können, die in ihrer Alltagserfahrung nicht oder nicht ausreichend durchzuarbeiten sind.

Die pädagogisch-didaktischen Konsequenzen sieht K. E. Nipkow richtiger als Goldman:[78]
»Aus dem Gesagten folgt religionspädagogisch zunächst die Aufgabe, dem Kind bei der gedanklichen Weiterführung der eigenen spekulativen Deutungsversuche, d.h. auf der kognitiven Ebene zu helfen. Ebenso und mehr noch folgt jedoch aus der Rolle der Bilderwelt die große Bedeutung der Erzählung von biblischen und anderen religiös relevanten Geschichten. Das Kind braucht in diesem Zusammenhang besonders dort eine besonnene Begleitung und Korrektur, wo es selbst destruktive Bilder geformt hat. Wichtig ist freilich, daß die Vermittlung äußerer und innerer Bilder durch Eltern, Erzieherinnen (im Kindergarten) und Grundschulpädagogen mit der eigenen schöpferischen Bilderwelt des Kindes verbunden bleibt.«

Die innere Welt der heute aufwachsenden Kinder dürfte nicht gerade reich an religiösen Bildern sein. Erschreckende Bilder sind gewiß häufiger als bekannt lebendig, vermutlich aber kaum noch solche religiöser Herkunft (strafender allwissender Gott oder ängstigende Teufel und Dämonen). Eher findet sich ein verharmlostes Gottes- oder ein moralisch verklärtes Jesusbild[79] wenn nicht überhaupt die religiösen Bilder entschwunden sind und den marktfördernden Bildern einer Konsum- und Fernsehkultur Platz gemacht haben.
Die Entwicklung kognitiver Strukturen zeigt allein die möglichen Formen eines religiösmetaphysischen Denkens über Gott, Geschichte bzw. die Wirklichkeit im ganzen auf.[80]
Die Piaget'sche Sicht gibt der Praxis in den hauptsächlichen religionsdidaktischen Handlungsfeldern Hinweise auf die jeweils einschlägigen Denkformen. Von Bedeutung ist außerdem die Einsicht, daß die jeweils höhere Stufe die spezifischen Leistungen der vorangehenden nicht aufhebt, sondern voraussetzt und nur deren Defizite korrigiert. Wer mit formalen religiösen Begriffen umgehen will, kann dies nur auf der Basis konkreter Operationen, die wiederum eine symbolisch-ikonische Repräsentationsfähigkeit implizieren.

Einen Schritt weiter führen die Untersuchungen, die ausgehend von Kohlbergs Theorie der moralischen Entwicklung[81] Stufen der religiösen Entwicklung beschreiben und empirisch nachzuweisen versuchen. Da moralische Denkprozesse immer die Konzeption einer qualifizierten, d.h. wertbezogenen Beziehung zum anderen zum Inhalt haben, kann man von entsprechenden Untersuchungen mit religiösen Inhalten Aussagen über die Art der Konzipierung von Beziehungen zu religiösen Instanzen erwarten.[82] In größter Nähe zu Kohlbergs ursprünglichem Vorgehen der Auswertung von Begründungen und Entscheidungen über moralische Dilemmageschichten hat Fritz Oser seine Untersuchungen angelegt.[83] Anstelle der kognitiv-moralischen möchte er kognitiv-religiöse Muster erfassen, in denen Individuen eine Gott-Mensch-Beziehung konzipieren.

Zu diesem Zweck konstruierte er ein moralisches Dilemma zwischen einem jungen Arzt namens Paul und Gott. Das Paul-Dilemma lautet:[84]
»Paul, ein junger Arzt, hat soeben sein Staatsexamen mit Erfolg bestanden. Er hat eine Freundin, der er versprochen hat, daß er sie heiraten werde. Vorher darf er als Belohnung eine Reise nach England machen, welche ihm die Eltern bezahlen. Paul tritt die Reise an. Kaum ist das Flugzeug richtig aufgestiegen, meldet der Flugkapitän, daß ein Motor defekt ist und der andere nicht mehr zuverlässig arbeitet. Die Maschine sackt ab. Alle Sicherheitsvorkehrungen werden sofort getroffen: Sauerstoffmasken, Schwimmwesten usw. werden verteilt. Zuerst haben die Passagiere geschrien, jetzt ist es totenstill. Das Flugzeug rast unendlich schnell zur Erde. Paul geht sein ganzes Leben durch den Kopf. Er weiß, jetzt ist alles zu Ende. In dieser Situation denkt er an Gott und beginnt zu beten. Er verspricht – falls er gerettet würde – sein Leben für die Menschen in der Dritten Welt einzusetzen und seine Freundin, die er sehr liebt, nicht zu heiraten und auf ein großes Einkommen und Prestige in unserer Gesellschaft zu verzichten. Das Flugzeug zerschellt auf einem Acker – doch wie ein Wunder wird Paul gerettet.
Nach seiner Rückkehr wird ihm eine gute Stelle an einer Privatklinik angeboten. Er ist aus 90 Anwärtern aufgrund seiner Fähigkeiten ausgewählt worden. Paul erinnert sich jedoch an sein Versprechen gegenüber Gott. Er weiß nun nicht, wie er sich entscheiden soll.«
Der Dilemmageschichte ist eine Reihe von Fragen angeschlossen, die weniger den Inhalt der geforderten Entscheidung als deren Begründung in verschiedenen Dimensionen erforschen sollen. Über unmittelbare Entscheidungsgründe hinaus wird nach dem Verhältnis von menschlichen Erwartungen und göttlichen Forderungen, nach den Arten von Beziehungen zu sozialen Autoritäten (Eltern, religiöse Gemeinschaft), nach Vorstellungen von einem göttlichen (strafenden) Eingreifen in das weltliche Geschehen und nach der Legitimität einer allgemein hoch bewerteten Ersatzleistung gefragt. Nach den Aussagen der Verfasser sind damit »folgende kognitiv-strukturale Elemente angesprochen: Freiheit (Abhängigkeitsverhältnis Gott-Mensch), Sinn (Wirkmächtigkeit Gottes), Negativbewältigung (Theodizee), Transzendenz-Immanenz (Erfahrbarkeit Gottes).«[85]

Ihre Beschreibung von Stufen des religiösen Urteils stützen Oser und Kollegen auf die Antworten zu den genannten Fragen. Daher ist die Struktur der Dilemmageschichte und der anschließenden Fragen unter dem Gesichtspunkt zu bedenken, welche Elemente religiöser Konflikte durch die geforderten Begründungen tatsächlich erfragt werden. Zunächst fällt auf, daß die Dilemmageschichte die Beziehung Gott-Mensch durch eine moralische Verpflichtung definiert. Wäre sie allein Gegenstand der Beschäftigung, könnten die Antworten der Bezugspersonen nur darüber Auskunft geben, ob und in welcher Weise Gott als moralische Autorität konzipiert wird. Durch die angeschlossenen Fragen sieht sich der Befragte hingegen genötigt, die moralische Autorität Gott außerdem noch mit anderen moralischen Autoritäten personaler (anderer Mensch, Eltern), sozialer (Gruppe) und formal-abstrakter (sittliche Prinzipien) Natur in Beziehung zu setzen. Damit ist bereits in das Untersuchungsdesign die Hierarchie der moralischen Entwicklungsstufen nach L. Kohlberg eingebaut, die eine aufsteigende Sequenz moralischer

Orientierung von personalen (Eltern, andere Menschen) über soziale (Gruppen, Konventionen, Gesetze) zu konsensuell-abstrakten (Verträge, Prinzipien, Gerechtigkeitsprinzip) Instanzen als Strukturentwicklung des moralischen Urteils postuliert.[86] Die Fragen erweitern die geforderten Begründungsgesichtspunkte darüber hinaus in doppelter Hinsicht: zum einen sind Vorstellungen von Gottes Handeln bzw. Eingreifen in weltliches Geschehen, insbesondere hinsichtlich eines immanenten Strafhandelns zu explizieren; zum anderen sind mehrfach der Stellenwert und die Grenzen individueller Freiheit im Verhältnis zu den angesprochenen moralischen Autoritäten zu bestimmen. Faßt man die Aspekte zusammen, so erscheint die Konzeption des Abhängigkeitsverhältnisses Gott-Mensch in Fragen der sittlichen Orientierung als die bestimmende Struktur des religiösen Urteils. Bereits das zweite von Oser genannte Element, das er mit Sinn (Wirkmächtigkeit Gottes) bezeichnet, dürfte vermutlich nur im Rahmen der Dialektik Abhängigkeit/Freiheit im Gott-Mensch-Verhältnis in den Blick kommen. Das Theodizeeproblem wird so wenig angesprochen wie andere Arten der Gotteserfahrung, ganz zu schweigen vom Transzendenz-Immanenz-Verhältnis insgesamt und den vielfältigen religiösen Handlungs- und Erlebnisweisen im Alltag. Das religiöse Urteil erscheint als moralisches Urteil im Kontext eines religiös definierten Abhängigkeits- bzw. Freiheitskonzepts, also des Herrschafts-/Autonomieproblems.

Die Beschreibung der Stufen des religiösen Urteils:[87]

»Stufe 1: Orientierung an absoluter Heteronomie:
Der Mensch ist vom Ultimaten als einer fordernden Macht einseitig bestimmt. Dieses Ultimate ist unerreichbar, unerforschlich, unbeeinflußbar. (›Gott weiß schon, was er tut; Gott handelt, weil er so handelt.‹) Eindimensionale Reziprozität: Abhängigkeitsverhältnis auf Willkürebene, z.B. Gott als deus ex machina – Mensch als heteronomes Vollzugsorgan. Dieses drückt sich oft unter dem Aspekt von Strafe und Lohn bzw. Ungehorsam und Gehorsam aus. Man gehorcht, damit man z.B. kein Unglück hat bzw. nicht bestraft wird. Strafvermeidung als Antrieb zum guten (= gottgemäßen) Handeln.

Stufe 2: Orientierung an ›do ut des‹:
Das Verhältnis des Menschen zur Totalität artikuliert sich als Tauschverhältnis. Unmittelbare Determination und gegenseitige Loyalität unter den Bedingungen des do-ut-des-Schemas. Bipolare Reziprozität. Abhängigkeitsverhältnis auf ›Vertragsebene‹ von do ut des. Z.B. ist Gottes Sein im Sinne der Bipolarität erreichbar: zwar unmittelbar-kausale Wirkungen Gottes nach dem Gehorsam-Ungehorsam-Schema, doch Möglichkeiten des Menschen aktiv zu werden (Präventivhandlungen, Sanktionsmilderungen, Artikulation von subjektiven Bedürfnissen und Wünschen etwa durch Gebet, Reue, Buß- und Ersatzhandlungen, gutes Leben usw.).

Stufe 3: Orientierung an Selbstbestimmung:
Die absolute Differenz zwischen Ultimatem und Mensch wird betont: Differenz von heilig und profan. Der Mensch entdeckt die Unvertretbarkeit seiner eigenen Entscheidung: er will seine Handlungen selber beurteilen und verantworten (Nichtübertragbarkeit der eigenen Entscheidung). Das Moment der Negation und der subjektiven Entscheidung dominiert. Die Freisetzung des Subjekts von den heteronomen Bestimmungen wird als Konflikt mit den herrschenden Plausibilitäten erfahren. Z.B. erscheint Gott oft als kontrafaktische Größe im Sinne eines Gesetzgebers. Es ist deshalb ein religiöses Urteil, das nicht einfach identisch ist mit dem unmittelbaren Sinngefüge. Die Sinnbestimmung durch Totalität bleibt letztlich unbestimmt: das reine ›Daß‹ Gottes wird betont. Hier meine Entscheidung, dort das Ultimate.
(Die Übergänge von Stufe 2 zu 3 und von Stufe 3 zu 4 zeigen sich oft in einer starken Ablehnung Gottes, in einer totalen Negation der Fragestellung auch übergreifender Sinnstrukturen.)

Stufe 4: Orientierung an Autonomie und Heilsplan:
Formale Vermittlung der Differenz zwischen Totalität und Mensch. Z.B.: Der Mensch ist auf Gott verwiesen, insofern er als Grund von Welt und Mensch fungiert. Gott ist nicht direkt geschichtswirksam: als Grund von Welt und Mensch stellt er die absolute Bedingung für menschliches Handeln dar. Der Mensch zeichnet sich durch ein begrenztes autonomes Bewußtsein aus: eigene Entscheidungsfähigkeit, er will seine Handlungen selbst beurteilen und verantworten. Die Auto-

nomie des Menschen entfaltet sich aber innerhalb einer Art Heilsplan: Gott will als Garant des Guten das Beste für den Menschen, stellt allerdings nur eine noch nicht konkret vermittelte Bedingung der Möglichkeit für menschliches Handeln dar.

Stufe 5: Orientierung an Intersubjektivität:
Das Verhältnis Totalität-Mensch wird intersubjektiv vermittelt. Absolute Freiheit ermöglicht endliche Freiheit und wird sinnhaft verbürgt (Gott als Befreiung zur Freiheit). Die Intersubjektivität wird zum signifikanten Ort der Manifestation des Ultimaten: weil Gott als die Ermöglichung endlicher Freiheit erscheint, gilt der andere in seiner Freiheit als das eigentlich unbedingte Sinnziel des Handelns, da die eigene Freiheit immer durch andere Freiheit vermittelt ist und umgekehrt. Gott erscheint in der unbedingten Anerkennung des andern in seiner Freiheit durch das Handlungsgeschehen des Menschen vermittelt (Liebe). Dem Subjekt wird die ultimate Forderung der unbedingten Anerkennung der Freiheit des anderen zur Sinnerfahrung.

Stufe 6: Orientierung an universeller Kommunikation und Solidarität:
Im Mittelpunkt steht eine kommunikative Praxis mit universalem Anspruch, angelegt auf universale Solidarität (kommunikative Praxis mit Gott, vermittelt durch intersubjektives Verhalten). Wiederum wird die eigene, autonome Freiheit als intersubjektiv konstituiert angesehen. Das Gott-Mensch-Verhältnis wird aber nicht nur als Grund und Ziel meiner und der andern Existenz, sondern von Geschichte und Wirklichkeit überhaupt gesehen.«

Abdruck mit freundlicher Genehmigung der Autoren (s. Anm. 87).

Die Parallelität dieser Stufenfolge zu Kohlbergs Stufenentwicklung des moralischen Urteils ist evident. Dementsprechend werden »qualitative Verschiedenheit, unumkehrbare Sequenzialität, d.h. Ausschluß von Sprüngen und Regressionen, strukturierte Ganzheit (jeder einzelnen Stufe) und hierarchische Differenzierung und (Re-)Integration« behauptet sowie interkulturelle, von konkreten religiösen Überlieferungen unabhängige Gültigkeit vermutet.[88] Gleichzeitig wird unterstellt, daß mit diesem Entwicklungskonzept die Trennung zwischen emotionaler religiöser Bindung (Freud, Kohut, Erikson) und kognitiven religiösen Vorstellungen durch eine ganzheitliche Selbstreflescion aufgehoben sei, die von der individuellen religiösen Denkentwicklung bestimmt werde.[89] Religiöse Erziehung habe sich nicht nach einem »Informationsvermittlungsmodell« – damit ist wohl die Auseinandersetzung mit spezifischen Überlieferungsinhalten gemeint – zu orientieren. Religiöses Denken sei nicht lehrbar, sondern die Denkentwicklung sei durch »Konflikte« anzuregen, bei deren Diskussion entwicklungsgerechte, d.h. um eine Stufe über dem Argumentationsniveau der Schüler liegende Denkanstöße zu geben seien.[90] Hauptsächliche Gegenstände des Unterrichts sollten demzufolge religiöse Dilemmageschichten nach Art des Paul-Dilemmas sein. Über sie müsse im Unterricht diskutiert werden.[91]
Fritz Oser führt eindrucksvolle empirische Belege für die Validität der Stufenbeschreibung und -folge an. Den Stufen 1–5 ordnet er eine Fülle von Statements befragter Personen zu, die seine Stufenbeschreibung bestätigen und zeigen, daß höhere Stufen (4+5) erst im Erwachsenenalter belegt sind, viele Erwachsene aber nicht über die unteren Stufen hinauskommen.[92] Die Kritik, Oser verenge Religiosität auf Moral im Rahmen eines Abhängigkeitsverhältnisses,[93] ist nur aufrechtzuerhalten, wenn die empirischen Befunde auch von einem angemesseneren Religionsbegriff erklärbar und in die weitere Theoriebildung integrierbar bleiben. Eine phänomenologische Analyse geschichtlicher und gegenwärtiger Religion und individueller Religiosität würde vermutlich den hohen Rang moralischer Bewertung von Handlungsweisen und einen häufigen Bezug auf die Problematik um Freiheit und Herrschaft herausarbeiten. Aber auch ohne methodisch abgesicherte Analyse kann festgestellt werden, daß Moral und Herrschaft nicht die bestimmenden Strukturen aller Religion und Religiosität sind, sondern nur gelegentlich primäre, oft aber sekundäre Bedeutung haben. Für alle mystischen religiösen Formen sind die Moral- und Herrschaftsprobleme nachgeordnet. Die großen ostasiatischen Religionen (Hinduismus/

Buddhismus/Konfuzianismus) thematisieren die Herrschaftsproblematik eigentlich nicht; als strukturierendes Element stellt sie sich nur in Abhängigkeit von der jeweils implizierten Ontologie. Allein im Islam – und auch hier abgesehen von den mystischen Formen – bestimmen Herrschaft/Hingabe und entsprechendes moralisches Handeln das religiöse Leben, wenngleich auch hier die Erfahrung gütiger Fürsorge ursprünglicher zu sein scheint als die Erfahrung der Macht.[94] In der jüdisch-christlichen Tradition sind Moral und Herrschaft bzw. Freiheit eingebettet in das grundlegende Konzept einer Liebesbeziehung zwischen Gott und Mensch. Schon die Thora setzt den Bund voraus, durch den Gott sich sein Volk als geliebten Partner erwählt. Die Anerkennung der Herrschaft Gottes – gewiß zentral im Alten wie im Neuen Testament – beruht auf der Erfahrung der Rettung und des geschenkten Vertrauens, ja die Herrschaft Gottes stellt sich in Jesu Handeln und Geschick als in Freiheit geschenkte bedingungslose Liebe dar. Ihr Geschenk setzt weder moralische Leistungen noch Unterwerfungserwartungen voraus. Erst im Gefolge der Liebeserfahrung ergeben sich verpflichtende Bindungen für das Handeln (Moral) und für den Glauben (Freiheit des Menschen und Macht Gottes). So gesehen nimmt das Osersche Untersuchungsinstrumentarium – zumindest soweit es sich auf christliche Glaubensformen bezieht – nicht die grundlegenden Strukturen, sondern sekundäre Elemente in den Blick, die zwar vorhanden und deshalb auch empirisch zu belegen sind, aber die psychische Dynamik einer christlich beeinflußten Glaubensentwicklung nicht zureichend erfassen. Eine religiöse Entwicklungstheorie müßte das gesamte Beziehungsgeflecht Mensch – Mitmenschen – Mitwelt – Geschichte – Gott (synchronisch und diachronisch), wie es aus der jeweils lebensgeschichtlich erreichten Position gedeutet wird, beschreiben. In einem solchen weiteren Rahmen ließen sich auch interreligiöse Unterschiede in der psychodynamischen Qualifikation religiöser Basisstrukturen, wie z.B. Liebe, Gehorsam, Verschmelzung, Jenseits-Diesseits-Orientierung, als strukturbildende Elemente in Anschlag bringen.

Glaubensentwicklung als Entwicklung religiös-moralischer Deutungskompetenz (J. W. Fowler)

Mit Hilfe eines umfassenderen Theorieansatzes beschreibt James Fowler seine Stufen der »Glaubensentwicklung«. Fowlers Glaubensbegriff ist weder einseitig moralisch noch etwa spezifisch christlich definiert, sondern konsequenter als Osers »religiöses Urteil« interaktionstheoretisch formuliert. Glaube als allgemeiner Lebensglaube[95] meint jede auf umfassende Lebensdeutung zielende Aktivität des in Beziehungen lebenden und diese Beziehungen reflektierenden einzelnen: »Faith does involve constructions of the self and others in perspective taking, in moral analysis and judgement, and in the constructions of self as related to others which we call ego.«[96] Oser wirft Fowler vor, sein Ansatz laufe auf ein »Konglomerat von Stufenkonzeptionen anderer Konvenienz (Logik, role-taking, moralisches Urteil, locus of authority, Weltverständnis, symbolische Interaktion)« hinaus, anstatt das spezifisch Religiöse herauszuarbeiten.[97] In diesem Vorwurf spiegelt sich die schon kritisierte Schwäche des Oserschen Konzepts, das ein spezifisch religiöses Urteil neben der allgemeinen Lebensbewältigung isoliert und dabei Religion unangemessen auf das Moral- und Freiheitsproblem einschränkt. Außerdem trifft der Vorwurf eines Konglomerats Fowlers Konzept nicht. Dieses ordnet verschiedene Stufenkonzeptionen einer leitenden Deutungsperspektive zu, so daß der Eindruck einer einheitlichen Gesamtentwicklung entsteht, wobei die einzelnen Stufenkonzeptionen jeweils Aspekte des Gesamtprozesses beschreiben. So erhalten die von Fowler skizzierten Stufen der Glaubensentwicklung eine Integrationsfunktion für die Gesamtentwicklung der Persönlichkeit. Im folgenden (S. 38–43) sind Fowlers Glaubensstufen, aufgegliedert in ihre unterschiedlichen Aspekte (Faith stages by aspects), in Übersetzung abgedruckt:[98]

Aspekt / Stufe	A. Form des Denkens (Logik) (Piaget)	B. Rollenübernahme (Selman)	C. Form des moralischen Urteilens (Kohlberg)	D. Grenzen des sozialen Bewußtseins	E. Verortung von Autorität (Locus of Authority)	F. Form zusammenhangstiftender Deutungsaktivität im Selbst-Welt-Bezug (Form of World Coherence)	G. Rolle von Symbolen (Role of Symbols)
0	*	*	*	*	*	*	*
1	Präoperatorisch	Rudimentäres Einfühlungsvermögen (egozentrisch)	Bestrafung – Belohnung	Familie, primäre Bezugspersonen	Anhänglichkeit/Abhängigkeitsbeziehungen, Orientierung an Größe, Stärke, sichtbaren Symbolen von Autorität	Episodisch	Magisch-numinos
2	Konkret-operatorisch	Einfache Perspektivenübernahme	Instrumentaler Hedonismus (wechselseitige Fairneß)	»Die wie wir« (in familiären, ethnischen, Rassen-, Klassen- und religiösen Begriffen)	Orientierung an Inhabern von Autoritätsrollen, Bedeutung steigt mit persönlicher Verbundenheit	Erzählend – dramatisch	Eindimensional-wörtlich
3	Frühe formale Operationen	Wechselseitige, Interpersonalität konzipierende Perspektivenübernahme	Interpersonelle Erwartungen und Übereinstimmung	Gebildet von Gruppen, zu denen persönliche Beziehungen bestehen	Orientierung am Konsens von geschätzten Gruppen und an persönlich wertvollen Vertretern von Glaubens- und Werttraditionen	Noch unreflektierte Systembildung (= tacit system), gefühlsmäßige Deutungen symbolisch vermittelt, allgemein gehalten	Mehrschichtige Symbole; sinnstiftende Kraft wohnt Symbolen inne

Abdruck S. 38–43: Fowler, J. W., »Faith and the Structuring of Meaning« in TOWARD MORAL AND RELIGIOUS MATURITY. © 1980 Silver Burdett Company Used by permission.

4	Formale Operationen (sich gabelnd, dichotomisierend)	Wechselseitig, bezogen auf selbstgewählte Gruppe oder Klasse (Gesellschaftsperspektive)	Gesellschaftsperspektive, Relativismus des Denkens oder an klassengebundener Universalismus	Ideologisch kompatible Gemeinschaften, die mit selbstgewählten Normen und Einsichten übereinstimmen	Orientierung am eigenen Urteil, das von selbst gutgeheißenen weltanschaulichen Perspektiven abgeleitet wird. Autorität und Normen müssen damit übereinstimmen	Explizite Systembildung begrifflich vermittelt, Klarheit über Grenzen und innere Verbindungen des Systems	Symbole getrennt von Symbolisiertem. Übersetzt in (= zurückgeführt auf) ideelle Vorstellungen. Sinnstiftende Kraft wohnt der Bedeutung inne, die von den Symbolen übermittelt wird
5	Formale Operationen (dialektisch – gegensätzlich)	Wechselseitig, bezogen auf Gruppen, Klassen und Traditionen »anders« als die eigene	Vorrang der Gesellschaft, Orientierung an übergesetzlichen Prinzipien (universal und kritisch)	Überschreitet Klassennormen und Interessen, disziplinierte ideologische Verwundbarkeit durch »Wahrheiten« und »Ansprüche« von Randgruppen und anderen Traditionen	Dialektisches Verbinden von Urteils-Erfahrungs-Prozessen mit entsprechenden Ansprüchen anderer und mit solchen Ansprüchen, die aus verschiedenen Ausdrucksformen menschlicher Weisheit (wisdom) erwachsen	Symbolische und begriffliche Vermittlung zwischen mehreren Systemen	Nachkritisches Wiedervereinigen von nichtreduzierbarer symbolischer Kraft und ideeller Bedeutung. Sinnstiftende Kraft wohnt der Realität in und jenseits der Symbole inne und in der Kraft von unbewußten Prozessen im Selbst
6	Formale Operationen (synthetisierend – verknüpfend)	Wechselseitig bezogen auf die Wohlfahrt des Ganzen (Commonwealth of Being)	Loyalität gegenüber dem Ganzen (Loyality to Being)	Identifizierung mit der Gattung, transnarzißtische Liebe zum Ganzen (Love of Being)	In einem persönlichen Urteil gewonnen aus den Erfahrungen der vorangegangenen Stufen, gereinigt von egoistischem Streben und verbunden durch disziplinierte Intuition des Prinzips allen Seins	Verbindende tatsächlich gefühlte und geteilte Einheit des »Einer unter den vielen«	Sinnstiftende Kraft von Symbolen, aktualisiert durch ganzheitliche Realitätserfassung, vermittelt durch Symbole und das Selbst

Die abgedruckten »Glaubensstufen« belegen eindrucksvoll die Einheitlichkeit des Fowlerschen Konzepts der Persönlichkeitsentwicklung. Jede Stufe gilt mit Piaget und Kohlberg als »strukturale Ganzheit«, als »dynamische Einheit, die durch interne Verbindungen zwischen den Aspekten konstituiert wird«.[99] Beim Übergang von einer zur anderen Stufe können einzelne Aspekte eine Vorreiterfunktion übernehmen, indem sie das Gleichgewicht einer Stufe stören – ein Vorgang, der nicht einfach automatisch aufgrund biologischer Reifung, psychischer oder geistiger Entwicklung erfolgt, sondern auch mit Krisen, neuen Erfahrungen und Herausforderungen verbunden ist. Genetische und gesellschaftliche Prozesse sind Anstöße für neue Aktivitäten des Individuums, die bisher bewährten, aber nur unzureichenden Muster zu modifizieren bzw. zu ersetzen. Natürlich kann sich der einzelne gegen solche Veränderungen wehren, d.h. sich gegen neue Erfahrungen und Anforderungen mit Hilfe seiner verfügbaren Denkstrukturen abschotten. Aber bei genügend Ich-Stärke, Selbstvertrauen, bei etwas Unterstützung durch die Umgebung oder durch besondere Erfahrungen (revelations and extatic experiences) werden die Schwellen zur Neukonstruktion einer bedeutungsvollen Welt (meaningful world) überschritten.[100]

Die folgenden Beschreibungen der Glaubensstufen sollen nach Fowlers Angaben eine allgemeine Charakterisierung sein, die die vorher dargestellten sieben Aspekte zusammenfaßt. Fowler unterscheidet sechs Stufen, die auf einer Vorstufe Null aufbauen:[101]

Undifferenzierter Glaube

Die vorkonzeptuelle, weitgehend vorsprachliche Stufe, auf der das Kind unbewußt eine Ordnung seiner Welt formt.

Vertrauen, Mut, Hoffnung, und Liebe sind auf undifferenzierte Weise verschmolzen und ringen mit fühlbaren Bedrohungen von Verlassenheit, Unvereinbarkeit, Entbehrung von seiten seiner Umgebung. Obwohl es tatsächlich eine Vorstufe ist, und weitgehend unzugänglich für empirische Untersuchungen der Art, die wir anstreben, liegt die Qualität von Gegenseitigkeit und die Stärke von Vertrauen, Unabhängigkeit, Hoffnung und Mut (oder deren Gegenteile), die in dieser Phase entwickelt wird, allem, was später in der Entwicklung des Glaubens stattfindet, zugrunde (oder untergräbt sie).

Der Übergang zu Stufe 1 beginnt mit dem Zusammenspiel von Gedanke und Sprache, das die Möglichkeit des Gebrauchs von Symbolen in Sprache und spielerischem rituellem Verhalten eröffnet.

Stufe 1: Intuitiv – projektierender (entwerfender) Glaube

Die phantasiereiche, imitierende Phase, in welcher das Kind mächtig und ständig beeinflußt werden kann durch Beispiele, Stimmungen, Handlungen und Sprache des sichtbaren Glaubens von primären Bezugspersonen.

Die Stufe – vor allem typisch für das Kind von drei bis sieben – ist gekennzeichnet durch eine relative Wechselhaftigkeit von Denkmustern. Das Kind begegnet ständig Neuigkeiten, für die keine stabilen kognitiven Operationen zur Verfügung stehen. Die den Vorstellungsprozessen zugrunde liegende Phantasie ist ungehemmt und unbehindert von logischem Denken. Im Bunde mit von der Wahrnehmung bestimmten Wissensformen ist die Vorstellungskraft in diesem Stadium extrem produktiv in der Ausbildung langfristig wirksamer Bilder und Gefühle (positive und negative), die später ein stabileres und selbstreflexives Urteil und Denken zu ordnen und auszusortieren haben wird. Dies ist die Stufe ersten Selbstbewußtseins. Das »selbst-bewußte« Kind ist egozentrisch, soweit es die Perspektiven anderer betrifft. Hier finden wir ein erstes Bewußtsein von Tod und Sexualität und von den strengen Tabus, durch die Kulturen und Familien diese bedrohlichen Erfahrungsfelder isolieren (insulate those powerful areas).

Der Beginn konkret-operationalen Denkens unterstützt den Übergang zu Stufe 2. Affektiv sind die Lösung der ödipalen Probleme und ihre Verdrängung wichtige begleitende Faktoren. Im Zentrum des Übergangs steht das wachsende Interesse des Kindes zu wissen, wie die Dinge sind, und für sich selbst die Kriterien der Unterscheidung zwischen Wirklichem und nur wirklich Erscheinendem zu klären.

Stufe 2: Mythisch – buchstäblicher Glaube

Die Stufe, auf der die Person anfängt, für sich selbst Geschichten, Glaubensvorstellungen und Gebräuche zu übernehmen, die eine Zugehörigkeit zu seiner Gemeinde sinnfällig machen. Glaubensvorstellungen werden buchstabengetreu (wortwörtlich) angeeignet, genau wie moralische Regeln und Haltungen. Symbole werden eindimensional und ihrem Erscheinungsbild entsprechend aufgenommen.

Auf dieser Stufe führt das Aufkommen konkreter Operationen zur Zügelung und Ordnung der phantasiereichen Weltentwürfe (composing of the world) der vorangehenden Stufe. Der episodische Charakter des intuitiv-projizierenden Glaubens macht einer linearen, erzählenden Konstruktion von Zusammenhang und Bedeutung Platz. Die Erzählung wird zum wichtigsten Mittel, der Erfahrung Einheit und Wert zu verleihen. Dies ist die Glaubens-Stufe des Schulkindes (obwohl wir ihre Strukturen manchmal bei Heranwachsenden und Erwachsenen dominieren sehen). Gekennzeichnet durch wachsende Genauigkeit bei der Übernahme von Perspektiven anderer Personen, entwirft (das Kind auf) Stufe 2 eine Welt, die auf gegenseitiger Fairneß beruht, und eine immanente Gerechtigkeit, die auf Gegenseitigkeit beruht. Die handelnden Personen in seinen kosmischen Geschichten sind fertige »Persönlichkeiten« in Menschengestalt. Es kann tief und nachhaltig von symbolischem und dramatischem Geschehen beeinflußt werden und kann in endlos ausführlichen Erzählungen beschreiben, was vorgefallen ist. (Kinder auf) Stufe 2 gehen noch nicht auf Distanz zum erzählten Geschehen, um reflektierende, begriffliche Deutungen zu formulieren (besser: um reflektierend begriffliche Deutungen). Für diese Stufe ist die Bedeutung sowohl getragen von als auch »gefangen« in der Erzählung.

Implizite Konflikte oder Widersprüchlichkeiten von Geschichten führen zum Reflektieren über Bedeutungen. Der Übergang zu formal-operationalem Denken macht solches Reflektieren möglich und notwendig. Der frühere Buchstabenglaube bricht zusammen, neue »kognitive Schematisierungen« (Elkind) führen zur Enttäuschung über frühere Lehrer und ihre Lehren. Konflikte zwischen maßgeblichen Geschichten (z.B. biblische Schöpfungsgeschichten vs. Evolutionstheorie) müssen angegangen werden. Das Aufkommen gegenseitiger interpersoneller Perspektivenübernahme (»Ich sehe dich als einen, der mich sieht; Ich sehe mich, wie du mich siehst; Ich sehe dich als einen, der mich sieht, wie ich dich sehe«) schafft die Notwendigkeit einer persönlichen Beziehung mit der einheitsstiftenden Macht des letzten Umgreifenden (Ultimate Environment).

Stufe 3: Synthetisch – konventioneller Glaube

Die individuelle Welterfahrung überschreitet nun die Grenzen der Familie. Eine Reihe von Erfahrungsbereichen verlangt Aufmerksamkeit: Familie, Schule oder Arbeit, Gleichaltrige, Straßenverkehr und Medien und vielleicht Religion. Glaube muß eine zusammenhängende Orientierung bereitstellen inmitten dieses komplexeren und verschiedenartigeren Grads an Verwicklungen. Glaube muß Werte und Wissen verbinden, er muß eine einheitsstiftende Basis für Identität und Einstellung abgeben.

Beginn und Entfaltung der Stufe 3 ist typisch für die Jugendzeit, aber sie wird auch für viele Erwachsene zum ständigen Gleichgewichtszustand. Sie faßt das letzte Umgreifende (Ultimate Environment) in interpersonelle Begriffe. Ihre einheitsstiftenden Bilder entstammen Erfahrungen aus persönlichen Beziehungen, deren Qualitäten sie entschränken. Es ist eine »konformistische« Stufe in dem Sinn, daß sie genau auf die Erwartungen und Urteile von bedeutsamen anderen eingestellt ist und noch keine genügend sichere eigene Identität und kein genügend autonomes Urteil hat, um eine unabhängige Sichtweise aufzubauen und aufrechtzuerhalten. Glaubensvorstellungen und Werte werden tief empfunden, aber typischerweise verborgen gehalten – die Person »wohnt« in ihnen und in der Bedeutungswelt, die sie vermitteln. Es ergab sich noch keine Gelegenheit, sich reflektierend von ihnen zu distanzieren, um sie ausdrücklich oder systematisch zu überprüfen. Der einzelne hat auf Stufe 3 eine »Ideologie«, eine mehr oder weniger zusammenpassende Ansammlung von Werten und Glaubensvorstellungen, aber er hat sie nicht objektiviert, um sie zu untersuchen, und in gewissem Sinne weiß er nicht, daß er sie hat. Unterschiedliche Ansichten verschiedener Personen werden als Unterschiede in der »Art« der Person erfahren. Autorität wird den Trägern traditioneller Autoritätsrollen zugeschrieben (soweit sie als persönlich wertvoll empfunden werden) oder dem Konsens einer geachteten Gruppe, mit der man unmittelbaren Kontakt hat (face-to-face group).

Faktoren, die zum Zusammenbruch der Stufe 3 und zur Bereitschaft zum Übergang beitragen, können einer oder mehrere der folgenden sein: ernsthafte Konflikte oder Widersprüche zwischen geschätzten Autoritäten, ausgeprägte Veränderungen – herbeigeführt durch offiziell sanktionierte Führungspersönlichkeiten – von Verhalten oder Bräuchen, die früher für heilig und unübertretbar gehalten wurden (z.B. in der katholischen Kirche die Veränderung der Messe vom Lateinischen in die Landessprache oder das Fallenlassen der Forderungen, sich an Freitagen vom Fleichgenuß zu enthalten), die Begegnung mit Erfahrungen oder Perspektiven, die zur kritischen Reflexion über Bildung und Veränderung von Glauben und Werten veranlassen, insbesondere über deren Abhängigkeit von der speziellen Gruppe oder von dem speziellen Hintergrund.

Stufe 4: Individuiert – reflektierender Glaube

Die Bewegung von Stufe 3 zu Stufe 4 ist besonders kritisch, weil während dieses Übergangs der ältere Jugendliche oder Erwachsene anfangen muß, ernsthaft die Last der Verantwortung für seine eigenen Verpflichtungen, Lebensstile, Glaubensvorstellungen und Haltungen zu übernehmen. Wo echte Bewegung in Richtung Stufe 4 im Gange ist, muß der einzelne bestimmten unvermeidbaren Spannungen ins Auge sehen: Individualität gegenüber den Verbindlichkeiten einer Gruppe oder Gruppenmitgliedschaft; Subjektivität und die Kraft eigener stark empfundener aber ungeprüfter Gefühle gegenüber Objektivität und gegenüber der Forderung nach kritischer Reflexion; Selbsterfüllung oder Selbstverwirklichung als eine erstrangige Aufgabe gegenüber Dienst und Dasein für andere; die Frage des Gebundenseins an das Relative gegenüber dem Kampf mit der Möglichkeit eines Absoluten.

Diese Stufe nimmt am ehesten im frühen Erwachsenenalter Gestalt an (aber wir dürfen nicht vergessen, daß viele Erwachsene sie nicht ausbilden und daß sie für eine bedeutende Gruppe erst in den Mittdreißigern oder Vierzigern relevant wird). Diese Stufe ist durch eine zweifache Entwicklung gekennzeichnet. Das Selbst, zuvor beim Aufbau seiner Identität und seines Glaubens von einem (interpersonellen) Kreis bedeutsamer anderer getragen, beansprucht jetzt eine Identität, die nicht länger durch die Summe der eigenen Rollen oder der Bedeutung für andere definiert ist. Um diese neue Identität zu stützen, bildet es einen Deutungsrahmen aus, wobei es sich seiner eigenen Grenzen und inneren Abhängigkeiten bewußt ist und diesen selbst als »Weltanschauung« versteht. Selbst (Identität) und Standpunkt (Weltanschauung) sind von denen anderer unterschieden und werden bei Reaktionen, Interpretationen und Urteilen zu eigenen oder zu fremden Handlungen in Rechnung gestellt. Das Selbst bringt seine Einsichten über Zusammenhänge mit einem letzten Umgreifenden (ultimate environment) in Begriffen eines ausgearbeiteten Deutungssystems zum Ausdruck. Personen auf Stufe 4 übersetzen typischerweise Symbole in begriffliche Bedeutungen – dies ist eine »entmythologisierende« Stufe –, sie achten höchstwahrscheinlich kaum auf unbewußte Faktoren, die ihre Urteile und Verhaltensweisen beeinflussen.

Unzufrieden mit den Selbst-Bildern und mit dem Standpunkt, der auf Stufe 4 aufrechterhalten wird, findet, wer zum Übergang bereit ist, sich selbst als einen vor, der auf etwas wie eine anarchische und störende innere Stimme wartet. Elemente aus einer kindlichen Vergangenheit, Bilder und Energien eines tieferen Selbst, ein nagendes Gefühl von Sterilität und Flachheit der Überzeugungen, denen man anhängt, irgendetwas oder alles dies kann Bereitschaft für etwas Neues signalisieren. Geschichten, Symbole, Mythen, Widersprüchlichkeiten der eigenen oder anderer Traditionen können auf einem Bruch mit der Ordnung (Sauberkeit) der vorangegangenen Glaubensstufen drängen. Enttäuschung wegen der eigenen Kompromisse und die Erkenntnis, daß das Leben komplexer ist als es die Stufe 4 – Logik klarer Unterscheidungen und abstrakter Konzepte – fassen kann, treiben zu einer dialektischeren und vielschichtigeren Erfassung der Wahrheit des Lebens.

Stufe 5: Paradox(es) – verbindender Glaube

Diese Stufe beinhaltet die Intergration von vielen Elementen in das Selbst und in seine Überzeugungen, die im Interesse der für Stufe 4 charakteristischen Selbstsicherheit und wegen bewußter kognitiver und affektiver Anpassung an die Realität unterdrückt und umgangen wurde. Diese Stufe entwickelt eine »zweite Naivität« (Ricoeur), in der die symbolische Kraft mit begrifflichen Deutungen wiedervereinigt ist. Hier muß auch die eigene Vergangenheit neu wiedergewonnen und aufgearbeitet werden. Man muß sich für die Stimme des eigenen »tieferen Selbst« öffnen. Was wichtig ist: dies beinhaltet ein kritisches Wiedererkennen des eigenen sozialen Unbewußten – der Mythen, idealen Bilder und Vorurteile, die tief in das Selbst-System eingebaut sind dank der eigenen Erziehung innerhalb einer bestimmten sozialen Klasse, religiösen Tradition, ethnischen Gruppe oder ähnlichem.

Stufe 5 (ungewöhnlich vor der Lebensmitte) kennt das Geheimnis von Niederlagen und die Realität unwiderruflicher Verpflichtungen und Handlungen. Was die vorhergehenden Stufen an Klarheit – im Sinne einer Abgrenzung des Selbst und seiner Ansichten – erkämpfen mußten, macht diese Stufe jetzt porös und durchlässig. Empfänglich für Paradoxes und für die Wahrheit in augenscheinlichen Widersprüchlichkeiten strebt diese Stufe danach, Gegensätzlichkeiten im Bewußtsein und in der Erfahrung zu vereinen. Sie erzeugt und erhält Verwundbarkeit gegenüber den fremdartigen Wahrheiten derer aufrecht, die »anders« sind. Bereit für Nähe zu dem, was anders ist und das Selbst und seine Ansichten bedroht (neue Tiefen der Erfahrung in Spiritualität und religiöse Offenbarung einschließend), sieht diese Stufe an eine Gerechtigkeit gebunden, die unbehindert von den Grenzen eines Stammes, einer Klasse, einer religiösen Gemeinde oder einer Nation gilt. Und mit der Ernsthaftigkeit, die entstehen kann, wenn das Leben mehr als zur Hälfte vorüber ist, sind Menschen auf dieser Stufe bereit, sich zu verausgaben und verausgaben zu lassen, um die Möglichkeiten anderer zu erhalten und zu fördern, eigene Identitäten und Deutungen zu schaffen.

Personen auf Stufe 5 wissen Symbole, Mythen und Rituale (eigene und andere) zu schätzen, weil sie in gewissem Maß von der Tiefe der Realität ergriffen sind, auf die sich die Symbole beziehen. Außerdem stehen ihnen die Trennungen in der Menschheitsfamilie lebhaft vor Augen, weil sie von der Möglichkeit (und der Forderung) einer umfassenden Gemeinschaft allen Seins berührt sind. Aber diese Stufe bleibt geteilt. Man lebt und handelt zwischen einer unveränderten Welt und verändernden Visionen und Loyalitäten. In einigen wenigen Fällen fordert diese geteilte Erfahrung zu dem radikalen Lebensvollzug heraus, den wir Stufe 6 nennen.

Stufe 6: Universalisierender Glaube

Diese Stufe ist außerordentlich selten. Die Personen, die am besten durch diese Stufe beschrieben werden, haben Glaubensformen hervorgebracht, in denen ihre Vision eines letzten Umgreifenden alles Seiende einschließt. Sie werden Repräsentanten und Vollstrecker des Geistes einer ganz und gar menschlich lebenden Gemeinschaft.

Sie sind »ansteckend« in dem Sinn, daß sie Zonen der Befreiung von den sozialen, politischen, ökonomischen und ideologischen Fesseln schaffen, die wir der menschlichen Zukunft auferlegen und die wie andauern lassen. Weil sie mit dem Gefühl der Teilhabe an einer Macht leben, die die Welt einigt und verändert, werden diese »Universalisierer« oft als subversiv für die Strukturen (religiöse Strukturen inbegriffen) erfahren, durch die wir unser individuelles und gemeinschaftliches Überleben, unsere Sicherheit und Bedeutung stützen. Viele Personen auf dieser Stufe sterben durch die Hand derjenigen, die sie zu ändern hofften. »Universalisierer« werden oft nach dem Tod mehr geehrt und geschätzt als während ihres Lebens. Die wenigen Personen, die durch diese Stufe beschrieben werden können, haben eine besondere Gabe, die sie klarer, einfacher und doch irgendwie im ganzen menschlicher erscheinen läßt als den Rest von uns. Ihre Gemeinschaft ist allumfassend. Besonderheiten werden gepflegt, da sie Werkzeuge für das Universale und daher jenseits aller Nützlichkeitserwägungen wertvoll sind. Das Leben ist beides: geliebt und doch zu leicht befunden. Solche Personen sind bereit zur Verbundenheit mit Personen jeder anderen Stufe und jeder anderen Glaubenstradition.

Die Stufenbeschreibungen Fowlers zeichnen einen Prozeß der Entwicklung von Deutungskompetenz nach, der kognitive und affektive Muster integriert. Gegenüber Osers Erfassung kognitiv konzipierter Abhängigkeitskonzepte in moralisch definierten Grenzsituationen kommt der Glaubensbegriff Fowlers religiöser Selbsterfahrung näher. Glaube bestimmt und qualifiziert Denken, Erleben und Handeln, weil er ein inklusives Beziehungsverhältnis Gott-Mensch-Welt bezeichnet. Phänomenologisch ist Fowlers Ansatz dem Osers überlegen. Auch sein methodisches Vorgehen erscheint realitätsgerechter. Anstelle gekünstelter Dilemmageschichten, die von allen konkreten Lebensproblemen abgehobene Überlegungen stimulieren, hat Fowler in mehrstündigen Interviews mit seinen »Versuchspersonen« über deren Erfahrungen und Ansichten zu grundlegenden

Lebensproblemen gesprochen und die Protokolle dieser Gespräche ausgewertet.[102] Kritiker bezweifeln die Einheitlichkeit der Stufenentwicklung. Zwar billigen sie den einzelnen »Aspekten« eine Entwicklung in der dargestellten Weise zu, verneinen aber die notwendige Parallelität und die Gleichzeitigkeit.[103] Wenngleich Fowler die Vorreiterfunktion von Einzelaspekten einräumt, muß er an der Einheitlichkeit seines Konstrukts »Lebensglauben« festhalten. Denn – über Kohlbergs moralisches Entwicklungskonzept noch hinausgehend – unterwirft er die ganze Persönlichkeitsentwicklung den Gesetzmäßigkeiten, die Piaget bei der Entwicklung kognitiver Strukturen festgestellt hatte: Invariante Sequenzialität, hierarchische Integration und universelle Gültigkeit. Während aber bei Piaget Denkformen die strukturierenden Elemente sind, Kohlberg die Bezugspunkte moralischer Argumentation (Personen – Gruppen – Prinzipien) in strukturierender Form beschreibt, möchte Fowler die gesamte Selbstdeutungsaktivität (»total self-constitutive activity« und »meaning making«) aus einer »logic of conviction« erklären, bei der die rationalen Denk- und sozialen Wahrnehmungsformen die gesamte emotionale Dynamik, alle Vorstellungen und Symbolisierungen der Beziehungen eines Individuums zu seinen verschiedenen Umwelten bis hin zu einem »letzten Umgreifenden« strukturieren. Dabei geht es nicht einfach um eine Ausdehnung der rationalen »Logik« auf andere soziale und emotionale Erfahrungen, sondern – wie Fowler sagt – »a logic constitutive of objects (= rationale Logik) must be seen as integrated with and contextualized by a logic of conviction.«[104]

Die Tabelle auf Seite 38/39 zeigt, welche Elemente – über rationale Denkformen und moralische Urteilsformen hinaus – die Stellung von strukturierenden Elementen für eine »logic of conviction« erhalten. Auf sie müssen dann auch die genannten Gesetzmäßigkeiten zutreffen. Zunächst ist dies die unter B. genannte Entwicklung sozialer Wahrnehmung nach der Theorie von R. L. Selman, die nur stichwortartig aufgeführt ist.[105] Dieser Entwicklung sozialer Wahrnehmung hat Fowler zwei weitere Aspekte zur Seite gestellt, auf deren Verwandtschaft er selbst hinweist, unter D die »Grenzen des sozialen Bewußtseins« (»Bounds of Social Awareness«) und unter E die »Verortung der Autorität« (»Locus of Authority«). Beide »Aspekte« explizieren das Konstrukt der Rollenübernahme mit unterschiedlichen Akzenten. Der Aspekt »Bounds of Social Awareness« erfaßt das Bewußtsein der Zugehörigkeit zu entsprechenden sozialen Gruppen bzw. die Überschreitung von Gruppengrenzen, wie sie bereits im Konstrukt der Rollenübernahme vorausgesetzt ist. Während Selman in seiner Beschreibung die Art der Interaktion formal definiert (rudimentary, simple perspective-taking, mutual-interpersonal usw.), benennt Fowler unter dem Aspekt D die für diese Interaktionsformen relevanten bzw. möglichen Bezugsgruppen, die als Interaktionspartner die Selbstdefinition des einzelnen phasenspezifisch vorrangig beeinflussen. Aspekt E (»Locus of Authority«) beschreibt gesondert die Qualität der Beziehungen zu den Interaktionspartnern im Blick auf den Prozeß des »meaning making«. Dabei tritt ab der Stufe 4 die Selbsttätigkeit in den Vordergrund, wobei sich die Bezugsgrößen erweitern. Auch diese Lokalisierung ideologischer Autorität ist in dem Role-taking-Konstrukt von Selman bereits enthalten.[106] Fowler entspricht mit der Explikation dieser beiden Aspekte ein Stück weit einer häufig geübten Kritik an Selman, die auf Differenzierung des komplexen Konstrukts der sozialen Perspektivenübernahme drängt.[107] Er umschreibt damit eine kognitive Struktur sozialer Wahrnehmung, bezogen auf Träger bzw. Repräsentanten von Werten und Normen in Interaktionsprozessen. Die affektive Beziehung zu Interaktionspartnern ist nicht thematisiert.[108]

Diese wert- und normorientierte Ergänzung der sozial-kognitiven Entwicklungstheorie kann allerdings zwei Fragen nicht lösen. Zum einen sind schon auf der dritten Stufe (der wechselseitigen interpersonalen Orientierung) Entscheidungen zwischen bestimmten Interaktionspartnern unabdingbar. Aufgrund welcher Erfahrungen und Kriterien kann der einzelne zwischen unterschiedlichen Ansprüchen wählen oder sie vermitteln? Zum anderen ist empirisch erwiesen, daß viele Personen – zumindest unter einzelnen Entwicklungsaspekten – über Stufe 2 oder 3 nicht hinausgelangen, obwohl sie über die formalen Denkvoraussetzungen verfügen und Interaktionen von der Art der Stufe 4 nicht ausweichen können. Warum übernehmen sie nicht die Vorgaben der für sie konzipierbaren Interaktionsverhältnisse? Die beiden Schwierigkeiten deuten sich auch in Fowlers Beschreibung der Aspekte an. Bemerkenswerterweise führt er unter E (»Locus of Authority«) die Relevanz des eigenen individuellen Urteils und dessen Orientierung an einer selbst gutgeheißenen ideologischen Perspektive an, obwohl er die ganze Stufe im Sinne des Rollenübernahmekonzepts als synthetisch-konventionell charakterisiert! Die beiden Schwierigkeiten weisen auf eine generelle Verlegenheit entwicklungspsychologischer Theoriebildung hin. Trotz gegenteiliger Absichtserklärungen – so auch bei Fowler – ist durch den Bezug auf soziale Interaktionen und Perspektivenübernahme eine theoretische Integration von kognitiver und psychodynamischer Ontogenese noch nicht geglückt. Obwohl die neueren kognitiven wie die psychodynamischen Entwicklungstheorien (Erikson, Fromm, Maslow u. a.) die Eigenaktivität des Individuums bei Beziehungsdefinitionen betonen, dominieren in den meisten und entscheidenden Entwicklungsphasen Anpassungsprozesse. Erst auf den höheren Stufen wird ein gewisses Maß an Autonomie erreicht, ohne daß dieser plötzliche Umschlag von Abhängigkeit in Freiheit durch den vorangehenden Prozeß begründbar und somit auch erzieherisch beeinflußbar wäre. [109]

Neben diesen beiden, die Entwicklung der Denkformen und der sozialen Wahrnehmung betreffenden Aspekten beschreibt Fowler zwei weitere, für die religiöse Entwicklung zentrale, kognitive Tätigkeiten: zusammenhängende Sinndeutung und Symbolisierung. Hier versucht er eine kognitive Struktur unter zwei Aspekten zu erfassen, die formale Seite der Deutungsaktivität analog zur Denkform als »Form of World Coherence« und die Bedeutungsträger selbst in ihrer symbolischen Qualität (»Role of Symbols«). Zu unterstreichen ist, daß mit beiden Aspekten in der Tat grundlegende Elemente religiöser Welt- und Lebensbewältigung in den Blick kommen – im ersten Fall sinnbezogene Denkmodelle, im zweiten Fall die Grundform der die Objektwelt transzendierenden und diese zugleich qualifizierenden Sprache im weitesten Sinn (Bild, Wort, Vorstellung). Beide Aspekte müssen nicht unbedingt im Rahmen eines spezifisch religiösen Referenzsystems definiert sein, sondern können in verschiedenen Deutungssystemen konkretisiert werden.

Der Deutungsaspekt ist – wie nicht anders zu erwarten – eine exakte Übertragung der Denkformen auf die kulturell bestimmenden Formen deutender Überlieferungen. Hier entspricht der Aufbau der kognitiven Struktur bestimmten Formen in den Deutungssystemen, wie sie kulturell objektiviert sind. Präoperatorisches Denken bedient sich einzelner aus Situationen unmittelbar erwachsender Deutungen und Interpretationen, die »episodisch« auf die dominierenden Erfordernisse bezogen sind. Konkret-operationales Denken orientiert sich an Handlungszusammenhängen, deutet also »narrativ-dramatisch« und stellt damit erstmalig sinnvolle Zusammenhänge zwischen unterschiedlichem Erleben und Erleiden her. Das so schon implizierte Deutungssystem kann erst mit dem Übergang zu formalen Operationen als ein logisch stimmiges System erfaßt werden, das als »tacit system« die erste Form rationaler Weltdeutung darstellt. Die wachsende Verfügung über formale Operationen gestattet, auf Stufe 4 das System begrifflich zu klären und von anderen abzugrenzen, eine individuiert-reflektierende Glaubensform wird möglich. Schließlich läßt die wachsende Formalisierung des Denkens sogar eine metatheoretische Vermittlung zwischen unterschiedlichen Deutungssystemen zu. [110]

Die Beschreibung dieser Deutungsstufen (Aspekt F) erscheint zunächst einleuchtend, wenn man sich vergegenwärtigt, daß sie bereits eine Verbindung zwischen logischen Strukturen und sozial-kulturell geprägten Deutungsstrukturen enthält, die ab der Stufe 4 mit der Geschichte westlichen Denkens kongruent erscheint. [111] Über die schon bisher bekannten und auch religionsdidaktisch einschlägigen groben Unterscheidungen zwischen präoperatorischem, konkret-operatorischem und formal-operatorischem Denken hinaus differenziert sie das Spektrum der formalen Operationen. Die Fähigkeit zunehmender Differenzierung und Abstraktion der Begriffe und des synthetisierenden Umgangs mit widersprüchlichen Informationen und Konzepten ist offensichtlich nicht plötzlich vorhanden, sondern wird erst in einer längeren Lerngeschichte auf formal-operatorischem Niveau erworben. Die Ausbildung der höheren Stufen formaloperatorischen Denkens ist − wie neuere Untersuchungen wahrscheinlich machen[112] − kein notwendiger Fortschritt in der Denkentwicklung schlechthin, sondern von bereichsspezifischen Herausforderungen zumindest beeinflußt.

Die Schwierigkeiten der Stufenfolge zeigen sich beim Vergleich mit praktischen Erfahrungen, die jeder in der religiösen Erziehung machen kann. Bis zur 4. Stufe werden die Veränderungen ausschließlich auf Veränderungen der Denkformen zurückgeführt. Es sieht so aus, als ob von der Kindheit bis in die späte Adoleszenz ein kontinuierlicher Fortschritt der Sinndeutung ablaufen könne und müsse, bevor Relativität, Pluralität und Paradoxie von Deutungen und Erfahrungen bewußt würden und zu bearbeiten wären. In Wirklichkeit aber nehmen schon Kinder unterschiedliche Deutungszusammenhänge wahr, übernehmen einige und weisen andere ab. Für solche Entscheidungen sind nicht nur kognitiv-strukturelle Voraussetzungen verantwortlich zu machen, eher schon die Zugehörigkeit zu bestimmten sozialen Gruppen. Aber damit ist auch noch nicht hinreichend erklärt, wie Kinder widersprüchliche Deutungsangebote verarbeiten, die ihnen bei ihren unmittelbaren Interaktionspartnern begegnen. Diese Schwierigkeiten erwachsen allerdings nicht, wenn man die formale Stufenentwicklung an ein bestimmtes inhaltlich qualifiziertes Deutungssystem bindet und von dessen kontinuierlicher Erschließung her argumentiert. Dies aber impliziert die formale Betrachtungsweise gerade nicht. Damit sind auch die Grenzen ihrer pädagogischen und didaktischen Bedeutung angezeigt. Das Stufenschema ist zwar eine Hilfe, um eine angemessene logische Form für einen Überlieferungsinhalt zu finden. Es gibt aber keine Hilfen für die Bearbeitung der dabei auftretenden inhaltlichen Probleme. So führt es − mit Ausnahme der Differenzierung bei den formalen Operationen − hinsichtlich der didaktischen Problematik der Inhalte nicht über die schon von Piaget aufgezeigte Gesetzmäßigkeit formaler Denkstrukturen hinaus.

Anders verhält es sich mit dem Aspekt G (Role of Symbols). Zwar erscheint auch hier die Beschreibung auf den ersten Blick wie eine einfache Anwendung der Denkformen auf symbolische Repräsentationen. So hat schon Piaget in seinen Untersuchungen zum Weltbild des Kindes das magisch-numinose und das eindimensionale wörtliche Verständnis unter den Stichworten animistisch und artifizialistisch im Blick auf die Entstehung natürlicher Phänomene beschrieben.[113] Doch Fowlers Definitionen erweitern den kognitivistischen Rahmen auf die soziale Wahrnehmung. Symbole repräsentieren im Bewußtsein affektive Bindungen, die Kenntnisse und Erkenntnisse übergreifen. So gesehen stellen Symbole sozial-kulturell geprägte und individuell verarbeitete Formen emotionaler Bindungen im Bewußtsein dar. Wenn sie auch den kognitiven Formen unterworfen sind, erschöpfen sie sich darin nicht. Die kognitiven Differenzierungen helfen bei der Erkenntnis und Thematisierung der mit den Symbolen gegebenen sinnstiftenden Bindungen, sie konstituieren diese aber nicht. Hingegen schaffen emotionale Erfahrungen mit realen und virtuellen Partnern die Bindungen, deren emotionaler Gehalt in Symbolen festgehalten wird. Deshalb folgt der Entwicklungsverlauf der Symbole nicht der Regel: Differenzierung und Aufbau einer logisch systematischen Ordnung, sondern der Regel: Differenzierung zum Zweck dynamischer Integration verschiedener innerer Bindungen. Zunächst wird eine einlinige, dann werden mehrschichtige Bedeutungen erfaßt, die den verschiedenen Interaktionsbereichen entsprechen können. Danach wird zwischen Symbol und Bedeutung als solcher unterschieden (Stufe 4) und die sinnstiftende Bindung allein der (abstrahierten) Bedeutung zugeschrieben. Die Beziehung von Werten auf abstrakte soziale Strukturen ist somit möglich. Schließlich können dank der Ablösung von äußeren Autoritäten die inneren Bindungen neue Kraft gewinnen, um konkurrierende Wert- und Bedürfnisansprüche zu integrieren, die aus der Begegnung mit verschiedenen Menschen und Gruppen erwachsen. Die psychodynamische Dialektik ist in dieser Entwicklungslinie spürbar, wenngleich auch hier eine Wirkung qualifizierter Symbole und Bindungen auf die Stufenfolge oder die Ausgestaltung einzelner Stufen ausgeschlossen scheint. Fowler sieht selbst, daß weder entwicklungsfördernde Funktionen von Regressionen noch das »mächtige transformierende Potential« der unbewußten Elemente psychischer Prozesse eingearbeitet sind.[114] Von einer strukturbildenden Eigenwirkung der Symbole spricht er erst auf der 5. Stufe. Immerhin gesteht er nebenbei ein dialektisches Verhältnis zwischen psychischem Potential und der »logic of conviction« zu.

Eine vorläufige Bilanz hat zu konstatieren, daß Fowler Glaubensentwicklung als den Aufbau und die Differenzierung eines Überzeugungssystems versteht, dessen strukturbildende Elemente er in verschiedenen Komponenten sozialer Kognition und logischer Denkformen sieht. Diese akzentuiert er mit entsprechenden Prozessen der Weltdeutung und Symbolbildung, so daß ein Grundmuster der religiösen Entwicklung in Stufen analog zur kognitiven und sozialen Entwicklung des Ichs hervortritt. Psychodynamische Entwicklungstheorien sind nicht integriert, was der Einheitlichkeit des Gesamtkonstrukts zugute kommt.[115] Psychische Prozesse dürften – wenn sie Beachtung finden – als Behinderung oder Förderung der kognitiven Strukturentwicklung angesehen werden. Die Formel zur Erklärung von Entwicklungsunterschieden zwischen den verschiedenen Aspekten steht aus den Arbeiten Kohlbergs zur moralischen Entwicklung schon zur Verfügung: Kognitive Entwicklung ist eine notwendige, aber nicht hinreichende Voraussetzung für soziale Rollenübernahme, diese wiederum eine notwendige, aber nicht hinreichende Voraussetzung für moralische Entwicklung, diese wiederum eine notwendige, aber nicht hinreichende Voraussetzung für religiöse Entwicklung.[116]

Neben der Vernachlässigung der psychischen Komponente kann man vorab schon feststellen, daß in die Definition der spezifisch religiösen Aspekte (F und G) westliche religionsphilosophische Prämissen eingegangen sind. Die oberste (spekulative) Stufe 6 repräsentiert einen Gottesbegriff als umfassenden Seinsbegriff, ein Erbe griechischen Denkens in deutlich lebensphilosophischer Fassung (Sein als Voraussetzung und Kraft des sich selbst strukturierenden Lebens).[117] In der Stufe 5 schlagen neuzeitliche Pluralität, Universalität und Endlichkeitserfahrungen durch. Zuvor sind systematisch geschlossene theologische oder weltanschauliche Systeme im Blick, wie sie für die abendländische Denkgeschichte typisch sind. Es sind demzufolge Zweifel angebracht, ob hier eine universal gültige, kulturinvariante strukturelle Entwicklungstheorie nach den Standards von Piaget und Kohlberg vorliegt oder ob eben nicht gerade der Fowlersche Versuch ungewollt den Nachweis führt, daß jede Überzeugungsstruktur auch vor ihrer konkreten inhaltlichen Spezifizierung schon kulturell geprägt ist und nur auf formale Denkoperationen und formale Beziehungskonstellationen als universale »Tiefenstrukturen« zurückgreifen kann. Da Religionsdidaktik in konkreten sozial-kulturellen Verhältnissen zu betreiben ist, kann das Problem universaler Strukturen jedoch dahingestellt bleiben.

Fowlers sieben Aspekte – so wurde oben gesagt – tragen der Vieldimensionalität menschlichen Glaubens eher Rechnung als Osers Beschränkung auf ein religiös-moralisches Urteil. Gleichwohl deutet die mangelnde Integration der psychodynamischen Entwicklung darauf hin, daß auch in Fowlers Entwicklungskonstrukt entscheidende Aspekte fehlen. Wenn – wie oben ebenfalls angedeutet – religiöser Glaube die innere Vertrauensbeziehung zu einem transzendenten anderen gleichermaßen lebt und im Bewußtsein repräsentiert, sind mit entsprechenden kognitiven und sozialen Perzeptions- oder Repräsentationsformen und mit symbolischen Deutungsaktivitäten eben auch nur sekundäre »Aspekte« der Glaubensentwicklung, wenngleich zentrale Dimensionen der Bewußtseinsaktivitäten, in den Blick genommen.[118] Fowler selbst definiert seinen Glaubensbegriff »relational«, er spricht von einer »Vertrauensstruktur« (fiduciary pattern) und einer »Bundesstruktur« (convental pattern) des Glaubens und läßt damit grundlegende Definitionen aus lutherischer und reformierter Tradition anklingen.[119] Diese innere Beziehung ist für Fowler noch nicht der Glaube selbst, sondern ein dauernder Anstoß, »unseren Lebenserfahrungen Gestalt zu geben«; Glaube ist eine »aktive Weise des Wissens« (faith knowing), die mit der »Formung von Bildern« beginnt.[120] So gewiß die innere Glaubensbeziehung ständig zu Sinndeutungen drängt, so wenig ist Glaube mit Deutungskompetenz identisch. Für die religionspsychologische Betrachtung des individuellen Glaubens ist unerläßlich, der ursprünglichen intensiven affektiven Beziehung zu Gott eine Priorität vor jeder Art symbolischer Repräsentation bzw. Deutungsaktivität zuzuerkennen.[121] Was aus theologischer Sicht und aus der Erfahrung des gelebten Glaubens Gnade heißt – die Erfahrung des geschenkten Glaubens – spiegelt sich psychologisch in der Vorgabe einer intensiven und totalen Vertrauensbeziehung des einzelnen in seiner »Welt«.

Wenn man – Fowler folgend – Glaubensentwicklung im Kontext der Persönlichkeitsentwicklung beschreiben will, nötigt die Priorität der Psychodynamik zu einer Revision der Modellvorstellung. Eine einheitliche Stufenfolge erscheint auch dann nicht plausibel, wenn man Verzögerungen bei Einzelaspekten (horizontal décalage) einräumt. Es ist hingegen zunächst einmal von einer prinzipiell dialektischen Emotionalität in den einzelnen Persönlichkeitsbereichen und von einem dialektischen Verhältnis zwischen den einzelnen Persönlichkeitsbereichen auszugehen. In bezug auf diese doppelte Dialektik dürften religiöse Symbole unterschiedliche Funktionen erfüllen. Gleichzeitig sind die geschichtlich gewordenen Interaktionsverhältnisse mit ihren persönlichkeitsbestimmenden Formen und Symbolen zu berücksichtigen, d.h. Fowlers Glaubensentwicklungskonzept muß zuerst im Rahmen einer psychodynamischen Persönlichkeitstheorie, sodann im Rahmen einer Interaktionstheorie reformuliert werden, wenn ihr Anspruch einlösbar sein soll. Dies kann hier nicht ausführlich, sondern nur in Ansätzen soweit skizziert werden, wie solche Einsichten bei den späteren Vorschlägen zu stufenspezifischen Zielen, Inhalten und Methoden des Unterrichts vorausgesetzt werden.

Die Psychodynamik religiöser Entwicklung (B. Grom)

Auf psychodynamischer Grundlage hat B. Grom drei »Erfahrungsansätze erlebnisverwurzelter reifer Religiosität« nachgezeichnet. Er geht dabei von drei lusthaften Erlebnisdispositionen aus, die sich aus der undifferenzierten affektiven Reaktionsbereitschaft des Säuglings ausgliedern und auf denen die gesamte affektive Entwicklung der Persönlichkeit aufbaut.[122] Die erste ist das Grundvertrauen (E. Erikson), das aus der Erfahrung des Versorgtseins und der Verfügung über die eigenen Organe erwächst. Es stellt eine »vor-religiöse Erlebnisbereitschaft« (= prä-religiöse Disposition) dar, die nach der Trennung von Selbst und Umwelt (Objektpermanenz) naiv auf die gesamte Umgebung übertragen wird, sogar auf die physikalischen Prozesse. Im Umgang mit der materiellen Welt und mit sich selbst erfährt das Kind, daß Aktivität und Orientierung von seiner Seite erforderlich sind. Optimismus und Selbstwertgefühl werden realistischer und reflektierter. Die Zuwendung bestimmter anderer wird zum Aufbau des Selbstwertgefühls gesucht. Die Ausdifferenzierung des religiösen Vertrauens beginnt nach A.-M. Rizzuto in dieser frühen Phase. Das Kind fängt an, einige seiner inneren Aktivitäten vor den Eltern zu verbergen, um deren Zuwendung nicht zu gefährden. Es baut seine private Welt auf, braucht aber dabei die Begleitung eines vertrauenswürdigen Erwachsenen. Erfährt das Kind etwas von Gott, findet es in ihm seinen inneren Begleiter, mit dessen umfassendem Verständnis für seine Wünsche, Schwierigkeiten und unerlaubten Impulse (Böses) es rechnen kann – vorausgesetzt, die Eltern erscheinen dem Kind liebevoll und es hört von einem gütigen Gott.[123] In diesem Fall bezieht das Kind vermutlich intuitiv auch die Eltern in seine Gottesbeziehung ein. So kann sich die Überzeugung von der Zuwendung des unbedingt Verläßlichen auch in Zeiten der Not (Einsamkeit, Krankheit usw.) bewähren. Es sei darauf hingewiesen, daß diese Entwicklungsskizze religiösen Grundvertrauens die ersten beiden Phasen des Eriksonschen Konzepts betrifft. Daher erscheint plausibel, daß bei Beziehungsschwierigkeiten negative und ängstigende Züge ins Gottesbild eingehen, insbesondere wenn die Eltern dem Kind mit wenig Liebe und mit viel Anpassungsforderungen begegnen.

Aufbauend auf dem Grundvertrauen kann sich die zweite, stärker auf die »Objekte« gerichtete Disposition herausbilden, die lustvolle Zuwendung zu Gegenständen, die abgesehen von den eigenen Selbstwert- und Schutzbedürfnissen Interesse und Bewunderung erregen. Aus ihr entwickelt sich eine generelle »positive Lebenseinstellung«, eine »Bereitschaft zu lustvoller integrierter und bewundernder Erkundung und Interaktion«.[124] Grom weist darauf hin, daß eine psychoanalytische Erklärung (Libidobesetzung der Objekte und Sublimierung) nicht ausreicht. Denn die erforderlichen Differenzierungsleistungen implizieren kognitive Prozesse. Erste Voraussetzung ist Objektpermanenz, weiterentwickelt zur Fähigkeit innerer Repräsentation vergangener Erfahrungen und zukünftiger Erwartungen. Das Kind lernt zwischen Erfreulichem, Nützlichem, Interessantem für sich und für andere zu unterscheiden; es muß sich gelegentlich entscheiden und dafür Kriterien entwickeln. Dadurch kommen Vorformen von Werten ins Spiel; Zusammenhänge und Kausalbeziehungen werden erforscht. Die Frage nach dem Woher drängt sich schließlich auf. Das objektbezogene Lusterleben führt aber auch schon ohne Kausalfragen zu spontaner Zuneigung bzw. Dankbarkeit gegenüber den Spendern der Objekte. Diese kann sich auch auf Gott beziehen, wenn das Kind Gott als Bewirker alles Guten kennenlernt. So wird Gott, den das Kind als inneren Partner schon kennt, selbst zum verehrungswürdigen »Objekt«, dem alles Gute und Große zu verdanken ist. Traumatisierende Kränkungen, aber auch Vergötterungen können zur Flucht in narzißtisch-magische Größen- und Allmachtsphantasien veranlassen, in denen der einzelne sich mit einem allmächtigen Gott identifiziert und die Objektwelt als seinen unbeschränkten Machtbereich ansieht.

Die dritte Disposition erwächst aus einer weiteren Differenzierung des Grundvertrauens und des Objektbezugs, aus der interessierten und mitfühlenden Zuwendung zu anderen Menschen, dem »prosozialen Empfinden«, das sich zu einer »ethisch-religiös motivierten altruistischen Verantwortungsbereitschaft« weiterentwickeln kann.[125] Ursprung des prosozialen Empfindens ist ein spontaner Impuls der »Empathie«, des einfühlenden Mitleidens und Mitfreuens, der durch die Wahrnehmung von Signalen des Schmerzes oder des Wohlbehagens ausgelöst wird. Mit zunehmender Ich-Du-Differenzierung unterscheidet das Kind die eigenen Empfindungen von denen anderer und ist in der Lage, sich seinen Anteil am Befinden des anderen zu verdeutlichen. Die empathischen Regungen werden kontrollierbar, die Möglichkeit zu reflektierter Reaktion ist gegeben. Das Kind kann aufgrund seiner Erfahrungen die Stärke der Empfindung einschätzen, zwischen vorgeblichen und tatsächlichen Befindlichkeiten unterscheiden und seine Hilfsmöglichkeiten realistischer bedenken. Die differenzierte affektive Einfühlung nötigt zu Wertprüfung. Das Kind muß entscheiden, ob es seine empathischen Regungen weiter zulassen oder abwehren, ob und inwiefern es tätig werden will oder ob es gar die Hilfsbedürftigkeit bzw. die Hochstimmung anderer für andere Zwecke ausnützen möchte. Wieviel Wertschätzung verdienen bestimmte Mitmenschen oder Mitmenschen überhaupt?

Entscheidend für eine altruistische Weiterentwicklung der ursprünglichen Empathie ist die Einsicht in die eigene Schuld,[126] d.h. zunächst die Erkenntnis, das Leiden eines anderen verursacht zu haben. Die Einsicht kann sich mit Hilfe kognitiver Operationen (Vorwegnahme möglicher Hilfe und Unterlassung) zum Schuldgefühl wegen Unterlassung und zu antizipatorischer Schuld (Vorwegnahme von möglichem Leiden für Betroffene) bis hin zu einem generellen existentiellen Schuldgefühl hinsichtlich von Prozessen und Umständen erweitern, die einer nicht unmittelbar selbst verursacht hat, in die er nur irgendwie, etwa als Angehöriger eines Volkes oder einer sozialen Schicht, verflochten ist.[127] Jede dieser Schuldformen kann zum Motiv für moralisches Handeln werden. Wichtig ist ein Hinweis des »Vaters« dieser Theorie M. L. Hoffmans: »Die Auslösung empathischen oder sympathetischen Leidens garantiert natürlich moralisches Handeln ebensowenig wie irgendwelche Motive Handeln garantieren können.«[128] Empathie ist nur ein Anstoß für Moralität, die ihrerseits durch Werte des Menschlichen geformt werden muß. Wenn Erzieher einen Gott für alle Menschen bzw. Jesus Christus als den menschlichen Gott und liebenswerten Mitmenschen in Wort und Tat glaubwürdig darstellen, dürfte dies die empathische Disposition zu einer altruistischen Einstellung umgestalten helfen.

Die zur Dankbarkeit reifende positive Lebenseinstellung und die sich zu altruistischer Gesinnung gestaltende Empathie sind in die psychosoziale Entwicklung der ganzen Person eingebunden. Nimmt man Eriksons Phasen als Orientierungsmuster, sind Grundvertrauen und Selbstwertgefühl in den beiden ersten Phasen (bis zum Kleinkindalter) vorrangige Entwicklungsaufgaben; positive Lebenseinstellung und Empathie haben ihren erkennbaren Ursprung in der zweiten Phase und differenzieren sich dann während der Kindheit aus. Der Schwerpunkt scheint hier aber im Kleinkindalter und im Spielalter, also während der Phasen Autonomie gg. Scham und Zweifel sowie Initiative gg. Schuldgefühle zu liegen. Die Generalisierung der bis dahin erworbenen Einstellungen führt ins Schulalter (Werksinn gg. Minderwertigkeitsgefühl). Aus dieser Zuordnung lassen sich auch die besonderen Gefährdungen der beiden Erlebnisformen erklären. Die positive, dankbare Zuwendung zu den »Objekten« der Umwelt ist behindert, wenn eine gegenstandsadäquate Differenzierung der objektbezogenen Gefühle und Wünsche mißlingt. Das Kind flüchtet sich in Allmachtsphantasien oder macht – im religiösen Milieu – Gott zu einem immer verfügbaren Wunscherfüller, zu einem deus ex machina.[129] Die Objektwelt kann nicht als geschenkte Lebenswelt angenommen, sondern muß mit allen Mitteln den eigenen Wünschen unterworfen werden. Die Entwicklung der Empathie zum Altruismus dürfte bei einer Erziehung unter Zwang kaum zu erwarten sein. Angstmotiviertes Verhalten, sei es aus Angst vor physischer Strafe oder vor Liebesentzug, aber auch eine Orientierung auf materielle und physische Belohnungen bei mangelnder Zuwendung machen moralisches Verhalten zum Mittel, das Wohlwollen der Erzieher zu erhalten und ihren Zorn zu verhindern. Zuwendung und Einfühlung zählen in diesem Fall nicht, ja sie widersprechen u.U. den autoritären Forderungen. Wo Gott bereits ein innerer Partner ist, erhält er so die Züge der gefürchteten Autorität: als das Über-Ich, in dem die väterliche und die mütterliche Strenge weiterlebt und dem sich später alle weltlichen Autoritäten beigesellen werden. Angstmotivierte Religiosität ist entstanden.[130]

Betrachtet man den Ablauf der psychodynamischen Entwicklung der Kindheit, fehlt noch die vierte (ausgedehnteste) Phase, psychoanalytisch die Latenzphase, nach Erikson die durch den Konflikt Werksinn gegen Minderwertigkeitsgefühl charakterisierte Phase, nach der kognitiven Psychologie die Phase des konkret-operatorischen Denkens. Auch diese Phase konstituiert und differenziert eine lebenslang wirksame Grundeinstellung. Unwahrscheinlich erscheint die Annahme, daß nicht auch sie eine gewichtige Basis »erlebnisverwurzelter reifer Religiosität« sein sollte. Es ist daher m.E. legitim, über Groms drei Erfahrungsansätze hinaus einen vierten zu skizzieren.[131] Das Kind will lernen, schreibt Erikson;[132] es will die Welt der Erwachsenen zu seiner Welt machen. Lernpsychologen sprechen von einem eigenständigen kognitiven Antrieb. Man führt den kognitiven Antrieb auf allgemeine Tendenzen der Neugier oder auf Wünsche zurück, die Umwelt zu erforschen und zu manipulieren.[133] Insofern setzt er die oben skizzierte positive Lebenseinstellung voraus. Der kognitive Antrieb ist nicht spezifisch auf bestimmte Handlungsbereiche gerichtet, sondern spezifiziert sich erst durch erfolgreiche Lernprozesse und durch Übernahme von Werten bedeutsamer anderer. Prinzipiell richtet er sich auf die gesamte Lebenserfahrung. Auch Fowler bestätigt seine Bedeutung. Auf Stufe 1 (intuitiv-projektierender Glaube) konnte er ein unstrukturiertes Neugierverhalten feststellen, das für alles und jedes willkürlich erscheinende Erklärungen sucht und erfindet. Hier setzt — wie Piaget schon feststellte — die Frage nach dem Woher ein, zunächst nach dem Ursprung der eigenen Person, dann der Eltern und der anderen Menschen, schließlich aller Dinge. Erst auf Stufe 2 aber schlägt ein logisches Interesse durch. Zusammenhang und Bedeutung sollen umfassend einsichtig werden. In allen Bereichen ist das Kind jetzt auf der Suche nach Gesetzmäßigkeiten. Es will sich seine Welt überschaubar ordnen. Der Versuch, einem »Welt-Zusammenhang« Form zu geben (Fowlers Aspekt F: Form of World Coherence), beginnt eigentlich erst in dieser Phase. Man kann auch sagen, mit dem Spielalter setzt ein Bemühen ein, die ursprüngliche Vertrauensbeziehung zur Umwelt auch kognitiv zu verifizieren. Aber erst im Schulalter muß das Kind seinen ursprünglichen Glauben denkend einholen. Es sucht, ihn geschichtlich und erfahrungsbezogen zu rekonstruieren. Es geht ihm um eine erste (konkret-operatorische) Sinndeutung des Lebens und der Welt; es geht ihm um richtig und falsch, um gut und böse, um Gerechtigkeit im zwischenmenschlichen Umgang, um Weltentstehung und Weltordnung. Es sucht nach den Ordnungen der Ding- und Menschenwelt, es fragt sogar nach einer kosmischen Ordnung.

Die ersten religiösen Kausalerklärungen sind — wie Piaget feststellte — anthropomorph und artifizialistisch. Gottes Handeln wird wie handwerkliches Handeln beschrieben. Zunächst erarbeitet sich das Kind die Kategorie des Hervorgehens, des Wachsens am Beispiel der Geburt. Auch diese Vorstellungen überträgt es ins Kosmische. Darauf kann ein Verständnis des Selbstwerdens für natürliche Prozesse und des (metaphysischen) Bewirkens aufbauen, Konzepte, die zuerst noch in Analogie zu menschlichem Werden und Bewirken, später in deutlicher Unterscheidung gebraucht werden. Die Übergänge sind fließend. Möglichkeit und Zeitpunkt der kognitiven Fortschritte sind sowohl von der intellektuellen Entwicklung als auch von gezielter pädagogischer Intervention abhängig.[134]

Da der kognitive Antrieb unspezifisch ist, kann er mit weniger weitreichenden Bedeutungen als mit religiösen abgesättigt werden. Da man in vielen Familien über Religion nicht spricht, fehlt oft eine direkte Unterstützung der entsprechenden unterrichtlichen Bemühungen. Die Gefahr dieser Phase aus psychodynamischer Sicht sind häufige Erfahrungen des Versagens (Minderwertigkeitsgefühl). In der Regel dürften die kognitiven Anforderungen im Religionsunterricht der Grundschule — gemessen an anderen Fächern — nicht zu hoch sein. Doch treffen hier Kinder aus areligiösen Elternhäusern mit intensiv religiös erzogenen Kindern zusammen. Lehrer neigen dazu, mit denen zu arbeiten, die »mitmachen« und weiterdenken. Dies ist eine Quelle von Überforderung der anderen. Mangelnde Unterstützung und Überforderung können Ursachen für eine infantile Religiosität sein, die sich dann bei den späteren Lebensproblemen als unbrauchbar erweist.[135]

Verknüpfung von psychodynamischer und kognitiver Entwicklung (R. Kegan)

Der Vergleich der skizzierten psychodynamischen Entwicklung der religiösen Beziehungen mit Fowlers kognitivem Konzept der Glaubensentwicklung macht die sekundäre Bedeutung der von Fowler selbst formulierten Aspekte augenfällig. Hinsichtlich der Entwicklung des Grundvertrauens sind bei ihm nur formale, soziale und symbolische Auswirkungen benannt. Daß das »soziale Bewußtsein« seine Grenzen zunächst bei den primären Bezugspersonen, dann bei den ersten gesellschaftlichen Bezugsgruppen findet, ist ebenso selbstverständlich wie die enge Abhängigkeit von den unmittelbar wirksamen Autoritäten, auf die hin die primären Beziehungen angelegt sind. Defizitär erscheint die Beschreibung des Symbolverständnisses als »magisch-numinos«. Analogie und Differenz zur Elternfunktion kommen darin nicht zum Ausdruck. Die zweite Erfahrungsdimension, die positive, dankbare Lebenseinstellung und Bewunderung von Schönheit und Größe kann man hinter der ersten Stufe des »Locus of Authority« bestenfalls erahnen, die Fortentwicklung ist jedoch nicht mehr thematisiert. Frühe Empathie kommt nur auf Stufe 1 der Selmanschen Role-taking-Skala (und hier zu Recht) und dann wieder auf Stufe 3 bei Selman und Kohlberg zum Ausdruck. Fowlers eigene Kategorien gehen über diese genuine Beziehungsqualität hinweg. Wirklich einschlägig werden Fowlers Kategorien erst hinsichtlich der vierten (hier neuformulierten) Dimension religiös-symbolischer Weltdeutung als kognitive Durchdringung der Vertrauensbeziehung. Der Aspekt F (Form of World Coherence) gibt eine entsprechende Hierarchie von Denkformen, der Aspekt G (Role of Symbols) die parallelen Symbolisierungsformen an. Unklar bleibt das Verhältnis dieser beiden Aspekte zu den anderen psychodynamischen Grundlagen. Sie verbinden − wie bereits dargestellt − allein Formen des Denkens und der sozialen Wahrnehmung mit den in den sozial-kulturell dominierenden Deutungssystemen verobjektivierenden Deutungs- und Symbolisierungsformen.

Die Kritik an Fowler auf psychodynamischer Basis darf nicht unterschlagen, daß der am differenziertesten ausgearbeitete Gesichtspunkt der Fowlerschen Glaubensstufen, die soziale Wahrnehmung, also die subjektive Perzeption und Konzeption von Interaktionen betrifft. Bedenkt man die enge Verknüpfung aller psychodynamischen Prozesse und Konflikte mit sozialen Konstellationen, so legt sich die Vermutung nahe, daß die Entwicklung der psychosozialen Interaktionsperspektive doch eine gemeinsame Voraussetzung beider Entwicklungsaspekte, des psychodynamischen wie des kognitiven, sein könnte und daher eine Verbindung beider eben aus dieser Perspektive zu suchen wäre. Eine solche Überlegung führte zu Versuchen, beide Theorien in einen interaktionstheoretischen Kontext einzufügen.

Derartige Versuche liegen bisher in Jane Loevingers »Theorie der Ichentwicklung«[136] und Robert Kegans Entwicklungstheorie einer »Psycho-Logik« der Beziehungen von Selbst und Anderem vor.[137] Loevinger erhebt mit Hilfe von Satzergänzungstests ichbezogene Einstellungsmuster, die wie »Meilensteine« ein ganzes Entwicklungsstadium charakterisieren.[138] Sie deckt aber nicht die strukturellen Bedingungen und Prozesse auf, die ihre empirisch gut bestätigten Orientierungsmuster hervorbringen.[139] Daher kann sie den Pädagogen nur bei der Diagnose von Schülereinstellungen helfen. Kegan bezieht Loevingers Stadienmodell mit ein; seine eigene Stadienbeschreibung ist empirisch aber nicht abgesichert, sondern verbindet verschiedene psychologische Forschungstraditionen. Die Gesamtkonstruktion ist also spekulativ. Dennoch erscheint sie hilfreicher, weil sie strukturelle Veränderungen benennt, die Stadienübergänge auslösen. Als grundlegender Prozeß der Persönlichkeitsentwicklung wird nicht wie bei Loevinger das Verhältnis des Ichs zu sich selbst (seinen Impulsen, Motiven, Konflikten und Rollen), sondern die Unterscheidung (Differenzierung) und das Sich-in-Beziehung-Setzen (Integration) von Selbst und Anderem (Personen und Gegenständen) angenommen. Es gilt demzufolge eine interaktionstheoretische Prämisse. Für die Charakterisierung der Entwicklungsstadien verwendet Kegan kognitive und psychodynamische Strukturelemente, deren gleichzeitige Wirksamkeit und Interdependenz er postuliert. Das jeweilige Amalgam zwischen kognitiver und affektiver Organisation nennt er die phasenspezifische »Psycho-Logik«. Im folgenden ist Kegans tabellarischer Überblick über die Strukturbeschreibung in Übersetzung abgedruckt, der auch Angaben zu den Übergangsphasen enthält:[140]

Tabelle Formen und Funktionen der »einbettenden« Umwelten

Evolutionäres Gleichgewicht und psychologisches Eingebettetsein	Umwelt des Eingebettetseins (= culture of embeddedness)**	Funktion 1: Bestätigung (festhaltend)
0. INCORPORATIV (EINVERLEIBEND) Eingebettet in: Reflexe, Fühlen und Bewegen.	Mütterliche oder andere primäre Bezugspersonen. »Mothering culture«.	Im wörtlichen Sinn haltend: nahe physische Anwesenheit, Behaglichkeit und Schutz. Augenkontakt, Erkennen des Kleinkindes. Abhängigkeit von und Verschmelzung mit sich selbst.
1. IMPULSIV Eingebettet in: Triebregungen und Wahrnehmungen.	Typisch: das Familiendreieck. »Parenting culture«.	Anerkennt und pflegt Phantasietätigkeiten, intensive Anhänglichkeiten und Rivalitäten.
2. IMPERIAL (BEHERRSCHEND)* Eingebettet in: Dauerhafte Dispositionen, Bedürfnisse, Interessen, Wünsche.	»Role recognizing culture«. Schule und Familie als autoritative Instutionen, die zu Rollendifferenzierung nötigen. Peergruppe, die Rollenübernahme verlangt.	Anerkennt und pflegt Entfaltungen von Selbstgenügsamkeit, Kompetenz und Rollendifferenzierung.
3. INTERPERSONAL Eingebettet in: Gegenseitigkeit, zwischenmenschliche Übereinstimmung.	Wechselseitig reziproke Beziehungen zwischen Einzelpersonen »culture of mutuality«.	Anerkennt und pflegt die Fähigkeit zum Selbstopfer für die Zusammenarbeit in wechselseitig abgestimmt zwischenmenschlichen Beziehungen. Ausgerichtet – auf innere Zustände, geteilte subjektive Erfahrungen, Gefühle, Stimmung.
4. INSTITUTIONAL Eingebettet in: persönliche Unabhängigkeit, auf die innere Ordnung des Selbst bezogene Identität (= selfsystem identity).	»culture of identity or self-authorship (in love or work)«. Typisch: Gruppenbezug hinsichtlich der Karriere. Eintritt in (gesellschaftliche) Öffentlichkeit.	Anerkennt und pflegt Befähigung zur Unabhängigkeit; Selbstdefinition; Übernahme von Autorität; Übung von persönlicher Steigerung, Bestreben, oder Ausführung; »Karriere« eher als »Job«, »Lebenspartner« eher als »Gehilfe«.
5. INTERINDIVIDUELL Eingebettet in: Gegenseitige Durchdringung der inneren Systeme.	»Culture of intimacy (in domain of love and work). « Typisch: Echte reife (= adult) Liebesbeziehung.	Anerkennt und pflegt die Fähigkeit zur Gegenseitigkeit, zu Selbsthingabe und Intimität, zu wechselseitiger Selbstdefinition.

* Gemeint ist, daß das Kind seine Impulse in der Weise beherrscht, daß es dauerhafte Selbst-Rollen übernehmen kann.

** Entspricht der Kategorie »Bounds of Social Awareness« (= Grenzen des sozialen Bewußtseins) bei J. W. Fowler (s.o.). Der deutsche Begriff »Kultur« wäre zu eng.

Tabelle Formen und Funktionen der »einbettenden« Umwelten

	Funktion 2: Widerspruch (loslassend)	Funktion 3: Fortdauer (bleibt für Reintegrationsleistungen verfügbar)	Einige verbreitete selbstverständliche »Subjekt-Objekte« (Brücken)
0)	Anerkennt und fördert das Herauswachsen des Kleinkindes aus dem Eingebettetsein. Kommt nicht jedem Bedürfnis des Kindes entgegen, hört auf zu stillen, verringert das Herumtragen, anerkennt Entfaltung von Unabhängigkeit und willentliche Verweigerung.	Erlaubt dem Selbst, Teil einer weiteren Umgebung, d.h. der Familie zu werden. Hohes Risiko: Längere Trennung vom Kind während der Übergangszeit (6 Monate bis 2 Jahre).	Hilfsmittel des 0–1 Übergangs: *Schmusetuch*, *Teddy* etc. Ein weicher, wohltuender, legender Vertreter von undifferenzierter Subjektivität, der unmittelbar diesen Zustand hervorruft und ihn »objektiviert«.
1)	Anerkennt und fördert das Herauswachsen des Kindes aus dem egozentrischen Eingebettetsein in Phantasie und Antriebe. Macht das Kind verantwortlich für seine eigenen Gefühle, schließt es aus von Ehe, vom elterlichen Bett, von zu Hause während der Schulstunden, anerkennt des Kindes Unabhängigkeit und behauptet die eigene »andersartige Unabhängigkeit«.	Paar erlaubt ihm, Teil einer weiteren Umgebung zu werden, eingeschlossen Schule und Peer-Beziehungen. Hohes Risiko: Auflösung der Ehe oder Familie während der Übergangsperiode (etwa 5–7 Jahre).	Hilfsmittel des 1–2 Übergangs: *Freund*: ein Speicher für Impulse, welche zuvor ich waren; und welche vielleicht Teil von mir sein werden, aber jetzt nur ein wenig von beidem sind. D.h. nur ich kann sie sehen, aber sie sind nicht ich.
2)	Anerkennt und fördert das Herauswachsen des Präadoleszenten (od. des Adoleszenten) aus seiner Fixierung auf die eigene Unabhängigkeit. Bestreitet die Richtigkeit eines Verhaltens, das nur die eigenen Interessen berücksichtigt, fordert Gegenseitigkeit, daß die Person ihren Beitrag zu ihren Beziehungen leistet. Erwartet Vertrauenswürdigkeit.	Familie und Schule erlauben, daß sie selbst gegenüber den Beziehungen geteilter innerer Erfahrungen sekundär werden. Hohes Risiko: Umsiedlung der Familie während der Übergangszeit (etwa frühe Adoleszenz, 12–16).	Hilfsmittel des 2–3 Übergangs: *Kumpel*. Ein anderer, der identisch mit mir ist und real, aber dessen Bedürfnisse und Selbstsystem genau wie Bedürfnisse sind, die zuvor ich *waren*, möglicherweise ein Teil *von* mir, aber jetzt etwas dazwischen.

Tabelle Formen und Funktionen der »einbettenden« Umwelten

Funktion 2: Widerspruch (loslassend)	Funktion 3: Fortdauer (bleibt für Reintegrationsleistungen verfügbar)	Einige verbreitete selbstverständliche »Subjekt-Objekte« (Brücken)
3. Anerkennt und fördert das Herauswachsen des Heranwachsenden oder Erwachsenen aus der »interpersonalistischen Einbettung«. Zu Personen oder Kontexte, zu denen noch keine Beziehung hergestellt wird, sucht sie dennoch Verbindungen – und ist an ihnen interessiert. Fordert, daß die Person Verantwortung übernimmt für eigene Initiativen und Vorlieben. Tritt für die Unabhängigkeit des anderen ein.	Zwischenmenschliche Partner erlauben, daß Beziehungen relativiert oder in einem größeren Kontext ideologischer und psychologischer Selbst-Definition eingeordnet werden. Hohes Risiko: Zwischenmenschliche Partner gehen genau in dem Moment, in dem man aus dem Eingebettetsein herauswächst (kein festlegbares Alter).	Hilfsmittel des 3–4 Übergangs. Weggang zum College, ein vorübergehender Job, das Militär. Gelegenheiten zu vorläufiger Identität, welche sowohl den interpersonalistischen Kontext hinter sich läßt als ihn auch für eine Rückkehr intakt erhält; eine zeitlich begrenzte Teilnahme am institutionellen Leben (z.B. 4 Jahre College).
4. Anerkennt und fördert das Herauswachsen des Erwachsenen aus der Fixierung auf unabhängige Selbstdefinition. Will vermittelte, unpersönliche, formabhängige Beziehungen nicht akzeptieren.	Ideologische Formen erlauben, sie selbst zugunsten des Spiels zwischen den Formen zu relativieren. Hohes Risiko: Ideologische Unterstützungen schwinden (z.B. Arbeitsverlust) in dem Moment, in dem man sich von diesem Eingebettetsein trennt (kein festlegbares Alter).	Hilfsmittel des 4–5 Übergangs: ideologisch motivierte Selbsthingabe (religiös oder politisch). Liebesaffären geschützt durch Unerreichbarkeit des Partners. Plötzlich eine Aufgabe der Identifikation mit einer bestimmten (ideologischen) Form bei gleichzeitiger Bewahrung der Form.

Aus: R. Kegan, The evolving self. Problem and process in human development. © Harvard University Press Cambridge/Mass. and London / Engl. 1982, S. 118–120. (Übersetzung von H. Sch.)

Der tabellarische Überblick kann den Eindruck nahelegen, auch Kegan postuliere nur eine hierarchisch strukturierte Beziehungs-Logik in Analogie zu einer kognitiven oder sozialen Wahrnehmungs-Logik. Das Mißverständnis wird von Kegan selbst genährt, weil er seine Theorie in den bekannten kognitiven Rahmen einordnet.[141] Seine Darstellung unterscheidet sich jedoch in charakteristischer Weise. Obgleich er eine Entwicklungshierarchie annimmt, sieht er in ihr keine lineare Sequenz, sondern konzipiert den Fortschritt im Bild einer Spirale. Jede Stufe hat eine idealtypische Gleichgewichtsstruktur (»evolutionary balance«), in der die affektiven und kognitiven Anteile »in gewisser Weise einseitig austariert« sind. »Gerade weil jedes dieser zeitweiligen Gleichgewichte nicht ganz ausgeglichen ist, sind alle nur vorläufig; jedes neue Selbst droht wieder umgestoßen zu werden«.[143] Das Wachstum vollziehe sich nicht einseitig durch Differenzierung, Trennung und zunehmende Autonomie, sondern impliziere auch Integration, Bildung und Einbeziehung. Von der extrem gemeinschaftsabhängigen, in Phantasie eingebetteten Impulsivität (Stufe 1) führt die Bewegung zu der in sich verschlossenen Selbstgenügsamkeit des imperialen Stadiums (Stufe 2), von dessen Überdifferenzierung wieder zum gemeinschaftslastigen Interpersonalismus (Stufe 3) und dann zurück zum autonomen, selbst-regulativen institutionellen Gleichgewicht (Stufe 4), vom Institutionalismus schließlich zu der ganz neuen Offenheit des Inter-Individualismus (Stufe 5).«[144] Die folgende Entwicklungsspirale aus Kegans Hauptwerk[145] verdeutlicht das Hin und Her der einseitigen »Gleichgewichte« ebenso wie die psychodynamischen Analogien zwischen jeder zweiten Stufe. Eine Revision früherer Konflikt- und Problemlösungen findet nicht auf der folgenden, sondern auf der übernächsten Stufe statt. Die Psychodynamik der Beziehungen von Selbst und Anderen, der eine dialektischer Prozeß der Differenzierung (Selbständigkeit) und Intergration (Zugehörigkeit) zugrunde liegt, nötigt zur Modifikation der herrschenden Entwicklungsvorstellungen. Es gibt keinen kontinuierlichen Fort-

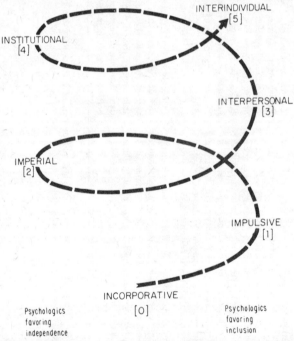

Aus: R. Kegan, The evolving self. Problem and process in human development. © Harvard University Press Cambridge/Mass. and London / Engl. 1982, S. 109.

schritt, sondern spannungsreiche Prozesse der Zentrierung und Dezentrierung, die durch Reintegrationsleistungen auf höherem Niveau vorläufig austariert werden können.[146]

Fowlers Theorie der Glaubensstufen (Nr. 1–5) läßt sich Kegans Modell der Persönlichkeitsentwicklung exakt zuordnen, wie auch Kegan selbst die anderen bekannten Theorien der Ichentwicklung seinem Modell »einverleibt« hat. Vergleicht man genauer, sind die sozialkognitiven Teile der von Kegan benannten Elemente in den Aspekten D (Bounds of Social Awareness) und E (Locus of Authority) bei Fowler ganz ähnlich beschrieben. Bei Kegan kommen die psychodynamischen Elemente hinzu, die dann allerdings zu einer dynamisch-dialektischen Veränderung des Entwicklungskonzepts führen. Dementsprechend wären die von Fowler eigenständig entwickelten Aspekte F (Form of World Coherence) und G (Role of Symbols) auf das veränderte Modell zu beziehen. Bei einem solchen Vorgehen würde jedoch die unterschiedliche Positionalität des sich entwickelten Individuums (Differenzierung oder Integration) kaum hervortreten, die in Kegans Spiralmodell zum Ausdruck kommt und in seinen Stufenbeschreibungen auch hinsichtlich des Selbst- und Weltverständnisses andeutungsweise expliziert ist.

Der noch weiterführende Einfall Kegans, der die soziale und emotionale Perspektive verbindet, ist in der obigen Übersicht durch das Konzept des »Eingebettetseins« formuliert. In jedem Entwicklungsstadium ist das Individuum in eine ihn bestimmende »Welt« einbezogen – von Kegan »culture of embeddedness« genannt –, über die es nicht verfügt, deren emotionale und kognitive Strukturen es binden, die es ihm aber gestatten, mit den bestimmenden Bindungen der vorhergehenden Stadien selbständig umzugehen. Während der Säugling noch in seine Reflexe eingebettet ist und sich deshalb als Totalität erfährt, organisiert (»hat«) das Kleinkind seine Reflexe, ist aber in seine Wahrnehmungen und Triebregungen eingebettet; das Schulkind gewinnt eine gewisse Unabhängigkeit von diesen impulsiven Regungen, benötigt dafür aber ein an Bezugsgruppen und deren Erwartungen orientiertes Selbstbild usw.

Die religiöse Beziehung, also der eigene Glaube, muß – soll er Bedeutung haben – ein konstitutives Element in der jeweiligen »culture of embeddedness« sein, wobei zunächst dahingestellt bleiben mag, ob dieser Glaube dabei eher eine stabilisierende oder eine kritische Funktion zu erfüllen hat. Kegan schreibt den religiösen Überlieferungen, Symbolen und Gemeinschaften eine entwicklungsstützende Funktion zu, ja er identifiziert den Entwicklungsverlauf mit der Selbstverwirklichung des universalen Seins bzw. Gottes.[147] Jede Entwicklungsphase hat demnach ihre eigene Form der Repräsentation des universalen Seins (»ultimate environment«). Das Bild der Madonna heiligt die mütterliche Welt des Säuglings und gibt dem inneren Gottesbild Gestalt. Sobald das Kleinkind in die Kultur von Familie bzw. Ehe eingebettet ist, treten zum Gottesbild sogenannte männliche Anteile hinzu. Die Polarität könnte aber auch – so müßte man Kegans Gedanken weiterführen – in einem Götterpaar zum Ausdruck kommen. Die Schulkindphase müßte zur Definition bzw. zur religiösen Begründung von Rollen in Familie, Schule, Kirche und Peer-group führen, die (Früh-)Adoleszenz zu einer religiösen Deutung und Ethik interpersonaler Beziehungen, ab der Spätadoleszenz wäre eine die Identität und Autorschaft stützende religiöse Symbolik vonnöten, die schließlich in eine Identifikation mit Gott und freiheitsstiftender Liebe übergehen müßte (5. Stufe). Über eine adäquate religiöse Symbolik für die oberen Stufen sagt Kegan selbst nichts, er fordert nur ihre Angemessenheit.[148]

Die inhaltliche Konkretisierung des religionspsychologischen Ansatzes Kegans läßt theologische und psychologische Mängel hervortreten. Theologisch erscheint die Identifikation zwischen den phasenspezifischen herrschenden Persönlichkeitsstrukturen und religiösen Inhalten bedenklich. Glaube darf so nur das legitimieren und unterstützen, was der Entwicklungsprozeß ohnehin schon hervorbringt. Dieser Mangel erwächst aus der theologisch leichtfertigen Identifikation von Gott mit den Gestaltungsprozessen des Seins, wofür sich Kegan zwar zu Recht auf A. N. Whitehead,[149] mit weniger Berechtigung aber auf Tillich und Niebuhr beruft.[150] Psychologisch ist die ausschließliche Bindung der religiösen Inhalte an die phasenspezifisch dominierende Persönlichkeitskonstellation mit integrativer Wirkung nicht zwingend. Denn es werden weder die religiösen Bindungen und Symbole der vorangehenden Entwicklungsphasen gelöscht noch erschöpft sich das religiös-symbolische Potential in integrierenden und stabilisierenden Wirkungen. Seine intentionale Struktur (Transzendenzbezug) birgt desintegrierende Elemente, die u.U. lange Zeit nicht aktiviert werden, dann aber plötzlich Wirkungen entfalten können. Die in religiöser Symbolik verschlüsselten grundlegenden inneren Bindungen bleiben auch gegenüber den phasenspezifisch austarierten Persönlichkeitsstrukturen polyvalent und müssen als solche expliziert werden.[151]

Die Dialektik religiöser Entwicklung

Die im Anschluß an Bernhard Grom oben entwickelten vier »Erfahrungsansätze reifer Religiosität« dürften für die Eigendynamik religiöser Symbole offen sein und gleichzeitig Kegans Vorschlag entgegenkommen, Persönlichkeitsentwicklung nicht als hierarchische Differenzierung, sondern als polare Akzentuierung der Beziehungen zwischen Selbst und Anderen/Anderem zu begreifen. Das Grundvertrauen (= 1. Erfahrungsansatz) im Rahmen der Elternbeziehung der ersten beiden Phasen (0. inkorporatives und 1. impulsives Gleichgewicht) bewahrt die totale Geborgenheitserfahrung auch angesichts elterlicher Zurückweisungen und Mängel oder eigener Fehler und Schwächen, die das Selbstwertgefühl kränken.

Der Gott, auf den sich dieses Vertrauen richtet, wird am Anfang nicht einfach mit den Eltern identifiziert, sondern in Analogie zu den Eltern, auch sie haltend und begrenzend, konzipiert. Das Kind findet in ihm einerseits einen stabilisierenden inneren Partner, dem es alles anvertrauen kann, andererseits ein korrigierendes Gegenüber, mit dem es sich in seinen inneren Gesprächen auseinandersetzt. Die Voraussetzungen für die Funktion eines inneren »imaginary friend«, dem Kegan beim Übergang zur nächsten Phase (2. imperiales Gleichgewicht), d.h. bei der ersten Ablösung von den Eltern für hilfreich hält, sind geschaffen, wenn das religiöse Symbol nicht an die frühkindliche Funktion fixiert bleibt. Wo ein frühkindliches Maria-Mutter-Symbol im Sinne Kegans als Gottes-Symbol fungiert, sind möglicherweise regressive Wirkungen zu befürchten. Die auf psychoanalytischer Basis durchgeführten Untersuchungen Jaspards in praktizierenden katholischen Familien Belgiens stießen offenbar nicht auf eine relevante Funktion des Mariensymbols, hingegen auf interessante Unterschiede zwischen Jungen und Mädchen. Jungen vor dem vierten Lebensjahr betrachten Gott oder Jesus als allmächtigen Freund der Mutter, dem sie wie der Mutter gefallen möchten – später sehen sie ihn als Verbündeten in dem Bemühen, der Mutter zu gefallen; jetzt identifizieren sie sich stark mit Gott. Nach dem sechsten Lebensjahr werden die Gott zugeschriebenen Eigenschaften mit der Realitätserfahrung konfrontiert. Mädchen betrachten Gott oder Jesus ebenfalls zunächst als bevorzugten Freund der Mutter, später gleichzeitig als eigenen Freund. Nach dem sechsten Lebensjahr unterwerfen sie dann diese Freundschaft der Realitätsprüfung.[152]

Bereits diese Verbindung des »ersten Erfahrungsansatzes« Groms mit Kegans Theorie demonstriert die enge Beziehung zwischen strukturellen und inhaltlichen Elementen religiösen Glaubens. Für die erste und grundlegende Erfahrung des Glaubens als Vertrauensbeziehung ist die analoge Vertrauenserfahrung in der Beziehung zu den Eltern ebenso bedeutsam wie das Überbieten dieser Elternerfahrung (struktureller Aspekt). Daß die Gottesbeziehung aber die Elternbeziehung übergreifen kann, hängt sowohl von dem allgemeinen und dem religiösen Verhalten der Eltern als auch von den angebotenen religiösen Symbolen ab (inhaltlicher Aspekt). Daraus folgt die Einsicht, daß die inhaltlichstrukturellen Ganzheiten des Verhaltens (von Bezugspersonen) und der vermittelten Glaubenssymbole (der erschlossenen Überlieferungen) ihrerseits als strukturelle Bedingungen des individuellen Glaubens wirksam werden, insofern psychische Strukturen immer schon inhaltlich-materiale und emotionale Elemente verknüpfen.[153] Psychische Strukturen sind mit Hilfe kultureller Inhalte sozialisierte Affekte.

Aus der Verbindung des ersten Erfahrungsansatzes mit Kegans Entwicklungsmodell ergab sich noch eine zweite für die stufenspezifischen religionsdidaktischen Überlegungen fundamentale Einsicht. Eine einmal erworbene religiöse Beziehung und Symbolik wird von den folgenden Stadien nicht einfach abgelöst — wie man aus Fowlers Modell schließen könnte —, sondern muß in bezug auf das je neue Entwicklungsgleichgewicht (evolutionary balance) immer wieder umgearbeitet werden. Die Beobachtungen Fowlers zur Entwicklung der Deutungs- und Symbolisierungskompetenz erfassen vermutlich potentielle kognitive Strukturen, die bei der Transformation früherer Glaubensformen hilfreich sein können. Die religionsdidaktischen Entscheidungen werden der phasenspezifisch besonderen Problematik aller vier Erfahrungsansätze Rechnung zu tragen haben.

Die zweite und dritte »vorreligiöse Erlebnisbereitschaft«, die dankbare und lustvolle Zuwendung zu den Objekten und die mitfühlende Beziehung zu anderen Menschen, bilden sich — wie oben im Vergleich mit Eriksons Theorie dargestellt — im Kleinkind- und im Schulkindalter, also nach Kegan im einbezugsbetonten Stadium der Impulsivität (Stufe 1) und im differenzierungsbetonten Stadium des Imperialismus (Stufe 2). Fowler schreibt der impulsiven Stufe episodische Deutung bei magisch-numinoser Symbolisierung zu, der imperialistischen Stufe hingegen narrativ-dramatische (mythologische) Deutung bei eindimensional wörtlichem Symbolverständnis. Wenn nun die religiöse Beziehung auf der ersten Stufe ganz in naiver Funktionalisierung des transzendenten Gegenübers für die eigenen Impulse und Wahrnehmungen aufginge, müßten die zunehmend spürbare Widerständigkeit und Brüchigkeit der Objektwelt sowie die Enttäuschungen und Relativierungen in den Beziehungen zu anderen Menschen entweder die religiöse Vertrauensbeziehung zerstören oder diese zu einer idealen Sonderwelt abspalten, in der magisches Schutz- und Allmachtshandeln (im Unterschied zur Realität) weiter gelten könnten. Beides kommt in der Tat vor, die letztere Variante zeigt sich in späteren Lebensphasen als Zwei-Welten- oder Gelegenheits-Glaube für Krisensituationen, die erstere als »Enttäuschungsatheismus«[154]. Wenn Kinder aber frühzeitig erfahren, daß Gott nicht jedem Wunsch folgt und nicht jedes Gebet im Sinne des Kindes erhört, sondern die Ordnung der Objektwelt erhält und die Bitten des einzelnen auch anders als gewünscht beantwortet, bleibt er als eigenständiges fürsorgendes Gegenüber auch in der nächsten Lebensphase erhalten, in der das Kind sich aktiv und interessenorientiert seine Welt zu erschließen sucht. Wieder zeigt sich, daß eine inhaltlich-symbolische Aussage zum Element der psychischen Struktur werden sollte, damit sich der Glaube mit dem Wandel der Selbst-Welt-Beziehung transformieren kann. Das eigentlich weiterführende symbolische Element kommt aus formal-struktureller Sicht (magisch-numinos, episodisch) gar nicht in den Blick. Im Rahmen einer dominierenden formalen Struktur sind aber entwicklungshemmende wie entwicklungsfördernde Inhalte möglich. Entscheidend ist die Frage, ob und inwiefern der Glaube der folgenden Phasen mit den Inhalten (Symbolen) der vorhergehenden Phasen aufgebaut werden kann.

Vergleichbares gilt — dies sei noch kurz angedeutet — für die vierte, hier postulierte präreligiöse Disposition, das Bedürfnis nach kognitiver Aneignung, Deutung und Ordnung der Erfahrungswelt. Sie operiert zunächst mit konkret-operatorischen Denkformen. Werden diese aber nur mit mythisch-narrativen Inhalten gefüllt, die dann einer eindimensional-wörtlichen Deutung unterliegen, dürfte diese religiöse Welt- und Lebensdeutung nicht weiter entwicklungsfähig sein. Wo solcher Kinderglaube dennoch erhalten bleibt, muß er die Form eines Zwei-Welten-Glaubens annehmen. Die Transformationsmöglichkeit in die »einbezugsbetonte« interpersonale Phase mit ihrem frühen formal-operatorischen Denken (Stufe 3) hängt von einem begrifflichen und symbolischen Überschuß gegenüber den narrativ-mythischen Deutungen ab. So etwa könnte gedacht werden: Das Handeln Gottes in der Welt(-geschichte) und im Leben bleibt hintergründig und rätselhaft. Oft läßt es sich erst aus der Rückschau dankbar erkennen, manchmal bleibt es vieldeutig und umstritten; Gott ist aber immer für Überraschungen gut. Unsere Erklärungen und Ordnungen erreichen seinen umfassenden Liebeswillen nicht. Er hilft uns Menschen, er setzt uns die Grenzen, die wir um der Menschlichkeit willen nicht überschreiten sollten, aber zwingt uns seinen Willen nicht auf. Im Aufeinanderhören sollten wir Gottes Willen zu erkennen suchen usw.

Interaktionsbedingte Pluralität religiöser Entwicklung

Die diskutierten Theorien zur religiösen Entwicklung (F. Oser, J. W. Fowler, R. Kegan) tendieren alle zu einer Beschreibung der gesamten Persönlichkeitsentwicklung, selbst wenn − wie bei Osers Ansatz − das Untersuchungsinstrumentarium bewußt nur auf einen Teilbereich der Persönlichkeit (religiöses Urteil) eingegrenzt ist. Die Eingrenzung setzt die Annahme voraus, daß der ausgewählte Sektor für die (religiöse) Entwicklung bestimmend sei.[155] Ähnlich verfahren die schon von ihrem Ansatz her umfassenden Persönlichkeitstheorien; sie gestehen zwar eine Fülle von entwicklungsbestimmenden Antrieben, Mechanismen, Einflüssen und Prozessen zu und versuchen diese auch zu beschreiben, behaupten schließlich aber einen Vorrang weniger Aspekte mit integrierender Funktion. Fowler schreibt der kognitiv-symbolischen Aktivität die Integrationsleistung zu; sie verbinde individuelle Lebenserfahrung mit »letzten« Existenzbedingungen.[156] Kegan greift hingegen auf die psychoanalytisch beschriebenen emotionalen Qualitäten von Beziehungen − im Anschluß an Freud und Erikson − zurück und baut diese interaktionstheoretisch aus. Die kognitiv-symbolischen Aspekte sind für ihn notwendige Teile der emotional bestimmten Positionen in Beziehungskonstellationen, obgleich auch er Entwicklung global als »meaning-constitutive activity« bezeichnet.[157] Kegans Modellvorstellung bleibt wegen ihrer höheren Komplexität weitgehend spekulativ; er kann sie nur an Einzelbeispielen aus klinischer Praxis veranschaulichen. Ihn trifft noch in höherem Maß als Fowler der Einwand aus der Alltagserfahrung, daß nur selten Menschen zu finden sind, deren ganze Persönlichkeit in einem emotional-kognitiv-symbolischen Gleichgewicht »integriert« erscheint. Viel eher stößt man auf Teilintegration in spezifischen Handlungsbereichen, mithin auf intraindividuelle Spannungen und Konflikte, die oft mühsam verdrängt werden müssen. Trotz dieser grundsätzlichen Relativierung der Keganschen Theorie hat sie − als idealtypisches Modell − zwei Vorzüge: zum einen erfaßt sie die gesamte Persönlichkeitsentwicklung als Entwicklung von Beziehungen und ist damit konsequenter in der Einlösung ihrer interaktionstheoretischen Voraussetzungen als die anderen, die Beziehungsverhältnisse letztlich doch auf Bewußtseinsphänomene reduzieren. Zum anderen ist die Psychodynamik (der Beziehungen) gleichrangig mit den kognitiv-symbolischen Komponenten, ja sogar gewichtiger, in Anschlag gebracht. Dieser Vorzug erlaubt es, die psychodynamischen Bedingungen und Anteile in Glaubensvorstellungen und Selbstdefinitionen zu reflektieren. Der erste Vorzug bindet die Persönlichkeitsentwicklung prinzipiell an die personale und strukturelle Umweltausstattung. Verzichtet man auf die suggerierte Einheitlichkeit und hält sich nur an das Grundmodell von niveauunterschiedenen Gleichgewichten, die in verschiedenen Umwelten auszutarieren sind, so geben die »cultures of embeddedness« mit ihren Funktionen und Übergängen eine reiche Fülle von Hinweisen auf mögliche Beziehungskonstellationen, Symbolisierungsanlässe und Fixierungen in bestimmten Altersgruppen.
Mit der interaktionstheoretischen Fassung einer Entwicklungstheorie, wie sie Kegan idealtypisch versucht hat, kommen zwangsläufig die Interaktionsverhältnisse in den

Blick. Kegans Entwurf setzt offensichtlich intakte bürgerliche Familienverhältnisse und entsprechende Lebenskarrieren voraus. Unter Funktion 3 (s.o.) erscheinen mögliche Störungen eben solcher Interaktionsverhältnisse als Risikofaktoren,[158] unter Funktion 4 liefern zentrale Elemente der sozial-kulturellen Normalausstattung die notwendigen und wünschenswerten Anstöße und Hilfen zum Stufenwechsel. Die Probleme und Aporien dieser Gesellschaft oder Mißtrauen gegen ihre herkömmlichen Gesellungs- und Reproduktionsformen sind in dem optimistischen Entwicklungsbild nicht spürbar. Vorschläge zur religiösen Erziehung müssen aber auch solche Heranwachsende im Blick haben, die mit Mißtrauen, Protest, Resignation oder mit unreflektierten Ansprüchen ihrer Umwelt begegnen. Die Lebensverhältnisse und Umweltbeziehungen der verschiedenen »Subkulturen« (Proteststile, konservative Stile, erlebnisorientiert), auch verbreitete Ängste und negative Erfahrungen sind zu berücksichtigen. Eine einheitliche und kontinuierliche »Glaubensentwicklung« kann darum nicht Grundlage didaktischer Entscheidungen sein. Indes liefern die verschiedenen Entwicklungsmodelle Einsichten über potentielle Lebensperspektiven und Objektbeziehungen, die bei den einzelnen Altersgruppen in Anschlag zu bringen sind.

II. Religionsunterricht in der Grundschule

Angesichts der Fülle didaktischer Literatur und unterrichtspraktischer Vorschläge zum Grundschulreligionsunterricht ist es vermessen, ein so umfassendes Gebiet in einem Kapitel darstellen zu wollen. Wer Religionsdidaktik für das Lehramt an Grundschulen studiert, wird sich mit der Spezialliteratur auseinanderzusetzen haben, die sich um eine Darstellung von Grundlagen, Aufgaben, Ziele, Inhalte und Methoden des Religionsunterrichts im Rahmen der grundschuldidaktischen Diskussion bemüht.[159] Die neueren Lehrerhandbücher, Unterrichtshilfen und Medienangebote geben dem Praktiker so viel Anregungen,[160] daß schon das Unterfangen, Auswahlkriterien zu entwickeln und exemplarisch anzuwenden, das folgende Kapitel überlasten würde. Dieses soll weder der Spezialliteratur noch den Unterrichtshilfen Konkurrenz machen, vielmehr wird es von beiden entlastet. Leser des ersten Bands dürften am ehesten erwarten, die dort entwickelten Ziel- und Inhaltsperspektiven jetzt hier zu einem neuen »Curriculum« für den Religionsunterricht in der Grundschule ausgestaltet zu finden. Es müßte Kernbestände und Zusatzstoffe ausweisen, um die prinzipiellen Postulate an den curricularen Entscheidungsproblemen zu bewähren.[161] Eine derartige zusammenhängende Übersicht wäre gewiß darstellbar, wenn man ihren exemplarischen Charakter, verschiedene Wahlmöglichkeiten und Anstöße für nicht kodifizierte Alternativen sorgfältig herausarbeiten würde. Indes könnte eine solche eher schematische Darstellung dem Strauß der bestehenden Richtlinien nur eine weitere – vielleicht modifizierte – Variante hinzufügen. Alle diese Instrumentarien, seien sie auch noch so differenziert, leiden unter einem Mangel. Sie setzen die Möglichkeit des kontinuierlichen Aufbaus eines inhaltlich qualifizierten religiösen Bewußtseins voraus. Selbst wenn Vor- und Nachbemerkungen anderes aussagen, Ziel-Inhalts-Übersichten entwickeln unter den schulischen Lernbedingungen leicht ihre eigene kognitiv- und stofforientierte Dynamik.[162] Worauf es hingegen nach dem Ausgeführten ankommt, sind Wege, wie man mit Hilfe von gelebtem Glauben und lebendiger Überlieferung emotionale Bindungen neu strukturieren, symbolisch besetzte und geformte Sinn- und Verhaltensmuster weiterentwickeln, abbauen oder verändern kann, kurz: wie Schüler und Lehrer gemeinsam im Unterricht an dem emotional-kognitiven Beziehungsgeflecht von Glaubensformen und Handlungsbereitschaften arbeiten können. Voraussetzung erfolgreicher Arbeit ist naturgemäß die Kenntnis der Ausgangslage, d.h. der Unterrichtende muß ein Bild von den möglichen symbolischen Konstellationen, Einstellungs- und Verhaltensmustern seiner Schüler haben. Für den konkreten didaktischen Zweck sind allgemeine Erwägungen zum akuten Stand der religiösen oder moralischen Entwicklung recht unergiebig. Es bedarf eines Wissens um die symbolischen und moralischen Voraussetzungen hinsichtlich der didaktisch jeweils ausgezeichneten Intentionalität, mithin der im ersten Band beschriebenen Zielperspektiven. Demzufolge wird im folgenden jede Zielperspektive gesondert zu thematisieren sein. Innerhalb jeder Zielperspektive waren im ersten Band noch konkretere Beziehungsformen herausgearbeitet worden. Die Spielräume der möglichen symbolischen und moralischen Konstitution und Entwicklungsbreite aller beschriebenen intentionalen Beziehungsformen sind jeweils an erster Stelle zu skizzieren, wobei die zugänglichen psychologischen und sozialpsychologischen Einzelergebnisse zusammen mit dem Erfahrungswissen ein gewiß immer lückenhaftes und unsicheres Bild ergeben.[163] Trotz und wegen der mangelnden Absicherung haben die so zusammengetragenen Vermutungen für den Benutzer einen heuristischen Wert. Er kann sie mit seinen Eindrücken und Kenntnissen vergleichen und im Falle abweichender Ergebnisse die darauf aufbauenden Vorschläge relativieren.

Es folgen Überlegungen zu möglichen Lernwegen, die zum einen Lerngegenstände im Blick auf die Schülervoraussetzungen zu strukturieren, zum anderen mögliche Zu- und Umgangsweisen der Schüler aufzuzeigen haben. Die diesbezüglichen Vorschläge werden soweit wie möglich durch Beispiele zu illustrieren sein.[164]

1. Erste Zielperspektive: Erfahrungen in der Nähe Gottes

Die erste Zielperspektive (Identität durch Interaktion in Beziehung zum rechtfertigenden Gott) umfaßt – nach Aussagen des ersten Bandes – drei Dimensionen: Erfahrungen mit Gott, Erfahrungen mit dem eigenen Leben, Erfahrungen in Beziehungen zu anderen. Die im Erfahrungsbegriff vorausgesetzte Identitätsrelevanz[165] verbietet eine Trennung der drei Dimensionen. Wenn also im folgenden über kindliche Gottesbeziehungen nachgedacht wird, sind die Selbst- und Fremdbeziehungen als Vermittlungsweisen impliziert. Ebenso sind umgekehrt die Selbst- und Fremdbeziehungen von bewußten und teilbewußten Gottesbeziehungen mitbedingt. Dennoch kommen die drei Dimensionen gesondert zur Darstellung, um der didaktischen Forderung nach Begrenzung und Strukturierung der Unterrichtsinhalte genügen zu können.

Erfahrungen mit Gott: Gottesbeziehungen von Kindern

Da auch im folgenden mehrfach von den drei präreligiösen Erlebnisbereitschaften (B. Grom) die Rede sein wird (Grundvertrauen, positive Lebenseinstellung, prosoziales Empfinden),[166] ist vorab eine begriffliche Klärung angebracht. Die genannten Dispositionen sind nicht in dem Sinn »präreligiös«, daß sie unumgängliche Vorstufen oder Entwicklungsbedingungen von Religiosität darstellten. Sie sind – wenngleich den späteren religiösen Einstellungen analog – nicht selbst schon implizit religiös, so daß die Erziehung nur das schon Vorhandene zu vertiefen und ins Bewußtsein zu heben hätte. Entwicklungspsychologische Vorbedingungen im strengen Sinn (»prerequisites«) sind alle möglichen ganzheitlichen emotionalen Dispositionen der Selbst-, Welt- und Anderen-Beziehung, die vom Schulunterricht kaum grundlegend geändert, freilich modifiziert werden können. Angst, Mißtrauen oder Ohnmachtsgefühle gehören ebenfalls zu diesen emotionalen Dispositionen. Grundvertrauen, positive Lebenseinstellung, prosoziales Empfinden und Deutungsbedürfnis sind allerdings als die emotional qualifizierten »Vorläufer« oder Vorformen (»precursors«) der angestrebten reifen (christlichen) Religiosität zu betrachten, weil sie die emotionalen Qualitäten des Selbst-Welt- und Anderen-Bezugs bereits enthalten, die mit einer christlich-religiösen Glaubensüberzeugung gegeben sein sollten.[167] Die Anknüpfung an diese Erlebnisbereitschaften und deren religiöse Verstärkung ist demzufolge von den christlichen Glaubensinhalten her begründet.

Grundvertrauen, positive Lebenseinstellung und prosoziales Empfinden entwickeln sich unter günstigen Lebensbedingungen in der frühen Kindheit auch ohne besondere religiöse Erziehung. Es kann hier offenbleiben, ob sie sich auch im späteren Leben ohne irgendeine Art von Religiosität im Sinne eines Transzendenzbezugs durchhalten und ausgestalten lassen. Sie führen jedenfalls nicht zwangsläufig zu religiösen Überzeugungen, sondern bedürfen einer expliziten religiösen Qualifizierung durch die Umwelt. Wenn nahestehende Menschen von entsprechenden Erfahrungen mit Gott erzählen und ihre Gefühle sichtbar oder spürbar auf Gott beziehen, wenn sie ihr Vertrauen und ihre Freude in Gebet und Lied zum Ausdruck bringen und sich bei Handlungsbegründungen auf das Verhalten

Jesu oder den Willen Gottes berufen, orientiert sich das Kind an diesen Interpretationsmodellen. Es nimmt Gott unter seine Interaktionspartner auf. Wenn es darüber hinaus zu selbständigen Aktivitäten in dieser Beziehung angeregt wird, gewinnt es mit zunehmendem Alter, besonders in der sog. Latenzphase ein den Eltern und Erziehern nicht unmittelbar zugängliches Handlungsfeld mit einem inneren Freund und Gesprächspartner, der auch dann noch ermutigen, trösten und korrigieren kann, wenn die Zugänge zu den anderen verschlossen sind.[168]

Eine solch geglückte Beziehung von Gott und Gewissen dürfte nicht sehr häufig zu finden sein.[169] Viele warnen vor fixierten Vorstellungen eines allmächtigen, strafenden Gottes, die eine angepaßte Lebensführung und ängstliche Unterwerfungshaltungen induzieren. Bedingung eines solchen Gottesbildes ist allerdings eine allgemeine (vorreligiöse) Angstfixierung. Je mehr ein tyrannisches Über-Ich – u.U. mit chronischen Schuldgefühlen und Selbstbestrafungsimpulsen – aufgebaut und je weniger Selbstwertgefühl (Grundvertrauen, Ich-Stärke) entwickelt wird, desto weniger wird der Heranwachsende fähig, Aussagen seiner Umgebung oder eigene Gedanken über Gott mit Grundvertrauen, positiver Lebenseinstellung und prosozialem Empfinden zu verbinden. Er neigt hingegen dazu, religiöse Aussagen und Überlegungen mit Erfahrung von Minderwertigkeit und Zwang zu verbinden, das heißt angstbestimmte und elterngeprägte Vorstellungen auf Gott zu übertragen, wie B. Grom formuliert.[170] Wo Erzieher dazu noch ausdrücklich einen unerbittlich richtenden und strafenden Gott zum Erziehungsmittel machen, belasten sie ihre Kinder mit einer unentrinnbaren Autorität. Freilich scheinen solche religiösen Angstfixierungen heute kaum noch vorzukommen.[171] Der Religionsunterricht kann sicher nicht frühkindliche Angstfixierungen aufarbeiten. Er kann aber mit Geschichten und Bildern von einem verstehenden und gütigen Gott – unterstützt durch ein akzeptierendes und emotional-warmes Lehrerverhalten – zu kontrastierenden kompensatorischen Bildern von Gott, mithin zur Ausbildung einer Gegeninstanz gegenüber den gefürchteten Erziehern anregen.

Verbreiteter als Angst- und Gehorsamsfixierung erscheinen heute selbstbezogen-wunschfixierte Gottesvorstellungen. Abwehr von Angst und Schutzbedürfnis einerseits, der Wunsch nach Zuwendung, Anerkennung, Bestätigung und Versorgung andererseits sind nach Grom die vorreligiösen Motive solcher passiven Selbstbezogenheit, die eine Folge übertrieben versagender oder verwöhnender Erziehung sein kann. »Wo ein Heranwachsender gegenüber den Eltern und anderen Bezugspersonen oder -gruppen nur solche Beziehungen aufbaut, ist zu erwarten, daß er – wenn er religiös erzogen wird – die Beziehung zu Gott instrumentalisiert. Die Aussagen der Umgebung über Gottes Güte, Fürsorge und Allmacht beleben zunächst nur seine passiven und selbstbezogenen Erwartungen gegenüber vermögenden Versorgern neu und steigern sie quantitativ.«[172] Auch diese religiös-emotionalen Konstellationen kann der Unterricht allein nicht korrigieren. Erfahrungen des Leidens und nicht erhörter Bittgebete führen normalerweise zu Krisen und zur Revision der Versorgungserwartungen, u.U. zu einer Ablehnung oder Bekämpfung des Gottesglaubens. Der Religionsunterricht wirkt dem entgegen, wenn er Fürsorge und Liebe Gottes als Ermutigung zum Handeln für Schwächere und Benachteiligte sehen lehrt sowie Inhalte und Zwecke des Bittgebets in entsprechender Weise verständlich macht. Außerdem sollte er naiv artifizialistische und animistische Vorstellungen von Gottes Handeln, Eingreifen und Machen kritisch zugunsten eines Bewirkens, Freisetzens und Ermutigens aufarbeiten. Dabei helfen Erzählungen aus dem Leben Jesu (und seiner Nachfolger), die zeigen, daß Beten das Handeln nicht ersetzt, sondern darauf vorbereitet und der Besinnung dient.

Die skizzierten religiösen Vorstellungsinhalte sind nicht notwendige oder unmittelbare Folgen von Glaubensaussagen; erst im Zusammenhang gestörter Beziehungen und pathogener affektiver Bindungen wirken sie als symbolische Verstärker, können aber auch kompensatorische und korrigierende Funktionen übernehmen. Letzteres wird häufig durch spezifische kognitive Muster erschwert, die Kinder über Gottes Wirken und Wesen in Analogie zu ihrem eigenen Handeln und Wahrnehmen entwickeln. Vermutlich werden auch Kinder, die von sich aus einen Glauben an Gott ablehnen, in den gleichen kognitiven Mustern über Gott denken, soweit sie ihre Ablehnung kognitiv umsetzen. Seit den Forschungen J. Piagets zum Weltbild des Kindes sind die folgenden Denkmuster mehrfach bestätigt worden:[173]

— die verschiedenen Formen des kindlichen Artifizialismus
— Animismus, unterschieden in Strafanimismus und Schutz- bzw. Lohnanimismus
— anthropomorphe und materialisierte Gottesvorstellung

Religiöser Artifizialismus begreift göttliches Handeln und Bewirken in Analogie zu menschlich manuellem Fabrizieren oder Hervorbringen. Piaget unterscheidet vier Phasen. Nach einer Phase des diffusen Artifizialismus (Vorschulalter), in der die Herkunft der Dinge noch nicht genauer bestimmt, ihre Funktion aber auf das eigene Befinden bezogen wird, folgt die Phase des mythologischen Artifizialismus. Die Sonne wurde angezündet, Wolken und Sterne sind an den Himmel geschickt, Menschen manuell geformt. Als Fabrikanten wirken große Männer, Menschen oder Gott. Über eine Zwischenstufe, auf der es ein Hervorgehen oder Hervorbringen von Dingen aus anderen Dingen »präkausal« konzipiert, gelangt das Kind zu einem technischen Artifizialismus; es erklärt Entstehung und Werden in Analogie zu technisch-physikalischen Gesetzmäßigkeiten, die aber vom Menschen oder von Gott in die ursprünglichen Materien eingegeben werden. Gestirne gehen jetzt z.B. aus der Entzündung und Zusammenballung von Wolken hervor, die ihrerseits durch den Rauch aus den Schornsteinen verursacht wurden (7/8 bis 9/10 Jahren). Die vierte und letzte Stufe des immanenten Artifizialismus ist zugleich die Vorstufe naturwissenschaftlich kausalen Denkens, d.h. der Einsicht in die Eigengesetzlichkeit der Dinge: Was ist, geht aus einem anderen geburtsähnlich hervor, z.B. die Sterne aus der Sonne oder die Blitze aus den Sternen u.a.

Die Neigung zum Artifizialismus wurzelt — so B. Grom — in zwei ursprünglicheren »präkausalen« Tendenzen:[174]
»1. In der Auffassung, die Menschen könnten irgendwie durch ihr Wollen und Handeln partizipativ-magisch die Naturdinge beeinflussen. Diese Auffassung führt einerseits zur artifizialistischen Vorstellung, daß die Dinge von den Menschen den Auftrag erhalten haben, zu ihrem Nutzen zu leuchten usw., und darum von ihnen ›gemacht‹ sind. Sie bildet andererseits die Grundlage für die animistische Vorstellung, die Dinge hätten Leben, Bewußtsein und Absicht, weil sie ja um ihren Auftrag wissen, ihn ohne Wissen und eigenes Tun gar nicht ausführen, gar nicht gehorsam sein könnten.
  2. In der finalistischen Auffassung, die Dinge hätten keine andere Aufgabe, als für die Menschen zu sorgen. Mond und Sonne müssen uns leuchten, der Regen muß unsere Blumen gießen usw. Auch dieser Finalismus . . . drängt einerseits zu artifizialistischen Vorstellungen. Die Dinge sind ›gemacht für . ‚ .‹ — so wie die häusliche Welt oder Werkzeuge für einen bestimmten Zweck angefertigt werden. Er artikuliert sich andererseits und ergänzend dazu in animistischen Auffassungen, die die Zwecke und Absichten mehr den Dingen selbst zuschreiben, während sie der Artifizialismus mehr im Hersteller (Mensch oder Gott) ansiedelt.«

Daß die Rede vom Erschaffen und Machen Gottes zunächst den mythologischen Artifizialismus stärkt, sodann an den technischen und immanenten Artifizialismus adaptiert wird, liegt auf der Hand und ist vielfach bestätigt. Das artifizialistische Verständnis von Gottes Bewirken ist nicht an sich gefährlich; im Gegenteil ist es vermutlich eine notwendige Denkform, um kindlich religiöses Lebensvertrauen kognitiv zu formulieren. Gefährliche Fixierungen entstehen erst im Zusammenwirken mit selbstbezogener Wunschfixierung und dem noch zu besprechenden animistischen Denken. Als kognitives Korrektiv sollte der Grundschulreligionsunterricht bei analogischem Sprechen von Gottes Schaffen und Handeln herausstellen, wie Gottes Tun menschliches Handeln überbietet und sich von ihm unterscheidet.

Das strafanimistische Denken des Kindes – u.a. wohl eine Folge der sozial sanktionierten Strafpraxis – äußert sich im Glauben an eine immanente Gerechtigkeit bzw. in der Bereitschaft, Strafen als notwendige Folgen von Fehlhandlungen automatisch hinzunehmen. Dem Glauben an diese immanente Gerechtigkeit hängen – nach Piagets Forschung – fast alle Sechsjährigen und noch ca. die Hälfte der 9/10jährigen an.[175] Das kindliche finalistische Denken stützt die Überzeugung immanenter Gerechtigkeit. Alle Dinge und Prozesse haben einen bestimmten – für das einzelne Kind oder für die Menschen insgesamt – nützlichen Zweck. So auch die Strafen. Sie stellen als Sühne die moralische Ordnung wieder her. Ein streng autoritärer Erziehungsstil mit häufigem Bezug auf göttliche Strafen verstärkt die Neigung zu strafanimistischen Deutungen bis zum 12. Lebensjahr, während sonst – beim interkulturellen Vergleich – mit zunehmendem Alter ein kontinuierlicher Rückgang festzustellen ist.[176] Das strafanimistische Sühnedenken weicht Auffassungen von Strafe als Wiedergutmachung und als Erziehungsmittel.

Die analoge Neigung zu schutz- und lohnanimistischem Denken zeigt sich in empirischen Untersuchungen zwar weniger ausgeprägt,[177] ist aber ein übliches Denkmuster. Eltern richten sich nach der Regel: Jeder bekommt, was er braucht und verdient; das finalistische präkausale Denken bestätigt zunächst diese Einstellung. Die Rede von Gottes Gerechtigkeit und Vorsehung, Schutz und Lenkung läßt sich zwanglos mit diesem Denkmuster vereinbaren und stabilisiert es. Schließlich erhält es von seiten der modernen westlichen Lebensmaxime, daß jeder letztendlich seines Glückes Schmied sei, kräftige Unterstützung. Gewinn – sei er auch nur zufällig – gilt als Lohn für Anstrengung, Leiden und Niederlagen als Folgen persönlicher Defizite.[178] Ohne Zweifel wurzeln straf- und lohnanimistisches Denken in einem Sicherheitsbedürfnis. Die Umwelt muß gerade angesichts vieler Rätsel verläßlich und berechenbar sein. Handlungssicherheit und Selbstwertgefühl hängen von der Erfahrung gerechter und sinnvoller Ordnungen ab. Auch der Glaube an Gottes Gerechtigkeit und Lenkung stützt das kindliche Grundvertrauen. Es wird daher notwendig sein, unmittelbare Verknüpfungen von menschlichem Handeln und materiellen Bedingungen mit göttlichen Absichten und Reaktionen zugunsten einer generellen Verantwortlichkeit in einem anvertrauten und zugleich risikoreichen offenen Handlungsraum kritisch aufzuarbeiten.

Den artifizialistischen und animistischen Denkmustern korrespondieren in unserem Kulturkreis anthropomorphe Vorstellungen[179] vom Wesen Gottes und seinem Handeln mit den Menschen: von seinem Sprechen, Sehen, Hören und Empfinden. Die christlich-jüdischen Überlieferungen verstärken durch das personale Gotteskonzept und die interpersonal konzipierte Mensch-Gott-Beziehung diese Tendenz. Gott erhält riesige Hände, um die Welt zu schaffen, einen riesengroßen Kopf, um alles zu planen; wie ein Marionettenspieler zieht er die Menschen an Fäden. Riesenohren und -augen verschaffen ihm die notwendigen Informationen über das Weltgeschehen. Als Bildspender dienen Vater- und Mutterbilder – neuerdings auch Supermanbilder – und Science-fiction-Figuren.[180] Die gesteigerte und ausgedehnte Körperlichkeit ist ein Hilfsmittel des Bewußtseins, um Verläßlichkeit zu gewährleisten. Die Konzeption menschlicher Interaktionsformen sichert die Ansprechbarkeit, d.h. die Partnerfähigkeit Gottes. Die Überwindung des kindlichen Anthropomorphismus ist daher auch nicht ein Ergebnis von dessen kritischer Destruktion, sondern einer schrittweisen Spiritualisierung und Transzendierung menschlicher Erscheinungs- und Handlungsweisen. Bereits in der Übersteigerung der körperhaften Züge (große Hände, große Augen, Riesenkörper) deutet sich eine Ahnung von der Unangemessenheit menschlicher Gottesvorstellungen an. Mit zunehmendem Alter benutzen Kinder menschliche Attribute, um ihren Symbolwert auszudrücken, bei gleichzeitiger Negation eines materiellen Verständnisses. Zwei Äußerungen, die B. Grom zitiert,[181] zeigen die mögliche Entwicklung:

»Grundschüler: Der liebe Gott ist sicher tausend Jahre alt oder sogar noch älter. Er sieht wahrscheinlich wie ein Mann aus, nur viel größer.

11jährige: Gott ist groß, aber nicht körperlich; Gott ist groß, wie man es sich nicht vorstellen kann.«

Besonders häufig benutzen Grundschulkinder dann Analogien zu Luft und Geist, um ihre Gottesvorstellung zum Ausdruck zu bringen; dabei qualifizieren positive emotionale Werte (Liebe, Güte, Väterlichkeit) das Bild. Mit materialisierten und anthropomorphen Gottesvorstellungen begründen 8–14jährige Schüler auch ihre Ablehnung des Gottesglaubens: Man kann Gott nicht sehen. Im Weltraum ist Gott nicht zu finden.

Anthropomorphe Gottesvorstellungen finden sich auch mit christologischer Akzentuierung. Die Aussage, nach der sich Gott in Jesus zeigt, führt zu Gottesdarstellungen in Analogie zu Jesusbildern. Erscheinung und Wesen sind für Kinder ursprünglich identisch. Die Fähigkeit, Personalität und Immaterialität gleichzeitig zu denken, setzt die Erfahrung immaterieller Wirklichkeiten (und Energien) voraus, die mit zunehmendem Alter von allen Kindern gemacht wird. Der Unterricht sollte anleiten, die verbreiteten Aussagen über Gott (er ist Geist, im Himmel, er spricht, hört, liebt, zürnt) in Analogie zu diesen Erfahrungen zu deuten, ohne die Qualität der anthropomorphen Symbolik, die Personalität Gottes als Du, zu zerstören.

Bisher wurden Beispiele emotionaler und kognitiver Muster vorgestellt, die wesentlich im Wirkungsbereich christlicher Überlieferungen anzusiedeln sind, mithin eine – wenn auch eine defizitäre – religiöse Erziehung im Elternhaus voraussetzen. Zu berücksichtigen ist aber, daß die Mehrheit der Elternhäuser die religiöse Erziehung hierfür spezialisierten Maßnahmen (Kindergarten, Schule, Kirche) überlassen und nur bei wenigen Gelegenheiten (Feste und Grenzfälle) religiöse Inhalte zur Stabilisierung und zu einer allgemeinen moralischen Motivierung benutzen.[182] Religiösen Fragen im Alltag weicht man persönlich aus. Einige Eltern negieren explizit jede religiöse Überzeugung, lassen ihre Kinder aber am Religionsunterricht (besonders in der Grundschule) teilnehmen, weil es üblich ist oder weil sie ihnen die religiöse Dimension offenhalten wollen. Soweit empirische Untersuchungen vorliegen, bestätigen sie die Vermutung, daß sich der Grad der Reife religiöser Vorstellungen und Einstellungen proportional zur Intensität religiöser Erziehung verhält, sieht man einmal von pathogenen Formen ab.[183] Hier muß der Religionsunterricht durch möglichst intensive Aktivierung und durch konkreten Umgang mit alltäglichen Redeweisen, Erwartungen und Auffassungen kompensatorische Arbeit leisten. Doch dies allein kann nicht genügen. Denn die Verdrängung Gottes aus dem Alltag hat keine Leerstellen gelassen, die durch didaktische Aktivierung leicht neu zu füllen wären. Sinndeutende und normierende Äquivalente ersetzen den Gottesglauben und lassen eine intensivere Beschäftigung mit Sinnfragen überflüssig erscheinen.

Den von religiösen Inhalten kaum berührten Kindern sind diese Verschiebungen nicht bewußt. Entweder existiert für sie Gott nicht oder er ist ein fremdes, dunkles Wesen, das dann in Aktion tritt, wenn Menschen keine Erklärungen oder Handlungsmöglichkeiten mehr haben. Eine aggressive Ablehnung Gottes begegnet kaum bei Grundschulkindern. Die Vertrauenswürdigkeit der Alltagswelt beruht für sie auf der Stärke ihrer Bezugspersonen, auf der Verläßlichkeit der gelernten Verhaltensregeln samt Lohn- und Straferwartungen, auf selbstverständlichen Glücks- und Leistungsansprüchen, auf dem gesetzmäßigen Funktionieren von Natur und Technik und auf einem Zutrauen in die allgemeine Gutwilligkeit der Umgebung, wie sie in den engeren Bezugsgruppen (Familie, Freunde) erlebt wird. Wie Kinder aus nicht-religiöser Umgebung Geschichten von Gott und Jesus auffassen, ist m.W. bislang nicht untersucht. Da sie aber gerne spannende Erzählungen hören, ist zu vermuten, daß sie mit göttlichen Figuren eine Phantasiewelt entwerfen, zu der sie weitgehend durch die Geschichten selbst und durch analoge Erlebnisse mit Literatur und Massenmedien angeregt werden. Auf diese Weise dürften sie ebenfalls artifizialistisch-anthropomorphe Gotteskonzepte übernehmen, die sie bei ihrer späteren Zuwendung zur realen Welt (ab dem 8. Lebensjahr) dann leicht beiseite legen. Damit erzählte Phantasiewelt und Realität in Verbindung treten können, müssen diese Kinder Zugänge zur hintergründigen Wirksamkeit Gottes im »Herzen« der Menschen finden sowie die Offenheit und die Fragwürdigkeit der alltäglichen Selbstverständlichkeiten erfahren. Brüchigkeit und Rätsel des Lebens machen sich auch schon im kindlichen Alltag bemerkbar. Sie aufzunehmen und auf Gott hin durchsichtig zu machen, ist eine der wichtigsten Aufgaben des Grundschulreligionsunterrichts.

Erfahrungen mit Gott: Mögliche Lernwege

Die meisten Entwürfe zur »Gottesfrage« im Grundschulreligionsunterricht verfolgen die Intention, materiell-realistisches und anthropomorphes Denken über Gott zu einem übertragenen spiritualisierten Verständnis weiterzuentwickeln. Kritische Destruktion steht nicht am Anfang. Zuerst soll die Bildhaftigkeit jeder Gottesvorstellung erkannt und Gott mit liebender Gegenwärtigkeit identifiziert werden. Exemplarisch sei auf eine Unterrichtsskizze von Chr. Reents (Nach Gott fragen) für das 3./4. Schuljahr verwiesen.[184] Die Schüler werden zunächst aufgefordert, eigene Vorstellungen und Fragen über Gott zu artikulieren, aufzuschreiben, mit anderen zu vergleichen und zu ordnen. Sodann erfahren sie aus Jesusgeschichten, daß Gott zu überraschendem Verhalten veranlaßt, das mit Liebe zu bezeichnen ist (»Jesus legt Gott als Liebe aus«). Im dritten Schritt wird die Dialektik von Unsichtbarkeit und Realität der Liebe an Redewendungen herausgearbeitet, diese auf Gott übertragen und kritisch naiven körperhaften Vorstellungen von Gott gegenübergestellt. Der Entwurf setzt konsequent die Forderungen einer sprachlichen Propädeutik um, wie sie H. Grosch zu Anfang der 70er Jahre formuliert hatte. Den metaphorischen Charakter der biblischen Rede von Gott durchsichtig zu machen und die Mehrdimensionalität der Sprache an einfachen Beispielen zu erschließen, sah er — neben dem Bewußtmachen existentiell betreffender Phänomene und der Verbalisierung von Kindererfahrungen — als die Hauptaufgabe des Grundschulreligionsunterrichts an.[185] Schon in dieser theoretischen Grundlegung blieben die existentiell-emotionale und die sprachlich verbale Dimension unverbunden nebeneinander bestehen, wie auch die daraus folgenden Entwürfe zur »Gottesfrage« zeigen. Nicht ohne Gespür schlagen alle Autoren solcher Entwürfe deren Realisierung erst ab dem 3. Schuljahr vor. Viel besser gelingt eine existentiell-erfahrungsnahe Erschließung mehrdimensionaler, metaphorischer Rede etwa beim Nachspielen und beim spielerischen Übertragen von Gleichnissen, wenn auch Chr. Reents in ihrem diesbezüglichen Bericht bemerkt, »daß die Schüler das Gleichnis unter einseitiger Betonung seiner ethischen Komponente auslegten.«[186] Ist hier ein Hinweis auf einen erfahrungsnäheren Zugang zur Gottesfrage enthalten, von dem her die kognitive Problematik weniger isoliert aufgenommen werden könnte?
Logisch-diskursives Denken, wie es die kognitiv-verbalen Klärungsversuche mobilisieren wollen, beginnt mit konkret-operatorischen Schemata etwa ab dem 8. Lebensjahr. Hier unterscheiden sich erstmalig zwei symbolische Repräsentationsformen, die präsentative und die diskursive Logik.[187] Vorher, also während des ersten und zweiten Schuljahrs, arbeitet die Phantasie des Kindes unbehindert von logischen Schemata — wie Fowler (s.o.) herausgefunden hat — deutende Bilder und Geschichten aus, wobei sie stark von Verhaltensbeispielen und Geschichten aus der Umgebung beeinflußt wird. Das frühkindliche Denken ist noch ganzheitlich; es bildet dauerhafte Bilder und Gefühle positiver und negativer Art, mit denen es später ordnend und reflektierend umgehen muß.[188] Konkretes Verhalten, Geschichten und Bilder sind die Kommunikationsformen, mit denen das Kind seine Wirklichkeit phantasierend und deutend aneignet. Es gilt für sie, was

Lorenzer von den präsentativen Symbolen im ganzen sagt: »Sie wirken als Ganzheiten, weil sie aus ganzen Situationen, aus Szenen hervorgehen und Entwürfe für szenisch entfaltete Lebenspraxis sind. Auch wenn ein präsentatives Symbol einen isolierten Gegenstand abbildet (in der Malerei z.B.), so ist das Bild doch ein ganzes: Symbol einer Lebensform, unmittelbar bezogen auf die ›innere Gestalt‹ (im Schöpfer wie im Rezipienten), also auf ein konkretes Erlebnisgefüge, d.h. auf ein ›Stück‹ der Lebenswelt, das in sich — pars pro toto — das In-der-Welt-sein der Betroffenen spiegelt.«[189] Im präsentativen Symbolisieren des Kindes sind Erfahrung und Deutung, innere und äußere Welt, Mythos und Realität, Tradition und Situation noch ungeschieden.[190]

Das erste und zweite Schuljahr dient nicht der diskursiven Erschließung oder Klärung, sondern der Anregung, Vertiefung und Erweiterung grundlegenden religiösen präsentativen Symbolisierens. Darüber hinaus sollen Möglichkeiten der Interaktion mit den inneren Symbolen erkundet und eingeübt werden. Denn durch aktives inneres Symbolisieren schafft sich das Kind seine innere Welt, die es etwas unabhängiger von seinen Bezugspersonen macht.[191] Die religiöse Symbolik soll sich auf die Selbsterfahrung (Grundvertrauen), auf die Welterfahrung (positive Lebenseinstellung — Dankbarkeit) und auf die prosozialen Dispostitonen beziehen. Symbolhaltige Bilder, Geschichten und Verhaltensweisen müssen in der Lebenswelt des Kindes adaptierbar, d.h. auf die ihm anschauliche und damit zugängliche konkrete Umwelt und auf die Familie bezogen sein. Die Einführung der Symbole geschieht durch Bilder, Geschichten und sichtbare Verhaltensweisen. Wegen der konkret anschaulichen kindlichen Vorstellungs- und Handlungsweise sollte jedes Symbol in den drei Darstellungsformen präsentiert werden. Die zentrale, auf die Selbsterfahrung bezogene christliche Gottessymbolik ist die des liebenden Vaters bzw. der liebenden Mutter, bei dem/der das Kind Geborgenheit und Zuwendung — nicht in erster Linie Gehorsamsansprüche — findet. Sie wird ergänzt durch das Bild Jesu bzw. Gottes als des Hirten. Beide Symbole sind in verschiedenen biblischen Geschichten und Liedern veranschaulicht (Gleichnis vom verlorenen Sohn, vom verlorenen Schaf, Jesus als guter Hirte, Gott als Vater Jesu). Die Eltern- und Hirtensymbolik wird oft zum Entwurf einer heilen Welt mißbrauch, in der vertrauenszerstörende Erfahrungen keinen Ort haben. In den biblischen Geschichten zur Vater- und Hirtensymbolik ist dies nicht der Fall. Vater- und Hirtesein erweist sich in Situationen der Angst, wie sie auch Kinder aus ihrem Alltag und ihren Familien kennen. Gegen ambivalente Elternerfahrungen kann die religiöse Symbolik kompensatorische Funktionen übernehmen.

Die Schulanfänger leben noch ganz in der Welt ihrer Familie. Hier erleben sie Vertrauen, Trennung, Konflikte, Siege und Niederlagen. Innerhalb der biblischen Überlieferung sind Gott und Familiengeschichte am engsten in den Vätergeschichten (Gen. 12—50) verknüpft.[192] In Abraham, Isaak, Jakob und Joseph, ihren Frauen, Töchtern und Söhnen begegnen den Kindern Identifikationsfiguren für ihre tatsächlichen und zukünftigen Familienrollen, die als Mütter, Väter und Geschwister vor, mit oder gegen Gott handeln und darin Geborgenheit und Verantwortung erfahren. Im Bild vom guten Hirten (Ps 23) wird ebenfalls aus der nomadisch-agrarischen Lebenswelt ein anderes Vertrauenssymbol aktualisiert. Gerade die »Vätergeschichten« zeigen, daß Leben in der Nähe Gottes keineswegs mit enger Frömmelei verbunden ist, sondern in alle Höhen, Tiefen und Ambivalenzen des Zusammenlebens hineinführt.[193] Die Geschichten integrieren also bereits Vorgänge der Selbstdefinition und der Beziehung zu anderen. Alle drei Aspekte der Interaktionen in der Nähe Gottes kommen in ihnen gleichzeitig zum Zug. Die Einwände gegen die alten Geschichten sind wohlbekannt. Ihre symbolischen Strukturen seien so eng mit vergangenen Lebensverhältnissen verknüpft, daß ihre Adaption nur durch Konstruktion einer von der Realität getrennten Phantasiewelt möglich sei. Dies ist sicher richtig, aber zunächst positiv zu bewerten. Die innere symbolische Welt des Glaubens muß immer in einer gewissen Diskrepanz zur Gesetzmäßigkeit und Kontingenz der Alltagserfahrung bleiben, wenn sie Hoffnungen nähern und Sehnsüchte erfüllen soll. Allerdings darf aus der Diskrepanz keine Isolation werden. Deshalb müssen Darstellung und Umgang mit den Geschichten auf eine Umsetzung der symbolischen Rede von Gottes Handeln in für Kinder unserer Zeit plausible Vorstellungsweisen bedacht sein. Erscheinungen und Reden Gottes, etwa bei Abraham und Jakob, sind als innere Erlebnisse – in Analogie zu Träumen – verständlich zu machen; die Einsicht in Gottesführung läßt sich – nach dem Beispiel Jakobs auf dem Sterbebett[194] – aus der Rückschau gewinnen. Auch die verbreitete Figur des Schutzengels kann hier als Bild für Gottes hintergründiges Wirken verdeutlicht werden.

Als kurzes Beispiel für die empfohlene Umsetzung in analogisierbare Erfahrungen dient der folgende Vorschlag aus einem Lehrervorbereitungsbuch für das 2. Schuljahr:[195] Unter dem Lernziel: »Begreifen, daß Abraham im Vertrauen auf Gottes Versprechen ein großes Wagnis eingeht« wird zunächst 1. Mose 12, 1–3 erzählt, in Bildern und Szenen umgesetzt und mit dem Lied »Abraham«[196] auch emotional verankert. Daran schließt an:

»Abraham verläßt sich ›blind‹ auf Gott.« Lehrer erklärt das »Vertrauen-Spiel«.	Schüler spielen das »Vertrauen-Spiel«. Sie geben später ihren eigenen Eindruck wieder: Was es heißt, sich blind auf jemand verlassen.	Vertrauen-Spiel

---

Spielregel:

a) Im Freien bzw. im Schulhaus: Die Kinder bilden eine Schlange. Jedes Kind hält sich mit einer Hand an der Schulter des Vordermannes fest. Alle schließen die Augen. Der Lehrer (oder ein Schüler) führt als einziger Sehender.

b) Im Klassenzimmer: Kinder bilden Paare, jeweils ein »Sehender«, ein »Blinder«. Der »Sehende« führt den Blinden durch den Raum, auch über leichte Hindernisse. Die Paare dürfen nicht aneinanderstoßen. Rollen wechseln!

c) Toter Mann: Ein Kind steht in einem engen Kreis, schließt die Augen und macht sich ganz steif. Es läßt sich nach der Seite fallen und wird von den Kindern aufgefangen und »steif« umhergeschubst. Vorsicht bei der Auswahl der Fänger!

Gestraffte Lehrererzählung zu 1. Mose 12, 4–9 in Verbindung mit Vers 3 des Abraham-Liedes.	Schüler singen Vers 3	Lied: Abraham Abraham SM I, 31/ LJ 626, Vers 3

In den Gleichnissen vom Verlorenen lernen die Kinder, daß Gott sie selbst dann nicht fallen läßt, wenn sie ihm den Rücken gekehrt haben. Gott bleibt ihr innerer Partner, der auch das versteht, was man vor anderen und vor ihm zu verbergen sucht.[197]

Der Umgang mit Gott darf nicht auf die alten biblischen Geschichten begrenzt bleiben. Die alten symbolischen Überlieferungen regen zur Gestaltung der inneren Welt an. Es soll eine besondere, eigene Welt, aber keine isolierte Traumwelt sein. Wie können Kinder ihrer Gottessymbole mit ihrer Alltagserfahrung verbinden, ohne an kognitiv-diskursiven Anforderungen zu scheitern? Verschiedene Entwürfe verbinden Alltagsgeschichten mit biblischen Geschichten.[198] Dabei lassen sich mit eingeschobenen Gesprächen und bildlichen Umsetzungen kindliche Gottesvorstellungen – z.B. Wohnen im Himmel – mit spirituellen Gehalten füllen. Das auf S. 73 auszugsweise zitierte Beispiel aus einer Arbeitshilfe für den Anfangsunterricht[199] verbindet Alltagserwartungen und eigene Gebetspraxis, die noch animistischem Denken verhaftet ist. Gottes Wirken wird aus der Sonderwelt von Magie und Zauberei in das mitmenschliche Handeln überführt.

Grundlage des Entwurfs ist eine Erzählung »Gott ist hier gewesen« von Renate Schupp[200] mit folgendem Inhalt: Martins Fahrrad ist abhanden gekommen. Sein Freund Jörg erzählt, daß die Großmutter einmal nach intensivem Beten ihren Geldbeutel wiedergefunden habe. Die beiden Jungen beten nachhaltig, aber ohne Erfolg. Hier setzt eine Lehrerdarbietung ein:

»Gerade da kam der Vater aus dem Haus. Da sah er Martin auf dem Zaun sitzen und in den Himmel starren.

›Nanu, Söhnchen‹, rief er verwundert und kam näher heran, ›suchst du etwas dort oben?‹

›Ach nein, doch!‹ sagte Martin und wurde ein bißchen rot. ›Es ist nur: ich habe so gebetet, daß ich mein Fahrrad wiederbekomme und nun —‹

›— nun wartest du darauf, daß es vom Himmel fällt?‹

›Na ja, so vielleicht nicht gerade. Aber irgendwie . . .‹

›Und nun bis zu traurig, daß Gott es nicht wieder hergezaubert hat,‹ sagte der Vater.

›Ein Gebet ist kein Zauberspruch, mein Sohn‹, sagte er, ›und Gott ist kein Zauberer, der oben im Himmel sitzt mit einem langen weißen Bart und auf uns herabsieht und unsere Gebete belauscht und ab und zu ein Wunder tut. So mußt du dir das nicht vorstellen.‹

›Nein?‹ fragte Martin erstaunt. ›Aber in Großvater Jonathans altem Religionsbuch ist ein Bild, da sitzt Gott über den Wolken mit einem langen Bart und einem Mantel und —‹

›Ich kenne das Bild. Als Junge habe ich auch immer geglaubt, Gott müßte so aussehen. Bis mir einfiel, daß der Maler doch gar nicht wissen konnte, wie Gott aussieht. Er hatte ihn ja nie gesehen. Niemand hat Gott je gesehen.‹

›Niemand?‹ fragte Martin erschrocken. ›Auch nicht die Menschen in der Bibel?‹

›Denen ist Gott in ihren Träumen erschienen. Oder sie haben etwas von Gott gehört. Aber richtig gesehen haben sie ihn auch nicht. Man kann ihn nicht sehen.‹

›Ja, aber‹, rief Martin aufgeregt, ›wenn noch nie jemand Gott gesehen hat, woher weiß man dann überhaupt, daß es ihn gibt?‹

›Es ist wie mit dem Wind, weißt du; man kann ihn nicht sehen, aber es gibt ihn doch. Niemand bezweifelt das. Du mußt nur die Bäume anschauen, daran erkennst du den Wind. Er verändert sie: sie schwanken hin und her und biegen sich, nicht wahr!‹

›Jaha‹, sagte Martin.

›Genauso ist es mit Gott. Du mußt nur die Menschen anschauen, daran erkennst du Gott. Gott verändert die Menschen. Wenn sie gut zueinander sind, anstatt sich zu hassen, wenn sie Mitleid miteinander haben und einander verzeihen können, dann ist da Gott. Er ist mitten in ihnen.‹

›Ach‹, sagte Martin. ›Ist er in mir auch schon gewesen?‹

›Gewiß! Immer wenn du einen Streit hattest und du hast nachgegeben. Oder wenn dir einer ein Unrecht getan hat, und du hast es ihm nicht nachgetragen. Oder wenn jemand in Not war, und du hast ihm geholfen. Du *mußtest* es einfach tun, vielleicht wußtest du selbst nicht warum. Jedesmal dann ist Gott hier gewesen.‹

›Ach‹, sagte Martin ungläubig. ›Ich kann mir das nicht vorstellen. Wenn Gott nicht aussieht wie in Großvaters Jonathans Religionsbuch, dann kann ich mir's nicht vorstellen. So nah! In mir! Und wo ist er jetzt gerade?‹

›O, ich glaube, jetzt gerade ist er uns ziemlich nah. Und an vielen anderen Stellen auf der Welt ist er auch, wo ein paar Menschen gut miteinander umgehen, anstatt sich wehzutun und sich zu zanken.‹

›Und warum war er nicht da, als mein Fahrrad geklaut wurde?‹

›Ich bin sicher, daß er Fahrräder nicht so wichtig nimmt. Das hat irgendein Taugenichts genommen, oder vielleicht einer, der's nötiger brauchte als du!‹

›Was?‹ rief Martin empört. ›Nötiger als ich? Dann hätte er wenigstens Stefans Rad klauen können. Der hätte längst ein neues bekommen.‹

Er sprang vom Zaun herunter und rannte wütend ins Haus und hinauf in sein Zimmer, wo er sich aufs Bett warf und lange liegenblieb. Er war so traurig. Gott gab es so nicht, wie er sich das immer gedacht hatte. Alles war rätselhaft und schwer zu verstehen. Von draußen her drang Vaters Trompete bis hinauf in sein stilles Zimmer. Lange lag Martin auf seinem Bett, er starrte hinauf an die Zimmerdecke und weinte.«

Es folgt ein Gespräch über Martins Weinen und über das, was der Vater eigentlich gemeint hat. Dabei bleibt offen, wie man etwas von Gott »spüren« kann (»wie mit dem Wind«). Der Lehrer fährt dann fort:

»Am anderen Morgen erzählte Martin Jörg alles, was er mit dem Vater geredet hatte.

›Es ist alles umsonst gewesen! Gott kümmert sich nicht um Fahrräder!‹ sagte er. Daraufhin schwiegen sie eine Weile.

›Wenn das so ist‹, sagte Jörg endlich, ›dann müssen wir die Sache selbst in die Hand nehmen.‹

›Vielleicht sollten wir eine Anzeige in die Zeitung setzen: Suche gebrauchtes Fahrrad. — Gebrauchte Fahrräder kosten ganz wenig.‹

›Aber ich habe überhaupt kein Geld — auch nicht wenig!‹

›Wir müssen welches verdienen. Es muß doch irgendwo Arbeit geben!‹

Also fingen sie an, Arbeit zu suchen. Jörg nahm Martin hinten auf sein Rad, und sie fuhren im Dorf herum und fragten nach. Man hätte ja meinen sollen, daß es Arbeit genug gab. Wenn man jedenfalls die Erwachsenen hörte, dann steckten sie bis zum Hals in Arbeit. Sie konnten doch bloß froh sein, wenn zwei Jungen daherkamen, die ihnen etwas abnehmen wollten. Aber in Wirklichkeit war es so, daß die meisten nur lachten.

›Kommt in ein paar Jahren wieder‹, sagten sie. ›Dann wollen wir weitersehen.‹

›So lange können wir nicht warten!‹ rief Jörg.

Einmal durften sie bei Korf Kisten auspacken. Und einer alten Frau gruben sie für zwei Mark den Garten um. Aber das waren einmalige Gelegenheiten. Und nach einer Woche hatten sie gerade 4,50 DM verdient.

›Da werd' ich hundert Jahre, bis ich genug Geld beisammen habe‹, sagte Martin trübsinnig. ›Ich glaub, ich geb's auf!‹

Sie hockten zusammen auf Jörgs altem Fahrrad und wippten mit den Füßen auf und nieder. Sie hatten beide keine Lust mehr.

›Aber du brauchst doch ein Fahrrad‹, sagte Jörg mitleidig.

›Wenn man so weit draußen wohnt wie du, braucht man ein Fahrrad.‹

Martin nickte düster mit dem Kopf.

›Fragt sich bloß: woher nehmen und nicht stehlen?‹

›Weißt du was‹, rief Jörg da plötzlich, ›nimm doch meins! Nimm doch einfach meins. Ich geb's dir, bis du selber wieder eins hast.‹

›Was?‹ Martin sprang so heftig vom Rad, daß sie beide beinahe umgefallen wären.

›Na klar!‹ rief Jörg und war von seinem Einfall ganz begeistert.

›Ich brauch es ja eigentlich gar nicht unbedingt. Ich kann ebenso gut das Rad von meiner großen Schwester nehmen. Sie ist doch die ganze Woche nicht zu Hause.‹

›Mensch, Jörg!‹ sagte Martin. ›Menschenskind! Würdest du das wirklich für mich tun?‹

Jörg stellte sein Fahrrad zurecht und hielt Martin die Lenkstange hin. ›Also los, nimm es schon!‹

›Aber das kann ich doch gar nicht annehmen‹, sagte Martin.

›Warum tust du das?‹

›Weiß ich nicht‹, murmelte Jörg. ›Frag nicht soviel, sondern fahr ab!‹ Er war ein bißchen verlegen.

›Nun fahr doch schon!‹ Er gab Martin einen Stoß, daß er wie von selbst in den Sattel kam. Das war ein Gefühl, wieder einmal ein Fahrrad unter sich zu haben! Es war fast, als hätte man Flügel.

Als Martin in den Hof einbog, war der Vater gerade fertig mit seiner Arbeit, und Mutter stand weiter drüben im Garten und sah herüber.

›Ich hab ein Rad!‹ schrie Martin, so laut er konnte. ›Ich hab ein Rad, ein Rad, ein Rad!‹

Er fuhr im Kreis herum und sang, bis er ganz außer Atem war.

›Siehst du, ich wußte, daß du wieder eins bekommst‹, sagte der Vater, als Martin endlich anhielt.

›Das konntest du überhaupt nicht wissen‹, rief Martin trotzig. ›Es ist von Jörg. Er hat es mir gegeben — einfach so, weil er Mitleid hatte.‹ ›Sieh mal an‹, lächelte der Vater. ›Der Jörg! Einfach so! Weil er Mitleid hatte!‹

Er schwieg und betrachtete das Fahrrad. Und Martin schwieg auch. Und gerade als Martin anfing, Vaters langes Schweigen merkwürdig zu finden, fiel ihm etwas ein.

›Oder glaubst du . . .?‹ Er stockte. ›Glaubst du: Gott ist hiergewesen?‹

Der Vater nickte.

›Bestimmt!‹ sagte er leise, als sei es ein Geheimnis zwischen ihnen: ›Da bin ich ganz sicher!‹

Renate Schupp

Abdruck S. 71/72 (R. Schupp) aus: Steinwede/Ruprecht, Vorlesebuch Religion 3, Verlag Ernst Kaufmann, Lahr – Vandenhoeck & Ruprecht, Benziger + TVZ

Gespräch:
L Warum gibt Jörg das Fahrrad an Martin?
– Weil Jörg so nett war, darum hat er es ihm gegeben
– Weil Martin dem Jörg so leid tat
– Weil der Gott da war

Der Lehrer nennt nun auch die Überschrift der Erzählung
– Da war ja Gott in Jörg
– Gott ist auf der Erde
– Weil er (Jörg) dem Martin) das geschenkt hat,
  da muß Gott dabeigewesen sein.
– Daß Gott dem Jörg den guten Gedanken gegeben hat, daß er
  dem Martin das Fahrrad leiht, bis er ein neues hat

Zum Abschluß wird das folgende Bild mit dem Titel »Gott ist auf der Erde« erstellt:

aus: Religionsunterricht Primarbereich. Materialien zum Grundschullehrplan Evangelische Religionslehre XIII. Modelle des Anfangsunterichts, Heft 1, S. 34. Päd.-Theol. Institut Bonn Bad Godesberg

Auf dem Hintergrund derartiger Geschichten gilt es dann, verschiedene Möglichkeiten des Sprechens mit Gott zu zeigen und animistische Gebetserwartungen rücksichtsvoll zu korrigieren.[201] Bilder von Situationen, in denen Menschen beten, helfen, typische Gebete auszusprechen und Erwartungen zu versprachlichen. Daß Beten nichts anderes ist als mit Gott über alles, was einem wichtig ist, wie mit einem ganz vertrauten Menschen zu sprechen – diese Erfahrung sollte zu Versuchen führen, auch das im Gebet zu sagen, was Freude macht oder selbstverständlich erscheint. Danach sind auch Beispiele für Gebete zu behandeln, die nicht erfüllt werden, u.a. weil sie anderen schaden oder von Gott Zauberei zugunsten eigener Wünsche verlangen. Neben die Negation sollte aber immer auch ein positives Beispiel treten, in dem der einzelne um Kraft und Mut bittet, seine Situation zu akzeptieren und sich für andere zu öffnen.[202] Schließlich kann eine Erstbegegnung mit Jesu Beten im Vaterunser stattfinden. Sie zeigt, Jesus wendet sich an den fürsorgenden Vater und bittet für das, was für alle Menschen lebensnotwendig ist.[203] Das Vaterunserlied hilft einprägen und emotional vertiefen.
Nach dem Übergang ins dritte Schuljahr beginnen die Kinder, mit logischen Operationen

Zusammenhang und Bedeutung zu konstruieren. Artifizialistisches und animistisches Denken weichen langsam einer realistischeren Betrachtungsweise. Die Eigenständigkeit der Dinge und ihre eigengesetzliche Ordnung werden prinzipiell anerkannt und zu erschließen gesucht. Die Kinder bauen sich erstmals selbständig eine in sich schlüssige Weltordnung auf; sie betrifft sowohl die natürliche wie auch die moralische und symbolische Welt. Weil das Kind nun die engen Bindungen an die familiale Lebenswelt lockert und in der formalisierten Welt der Schule sowie in den informellen Gleichaltrigenbeziehungen eine relative Eigenständigkeit gewinnt, braucht es verläßliche Ordnungen und Deutungsmuster, die für seine weitere Erfahrungswelt taugen. In den (inneren) Interaktionen mit Gott melden sich Symmetrieerwartungen an. Das Gottesbild nimmt Züge des zur selben Zeit entwickelten Freundschaftskonzepts auf, d.h. zeitlich zurückliegende Verbindlichkeiten begründen Erwartungen auf zukünftige Hilfestellungen (s.u.). Manche Kinder dieses Alters neigen dazu, ihre Beziehungen zu Gott nach dem Prinzip von Leistung und Gegenleistung zu regeln. Der Gottesglaube hat sich über den Familienkreis und die von daher geprägte Erfahrungswelt hinaus zu bewähren und zwar gleichermaßen hinsichtlich der emotionalen Dispositionen (Vertrauen, positive Lebenseinstellung, prosoziales Empfinden) wie der neugewonnenen kognitiven Kompetenz. Gott muß mit den alltäglichen Interaktionsproblemen, mit der nun erstmals zu rekonstruierenden Vergangenheit (eigene Geschichte und Geschichte der Menschen) und sogar mit der Welt im ganzen in Beziehung treten. Die ungebremste symbolische Produktion wird an logische Schemata gebunden. Geschichten, Überzeugungen, Werte und Normen der Bezugsgruppen sollen in sinnvolle Zusammenhänge treten. Eindeutige Symbolik und monokausale Erklärungen sind die Instrumente der jetzt vorherrschenden konkretistischen Logik. Sie äußert sich in einer linear narrativen Konstruktion von Zusammenhang und Bedeutung.[204]

Die Grundkategorien von Gottes Geschichtshandeln, wie es in den biblischen Überlieferungen narrativ repräsentiert ist, sind Bund und Rettung; die Grundkategorien seines Weltbezugs Schöpfung und Erhaltung des Lebensraums; die Grundkategorien seines sozialen Gestaltungswillens Gerechtigkeit und Liebe.[205] Die Geschichten von Gott und Jesus im 3./4. Schuljahr sollten nichts anderes als diese Kategorien veranschaulichen, verständlich machen und zu entsprechenden Symbolisierungen in der Alltagswelt anregen. Die biblischen Ursprungsüberlieferungen für Bund und Rettung (und deren Gefährdung) sind die Exoduserzählungen und die rätselvollen Geschichten der israelitischen Staatenbildung; von Schöpfung und Erhaltung sprechen viele Psalmen, weisheitliche Literatur und die beiden Schöpfungserzählungen. Gerechtigkeit und Liebe sind im Bild vom gerechten König mit seinen Gefährdungen (David und Salomo) sowie im messianischen Lebensvollzug Jesu symbolisiert. Die damit angesprochenen Überlieferungen können aus Zeitgründen nicht alle im 3./4. Schuljahr zur Sprache kommen. Da die Schüler im 5./6. Schuljahr ihre emotionalen und kognitiven Strukturen nicht grundlegend verändern, sondern eher stabilisieren und generalisieren, können wichtige Überlieferungsteile später bearbeitet werden. Im 3./4. Schuljahr verdienen die weniger komplexen Erzähltraditionen den Vorzug. Für alle 8–12jährigen gilt, daß geschichtlich wirksame Überzeugungen und Handlungsmotive personal repräsentiert sein müssen.[206]

Diese Bedingungen sind in den Exoduserzählungen (Mose-Geschichten) voll erfüllt. Sie zeigen, wie Gott die Rettung seines Volkes von langer Hand im Verborgenen plant, gegen alle Bedrohungen und gegen die Widerstände der Geretteten selbst durchführt, mit diesen einen unverbrüchlichen Bund schließt und den immer wieder versagenden Menschen lebens- und freiheitserhaltende Grundordnungen (10 Gebote) schenkt.[207] Das Handeln Gottes ist anschaulich wunderhaft und doch in »natürlich« erklärbaren Ereignissen verborgen.[208] In gleicher Weise offenbart sich Gott in seinem Namen und wahrt dennoch seine Freiheit (Ex 3,1–17). Eine Verbindung zwischen Gottesname und Rettungsgeschichte[209] dürfte den symbolischen Gehalt des Gottesnamens für die Kinder einprägsam veranschaulichen.

Mit Gottes Wirken als Schöpfer und Erhalter der Lebensmöglichkeiten bekommen die emotionalen Dispositionen Grundvertrauen und positive Lebenseinstellung neue symbolische Anhaltspunkte. Unter den vielen biblischen Schöpfungsaussagen dürfte die ältere, die sog. zweite Schöpfungsgeschichte (Gen 2) – genauer: der Überlieferungszusammenhang von Schöpfung, Fall und Brudermord (Gen 2–4) – für Kinder dieses Alters anziehender sein als der statuarische priesterschriftliche Schöpfungsbericht.[210] Man sollte diesen Zusammenhang nicht nur wegen seiner ursprünglichen Einheitlichkeit (jahwistische Erzählung) nicht auseinanderreißen.[211] Er ist auch wegen der symbolischen Ambivalenz von Geschenk und Gefährdung des Lebens im Zusammenhang mit Vertrauen/Mißtrauen bzw. Werden und Vergehen unter religionspsychologisch-didaktischer Perspektive nicht auflösbar. Über die symbolische Dichte hinaus erscheint der ältere Überlieferungszusammenhang auch deshalb elementarer – im Sinne des exemplarisch eröffnenden –,[212] weil hier der Mensch mit seinen lebenserhaltenden und -gefährdenden Beziehungen zur Umwelt, zum Mitmenschen und zu den Tieren im Mittelpunkt steht. Noch ist die Welt im Bild eines dem Menschen geschenkten Gartens dargestellt, den menschliche Arbeit »bebauen und bewahren« kann.[213] Die Tiere begegnen als Subjekte, die von Menschen Namen erhalten und damit seiner Fürsorge anvertraut werden. Schließlich findet der Mensch sich selbst im Du und erfährt in dieser Beziehung innigste Zuwendung wie tiefste Verletzung. Die Überlieferungen von Schöpfung und Verfehlung sind überreich an symbolischen Motiven. Im Unterricht können nur die wesentlichsten herausgearbeitet und – auf die kindliche Wahrnehmung bezogen – gedeutet werden. Historische, kognitive und weltbildbedingte Konflikte dürften den Kindern dann am wenigsten zu schaffen machen, wenn die Geschichte von Anfang an als Phantasieerzählung mit einer bestimmten Intention eingeführt wird. Als Beispiel hierfür sei auf die bekannte Fassung der Schöpfungsgeschichte von D. Steinwede verwiesen.[214] Im Anschluß an eine derartige Darbietung werden die Kinder mit Spaß ihre Eindrücke in Bilder umsetzen,[215] sinnvoll unterstützt durch Vorgaben – etwa angefangene Bilder, die Gestaltungsfreiräume zur Verfügung stellen, wie sie in den Malmappen Religion von H. Heyduck-Huth vorliegen.[216] Ausgangs- oder Schlußpunkt einer solchen Behandlung der Schöpfungsgeschichte kann das Erntedankfest sein, zumal wenn es (in manchen Gegenden) mit großer öffentlicher Beteiligung gefeiert wird. In diesem Fall beleben Erntedanklieder den Unterricht. Es wird zu erläutern sein, wie natürliches Wachstum und Gottes Segen widerspruchsfrei zu denken sind.[217]

Daß Gott für Gerechtigkeit und Liebe unter den Menschen unablässig gewaltlos eintritt, veranschaulicht die Botschaft der Propheten bis zum Auftreten Jesu. Eine Auseinandersetzung mit der Gestalt eines alttestamentlichen Propheten wäre in der Grundschule verfrüht, weil ein Verständnis der Prophetenworte geschichtliche Kenntnisse erfordert. Aus Jesu Botschaft und Wirken sind es besonders die Gleichnisse, die zeigen, wie Gottes Gerechtigkeit und Liebe den Alltag umgestalten könnte. Zuvörderst wäre an das Gleichnis von den Arbeiten im Weinberg (Mt 20) zu denken, in dem der menschliche Gerechtigkeitsbegriff einer leistungsabhängigen Zurechnung von der göttlichen Güte her zugunsten der Leistungsschwachen relativiert wird.[218] Indes hat J. Piaget festgestellt, daß Kinder zwischen dem 8. und 11. Lebensjahr gerade ein striktes Gleichheitsdenken (Egalitarismus) entwickeln und damit ein Kriterium für Gerechtigkeit handhaben lernen, das sie von Erwachsenenautorität unabhängig macht.[219] Der Weinbergbesitzer in der Parabel wäre demzufolge für das kindliche Denken ganz und gar ungerecht.[220] Ein gerechter und liebender Gott wird für Kinder in diesem Alter nur im Ausgleich von Ungleichheiten oder im Einsatz für die Benachteiligten faßbar, wenn keine Kritik am Verdienstdenken mitkonzipiert werden muß. Deshalb können Jesu diesbezügliche Gleichnisse im 3./4. Schuljahr nicht ihrer Intention entsprechend zum Zuge kommen.

Gottes gewaltloser Einsatz für Gerechtigkeit und Liebe – im Sinne eines Ausgleichs von Ungleichheit und eines Eintretens für Benachteiligte – ist der Leitfaden der Erzählungen von Johannes dem Täufer. Sie bezaubern zudem die Kinder wegen der hintergründig geheimnisvollen Art des Wirkens Gottes. Erstaunlicherweise sind sie ganz aus den neueren religionspädagogischen Arbeitsmaterialien verschwunden. Sieht man von der heilsgeschichtlichen Einordnung, die das Neue Testament vornimmt, ab, tritt in allen Erzählungen der Auftrag des Johannes hervor: Das Kommen Gottes dadurch vorzubereiten, daß er zu einer Umkehr (Buße) aufruft, die sich im Ausgleich von Ungerechtigkeiten und in einer neuen menschlichen Zuwendung äußern soll. Schon bei der Ankündigung der Geburt wird die zukünftige Aufgabe des Johannes hervorgehoben: »das Herz der Väter wieder den Kindern zuzuwenden und die Ungehorsamen zur Gerechtigkeit zu führen und so das Volk für den Herrn bereitzumachen« (Lk 1,17). Die vom heiligen Geist »gefüllte« prophetische Rede des Zacharias bei der Geburt des Täufers bringt das gleiche zum Ausdruck (Lk 1,67−79). Und ebenso lautet die prophetische Botschaft des Propheten in der Wüste: Bringt Früchte hervor, die eure Umkehr zeigen (Lk 3,8); wer zwei Gewänder hat, der gebe eines davon dem, der keines hat, und wer zu essen hat, der handle ebenso (Lk 3,11).

Im Unterricht des 3./4. Schuljahrs begegnen die Schüler in Johannes dem Täufer zum ersten Mal einer prophetischen Gestalt. Sie lernen daran: Gott drängt und mahnt zu Gerechtigkeit und Liebe durch Wort und Beispiel. Er zwingt die Menschen nicht zu ihrem Heil, sondern er ermahnt und beschwört sie immer wieder. Dazu wählt er sich Menschen auf geheimnisvolle Weise aus (Ankündigung der Geburt und Geburtsgeschichte). Engelsbotschaft und wunderhaftes Verstummen sind (innere) Stimmen und Zeichen, die darauf hinweisen, daß alle Aktivität Gottes an die natürlichen Vorgänge gebunden bleibt und dennoch ganz von Gott ausgeht. Die Botschaft des Engels, die prophetische Rede des Zacharias und die Botschaft des Täufers haben den gleichen Inhalt; sie fordern zu Gerechtigkeit und Liebe im alltäglichen Handeln heraus. Im Unterricht können den Johannes-Erzählungen Beispiele aus Geschichte und Gegenwart folgen, die diese prophetischen Anstöße zur Realität werden ließen (z.B. Martin von Tours, Mutter Theresa, Brüder von Taizé: Miteinander teilen und einfach leben). Die Erzählungen vom Propheten Johannes und die daran anschließenden Beispiele passen gut in die Adventszeit. Statt nur Weihnachten zu thematisieren und es bei einer kritischen Konfrontation zwischen reichhaltiger Geschenkpraxis und dem armen Jesuskind zu belassen,[221] sollte man mit den Johannes-Überlieferungen in der Adventszeit das Weihnachtsfest vorbereiten. Die Kinder lernen so: Wer Gott erwartet, gleicht Ungerechtigkeiten und Lieblosigkeit aus; er beschenkt die, die Mangel haben. Sie können überlegen, ob sie etwas Ähnliches zu Weihnachten machen können.[222] Überdies gewinnen sie von daher gegebenenfalls auch einen kritischen Zugang zu Nikolaus.

Erfahrungen mit dem eigenen Leben: Selbsterfahrung von Kindern

Daß Gottesglauben von Erfahrungen mit dem eigenen Leben nicht zu trennen ist, belegt der vorangehende Abschnitt. Die Strukturen der Elternbeziehungen und Umweltwahrnehmungen bilden den Horizont für die kindlichen religiösen Erfahrungen und Repräsentationen. Das symbolische Phantasieren und Nachdenken über Gott reflektiert das eigene Erleben in den Beziehungen zu anderen und zu sich selbst. Dieser unlösbare Zusammenhang scheint aufs erste einer Trennung der drei Aspekte (Gottesbeziehung, Selbsterfahrung und Beziehung zu anderen) zu widerraten. Dennoch ist eine Trennung aus didaktischen Gründen sinnvoll. Denn wenn explizit über Gott gesprochen wird, werden die dabei anklingenden Erfahrungen und Emotionen nicht unmittelbar zum Gegenstand der Auseinandersetzung; sie können allenfalls in einer besonderen Lernphase eigens thematisiert werden. Wenn man im Unterricht über die Selbst- und Fremderfahrungen spricht und immer zugleich die Linien bis zu entsprechenden Gotteserfahrungen ausziehen müßte, bestünde die Gefahr einer Verkürzung bzw. eines Überspringens der individuellen Erlebnis- und Deutungshorizonte um der beabsichtigten religiösen Interpretationen willen. Konzentriert sich der Unterricht im Ansatz auf einen der drei Aspekte, kann der gewählte Inhalt seine Eigenwirkung hinsichtlich der anderen beiden Ansätze leichter entfalten, vorausgesetzt daß bei der Auswahl und Strukturierung des Inhalts der Einfluß der anderen Aspekte schon mitbedacht ist.

Selbstverständlich ist auch die Selbsterfahrung in die Beziehungen zu anderen (Umwelt, Menschen, Gott) eingebettet. Besonders augenfällig ist dies bei (Grundschul-)Kindern, die bekanntlich noch nicht eigens nach dem Woher und Wozu ihres Lebens und Handelns oder nach möglichen Lebenswerten fragen. Sie praktizieren aber Sinn- und Wertsetzungen, erleben ihren Wert in den Augen von anderen, freuen sich oder sind traurig, bemühen sich, sorgen und ängstigen sich um ihre alltäglichen Lebensmöglichkeiten und Beziehungen. Die Werte, Sinnsetzungen und Lebensformen, die ihr Erleben und Handeln hintergründig leiten, übernehmen sie zunächst ausschließlich von den elterlichen Bezugspersonen; später wächst der Einfluß von Gleichaltrigen oder älteren Bekannten, gelegentlich auch von älteren Geschwistern. Kinder im 1./2. Schuljahr sind in der Regel noch ganz in den »Kosmos« der familialen Beziehungen eingebettet; von diesem Ort her werden auch die Beziehungen zur Schule, zu den Spiel- und Schulkameraden gestaltet und gesteuert bzw. bewertet. Mit dem 3. Schuljahr gewinnen die Kinder mehr Selbständigkeit in den außerfamilialen Beziehungen und lassen sich von daher auch leichter beeinflussen. Diese zunächst grobe Unterscheidung darf natürlich nicht über den − ab dem Schuleintritt wachsenden − Einfluß der schulischen Erfahrungen auf die Elternbeziehungen hinwegtäuschen. Die neuen Pflichten gegenüber der Schule verändern auch die Elternbeziehung. Erstmalig erlebt das Kind, daß andere Autoritäten, deren Forderungen und Bewertungen, auf das Verhalten und die Reaktion der Eltern einwirken. Diese müssen Schulhefte und Bücher kaufen, zu Elternabenden gehen; schlechte oder gute schulische Erfolge werfen im Elternhaus Licht und Schatten.[223] Normalerweise dauert es allerdings zwei Jahre, bis die äußeren und inneren Veränderungsprozesse die Prädominanz der Eltern in den außerfamilialen Beziehungen abgebaut haben.

Die Einbindung in die familialen Lebensformen und Werthierarchien ist nicht für alle Kinder von gleicher Qualität. Jeder Grundschullehrer kann unter seinen Kindern eine größere Gruppe ausmachen, die in offensichtlich harmonischen Beziehungen zu ihrer Familie leben, sich von den Eltern gestützt wissen und ihre schulischen und sonstigen Erfahrungen mit ihren Eltern teilen. Daneben finden sich andere Kinder, die ihre Familienbeziehungen höchst ambivalent erleben und zur Darstellung bringen. Sie verschweigen z.B. zu Hause schulische Mißerfolge. Ihr Verhalten zu Eltern, Lehrern und Freunden ist erkennbar durch Geltungs-, Macht- und Anerkennungsstreben bedingt. Wieder andere Kinder lassen sich nicht eindeutig dem einen oder anderen Verhaltenstyp zuordnen. Unter bestimmten Konstellationen und Phasen scheinen sie mit den familialen Erwartungen innerlich übereinzustimmen, in anderen gehen sie strategisch mit ihnen um. Die neuere Kinderpsychologie sieht in den unterschiedlichen Beziehungsqualitäten Lösungen der narzißtischen Krise, durch die das Kind ab dem Ende des zweiten Lebensjahres den Verlust des ungehemmt spontanen Allmachtsgefühls verarbeitet.[224] Die Erkenntnis und Erfahrung, daß die Eltern vom eigenen Willen unabhängig und mächtig sind, ermöglicht eine größere Unabhängigkeit im eigenen Handeln, nötigt aber zu vermehrter Willensabhängigkeit. »Da das Kind« − so die Kinderpsychologen Ausubel und Sullivan − »selbst nicht allmächtig sein kann, ist die nächstbeste Lösung, ein *Satellit* von Personen zu werden, die es sind.«[225] Bedingung eines Satellitenverhältnisses ist die Erfahrung bedingungslosen Angenommen- und Geschätztwerdens, d.h. ohne die Voraussetzung eines besonderen Gehorsams oder erwünschter Leistungen. Das Kind, das Geborgenheit und Wertschätzung erfährt, antwortet mit Identifikation und Anhänglichkeit. Wenn es solche Erfahrungen nicht oder nur selten machen kann, muß es sich Selbstwert und Zuwendung verschaffen. Eine emotionale Abhängigkeit wie die der Satelliten wäre dabei hinderlich. Ein pathologisches Fortwirken der infantilen Allmachtsbedürfnisse kann die Folge sein. Meistens findet das Kind jedoch Möglichkeiten, sich durch »Leistungen« in oder außerhalb der Familie Zuwendung und Anerkennung zu verschaffen, was Eltern oft zu einer Überbewertung der kindlichen Fähigkeiten veranlaßt. So lernt das Kind früh, mit Gefühlen strategisch umzugehen. Die *Nicht-Satelliten* stehen ihren Eltern und ihrer Umwelt distanziert gegenüber; übernehmen nicht einfach Verhaltensweisen und Wertsysteme, sondern orientieren sich an dem, was im Blick auf persönlichen Macht- und Liebesgewinn (Ich-Erhöhung) zweckmäßig erscheint. Entsprechend gestaltet sich das Verhältnis zu schulischen Anforderungen: »das Kind in der Satellitenstellung neigt dazu, den Lehrer als Elternersatz anzusehen, obwohl seine Billigung weniger unbedingt und mehr auf Leistungsfähigkeit bezogen ist als die der Eltern. In der Gesamtpersönlichkeit des Kindes spielt der primäre Status, den es in der Schule erwirbt, noch eine relativ untergeordnete Rolle im Vergleich zu den durch das Elternhaus gewährten abgeleiteten Status. Dem abgelehnten Kind bietet die Schule die erste größere Gelegenheit, überhaupt einen Status zu erwerben, während das überbewertete Kind in der Begegnung mit Kameraden fast immer eine Abwertung erleidet.«[226]

Die Unterscheidung zwischen satellitischen und nichtsatellitischen Beziehungen ist idealtypisch zu verstehen. In der Realität vermischen sich Tendenzen in der einen und in der anderen Richtung, zumal die meisten Eltern gelegentlich bedingungslose Zuwendung spüren lassen, gelegentlich diese an Leistungs- und Verhaltensforderungen binden. Die Satellitenbeziehung kann prinzipiell vorhanden, aber in bestimmten Handlungsbereichen und Lebensphasen vom Streben nach einem subsidiären äußeren Status überlagert sein. Kinder ohne Satellitenbeziehung zu ihren Eltern können satellitenähnliche Beziehungen zu anderen Personen unterhalten. Das Hineinwachsen in die außerfamilialen Handlungsbereiche differenziert auch die Anerkennungs- und Geborgenheitsbedürfnisse und damit auch die Sinn- und Wertdefinitionen in der individuellen Lebenspraxis. Aber bis ins Erwachsenenleben hinein beeinflussen satellitenähnliche oder (nicht-satellitisch) strategisch konzipierte Beziehungen die zentralen Ich-Strebungen, die Lebensformen, die Ängste und Wünsche, mithin die Sinn- und Wertvorstellungen von einem guten Leben.[227]

Zu welchen religionsdidaktisch relevanten Einsichten führt die idealtypische Unterscheidung zwischen Satelliten und Nicht-Satelliten und die Erkenntnis, daß Tendenzen in beiden Richtungen bei den meisten Grundschulkindern wirksam sind? Alle Kinder brauchen und suchen Zuwendung und Wertschätzung, weil alle mit dem Schuleintritt feststellen müssen, daß Anerkennung und Liebe zumindest teilweise und für einige Personen von persönlichen Leistungen und vom Verhalten abhängig sind. Auch echte Satelliten bemerken, wie schulische Schwächen den Eltern Sorgen und Erfolge den Eltern Freude machen. Daher sollten alle Kinder die Erfahrung bedingungsloser Wertschätzung und Zuwendung durch Gott bzw. Jesus machen dürfen. Nicht-Satelliten können vielleicht auf diese Weise ein wenig innere Sicherheit und Lebensvertrauen gewinnen, was ihrem hartnäckigen Streben nach Anerkennung etwas von seiner verzweifelten Verbissenheit nehmen würde. Darüber hinaus wäre eine intensivere Bindung an einige Wertvorstellungen und Sinnsetzungen zu erhoffen, wenn diese nicht nur aus strategischen Gründen im Dienst der Ich-Erhöhung angeeignet werden.

Zwei Gefahren lauern auf diesem Weg. Zum einen kann sich die religiöse Beziehung ohne Bezug zu den alltäglichen Ambivalenzen fixieren; dann flüchtet sich das Kind zu einem allmächtigen Versorger-Gott, an dessen Allmacht es mit Hilfe magisch-mythischer Phantasien partizipiert. Zum anderen tritt Gott leicht in Analogie und Konkurrenz zu den Leistungs- und Gehorsamserwartungen der Umwelt; dann ist das Kind entweder zu radikaler Ich-Abwertung oder zur Instrumentalisierung auch der religiösen Beziehung gezwungen. Um beides zu vermeiden, muß der Unterricht die Analogien und Differenzen zwischen den interindividuellen und den religiösen Beziehungen deutlich herausarbeiten, die Priorität der Zuwendungserfahrungen wahren und sie am alltäglichen wie am phantasierten Erleben zu verifizieren suchen.

Erfahrungen der Angst, der Freude, der Trauer, des Leidens, der Konkurrenz, des Neids, Enttäuschungen, Mißtrauen und Bedrohungen gewinnen von daher ihren Stellenwert und ihre Intentionalität für den Unterricht. Dazu gehören auch die unlösbaren Rätsel des Lebens, die dem Kind bereits begegnen, es verunsichern und fragen lassen. Warum Menschen einander Böses tun, warum man selbst – oft ohne Absicht – haßt und verletzt, wieso geliebte Tiere und Menschen sterben oder krank werden, warum Schönes verfällt und Liebe endet oder in Haß umschlägt – all dies sind Fragen, für die Kinder nicht nur pragmatische, sondern darüber hinaus sinnintendierende Antworten suchen, wie Berichte und Kinderäußerungen belegen.[228] Die Kinder werden die Antworten allerdings konkretistisch rekonstruieren.

Mit den rätselhaften Erfahrungen des Bösen ist die zunehmende Einsicht in die Wirkungen des eigenen Handelns auf andere verbunden, d.h. eine Vorstellung von der Förderung oder Schädigung anderer Menschen. Grundschulkinder brauchen die Reaktionen ihrer Handlungspartner nicht mehr unmittelbar zu erleben, um deren Schmerz oder Freude mitzuempfinden. Sie können sich zunehmend mögliche Reaktionen vorstellen und ihr Verhalten danach richten.[229] Deshalb sind sie auch in der Lage, den eigenen Anteil am Befinden anderer vorausdenkend oder zurückblickend abzuschätzen und gegebenfalls Schuldgefühle zu entwickeln. Die letztere Fähigkeit setzt die Erfahrung satellitenähnlicher innerer Beziehungen und Verbindlichkeiten voraus. Trauer über die Verletzung anderer kann nur empfinden, wer zu einer emotionalen Teilnahme fähig ist. Die Untersuchungen zur Entwicklung von Empathie und prosozialem Verhalten legen die Annahme spontanen Mitleidens nahe. Dennoch ist eine Verdrängung solcher Empfindungen dann wahrscheinlich, wenn ein Kind wegen grundlegender Zuwendungsdefizite sich seine Selbstbestätigung immer mit eigenen Anstrengungen verschaffen muß. Gewissens- und Empathieerfahrungen zu fördern, wird zur Aufgabe des Religionsunterrichts.

Lassen sich Unterschiede in der Art der Selbsterfahrung zwischen jüngeren und älteren Grundschulkindern beobachten? Folgt man Piagets Forschungen, dürfte man von einer Selbsterfahrung im eigentlichen Sinn erst bei Kindern nach dem 7. Lebensjahr sprechen. Zuvor sei das Kind egozentrisch, d.h. unbewußt auf sich selbst zentriert und daher unfähig zur Empathie.[230] Wenn aber Gefühle anderer nicht wahrgenommen werden und Reaktionen hervorrufen, bleiben auch eigene Gefühle ohne Interpretation in einem sozialen Kontext. Selbstwahrnehmung erschöpft sich noch im spontanen Ausdruck momentaner Befindlichkeiten. Doch zeigen alltägliche Beobachtungen, daß schon Kleinkinder Gefühlsäußerungen anderer beobachten und ihr Verhalten darauf abstimmen. Sie schließen von Gefühlsausdrücken auf Ursachen und versuchen abzuhelfen, etwa wenn ein Dreijähriger einem weinenden Spielkameraden das Spielzeug zurückgibt, das er ihm eben weggenommen hat. In Versuchen mit Bildern und Geschichten identifizierten Kinder zwischen 3 und 8 Jahren unabhängig von Geschlecht und sozialer Herkunft zunehmend treffsicherer glückliche, traurige, ärgerliche und ängstliche Gefühlszustände in bezug auf entsprechende Situationen, wobei bei glücklichen Zuständen bereits fast alle 3 1/2–4jährigen zutreffend urteilen.[231] Das Ergebnis bestätigt die alltäglichen Beobachtungen, daß auch schon jüngere Kinder die eigenen Befindlichkeiten kennen und auch wissen, wann sie Angst haben, sich freuen, sicher ärgern und traurig sind, und daß sie eben dieses Wissen auf andere übertragen. Das Kind zwischen 6 und 8 Jahren – so faßt R. L. Selman seine diesbezüglichen Untersuchungen zusammen – »erkennt, daß Menschen unterschiedlich empfinden oder denken, weil sie sich in unterschiedlichen Situationen befinden oder unterschiedliche Informationen haben.«[232]

Zog Piaget aus seinen Beobachtungen falsche Schlußfolgerungen oder traf er mit der Egozentrismusthese etwas Richtiges? Jüngere Kinder können sich nicht – wie er zu Recht feststellte – so in die Rolle eines anderen versetzen, daß sie in der Lage wären, von diesem Standpunkt aus sich selbst oder anderen zuzuschauen. Das jüngere Kind zieht aus seinen subjektiven Eindrücken Schlüsse, die ihm allgemeingültig erscheinen; es vermag nicht die Relativität und Situationsbezogenheit des eigenen und des fremden Erlebens mitzukonzipieren. Ab dem 8. Lebensjahr stellen Kinder normalerweise eigene und fremde Standortgebundenheit in Rechnung. Dann sind sie in der Lage, das eigene Verhalten, die eigenen Intentionen und Empfindungen vom Standpunkt eines anderen aus zu bedenken.[233] Sie bemerken die Unterschiedlichkeit verschiedener Motive und Bestrebungen und wissen um innere Konflikte zwischen Antrieben und Absichten. Jetzt erfahren sie auch bei sich selbst und bei anderen, daß man gegen die eigentlichen Absichten handeln kann und daß momentane Gefühle, Eindrücke und Antriebe über andere sonst wichtigere Intentionen die Oberhand gewinnen können. In dieser Weise beginnen sie die Macht des Bösen zu begreifen und zwischen schlechten und guten, eigensüchtigen und altruistischen Absichten zu unterscheiden.

Diese Beobachtungen zur Entwicklung der Interaktionskompetenz legen die Frage nach Gründen der Veränderungen nahe. Piaget hätte auf die veränderte kognitive Organisation (konkret-operatorisches Denken) verwiesen, wobei er immer die Bindung der Denkstrukturen an das Handeln unterstrich. Erkennt man den Interaktionsverhältnissen eine sachliche und zeitliche Priorität zu, gewinnen die folgenden Annahmen an Plausibilität: Die zunehmenden außerfamilialen Kontakte, die Intensivierung der schulischen Interaktionen, die Versachlichung von Beziehungen durch schulische Anforderungen sowie die immer häufigeren Fremd- und Selbstbeurteilungen nötigen das Schulkind, sich selbst mit den Augen anderer zu beobachten. Die mit dem Abschluß des ödipalen Konflikts gewonnene Selbständigkeit ermöglicht ein unabhängigeres Handeln außerhalb der Familie. Die neuen Erfahrungen, die zunächst noch ganz im familialen Horizont interpretiert werden, verselbständigen sich (und das Kind) im Lauf der ersten beiden Schuljahre, so daß nach etwa zwei Jahren ständig Perspektivenwechsel vollzogen werden. Das ältere Kind beobachtet andere als eigenständige Subjekte, um zu erfahren, wie sie sich zu ihm verhalten und wie es sich arrangieren muß. Aus dem gleichen Interesse beobachtet es sich selbst mit den Augen anderer und macht sich Gedanken, wie es in deren Augen erscheinen möchte. Es beginnt zwischen einem realen und einem idealen Selbstbild zu unterscheiden, modifiziert und differenziert das ideale Selbstbild in Auseinandersetzung mit seinen Erfahrungen und versucht, ihm zu entsprechen. Bei 8-10jährigen spielen sich diese Prozesse noch weitgehend in Korrespondenz zu den Erwartungen wichtiger Bezugspersonen (Autoritäten) ab. Entscheidend aber ist, daß schon die älteren Grundschulkinder Eigenständigkeit in ihrem Innenleben erwerben und realisieren. Sie beobachten und beurteilen sich selbst, sie denken darüber nach, wie sie sein und wie sie erscheinen wollen.

Aufgrund dieser Feststellungen sind die Aufgaben des Grundschulunterrichts ziemlich eindeutig zu bestimmen. Das jüngere Grundschulkind, das fremde Gefühle wahrnimmt und empathisch reagiert, sollte seine Ausdrucks- und Wahrnehmungsmöglichkeiten erweitern. Es braucht Erlebnisse und Symbole der Zuwendung und des Vertrauens; es braucht Hilfen zum Umgang mit emotional bedingten interindividuellen Konflikten und mit negativen Gefühlen wie Angst, Zorn, Einsamkeit etc.; es sollte außerdem Möglichkeiten des Helfens und der Anteilnahme durch Mitvollzug kennenlernen. Das ältere Grundschulkind muß sich mit Ambivalenzen und Konflikten des Innenlebens auseinandersetzen; es muß erstmalig mit den grundlegenden Lebensrätseln – Leiden und Tod – sowie mit dem Bösen selbständig umgehen; es hat das Problem der Schuld und des Scheiterns zu bewältigen, muß mit Diskrepanzen zwischen Wollen und Können fertigwerden und für es selbst erreichbare ideale Selbstbilder entwickeln. Für alle Grundschulkinder gilt als Bezugshorizont der Selbsterfahrung die alltägliche familiale und schulische Umwelt sowie der Umgang mit den Spielkameraden. Der Religionsunterricht sollte zur Lösung der genannten Aufgaben dadurch beitragen, daß er die kindlichen Erfahrungen und Überlegungen in der »Nähe Gottes« zu bearbeiten versucht.

Dem aufmerksamen Leser dürfte nicht entgangen sein, daß die erwähnten Erfahrungen der Kinder bereits oben unter den Gottesbegegnungen mitangesprochen und Beispiele gezeigt wurden, wie sie mit Hilfe von Gottesgeschichten symbolisch integriert und bearbeitet werden können. Dort hatte der Unterricht allerdings nicht unmittelbar bei den genannten Erfahrungen einzusetzen, sondern sie im Verlauf des symbolischen Arbeitens erinnernd wieder zu beleben und zu integrieren. Dieses sekundäre Aufgreifen individueller Erfahrungen darf nicht der einzige Weg der Thematisierung bleiben, weil dabei für ein kommunikatives Agieren mit den eigenen Erfahrungen nur wenig Raum bleibt und meist nur solche Erlebnisse erinnert werden, die denen in den symbolischen Traditionen schon verarbeiteten ähnlich sind. Die von den Lebensverhältnissen der Gegenwart besonders stark geprägten Selbsterfahrungen kommen so nicht ausreichend zum Zug. Daher hat sich zu Recht eine bipolare didaktische Struktur im Religionsunterricht durchgesetzt. Neben die direkte Auseinandersetzung mit symbolischen Traditionen ist das Durcharbeiten eigener Erfahrungen getreten, bei dem die symbolischen Überlieferungen Hilfen zur Expression, zur Klärung und zur Weiterführung insofern bereitstellen, als sie die Selbsterfahrung in die Nähe Gottes rücken.

Für jüngere Grundschüler wurde dieser zweite didaktische Zugriff besonders häufig an der Angsterfahrung realisiert. Es genügt hier ein Verweis auf die hervorragenden Arbeitshilfen.[234] Noch wichtiger ist ein Durcharbeiten alltäglicher Erfahrungen von Fröhlichkeit und Traurigkeit, zumal man dabei weniger leicht der Gefahr erliegt, sich auf außergewöhnliche Ereignisse oder Zustände zu fixieren. Es fällt den Kindern dann leichter, auch erfahrungsnahe Formen des Dankens, des Klagens und Betens vor Gott zu finden bzw. zu übernehmen.[235]

Erfahrungen von Zorn und Streit lassen sich in ähnlicher Weise durcharbeiten. Bei der Vorbereitungsarbeit muß man bedenken, daß der Vielfalt kindlichen Erlebens ein vielfältiges Angebot symbolischer Ausdrucks- und Interpretationsmöglichkeiten entsprechen sollte. Dabei kommt gelegentlich nur ein Aspekt der symbolischen Überlieferungen zum Tragen. So lassen sich etwa bei Themen zu Streiten/Konflikte biblische Überlieferungen wie Kain und Abel, Turmbau zu Babel (Selbstüberschätzung und Verwirrung mangels Verständigungsmöglichkeiten), Isaak und Jakob, Joseph und seine Brüder, Saul verfolgt David heranziehen. Wenn auf diese Weise die eine oder andere Geschichte mehrfach »vorkommt«, reagieren die jüngeren Kinder in der Regel nicht mit Langeweile. Sie freuen sich im Gegenteil, an dem schon Bekannten neue Entdeckungen machen zu können.

Die älteren Kinder im 3./4. Schuljahr müssen sich — wie dargestellt — mit divergierenden inneren Strebungen und mit grundlegenden Lebensrätseln auseinandersetzen. Themen wie Lügen/Wahrheit sagen, Stehlen bzw. Klauen, Gehorsam gegenüber Eltern und anderen Autoritäten (auch institutionelle), Einstehen für andere oder etwas bzw. Mut/Feigheit, Stärken und Schwächen sprechen ihre alltäglichen inneren Probleme an. Die Begegnung mit Tod und Krankheit sowie die Erfahrung, daß Böses über sie Macht gewinnt, konfrontiert sie mit den rätselhaften Grenzerfahrungen. Bei der Planung der Lernwege und der Auswahl von Lernmaterialien ist besonders darauf zu achten, daß die Schüler ihre divergierenden inneren Stimmen (Motive, Einsichten, Überlegungen) artikulieren und symbolisch bearbeiten können.[236]

Zur Vertiefung der Auseinandersetzung mit derartigen »moralischen« Problemen sollten einige Unterrichtsstunden den inneren (Gewissens-)Erfahrungen gewidmet sein. So lernen die Kinder, ihre inneren Stimmen besser zu verstehen und können sich deren Divergenzen erklären. Sie erfahren außerdem etwas von der Nähe zwischen Gott und Gewissen. Gleichzeitig ist die Erfahrung des Bösen angesprochen.

Ein grober Unterrichtsaufriß für die Hand des Lehrers, der noch der Umsetzung und Ergänzung durch Materialien und unterrichtliche Verfahrensweisen bedarf, informiert über mögliche inhaltliche Aspekte:[237]

Ziele	Inhalte/Anregungen
Darauf aufmerksam werden, wie Menschen zumute ist, die falsch oder böse gehandelt haben.	Wenn Menschen (Kinder) falsch oder böse gehandelt haben, empfinden sie — besonders nach der Tat — ein seltsames Gefühl. Es zeigt sich: — im Rot-Werden, — im Unsicher-Sein, — im Bedrückt-Sein, — im Sich-Verbergen-Wollen, — im Ausreden-Erfinden, — . . . Rollenspiele zu vorgegebenen Falldarstellungen. Dabei sollte das Gefühl dessen, der etwas falsch gemacht hat, versprachlicht werden. Kinder erzählen von eigenen oder beobachteten Erfahrungen. Fremderfahrungen durch Texte, auch entsprechende Bilder können gute Gesprächsansätze bieten.
Auf das Gewissen als einer »inneren Stimme« aufmerksam werden.	Das Gewissen wird als Stimme einer nach innen verlegten äußeren Autorität verstanden (Erich Fromm). Es spricht in das Innere des Menschen hinein und ist nicht in seine Verfügbarkeit gegeben. Der Mensch kann diese Stimme nicht abweisen oder zum Schweigen bringen. Schüler erzählen von eigenen Erfahrungen mit dieser inneren Stimme. Fremderfahrungen über bestimmte Texte.
Hören, wie Christen im Gewissen die Stimme Gottes vernehmen.	Weil das Gewissen an jeden Menschen einen Unbedingtheitsanspruch stellt, und »letztlich nur aus der Verwiesenheit des Menschen auf eine ihn überragende personale Wirklichkeit erklärt werden« (H. Kuhn) kann, ist es erlaubt, wenn auch mit kritischer Differenzierung, vom Gewissen als der Stimme Gottes zu sprechen. Textbeispiele aus der Bibel, z.B.: Die Reue des Petrus nach der Verleugnung, Gott spricht mit dem schuldig gewordenen Kain, u.a. Texte mit entsprechenden Beispielen von heute.
Erkennen, wie das Gewissen den Menschen zum Guten antreibt.	Der Mensch macht die Erfahrung, daß ihm ein schlechtes Gewissen so lange keine Ruhe läßt, bis er zumindest versucht hat, den Schaden, das Unrecht, u.a. wieder gutzumachen. Der Volksmund drückt es so aus: Ein ruhiges Gewissen ist ein sanftes Ruhekissen. Daher bewirkt das Gewissen eine Veränderung des Menschen zum Guten hin. Kinder erzählen Geschichten zur Überschrift: Den plagt das Gewissen Endlich wieder froh Fallbeispiele, wo die Stimme des Gewissens so lange mahnt, bis der Mensch (das Kind) auf sie hört und reagiert. Darstellen in einem Comic.

Von den Grenzerfahrungen ist heute zu Recht in den meisten Entwürfen und Arbeitshilfen die Begegnung mit dem Tod von Menschen und Tieren aufgenommen. Gute Hilfen zur Wahrnehmung der Vergänglichkeit des Lebens, zur Deutung des Redens über das Sterben und zu einer meditativen bildlichen oder musikalischen Verdeutlichung der Auferstehungshoffnung finden sich fast überall. Offensichtlich schwierig ist eine Antwort auf konretere Fragen der Kinder zum Lebensende und zum »Weiterleben« nach dem Tod[238] sowie die Bearbeitung der sinnlos erscheinenden und schmerzlichen Todes- und Trennungserfahrungen aus der unmittelbaren Umgebung der Kinder. Die genannten theoretischen und generellen Aussagen bleiben abstrakt, wenn diese konkreten Kinderfragen keine Antwort finden.

Die folgende Geschichte regt zu Gesprächen über mögliche Antworten an:[239]

»Gespräch mit der sehr alten Tante Emmy

›Hast du manchmal Angst vor dem Sterben, Tante Emmy?‹
›Ich habe Angst, alleine zu sterben und etwas Angst, zu sehr zu leiden. Ich möchte gerne, daß jemand mir die Hand hält, wie du jetzt, bis ich auf die andere Seite gekommen bin. Man soll mich hier sterben lassen, ich bin schon so alt. Ich möchte nicht weggebracht werden, ich möchte nicht ins Krankenhaus, damit mein Leben verlängert wird. Verstehst du das? Ich bin am Ende eines langen, schweren und schönen Lebens. Wenn ich sterben muß, will ich es ohne Apparate tun. Ich bin alt und habe gelebt. Man soll mich einschlafen lassen, hoffentlich ohne Kampf. Helft mir, bleibt bei mir und habt mich lieb. Ich will spüren, daß ihr bei mir seid.‹
›Gehst du danach zu Gott?‹
›Ich glaube ja.‹
›Sofort oder etwas später?‹
›Ich weiß es nicht. Sicher braucht es Zeit, um von hier fortzugehen. Aber ich glaube an ein Leben nach diesem Leben. Ich werde bei Gott aufgehoben sein. Ich gehe nicht verloren.‹
›Glauben das alle Menschen?‹
›Nein.‹
›Und was glauben die dann?‹
›Es gibt viele Glauben. In Indien glaubt man, daß die Seele immer wieder in einem neuen Menschen auf die Erde kommt, um ein besserer Mensch zu werden.‹
›Und wenn er nicht besser wird?‹
›Dann muß er es wieder versuchen, immer wieder versuchen. — Die Mohammedaner glauben auch an ein Leben nach dem Tod bei Gott. Viele Menschen wissen nicht, an was sie glauben sollen, für sie ist das Leben mit dem Tod zu Ende. Sie meinen, daß sie vielleicht noch in der Erinnerung der Menschen leben, die sie kannten, danach aber gibt es nichts.‹
›Ist das falsch?‹
›Das finden sie für sich richtig, wie das, was ich glaube, für mich richtig ist.‹
›Und für mich?‹
›Du wirst finden, was für dich das Richtige ist.‹
›Hast du dir das ausgedacht?‹
›Nein, Christus, der Sohn Gottes, hat es damals den Menschen gesagt. Gott hat niemand gesehen; Christus aber haben die Menschen gesehen, angerührt, umarmt, sie haben mit ihm gegessen und gefeiert.‹
›Wie merkst du, daß es Gott gibt?‹
›An Dingen, die in meinem Leben geschehen sind und immer noch geschehen, am ‚Aufscheinen Gottes‘.‹
›Wo siehst du das, Tante Emmy?‹
›Schau dich um: die Sonne, die Nacht, die Blumen, der Regen, die Tiere, Kinder, Menschen überhaupt, Berge, Meer, Wasser, Wind, Bäume, Winter, Sommer, Mond und Schnee. Daß du mit mir sprichst, daß ich manchmal getröstet werde, daß Hilfe kommt, wenn ich es gar nicht erwartete, das Wachsen, das Sterben . . .‹
›Aber Tante Emmy, es geht doch immer alles kaputt, die Blumen, der Mensch, die Tiere, die Bäume und das Leben überall.‹
›Aber die Sonne geht jeden Tag wieder auf.‹
›Aber der Regen kann doch alles kaputtmachen. . .‹
›Oder ganz neu. Denk, wie schön es nach einem erschreckenden Gewitter ist. Wie die Dächer glänzen, wie die Bäume leuchten, wie die Straßen ohne Staub sind. Fändest du es gut, wenn die

Blumen immer weiterblühten und nicht verwelkten? Du würdest nie mehr einen neuen Strauß pflücken. Aber wenn er verwelkt, denkst du an einen neuen Strauß, der ganz anders aussehen wird. Die Welt ist immer in Bewegung. Gott sei Dank. Es geht alles weiter, von der Geburt an. Ich war einmal so jung wie du, dann erwachsen, dann älter, alt und jetzt uralt. Jedes Ding, jedes Lebewesen hat seine Zeit.‹

Antoinette Becker«

aus: Antoinette Becker/Elisabeth Niggemeyer, »Ich will etwas wissen«, Otto Maier Verlag Ravensburg

Schließlich lassen sich Trennungserfahrungen und ihre Folgen ausgehend von der Geschichte »Bis morgen, Melanie« von G. Ruck-Pauquèt aufarbeiten.[240] Rollenspiele dürften die inneren Stimmen der beteiligten Kinder, besonders Melanies und Billas hörbar machen. Ihre Gedanken, Hoffnungen und Ängste können auch in Gebete und Lieder umgesetzt werden.[241]

Erfahrungen mit Beziehungen zu anderen: Beziehungskonzepte von Kindern

Beim Schuleintritt sind die Kinder — wie schon mehrfach unterstrichen — noch ganz in den familialen Kontext eingebunden. Ob satellitische oder nicht-satellitische Beziehungen dominieren (s.o.), die Beziehungskonzepte richten sich noch auf Eltern und gegebenenfalls Geschwister aus. Das Kind »arbeitet« seine Rolle in der Familienkonstellation aus, es wird zu einem aktiven Partner in der Familie. Es muß seine Wünsche begründen, mit Familienmitgliedern Kompromisse schließen sowie selbst kleine Beiträge zum Familienleben leisten, also Pflichten nachkommen. Es entwickelt ein persönliches Konzept typischer Familienrollen, in dem Aufgaben und Normen für die einzelnen Familienmitglieder stereotypisiert sind. Die Familie ist zudem der Ort, an dem die Beziehungserwartungen hinsichtlich außerfamilialer Kontakte vorgeprägt werden.

Ausubel und Sullivan fassen die Bedeutung der innerfamilialen Erfahrungen wie folgt zusammen:[242]

»Die Fähigkeit des Kindes, außerhalb des Elternhauses gute zwischenmenschliche Beziehungen herzustellen, ist deshalb davon abhängig, a) ob es aufgrund freundlicher Beziehungen zu den Eltern von vornherein von anderen Menschen das Beste erwartet, bis ihm Grund für gegenteilige Empfindungen gegeben wird; b) ob und in welchem Ausmaß die Eltern außergewöhnliche und unrealistische Bedürfnisse und Erwartungen in ihm wecken, die allein sie erfüllen können und wollen, oder ob sie die Entwicklung ungewöhnlicher und die Eliminierung der üblichen, in den meisten sozialen Situationen erforderlichen Anpassungsmethoden fördern; c) ob es von seiner Familie Unterstützung, Sicherheit und Lenkung bei Schwierigkeiten mit anderen Menschen erwarten kann; d) ob übermächtige Bindungen an das Elternhaus bestehen oder nicht; e) ob aus der Eltern-Kind-Beziehung Persönlichkeitsmerkmale oder Anpassungsgewohnheiten entstehen, die andere Kinder als verletzend empfinden; f) ob es vom Elternhaus nicht in der Weise geprägt wird, daß es Erfahrungen außerhalb der Familie soweit vermeidet, bis das Erlernen realistischer sozialer Rollen unmöglich wird.«

In Familien, in denen Satellitenbeziehungen dominieren, entwickelt das Kind ein starkes »Wir-Gefühl«, das es spontan auf außerfamiliale Bezugspersonen (Freunde, Klassenkameraden) zu übertragen geneigt ist. Wo dies nicht der Fall ist, betrachtet es die Familie genauso wie die späteren außerfamilialen Beziehungen wie eine Arena, in der um Status, Recht, Bedürfnisbefriedigung und Durchsetzung zu kämpfen ist.

Die Einbettung in die Familie, die etwa bis ins 8. Lebensjahr andauert, verbietet eine distanzierende Behandlung von Familienbeziehungen in den ersten beiden Schuljahren. Die Kinder beobachten allerdings Unterschiede zwischen ihrer Familie und anderen Familien; sie nehmen an Konflikten teil, bzw. agieren selbst und nehmen Partei; sie erwarten und bemerken, daß sie für ihre Umgebung eine Rolle spielen und wollen wichtig genommen sein. In den Beziehungen zu ihren Schulkameraden und z.T. im Elternhaus erleben sie Bevorzugung und Zurücksetzung; mit einigen kommen sie besser, mit anderen schlechter aus; wieder andere sind ihnen lästig, erscheinen ihnen unzugänglich oder unsympathisch. Erste Gruppen und Hierarchien bilden sich; diese sind noch weitgehend von den familialen Wertvorstellungen gesteuert. Für die wahrgenommenen Unterschiede und Konflikte suchen die Kinder Erklärungen und Hilfen, um mit ihnen fertig zu werden. Dabei adaptieren sie symbolisches Material zunächst an die ihnen vertrauten Orientierungsmuster. Sie können daraus aber auch kompensierende Gegenbilder entnehmen, die Mängel ihrer Erfahrungswelt ausgleichen.

Mit dem Ende des zweiten Schuljahres verlagern sich die Beziehungsinteressen und Probleme der Kinder vom Elternhaus auf die Kameraden und Freunde. Echte Selbständigkeit und Wechselseitigkeit kann das Kind in den komplementären Interaktionen mit Erwachsenen nicht erreichen; es gewinnt sie in den weniger emotional besetzten, potentiell symmetrischen Interaktionen der Gleichaltrigen.[243] Hier können Kinder ihr Handeln eher nach egalitären Prinzipien gestalten, genauer: sie können solche Prinzipien auf der Basis der Gleichwertigkeit praktizieren und dann auch begreifen. Bereits 6-8jährige beantworten Gemeinheiten mit Gemeinheiten und Freundlichkeiten mit Freundlichkeiten. Formen zweckgebundener Kooperation gewinnen Gestalt. Man muß über Verhandlungen und Diskussionen zu Kompromissen gelangen. Man kann sich den Stärkeren anschließen oder für Schwächere eintreten. Die Auseinandersetzung mit den Wünschen und Ansprüchen der anderen nötigt zu Begründungen, Rückfragen und zur Einfühlung, was schließlich zu gegenseitigem Verstehen führt. Aus solchen Erfahrungen können Solidarität und Respekt, aber auch Abgrenzung und Abwertung erwachsen. Unter einigen Handlungspartnern, die sich wegen ähnlicher Interessen, Wünsche und Werte besonders gut verstehen oder sich gegenseitig stützen, entwickeln sich Freundschaften. Nach H. S. Sullivan bilden Kinder zwischen 8 1/2 und 10 Jahren ihr Konzept vom besten Freund aus. Sie stellen hier erstmalig uneigennützige Erwägungen an, um das Glück, Ansehen und Selbstwertgefühl des Freundes zu mehren.[244]

Nach den Untersuchungen zur Entwicklung und Funktion von Freundschaftsbeziehungen, die J. Youniss mit Hilfe von Interaktionsgeschichten durchgeführt hat,[245] fragen Kinder vom 8. Lebensjahr an nach den Bedürfnissen und nach der besonderen Lage von Beziehungspartnern; sie beurteilen Handlungsweisen und -möglichkeiten anderer unter situativen Gesichtspunkten und richten das eigene Handeln nach den Bedürfnissen ihrer Freunde. Die Erwartung schematischer Symmetrie (praktiziertes Vergeltungsprinzip) weicht einem Prinzip der Reziprozität des Handelns, demzufolge aus früheren Erfahrungen Verpflichtungen für künftiges Verhalten abzuleiten sind. Freunde fühlen sich aufgrund früherer Hilfeleistung auch unter gewandelten Bedingungen zur Hilfe verpflichtet. Mit diesem Konzept von Freundschaften dringt die Zeitperspektive in die persönlichen Beziehungen ein.

Die Entwicklung von Freundschaftsbeziehungen hat logischerweise bewußte Unterscheidungen zwischen lockeren und engen Beziehungen zur Folge. Lockere Beziehungen vollenden sich in zweckgebundenen Interaktionen. Engere Beziehungen vereinigen vergangenes Erleben und zukunftsbezogene Erwartungen. Engere Beziehungen nötigen zu intensiverer Einfühlung und zur Abstimmung des eigenen Verhaltens auf andere. Die hier anzutreffenden Wertbegriffe sind Liebe, Zuwendung, Vertrauen, Hilfe, Rücksicht u.a. . Lockere Beziehungen nötigen zur Verteilung von Rechten, Ansprüchen und Pflichten nach formalen, generalisierten Kriterien, die für eine Mehrheit akzeptabel sein müssen. Hier dominieren Wertbegriffe wie Gerechtigkeit, Gleichheit, Mehrheitsentscheidung, Allgemeingültigkeit.

Neben den engeren Freundschaftsbeziehungen, den lockereren Gleichaltrigenbeziehungen und den stärker formalisierten Beziehungen zu anderen Erwachsenen, unterliegen die Beziehungen zu den Eltern einigen Differenzierungen. Die Familienpflichten (Geschirr waschen, Schuhe putzen) werden spezifiziert und als Antwort oder Vorbedingung für besondere Vergünstigungen der Eltern (Freunde besuchen, Kino usw.) in Beziehung gesetzt. In den Beziehungen zu den Eltern nehmen die Kinder Symmetrien wahr, »das heißt, wenn Kinder Leistungen für die Familie erbringen, wird dies als eine Gegenleistung im Austausch dafür verstanden, daß die Eltern für ihre Kinder sorgen und sich um sie kümmern.«[246] Einem entsprechenden Wandel unterliegen die kindlichen Strafkonzepte. An die Stelle autoritätsabhängiger Sühnevorstellungen treten Auffassungen von angemessenen Strafen. Wiedergutmachungsvorstellungen gewinnen an Boden. Diese Anschauungen kommen auch in den Gleichaltrigenbeziehungen zur Anwendung. Auf ähnliche Symmetrieerwartungen in der Gottesbeziehung wurde oben schon hingewiesen. Der Religionsunterricht kann in dieser Phase die Bereitschaft zu selbständiger Regelung der Interaktionen und Konflikte stützen, die Sensibilität für die Bedürfnisse und Wünsche anderer fördern, das gewandelte Reziprozitätskonzept auf nicht unmittelbar präsente Interaktionspartner (unbekannte Menschen/Gott) ausdehnen helfen und Konkurrenz- bzw. Abgrenzungsbestrebungen durch Kooperation und Kompromiß zu ersetzen suchen.

Erfahrungen mit Beziehungen zu anderen: Mögliche Lernwege

Schulbücher und Arbeitshilfen nehmen die Beziehungserfahrungen der jüngeren Grundschulkinder unter verschiedenen thematischen Gesichtspunkten auf. Fast überall finden sich für den Anfang im ersten Schuljahr Vorschläge zum Kennenlernen, zur Selbstvorstellung und zur Förderung des Verständnisses unterschiedlicher kindlicher Lebensverhältnisse. Diese Vorschläge sind meist ohne speziellen Bezug auf die Situation der Kinder im Religionsunterricht konzipiert, gehören also in den noch integrierten Anfangsunterricht;[247] gelegentlich ist speziell die Neugruppierung im Religionsunterricht zum Anlaß genommen, Selbstvorstellung, Kennenlernen und Wahrnehmung der Umgebung erneut einzuüben und in Spiel und Gebet auf Gott zu beziehen.[248] Bei all diesen Entwürfen fehlt auffälligerweise ein expliziter Bezug auf Ausländerkinder, besonders anderen Glaubens. Dies ist auch dann ein Mangel, wenn (nur) an den Religionsunterricht gedacht ist. Oft nehmen Kinder anderen Glaubens am Religionsunterricht teil. Auch wenn dies nicht der Fall ist, gibt der Hinweis etwa auf muslimische Kinder die Gelegenheit, verwandte und unterschiedliche Züge ihres Gottesglaubens ins »Kennenlernen« einzubeziehen. Zwanglos ließen sich unterschiedliche Gottesbeziehungen (Allah, Jahwe) und religiöse Praxisformen (Gebet, Feiertag, Speisevorschriften u.ä.) erläutern.[249] Im Gegenzug dürften dann die religiösen Unterschiede unter den einheimischen Kindern leichter zur Sprache kommen. Manche beten, manche gehen in den Kindergottesdienst, manche haben noch nie eine Kirche gesehen oder gebetet. Alle sollten durch Beispielgeschichten und Lieder erfahren, daß Jesus bzw. Gott sich um sie alle kümmert, gleich ob sie viel oder wenig an ihn denken.

Neben solchen Beispielen für den Anfangsunterricht sind die Beziehungen zu andern in Themen wie »Miteinander umgehen/leben« »Ich/Wir und die anderen«, »Streiten – sich vertragen/versöhnen«, »Andere sind anders« u.a.m. angesprochen. Alle Entwürfe wollen konkrete Hilfen zur Differenzierung der Wahrnehmung anderer – sie verhalten sich anders/warum sind sie anders – geben und einen verständnisvollen Umgang im Sinne Jesu erleichtern. Manchmal verharren die Entwürfe bei vordergründigen Konfliktregelungstechniken und bei einer plakativen Beschwörung des Beispiels Jesu. Ein positives Gegenbeispiel, das mit narrativen Mitteln den bei den Kindern dominierenden Vergeltungsmechanismus »in der Nähe Gottes« zu bearbeiten sucht, ist im folgenden abgedruckt:[250]

»Wie du mir, so ich dir (nicht)

M 1 Reaktionskette

Bildbetrachtung

1. Bild: A. stößt B aus Versehen an.
2. Bild: B. tritt A. ans Bein.
3. Bild: A. macht Strich in B.s Heft.
4. Bild: B. streicht in A.s Heft Seite durch.
5. Bild: A. zerreißt B.s Heft.
6. Bild: B. leert A.s Schultasche aus.
7. Bild: A. wirft B.s Schultasche aus dem Fenster.

Die Schüler erzählen den in der Bildreihe dargestellten Vorgang; sie berichten von ähnlichen eigenen Erfahrungen.

David verschont Saul (1. Sam. 18, 5–9; 1. Sam. 19, 1, 9–10 + 24. 1–21) M 2 und M 3 (hier nicht abgedruckt)

Lehrererzählung
Die Geschichte wird an der Stelle unterbrochen (1. Sam. 24,6), wo David vor der Entscheidung steht, Saul zu töten oder zu verschonen.
Die Kinder äußern ihre Vermutungen zur Fortsetzung der Geschichte.

Fortsetzung der Lehrererzählung.

Die Schüler vergleichen den erzählten Schluß mit ihren vorher geäußerten Vermutungen.

Die Schüler betrachten noch einmal die Reaktionskette M 1 und überlegen, wo die Kette unterbrochen werden kann.

Die im Anschluß an diese Bildbetrachtung von den Kindern erzählten eigenen Erlebnisse werden nochmals aufgegriffen. Im Rollenspiel versuchen die Schüler Lösungen zu finden, bei denen nicht Böses mit Bösem vergolten wird.

Mögliche alternative Situationen:
– Mädchen spielen im Schulhof Gummitwist, sie werden immer wieder von Jungen gestört,
– ein Schüler versteckt den Ranzen eines anderen,

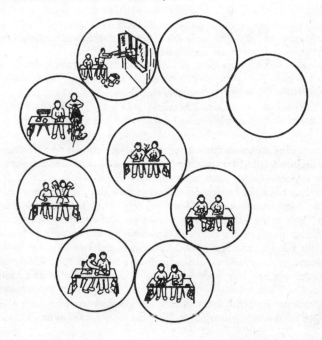

- einer wirft die Mütze des anderen auf einen Baum,
- zwei Schüler verpetzen sich gegenseitig bei ihrem Lehrer.

M 2

Vorschlag für die Gliederung der Erzählung von Davids Verfolgung (1. Sam. 18.5−9; 19.9−10; 24.1−21)

1. Vorgeschichte

Saul neidet David den Erfolg im Krieg. Er verfolgt ihn, weil er fürchtet, sein Königsamt an David zu verlieren und trachtet ihm nach dem Leben.

1.1. Szene 1

Ein Beobachter berichtet von der Heimkehr Sauls und Davids aus dem Krieg gegen die Philister. David wird vom Volk mehr gefeiert als Saul.

1.2. Szene 2

David erzählt seinem Freund Jonathan, wie Saul versucht hat, ihn beim Saitenspiel mit dem Spieß umzubringen.

2. Begegnung in der Höhle

David weiß, daß er König wird, sobald Saul tot ist. Saul setzt alles daran, David aus dem Wege zu räumen, gerät aber, ohne die Gefahr zu ahnen, in eine Falle. David schont das Leben seines Todfeindes. Seinen Männern macht er klar, daß Gott nicht will, daß er den König tötet.

2.1. Szene 1

Ein Späher erscheint in der Höhle, in die David mit seinen Begleitern vor Saul geflüchtet ist, und berichtet, daß sich Saul mit etwa 3000 Soldaten dem Versteck nähert.

2.2 Szene 2

David beobachtet mit seinen Begleitern, wie Saul alleine in die Höhle kommt. Die Freunde drängen David, die Gelegenheit auszunutzen. Aber er weigert sich, den König zu töten. Wie groß die Gefahr für Saul war, wird dadurch deutlich, daß es David gelingt, einen Zipfel von Sauls Mantel abzuschneiden.

3. Nachspiel

Davids Gehorsam Gott gegenüber beeindruckt den König. Saul erkennt seine Schuld. Er bekennt, daß David nicht Böses mit Bösem vergolten hat und bezeichnet ihn als den neuen König.

3.1. Szene

Saul hat sich mit seiner Streitmacht ein beträchtliches Stück von der Höhle entfernt, da erscheint David im Eingang der Höhle. Er macht dem König deutlich, in welcher Gefahr er sich befunden hat und zeigt ihm als Beweis den Zipfel seines Mantels.

Saul ist erschüttert von Davids Großmut. Alle hören, wie er feststellt, daß David ganz anders gehandelt hat, als es von ihm in seiner Situation zu erwarten war. Die Todfeindschaft wandelt sich in gegenseitige Achtung und Anerkennung.«

Abdruck S. 87/88 aus: Materialien zum Unterricht, Primarstufe − Heft 5 Evangelische Religion 1. Hessisches Institut für Bildungsplanung und Schulentwicklung, Wiesbaden 1982

Die Beziehungsdimension sollte nicht nur hinsichtlich des Kennenlernens und des Umgangs miteinander, sondern schwergewichtig unter dem Gesichtspunkt des eigenen Daseins für andere − etwa unter dem Motto »Ich bin wichtig für . . .« zur Sprache kommen.[251] Das Kind macht sich dann bewußt, inwiefern es für seine Spielkameraden, seine Klasse, seine Familie und für Gott wichtig ist; es kann auf Situationen zurückschauen, in denen es für andere wichtig war und es darf erfahren, was ihm andere alles in der Zukunft zutrauen. Daß für Gott und für Mitmenschen jedes Kind überaus wichtig ist, zeigen u.a. die Kindertaufe oder ähnliche Feiern in anderen Kulturen bzw. Religionen. Auf diese Weise erfährt das Kind, daß es für andere etwas bedeuten kann und wird darauf vorbereitet, sich mit den Augen eines anderen − auch in der religiösen Dimension − zu betrachten.

Im Lernangebot des 3./4. Schuljahrs nimmt das Thema Freundschaft − nach den obigen Ausführungen zu Recht − einen festen Platz ein. Meist steht es im Zusammenhang mit dem Außenseiterproblem und mit der Mahnung, sich Fremdartigem offen zuzuwenden. Nach den skizzierten entwicklungspsychologischen Einsichten dürfte dies nur sekundäre Intention sein. Zuvörderst geht es in Freundschaften um individuelle Einfühlung und um Beziehungsgestaltung in persönlichen, emotional besetzten Beziehungen. Für die Aufgabe der Einfühlung und der individuellen Beziehungsgestaltung ist die Frage von Nähe und Fremdheit nur von gradueller Bedeutung. In jedem Fall müssen sich die Kinder eine ihnen unbekannte innere Welt (des anderen) erschließen und diese in ihrer Eigenständigkeit entwickeln helfen, um daran teilhaben zu können. In schöner Weise zeigt dies die Bildgeschichte »Der kleine Zauberer und sein Freund«:[252]

»Der kleine Zauberer und sein Freund

Früher war der kleine Zauberer stets vergnügt und guter Dinge. Aber jetzt ist er manchmal traurig. Dann setzt er sich an den Bach, läßt Blätter schwimmen und denkt so vor sich hin. Die Äpfel sind reif, denkt er, und ich habe niemanden, mit dem ich einen Apfel teilen könnte. Die Pilze wachsen im Wald, aber da ist keiner, der sich mit mir darüber freut. Und er stellte sich vor, wie schön es wäre, wenn er einen Freund hätte.

›Willst du mein Freund sein?‹ fragte er einen Jungen, der des Weges kam.

›Ich habe schon einen Freund, der heißt Otto − klar«, sagte der Junge und ging vorbei.

So fragte der kleine Zauberer den Fuchs, die gescheckte Kuh und die Ziege mit dem Glöckchen. Aber alle hatten schon einen Freund. Und manche hatten auch zwei.

›Auch gut!‹ dachte der kleine Zauberer ärgerlich. ›Dann werde ich mir einen Freund zaubern.‹ Und er erhob den Zauberstab und tat den Spruch. Dann machte er schnell die Augen ein bißchen zu, wegen der Überraschung, und als er sie wieder öffnete, saß neben ihm eine winzige Eule.

›Beim Hokuspokus!‹ rief der kleine Zauberer überrascht. ›Ich hatte mir einen Freund etwas größer vorgestellt!‹

›Einen Freund kann man überhaupt nicht zaubern‹, erklärte die Eule, und sie klappte ihre wurstscheibenrunden Augen auf und zu.

›Einen Freund muß man gewinnen. Und auf die Größe kommt es dabei nicht an.‹

Da bemühte sich der kleine Zauberer, die Freundschaft der winzigen Eule zu gewinnen. Sie sangen miteinander, der kleine Zauberer trug die Eule auf seiner Schulter spazieren, und nachts im Mondschein tanzten sie manchmal ein Tänzchen. Dabei mußte der kleine Zauberer natürlich furchtbar aufpassen, daß er der Eule nicht auf die Füßte trat.

Ja, und eines Tages waren sie wirklich Freunde geworden, und das war sehr schön. Aber da geschah es, daß sie in einen goldenen Buchenwald kamen.

›Schau nur‹, schrie plötzlich die winzige Eule, und sie zeigte auf eine dunkle Höhle in einem Baum. ›Da will ich wohnen!‹

›Aber‹, sagte der kleine Zauberer, ›du kannst mich doch nicht verlassen. Du bist mein Freund.‹

›Ja‹, antwortete die Eule, und schon war sie in die Baumhöhle geschlüpft, ›aber ich bin eine Eule, und eine Eule muß in einem Baum wohnen, das war schon immer so! Bitte, erlaub es mir!‹

Wenn man seinen Freund wirklich liebhat, dachte der kleine Zauberer, dann muß man ihm helfen, daß er glücklich ist.

Und er schenkte der Eule zum Abschied eine weiße Blume.

Aber jeden Monat einmal besucht der kleine Zauberer die winzige Eule. Und so sind sie für immer Freunde geblieben.«

aus: Gina Ruck-Pauquèt, Sandmännchens Geschichtenbuch Otto Maier Verlag Ravensburg

Wenn die Kinder diese Geschichte in Spielen und in eigenen Berichten auf ihre Situation übertragen haben, sollte eine zweite Lernphase möglichen Konflikten und Enttäuschungen in der Freundschaft gewidmet sein. Dabei können die Kinder von ihnen angenommene Verbindlichkeiten in Freundschaften überprüfen, die Notwendigkeit des Verzeihens und des Neuanfangens mitvollziehen und u.U. am Beispiel Jesu legitimieren. Bei Jesus sehen sie auch, daß man als Freund versagen darf,[253] ohne den Freund Jesus zu verlieren. Wie Gott als Freund nicht nur einen einzelnen, sondern eine ganze Gruppe und schließlich alle Menschen mit ihren Stärken und Schwächen in seine Freundschaft einbezieht, veranschaulicht die Geschichte von Noahs Rettung in der Sintflut. Gott zeigt den Weg der Rettung (Arche), bewahrt in schwieriger Zeit, gibt neuen Lebensraum und garantiert die grundlegenden Naturordnungen. So weitet sich die individuelle zur universalen Beziehung, in der Raum für viele individuell abgestimmte freundschaftliche Beziehungen ist. Die Erfahrung »Gott als Freund« läßt sich natürlich auch an anderen Geschichten sowie an vielen Psalmen und Liedern mitvollziehen. Das Gleichnis vom verlorenen Sohn ist u.a. auch ein Lehrstück für Gottes Umgang mit denen, die ihm seine Freundschaft aufgekündigt haben.

2. Zweite Zielperspektive: Gerechtigkeit und Friede: Erschließung der politisch-sozialen Dimension des Glaubens (Reich Gottes)

Die Kinder der Grundschule sehen noch keine prinzipiellen Unterschiede zwischen individueller Umwelt und Öffentlichkeit. Politisch-soziale Gegebenheiten und Probleme berühren sie nur insoweit, als sie mit deren Auswirkungen oder Repräsentanten eigene Erfahrungen machen, bzw. durch Erzählung, Gespräche oder Massenmedien damit konfrontiert werden. Wahrnehmung und Erleben haften dabei an sichtbaren Personen und Einrichtungen ihrer Umwelt. Davon ausgehend, erfahren sie Handlungsmotive und Werte und deuten diese unter Verwendung von vertrauten Erklärungsmustern. In dieser Weise können sie – bei ausreichenden Hilfen – politisch-soziale Phänomene sowie geschichtliche Entwicklungen wahrnehmen, ohne jedoch zu deren strukturellen Voraussetzungen vorzudringen. Deshalb sind sie noch nicht in der Lage, die eigentlichen politisch-sozialen Triebkräfte zu erfassen oder sie gar unter sozial-geschichtlichen Perspektiven zu erörtern. Sie konzipieren Politisches vorpolitisch in Analogie zu ihren Beziehungen, Absichten und Verbindlichkeiten.

Präpolitische und präsoziale Formen kindlichen Verstehens

Am Beispiel des Umgangs mit Geld hat H. G. Furth die Entwicklung des kindlichen Gesellschaftsverständnisses untersucht und die aufgestellte These bestätigt.[254] Danach betrachten Kinder im Vorschulalter und z.T. in den ersten beiden Grundschuljahren Einkaufen noch wie ein Spiel, in dem man Waren ausgehändigt bekommt, wenn man entsprechende Gegenleistungen erbringt. Als Analogie dienen die kindlichen Geschenke und Tauschgeschäfte. Die Mehrzahl der 7- und 8jährigen zeigt bereits ein funktionales Verständnis von Waren und Geld, kann zwischen dem Erhalten von Waren und der Rückgabe von Wechselgeld unterscheiden, aber stellt noch keinen systematischen Zusammenhang zwischen Preis und Warenwert bzw. Menge her. Dies leistet erst die Mehrzahl der 9jährigen; sie konzipieren ein theoretisches Bezugssystem von Kaufen und Verkaufen, das als eigene Welt von den persönlich-privaten Bereichen getrennt erscheint; sie bilden auch Theorien über die Herkunft von Geld und Waren aus, die sich aber z.T. noch widersprechen und nicht zutreffen. Erst etwa ein Viertel der 10jährigen und ein Drittel der 11jährigen hat das System des Kaufens als wirtschaftliches System begriffen und kann seine Funktion für alle Beteiligten (Einkäufer, Kaufmann, Lieferanten, Hersteller) richtig bestimmen, z.B. daß ein Kaufmann etwas vom Geld der Kunden für persönliche Zwecke verwendet und daß es egal ist, bei welchem Kassierer der Preis für die Ware bezahlt wird. Die Mehrheit der 11jährigen hat nach der Untersuchung Furths diese systematische »Gesellschaftsperspektive« noch nicht erreicht.

Die Rekonstruktion politisch-sozialer Gegebenheiten und Entwicklungen im Interaktionsraum der Kinder scheint – wie das Beispiel des Kauf- und Geldverständnisses nahelegt – ein notwendiges Stadium des Erwerbs sozialer und politischer Handlungskompetenz zu sein. Der spielerische Nachvollzug sozialer Prozesse, der noch in den ersten Schuljahren geübt wird, ermöglicht das Üben wichtiger sozialer Interaktionen ohne die Widerstände und Konflikte des Alltags. Ist so Handlungssicherheit erreicht, beginnt das Kind an den Interaktionen teilnehmend den Sinn der Handlungen funktional zu rekonstruieren, um den auftretenden Problemen besser gewachsen zu sein. Konflikte mit anderen (Kindern oder Erwachsenen) in den sozialen Handlungsbereichen nötigen das Kind zu kognitiver Arbeit. Vergleichende Untersuchungen zu den Lernleistungen allein arbeitender und zusammenarbeitender Kinder sowie von Kindern, die mit unterschiedlichen kognitiven Strategien an das gleiche Problem herangehen, bestätigen diese Vermutung.[255] Demnach müssen »Koordinationshandlungen, um eine progressive Restrukturierung der kindlichen Kognition zu bewirken, ursprünglich aus einem in einen Kooperationskontext eingebetteten sozialen Konflikt bestehen.«[256] Politisch-soziales Lernen kann sich nur im Rahmen der alltäglichen faktischen oder möglichen Interaktion der Kinder oder in Analogie zu diesen Interaktionen abspielen. Als solches ist es aber unabdingbar und wird darum hier als vor- oder präpolitisches Lernen konzipiert.

Der präpolitische Charakter des Lernens in der Grundschule verbietet es, die Bewegung des Schalom Gottes (= Reich Gottes) nach seiner geschichtlichen Wirksamkeit oder Inanspruchnahme darzustellen. Die sozialstrukturelle und sozialgeschichtliche Dimension des Reiches Gottes kann so wenig direkt zur Sprache kommen wie die noch umfassendere Dimension der Menschheits- und Schöpfungsgeschichte. Damit sind die drei im ersten Band entfalteten Inhaltskomplexe[257] für die Grundschule nur insofern brauchbar, als sie veranlassen, nach Äquivalenten vorpolitischen bzw. vorsozialen Lernens im Interaktionsraum der Kinder zu fragen und gleichermaßen nach solchen Überlieferungen zu suchen, die ihrerseits kindlichen Interaktionsweisen entsprechend konzeptualisiert sind. Strenggenommen wird so für die Grundschule die zweite Ziel- und Inhaltsperspektive in die erste (Ich in Beziehungen) hineingezogen. In der Tat wurden im vorangehenden Kapitel schon wesentliche Inhalte erörtert, die auch für das präpolitische religiöse Lernen ihre Bedeutung haben, wie das Rettungshandeln Gottes (Exodus-Traditionen) und sein Eintreten für Benachteiligte und Unterdrückte (Johannes der Täufer). Bewußt ausgeklammert blieben aber solche Intentionen und Begriffe, die als Vorstufen politisch-sozialer Begriffs- und Motivbildung und einer speziell darauf bezogenen theologischen Intentionalität namhaft zu machen sind. Dazu gehören spezielle regulierende Konzepte des politisch-sozialen Lebens (wie Friede, Gerechtigkeit, Eigentum, Regel usw.) und extrapersonale Wahrnehmungsformen (zu anderen Personen und Institutionen). Zu beiden bilden die Kinder eigene Vorstellungen und Auffassungen aus, an denen sie ihr Handeln und Argumentieren orientieren.

Am wenigsten erforscht sind die kindlichen Praxisformen und Auffassungen von Rivalität und Frieden. Der Mangel an empirischen Befunden dürfte nicht zufällig sein. Grundschulkinder identifizieren sich entweder noch fast ausschließlich mit ihrer Familie oder übernehmen die Interaktionsformen der Gleichaltrigen. In beiden Fällen entsteht ein Zusammengehörigkeitsgefühl u.a. durch Unterscheidung von den anderen. Wie schon oben dargestellt, sind die engeren im Unterschied zu den lockereren Beziehungen der Ort, an dem Sensibilität für die Bedürfnisse anderer gelernt, aber auch um Anerkennung und Zuwendung gerungen wird. Kinder, die sich bedingungslos angenommen wissen, übertragen Vertrauen und Freundlichkeit zunächst naiv auf andere. Wo dies nicht der Fall ist, werden schon die engeren Beziehungen zur Kampfarena. Gruppen, in denen die inneren Spannungen nur mühsam auszugleichen sind, müssen sich nach außen aggressiv abgrenzen. Alles Fremde erscheint bedrohlich bzw. feindlich. Kommen besondere Umstände dazu – etwa institutionsbedingte Konkurrenzen, nationale und rassistische Vorurteile, Ängste um Arbeitsplätze oder kulturelle Identitäten, wachsen Abgrenzungsbedürfnisse und Aggressivität. Die Kinder, die sich mit ihren Bezugsgruppen entwicklungsbedingt identifizieren müssen, internalisieren dann um so nachhaltiger die Feindbilder. In offenen, altruistisch- und bedürfnisorientierten Familien und Freundschaftsgruppen dürften Aggressionen nach außen und innen seltener sein und Feindbilder kaum entstehen, es sei denn gegen einzelne oder andere Gruppen, die gewalttätig die Handlungsspielräume zu zerstören drohen.[258] Das präpolitische Lernen der Kinder zu Konflikt, Rivalität und Frieden ist eng an die Mentalität und die Abgrenzungsbedürfnisse der Bezugsgruppen gebunden. Isolierte empirische Untersuchungen von Friedens- und Rivalitätskonzepten könnten darum nur etwas über Stärke und Verteilung verschiedener Beziehungsformen in der Gesellschaft aussagen.

Der Unterricht wird davon auszugehen haben, daß viele Kinder ausgeprägte Identifizierungs- und Abgrenzungsbedürfnisse haben und aggressiv oder ängstlich auf Andersartiges und Ungewohntes reagieren. Auch Kinder aus Bezugsgruppen ohne ausgeprägte Feindbilder müssen sich heute immer wieder durch Leistung behaupten und neigen daher mindestens zu einer Abwertung potentieller Konkurrenten. Soweit Fortschritte in diesem Bereich durch besseres Kennenlernen anderer, durch Wahrnehmung ihrer Bedürfnisse und Verständnis für ihre Bestrebungen unterrichtlich zu initiieren sind, wurden hierzu Vorschläge im vorigen Kapitel gemacht. Im 3./4. Schuljahr kann man aber schon einen Schritt weitergehen und zeigen, wie Feindbilder mit eigenen Abgrenzungs- und Zugehörigkeitsbedürfnissen zusammenhängen und Zerstörungsneigungen hervorbringen. Man kann außerdem darauf hinweisen, daß Gott bzw. Jesus und seine Nachfolger hier einen anderen Weg gehen.

Das kindliche Gerechtigkeitsdenken ist immer wieder Gegenstand von Untersuchungen, jedenfalls was die sog. distributive Gerechtigkeit angeht, also das positive Konzept des Teilens bzw. der Verteilung begehrter Güter.[259] Das Problem stellt sich für das Kind im Kreis der Spielkameraden oder altersnaher Geschwister bereits im Vorschulalter, wenn Eltern oder andere Erwachsene keinen Einfluß ausüben und den Kindern die Verteilungsaufgaben überlassen.[260] Während bei Experimenten im Vorschulalter noch wunschabhängige Verteilungsansprüche dominieren, entscheiden bereits die 6jährigen (vor jeder Intervention) nach einem strikten Gleichheitsschematismus: jeder soll das gleiche erhalten, weil man so am besten Beschwerden und Konflikte vermeidet. Dieser Gleichheitsschematismus wird auch von älteren Kindern, die differenziertere Gerechtigkeitsvorstellungen äußern, für solche Situationen aufrechterhalten, in denen die Ansprüche mehrerer Gruppenmitglieder zu befriedigen sind. Die sozial-kognitive Überlegenheit der älteren Kinder zeigt sich in einer schnelleren Einschätzung der Entscheidungsmöglichkeiten in den lokkeren Formationen einer Gruppe. Gleichverteilungslösungen lassen zwar unterschiedliche Verdienste außer acht, aber jeder Anteil ist groß genug, um das Protestrisiko zu minimieren.[261]

Bereits die jüngeren Grundschulkinder entwickeln — neben dem schematischen Gleichheitsprinzip — die Vorstellung strenger reziproker Handlungen. Im Guten wie im Schlechten soll man Gleiches mit Gleichem vergelten. Der Rechtsgrundsatz »Auge um Auge, Zahn um Zahn« dürfte demnach leicht verständlich sein. Das Verdienstprinzip ersetzt das schematische Gleichheitsprinzip für solche Situationen, in denen die Anerkennung von Leistungsunterschieden durchsetzbar erscheint. Grundschulkinder verharren nicht unbedingt bei diesen beiden, immer noch schematisch anwendbaren Prinzipien. Sie lernen — wie oben ausgeführt — in engeren Beziehungen auf Bedürfnisse und besondere lebensgeschichtliche Konstellationen zu achten. Sie können von daher relativierende Gesichtspunkte einbeziehen, mithin den Einfluß der persönlichen Lage auf die Leistungsfähigkeit berücksichtigen. Zumindest in für sie überschaubaren Fällen suchen einige nach Kompromissen zwischen solchen konkurrierenden Prinzipien und Ansprüchen. Ungerechtigkeiten erfahren die Kinder in alltäglichen Verteilungsprozessen von Gütern, Belohnungen und Bewertungen. In diesen Fällen fordern sie spontan Gerechtigkeit. Gelegentlich hören sie von Ungerechtigkeiten in entfernten Ländern der Dritten Welt. Insbesondere an Kinderschicksalen aus diesen Regionen werden ihnen solche Ungerechtigkeiten im Weltmaßstab einsichtig. Bei eigenen kleinen Aktivitäten können sie den Einsatz für mehr Gerechtigkeit erleben. Soweit die Gerechtigkeitsauffassungen Verteilungsprobleme überschreiten und die Art von Zuwendung, Aufmerksamkeit und Anerkennung in Interaktionen betreffen, sind sie unter der ersten Zielperspektive (s. o.) berücksichtigt.

Ebensowenig wie die Friedens- und Konfliktkonzepte, sind die Eigentumsauffassungen und -beziehungen von Kindern untersucht. Man muß Unterschiede in der Freigebigkeit von Kindern im Rahmen bekannter Prozesse der sozialen Entwicklung hypothetisch auswerten. Gesichertes Ausgangsdatum ist die Beobachtung (bei Mittelschichtkindern), daß Freigebigkeit mit der Lockerung der kindlichen Autoritätsfixierung wächst,[262] d.h. vermutlich im Gefolge von Dezentrierung und Öffnung für die Bedürfnisse anderer altruistische Anreize wirksam werden. Bei solchen Beobachtungen ist die Annahme vorausgesetzt, daß Kinder ebenso wie Erwachsene zwischen Mein und Dein sensibel unterscheiden und eine illegitime Aneignung fremden Eigentums als moralischen Verstoß betrachten.[263] Ob und unter welchen Bedingungen Kinder Konzepte gemeinsamen Eigentums und damit gemeinsamer Verantwortlichkeit entwickeln, liegt im dunkeln. Folgt man R. Oerters Isomorphiekonzept, nach dem Heranwachsende zunächst die in zentralen Interaktionsbereichen dominierenden Denk- und Handlungsmuster schrittweise internalisieren, bevor sie zu einer individuellen Relativierung imstande sind,[264] ist mit einer Konzipierung echten Gemeineigentums nicht zu rechnen. Jedenfalls dürfte das Grundschulkind im Eigentum ein absolut schützenswertes Gut sehen, das privater Verfügung vorbehalten ist. Weil es mir gehört, kann ich damit machen, was ich will. Jenseits des Privateigentums haben die Kinder Vorstellungen von öffentlichen Handlungsräumen, in denen sich alle irgendwie bewegen können, wenn sie einige einschränkende Bestimmungen beachten, die besonders für Kinder zu gelten scheinen. Zu den öffentlichen Räumen gehören Schule, Straße, Verkehrsmittel und andere öffentliche Einrichtungen wie Rathaus, Kirche usw. Sie gelten in der Regel nicht als gemeinsamer und damit gemeinsam zu verantwortender Besitz, sondern sie gehören »niemandem«. Von daher haben es die Kinder schwer, ein persönliches Verhältnis zu den sozialen Gütern zu entwickeln, d.h. einen angemessenen Begriff von »Unser« auszubilden. Das gleiche gilt im Verhältnis zur natürlichen Umwelt und zu den Lebensressourcen (Luft, Wasser) — soweit sie nichts zu kosten scheinen. Sie gehören niemandem und erscheinen darum auch nicht besonders wertvoll. Auch die Erfahrung, daß Wasser und andere Energieträger etwas kosten, ändert die Eigentumskonzepte nicht. Die Rohstoffe sind dann Waren, die dem gehören, der sie verkauft. Bleibt zu konstatieren, daß die ausschließliche Verfügbarkeit und der Warencharakter des Eigentums mit der biblischen Botschaft schlecht verträglich sind, obwohl beides durch das — meist höchst effektiv internalisierte — Verbot zu stehlen gestützt wird. Der Religionsunterricht sollte wenigstens versuchen, den Kindern einen Zugang zu einer dem Frieden und der Gerechtigkeit Gottes entsprechenden Eigentumsauffassung zu erschließen, d.h. die sozialen und natürlichen Lebensgüter als gemeinsam zu verantwortende Geschenke an alle Menschen zu interpretieren.

Die extrapersonalen Gegebenheiten des gesellschaftlichen Lebens (Personen in gesellschaftlichen Funktionen und Institutionen bzw. Verbände) haben für die Kinder soweit Realität, als sie in ihrem Alltagsleben sichtbar in Erscheinung treten. Polizisten, Soldaten und andere öffentliche Bedienstete in Uniform repräsentieren für sie Schutz und Ordnung. Sie genießen auch den Respekt solcher Kinder, die diese Autoritäten gelegentlich herausfordern. Das gleiche gilt für Amtsträger oder Berufstätige, deren dienstliche Tätigkeit ebenfalls mit einer besonderen Kleidung verbunden ist, wie Ärzte, Pfarrer oder auch Hausmeister oder Wachpersonal. Neben einer generellen Anerkennung sozialer Macht deutet sich hier bereits eine reifere Legitimationsform an. Die gesellschaftliche Autorität wird an spezielle Fähigkeiten und Funktionen gebunden und somit von der äußeren

Erscheinung ablösbar.[265] Die Kinder haben nun die Möglichkeit, nach dem Beitrag bzw. den Aufgaben der einzelnen Personen im Zusammenleben zu fragen. Sie lernen auf diesem Weg unterscheiden zwischen dem, was dem allgemeinen Wohl dient, und dem, was nur dem einzelnen Handelnden oder kleinen Gruppen Vorteil bringt. Der Religionsunterricht kann diese Entwicklungen durch Identifikationsmodelle fördern und außerdem einen Zusammenhang zwischen öffentlicher Verantwortung und Verantwortung vor Gott herstellen.

Unter den gesellschaftlichen Institutionen steht der Religionsunterricht den Kirchen besonders nahe. Die Schüler selbst erfahren oft erstmals durch die konfessionelle Trennung im Unterricht, daß sie verschiedenen Kirchen angehören. Die meisten haben eine Kirche in ihrer Umgebung von außen gesehen, manche kennen aber das Innere nicht. Begreiflich sind ihnen die Funktionen einzelner Bauteile (Kirchturm, Glocken) und Einrichtungen (Altar, Taufstein, Orgel) soweit sie konkret-anschaulichen Vorgängen dienen. Sie können auch fragen, warum die Menschen, die sich hier versammeln, den aufgezeigten Aktivitäten nachgehen. Die älteren Grundschulkinder wissen z.T. um nicht unmittelbar sichtbare Aktivitäten der Kirche. Über Beobachtungen verschiedener Gebäude um die Kirche herum (Kindergarten, Altenheim, Gemeindehaus) und über Personen im kirchlichen Dienst (Schwestern, Jugendleiter usw.) können alle Kinder ein vorläufiges Bild von verschiedenen sozialen Aktivitäten der Kirchen erhalten. Begründungen für das Handeln kirchlich Engagierter finden die Kinder (mit Hilfen) im Vorbild Jesu. Die Unterschiede zwischen den Kirchen sind ihnen noch nicht verständlich zu machen, wohl aber die Aufgabe für alle: für Jesu Sache in der Welt so überzeugend wie möglich einzutreten.

Gerechtigkeit und Friede als Leitmotive »präpolitischer« Erziehung: Mögliche Lernwege

Im 1./2. Schuljahr dürfte Empathieerfahrung im Rahmen persönlicher Beziehungen eine richtige Form präpolitischer Friedenserziehung sein. Im 3./4. Schuljahr machen verstärkter Gruppenbezug und Abgrenzungen weitergehende Intentionen möglich und nötig. So lassen Kinderbriefe aus den letzten Kriegs- und ersten Nachkriegstagen Ängste und Aggressionen miterleben und den Zusammenhang von Kriegserfahrungen, Angst und Abgrenzungsbedürfnissen durchscheinen. Im folgenden sind einige Auszüge aus solchen Briefen abgedruckt.[266] Wenn die Kinder im Unterricht aufgrund solcher Briefe die Erlebnisse der Betroffenen nacherlebt haben, sind sie auch bereit und in der Lage, ausgehend von den einzelnen Stellen, analoge Erscheinungen der Aggressivität in ihrem Lebensbereich zu suchen und nach Gründen zu fragen.

Ein Brief vom 2. April 1945 lautet:

»Lieber Papa!

Heute wieder Tiefflieger. Wir spielten draußen. Die kommen so plötzlich über den Berg. Wir rasten sofort unter den Holunderbaum, weil der schon Blätter hat und warfen uns auf den Boden. Die ballerten bloß in die Wiese. Als sie abgedreht hatten, kam gleich Frau Schröder aus ihrem Haus gerannt, schauen, ob wir was abgekriegt hatten. Ich sagte zu ihr: ›Ein Tiefflieger war so nahe, daß ich den Kopf des Piloten durch die Kanzel gesehen hab. Wenn ich ein Gewehr gehabt hätte, hätt ich den glatt mit Kopfschuß erledigt! Man sollte beantragen, daß Kinder auch Gewehre kriegen. Wenn mein Papa wieder auf Urlaub kommt, muß er mir Schießen beibringen!‹ Frau Schröder schaute mich anerkennend an und sagte: ›Du bist gut für deine neun Jahre! So spricht ein deutsches Mädel, der Führer ist stolz auf dich!‹ Mutti war auch gekommen und holte uns nach Hause. Erst in der Küche sagte sie zu Oma, es wäre nicht zu fassen, daß eines ihrer Kinder sowas sagt, es wäre höchste Zeit, daß der Krieg zu Ende geht. Mutti war gar nicht stolz auf mich und Du? Ich kann diesen Brief nicht abschicken, weil die Post zu ist und keine Züge gehen. Die Front kommt näher

Ursel«

Die Kinder erörtern zunächst ihre eigene Reaktion auf diesen Fall (Wenn ich ein Gewehr gehabt hätte . . .) und klären – mit Lehrerunterstützung – die Reaktionen von Frau Schröder und von der Mutter. Dann fragen sie, wann und wo auch heute bei uns Kinder Tiefflieger oder ähnliches abschießen oder mit Spannung dabei zusehen. Sie überlegen, warum Kriegsspielzeug und Abknallen in Automaten und Filmen für einige so spannend sind. Vor dem nächsten Briefauszug erläutert der Lehrer die gewandelte geschichtliche Situation.

9. Oktober 1945

»Lieber Papa!

Heute war ich mit Brigitte bei ihrem Onkel. Sie mußte was hinbringen und ich bin mit, damit ihr auf dem 7 km langen Weg nicht so langweilig ist. Der Onkel hat uns jedem einen Apfel gegeben für den Heimweg. Wir haben lange überlegt, ob wir den Apfel essen dürfen oder mit den Geschwistern teilen müssen zu Hause. Aber wir hatten so großen Hunger und haben doch angefangen, jede ihren Apfel zu essen. Auf einmal kam ein Auto, natürlich ein amerikanisches, Deutsche dürfen ja keine fahren. Kurz, ehe der Straßenkreuzer an uns vorbeifuhr, haben wir beide wie auf Kommando unseren Apfelbutzen dem Ami auf die Windschutzscheibe geschmissen. Die zwei Apfelbutzen landeten links und rechts auf der Scheibe und explodierten in zig Stücke. Die Sauerei hättest Du sehen sollen! Dem hatten wir's aber gegeben mit seinem affigen Auto! Wir hopsten vor Vergnügen auf der Straße rum. Das Auto hielt und fuhr rückwärts auf uns zu. Wir sind in den Acker reingerannt, weil der mit seinem schicken Wagen da nicht hinterherfahren konnte. Aber der Ami stieg aus, lief hinter uns her und hatte uns bald eingeholt. Er zwang uns, stehen zu bleiben. Ich konnte mich sowieso nicht mehr rühren vor Angst. Er redete ganz ruhig in gebrochenem Deutsch mit uns, daß wir das nie mehr machen dürften. Sogar von einem Apfelbutzen könnte beim schnellen Fahren die Scheibe kaputtgehen und die Leute im Auto töten. ›Ich wollte, sie wär kaputt!‹ sagte ich. Wie ich den haßte! Er verstand es sofort. Seine Hände ließen uns los. Er stand da, als hätte er keine Kraft mehr und schaute uns beide traurig an. Dann drehte er sich um, ging langsam zu seinem Auto und fuhr weg. Ich hab der Mutti lieber nichts erzählt. Brigitte hat gesagt, ich hätte das nicht sagen dürfen. Ich hab so ein Gefühl, daß sie recht hat. Hätten wir uns entschuldigen sollen? Soll ich mich entschuldigen für einen Apfelbutzen, und Du hast echt welche totgeschossen, weil man Feinde totschießen muß? Ich weiß überhaupt nicht, was ich denken soll. Dann wieder bin ich sehr froh, daß die Scheibe nicht kaputtging. Stell Dir vor, der Amerikaner hätte Kinder, und er wär tot wegen mir! Verstehst Du, warum ich den Apfelbutzen geschmissen hab? Die Brigitte und ich hatten nichts dergleichen ausgemacht vorher. Ich bin noch ganz baff, daß wir getroffen haben! Dabei hätt ich so gern den Apfel noch fertig gegessen, es war noch viel dran, und um die Kerne ist es auch schade, weil sie das Beste sind vom Apfel. Was denkst Du jetzt von mir?

Ursel«

Nach diesem Briefauszug suchen die Kinder Gründe für das Verhalten von Ursel und für die Meinung von Brigitte. Sie klären, was ein Feind ist und erzählen von ihren Gefühlen und Handlungen gegen eigene ehemalige oder gegenwärtige Feinde.

26. Dezember 1945

»Lieber Papa!

Gestern hat der Schulchor im amerikanischen Hauptquartier Weihnachtslieder gesungen. Da war es so warm drin, daß die Amerikanerkinder mit Söckchen rumlaufen konnten. Der Saal war wie an Fastnacht geschmückt mit bunten Girlanden an Weihnachten!! Es war alles schreiend bunt. Nichts paßte zueinander! Unser Lehrer sagte, ihn trifft der Schlag, als er ans Klavier ging, nochmal mit uns proben. Es war ein Bechsteinflügel, grasgrün von denen angestrichen! Vorher war er anständig schwarz, innen war es noch zu sehen.

Mir hat eine Dame Kakao eingeschenkt, die hatte zu himmelblauen Haaren ein knallgelbes Kleid an und grellrote Lippen und Nägel. Sowas gehört sich nicht für eine alte Dame und schon gar nicht, wenn sie so nett ist wie die.

Als die Amerikaner dann alle kamen, hab ich aufgepaßt, ob meiner auch dabei wär, aber er kam nicht, ich war sehr erleichtert. Wir stellten uns auf zum Singen. Da kamen noch eilig vier Amerikaner rein als letzte, meiner dabei in der schönsten Uniform mit einem ganzen Haufen Orden und Abzeichen. Ich bin fast umgefallen vor Schreck und hab mich wahnsinnig geschämt. Er saß natürlich vorne, keine drei Meter von mir weg und hat mich die ganze Zeit angeschaut. Der Lehrer zischte mir zu: ›Aufpassen!‹, und wir sangen. Ich hab gesungen, was das Zeug hält und achtgegeben, daß ich's richtig ausspreche! Bald sangen alle Amerikaner mit.

Viele konnten es auswendig, andere hatte sich ihre Gesangbücher von ihrer Kirche daheim in Amerika nach Deutschland mitgebracht. In diesen Gesangbüchern stehen also unsere deutschen Weihnachtslieder aus unseren Gesangbüchern in englisch drin. Ich hatte gedacht, unser Lehrer hätte die Lieder ins Englische übersetzt, damit die Amerikaner verstehen können, was wir singen. Erst war es mir gar nicht recht, daß die Amerikaner unsere Lieder auch haben. Mir war, als müßte ich was hergeben, das uns gehört und noch dazu für die. Später fand ich es sehr lustig, so zusammen zu singen. Es ist ein seltsames Gefühl, mit den Feinden zusammen die gleichen Lieder zu singen. Die Amerikaner glauben also auch an Gott und an Jesus. Das hätte ja mal wer sagen können! Das hätte mir eine Menge Angst erspart. Noch als wir vorhin in den Saal gingen, dachte ich, wenn das bloß keine Falle ist und nachher knallen sie uns alle ab. Warum ich auch immer so greuliches Zeug denke, ich muß mir das schleunigst abgewöhnen.

Zuletzt hat sich mein Amerikaner in Deutsch bei uns bedankt. Der Sieger hat sich bei dem Besiegten bedankt!! Und ich hab mich nicht entschuldigt damals für den Apfelbutzen! Ich wollte schnell hingehen zu ihm und es nachholen, aber unser Lehrer hat mich abgefangen und war ganz böse, daß ich da hinwollte. Ich mußte mit den anderen weggehen.

Ob der Amerikaner mich erkannt hatte? Was meinst Du, Papa? Ob er weiß, daß ich mich entschuldigen wollte und daß ich es jetzt nicht mehr machen tät?

Ursel«

Der letzte Briefauszug legt Vergleiche mit auffälligen oder belächelten Verhaltensweisen anderer Gruppen unserer Gesellschaft, bes. von Ausländern nahe. Schließlich dürfte er genügend Stoff für die Frage enthalten: »Wie werden Feinde zu Freunden?«

Briefauszüge (S. 94-96) aus: Kinderbriefe von Ursula Rave, abgedruckt in: M. Hartenstein/R. Hauswirth (Bearb.): Arbeitshilfe Grundschule. zum Lehrplan '77. 4. Schuljahr, Auszüge S. 97,99 u. 101. Calwer Verlag Stuttgart 1978.

Die Briefschreiberin bezieht sich explizit auf Gott und Jesus. Bei Verwendung ihrer Äußerungen wäre dies der Anlaß, auf Jesu Umgang mit »Feinden« zu sprechen zu kommen. Aber auch bei der Behandlung anderer kindernaher Feinderlebnisse sollte man die Art und Weise, wie Jesus unter seinen Feinden litt, ohne sie zu seinen Feinden werden zu lassen, als symbolische Hilfe verwenden, um zu einem Frieden-Schaffen im Sinne Jesu zu ermutigen. Im Bild des geschlagenen und verhöhnten Gekreuzigten, der bittet: »Herr, vergib ihnen, denn sie wissen nicht, was sie tun«, begegnet den Kindern eine ganz andere Antwort auf Verfolgung und Verachtung als Haß und Abschießen. Die Frage, ob und wie solche Haltung möglich wird, führt auf die enge Beziehung zu Gott und auf das Gebet. Daß nicht nur Erwachsene, sondern auch Kinder so gewaltlos handeln und glauben können, zeigen Geschichten wie »Der Marsch der schwarzen Kinder aus Selma«, die sich in vereinfachter Form erzählen lassen.[267]

Das Beispiel zeigt, daß Friedenserziehung als präpolitische Erziehung ohne Ausklammerung der politischen Dimension möglich ist, wenn eine Brücke zwischen politischen Verhältnissen und kindlichem Alltagserleben geschlagen wird. Es unterstreicht überdies die nicht ersetzbare Bedeutung der Glaubensdimension für eine feindbildüberwindende Friedenspraxis und damit den besonderen Beitrag des Religionsunterrichts.

Um das Gerechtigkeitsempfinden zu stärken und zu differenzieren, kann man im Unterricht mit spielerischen Verteilungsaufgaben (in Gruppen) beginnen. Die Schüler müssen sich über die Verteilung von Belohnungen, etwa Schokolade, für bestimmte arbeitsteilige Gruppenleistungen einigen. Die Lösungen und Argumente werden besprochen, wobei Gleichheits-, Verdienst- und gelegentlich auch ein Bedürfnisprinzip in die Diskussion kommen. Nach einer solchen spielerischen Ermittlung von Gerechtigkeitsprinzipien wendet sich der Unterricht Berichten und Geschichten aus den armen Ländern der Erde zu.[268] Bei der Auswahl aus dem großen Angebot der Medien und Unterrichtseinheiten ist darauf zu achten, daß die Anstrengungen der Betroffenen um Besserung, ihr oft vergeblicher Kampf ums Überleben, nicht unterschlagen werden bzw. die Frage aufgeworfen wird, warum die Armen gar nicht kämpfen können und nichts erreichen. Auf diese Weise lernen die Kinder das Verdienstprinzig zugunsten des Bedürfnisprinzips zu relativieren. In diesem Zusammenhang kann auch Jesu Gleichnis vom barmherzigen Samariter weiterführende Aspekte eröffnen. Fragen wie: Ist der Samariter selber schuld, mit wem kann man ihn vergleichen, mit wem sind Levit, Priester, Räuber vergleichbar? sollten auch auf unseren Anteil und unsere Schuld hinweisen. Möglichkeiten des Samariterseins durch Beiträge zu Hilfsaktionen für das Kinderhilfswerk UNICEF oder für Entwicklungshilfeeinrichtungen schließen eine solche Unterrichtssequenz in der Regel ab.[269]

Im Unterschied zum Gerechtigkeitsverständnis bedürfen die von den Kindern gelernten und gesellschaftlich gestützten Eigentumskonzepte der Korrektur. An die Stelle der Verdinglichung zwecks Verfügbarkeit und Verwendung als Ware sollen der Geschenkcharakter des Eigentums und die damit gegebene Verantwortung für das Eigentum und für andere zutage treten. Im 1./2. Schuljahr machen sich die Kinder bewußt, was ihnen persönlich gehört, was der persönliche Besitz für sie bedeutet, von wem sie ihn erhalten haben, wem sie dafür danken und wem sie sinnvollerweise und gern etwas davon schenken wollen. Zu diesem Zweck bringen sie einige ihrer Spielsachen mit in die Klasse und erzählen deren Geschichte. Sie überlegen, wer sie ihnen geschenkt hat, wie sie entstanden sind usw. Sie beschenken sich gegenseitig – im Spiel und im Ernst. In spielerischen Übungen machen sie sich bewußt, was sie tatsächlich erhalten, damit sie leben und sich freuen können. In einem weiteren Schritt erleben sie, was wir alle gemeinsam brauchen und erhalten und auch gemeinsam teilen: Brot, sonstige Nahrung, Luft, Licht, Wasser usw. Sie fühlen, schmecken und danken gemeinsam im Lied und Spiel.[270] In Spielliedern wie »Wir atmen ein, wir atmen aus« machen sie sich die Gefährdungen des gemeinsamen geschenkten Eigentums bewußt.[271] Wenn die Gelegenheit zum Aufenthalt im Freien gegeben ist, kann man auf meditativem Weg die Erfahrung geschenkter Lebensgüter kosmisch erweitern.[272]

Spiele, Lieder und Übungen dieser Art sind auch im 3./4. Schuljahr nicht überholt. Neu kommt hier die Einübung eines gemeinsamen Gebrauchs persönlichen Eigentums, etwa am Beispiel des Fahrrads hinzu. Welche Gefahren sind damit verbunden, was muß man dabei beachten, wie können Schäden wieder gutgemacht werden?[273] Neben dem gemeinsamen Gebrauch, der immer mit Schwierigkeiten verbunden sein wird, sollten die Kinder den Warencharakter von Eigentum erstmalig korrigieren lernen. Sie tätigen bekanntlich Tauschgeschäfte und erfahren dabei nicht nur, daß der Wert des Eigentums von individuellen Interessen und Kenntnissen abhängig ist. Mit wachsender Tauscherfahrung suchen sie nach übergeordneten, abstrakteren Wertmaßstäben, um nachträgliche Enttäuschungen und Vorwürfe zu vermeiden. Zum Orientierungsmaßstab wird der Marktwert, wie er im Handelspreis zum Ausdruck kommt. Da die Verdinglichung des Eigentums zur Ware in der Interaktion allen Beteiligten auf lange Sicht Vorteile bringt, nimmt sie jeder fraglos hin. Erfahrungen des Schenkens, Beschenkt-Werdens und Dankens sind erschwert. Der Unterricht setzt wohl am besten mit einer spielerisch arrangierten Tauschbörse oder mit Tauscherlebnissen von Kindern ein. Erfahrungen, Enttäuschungen und Erfolge werden diskutiert. Danach erzählt der Lehrer die Geschichte des mißglückten Tauschhandels und der gewaltsamen Enteignung von Nabots Weinberg (1 Kön. 21,1–19). Bei der Weigerung Nabots, seinen Weinberg zu verkaufen, unterbricht er die Geschichte und erläutert, warum Nabot seinen Weinberg nicht verkaufen will und darf.[274] Die Schüler denken sich nun eine mögliche Fortsetzung der Geschichte unter der Maßgabe aus, daß sich der König seinen Wunsch erfüllen möchte. Schülergeschichten und biblische Geschichte (bis zur Besitzergreifung V. 16) werden im folgenden verglichen. Es dürfte sich zeigen, daß die Schüler mehrheitlich ein zwar weniger gewaltsames Vorgehen, aber wie die biblische Geschichte eine Enteignung voraussagen werden. Sie sollen deshalb das Vorgehen von Isebel und Ahab und das in ihren eigenen Geschichten getrennt beurteilen. Dazu erzählt der Lehrer, daß Gott seinen Beauftragten Elia zum Weinberg schickt, um dort Ahab zur

Rede zu stellen. Die Frage an die Schüler lautet: »Was wird Elia vermutlich im Auftrag Gottes dem Ahab mitzuteilen haben?« Dieses Vorgehen garantiert eine abschließende Zuspitzung auf die Eigentumsfrage und nicht auf den Mord an Nabot. Wenn Landbesitz den Menschen zum Nutzen und zur Freude geliehen ist, darf man dann – wie Nabot meinte – nicht verkaufen oder tauschen? Nach einer Erörterung dieser Frage suchen die Schüler nach weiteren Besitztümern, die als Eigentum Gottes oder als Leihgaben gelten könnten. Die schon oben empfohlende zweite Schöpfungsgeschichte könnte auch hierbei ergiebig sein. Sie fragt schließlich nach einem dieser Auffassung entsprechenden Umgang und nach Verhaltenskonsequenzen. Kirchengeschichtliche Beispiele vom Teilen und Verzichten um der Armen willen, wie Geschichten von Franziskus oder Elisabeth von Thüringen, könnten den Aspekt des Verschenkens noch unterstreichen.[275] Schließlich weist Jesu Gleichnis vom reichen Kornbauern (Lk 12,13–15) auf die Zerbrechlichkeit von Haben und Besitz, während die Geschichte vom Opfer der Witwe (Mk 12,41–44) zum Nachdenken über den Gewinn des Verschenkens anregt.[276]

Sich der extrapersonalen Umwelt in der Absicht zuzuwenden, Aktivitäten und Kriterien eines Handelns für Frieden und Gerechtigkeit auch schon Grundschulkindern zugänglich zu machen, hat die Religionsdidaktik bisher fast ganz unterlassen. Ansätze finden sich allein in Spielvorschlägen, so ein pantomimisches Spiel für Kinder ab 6 Jahren unter dem Thema »Menschen, die für uns arbeiten«.[277] Hier teilt sich die Klasse in zwei bis drei Spielgruppen auf; sie spielen sich gegenseitig optisch und akustisch Berufe vor, die für alle wichtig sind. Mit ähnlichen Intentionen spielen Kinder ab sieben Jahren das »Fremdenführerspiel«,[278] in dem wichtige Einrichtungen der näheren Umgebung imaginären Besuchern erläutert werden. Schließlich können ältere Grundschulkinder mit vorbereiteten Interviewfragen und einem Kassettenrekorder ausgerüstet, Menschen in kirchlichen Einrichtungen (Kindergärten, Altenheimen) über ihre Tätigkeit und Motive befragen.[279] Wo sichtbare Spuren historisch wirksamer Einrichtungen oder Bewegungen (z.B. Klöster, Grabstätten usw.) erhalten sind, kann der Lehrer diese Anlässe zur Erzählung und Erläuterung von Gründen und Absichten nutzen. Was aber weitgehend fehlt, sind Berichte und Beispiele, in denen alltägliches Handeln füreinander selbstverständlich praktiziert und gleichzeitig unaufdringlich auf Gottes Fürsorge und Willen bezogen wird.

Eine der seltenen Geschichten dieser Art sei daher im folgenden abgedruckt:[280]

»Die Geschichte von Fuulius Nitdänggedangge

Ich kannte einen, der hieß Fuulius Nitdänggedangge. Eigentlich hieß er ja anders. So wie ihr und ich: Peter. Oder Daniel. Oder Mariann. Oder Brigitt. Aber er war zu faul zum Denken und Danken. Und darum hieß er Fuulius Nitdänggedangge.

Wenn er im Laden etwas holte – einen Liter Milch oder eine Kaugummi oder sonst etwas –, dankte er nicht, wenn die Verkäuferin es ihm gab. ›Ich habe es ja selber bezahlt‹, sagte er. ›Wofür denn noch danken!‹ Einmal wurde er krank und mußte ins Spital. Aber als er wieder gesund war, sagte er da dem Arzt und den Krankenschwestern etwa: ›Ich danke Ihnen, daß Sie mich gesundgepflegt haben‹? – Nein: Im Gegenteil. Er fauchte nur: ›Ins Bein gestochen haben mich diese blöden Kühe. Und so grausiges Zeugs mußte ich schlucken. Pfui Teufel! Und dafür soll ich mich noch bedanken?‹

Ein andermal läutete es an seiner Haustüre. Draußen standen zwei Schüler. ›Was wollt ihr?‹, brummte Fuulius Nitdänggedangge. ›Wir sammeln für Menschen, die nicht genug zu essen haben!‹ Da wurde Fuulius Nitdänggedangge fuchsteufelswild. ›Mir gibt auch niemand etwas‹ schrie er. ›Was ich habe, habe ich selber verdient!‹ Und schlug die Türe zu.

Jedes zweite Wort von Fuulius war: ›Ich bin auf niemanden angewiesen. Ich kann für mich selber sorgen. Darum kann mir die ganze Welt den Buckel runterrutschen.‹

Da, an einem Abend im November, geht der Fuulius von der Stadt heimzu. In der Bäckerei hat er noch ein Pfund Brot geholt. Natürlich, ohne der Bäckersfrau zu danken.

Fuulius geht an der Aare entlang; auf dem Philosophenweg. Es ist schon dunkel. Nebelschwaden hängen über dem Wasser, und am Boden liegt nasses, glitschiges Laub. Mit jedem Schritt wird der Nebel dichter. Kaum sieht Fuulius noch die Straßenlaternen. Kein Mensch begegnet ihm.

Wie er so den Weg sucht, steht er plötzlich vor einem großen Haus. Das Haus ist hell erleuchtet und trotz des Nebels gut sichtbar. Die Tür ist sperrangelweit offen, und an der Hauswand klebt ein Plakat: Bitte eintreten! ›Seltsam‹, denkt Fuulius Nitdänggedangge. ›Das Haus habe ich bis jetzt noch nie bemerkt. Will doch sehen, was da los ist!‹

Und geht hinein. Das Haus ist ein großer Saal. Aber kein Mensch weit und breit. Nur ganz weit vorne ist eine Leinwand aufgespannt. Wie im Kino. Schon will Fuulius wieder hinausgehen. Aber da schlägt die Tür zu. Und wie fest der Fuulius auch daran rüttelt, er kann sie nicht öffnen. Jetzt geht langsam das Licht aus, und auf der Leinwand fängt ein Film an.

Zuerst sieht der Fuulius eine Fabrik. Arbeiter stehen an Maschinen. Sie machen einen Traktor: Räder, Motor, Auspuff, Sitz, Steuerrad. Jetzt ist der Traktor fertig. Da kommt ein Arbeiter und steigt (Fuulius, der an der Tür lehnt, stehen die Haare zu Berge) von der Leinwand herunter in den Saal. So einfach dir nichts, mir nichts! Und schon kommt der zweite Arbeiter, der dritte, vierte . . . und alle steigen in den Saal und schauen den Fuulius an. ›Das ist doch unmöglich!‹ stammelt er. ›Ich glaube, ich werde verrückt!‹

Aber schon geht der Film weiter. Ein Bauer kauft den Traktor, fährt damit aufs Feld, pflügt und eggt seinen Acker, sät Weizenkörner. Die Sonne scheint, der Regen fällt, das Korn wächst, wird geschnitten und mit Lastautos zum Bahnhof gefahren. Und schon steigen der Bauer, die Bäuerin, die Knechte und Mägde, wie vorher die Arbeiter, von der Leinwand in den Saal zu Fuulius Nitdänggedangge.

Auf dem Bahnhof wird unterdessen das Korn in Eisenbahnwagen verladen. Die Eisenbahnwagen werden zusammengehängt, und der Zug fährt zum Meerhafen. Krane drehen sich, packen mit mächtigen Greifern zu und befördern das Korn in einen Ozeandampfer, während der Lokomotivführer, die Rangierarbeiter und der Bahnhofsvorstand von der Leinwand in den Saal kommen.

Jetzt läuft der Film immer schneller, und immer mehr Menschen kommen von der Leinwand in den Saal: alle, die mit diesem Korn etwas zu tun hatten; die Kapitäne und Matrosen vom Meerschiff und vom Rheinschiff, die Arbeiter im Hafen, die es ausluden und in Säcke füllten, dann der Müller und seine Arbeiter, die es mahlten, dann die Leute vom Büro, die die Briefe schrieben und die Formulare für den Zoll, und ganz zum Schluß noch der Bäcker und seine Frau, die am frühen Morgen aufstanden, um aus dem Mehl Brot zu backen.

Gestoßen voll ist der große Saal von Menschen. Und alle starren sie den Fuulius Nitdänggedangge an, der immer gesagt hat: ›Ich bin auf niemanden angewiesen. Ich kann für mich selber sorgen. Die ganze Welt soll mir den Buckel runterrutschen.‹

Da steht er nun, mit seinem Pfünderli Brot unter dem Arm, bleich und verwirrt. Eine Ewigkeit scheint zu vergehen. Dann stammelt der Fuulius: ›Es ist nicht nur mein Brot. Jetzt weiß ich es. Ich könnte es nicht selber machen. Ihr alle habt mitgeholfen. Ohne euch hätte ich nichts zu essen. Danggeschön!‹

Da geht das Licht wieder langsam an. Der Saal ist leer. Die Tür steht offen. Fuulius rennt hinaus in die kalte Nebelnacht. Heimzu. Später hat der Fuulius Nitdänggedangge oft das seltsame Haus am Philosophenweg gesucht. Aber er hat es nicht mehr gefunden.

Aber seit jener Novembernacht denkt er über alles nach, weil er weiß, daß nichts selbstverständlich ist. Er sagt nicht mehr: ›Ich bin auf niemanden angewiesen‹. Sondern: ›Ich bin dankbar, daß Gott seinen Segen für die Arbeit gibt‹.

Darum heißt er heute auch nicht mehr Fuulius Nitdänggedangge. Sondern er heißt heute so wie ihr und ich: Peter. Oder Daniel. Oder Mariann. Oder Brigitt.

Werner Laubi«

aus: Conradt/Dessecker/Kaiser: Erzählbuch zum Glauben, Band 1 © 1981 by Benziger Verlag Zürich, Köln und Verlag Ernst Kaufmann, Lahr

Geschichten dieser Art sind schwer zu erzählen (und auch zu erfinden), weil immer die Gefahr einer positivistischen Identifizierung von (meist erfolgreichem) Handeln und göttlichem Wirken besteht, was den animistischen Tendenzen des kindlichen Denkens entgegenkommt. Vor allzu direkten Beziehungen zwischen menschlichem Einsatz und göttlicher Unterstützung sei daher gewarnt.[281] Geschichten, die Kindern zeigen, wie die Gottesbeziehung neue Handlungsmotive, insbesondere zu einem kritischen Handeln, d.h. zu einem Schwimmen gegen den Strom, schafft, sind noch zu schreiben. Im Religionsunterricht finden hierfür meistens christliche »Heroen« wie M. L. King, Albert Schweitzer u.ä. Verwendung. Auch sie erfüllen – u.U. sogar schon in der Grundschule – wichtige Funktionen. Ihre motivierende Kraft erschöpft sich aber, wenn sie zu häufig und ohne plausible oder praktikable Auswirkungen im normalen Alltag ins Spiel kommen.

3. Dritte Zielperspektive: Gelebte Deutung und Wahrheitsansprüche – Erschließen, symbolisieren, unterscheiden

Grundschulkinder unterscheiden noch nicht zwischen Lebenspraxis und möglichen Deutungen. Sie leben in gedeuteter Lebenspraxis und versuchen diese aus sich selbst heraus zu verstehen. Der Umstand, daß grundlegende Lebensdeutungen in der modernen Welt nicht von allen geteilt und von vielen im Alltag nicht artikuliert werden, macht Lebendeutungen für die Kinder schwer erkennbar. Wie die Erwachsenen handeln auch sie in scheinbar selbständigen und deutungsunabhängigen Erfahrungsbereichen und richten sich nach den hier herrschenden funktionalen Imperativen. Fragen sie nach Warum und Wozu, erhalten sie funktionale Antworten, abgestützt mit non-verbalen Hinweisen auf die undiskutierbaren Sinnsetzungen in dem zur Rede stehenden Handlungsfeld. Weitergehende Warum-Fragen kommen so gar nicht erst auf. Viele Erwachsene verbergen verlegen ihre religiösen oder quasireligiösen Überzeugungen und Handlungen, wenn nicht besondere Ereignisse im Jahres- oder im Lebenslauf durch institutionalisierte religiöse Elemente bzw. Abläufe einen Mitvollzug erleichtern. Die Erfahrung von Alltagsreligiosität ist für Kinder wie für Erwachsene defizitär; religiöse Interpretationen werden nur an lebens- oder jahreszyklischen Schaltstellen faßbar.[282] Mit dem Defizit an alltagsrelevanter religiöser Erfahrung scheint auch die Wahrheitsfrage weitgehend neutralisiert. Nicht daß für den einzelnen (Erwachsenen) die mit der Wahrheitsfrage gestellte Identitätsproblematik gelöst wäre. Sie hat sich durch die Verselbständigung, Differenzierung und Funktionalisierung der Handlungsbereiche erheblich verschärft. Nur ist sie nicht mehr unmittelbar mit dem einzelnen Handlungsvollzug verknüpft. Was einer – etwa an einem Feiertag – tut oder läßt, welchen religiösen oder säkularen Handlungsvollzügen er nachgeht, verweist nicht ohne weiteres auf seine grundlegende Lebenseinstellung. Verhaltensweisen und Lebensformen in nach-traditonellen Gesellschaften sind diffus und vieldeutig, mithin interpretationsbedürftig. Nach solchen Interpretationen fragen die Kinder oftmals vergeblich ihre erwachsenen Bezugspersonen.

Lebensdeutung und Wahrheitsansprüche in der Erfahrungswelt der Kinder

Die traditionellen christlichen Hauptfeste im Jahreszyklus sind wohl die einzigen Ereignisse, die alle Kinder in irgendeiner Weise miterleben, wenn auch nur durch intensivierte Freizeitgestaltung oder durch Teilnahme an einem kaum interpretierten Brauchtum. Weihnachten ist nach wie vor das Fest der Geschenke; Ostern wird trotz Osterhasen und Eiern nicht mehr von allen Kindern gefeiert; von Pfingsten ist oft nur der zweite Feiertag auffällig; ebenso bleiben die Feiertage unter der Woche vielen Kindern unverständlich. Das Erntedankfest hat in den letzten Jahren eine gewisse Renaissance erlebt. Was Kinder von den einzelnen Festen tatsächlich wahrnehmen und wie sie sie deuten, ist nicht untersucht. Allgemein geht man von einer Tendenz zu einer kommerzfreudigen Weihnachtskonsumhaltung aus, der man durch eine veränderte Weihnachtspraxis und durch Rückbezug auf den Ursprung des Festes entgegenwirken möchte. Klischeevorstellungen vom geschenkbringenden Christkind und vom Wohlverhalten belohnenden Nikolaus unterstützen ohne Zweifel eine wachsende Konsumentenmentalität. Andererseits sollte man nicht übersehen, daß Beschenktwerden eine lebensnotwendige Zuwendungserfahrung ist und die Vorbereitung von Geschenken für die Bedürfnisse anderer sensibilisieren kann. Wo aber – wie meistenteils wahrscheinlich – die Geschenke das Weihnachtsfest beherrschen, bleiben die religiösen und zwischenmenschlichen Elemente für die Kinder vermutlich Requisiten, die sie eigentlich nicht bemerken, obgleich sie eine Atmosphäre des Außergewöhnlichen schaffen. Da die Kinder zudem die konkreten und damit materiellen Elemente jedes Geschehens zuerst und am intensivsten wahrnehmen, dürfte die eigentlich angemessene Umdefinition der Festerfahrung – religiöse und zwischenmenschliche Elemente im Vordergrund / Geschenke als Begleiterscheinung – ohne Veränderung der Familienfeier vom Religionsunterricht in der Grundschule nicht zu leisten sein.

Weniger schwierig erscheint auf den ersten Blick die Erschließung des Sinngehalts der anderen Feste. Geschenkerwartungen stehen hier kaum im Wege, so daß es genügen müßte, den ursprünglichen Festsinn neu zu »entdecken«.[283] Indes ist der Verlust von religiösem Festsinn nur eine Begleiterscheinung der ebenfalls kommerzialisierten lebenspraktischen Definition von Freizeit, die dem religiös Interessierten nur besonders auffällt. Wiederentdeckungs- oder Wiederbelebungsversuche historischer Festgehalte allein müßten an der Übermacht konkreter Freizeiterfahrung scheitern. Da die Kinder der lebenspraktisch realisierten Festgestaltung weitgehend ausgeliefert sind, muß man ihnen symbolische Hilfen zur Demaskierung von Kommerz und fraglosem Lebensgenuß geben, damit sie sich auch innerlich von ihrer Umgebung absetzen und dann den Weg der Neuentdeckung mitvollziehen können. Auch anläßlich von Festen beobachten zumindest ältere Kinder auffällige Unterschiede im Verhalten verschiedener Personen und können darin verschlüsselte Wahrheitsansprüche verstehen, wenn sie ihnen erklärt werden.

Der am besten geeignete Zugang zu religiösen Phänomenen wäre das Mit- oder Nacherleben religiösen Lebens und damit verbundener Konflikte im Alltag.[284] Die Schwierigkeiten, solche Konflikte im religiösen Kontext zu identifizieren, wurden bereits genannt. Wegen des Defizits an Alltagsreligiosität erleben die Kinder religiös definierte soziale Konflikte selten. Erst in der Begegnung mit ausländischen Kindern muslimischen Glaubens sind derartige Erfahrungen unvermeidlich. Die religiös geprägten Lebens- und Verhaltensformen aus anderen Kulturkreisen nötigen zum Vergleich mit eigenen Lebensweisen und zur Suche nach Äquivalenten religiöser Praxis, die das einzelne Kind allerdings meist nicht erläutern oder deuten kann. Hier ergibt sich ein sinnvoller didaktischer Ausgangspunkt für ein erstes Kennenlernen anderer Religionen, von dem aus die Grundkenntnisse über religiöse Überzeugungen und Lebensformen erschließbar sind, die den alltäglichen Lebensvollzug der ausländischen Kinder sowie ihre »Freizeitgestaltung« (Feste, Feiern usw.) beeinflussen.[285] Religiös bedingte Unterschiede in der Lebensführung treten auch beim Vergleich des Alltagszyklus zutage. Obwohl die muslimischen Mitbürger unserem Arbeitsrhythmus unterworfen sind, haben sie doch einen anderen Wochenrhythmus. Ihren wöchentlichen Feiertag, den Freitag, begehen sie – auch in den Ursprungsländern – zudem nicht als arbeitsfreien Tag, sondern als einen durch besondere Lebensvollzüge ausgezeichneten Tag. Aus der Beschäftigung mit dem Leben Jesu haben die Kinder außerdem meist schon etwas vom jüdischen Sabbat gehört, so daß ein Vergleich der wöchentlichen Feiertagspraxis dieser drei Religionen auch zu einem Nachdenken über die Bedeutung des eigenen Feiertags anregen dürfte.

Über die genannten wenigen Erfahrungsinhalte alltagszyklischer Religiosität hinaus nehmen einige Kinder an einer regelmäßigen Gebetspraxis teil, wobei häufiger als das Tischgebet das Abendgebet geübt wird. Manche Kinder kennen gemeinschaftliche Gebete von Verwandten (z.B. Großeltern). Die meisten Kinder knüpfen das Beten fast ausschließlich an die Kirche. In der Regel wissen alle, daß Menschen beten und sich dabei an Gott, Jesus oder Maria wenden. Gebetstexte sind nur einer Minderheit von Kindern ver-

traut. Verbreiteter als vermutet dürfte auch bei Kindern die Praxis eines (meist schutzani-
mistischen) Stoßgebets in Notsituationen sein. Im allgemeinen sind prinzipielle Widerstände gegen das Beten bei Grundschulkindern nicht zu beobachten. Bei guter Atmosphäre und motivierenden Anstößen entwerfen die Kinder mit Spaß kurze Gebetstexte
und singen gebetsähnliche Lieder. Über bestimmte Gebetsriten können sich ältere Kinder
gelegentlich lustig machen.

Neben Feiertagen und Gebeten haben einige Kinder schon an einer Beerdigung, einer
Taufe, einer Kommunion oder Trauung teilgenommen. Auch hier bleiben ihnen die auf-
fälligen Besonderheiten (Kleidung, rituelle Abläufe) am besten in Erinnerung. Der Unter-
richt sollte bei gegebenem Anlaß Brauchtum und Symbolik ebenso erschließen wie u.U.
Glockenläuten, Prozessionen und ähnliches. Die wenigen und zugleich defizitären
Formen von Alltagsreligiosität berühren die kindliche Erfahrungswelt normalerweise nur
am Rande. Oftmals ist der ihnen eigene Anspruch neutralisiert, weil derartige religiöse
Praxis als Eigenart alter Leute, früherer Zeiten oder rückständiger Ausländer gilt. Der
Religionsunterricht sollte Beispiele einer lebendigen, für Kinder offenen Religiosität dage-
gensetzen.

Für das Kind in den ersten beiden Schuljahren bieten Feste und Vorgänge ihrer Erfahrungswelt vielfältige Anlässe zur Imitation, zu phantasiereicher Verbildlichung und zu
sinnerschließender Deutung. Kinder ab dem 3./4. Schuljahr stellen Bedeutung mit Hilfe
erzählerischer Zusammenhänge her. Dank der Reversibilität des Denkens, der nun möglichen Verbindung von Ursachen und Wirkungen und der zunehmenden Fähigkeit, sich
in die Situation eines anderen zu versetzen, d.h. auch dessen Motive und Entscheidungen
nachzuvollziehen, eignen sich die älteren Grundschulkinder Deutungen und Wahrheitsansprüche durch Miterleben von Handeln in Geschichten an. Die Fähigkeit zu narrativer
Rekonstruktion verbunden mit dem Interesse an Geschichten öffnet das Kind in besonderer Weise für Erzählungen, die Ursprünge und prägende Erfahrungen der familialen
und gesellschaftlichen Bezugsgruppen überliefern, denen das Kind angehört. Lebensgeschichten und Abenteuer reizen nicht nur wegen ihrer inneren Spannung, sondern auch,
weil sie als Medien zur Erweiterung kindlicher Erfahrung und zur Verbesserung des Verständnisses von Leben überhaupt dienen.[286] Für Kinder dieser Altersstufe sind »transpersonale Deutungen« in Ursprungsgeschichten und in charakteristische Handlungsvollzüge
»eingesperrt«. Inhalte, Bedeutungen und Wahrheitsansprüche werden noch nicht distanziert betrachtet und unter abstrakten Kategorien reflektiert. Sie müssen in Geschichten
erlebbar und aus der Perspektive der in den Geschichten Handelnden reflektierbar sein.

Die starke Bindung der 8–11jährigen an die Werte und Interessen der familialen Bezugs-
gruppe hat vermutlich eine Begrenzung des Interesses auf Ursprungsgeschichten für die
eigenen Überzeugungen zur Folge. Doch braucht man die Grenzen nicht allzu eng zu
ziehen. Die Kinder neigen zu partiellen Identifikationen mit allen Menschen und Erscheinungen ihrer Umgebung, solange diese ihnen nicht unsympathisch sind. Das »Wir«-
Gefühl ist nicht prinzipiell auf die eigene Familie beschränkt; es umfaßt auch – unter
Ausklammerung persönlicher Gegner – die Schulklasse, den Lehrer, die Freunde auf der
Straße und weitere Personen und Einrichtungen einer freundlich erscheinenden Umwelt.
So lassen sich einheimische Kinder auch meistens als Christen ansprechen, selbst wenn sie
nicht getauft sind. Ohne dieses Zusammengehörigkeitsgefühl auszunutzen, darf es als
Ausgangspunkt für eine narrative Rekonstruktion der Ursprünge und der Wahrheitsansprüche der eigenen Tradition in Anspruch genommen werden. Dies stellt dem Religionsunterricht die Aufgabe, solche Geschichten und Überlieferungen erlebnisaktivierend zu
reproduzieren, in denen das Engagement für die christliche Überzeugung und ihr Wahrheitsanspruch besonders charakteristisch hervortreten.

Die bloße Tatsache der Begegnung mit Angehörigen anderer Religionen würde Kinder
noch nicht veranlassen, sich für die Ursprungsgeschichten der Religionen von Mitschülern zu interessieren. Es sollte aber zumindest in Klassen mit ausländischen Kindern

gelingen, soviel Sympathien und Zusammengehörigkeitsgefühl zu erreichen, daß auch die einheimischen Mitschüler für die Geschichten offen sind, die ihre Kameraden zur Begründung ihres Verhaltens und ihrer Auffassungen anführen. Wie die obigen Ausführungen zeigen, genügen dafür etwas Einfühlung — was als Kompetenz bei älteren Grundschulkindern vorhanden ist — und einige Anstöße, die wegen kleinerer Interaktionsschwierigkeiten oder Besonderheiten in der Lebensführung fast immer gegeben sind. Auch die narrative Rekonstruktion der Ursprünge und Eigenarten des Fremdartigen erneuert die Rückfrage nach eigenen Ursprüngen, tragenden Überzeugungen und charakteristischen Lebensformen. Gedeutetes Leben muß für Kinder in Lebensvollzügen anschaulich werden, es muß deutliches Leben sein.

Lebensdeutung und Wahrheitsansprüche: Mögliche Lernwege

Fast alle Unterrichtshilfen und Schulbücher für die Grundschule bieten Beispiele für die Erschließung der Feste Ostern und Weihnachten. Zum Weihnachtsfest beschäftigen sich die Kinder in der Regel mit dem Sinn des Schenkens — unter Korrektur der Vorstellung vom geschenkbringenden Christkind — und mit dem des sonstigen Brauchtums; außerdem hören sie viele Geschichten vom Nikolaus, von der Geburt Jesu, vom Stern und von den Weisen aus dem Morgenland. Es finden sich attraktive Vorschläge, die Weihnachtsgeschichte zu spielen. Die Intentionen lassen sich — in Anlehnung an U. Müllers und D. Steinwedes Vorschlag —[287] wie folgt zusammenfassen:

- über den Sinn der Weihnachtsvorbereitungen und des Brauchtums nachdenken und Fehlvorstellungen über Christkind und Nikolaus korrigieren.
- mit Hilfe von Geschichten, Liedern, Spielen die Freude über die Geburt Jesu miterleben und den Sinn des Weihnachtsfestes zum Ausdruck bringen: Freude und Hoffnung für alle, besonders für die Armen und Leidenden in aller Welt.

Die meisten Vorschläge verzichten im 1./2. Schuljahr zu Recht auf eine konsumkritische Erarbeitung des Weihnachtsfestes zugunsten einer Erschließung des symbolischen Reichtums und eines Aktivierens der symbolischen Phantasie der Kinder, um die eigentlichen Intentionen des Weihnachtsfestes positiv zu verdeutlichen und eine Identifikation mit den Adressaten der Botschaft zu ermöglichen. An die Stelle einer historisch-kritischen Aufklärung über die Weihnachtsgeschichten sind — und das sollte auch für das 3./4. Schuljahr gelten — Erzählvorschläge getreten, die eine Erzählerperspektive zum Ausdruck bringen.[288] So wird die symbolische Phantasie der Kinder zum Entwerfen »weihnachtlicher« Bilder angeregt, ohne falsche »Faktenüberzeugungen« zu vermitteln. Der Erkenntnis, daß Kinder dieses Alters in freier Phantasie Bedeutungserlebnisse gestalten, ohne Logik und Kausalitäten zu berücksichtigen, und so grundlegende Sinn- und Werterlebnisse verarbeiten, ist in der skizzierten Weise Rechnung getragen.[289]
Im Vergleich mit dem erfreulichen »Weihnachtsangebot« der Materialien fallen die Defizite in den Vorschlägen zu Ostern besonders auf. Auch hier spielt eine positive Anknüpfung an das Brauchtum (Osterei/Hase) eine gewisse Rolle, wobei allerdings dessen kritische Erarbeitung verfrüht angesetzt ist.[290] Gravierender ist aber der Verzicht auf eine kindgemäße und theologisch sachgemäße Verdeutlichung des Ostergeheimnisses. Man versucht die Auferstehung zu umgehen oder quasi natürlich zu deuten.

Dafür zwei Beispiele. Ein sonst sehr ansprechender Vorschlag »Ostern feiern«[291] endet mit einer im ganzen anregenden Meditation zum Ei in folgender Weise:

Ein Ei in meiner Hand,
es liegt da, ganz ruhig und fest,
es paßt in meine Hand,
meine Finger streichen darüber.

Was streichele ich — die Eierschale,
den runden Ball,
das kleine Küken?

So ist das mit dem Ei,
es gehört jetzt in meine Hand,
zu mir,
mein Ei,
rund und glatt und schön.
Ich kann nicht sehen, was darinnen ist,
und weiß,
es ist schön.

So ist das mit Ostern,
ich kann Dir nicht sagen, was geschehen ist.
Menschen sind froh,
das ist schön.

Ein anderer Unterrichtsvorschlag zum gleichen Thema schlägt in einem zweiten Lernschritt die folgende Formulierung vor: »Jesus wurde auch in sein Grab gelegt, als er gestorben war. Die Jünger waren traurig. Aber je mehr sie an ihn dachten und von Jesus sprachen, desto froher wurden sie. Jesus erschien ihnen als Lebendiger und sie hatten keine Angst mehr.«[292] Solche Psychologisierungen machen Auferstehung zu einem jederzeit nachvollziehbaren Stimmungsumschwung. Gegen derartige weitverbreitete Vorschläge sollte man sich ins Gedächtnis rufen, daß die biblische Überlieferung dieser Interpretation aufs nachhaltigste widerspricht. Die Jünger, die (in der Emmmausgeschichte) immer intensiver über Jesus nachdenken, werden immer trauriger, nicht froher.

Unbeschadet aller historischen oder psychologischen Erklärungsmöglichkeiten bleibt die Ostererfahrung — als Begegnung mit dem Auferstandenen — unbegreiflich, auch für Erwachsene. Daher die richtige didaktische Konsequenz: »Was Ostern ist, soll und kann nicht von den Kindern begriffen werden, aber es kann gefeiert werden.«[293] In Liedern, Tanzspielen, Nachspielen und Bildern erleben die Kinder die Ostererfahrung verzweifelter Nachfolger Jesu in verschiedenen Zeiten, ohne daß scheinbar kindgemäße Rationalisierungen der Ostergeschichte das Geheimnis des neuen Lebensgeschenks zerstören.[294]
Mit dem Erntedankfest, mit Advent/Weihnachten und Passion/Ostern erleben und erschließen die Kinder der ersten beiden Schuljahre drei Festzeiten mit deutlich unterscheidbarer religiöser Symbolik. Eine Berücksichtigung fast des ganzen Festzyklus unter Einschluß von säkularen Festen — wie H. Halbfas[295] vorschlägt, — dürfte eher zur Verwirrung der symbolischen Vorstellungen als zu deren intensiver Gestaltung führen. Im 3./4. Schuljahr können weitere Hauptfeste wie Pfingsten (einschließlich Himmelfahrt) oder Totensonntag hinzukommen. Wichtiger als Vollständigkeit — auch ein gelegentlicher Bezug im Zusammenhang mit verwandten Inhalten mag im Einzelfall ausreichen — ist jetzt die Erweiterung der Intentionalität. Mit Hilfe interpretierter Ursprungsgeschichten bzw. Festlegenden wird die Bedeutung des Festes »narrativ« rekonstruiert und nach Impulsen für heutige Lebensgestaltung gefragt. Außerdem sind die Kinder nun in der Lage, die zyklische Struktur des Natur- und Jahreslaufs (nach dem Kalenderjahr) zu erfassen und diese mit dem Lebenszyklus, d.h. mit den Lebensaltern des Menschen zu parallelisieren. Dem gänzlich anders ausgerichteten Zyklus des christlichen Festjahres können sie im Vergleich erkennen und dabei sehen, wie die zentralen christlichen Hoffnungssymbole den Zyklus des Werdens und Vergehens im Jahreslauf konterkarieren.

Wenn die Tage kürzer werden und das Leben in der Natur erstirbt, warten Christen bereits auf die Geburt Jesu. Am dunkelsten Punkt des Jahres erstrahlt der Stern von Bethlehem. Die »Auferstehung« des Frühjahrs und des Frühsommers ist vom Leiden des Kreuzes begleitet. Derartige symbolische Kontrastierungen lassen die Schüler intuitiv die Dialektik erfassen, die mit dem christlichen Glauben ins Leben getreten ist.

Konflikte und Kritik sind Erfahrungen, die Kinder im 3./4. Schuljahr in verschiedenen Lebensbereichen schon selbst gemacht oder mitbekommen haben. So beobachten sie auch Differenzen in der Gestaltung der erwähnten Festtage. Wenn der Religionsunterricht jetzt lediglich mit positiver religiöser Deutung fortfährt, frönt er der Illusion einer heilen Welt und schafft eine unterrichtlich isolierte Festsonderwelt. Er muß daher anfangen, die reale plurale Praxis kritisch auf die religiösen Sinngehalte zu beziehen. Differenziert können die Kinder solche kritischen Vergleiche noch nicht angehen. Sie brauchen – wie in vielen anderen Erfahrungszusammenhängen – idealtypisch kontrastierende Bewertungsmuster bzw. symbolische Interpretationskategorien, die natürlich auch Verkürzungen und Vereinfachungen implizieren. Unter diesen Voraussetzungen ist die schematisierte Gegenüberstellung von Gottesdienst und Götzendienst, wie sie in den alttestamentlichen Traditionen häufig zu finden ist, gerade wegen ihrer undifferenzierten Abgrenzung sehr hilfreich. Sie kann selbstverständlich nicht primär begrifflich erarbeitet, sondern muß durch Geschichten mit hohem präsentativem Symbolgehalt anschaulich werden. Bei ihrer Anwendung auf Phänomene alltagsweltlicher Festpraxis muß man ebenso wie die Geschichten auf eine idealtypische Auszeichnung der Extreme achten und immer wieder zeigen, wie sich im normalen Alltag Tendenzen in der einen und in der anderen Richtung mischen. Als exemplarische Geschichte zur Unterscheidung und Kritik wurde im 1. Band der Überlieferungszusammenhang vom »Goldenen Kalb« (Ex 32) vorgeschlagen.[296] Besonders in bezug auf den Geschenkrummel des Weihnachtsfestes und den damit verbundenen Riten kann man den Kontrast zwischen Gottesbeziehung (Ausrichtung auf Jesus und Mitmenschen) und persönlichem Lustgewinn durch Besitz kindernah herausarbeiten. Entsprechende Alltagsgeschichten sollten die genannten Elemente aus der Kinderperspektive enthalten und eine schematische Parallelisierung mit der Geschichte vom »Goldenen Kalb« ermöglichen. Die Kinder können dann beide Geschichten – die alte und die heutige – in Bildgeschichten umsetzen und parallele Bilder nebeneinanderstellen.

Eine gute Alltagsgeschichte, die alle notwendigen Elemente enthält, findet sich in S. Kilians Logbuch des Michael Ackermann, eine Art Tagebuch, in dem ein Junge seine Beobachtungen und Erlebnisse auch vom Weihnachtsabend erzählt.[297]

Vergleichbare, wenn auch schwächere Tendenzen der Kommerzialisierung lassen sich an Ostern aufzeigen. Instruktiv ist eine Konfrontation der Symbolik von Oster-Glückwunschkarten[298] mit zentralen Ostergeschichten, z.B. Die Jünger auf dem Weg nach Emmaus (Lk 24, 13–32).

Die Begegnung mit anderen Religionen sollte dem 3./4. Schuljahr vorbehalten sein, an möglichen Alltagskonflikten oder erfahrbaren Differenzen in der Lebensführung ansetzen und sich auf die Basisinformationen beschränken, die zum Verständnis der Unterschiede und zum Vergleich mit den eigenen zentralen religiösen Vorstellungen (Gott und Jesus) notwendig sind. Sinnvollerweise werden die beiden dem Christentum verwandtesten Religionen, Judentum und Islam, zur Sprache kommen. Zum Islam gibt es eine Fülle von kindgemäß erzählten Alltagskonflikten[299] und von Unterrichtseinheiten, die sich auf die notwendigen Informationen beschränken.[300] Eine zusammenfassende Erzählung vom Leben des Propheten Mohammed sollte als Ursprungsgeschichte nirgends fehlen. Erzählungen zum Zusammenleben der Religionen in Jerusalem und Bilder ihrer dortigen Heiligtümer können zudem auf die konfliktreiche Koexistenz in der heiligen Stadt der drei Religionen aufmerksam machen. Vergleiche mit dem Christentum werden sich auf äußere

Parallelen, auf die Gemeinsamkeit im Gottesbegriff und auf die unterschiedliche Bewertung Jesu konzentrieren.

Nur wenige Kinder haben Kontakt mit jüdischen Familien, weshalb Unterschiede in der Lebensführung außerhalb ihres Gesichtskreises liegen. Die meisten dürften das Judentum auch im 3./4. Schuljahr mit Jesu Umwelt in Verbindung bringen und wenig von der heute lebendigen Religion wissen. Der Lehrer kann aber selbst Geschichten zum Thema »Eine jüdische Familie in Deutschland« erzählen. Dabei wird er insbesondere die Sabbat- und Speisevorschriften (Trennung zwischen Milchigem und Fleischigem und getrennte Geschirre) berücksichtigen. Mögliche Konflikte bei Familienbesuchen und gemeinsamen Unternehmungen lassen sich leicht ausdenken. Über die Sabbatfeier und den Sinn der strengen Sabbatruhe gibt es viele Geschichten und Bilder, die auch Kinder die Gemeinsamkeit des Sabbatabends miterleben lassen, sowie die Strenge des Arbeitsverbots anschaulich und verständlich machen.[301] Von hier aus ist eine Verbindung zu Jesu Auseinandersetzung mit der Sabbatpraxis seiner Zeit möglich, die der positiven Funktion der Sabbatruhe Rechnung trägt.[302] Ein anderer Zugang, der noch stärker gegenwärtiges und geschichtliches Judentum verbindet, ergibt sich aus der Behandlung der Hauptfeste besonders des Passahfestes.[303] Bei letzteren ist zudem ein Vergleich mit dem fast zeitgleichen christlichen Passions-Osterfestkreis nicht zu umgehen. Aber auch bei dem in die Adventszeit fallenden Chanukkafest sind Ähnlichkeiten im Brauchtum (Licht) und Unterschiede in den Inhalten Anlaß zum Kennenlernen einer anderen religiösen Praxis. Die Bedeutung der Feste erleben und rekonstruieren die Kinder mit Hilfe der Ursprungsgeschichten. Die Feste repräsentieren nicht mythisches Geschehen; sie symbolisieren auch nicht Mächte und Gewalten oder die Tiefe des Seins; sie erinnern an konkrete Geschichte, die bis in die Gegenwart Menschen bewegt und bewegen soll.

Das gemeinsame Erbe von Juden und Christen können Kinder dieses Alters noch nicht »erkennen«, aber durch kreativen Umgang mit grundlegenden alttestamentlichen Texten erleben. Wegen ihrer poetisch verdichteten Sprache sind dazu Psalmen hervorragend geeignet. In besonders deutlicher Weise bezieht Psalm 1 Freude und Lebensmut auf die »Weisungen« Gottes. Die Kinder assoziieren zu den einzelnen Elementen des Psalms mit Hilfe einer kindgemäßen Übersetzung und mit bildlicher Unterstützung ihrer Eindrücke und bringen sie zu Papier; sie setzen die einzelnen Abschnitte pantomimisch um, machen Bilder dazu, singen ähnliche Lieder und dichten schließlich selbst ihre Psalmen.

Eine Lehrerin hat einen solchen Versuch gemacht und Kinderpsalmen wie den folgenden erhalten:[304]

> »Der Herr führt mich, wohin ich gehe.
> Der Herr ärgert sich über die,
> die gedankenlos über ihn reden.
> Der Herr freut sich,
> wenn ich anderen helfe.
> Der Herr hat die Welt
> und uns erschaffen.
> Was er will, das mache ich.
> Ich bete ihn an.
> Der Herr möchte nicht,
> daß wir über andere spotten.«
>
> (Ines)

Ist das nicht ein gelungener Ausdruck individuellen (Kinder-)Glaubens auf jüdisch-christlicher Basis?

Eine innere Verpflichtung, für eigene Überzeugungen mit Wort und Tat einzutreten, ergibt sich für Kinder nicht aus Bindungen an abstrakte Ideale – wie Gerechtigkeit,

Wahrheit oder Frieden –, sondern aus persönlichen Beziehungen und daraus genährten Selbstbildern. Manchmal sehen sich Kinder in Konflikte zwischen Bedürfnissen und Erwartungen verschiedener nahestehender Personen verwickelt. Das wachsende Bestreben, in den Augen der verschiedenen Bezugspersonen Anerkennung zu finden,[305] verschärft derartige Konflikte. Einige Unterrichtsentwürfe knüpfen an so gelagerte Erlebnisse an, um von da aus das lebensbestimmende und gelegentlich tödliche Engagement der ersten Christen für die eigene Glaubensüberzeugung oder den Einsatz von Missionaren verständlich zu machen. Ist eine solche Anbindung didaktisch legitim oder wird eine Motivation erschlichen, die für die Realisierung der eigenen didaktischen Intentionen nicht ausreicht? Zweifellos ist ein Vorgehen, das die Bekenntniserfahrungen und inneren Konflikte von Schülern nur als Sprungbrett für religiöse Heldenbiographien benutzt, nicht zu legitimieren. Gleichwohl kann die Auseinandersetzung mit überzeugungsbestimmtem Handeln im Kontext eines ganzen Lebensschicksals die religiöse Entwicklung[306] in diesem Alter voranbringen. In der Identifikation mit Personen und im Nacherleben ihrer Schicksale erfahren die Kinder den lebensbestimmenden Anspruch einer personübergreifenden Sinnsetzung (=transpersonale Deutung) in Kategorien beziehungsabhängiger Verpflichtungen. Im Medium personalisierter Verbindlichkeiten gewinnen sie Zugang zu personübergreifenden sachlichen Gehalten, die in ihre innere symbolische Welt eingehen und dort mit der Zeit eine Eigenwirkung entfalten. Die Inhalte des Engagements verselbständigen sich gegenüber ihren personalen Bezügen; die Schüler gewinnen so Orientierungskriterien, die ihnen beim Distanzieren von den kindheitsbestimmenden Bezugspersonen und beim Definieren eigenständiger Selbstbilder behilflich sein können. Solche Verknüpfungen identitätsintendierender Prozesse mit religiösen Biographien ereignen sich allerdings nur dann, wenn Handeln oder Konflikte der angebotenen Identifikationsfiguren in Analogie zu zentralen Ich-Strebungen der Kinder stehen und nicht nur äußere, situationsabhängige Parallelen aufweisen.[307]

Die Begrenzung der Elemente überzeugungsbestimmten religiösen Engagements auf Analogien mit zentralen inneren Verbindlichkeiten und Ich-Strebungen von Kindern bedingt eine bescheidene Auswahl von Motiven und Problemstellungen. Nach den bisherigen Darlegungen ist von den folgenden zentralen Beziehungsproblemen der Kinder auszugehen:

– Wahrnehmung eigener und fremder Bedürfnisse und Ansprüche und deren Berücksichtigung
– Erfahrung eigenständigen Handelns und eigener Leistung, die in der Umwelt Anerkennung findet
– Verarbeitung von Niederlagen, geringerer Leistungsfähigkeit, mangelnder Anerkennung.

Im Rahmen der hier verhandelten Zielperspektive ist es nicht notwendig, die individuelle Befindlichkeit der Kinder immer durch alltagsbezogene Inhalte unmittelbar ins Bewußtsein zu heben, um sie erst danach mit den Beispielen religiösen Engagements zu vergleichen. Auch dieser schülerorientierte Zugang kann in Schematismus umschlagen. Wichtiger als thematisierte Analogien ist die Gestaltung der Beispiele des Engagements selbst: Die Schüler sollten in ihnen die vertrauten Gefühle und inneren Konflikte wiedererkennen können; dann sind – leicht gekünstelt wirkende – Alltagsanalogien entbehrlich. Das Problem der Wahrnehmung eigener und fremder Bedürfnisse sollte leitender Gesichtspunkt bei der Behandlung missionarischen Einsatzes sein. Es sind Beispiele von Missionaren zu wählen, die in ihren Arbeitsgebieten die Nöte und Ängste der Bevölkerung unter Beachtung der einheimischen Traditionen und Erwartungen bekämpfen.[308] An Konflikten um eigenständige Leistung und Anerkennung sowie an persönlichen Schwächen, Niederlagen und Enttäuschungen hat sich der große Heidenmissionar Paulus

lebenslang abgearbeitet. Seine Kämpfe und sein Schicksal bieten – in vereinfachter Form dargestellt – den Schülern identifikationsermöglichende Analogien an. Allerdings gibt es bisher nur wenige für Kinder verständliche Darstellungen mit den genannten Motiven.[309]
G. Baudler und H. Halbfas fordern vom Grundschulreligionsunterricht eine spezielle religiöse Symbol- und Sprachdidaktik.[310] Für Halbfas steht es religionsdidaktisch »ganz außer Frage, daß der Umgang mit symbolischem Ausdruck vom ersten Schuljahr an sowohl in expliziten Kursen als auch implizit am entsprechend qualifizierten Gesamtmaterial einzuüben ist.«[311] Hier wird dennoch von der Voraussetzung ausgegangen, daß explizite Kurse zum Umgang mit symbolischem Ausdruck eine Distanzierung von der Symbolik und Metaphorik erfordern, d.h. Kinder in eine für sie noch unerreichbare Metaposition zu symbolischer Erfahrung und Rekonstruktion nötigen. Anders verhält es sich mit einem impliziten Bedeutungslernen. Zu Recht unterstreicht Halbfas, daß symbolische Sinngestalten und metaphorische Qualifizierungen dem reflektierenden Denken vorausgehen und daher zuerst in sinnlicher Erfahrung, narrativ und beschreibend, nicht begrifflich, zu erfassen sind.[312] Er empfiehlt aber – bereits im 1. Schuljahr – verbreitete Symbole wie Licht, Herz und Tür eigens zu thematisieren, um ihren Gehalt erfahrbar zu machen. Seine Vorschläge zeigen, daß immer dann verbal-begriffliche Erklärungen unvermeidbar sind, wenn über die unmittelbare Reaktion in einem symbolbezogenen Arrangement hinaus spezifische Bedeutungen, also Sinn ins Spiel kommen soll.[313] Man kann nicht ungestraft davon absehen, daß symbolische und metaphorische Sprache ihre Bedeutung in spezifischen, geschichtlich gewachsenen Handlungs- und Erlebniszusammenhängen haben und nicht eo ipso in eine tiefere, in die eigentliche Wirklichkeit und Wahrheit führen. Um Sinn und Bedeutung zu erfahren, bedarf es der Übernahme oder der Reflexion des ikonisch, narrativ oder kognitiv konstruierten Referenzrahmens. Eine ontologische Tiefe der Universalität jenseits geschichtlich gewachsener Beziehungssysteme, die in präsentativen oder diskursiven Symbolen repräsentiert und zugänglich wäre, bleibt Spekulation. Daher darf eine elementare Symboldidaktik nicht bei isolierten Einzelsymbolen einsetzen, die in diffuse und äußerst ambivalente Erfahrungszusammenhänge führen, sondern muß innerhalb geschichtlich definierter religiöser Sinnzusammenhänge beginnen, deren Deutungen in zentralen Symbolen verdichtet und gleichzeitig vom Gesamtzusammenhang begrenzt sind. Wie sollte demnach eine prälogische oder präkognitive religiöse Symboldidaktik angelegt sein?
Bei allen hier gemachten Vorschlägen zum Grundschulreligionsunterricht war diese Frage bereits im Blick. Nirgends sind explizite »Kurse« zu Symbolen oder Metaphern empfohlen, vielmehr ist der implizite Weg gewählt. Im Zusammenhang der religiösen Feste wurde eine erfahrungsbezogene Erschließung und handlungsbezogene Umsetzung der zentralen Festsymbolik gefordert. Dort wäre ein großer Teil der verbreiteten Anregungen zur Licht-Dunkel-Symbolik einzuordnen und zu realisieren.[314] Die von Halbfas ebenfalls vorgeschlagene Herz- und Tür-Symbolik erhält ihren religionsdidaktischen Ort bei Beziehungserfahrungen, etwa wenn in alttestamentlicher Sicht vom »Dichten und Trachten des menschlichen Herzens« oder vom »hörenden Herzen« oder neutestamentlich vom »Wohnen Christi im Herzen« und von Jesus als der Tür die Rede ist.[315] Anregung der symbolischen Phantasie und die narrative Rekonstruktion der Symbolik sollten in allen Einheiten des Grundschulreligionsunterrichts zum Zuge kommen. Die kognitive Erfassung des symbolischen Charakters bleibt dem Sekundarstufenunterricht vorbehalten, der seinerseits darauf achten muß, die emotionale Kraft der Symbolik nicht zu neutralisieren.

III. Religionsunterricht in den Klassen 5/6

1. Unterricht und Schüler in den Klassen 5 und 6

Trotz jahrelanger Diskussionen um Orientierungs- bzw. Förderstufen, trotz engagierter Kontroversen um Integrations- und Differenzierungsformen[316] der Sekundarstufe I ist die 5./6. Klasse ein Stiefkind der Religionsdidaktik. Zwar gibt es eine Fülle von Unterrichtshilfen jeder Art,[317] doch kaum spezifische didaktische Erwägungen.[318] Bei einer generellen Behandlung des Religionsunterrichts der Sekundarstufe I zieht das 5./6. Schuljahr nur beiläufig die Aufmerksamkeit auf sich,[319] außer wenn seine Inhalte als Basis des Sekundarstufenunterrichts entfaltet werden.[320] Der augenfällige Befund erklärt sich aus der eigentümlichen Zwischenstellung dieser Klassenstufe. Berücksichtigt man nur die strukturelle Denkentwicklung der Kinder, wäre die ganze Stufe eher mit dem 3./4. Schuljahr zusammenzusehen,[321] wenn auch eine stärkere Differenzierung des Denkens in Rechnung zu stellen ist. Betrachtet man die größere Selbständigkeit, den erweiterten Interessenhorizont, die gewachsene Lernkapazität oder die differenziertere Sprache, sind Unterschiede zum Grundschulkind nicht zu übersehen. Dennoch dürften wegen der psychosozialen Entwicklung die Unterschiede zu den Klassen der Mittelstufe (7–10) größer sein. Die 11/12jährigen fühlen sich in der Regel noch als Kinder (ihrer Eltern) und sind es auch. Ihre Zeiteinteilung ist weitgehend durch das Elternhaus festgelegt. Ihr finanzieller und sozialer Gestaltungsraum ist relativ klein. Die wesentlichen Kontakte spielen sich noch unmittelbar unter den Augen der Eltern oder zumindest mit deren Wissen ab. Die grundlegende psychische und soziale Umstrukturierung der frühen Jugendzeit hat noch nicht begonnen, weshalb sich auch die inhaltlichen und methodischen Erwartungen an den Religionsunterricht noch nicht wesentlich geändert haben.

Probleme mit der Organisationsstruktur der Schule

Die schulorganisatorische Vielfalt unterstreicht die Zwischenstellung, sie erklärt jedoch nicht die religionsdidaktische Zurückhaltung in diesem Bereich. Denn im Religionsunterricht kommt die Vielfalt eher gemildert an. Ob im dreigliedrigen Schulsystem, in einer schulformabhängigen oder schulformunabhängigen Orientierungs- bzw. Förderstufe,[322] der Religionsunterricht wird in der Regel trotz konfessioneller Trennung in weitestmöglicher Bindung an den Klassenverband ohne Differenzierung nach Leistung oder Interessen und meist durchgehend erteilt.[323] In Klassen der integrierten Orientierungsstufe stellt die Heterogenität der Schüler – wie in anderen Fächern des undifferenzierten Kernunterrichts – höhere didaktisch-methodische Anforderungen an den Unterrichtenden als in den differenzierten Systemen. Der Unterricht in den städtischen Hauptschulen konfrontiert den Lehrer häufig mit schwierigen Verhaltensproblemen und elementaren kognitiv-sprachlichen Defiziten. Im ganzen sind die Unterschiede aber nicht an bestimmten Schularten oder -formen festzumachen, sondern eher an einzelnen Schulen und Klassen. Grundlegende Differenzen in der inhaltlichen oder methodischen Gestaltung rechtfertigen sie nicht. Vielmehr muß der einzelne Lehrer ein möglichst flexibles didaktisches Instrumentarium situationsspezifisch anwenden.
Die religionsdidaktische Abstinenz in diesem Bereich dürfte weniger mit der didaktischen

Problematik als mit einer schon lange andauernden Fixierung auf den gymnasialen Unterricht zusammenhängen. Die beiden niedersten gymnasialen Klassen machen den Gymnasiallehrern die geringsten Schwierigkeiten: hohe Motivation und gute Disziplin der Kinder erlauben einen inhaltsreichen und interessanten biblischen und bibelkundlichen Unterricht,[324] während man in den höheren Klassen mit Widerständen und Verweigerungen zu rechnen hat. Das 5./6. Schuljahr ist für viele keine Herausforderung.

Die Einführung der (schulformabhängigen oder -unabhängigen) Orientierungs- bzw. Förderstufe war ursprünglich mit hohen Erwartungen verbunden. Die Schüler sollten in diesen beiden Klassen Interesse an einer wissenschaftsorientierten Allgemeinbildung entwickeln und in diesem Zusammenhang ihre besonderen Stärken und Schwächen kennenlernen. Man erwartete davon sowohl die Befähigung zu ersten Schwerpunktbildungen in Wahllernbereichen als auch Entscheidungsgrundlagen über die Zuweisung zu speziell profilierten Bildungsgängen, die für möglichst alle einen gleichwertigen, aber unterschiedlich qualifizierten Abschluß sichern sollten. Diese Zielvorstellungen begründeten ein Angebot vermehrter Leistungsmöglichkeiten (Grund- und Erweiterungsstufe) im Sinn einer »Vermehrung der Erprobungssituationen«,[325] die Forderung eines verbreiterten inhaltlichen Angebots in jedem Fach und fächerübergreifender Kooperation sowie eine deutlich stärkere Orientierung auf grundlegende fachwissenschaftliche Fragestellungen und Paradigmata hin. In der jüngsten Kritik am »hybriden Wissenschaftsbetrieb«[326] und am Leistungsdruck der Schule kommt eine erhebliche Modifikation der Reformhoffnungen zum Ausdruck. Zwar bleibt die angestrebte Bildung mangels eines integrierten Bildungsbegriffs fachspezifisch definiert, doch sollen die Inhalte im Rahmen des kindlichen Denkens und der dem Kind zugänglichen Handlungsfelder rekonstruierbar sowie auf die Überlebensprobleme und die zwischenmenschliche Verständigung ausgerichtet sein.[327] Die Fächer sind aufgefordert, bei der Auswahl von wissenschaftlichen Strukturen und Paradigmen diese Kriterien zu berücksichtigen.

So ergeben sich die wesentlichen Veränderungen für Schüler und Unterricht eher aus der gewandelten sozialen Situation als aufgrund ihrer intellektuellen und sozialen Entwicklung. Gewiß weitet sich der kindliche Erfahrungshorizont: auch fremde Umwelten und unbekannte Weltregionen erregen Interesse. Gewiß spezifizieren und differenzieren sich die sozialen Wahrnehmungen und Rollen: die Kinder bilden – wie schon erwähnt – in diesen Jahren erstmalig angemessene Konzepte von gesellschaftlichen Funktionen und Prozessen. Gewiß macht sich jetzt auch die religiöse Pluralität für die Schüler selbst und für die Lehrer verstärkt bemerkbar: vom Elternhaus beeinflußte Interessen und Überzeugungen wirken sich hemmend oder fördernd auf die religiöse Lernwilligkeit und -fähigkeit aus. Einschneidender aber sind die schulischen Einflüsse. Entweder haben die Kinder die erste leistungsbezogene Selektion hinter sich (im dreigliedrigen System), oder sie erfahren bald durch fachspezifische Differenzierungsmaßnahmen, daß schulische Leistungen Zusammengehörigkeit und Aufstiegschancen bedingen. Da sich die Leistungsanforderungen zudem spezifizieren, differenzieren alle Kinder ihre Beurteilungskonzepte; sie lernen schrittweise, auf globale Bewertungen zugunsten der Wahrnehmung besonderer Stärken und Schwächen zu verzichten, was auch ihre Beziehungen untereinander berührt. Wettbewerb und Vergleich gewinnen in der Schule wie in den informellen Kontakten an Bedeutung. Alle, die nicht schon entmutigt sind, wollen zeigen, was sie können und Anerkennung finden. Spezialistenrollen sind gefragt; man bemüht sich um Fähigkeiten, die von den Bezugspersonen gerne in Anspruch genommen werden.

Erworbene und zugemutete Verselbständigung

Den versachlichten schulischen Anforderungen und der Integration in die Leistungsstruktur korrespondiert ein neuer gesellschaftlicher Status. Die 11/12jährigen werden von ihren Eltern zwar noch »bewacht«, aber bereits als Verbraucher, Benutzer und Interessenvertreter unmittelbar angesprochen. Eltern und soziale Umwelt erwarten, daß sie ihre Ansprüche begründet geltend machen, ihre Möglichkeiten und Grenzen richtig einschätzen, mit eigenem Taschengeld (sinnvoll) umgehen, Lektüre und Mediengebrauch regeln u. a. m. Daß die Wünsche und Werte der Kinder von ihrer näheren Umgebung noch deutlich abhängig sind, mag häufig über die prinzipiell geänderte soziale Position des Kindes hinwegtäuschen. Das internalisierte Wertsystem wird jetzt nicht mehr einfach befolgt, sondern selbständig artikuliert bzw. situativ interpretiert. Deshalb müssen sich die persönlichen Wünsche und Normen mit allgemeinen anerkannten Mustern (etwa Gerechtigkeit, Fairneß) vermitteln lassen und der persönliche Lebensstil (etwa Verhaltensweisen, Zeiteinteilung, Kleidung) an übliche Formen angleichen. Schule und Lehrer unterstützen meist die Suche nach plausiblen Ordnungen und Regeln für Konfliktlösungen und halten bei Abweichungen zu akzeptablen Begründungen an. In dieser Weise entwickeln bzw. übernehmen die Kinder Konzepte gesellschaftlicher Alltagsmoral und öffentlich geteilter Wertvorstellungen, die lebenslang wirksam bleiben.

Die neu erworbenen bzw. zugemuteten sozialen Positionen erklären auch die viel beobachteten Modifikationen in den religiösen Einstellungen und in der religiösen Lernbereitschaft.[328] Die religiösen Einstellungen, die meist den familialen Einfluß widerspiegeln, werden deutlicher vertreten und begründen nun in viel höherem Maß als in den vorhergehenden Schuljahren eine generelle Haltung zum Religionsunterricht. Diese macht sich in der Regel nicht gleich zu Anfang, sondern erst im Verlauf der beiden Schuljahre bemerkbar. Während vorher die Beziehung zum Lehrer und eine allgemeine Lernmotivation im Vordergrund standen, entwickelt sich nun eine fachspezifisch gerichtete Interessenlage: Religion ist wichtig, unwichtig oder gehört eben dazu. Die Beziehung zum Lehrer oder besondere Inhalte können diese Grundeinstellung zeitweise überdecken, aber nur selten nachhaltig korrigieren. Das Kind ist auch hier Subjekt geworden, das seine innere Position kennt. Bei einer Einstufung des Fachs als irrelevant, sind Aufmerksamkeit und Lernerfolg gering; Kinder, die Religion gern haben, erwerben ohne erkennbare Mühen erstaunliche Kenntnisse und differenzierte religiöse Denk- und Argumentationsweisen. Eine aggressive Ablehnung des Religionsunterrichts findet man selten. Verbreiteter ist ein Desinteresse an allen Fragen des Glaubens und der religiösen Überlieferung, weil diese auch in der Alltagswelt keine Rolle spielen. Es dürfte unstrittig sein, daß das Desinteresse langfristig weder durch offene »Bekehrungsversuche« noch durch hintergründige psychische Stütz- und Verstärkungsmaßnahmen der religiös interessierten Kinder und ihrer Argumente abgebaut werden kann. Praktiziertem kindlichen Atheismus und religiöser Abstinenz kann man pädagogisch nur begegnen, wenn man sie als berechtigte Positionen gelten läßt, zur Profilierung nötigt und dabei hilft sowie verlockende Beispiele religiös motivierten Handelns und religiöser Orientierung vor Augen stellt und mit areligiösem Verhalten konfrontiert, d.h. Voraussetzungen und Bereitschaft zur Auseinandersetzung, ja zum Widerspruch fördert.

In ähnlicher Weise wie die religiösen Einstellungen treten im Verlauf des 5./6. Schuljahres Unterschiede in der Einstellung zum schulischen Lernen und zu seinen Inhalten deutlicher hervor, die mit der Position des Kindes in der Gesamtkultur zusammenhängen und spätere Bildungsansprüche präformieren können. Es zeigen sich schon Tendenzen zu einer positiven Aufnahme traditioneller Kulturbestände, die mit der sozialpsychologisch beschriebenen Familienzentrierung zusammenhängen dürften, und einer jugendkulturellen Gesamtorientierung, die sich stärker an anschaulichen Attributen des gesellschaftlich vermarkteten Erwachsenen (Rauchen, Alkohol, Selbstdurchsetzung) zuwendet.[329] Die frühere Differenz zwischen Satelliten und Nicht-Satelliten mag hier in vielen Fällen nachwirken. Am ehesten werden die (nicht-satellitischen) Kinder, die ihren Status nicht durch schulkonforme Leistungen aufbessern können, nach den Privilegien und Symbolen des Konsums und des Erwachsenenlebens streben und sich den schulischen Angeboten und Anforderungen entfremden. In einigen städtischen Hauptschulen wenden sich bereits im 6. Schuljahr manche Schüler von den schulischen Inhalten innerlich ab. Es gelingt meist nur noch punktuell, sie für ein Thema zu interessieren.

Die »innerliche Abmeldung« von Schule und Unterricht wird durch kognitive, sprachliche und andere kulturtechnische Defizite begünstigt. Bekanntlich haben viele Kinder im 5./6. Schuljahr beim Lesen und Schreiben noch große Schwierigkeiten – nicht nur anerkannte Legastheniker. Die sprachlichen Fähigkeiten sind ganz unterschiedlich entwickelt, was besonders beim Erzählen und beim Gespräch nachteilig auffällt. Die leistungsfähigeren Schüler bringen oft nicht die Geduld auf, auf die Schwächeren zu warten oder ihnen zuzuhören. Mag der Religionsunterricht von diesen Unterschieden auch nicht so stark beeinträchtigt sein wie andere – von der Leistungsdifferenzierung stärker abhängige – Fächer, die inhaltliche und methodische Planung muß sie jedenfalls beachten und zudem den erwähnten erheblichen Unterschieden in den religiösen Kenntnissen, Denk- und Einstellungsmustern Rechnung tragen. Als didaktisch-methodische Regel ergibt sich aus diesen Unterschieden: Bei der Einführung eines Inhalts für alle müssen kognitive Ansprüche und Komplexität möglichst gering, die Verbindungen zu Schülererfahrungen aber möglichst vielfältig sein; bei der Bearbeitung müssen möglichst viele Wege angeboten werden, die auch im Anspruchsniveau und in der Intensität differieren. Daß es die Realität in nur geringem Maß gestattet, diesen Forderungen gerecht zu werden, spricht nicht gegen die Forderungen.

2. Erste Zielperspektive: Erfahrungen in der Nähe Gottes

Die kognitiven und emotionalen Muster der 11/12jährigen unterscheiden sich nicht grundlegend von denen der 8-10jährigen. Die gewachsene und zugemutete Selbständigkeit verlangt aber, die eigenen Rollen emotional zu füllen und kognitiv zu definieren sowie sich mit inneren und äußeren Widerständen bzw. Widersprüchen bewußt auseinanderzusetzen. Dies hat zur Folge, daß die Kinder nun die eigenen Gefühle und Erfahrungen bewußter wahrnehmen, sich auf ihre Eindrücke und Erlebnisse berufen, pragmatischer nach dem Nutzen und den Ergebnissen von Handlungen fragen, Übereinstimmung mit den Anschauungen und Erwartungen wichtiger Bezugspersonen suchen, gezielt auf Anerkennung und Zuwendung hinarbeiten, sich an älteren »Vorbildern« orientieren und auch rational begreifen wollen, wie ihre Welt funktioniert. Unterschiede zwischen natürlichen, sozialen und moralischen »Gesetzen« bemerken sie zwar, können sie aber noch nicht erklären. Jetzt gehören ihre Erfahrungen ganz in die konkrete, funktional geordnete und prinzipiell erklärbare Welt. Symbolische Gestalten und märchenhafte Ereignisse gelten als Phantasieprodukte, wenn sie nicht auch »natürlich« erklärt werden können. Abgeleitete bzw. rollengebundene Selbständigkeit und funktionaler Realismus beeinflussen die Erfahrungskonzepte in allen Beziehungen.

Erfahrungen mit Gott: Gottesbeziehungen von 10-12jährigen

Daß funktionalistische und moralistische Erwartungen auf Gott gerichtet werden, bestätigen viele Kinderäußerungen. Wie auch beim 8-10jährigen findet sich hier oft ein Konzept von Nutzen, Leistung und Gegenleistung. Gesprächsausschnitt einer 6. Klasse:[330] »Ich finde, wir schreiben gleich 'ne Mathearbeit, und da finde ich, dann bin ich froh, wenn ich keine Fünf schreibe, und da müßte der Gott mir eigentlich helfen.« »Und du weißt genau, daß es Gott gibt und daß er mir dann hilft? Dann werde ich jetzt mal beten 'ne ganze Zeit lang und an ihn glauben. Und dann will ich sehen, ob ich bessere Noten schreibe.«

Neben dem auch hier greifbaren schutz- und lohnanimistischen Denken verstärken sich die kognitiven Schwierigkeiten mit der Unsichtbarkeit, dem Ort, dem Wesen und dem Handeln Gottes. Grob materialistische Vorstellungen (»wenn Gott im Himmel und auf der ganzen Welt wäre, hätten ihn die Mondfahrer sehen müssen«) stehen neben Versuchen, die Räumlichkeit durch Ausdehnung zu überwinden (»Das muß etwas unbeschreiblich Großes sein, was die ganze Welt schuf und die Menschen und so«) und Ansätzen zur Spiritualisierung (»Er ist überall; man kann ihn nicht fühlen, aber er denkt an uns«). Wie auch die Aussage, daß Gott »Geist« sei, zeigen alle diese Äußerungen, daß die körperhaften Vorstellungen noch nicht überwunden und ein symbolisch-analoges Denken über Gott noch nicht ausgebildet ist.[331] Gleichwohl spricht sich in den Äußerungen der meisten Kinder schon ein Bewußtsein vom Ungenügen solcher Vorstellungsweisen aus.

Insgesamt sind die Vorstellungen und Einstellungen der Kinder so unterschiedlich, daß sich allein auf diesem Hintergrund kaum gemeinsame Lernwege entwickeln ließen, zumal auch die religiöse Praxis und das religiöse Nachdenken durch den Unterricht nicht wesentlich zu beeinflussen ist. Es muß eine grundlegendere Lernbasis ausgemacht werden, auf der sich alle Kinder bewegen und ihre unterschiedlichen Vorstellungen ins Gespräch bringen können. Sie ist vermutlich in der besonderen Position des 11/12jährigen in den Interaktionen nach innen und außen zu finden. Oben war gezeigt worden, daß die Kinder aus den unmittelbaren familialen Abhängigkeiten herausgetreten sind und selbst ihr Handeln steuern. Sie müssen – wenn auch noch mit primärer Orientierung an den näheren Bezugspersonen – Ansprüche aus den lockeren Beziehungen und aus der schulischen Umgebung eigenverantwortlich interpretieren. So begreifen sie sich selbst als Ich, als eigenständiges Handlungszentrum, dem andere Ich-Zentren helfend oder hinderlich entgegenkommen. In diesen Zusammenhang paßt das egozentrisch-funktionalistische, moralistische und lohnanimistische Denken über Gott. Da Kinder aber auch die Bedürfnisse und Absichten der anderen ermitteln und ihr Verhalten intentional darauf abstimmen, sind sie zu altruistischen Konzeptionen von Gottes Handeln fähig. Zudem ist ihnen der verborgene Charakter inneren Handelns vertraut. Sie wissen, daß unsichtbare Absichten und Gedanken Wirkungen hervorbringen.

Mit der neuen Position des Ich im Interaktionsgeschehen ändert sich logischerweise auch die Position der Interaktionspartner. Sie werden gleichermaßen als eigenständige Handlungszentren mit begrenzter Reichweite angesehen. Die Allmacht der Eltern und mächtiger Erwachsener ist endgültig relativiert. Mögen Erwachsene wegen ihres Alters, ihrer Erfahrung und ihres Wissens auch mehr bewirken als man selbst, ihr Vermögen ist an bestimmte Handlungsbereiche gebunden; auch sie können Fehler machen und bedürfen gelegentlich der Nachsicht anderer. Diese Erfahrung der Begrenztheit der körperhaften Existenz und ihres Handelns bedingt die kognitiven Probleme beim Nachdenken über Gott. Unbegrenztheit, unsichtbare Gegenwart und Allmacht Gottes erschienen früher plausibel, weil auch der Wirkungsbereich der Eltern prinzipiell unbegrenzt erschien und mit ihrer unsichtbaren Gegenwart auch bei persönlicher Abwesenheit zu rechnen war; es blieb ihnen ja nichts verborgen, auch wenn sie gar nicht dabei waren! Die Erfahrung der Eigenständigkeit und Begrenztheit personaler Handlungszentren eröffnet dem Denken über Gott und besonders den emotionalen Beziehungen zu Gott neue Möglichkeiten. Gott braucht nicht mehr eine Figur über oder hinter den Eltern zu sein, die in besonderer Beziehung zum elterlichen Willen steht (Gott = Vater oder Freund der Mutter usw.); er wird ebenfalls selbständig, tritt auch den Eltern oder anderen Menschen eigenständig gegenüber und kann auf diese Weise mehr sein als nur intimer Freund der inneren (besseren) elternbezogenen Anteile des eigenen Ich. Er kann wie ein älterer Freund zum hilfreichen und kritischen inneren Partner werden.

In den Beziehungen wird den Kindern noch eine andere wichtige Unterscheidung zugänglich. Sie bemerken bei sich und dann auch bei anderen, daß äußeres Handeln und innere Welt nicht das gleiche sind, ja daß im inneren Denken, Fühlen und Handeln meist viel mehr oder anderes steckt als äußerlich zum Ausdruck kommt. Sie machen auch die Erfahrung, daß von äußerem Handeln nicht unmittelbar auf innere Absichten zurückgeschlossen werden kann, d.h. daß etwas gut oder schlecht gemeint sein kann, aber ganz andere Wirkungen zeitigt. Derartige Wahrnehmungen bilden wohl den Verstehenshorizont der kindlichen Vorstellungen von Gott als Geist, von seinem Wohnen im Herzen oder in der Seele und von seiner Unsichtbarkeit. Die Analogien zum körperhaften Gespenst spielen natürlich noch mit, legen die Vorstellungen aber nicht einlinig fest. Die Erfahrung relativer Eigenständigkeit des inneren Lebens öffnet den Kindern einen Zugang zur Beziehung zwischen Gott und Jesus als Wirken Gottes im Inneren Jesu.

Die Verselbständigung der Ich-Konzeptionen und der Gottesvorstellungen zu Handlungszentren bringt vermutlich auch neue Elemente in das kindliche Zeitverständnis ein. Vorher und Nachher, also Vergangenheit und Zukunft sind schon für jüngere Kinder Ordnungs- und Planungsgesichtspunkte. Der Zeithorizont bleibt aber auf das eigene Handeln bezogen. Die Zeit des jüngeren Kindes ist immer seine Zeit. 11/12jährige wissen um die Zeiten anderer. Sie dehnen ihren Zeithorizont prinzipiell auf die ganze Welt aus und siedeln daher geschichtliche Ereignisse nicht mehr in ihrer Gegenwart an. Sie verstehen durchaus, daß in früheren Zeiten viele Umstände anders waren als heute und Menschen nicht die gleichen Probleme und Vorstellungen hatten. Berichte von anderen Völkern und Zeiten stützen dieses Bewußtsein. Damit ist auch die Möglichkeit eröffnet, Gottes Handeln ohne ständige Bindung an die eigene Umgebung auf geschichtliche Ereignisse und auf die Welt im ganzen zu beziehen. Das Wie dieses Handelns kann schon zur Frage werden. Es läßt sich am geschichtlichen Handeln Gottes ablesen, wie er sich in Zukunft verhalten wird.

Alle in diesem Abschnitt genannten Möglichkeiten religiöser Beziehungen und Vorstellungen können zwar bei einzelnen Kindern schon Realität sein; im allgemeinen sind damit nur Lernchancen skizziert, die sich aufgrund der sozial bedingten Beziehungserfahrungen und -konzeptualisierungen nahelegen und sich mit Schüleräußerungen vereinbaren lassen. Die Lernchancen müßten überall dort zumindest ansatzweise zu nützen sein, wo keine grundsätzlichen Aversionen gegen den Religionslehrer oder seinen Unterricht im Spiel sind.

Erfahrungen mit Gott: Mögliche Lernwege

Aufgrund der Skizze zur religiös-sozialen Entwicklung leuchtet sicher ein, daß ein isoliertes Bearbeiten von Gottesvorstellungen oder von Argumenten für und wider die Existenz Gottes ziemlich fruchtlos sein dürfte. Vorstellungen sind in Begegnungen und Beziehungen eingebettet. Veränderte Beziehungskonstellationen wirken korrigierend auf überlebte Gottesvorstellungen ein. Es werden also in erster Linie Gottesbegegnungen und -beziehungen zur Sprache zu bringen sein, um auf diesem Hintergrund auch Vorstellungen zu erörtern. Die Beziehungen dürfen aber nicht die Neigungen zum funktionalistischen Denken einfach unterstützen, sondern sollten auf eine Korrektur solcher Neigungen (Schutz, Belohnung/Strafe, Erfolg, Moral) abzielen. Begegnungen mit Gott ändern Menschen und ihre Erwartungen. Nach solchen Begegnungserlebnissen wäre zunächst die Frage zu klären, wie Gott begegnet und handelt. Auch hier ist die Festlegung auf bestimmte Vorstellungen zu vermeiden. Gottes Handeln soll als Bewirken hinter erfahrbaren Ereignissen verstanden werden. Deshalb sollte man an dieser Stelle auf die Vielfalt möglicher Gotteserscheinungen und -begegnungen eingehen. Auch der nächste Schritt bleibt bei Gottes Handeln bzw. Bewirken. Nun sind verbreitete Bezeichnungen des Handeln Gottes als Bilder zu entschlüsseln. Was heißt: Gott schafft, redet, sieht, hört, führt, verwirft, zürnt, wohnt im Herzen usw.? In diesem Zusammenhang spielen

Gebetsformulierungen und Lieder, auch Kindergebete, eine große Rolle. Bei der Bearbeitung solcher Redewendungen ist immer ein konkretistisches Verständnis explizit durch ein analog-symbolisches zu korrigieren. Erst nachdem in dieser Weise die Gottesbeziehung von der Handlungsdimension her aufgearbeitet ist, empfiehlt es sich, Aussagen über Gottes Eigenschaften und Wesen in Angriff zu nehmen. Scharnierfunktion könnte die Rede von Gottes Wohnen im Himmel haben. Hier bietet bereits die Alltagssprache symbolische Redeweisen an, die auch Kindern bekannt sind. Himmel ist gemeinhin der Ort der Erfüllung aller menschlicher Glückswünsche und der Befreiung von allem Leiden. Daß dies keine vergebliche Hoffnung ist, bekennen Christen in den ersten Teilen des Vaterunsers. Denn der Himmel ist der Ort des liebenden Gottes (= Vater). Mit den somit angesprochenen Eigenschaften Gottes (Liebe, Gerechtigkeit, Allmacht) kann auch die Rede von der Unsichtbarkeit Gottes, die bei Kindern wohl am häufigsten anzutreffen ist, von ihrer verborgenen Körperhaftigkeit gereinigt werden. Gott ist nicht unsichtbar, weil er sich wie ein Zauberer verbirgt, sondern er ist ebenso unsichtbar und wirksam wie Gerechtigkeit, Liebe und Allmacht. Ob es möglich ist, auch die letzteren Attribute bereits von einem alltagsweltlichen Verständnis abzugrenzen, sei dahingestellt. Wichtig ist jedenfalls, die Rede von der Macht Gottes mit gewaltloser Liebe zu verbinden.

Nach der Rede von den Eigenschaften Gottes bieten sich einige Schritte an, die B. Grom[332] vorschlägt, um zu einem Verständnis des Wesens Gottes als Du in Beziehungen zu gelangen. Die Kinder denken sich zuerst Geschenke zu einem Geburtstag aus und malen sie (der Einfachheit halber) auf. Wo waren die Gedanken vor den Geschenken? Es waren unsichtbare und doch wirkliche Ereignisse, die Sichtbares hervorbrachten. Spiele rufen in Erinnerung, daß Gedanken, Gefühle und Gesinnungen wie Liebe und Gerechtigkeit zwar innerlich erfahrbar, aber von außen nicht sichtbar sind und dennoch Gutes bewirken. In einem weiteren Schritt werden diese Einsichten auf das »Ich« bezogen. Ausgehend von Ich-Aussagen wird der Ort des Ichs gesucht: es ist ortlos und doch wirksam. Schließlich folgen Übungen zum Denken und innerlichen Sprechen eines Ichs mit dem anderen Ich. Die Kinder können sich solche inneren Gespräche ausdenken und aufschreiben. Vergleiche mit kurzen Gebetstexten (auch Psalmen) führen zur abschließenden Frage: Was beim Denken an Gott und beim Sprechen mit ihm gleich ist wie beim inneren Sprechen mit Menschen, bzw. was sich davon unterscheidet.

Der bewußte Bezug auf ein eigenes Ich und auf ein anderes Ich, das als Du dem eigenen gegenübertritt, ist geeignet, um die Begegnung mit Gott in Jesus vorzubereiten. Verschiedene Geschichten von Jesus zeigen zunächst, wie Jesus für sich in Anspruch nimmt, Gottes Willen zu erfüllen und in Gottes Auftrag zu handeln. Er ist aber nicht Gott selbst, sondern wendet sich im inneren Gespräch (Gebet) an ein anderes Ich, das Du Gottes, nach dem er sich voll und ganz ausrichtet.

Der eben gezeichnete Lernweg ist nur ein Gerüst; ohne eine exemplarische Konkretisierung legt sich das Mißverständnis einer kognitiv begrifflichen Erarbeitung nahe. Demgegenüber ist an die Einsicht zu erinnern, daß Kinder dieses Alters Zusammenhang und Bedeutung handlungsbezogen, narrativ und mit Hilfe kausaler Verknüpfungen rekonstruieren. Die einzelnen Schritte sind entsprechend auszugestalten.

Um eine Korrektur funktionalistischer Gottesbeziehungen (moralistisch, Belohnungs-/ Bestrafungserwartungen) geht es Jesus in mehreren seiner Gleichnisse, besonders in den Gleichnissen vom Verlorenen Sohn (Lk 15,11—32) und vom Pharisäer und Zöllner (Lk 18,9—14). Auch die Konflikte wegen Jesu Gemeinschaft mit »Zöllnern und Sündern« gehören in diesen Zusammenhang. Von den alttestamentlichen Überlieferungen läuft die Jonageschichte auf eine Korrektur von Straferwartungen hinaus. Sie hat wie die Gleichnisse den Vorzug, daß sie wegen ihres bildlich-symbolischen Charakters nicht einfach wörtlich zu verstehen ist, wozu die Kinder dieses Alters neigen. Bei den Gleichnissen dürften sich die Schüler schwer tun, die ihren funktionalistischen Erwartungen analogen, aber im Gleichnis korrigierten Momente zu erkennen. Denn sie interpretieren u.U. sogar die genannten Gleichnisse unter einer funktionalistischen Perspektive, so daß der Vater (= Gott) gnädig gestimmt wird, weil der Sohn (Mensch) tätige Reue zeigt, umkehrt und bescheiden ist. Darum sollten den Gleichnissen einige Alltagsgeschichten zu erfolglosen Straf-, Schutz- und Lohnerwartungen vorausgehen, die dann unmittelbar mit den entsprechenden (mißverständlichen) Zügen in den Gleichnissen und in der Jonageschichte kontrastiert werden.[333] Die Gleichnisse wären dann aus der Perspektive des Pharisäers, bzw. des älteren Sohnes (Lk 15,25—32) nachzuerzählen bzw. in Form des Bibliodramas nachzuspielen,[334] damit die Gefühle und Wünsche der Beteiligten zum Ausdruck kommen und im Medium der bildhaften Geschichte auf Gott bezogen werden. Auch die Jonageschichte läßt sich vorzüglich spielerisch ausgestalten.[335]

Im folgenden ist als Beispiel ein Vorschlag von H. Freudenberg abgedruckt, der den »Sitz im Leben« der Jonaerzählung, also die Befindlichkeit der nachexilischen Gemeinde spielerisch nachvollziehen läßt:[336]

»Als Ziel nannte ich: wir wollen in einem Spiel erproben, wie sich zwei Gruppen verhalten, die recht verschieden sind, eine kleinere und eine größere Gruppe. Alle können mitspielen, – möglichst ohne Worte.

Die 7er-Gruppe (Gruppe A) versammelte ich in der Mitte, die größere Gruppe (Gruppe B) in einer Ecke.

Zu Gruppe A: Ihr seid Freunde. Ihr gehört zum gleichen Volk. Ihr geht friedlichen Berufen nach: Bauern, Kaufleute, Handwerker. – Stellt pantomimisch dar, daß ihr zusammengehört.

Umsetzung: sich in Gruppen zusammenstellen, unterhalten; Kreis bilden; freundliche Gesten (Umarmen etc.).

Nach diesen ersten Versuchen der Schüler gab ich nacheinander folgende Requisiten in die Gruppe: zunächst Kreide, mit der die Schüler einen Kreis auf dem Boden um ihre Gruppe malten und später durch Ornamentierungen ›verzierten‹.

Mit den später eingegebenen Wollfäden wurde zunächst experimentiert: einkreisen, fesseln, ein Netz knüpfen etc., bis die Gruppe sich darauf verständigte, die Zusammengehörigkeit in der Art eines Karussels darzustellen (einer in der Mitte hält die Fäden, die zu den übrigen sechs Mitspielern laufen, in der Hand)! Durch einen Zusatzimpuls verschärfte ich die Spielsituation: (zu A) Ihr seid von mächtigen Feinden umgeben. Sie bedrohen euch, sie wollen euer Land. Sie haben Waffen.

Umsetzung der Situation durch Gruppe B: Kreis um Gruppe A bilden; auf erste Gruppe zugehen, drohende Gebärden, Trommel.

Reaktion der ›Innengruppe‹ auf den Außendruck: Zusammenrücken, Mauer bilden (Rücken nach außen), sich gegenseitig schützen, sich anfassen, einhaken, knien, Angstgebärden; Gruppe zieht sich zurück, verharrt in aggressiver Haltung.

Zu Gruppe A: Eines Tages kommt ein Reisender in euer Land. Schlimme Dinge erzählt er von ›denen da draußen‹: sie sind nicht nur kriegerisch, sie stehlen auch. Kinder und Frauen, Arme und Fremde haben bei ihnen nichts zu lachen. Mörder sind sie und Betrüger.

Bei euch ist das zum Glück alles anders. Ihr seid friedliche Leute. Niemand wird bei euch übers Ohr gehauen.

Versucht eure Reaktion auf den Bericht des Reisenden zu spielen. Reaktionen der A-Gruppe: Entsetzen, Empörung, Ablehnung, Angst, Wut, Hochmut, Abwendung, mit dem Finger auf Gruppe B zeigen.

Zu A: Ihr habt etwas, das den anderen fehlt, etwas das euch auszeichnet.

Als Symbol wählte ich eine Kerze, die ich der Innengruppe gab. Die Schüler sollten entdecken, was man – den Impuls aufnehmend – damit tun kann (sich wärmen, leuchten, lesen etc.).

Ich wies noch einmal darauf hin, daß dieses Symbol eine Auszeichnung ist, etwas, das es vor den anderen draußen zu schützen gilt.

Änderung des Gruppenverhaltens durch etwas, was die Innengruppe auszeichnet: Stolz, Überheblichkeit, Angst vor Verlust, schützender Kreis um das Licht, Verstecken, Hochhalten, Stärkung des Zusammengehörigkeitsgefühls.

In der darauffolgenden Stunde haben wir die gemachten (und intensiv erlebten) Erfahrungen noch einmal reflektiert und Beziehungen zu eigenen Lebenssituationen aufgesucht. Damit war die Möglichkeit zum Transfer auf die Zusammenhänge der Jona-Erzählung vorbereitet: ›Die Gruppen, die wir gespielt haben, hat es wirklich gegeben.‹«
Quelle: s. Anm. 336.

Danach setzen sich alle Kinder als Bedrohte zusammen und hören die Jonageschichte. Dann wird jede Phase in Figuren, Szenen und Bildern neu dargestellt. Was wird aus ihrer Kerze? Sie könnte zu reden beginnen und gleichzeitig die schrecklichen Feinde beleuchten. Auf diesem Weg wird Handeln von Anfang an symbolisch vermittelt. Gesprächsweise läßt sich klären, was man mit Hilfe der sprechenden Kerze (= Gott der Jona-Geschichte) über Gott erfährt und wie Gott die Angst und den Zorn des Volkes korrigiert.[337]

Da erfahrungsgemäß die Kinder besondere Schwierigkeiten mit dem Reden und Handeln Gottes haben, können verschiedene Formen des göttlichen Wirkens aus der Bibel nebeneinandergestellt und als Bilder gedeutet werden. Als Anlaß zu einem gegenwartsbezogenen Nachdenken über Gottes Handeln hat sich die Geschichte »Beppo« in vielen Entwürfen zum 5./6. Schuljahr wohl zu Recht durchgesetzt.[338] Die Schüler stellen sich vor, sie hätten den Brief Beppos mit dem Luftballon gefunden und antworteten mit eigenen Briefen. Die Schülerbriefe bilden die Grundlage eines Gesprächs über Gebetserhörung und Erfahrungen vergeblichen Betens. Formen egoistischen und altruistischen sowie magischen und personalen Gebets lassen sich in diesem Zusammenhang unterscheiden. Schließlich führt die Saul-David-Überlieferung wieder über den Horizont des persönlichen Lebens hinaus in die hintergründige und verborgene Dimension göttlichen Wirkens in der Geschichte.[339] Sie wird innerhalb des zweiten Lernschwerpunkts noch andere didaktische Intentionen zu tragen haben. Sie zeigt aber durchgehend, wie Gott in und durch menschliche Handlungen und Absichten seine Herrschaft — immer rätselhaft und unverfügbar — ausübt und zum Ziel bringt — so rätselhaft, daß es auch unter den Betroffenen und Beteiligten strittig ist, welches Verhalten dem göttlichen Wirken entspricht (vgl. z.B. 1. Sam 8—12).

Erfahrungen mit dem eigenen Leben: Selbsterfahrung von 10—12jährigen

Wie bei der Gottesbeziehung ist auch bei der Selbsterfahrung nicht mit grundsätzlichen neuen Strukturen und Problemstellungen zu rechnen, wohl aber mit einer sensibleren Wahrnehmung der eigenen Befindlichkeit und mit einem höheren Bewußtsein eigener Handlungsmöglichkeiten bzw. Verantwortlichkeiten. Der Übergang in die weiterführenden Schulen verstärkt zudem die Tendenz zur Selbstbewertung aufgrund von Leistung und Anerkennung im Zusammenhang der Aufgabe, außerhalb des unmittelbaren familialen Einflusses einen primären, d.h. nicht abgeleiteten Status zu erwerben. Damit gewinnen vermutlich Fragen wie die folgenden an Gewicht:

— Wie will ich vor mir und anderen (einschl. Gott) sein (Probleme der Selbstdefinition)?
— Was bin ich wert (Problem der Selbstbewertung), bzw. wie werde ich wertvoll?
— Warum schaffe ich das nicht, warum komme ich an diesem Punkt nicht weiter?

Außerdem werden die eigenen Gefühle ernster genommen. Schuldgefühle, Haß, Eifersucht, aber auch Verbindlichkeiten in einer Freundschaft und Solidarität mit den Gleichaltrigen spielen eine größere Rolle. Selbstverständlich ist jetzt die Unterscheidung zwischen inneren Befindlichkeiten verschiedener Personen. Die 11/12jährigen können sich aus der Sicht anderer betrachten und deren Urteile bzw. Verhalten bei ihrer Handlungsplanung berücksichtigen. Dies ist die sozial-kognitive Basis der schon öfter genannten

»good-boy« bzw. »nice-girl« Orientierung (Kohlberg), die sich aber nur auf anerkannte Bezugspersonen oder auf gewählte Identifikationsfiguren beziehen dürfte. Von dem Bestreben, sich als Fachmann und Könner in bestimmten Sparten auszuweisen, um Anerkennung zu finden, war auch schon die Rede.

Erfahrungen mit dem eigenen Leben: Mögliche Lernwege

Die Probleme der Selbstdefinition und -bewertung werden auf unterschiedlichen Ebenen symbolisch bearbeitet. Auf der Ebene der Phantasie führen sie zur Identifikation mit realen und fiktiven Helden, wobei gegenwärtig die Stars auf dem Fußballfeld sowie die erfolgreichen Kämpfer und Techniker in Science-Fiction-Filmen die attraktivsten Medien der Symbolisierung von Überlegenheitsbedürfnissen sein dürften. Daneben dienen nach wie vor Comic-Helden, Abenteurer, Cowboys, Indianer als Identifikationsfiguren. Nicht unwahrscheinlich ist, daß die Identifikation mit fiktiven Helden – auch reale Stars sind für Kinder fiktiv – nicht nur eingeschränkte Selbstdarstellungs- und Erfolgsmöglichkeiten kompensiert, sondern in bestimmten Handlungsfeldern, etwa im Sport, aber auch in generellen Orientierungsfragen eine anregende und normierende Funktion hat. Eine kritisch-kognitive Reflexion von Zusammenhängen zwischen Alltags(-miß-)erfolgen und Heldenbegeisterung ist verfrüht, weil sie den Kindern eine Metaposition abfordert. Ebensowenig aussichtsreich wäre es, die erfolgreichen und attraktiven, aber weniger moralischen, Vorbilder durch religiös-moralische Identifikationsfiguren (etwa Heilige = Abenteurer Gottes) ersetzen zu wollen. Solche Angebote mögen für einzelne Kinder von Bedeutung sein, die aufgrund einer generellen religiös-moralischen Motivation nach derartigen Objekten suchen. Ansonsten braucht auch die religiöse Unterweisung Identifikationsfiguren, die in ihrer motivationalen und intentionalen Struktur den Bedürfnissen der Altersgruppe sowie den säkularen Erfolgshelden entsprechen und außerdem ihre Gottesbeziehung explizit ausagieren. Im Rahmen der biblischen Überlieferung sind die Helden des Richterbuchs solche Figuren; als Charismatiker verdanken sie ihre Kraft und ihren Erfolg nicht eigenem Vermögen, sondern göttlicher Hilfe. Dieser Zug in den Geschichten hat (religions-)psychologisch den Vorzug, die Irrealität der verehrten Phantasiegestalten zu unterstreichen, d.h. vor einem blinden Kult mächtiger Menschen zu bewahren. Andererseits kann er magisch-mythische Wunschvorstellungen stützen – was im übrigen auch für die säkularen Gegenwartshelden gilt –, weshalb der Unterricht immer wieder auf die Unverfügbarkeit des »Geistes« Gottes als innere Kraft hinweisen und auf die altruistische Ausrichtung dieses Geistes und seiner Akteure (Rettung von Bedrängten) hinweisen muß. Moderne Helden, die mit ähnlichen Zielen arbeiten, überführen dann die Heldengeschichten in die Realität.

Die zweite Ebene symbolischer Verarbeitung von Selbstwertproblemen ist die Repräsentation von Alltagserfahrungen und Beobachtungen. Sie kann zunächst durch Bildgestaltung oder -betrachtung, durch Formen von Ton, durch Rollenspiel oder pantomimisches Spiel ins Bewußtsein gehoben werden. Die einzelnen Befindlichkeiten kann man dann versuchsweise mit Notständen und helfendem Handeln in Wundergeschichten Jesu assoziieren. Repräsentationen eines ungezügelten Größenbedürfnisses (»Ich bin der Größte«) werden so in die Heilungswunder an den Besessenen hineingespielt, die Reaktionen der Umgebung dargestellt und Jesu heilsames Eingreifen an den Folgen veranschaulicht; Angst- und Ohnmachtssituationen lassen sich mit der Sturmstillungsgeschichte und der Geschichte vom sinkenden Petrus symbolisch aufnehmen; spezifische körperliche und soziale Schwächen mit den Erfahrungen von Blinden, Lahmen und Taubstummen.[340] Die spielerische Aneignung von Wundergeschichten im Zusammenhang von Selbsterfahrung hat zwei weitere Vorzüge. Zum einen macht sie mit dem symbolischen Charakter von Wundern frühzeitig vertraut, ohne ihn vorzeitig »erklären« zu müssen; Wunder werden aus ihrer Externalisierung in die innere Welt zurückgenommen. Zum anderen interpretiert die Wunderhaftigkeit die Erfahrung innerer Wandlung als verdanktes Geschenk und nicht als persönliche Leistung. Um vom Ängstlichen zum Mutigen, vom Lahmen zum Beweglichen u.ä. zu werden, bedarf es des Zuspruchs dieser Fähigkeit. Das Wort Jesu gibt Mut, Sicherheit und Hoffnung.

Die elementaren Gefühle und Antriebe des einzelnen, die die Selbstkontrolle bedrohen sowie Scheitern und Verletzungen u.a. gegen eigene Bestrebungen verursachen − Neid, Haß, Rache und Machtstreben −, sind in der biblischen Urgeschichte mit den Geschichten vom sog. Sündenfall, von Kain und Abel, Lamech und dem Turmbau zu Babel mit unvergleichlich reicher Bildhaftigkeit symbolisiert. Das Eingreifen Gottes − auch das strafende − bewahrt den Menschen vor einer unrevidierbaren Überschreitung seiner Grenzen, für die er mit dem letzten Rest seiner Menschlichkeit zu zahlen hätte. Das bewahrende Handeln Gottes trägt zu fundamentaler Stabilisierung der Kinder bei. Die Grenzen des Bösen bleiben trotz allem abgesteckt. Deshalb ist eine − auch wiederholende − Behandlung und Deutung dieser Geschichten im 5./6. Schuljahr angebracht.

Erfahrungen mit Beziehungen zu anderen: Beziehungskonzepte von 10−12jährigen

Die verstärkte Tendenz zur Selbstbewertung und Rollenfindung bedingt zunehmend Vergleiche, Konkurrenz und Abgrenzung in den Beziehungen zu anderen. Die schulische Situation unterstützt die selektiven Tendenzen; sie begünstigt Freundschaften unter Kindern mit ähnlichem sozialen und kulturellen Hintergrund. Zum Teil fördern auch Eltern derartige Kontakte und Abgrenzungen. Im Bewußtsein der älteren Kinder sind die Freundschaften und sonstigen Beziehungsregelungen jedoch ihre Sache, die sie unabhängig von Elterneinflüssen gestalten. Es finden sich bereits gezielte Versuche, den eigenen Status durch besonders enge Beziehungen mit beliebten anderen zu erhöhen. Kontakte mit älteren Jugendlichen und Versuche, durch Nachahmung ihres Verhaltens deren Anerkennung zu erwerben und an ihrem Status teilzuhaben, dürften am stärksten bei solchen Kindern zu beobachten sein, die als frühe Nicht-Satelliten in besonderer Weise nach außerfamilialer Anerkennung streben und diese nicht durch hervorragende schulische Leistungen erringen können. Zur Identitätsdefinition und Abgrenzung trägt neben der Orientierung an sozialen Unterschieden auch die Aneignung geschlechtstypischer Rollenmuster bei. Freundschaften zwischen Jungen und Mädchen sind in diesem Alter seltener, viel häufiger ein leicht aggressives Verhältnis zwischen beiden Geschlechtern in einer Schulklasse. Besonders in sehr heterogen zusammengesetzten Lerngruppen bilden sich nach kurzem Zusammensein Teilgruppen heraus, die das Interaktionsgeschehen in ihrem Sinn zu gestalten suchen. Dadurch entstehen schnell Spannungen und Konflikte, Zwang zu Gruppenkonformität und Stigmatisierung von Außenseitern. Derartige Phänomene treten in sozial-homogenen Schulklassen weniger auf; hier dürfte eher mit Abgrenzungen nach außen und mit nur wenig bewußter In-group-Bildung zu rechnen sein.

Die disparaten Beziehungserwartungen, die sich bereits an die 11/12jährigen richten, unterstützen die Ausbildung funktionaler Konzepte zu Regeln, Ordnungen und Verhaltensweisen. Die Kinder fragen und bewerten jetzt selbst Erfolge und Ergebnisse ihres Verhaltens und ihrer Normen. So erkennen sie schnell den Vorzug formalisierter Verhaltensprinzipien zur Regelung und Vermeidung von Konflikten bei verschiedenartigen Ansprüchen. Neben die Gerechtigkeit (in Verteilungsfragen) tritt die Fairneß im Sinne einer Anerkennung gleicher Verbindlichkeiten und symmetrischer Verhältnisse zwischen Leistung und Gegenleistung. Auch die Strafkonzepte versachlichen sich. Ersatz und Wiedergutmachung treten in den Vordergrund. Sanktionen und Strafen werden weniger als

Sühne/Vergeltung als unter präventiven und erzieherischen Aspekten konzipiert, was Rachewünsche bei konkreter Betroffenheit natürlich nicht ausschließt.

Unter den engeren Beziehungen ergeben sich hinsichtlich der familialen Normen kaum Veränderungen, außer daß auch hier nun die Wechselseitigkeit der Interaktionen voll erfaßt wird. Die Verbindlichkeiten zwischen Geschwistern und gegenüber den Eltern werden genauer abgewogen und aufgerechnet. Privilegien älterer Geschwister sind bereits Anlaß zur Kritik. In den Freundschaften weitet die Zeitperspektive die Erwartungen interaktionaler Symmetrie über die gegenwärtigen Handlungssituationen und Interessen hinaus: Verhaltenserwartungen lassen sich aus der Geschichte der Freundschaft begründen. Verläßlichkeit, Vertrauen, ständige Hilfsbereitschaft und gegenseitige Förderung erhalten den Rang von Freundschaftskriterien, die u.U. auch mit Erwartungen von Eltern oder mit anderen Normen kollidieren können.[341] Selbstdurchsetzung paßt nicht in die Freundschaftsideologie, während sie in den lockeren Beziehungen als normal gilt, wenn die funktionalen Ausgleichs- und Verteilungskonzepte dabei anerkannt bleiben. Daß die Nähe Gottes mit den Beziehungen zu anderen etwas zu tun haben kann, leuchtet den Kindern ein. Sie assoziieren in solchen Zusammenhängen meist unspezifische Auffassungen von Nächstenliebe (= sich kümmern um, helfen) und die 10 Gebote als grundlegende Verhaltensnormen.

Erfahrungen mit Beziehungen zu anderen: Mögliche Lernwege

Die bekannten Beziehungskonzepte und -probleme der älteren Kinder geben keinen Anlaß zu ausdrücklicher Thematisierung von Familiensituationen, zur Diskussion über Freundschaften zwischen Jungen und Mädchen oder gar über »Partnerschaft und Liebe«.[342] Hingegen sind die verschiedenen sozialen Rollen und Gruppenbildungen in den konkreten Gleichaltrigenbeziehungen, Freundschaftserwartungen und grundlegende formalisierte Interaktionsnormen klärungs- bzw. veränderungsbedürftig. Deshalb erscheinen Themen wie »Ich-Du-Wir« oder »Andere und ich« gut begründet.[343] Die entsprechenden Unterrichtsentwürfe empfehlen meistens, typische Interaktionsweisen und Konflikte von Kindern mit dem Verhalten Jesu zu vergleichen und ein analoges Verhalten der Zuwendung und Einfühlung an Beispielen aufzuzeigen. In dieser Weise ist ein gesetzliches Mißverständnis des Vorbilds Jesu kaum zu vermeiden. Sein Verhalten soll ohne Rücksicht auf gänzlich andere Beziehungsvoraussetzungen und -konstellationen für Kinder normativ sein. Auch die Voraussetzung für Jesu Verhalten (Reich-Gottes-Botschaft) bleibt außer Betracht. Die Vorbildlichkeit erscheint unbegründet und irreal. Vor aller Normierung müssen die Kinder ihre Beziehungen und Besonderheiten als geschenkte Möglichkeiten begreifen und auch ihr Bestreben nach Unterscheidung und Auszeichnung positiv bewerten können. Das Ja Gottes zur Selbständigkeit im Zusammenleben bedarf der Veranschaulichung. Auch das Zusammenleben selbst mit seinen Konflikten und Konkurrenzen sollte zuerst als gestaltbares Geschenk und nicht als gefährliche Kampfarena zugänglich werden. Für diesen Zweck kann man auf dem Hintergrund typischer Interaktionskonflikte den Inhalt von 1 Kor. 12,12−26 durch Erzählung der Situation in Korinth und durch eine spielerische Darstellung des paulinischen Bildes vom Leib mit den vielen Gliedern veranschaulichen.

Zur Illustration ist im folgenden nur die erste Phase eines solchen Spiels abgedruckt.[344] Die Schüler haben meist genug Phantasie, um sich mit Hilfe einer solchen Anregung eigene Rollen als Glieder auszudenken und das Geschehen unter dem Stichwort »Wir trennen uns« weiter auszuführen:

»Leiter: Guten Morgen, wer bist du denn?

Mund: Guten Morgen! Was heißt hier ›du‹. Wir sind doch nicht einer, wie sind viele! Ich zum

Beispiel, ich bin der Mund. Was ich alles kann! Ich kann reden und singen und schreien, ich kann beißen und kauen und die Zunge herausstrecken und küssen kann ich auch.

Hand: Und ich bin die Hand. Ich kann schreiben und malen und hämmern und sägen und noch viel mehr. Ich kann hauen und streicheln. Ich kann sogar den ganzen Körper festhalten. Und ich stecke das Essen in den Mund und gebe ihm zu trinken. Wenn ich nicht wäre, dann könnte der Körper gar nicht leben. Ihr solltet mal alle so gut sein wie ich, dann wären wir erst ein tüchtiger Körper.

Fuß: Ich bin der Fuß. Ich kann gehen und stehen und treten, aber sonst kann ich nichts. Ich muß durch jeden Dreck und durchs Wasser laufen, überallhin, wo der Körper will. Ja, Hand, du hast es gut. Du bist so tüchtig, und du brauchst nicht so dreckige Sachen zu machen wie ich. Ach, ich würde viel lieber selbst bestimmen, was ich machen will und nicht immer am Körper hängen. Mich beachtet ja sowieso niemand. Und oft genug tritt jemand auf mich drauf. Eigentlich bin ich gar nicht so nötig. Und der Körper könnte ganz gut ohne mich auskommen.

Hand: Ja, dummer Fuß, da hast du auch recht. Du bist wirklich ein ungeschickter Trampel. Dich brauchen wir nicht, auf dich können wir gut verzichten.

Auge: Ich bin das Auge. Ich zeige dem Körper die ganze Welt, alles was es gibt. Ohne mich könntet ihr alle nicht sehen und würdet immer im Dunkeln herumtappen und euch überall blaue Flecken holen. Ich kann auch anderen Menschen zublinzeln und sie freundlich ansehen. Und jeder sieht mich an. Ich bin ja auch interessant. Wenn ich mir dagegen das langweilige Ohr angucke − kein Wunder, daß dich niemand bewundert. Ihr solltet alle aus Augen bestehen, der ganze Körper. Was meint ihr, was wir dann bewundert würden!«

Quelle: Kinderbibelwoche: Ich bin einmalig. Hrsg. v. Ev. Bildungswerk Berlin, Abt. Gemeindeberatung.

Für die Kinder schwer nachvollziehbar ist die Verortung des paulinischen Leib-Bildes in Christus bzw. der Gemeinde. Es erscheint daher sinnvoll, die Gabe des Zusammenlebens auf Gott und seine Beziehung zu allen Menschen auszuweiten. Daß alle Menschen voneinander abhängig sind, können auch schon Kinder an Beispielen erkennen. Die unvermeidlichen, vielfältigen Probleme und Konflikte verlangen nach Regeln und Kompromissen. Die meisten Kinder werden dazu neigen, die Zehn Gebote und weitere moralische Normen als göttliche Gesetze zum Zweck der Regelung des Zusammenlebens zu betrachten. An ihnen ist die Einsicht zu erarbeiten, daß Gott die Regelung des Zusammenlebens den Menschen selbst aufgegeben und mit den Zehn Geboten nur die äußeren Grenzen gezogen hat, in deren Rahmen die Menschen − auch die Schüler − zur Aufstellung menschengerechter Regeln und Ordnungen aufgefordert sind. Eine kindgemäße Darstellung der Zehn Gebote als »die zehn großen Freiheiten«[345] sollte zu jedem Gebot ein Spektrum positiver Gestaltungsmöglichkeiten aufweisen. Die lebenserhaltende Funktion dieser Grenzbestimmungen ergibt sich aus den Antworten zur Frage, was bei einer allgemeinen Mißachtung dieser Gebote geschehen müßte. Die den Kindern am leichtesten verständlichen Gebote aus der sogenannten zweiten Tafel (4−10) sollten auf konkrete Alltagskonflikte bezogen werden.

Erst wenn in der skizzierten oder in anderer Weise die Erfahrung geschenkter Gemeinschaft gemacht und die Aufgabe selbstverantwortlicher Gestaltung des Lebensgeschenks begriffen ist, wirkt die zuvorkommende und unabgesicherte Nächstenliebe Jesu, sein Gewalt- und Rechtsverzicht nicht mehr irreal und gesetzlich, sondern als Anstoß, das Geschenk der Gemeinschaft weiterzugeben. Verzicht auf Vergeltung oder auf berechtigte Bestrafung sollte man an kindernahen Alltagskonflikten und nicht an Heroen der Gewaltlosigkeit durchdiskutieren.[346] Jesu Gleichnis vom unbarmherzigen Gläubiger (Mt 18,23−35) mag abschließend den Zusammenhang von geschenkter Gemeinschaft und weiterzugebender Gemeinschaft noch einmal mit einem neuen Bild verdeutlichen. Auf einem solchen Hintergrund erhält auch das beliebte Thema Freundschaft neue Akzente, ohne daß etwas verkrampft von Jesus als dem wahren Freund (Jesus der Freund aller Menschen) die Rede sein müßte. Das Thema sollte aber nur dann zur Sprache kommen, wenn es nicht schon im 3./4. Schuljahr oder in anderen Fächern zureichend behandelt wurde.

3. Zweite Zielperspektive: Gerechtigkeit und Friede — Erschließung der politisch-sozialen Dimension des Glaubens (Reich Gottes)

Während Grundschüler zwischen privaten und gesellschaftlichen Handlungsräumen kaum unterscheiden, entwickeln die 11/12jährigen eine eigenständige Gesellschaftsperspektive. Gewiß sind auch sie noch nicht in der Lage, gesellschaftliche Prozesse auf unanschauliche Strukturen zurückzuführen. Sie erfassen aber die Funktionen und Regeln gesellschaftlicher Handlungsbereiche und lernen, sich selbständig darin zu bewegen. Sie differenzieren nicht nur zwischen familialen und außerfamilialen Kontexten, sondern auch zwischen den in den verschiedenen gesellschaftlichen Handlungsbereichen anerkannten Normen und Verhaltensweisen. Sie verknüpfen also bestimmte Normen, Konventionen und Prinzipien mit spezifischen Handlungsbereichen, in denen sie agieren. Was zu Hause gilt, gilt nicht unbedingt auch in Schule und Freizeit. Das Bedürfnis, durch Leistung Anerkennung und Selbstbestätigung zu erreichen, veranlaßt einige sogar, eine Spezialistenrolle in bestimmten Gebieten, etwa in Sport oder Politik, anzustreben. Bei der Auswahl und Erschließung »ihres« Gebiets sind sie allerdings von Autoritätspersonen abhängig. Die Differenzierung der Handlungsbereiche rechtfertigt nun auch eine didaktische Dimensionierung dieser Zielperspektive. Da aber abstrahierende Reflexionen auf Sozialstrukturen noch nicht erfolgreich sind, kann hier auf die Unterscheidung zwischen politischer Handlungs- und sozial-struktureller Ordnungsdimension verzichtet werden. Die Intentionen Friede und Gerechtigkeit sollen an verschiedenen Beispielen politisch-sozialen Handelns, auch mit Bezug auf das Verhältnis Mensch/Natur, unterrichtlich realisiert werden.

Gerechtigkeit und Friede im Handeln der 10—12jährigen

Mangels einer strukturellen Reflexionsperspektive ist auch das funktionale und differenzierte Gesellschaftsverständnis der Kinder noch präpolitisch. Handeln und Erfolge werden kausal auf Absichten und Engagement von einzelnen oder Gruppen zurückgeführt, Mißerfolge mit mangelndem Einsatz, Fehlern oder Widerständen von seiten anderer begründet. Friede und Gerechtigkeit sind darum in erster Linie Bezeichnungen für Zustände, die aus Gesinnungen oder persönlichem Einsatz folgen. Die Frage, welche Verhältnisse mit Friede und Gerechtigkeit zu charakterisieren seien, ist für die Kinder noch unproblematisch. Sie identifizieren schematisch Frieden mit Nicht-Krieg und Gerechtigkeit mit annähernd gleichem Besitz, gleichen Rechten, Pflichten und Handlungsmöglichkeiten. Der Einsatz für Frieden und Gerechtigkeit dient der Herstellung dieser Zustände. Eine Reflexion darüber, ob alle Mittel zum Erreichen dieser Ziele geeignet sind, trifft noch auf wenig Verständnis. Die politisch-soziale Praxis der Umwelt sowie die Geschichten aus der Vergangenheit bestätigen wohl zu häufig, daß der Zweck die Mittel jedenfalls bis zu einem gewissen Grad heiligt. So findet man auch kaum Kinder, die jeden Krieg prinzipiell verdammen, obwohl viele Kinder heute Ängste vor einem künftigen Vernichtungskrieg äußern. Eine weitere Folge des funktionalen Verständnisses gesellschaftlicher Handlungsräume dürfte sein, daß gängiger Lebenspraxis entsprechend die natürliche Umwelt als gesellschaftlicher Lebens- und Handlungsraum kaum erfaßt wird. Zwar nehmen die 11/12jährigen durchaus Folgen alltäglicher Naturzerstörung wahr – zumal die Massenmedien häufig darauf hinweisen –; Naturbelastung oder -zerstörung als Dimension des eigenen gesellschaftlichen Handelns bzw. der eigenen Wunschvorstellungen wird nur wenigen bewußt. Die Kinder brauchen daher Hilfen, um konkrete Konflikte zwischen Mensch und Natur identifizieren und verhaltensrelevant verarbeiten zu können.

Das funktionale Gesellschaftsverständnis erleichtert es den Kindern, in den verschiedenen Interaktionsbereichen Handlungskompetenz zu erwerben. Die Erfahrung, daß Strukturen und Normen »funktionieren«, wenn man sachgemäß mit ihnen umgeht, ist eine elementare Bedingung der psychischen Stabilität. Eine kritisch-negative, auf radikale Strukturveränderung zielende Erziehung würde die Kinder dieses Alters daher nicht nur kognitiv überfordern. Dennoch dürfen kritische Gesichtspunkte nicht fehlen. Sie sind zwar personbezogen, nicht strukturbezogen einzubringen, doch Personen können (als Repräsentanten) Strukturen vertreten. Auf diesem Weg sind auch die Kinder in der Lage, politisch-soziale Verhältnisse nach moralischen Kriterien zu beurteilen. Der Eindruck, die Welt des Politischen und des Sozialen sei außermoralisch und nur unter funktionalen Gesichtspunkten erschließbar, bleibt dennoch erhalten, aber Erfahrungen mit anderen Kriterien sind wenigstens gemacht. Die kindliche Symbolisierung von Strukturen durch Personen mit bezeichnenden Attributen erklärt, warum nicht nur in der herkömmlichen Praxis politischer Erziehung und in der Geschichtsdidaktik die personalen Momente die strukturellen immer wieder zu verdrängen drohen. Es ist sehr viel schwieriger, unanschauliche Strukturen sinn- und wertbezogen, d.h. identitätsrelevant zu bearbeiten als personales Handeln. Kindern ist ohnehin nur der personale Zugang offen. Er muß nicht an Einzelpersonen, er kann auch auf Gruppen bezogen sein, wenn diese individualisierte Gesichter tragen.

Wer Strukturen funktional erschließt und personal repräsentiert, muß in den personalen Symbolen die funktionalen Vorgaben und Handlungsmöglichkeiten zum Ausdruck bringen. Dies führt zwangsläufig zu einer Typisierung der repräsentierten Individuen. Der Rollenträger wird zu einem typischen Repräsentanten seiner Rolle, dem zunächst ein, später noch andere Typen gegenübertreten (z.B. ein guter und gerechter, ein schlechter und ungerechter König). An den typischen Repräsentanten von Strukturen wird den Kindern die moralische Problematik in politisch-sozialen Erfahrungsfeldern greifbar. Mit Hilfe derart schematisierter »Bilder« lernen sie grundlegende Ordnungsmodelle und die von diesen favorisierten Entwicklungstendenzen, spezifische Lebensformen und die damit verbundenen sozialen Probleme sowie Alternativen zur eigenen Welt kennen.[347] Jede politische Didaktik, die sich einem kritischen Denken und Handeln verpflichtet weiß, sollte daher nicht nur typische Repräsentanten legalisierter Macht, sondern auch solche von Unterdrückten und Ohnmächtigen zur Darstellung bringen.

Für die religiöse Erziehung fundamental ist die Weise, wie Kinder das Wirken Gottes und das Handeln der Menschen in politisch-sozialen Räumen miteinander in Beziehung setzen. Während Grundschulkinder noch überwiegend aufgrund magischer und mythologischer Vorstellungen ein direktes Eingreifen oder Lenken Gottes bejahen bzw. ein Handeln Gottes wegen dieser Vorstellungsweisen negieren, nehmen die 11/12jährigen normalerweise eine realistische, d.h. menschliche Kausalität für alle Vorgänge in ihren politisch-sozialen Umwelten an. Allerdings rechnen viele – besonders religiös erzogene – Kinder mit Ausnahmefällen, etwa besondere Notlagen oder das Auftreten besonderer Menschen (Propheten), in denen Gott die mechanistisch konzipierte Alltagsrealität wunderhaft unterbricht. Derartige Überzeugungen finden sich im übrigen bis ins Erwachsenenalter. Die besondere Schwierigkeit der 11/12jährigen dürfte in ihrer einlinig kausalen Rekonstruktion von Ereignissen liegen. Göttliches Bewirken und menschliches Handeln treten so leicht in ein sich ausschließendes Verhältnis. Hingegen ist zu zeigen, daß und wie der Gottesbezug die menschliche Kausalität nicht aufhebt – oder zeitweise

123

außer Kraft setzt – sondern in bestimmter Weise qualifiziert. Gott handelt durch das Wort, d.h. durch gewaltlose Vermittlung seiner Liebesintention mit dem menschlichen Willen. In dieser Weise handelt er durch Menschen; er suspendiert auch nicht gelegentlich die menschliche Freiheit. Der Religionsunterricht im 5./6. Schuljahr sollte helfen, die menschlich-geschichtliche Qualität des Handelns Gottes in politisch-sozialen Zusammenhängen denken zu lernen.

Gerechtigkeit und Friede in politisch-sozialen Handlungsfeldern: Mögliche Lernwege

Die politische Geschichte des Friedens (Schalom) und der Gerechtigkeit (Zedaka) Gottes ist in der Bibel heilsgeschichtlich entfaltet. Man findet dort sowohl geeignete Denkmodelle für Gottes Wirken als auch typische Repräsentanten für Macht und Ohnmacht, Gerechtigkeit und Unrecht. Indes dürfte ein unvermittelter Rückgriff auf die biblischen Darstellungen eher die symbolische Rekonstruktion einer biblischen (= vergangenen) Sonderwelt befördern als einer theologischen Interpretation der politisch-sozialen Handlungsräume – insbesondere der gegenwärtigen – nützlich sein. Aber auch das übliche didaktische Vorgehen sog. problemorientierter Unterrichtseinheiten,[348] nach der Darstellung einer gegenwärtigen Konflikt- oder Problemsituation mit einem biblisch-historischen Deutungsmodell eine Neudefinition zu versuchen, scheitert an der Geschlossenheit und Selbstgenügsamkeit politisch-sozialer Systeme, insofern diese die funktionalen Werte schon bereitstellen. Die Deutungssysteme sind nicht kompatibel. Dennoch bleiben die Erfahrungen im politisch-sozialen Raum auch zwischen unterschiedlichen Epochen analogisierbar, wenn gemeinsame Fragestellungen bzw. Interessen vorweg identifiziert sind. Gegenwärtige und vergangene Erfahrungen müssen unter den gleichen Fragestellungen aufgeschlüsselt werden und zur Sprache kommen. Welches der beiden Erfahrungsfelder zuerst oder ausführlicher aufgearbeitet wird, ist unter situationsabhängigen Gesichtspunkten zu entscheiden. Wichtig ist, daß die gegenwärtigen »Hörer« ihre eigenen Erfahrungen und Probleme in den alten Überlieferungen identifizieren können.

Im folgenden gebe ich ein Beispiel für eine religionspädagogische Erarbeitung der politischen Dimension im 5./6. Schuljahr, das ich im Zusammenhang der Revision der hessischen Rahmenrichtlinien entworfen habe.[349] Voraussetzung ist die Erfahrung von Macht und Ohnmacht in vorpolitischen und politischen Handlungsfeldern:
»Die familialen und außerfamilialen Beziehungen verstricken die Kinder in Erlebnisse und Ereignisse, die als Vorformen politischer Erfahrung bereits grundlegende Einstellungen und Urteilskriterien ein Stück weit festlegen. In der Familie lernen sie verschiedene Formen der Machtausübung (›Autorität‹) kennen, und lernen unterscheiden zwischen Maßnahmen, die ihre Entwicklung fördern oder hemmen. Sie erproben auch Möglichkeiten des Widerstands oder der Relativierung von Macht und erleiden gelegentlich die verheerenden Folgen der Selbstbezogenheit von Erwachsenen. Hauptsächlich in den Beziehungen zu Gleichaltrigen sowie zu ältern und jüngeren Kindern ihrer Umgebung erleben sie sich selbst als Mächtige oder als Teilhaber von Macht, als Autoritäten, in bestimmten Funktionen und auch als abhängig von Personen und Ereignissen. In vielen informellen oder formellen Kindergruppen funktionieren gar quasi-politische Formen der Ausübung und der Legitimation von Macht.
Die aktiven und passiven Machterfahrungen der Kinder blieben früher meist unbearbeitet, heute pflegt man sie häufiger im Unterricht zu diskutieren oder in Rollenspiele umzusetzen. Die Schüler können sich dadurch die eigenen Erlebnisse und Wirkungen ihres Handelns auf andere bewußt machen und – im Rahmen gegebener Möglichkeiten – auch Verhaltensalternativen lernen. Doch erreicht solcher Unterricht nicht die Schicht der grundlegenden Lebenseinstellungen und Motive, die in spezifischer, meist personal repräsentierter Symbolik (der anerkannte Vater, Führerfiguren aus Comics, Filmen oder Büchern, Fußballstars u.a.) fixiert sind. Die verbal oder spielerisch gelernten Verhaltensweisen dürften deshalb im Alltag schnell ›gelöscht‹ sein, wenn keine adäquate Symbolik zur Verfügung steht.

124

Biblisch-theologische Aspekte

Die Geschichten um Saul, David und Salomo repräsentieren nur einen Ausschnitt politischer Theologie in der Bibel. In mehrfacher Hinsicht kommt aber gerade dieser Ausschnitt den Erfahrungsmöglichkeiten der Schüler entgegen. Die politischen Ereignisse spielen sich weitgehend noch im Rahmen familiärer Beziehungen oder unmittelbarer Kontakte zu Einzelpersonen ab. Wie bei den Kindern selbst ist der ›vorpolitische Raum‹ Ort der politisch relevanten Erfahrungen. Im direkten personalen Handeln aktualisieren sich Verantwortung und Scheitern. Politik ist noch zum ›Anfassen‹. Zudem ist das Verhältnis von menschlichem Handeln und göttlichem Wirken in diesen Überlieferungen nicht mehr hierarchisch bestimmt. Die Menschen sind aus den alten sakralen Ordnungen herausgetreten und orientieren ihr Handeln an ihren Erfahrungen, Beobachtungen – und am Erfolg. Der Veränderung entspricht eine Wandlung des Gottesglaubens. Nicht direkte Wunder, Zeichen oder Strafen verweisen auf Gott. Er wirkt hintergründig durch die sehr menschlichen Handlungen und Absichten hindurch und bleibt dabei immer rätselhaft und unverfügbar. Allein sein Friedens- und Heilswillen für das ganze Volk und für jeden einzelnen bleibt nie unklar. Dieser begründet das königliche Amt und bleibt kritischer Maßstab für das politische und ›private‹ Verhalten des Königs. Deshalb dürften diese Überlieferungen die personalen ›Symbole‹ bereitstellen, die in den positiven und negativen ›Machterfahrungen‹ der Kinder korrigierende und tröstende Funktionen ausüben können.

David blieb für Israel trotz seines persönlichen Versagens, ja auch mit Schuldbekenntnis und Buße das Urbild eines Königs nach dem Herzen Gottes. Die Erwartungen richten sich seitdem auf die Aufrichtung eines Friedensreiches, in dem Macht die Ausdrucksform von Recht und Menschenliebe sein wird. Eine solche ›Utopie‹ in den Herzen der Kinder dürfte nicht die schlechteste Voraussetzung späteren politischen Handelns sein.

Religionspädagogische Perspektiven

Die Rahmenrichtlinien Primarstufe geben die Möglichkeiten, einige Davidsgeschichten zu behandeln, deren Kenntnis eine gute Voraussetzung für die hier vorgeschlagenen Inhalte wäre. Naturgemäß sind die Intentionen jetzt anspruchsvoller. Die Schüler sollen nun die eigenen Macht- und Ohnmachtserfahrungen mit Schicksal und Handeln der Israeliten und ihrer drei ersten Königsfamilien verbinden. Dazu können sie sich zunächst mit Bedrängnissen und Kontroversen beschäftigen, die an der Wiege des Königtums standen. Die großen Hoffnungen und Verheißungen, die sie hier kennenlernen, machen ihnen das Maß an Erschütterung zugänglich, das die Lebensgeschichte Sauls auslösen mußte. Davids und Salomos Königtum weisen dann endlich alle Zeichen des heilsamen Friedenswillens Gottes aus. Doch sind auch diese Könige keine strahlenden Vorbilder. Ihr Versagen kann für die Gefahren des Umgangs mit der Macht sensibilisieren. Schließlich sollte das Fortwirken der Verheißung bei den Propheten und bei Jesus wenigstens gestreift werden.

Intentionen

– Die Ängste und Hoffnungen der Israeliten zur Zeit des frühen Königtums mit eigenen Erfahrungen von Macht und Ohnmacht vergleichen. Die Rolle von Erfolg, Mißerfolg und Neid in der Geschichte des Königs Saul herausfinden.

– Die Erfüllung von Hoffnungen und Verheißungen Israels im Königtum Davids und Salomos kennenlernen.

– Versagen und Machtmißbrauch und die Bitte um Vergebung im Handeln der Könige David und Salomo identifizieren.

– Die Rätselhaftigkeit und Verborgenheit des Handelns Gottes in den Überlieferungen von Saul, David und Salomo erörtern.

– Um das Weiterleben der Friedensverheißungen in Israel und im Christentum wissen.«

aus: Hessisches Institut für Bildungsplanung und Schulentwicklung (Hrsg.) Materialien zum Unterricht 30/Evangelische Religion, Wiesbaden 1982, S. 20 hier gekürzt und sprachlich dem Zusammenhang angepaßt.

Ist in dieser Weise die politische Friedensaufgabe (Gottes Friedenswille), typisiert in menschlich-geschichtlichem Handeln, durch Erfolg und Scheitern hindurch zur Darstellung gebracht, sind Beziehungen zur Gerechtigkeitsproblematik bereits angedeutet (vgl. 2 Sam 11; 1 Kön 9,15 ff.). Sie können unter Betonung der Eigentumsfrage an der Geschichte von Nabots Weinberg vertieft werden, falls diese nicht schon im 3./4. Schuljahr (s.o.) ausführlicher zur Sprache kam. Jedenfalls sollte versucht werden, an der dort aufzuzeigenden Korrektur unseres Eigentumsverständnisses auch im 5./6. Schuljahr zu arbeiten. Es eignen sich dazu auch andere »Modelle« geschichtlicher oder gegenwärtiger Lebenspraxis wie das Leben in Kommunitäten oder Klöstern, die idealisierte Eigentumsauffassung der urchristlichen Gemeinde (Apg 4,32 ff.), wobei allerdings die verbindenden und verbindlichen Gemeinschaftsziele als motivationaler Hintergrund der kommunitären Verfassungen anschaulich werden müßten.

Die Gerechtigkeitsproblematik geht weit über Fragen der Güterverteilung hinaus. Aus biblisch-christlicher Perspektive steht ohnehin nicht das Verteilungsproblem im Vordergrund, sondern der Kampf um vorenthaltene elementare Lebensrechte für Ausgeschlossene, Schwächere und Unterdrückte. So kann Jesu Verhalten zu den Zöllnern paradigmatisch für die Zuteilung von Lebensrechten an Ausgeschlossene werden, deren materielle Verhältnisse keineswegs schlecht waren. Jesu Umgang mit Kranken, Aussätzigen und Ausgestoßenen ist ein fast schon traditionelles kritisches Modell für den Umgang mit Behinderten, Alten oder Straffälligen.[350] Da dieser Gesichtspunkt auch im 7./8. Schuljahr weitergeführt wird, genügt hier ein Beispiel.

Schließlich gehört die Freiheit des Glaubens und der Überzeugung zu den Elementaria sozialer Gerechtigkeit. 11/12jährige werden von sich aus kaum daran denken, da sie keine Erfahrung mit religiöser oder weltanschaulicher Repression haben dürften. Berichte aus anderen Ländern, etwa von der Verfolgung der Bahai-Gläubigen − könnten die soziale Naivität bereits erschüttert haben. Eine exemplarische Darstellung der eigenen Geschichte der Intoleranz sollte mit Beispielen antiker Christenverfolgung beginnen, das Verbot anderer Religionen nach der staatlichen Anerkennung des Christentums aufzeigen und auf die Intoleranz der folgenden Jahrhunderte wenigstens hinweisen. Die jeweiligen Motive werden wiederum am besten an zentralen Figuren dieser Geschichte bzw. ihren leitenden Absichten einsehbar. Damit ist in die explizit kirchengeschichtliche Perspektive des Religionsunterrichts von Anfang an ein kritisches Motiv integriert.[351]

Das Verhältnis zur Natur ist − wie vielfach festgestellt − grundlegend gestört. Für Kinder sind künstliche Stadt-, Industrie-, Kultur- und Freizeitlandschaften in erster Linie Natursurrogate. Daß die Folgen der Weltentstehung auch theologisch bei Schülern noch im Vordergrund stehen, ist nur auf dem Hintergrund eines derart verdinglichten Naturverständnisses erklärbar. Die Intentionen der Schöpfungsüberlieferungen können aber in der Auseinandersetzung mit naturwissenschaftlichen Hypothesen nicht zum Tragen kommen. Es geht ihnen um die Erfahrung der »Mitkreatürlichkeit« als der geschenkten Lebensgrundlage aus der Hand eines gnädigen Gottes. Erst auf dieser Basis sind Fragen der Weltkonstitution auch theologisch einzuholen. Deshalb ist der Religionslehrer, der im 5./6. Schuljahr auf eine Behandlung der Schöpfungsgeschichten nach Möglichkeit verzichtet, gut beraten. Sollten Schüler das Thema erzwingen, bleibt keine andere Wahl, als die Zuordnung der biblischen Geschichten zu Entstehungsgeschichten aus vergangenen Zeiten, wie die meisten Religionsbücher vorschlagen.[352] Man sieht sich dann mit dem schwierigen Problem konfrontiert, den mit ihrer Gegenwart voll beschäftigten 11/12jährigen die Relevanz von Geschichten zu verdeutlichen, die ansonsten völlig veraltet erscheinen. Bemühungen um Verständnis für die historische Ursprungssituation und um Übertragung auf analogisierbare Sachverhalte der Gegenwart überfordern noch die meisten Kinder. Aussichtsreicher ist ein Zugang zum Schöpfungsglauben, der die eigene Naturabhängigkeit an einigen Beispielen handgreiflich erleben läßt, sie in Schöpfungslieder deutend und dankend umsetzt und danach ebenso handgreiflich und anschaulich Störungen unseres Naturverhältnisses aufarbeitet. Den Intentionen der Schöpfungsüberlieferungen entsprechend sollte abschließend das Bekenntnis zu Gott als Schöpfer das Vertrauen in die Verläßlichkeit Gottes angesichts von zerstörerischem menschlichen Verhalten zum Ausdruck bringen.[353]

4. Dritte Zielperspektive:
Gelebte Deutung und Wahrheitsansprüche – Erschließung und Unterscheidung symbolisch vermittelter Praxis

Die in ihrer unmittelbaren Umwelt praktizierten Lebensdeutungen liefern den 11/12jährigen ebenso wie den älteren Grundschulkindern die einschlägigen Orientierungsmuster. Eine kritische Auseinandersetzung mit eigenen Deutungen findet noch nicht statt. Allerdings hört man hin und wieder abwertende oder aggressive Äußerungen über die religiöse Praxis und die Überzeugungen anderer. Zwei Veränderungen wirken hier zusammen. Die erhöhte Lernkapazität und die erweiterten Lernerfahrungen erleichtern die Wahrnehmung weltanschaulich bedingter Praxis und eine Unterscheidung von Lebensführung und Weltanschauung. Das Streben nach individueller Anerkennung und Selbsterprobung verstärkt die persönliche Identifikation mit den Erwartungen der Umgebung und die Abgrenzung von andersartiger Lebenspraxis. Wer eigene Überzeugungen selbständig gestaltet und gegenüber anderen vertritt, bestätigt sich zudem selbst und erprobt die Tragfähigkeit seiner Argumente. Die verbesserte Wahrnehmung unterschiedlicher Orientierungen ermöglicht eine Beschäftigung mit Fremdartigem, sofern genügend Analogien und Differenzen dem Unterscheidungsbedürfnis entgegenkommen. Die Notwendigkeit, für die eigene Überzeugung u.U. mutig einzutreten, ist unmittelbar einleuchtend. Die Anwendung konkret-operatorischer Denkformen (Begriffsbildung, Klassifikation, Reversibilität, Kausalanalyse) auf die religiösen Überlieferungen und Symbole dürfte nun die Regel sein. Dies besagt, daß zwischen Symbol und Bedeutung zwar unterschieden werden kann, die Beziehung aber eindimensional ist und der bildlich-gegenständliche Symbolausdruck eine konkrete Affinität zum bezeichneten Geschehen oder Sachverhalt ausweisen muß. Das Symbol muß einen wichtigen Aspekt des Symbolisierten im wörtlichen Sinn veranschaulichen; mit einer willkürlichen bzw. nur auf Konsens beruhenden Symbolik – wie z.B. mit Buchstaben, die Zahlen ersetzen ($x + y = z$) – können Kinder nicht umgehen.[354]

Religiöse und weltanschauliche Elemente im Leben der 10–12jährigen:
Mögliche Lernwege

Außer der deutlicheren Unterscheidung und höheren Identifikation mit den eigenen Traditionen sind keine wesentlichen Änderungen zu den älteren Grundschulkindern zu konstatieren. Die Wahrnehmung der religiösen Umwelt sollte demzufolge weiter differenziert werden. Durch Rückgriff auf ursprüngliche Bedeutung religiöser Alltags- und Festpraxis können kritische Impulse gegenüber entleerten Formen zur Wirkung kommen. Neben den schon genannten Hauptfesten dürfte eine Auseinandersetzung mit der normalen (religiösen und nicht-religiösen) Sonn- und Feiertagspraxis sinnvoll sein. Die Bedeutung des Wochenrhythmus' im Alltagsleben, des Gottesdienstes für viele Menschen, der Ruhe, des Feierns und erfreulicher Aktivitäten dürfte sich schon im Zusammenhang der vorgeschlagenen Behandlung der Zehn Gebote nahelegen. Parallelen mit den beiden verwandten Religionen (Islam, Judentum) lassen sich bis zu einem Vergleich der Festzyklen im Jahreslauf ausdehnen. Sinn solcher Vergleiche ist nicht ein verselbständigter Wissenserwerb über Religionen, sondern – neben einem besseren Verständnis anderer

Kulturen – die Sensibilisierung für die religiösen Fragen und Antwortmöglichkeiten, die mit grundlegenden Lebenserfahrungen und Lebensrhythmen verbunden sind.

Der Wunsch nach Identifikation, Unterscheidung oder auch nur nach einem besseren Kennenlernen der eigenen bzw. der anderen Grupe begründet seit einigen Jahren die Behandlung von Konfessionsunterschieden (»evangelisch-katholisch«) im 5./6. Schuljahr.[355] Ausgangspunkte sind entweder die Gemeinsamkeiten und Unterschiede in Kirchengebäuden und Gottesdiensten oder im Religionsunterricht der beiden Konfessionen. Sinnvollerweise arbeitet man auch verbreitete Vorurteile über Angehörige beider Konfessionen auf.[356] Erfahrungsgemäß schwierig ist eine historische und sachliche Erklärung der von den Schülern selbst feststellbaren Unterschiede, da die historischen und theologischen Bezugspunkte fehlen. Dies schließt eine narrative Rekonstruktion der Ursprünge, wie sie sich in diesem Alter nahelegt, nicht aus – wenn sie sich an den wichtigsten Figuren der Reformationsgeschichte orientiert und deren Motive auch sachgemäß zur Sprache bringt.

Als Beispiel ist ein Auszug aus einer Erzählung »Stationen auf dem Lebensweg Luthers« von M. Hartenstein[357] abgedruckt. Ihr geht eine Schilderung von Luthers Erfahrungen im Kloster und von seinem Werdegang voraus. Außerdem ist die Angst der Menschen des Spätmittelalters bereits plastisch geworden. Die Geschichte kann mit Bildern begleitet und durch Erklärungen von Einzelheiten aufgearbeitet werden. Danach sollten die heute geänderte katholische Ablaßpraxis und die bis heute kirchentrennenden Elemente – verbindliches Lehramt (Papsttum) und Marienverehrung – aus der Sicht je eines evangelischen und katholischen Vertreters zur Darstellung kommen.

Die Geschichte Hartensteins:

»Schon immer kamen die Menschen in die Kirche, um von ihrer Angst befreit zu werden. Sie hatten Angst davor, daß Gott sie für alles strafen würde, was sie Böses getan hatten. Man konnte Zettel kaufen, auf denen gedruckt war, daß der Besitzer von Gott nicht gestraft wird. Die Leute konnten sogar auch für das, was sie erst noch Böses tun würden, solche Zettel kaufen. Sie hießen Ablaßzettel. Ja, man konnte sogar für Verstorbene Ablaßzettel kaufen, um sie aus dem Strafgericht Gottes zu befreien. Wer kein Geld hatte, konnte sich keine solchen Zettel kaufen. Der mußte in seiner Angst bleiben. Das war aber nicht Gottes Liebe, daß nur Reiche sich aus der Angst vor Gott freikaufen konnten. War es denn überhaupt möglich, mit Geld Gott freundlich zu stimmen? Dr. Luther hatte es doch selbst erfahren: Weder Geld noch ein heiliges Leben konnten Gott umstimmen. Gott verschenkt seine Liebe an Arme und Reiche. Man kann sie ihm nicht abkaufen. Das predigte Luther jetzt im Gottesdienst: ›Ihr kommt mit euren Ablaßzetteln nach Hause und sagt: Jetzt müssen wir keine Strafe mehr fürchten. Wir haben uns losgekauft. Gottes Liebe ist doch keine Ware, die man kaufen kann. Die Zettel nützen euch gar nichts. Gott will euch seine Liebe schenken. Fürchtet euch nicht mehr.‹ Die Ablaßhändler hatten Sorgen. Es kam weniger Geld zusammen. Und das Geld war doch nötig, um Kirchen zu bauen und Pfarrer zu bezahlen.

Dem Dr. Luther mußte das Handwerk gelegt werden. Die Thesen Luthers wurden nach Rom geschickt. Der Papst hoffte, daß der Augustinermönch von den Oberen seines Klosters zurechtgewiesen würde. In Heidelberg wurde Luther von den Vorstehern des Ordens gehört. Aber sie wollten den Bruder Martin nicht verurteilen. Was er sagte, war so klar und einfach, daß niemand widersprechen konnte. Bald darauf wurde Dr. Luther nach Augsburg bestellt. Ein Abgesandter des Papstes, der Kardinal Cajetan, wollte ihn verhören. Aber das Verhör brachte keinen Frieden. Dr. Luther sollte sagen, daß der Papst am besten wissen müßte, welcher Weg zu Gott der richtige ist. Aber Luther antwortete: ›Die Heilige Schrift, das wahre Evangelium, ist höher als alle menschliche Einsicht, auch höher als der Papst.‹

Bald darauf fand wieder ein Gespräch statt. Diesmal in Leipzig mit dem Professor Eck. Der sagte zu Luther: ›Die Heilige Schrift muß man erklären. Man versteht sie nicht von allein. Wie kannst du sagen, daß deine Erklärung die richtige ist und alle andern die Bibel nicht richtig verstehen?‹ Luther antwortete: ›Ich muß für das einstehen, was ich erkenne. Ich kann mich nicht auf andere verlassen. Und mein Glaube kann mir von niemand vorgeschrieben werden.‹ Wieder kam es zu keiner Einigung. Jetzt mußte der Papst in Rom etwas unternehmen. Luther wurde durch ein feierliches Schreiben aus der christlichen Kirche ausgestoßen, er kam in den Bann. Er durfte kein Kirchengebäude mehr betreten, und in einer Stadt, in der er sich aufhielt, durften keine Glocken geläutet werden. Seine Bücher wurden öffentlich verbrannt. Mitten durch die Christen ging jetzt ein Riß: Die einen dachten wie Martin Luther, und die anderen hielten sich zum Papst und der Lehre der Kirche. Die einen vertrauten darauf, daß Gott in den Worten der Bibel zu ihnen kommt, und die anderen vertrauten den Worten ihrer Priester. Der Riß war so tief, daß es keinen Frieden geben konnte. Vielleicht würde es sogar zu einem Krieg kommen zwischen den Freunden Luthers und den katholischen Christen. Das aber ist eine schreckliche Sache: wenn Blut fließt, weil die Menschen sich in ihrem Glauben nicht mehr verstehen können . . . Martin Luther erschrak, daß alles so gekommen war. Er wollte doch Gottes Freiheit und Liebe weitersagen. Und jetzt war Mißtrauen und Streit entbrannt. Aber er vertraute darauf, daß Gott ihm und allen Christen helfen würde, bei der Wahrheit zu bleiben.«

Quelle s. Anm. 357. Abdruck genehmigt durch Calwer Verlag Stuttgart.

Der symbolische Charakter religiöser Praxis und Sprache: Mögliche Lernwege

Die Erarbeitung der Bedeutung einfacher bildlicher und sprachlicher Symbole hat sich im Religionsunterricht des 5./6. Schuljahres fest eingebürgert. In der Regel geht man von alltäglichen Orientierungszeichen – wie Verkehrszeichen – aus, um die Unterscheidung von Zeichen und Bedeutung einzuüben. An religiösen Symbolen aus dem Alltag wie Kreuz, Licht, Kirchengebäude kann man schon aufzeigen, daß ein Symbol mehrere Bedeutungen haben kann und auf wichtige geschichtliche Ereignisse und Einschnitte im Leben verweist. Über biblische symbolische Vorstellungen wie die Schlange, Gott als Vater, als Hirte[358] gelangt man zu symbolischen Handlungen, Festen und Aktionen (oder umgekehrt). Schließlich kann man auch dieses Thema nutzen, um zentrale Symbole der verwandten Religionen, des Judentums und des Islams verständlich zu machen.[359] Unter den bildhaften biblischen Geschichten sind im Anschluß an Sprichwörter und Fabeln die Gleichnisse bevorzugter Gegenstand der Beschäftigung. Allerdings können die Kinder mit einer Unterscheidung der Gleichnisformen – vom Vergleich bis zur Allegorie – noch wenig anfangen. Einen Zugang zu den im Gleichnis analogisierten Einstellungen und Verhaltensweisen gewinnen sie über alltägliche Verhaltensregeln und Fragestellungen. »Von daher ergeben sich zunächst zwei didaktische Ansätze: entweder man erschließt mit den Schülern an ausgewählten Gleichnissen alltägliche Verhaltensregeln und zeigt, wie Jesus diese Regeln ›in Bewegung bringt‹. Oder man sammelt typische alltägliche Verhaltensregeln zu Situationen, die denen der Gleichnisse ähneln, spielt dann das Gleichnis ohne Jesu Lösung durch und kontrastiert danach die Ergebnisse mit dem Ausgang der Geschichte Jesu. Gerade ein Nachspielen läßt intensiv die Veränderung erleben, die Jesu Botschaft auslösen will.«[360]

Als Beispiele seien einige thematische Vorschläge genannt, die das Zitat illustrieren:

Ungewohnte Erfahrungen Neue Einsichten	Der andere oder der Nächste
Leben wie die Vögel unter dem Himmel?	»Gehören die auch zu uns – zur Kirche«? (Mt. 13.24.30)
Endlich wiedergefunden (Lk. 15,4–7; 15,8–10; 15,11–32)	»Das hat der doch wirklich nicht verdient« (Mt. 10,1–5)
Fromme Worte nützen nichts (Mt. 21,28–32)	»Selbst dran schuld!« (Lk. 15,11–32)
Zum Glück ist mir eine Ausrede eingefallen! (Lk. 14,15–24)	»Ist das vielleicht gerecht?« (Mt. 20,1–15)
»Jetzt gilt's« (Mt. 5,25 f.)	

Der Streit um die Wahrheit in Gegenwart und Vergangenheit: Mögliche Lernwege

Nachdem im 3./4. Schuljahr am Beispiel der Überlieferungen vom Goldenen Kalb der Ernst der religiösen Entscheidung vor Augen trat, soll jetzt das engagierte und rückhaltlose Eintreten für die eigene religiöse Überzeugung in einer typischen Gestalt ihr Paradigma finden. In Elia begegnet den Kindern das Musterbeispiel eines kämpferischen Boten Gottes mit seinen Stärken und seinen Gefährdungen.[361] Die Verbindung zur Schülersituation ergibt sich kaum aus alltäglichen Konflikten, da hier den Schülern selten ein Eintreten für die Wahrheit einer Überzeugung abverlangt wird. Einsatzpunkte könnten gegebenenfalls öffentliche Provokationen sein, die mit dem Auftreten von Propheten vergleichbar sind. Tiefer greifen narrative Rekonstruktionen, die religiöse Gleichgültigkeit, vorgebliche Toleranz, moralischen Relativismus und naiven Konsumismus in den Eliageschichten selbst verschlüsselt zur Sprache bringen. Man könnte etwa die Eindrücke des aus dem »rückständigen« Ostjordanland stammenden Propheten im reichen Samaria in dieser Weise schildern. Das »Hinken auf beiden Seiten«, das Elia den Baalspriestern vorwirft, wäre mit einem »Gottesglauben nur für Notfälle« zu parallelisieren. Die Fruchtbarkeitsreligion des Baalskults läßt sich ohne größere Schwierigkeiten mit den Versprechungen von Werbung und Konsum vergleichen. Schwierig ist die Auseinandersetzung mit den Naturreligionen für Schüler dieses Alters normalerweise nicht, weil sie sich die Dringlichkeit der Erwartung von Fruchtbarkeit und Regen im Orient und das andere Weltbild wohl vorstellen können, wenn der Unterricht ihnen dies anschaulich vor Augen treten läßt. Eigentlich schwierig ist der Verlauf des »Gottesurteils« am Karmel (1 Kön 18), weil auch Gott nun als Regenmacher tätig wird. Dieser Anstoß gibt Gelegenheit für den Hinweis, daß auch Elia von den Vorstellungen seiner Zeit abhängig ist, d.h. über Gott falsche Vorstellungen hat, weshalb er überhaupt ein derartiges Gottesurteil verlangt und die Baalspriester danach tötet. Die Begegnung am Horeb zeigt dann später, daß Gott nicht im Feuer ist – wie am Karmel angenommen – d.h. daß auch der Wahrheitszeuge Neues über Gott lernen muß.

Beim Durcharbeiten der Eliageschichten steht der unbedingte Einsatz für den Glauben an Jahwe und seinen Bund (Gerechtigkeit) im Vordergrund, der dem Propheten Haß und Verfolgung einbringt, so daß er schließlich dem Freitod nahe ist. Die Geschichte von Nabots Weinberg (1 Kön 21) ist gegebenenfalls unter den hier entfalteten Perspektiven wiederholend aufzugreifen. Die Gottesbegegnung am Horeb (1 Kön 19) enthält eine auch für die Kinder deutliche Relativierung von sinnlich-materiellen Gotteserscheinungen bzw. Vorstellungen zugunsten einer geheimnisvollen inneren Ermutigung. So erinnert diese Geschichte an die Gottesbegegnungen, über die im ersten Lernschwerpunkt zu sprechen war, und läßt sich auch damit verbinden. Wenn man die gesamte Elia-Überlieferung im Zusammenhang der Gottesfrage behandeln möchte, könnte man dort auch den Aspekt des engagierten Streits um die Wahrheit mit zur Sprache bringen. Diese Überlegung zeigt, daß Geschichten oft mehr Motive enthalten als unter einer bestimmten didaktischen Perspektive auszuschöpfen sind. Das verbietet nicht ihre paradigmatische Verwendung, eröffnet aber Möglichkeiten der Anknüpfung und Erinnerung.

Beim Vergleich dieser Vorschläge zum 5./6. Schuljahr mit den verbreiteten Unterrichtshilfen und mit den Richtlinien dürfte dem Leser das Fehlen zweier Inhaltskomplexe auffallen, zum einen eine Einheit zur »Umwelt Jesu«, also zur geographischen, politischen und sozialen Situation in Palästina zur Zeit Jesu, zum anderen eine Einführung in die Bibel als Buch. Diese beiden sachkundlichen Informationskurse wurden herkömmlicherweise ins 5./6. Schuljahr gelegt, weil man hier mit einem verstärkten Sachinteresse rechnen kann und einen Zeitgewinn bei der späteren Behandlung biblischer Texte erhofft. Beides soll nicht bestritten werden. Doch erfahrungsgemäß verselbständigen sich die sachkundlichen Informationen sehr schnell, der Unterricht artet in zusammenhangloses Lernen aus und es bedarf methodischer Tricks, um das Interesse zu erhalten. Die spätere

Verfügbarkeit des so erworbenen Sachwissens ist begrenzt. Was die Probleme der biblischen Überlieferungsgeschichte betrifft, sind die Schüler überfordert, da sie noch keine Vorstellungen von historischen Zeiträumen haben. Bei der Weiterführung des sprachlichen Symbolverständnisses in den höheren Klassen der Sekundarstufe I sind für letztere bessere Voraussetzungen gegeben. Die Sachinformationen zum historischen und sozialen Umfeld einzelner Überlieferungen stoßen dann auf Interesse, wenn sie um des Verständnisses dieser Überlieferungen willen erfragt und erläutert werden.

IV. Religionsunterricht in der Sekundarstufe I (Klasse 7—10)

Die Besonderheiten der Mittelstufe machen einige Modifikationen im Aufbau und Inhalt des folgenden Kapitels erforderlich. Die allzu unterschiedlichen emotionalen und kognitiven Voraussetzungen der Schüler in den einzelnen Schularten verbieten es, allen die gleichen Lernwege anzubieten. Freilich erscheint eine bloße Differenzierung nach Schularten (Hauptschule, Realschule, Gymnasium, integrierte und additive Gesamtschule) wenig sinnvoll. Vergleichsuntersuchungen[362] und Erfahrungsberichte belegen hinreichend, daß Leistungs- und Verhaltensunterschiede nicht durchgängig schulartspezifisch, sondern schulspezifisch auftreten, mögen auch bestimmte Tendenzen in der einen oder anderen Schulart stärker ausgeprägt sein. Der Befund gilt allerdings nicht für Hauptschulen, besonders nicht für solche in Großstädten. Die hier dominierenden Motivations- und Handlungsmuster nötigen zu einer gesonderten Darstellung.[363] Für Realschule, Gymnasien und Gesamtschulen können hingegen die gleichen Lernwege umrissen werden, da die schulorganisatorischen Unterschiede die Rahmenbedingungen des Religionsunterrichts kaum tangieren, zumal schulartspezifische Bildungs- und Erziehungsaufträge durch eine generelle fachspezifische Wissenschaftsorientierung verdrängt wurden.[364] Ein verantwortungsethisches Konzept von Bildung — ethische Integration und kommunikativ-solidarisches Leben — ermöglicht eine Begründung, Begrenzung und Verbindung fachspezifischer Inhalte, aber nicht deren schulartspezifische oder soziale Verteilung. Diesbezügliche Unterschiede sind nur angesichts unterschiedlicher Lernvoraussetzungen und Vermittlungsmöglichkeiten vertretbar. Sie finden sich innerhalb der Realschulen, Gesamtschulen und Gymnasien, nicht zwischen den Schularten, so daß der einzelne Lehrer über Quantitäten, Abstraktionsniveau und methodische Alternativen selbst befinden muß.

Für die inhaltliche und methodische Gestaltung des Religionsunterrichts in der Mittelstufe schaffen die religiös-weltanschauliche Heterogenität der Schülerschaft und die häufig mangelnde Kontinuität des Unterrichts weit größere Probleme. Zurückgehender Elterneinfluß, die Erfahrung von Pluralität und Relativität der Überzeugungen und Einstellungen, die Randstellung der Religion im Alltagsleben, der Mangel an Religionslehrern und die Möglichkeit des Austritts aus dem Religionsunterricht führen zu einer nur gelegentlichen und meist einseitigen Wahrnehmung religiöser Fragen und Phänomene. Eine kontinuierliche Auseinandersetzung mit Erfahrung und Überlieferung, wie sie der Unterricht bis zum 6. Schuljahr auch unter ungünstigen Bedingungen noch gewährleistet, ist oft nicht mehr aufrechtzuerhalten. Die Religionslehrer, die in diesen Klassen unterrichten, können nicht nach einem einheitlichen »Plan« vorgehen, sondern brauchen Hilfen, um an die je aktuell gegebenen Voraussetzungen anknüpfend die zentralen religiös-symbolischen Muster zu erschließen, die dominante Selbst- und Lebensdeutungsprobleme Jugendlicher sowie deren vorrangige Handlungsprobleme integrierend und modifizierend zu lösen versprechen. Auch wo kontinuierlicher Unterricht stattfindet, bedarf es angesichts der Pluralität und Widersprüchlichkeit der Erfahrungswelt wiederholender, vertiefender und differenzierender Auseinandersetzung mit den gleichen zentralen Deutungselementen.[365]

Die Forderung, wenige zentrale symbolische Muster zu verarbeiten, ist leicht als eine Festlegung auf bestimmte paradigmatische Inhalte mißzuverstehen. Daß eine solche Fixierung von »Elementaria« religiöser Orientierung weder den unterschiedlichen Schülervoraussetzungen noch der gesellschaftlichen Pluralität gerecht würde, leuchtet unmittelbar ein.[366] Symbolische Muster sind aber auch nicht einfach abstrakte kognitive

Systeme, die mit Hilfe unterschiedlicher Inhalte mehr oder weniger differenziert zu explizieren und aufzubauen wären. Handelte es sich vorrangig um solche Abstraktionen, sähe
sich eine große Anzahl von Schülern überfordert. Unter symbolischen Mustern sind hier
— die Unterscheidung zwischen präsentativen und diskursiven Symbolen (S. Langer)
didaktisch gewendet — präsentative Darstellungen von Objektbeziehungen personaler
und apersonaler Art verstanden, die diskursiv, d.h. in begrifflich kognitiven Systemen
reformulierbar sind. Der Kern des symbolischen Musters ist eine bildlich-narrative
Repräsentation von Beziehungen und Bedeutungen. Dieser kann je nach Schülervoraussetzungen verschieden kognitiv ausgearbeitet und auf verschiedene Handlungs- und Deu-
tungsaufgaben bezogen werden. Daraus erwächst die Nötigung, die sprachlich begrifflichen Kenntnisse entsprechend zu erweitern.

Als religionspsychologische Basis solcher didaktischen Strukturierung dient das im I. Kapitel explizierte Konzept einer hermeneutisch orientierten Religionspsychologie[367] in einem interaktionstheoretischen Rahmen, welches das rollentheoretische Konzept H. Sundéns korrigierend die Beziehungsverhältnisse der Heranwachsenden bzw. die darin virulenten Affekte, Ansprüche und Perspektiven mit religiösen Inhalten zu integrieren sucht. Als hermeneutisches Verbindungsglied zwischen psychodynamischen und kognitiven Strukturen dürfte die präsentative Symbolik ikonischer
und narrativer Ausprägung im individuellen Entwicklungsprozeß eine hervorragende Rolle spielen.
Sie muß gerade in der Adoleszenzzeit auch sprachlich kognitiv verifizierbar sein, um den kommunikativen Ansprüchen der Umwelt standzuhalten. Die oben postulierte vierte »präreligiöse« Disposition wurde aus diesem Grunde beschrieben. Abstraktionsniveau und Differenzierungsgrad der
kognitiven Bearbeitung präsentativer Symbolik wird sich an den Voraussetzungen und angenom-
menen kognitiven Kapazitäten sowie an den sozial-kommunikativen Anforderungen der wichtigsten Interaktionspartner unterschiedlicher Schülergruppen zu orientieren haben.

Die Konsequenzen für den Aufbau und Inhalt des Kapitels liegen auf der Hand. Ein
gesondertes Kapitel ist für die schwierigere Situation in den Hauptschulen notwendig.
Auch dort wird es um die Erarbeitung der gleichen zentralen Symbolik gehen, jedoch in
einer besonderen Art, die den spezifischen Problemen und Schäden dieser Schüler entgegenkommt. Zuvor müssen für die Schüler aller anderen Schularten unter den drei Zielperspektiven die geeignete zentrale Symbolik u.U. mit Alternativen ermittelt und Wege der
Erschließung mit unterschiedlicher kognitiver Differenzierung und Weiterführungsvor-
schlägen ansatzweise aufgezeigt werden. Wie bisher sind zuerst die Schülervoraussetzungen — bezogen auf die Zielperspektiven — an erster Stelle zu skizzieren.

1. Erste Zielperspektive: Erfahrungen in der Nähe Gottes

Wer seine identitätsrelevanten Beziehungserfahrungen in der Nähe Gottes macht, hat teil
an einem lebendigen inneren Symbolisierungsprozeß, in dem das symbolische Muster
Bedürfnisse und Ansprüche bindet und mit neuen Wahrnehmungen und geänderten
Bedürfnissen auch neue Züge gewinnen kann. Nun ist eine permanente Nähe Gottes
bekanntlich keine verbreitete Annahme; die alten symbolischen Muster werden eher beiläufig oder bei dringendem Bedarf herbeigerufen. Sie dürften daher nur selten integrierende oder verändernde Wirkungen zeitigen. Selbst- und Anderen-Beziehungen orientieren sich in der Regel an anderen Normen und Sinnsetzungen. Die Nähe Gottes hilfreich und förderlich erleben zu können, wäre eine erste Bedingung ihrer symbolischen
Aufwertung. Daher bedarf es auch bei Jugendlichen einer besonderen Bearbeitung der
Gottesbeziehungen, ohne diese von den Selbst- und Anderen-Beziehungen zu isolieren.

In vielen religionsdidaktischen Anleitungen haben sich die besonderen Schwierigkeiten der Praktiker im Religionsunterricht dieser Altersstufe in Aussagen über eine autoritäts- und traditionskritische Haltung niedergeschlagen, die sich insbesondere negativ auf den Gottesglauben auswirke. Empirisch nachgewiesen ist allerdings nur ein Rückgang spezieller religiöser Interessen zugunsten anderer Motivationen, wenn die religiösen Gegebenheiten in der Kindheit hoch bewertet wurden.[368] Im Widerspruch dazu stehen Beobachtungen älterer und neuerer Entwicklungspsychologen, die in der frühen Adoleszenzzeit eine besonders intensive Auseinandersetzung mit Fragen der Sinnorientierung und Letzbegründung festzustellen glaubten.[369] Ja, es finden sich auffällig radikale religiöse »Entscheidungen« in diesen Lebensjahren. Zur Aufklärung des widersprüchlichen Befunds tragen neben den sozialen »Verstärkern« aus der Umgebung kognitive wie psychodynamische Einsichten bei. Das beginnende formal-operatorische Denken löst sich von vorgegebenen Handlungs- und Ereignisfolgen und erlaubt eine Distanzierung und Überprüfung mit Hilfe abstrakterer Konzepte. Glaube, Wissen, Fürwahrhalten, Meinen werden unterschieden. Die bisher selbstverständlichen (religiösen oder areligiösen) und übernommenen Überzeugungen sind nun neu zu bearbeiten. Die Jugendlichen bilden erstmalig eigenständig persönliche Lebensdeutungen und Weltanschauungen aus. Von daher erklären sich sowohl traditionskritische Äußerungen wie intensivere Formen der Auseinandersetzung. Außerdem wird die Rigidität und gelegentliche Radikalität verständlich, mit der einmal gewonnene Überzeugungen festgehalten werden.[370] Eine Mehrschichtigkeit und Flexibilität der mühsam erworbenen und durchdachten begrifflichen Muster ist noch nicht erreicht. Jugendliche dieser Phase können ideologisch festgelegt und unzugänglich wirken, da sie ihr Überzeugungssystem noch nicht als Konstruktion zu reflektieren vermögen.[371] Aus psychodynamischer Sicht beginnt mit der frühen Adoleszenz eine Konzentration auf die eigene Person, ausgelöst durch die neue Erfahrung sexueller und seelischer Bedürfnisse. Die Beschäftigung mit den eigenen Gefühlen und die Koordination der ich-bezogenen Strebungen werden zur Hauptaufgabe. Die eigenen Gefühle und Bestrebungen erscheinen unendlich tief, wahr und authentisch; im anderen – Freund oder inneren Partner – spiegelt sich das Selbst. Derart in den Mittelpunkt gerückt, fühlt sich der Jugendliche ständig beobachtet und zur Selbstdarstellung gedrängt, aber auch oft zu wenig ernstgenommen. Wie mit einem vertrauten Freund kann er mit Gott endlose Gespräche führen, ihm seine Gedanken und Gefühle erläutern, wegen seiner Schwächen mit ihm hadern und wegen Versagens um Vergebung bitten. Er kann die Gottesbeziehung aber auch behindernd und ängstigend erleben, zumal wenn er Gott zuvor als strafende oder überwachende Autorität kennenlernen mußte. Schließlich kann ihm der Gottesglaube (zumeist anderer) willkommener Anlaß sein, ihn negierend seine Eigenständigkeit und geistige Überlegenheit zu demonstrieren: »Mit 14 Jahren hatte ich den Kinderglauben überwunden«. In solchen Fällen dürfte bereits vorher nur ein »Gelegenheitsglaube« vorhanden gewesen sein. In den positiven wie in den negativen Fällen dient ein bestimmtes festgelegtes Gottesbild den persönlichen Bedürfnissen als geeignetes Gegenüber.

Die Notwendigkeit der Selbstfindung und der Selbstdarstellung (Identitätssuche) verlangt eine innere Distanzierung vom Elternhaus, die je nach den hier vorherrschenden Beziehungsqualitäten unmerklich und fast problemlos, aber auch krisenhaft verlaufen kann und dann gelegentlich auch zu äußerer Distanzierung (Umzug, Protestverhalten) führt.[372] Selbst die krisenhaften Distanzierungsprozesse sind nicht durchweg mit einer alternativen weltanschaulichen Orientierung verbunden. Oft finden sich ziemlich ähnliche Grundauffassungen bei Eltern und Jugendlichen.[373] Die in der Kindheit übernommene religiöse Überzeugung kann sogar die Distanzierung erleichtern, weil sie selbst bei dramatischen Ablösungskriterien kompensatorische Leistungen erbringt. Man wird mit der Vermutung nicht fehlgehen, daß eine strikte Ablehnung der religiösen oder moralischen Standards der Herkunftsfamilie besonders bei den Jugendlichen zu erwarten ist, bei denen eben diese Muster mit den abgelehnten Beziehungsqualitäten aufs engste verbunden waren, weil sie nicht das erforderliche Maß an Zuwendung und Freisetzung gewährten. Wo die so abgewiesenen Überzeugungen als christlicher Gottesglaube weitergegeben wurden, hat es der Religionsunterricht sicherlich schwer, bei der Rekonstruktion einer (geänderten) Gottesbeziehung zu helfen. Immerhin ist nicht auszuschließen, daß Jugendliche mit einem solchen Sozialisationsschicksal in der Begegnung mit einem ganz anderen Gott als dem der Eltern Freiheit gewinnen. Wo säkulare Wertmuster mit zwanghafter Konventionalisierung einhergingen, kann die religiöse Alternative als neuer Sinnhorizont anziehend sein. Es lassen sich demzufolge keine generellen Aussagen über die mögliche Relevanz des Gottesglaubens für Jugendliche dieses Alters machen, außer daß Überzeugungen, die mit zentralen Selbstdefinitionsprozessen verbunden sind, mit Engagement kognitiv ausgearbeitet und ziemlich rigide festgehalten werden. Aufs ganze gesehen dürfte der Gottesglaube nur bei einer geringen Anzahl Jugendlicher im Zentrum der unmittelbaren Identitätsinteressen stehen.

Die Rede von der Randstellung des Gottesglaubens ist zu unbestimmt, um didaktische Konsequenzen zu erlauben. Die besonderen Schwierigkeiten vieler junger Menschen resultieren vermutlich aus der im Alltag häufig bestätigten Erfahrung, daß Lebensverlauf und Lebenserfolg im wesentlichen von individuellem Verhalten abhängen. Entsprechende Fragestellungen werden von fast allen Jugendlichen bejaht, während etwa zwei Drittel die Abhängigkeit von »göttlicher Fügung« strikt ablehnen. Nur etwa ein Drittel läßt »göttliche Fügung« – meist als ein Einflußfaktor unter anderen – zu.[374] Da die Ablehnung göttlicher Fügung keineswegs mit einer Ablehnung des Gottesglaubens gekoppelt ist,[375] dürfte der gravierendste Ablehnungsgrund von göttlicher Fügung wohl in einem reflektierten oder unreflektierten Widerspruch zur beanspruchten und geforderten Autonomie stehen. Interessanterweise wird eine teilweise Abhängigkeit von Zufall oder Schicksal von mehr als zwei Dritteln der Jugendlichen ebenso akzeptiert wie miturschliche Abhängigkeit von anderen Menschen und von gesellschaftlichen Bedingungen. In allen diesen Fällen ist die Empfindung eines Widerspruchs zum Selbstentfaltungsbedürfnis offensichtlich weit geringer. Vermutlich ist hierfür die Erfahrung ausschlaggebend, daß Zufälle, Schicksal und Umweltbedingungen das individuelle Handeln nicht ausschalten, sondern eher herausfordern, während die Rede von »göttlicher Fügung« eine totale Determination der äußeren Verhältnisse sowie der Gedanken, Gefühle und Willenskräfte zu suggerieren scheint. Für diese Vermutung spricht, daß auch bei anderen Fragestellungen Werte wie Leistungen, Selbstdarstellung, Lebensgenuß und Lebenserfolg in keine Verbindung zu Christentum und Kirche gebracht werden können; von letzteren erwartet man Gemeinschaftsgesinnung (Nächstenliebe), Moral, Halt und Trost.[376] Die Rede von der Nähe Gottes signalisiert vielen Jugendlichen Freiheitsverlust und Verzichtsforderungen. Eine etwaige didaktische Folgerung der Art, Gott müsse eben als Repräsentant von Selbstentfaltung und Lebensfreude zur Darstellung kommen, wäre jedoch nicht nur theologisch leichtfertig. In den Stellungnahmen der Jugendlichen, die Gemeinschaftsverpflichtung, sittliche Orientierung, Trost und Hilfe mit dem christlichen Glauben verbinden, artikuliert sich gewiß auch ein Wissen um das Ungenügen einer nur leistungsabhängigen und egozentrischen Lebensführung. Aufgabe der Religionsdidaktik dürfte es vielmehr sein, Ermutigung zur Selbständigkeit, Verpflichtung auf Verantwortlichkeit und nüchterne Wahrnehmung der individuellen Abhängigkeiten im Gottesbegriff zu integrieren.

Die schon angesprochene psychodynamische und sozialpsychologische Situation in der frühen Adoleszenz begünstigt die Möglichkeit der Erfahrung Gottes als eines inneren Partners (Freund); denn in Gottes unauslotbaren geheimnisvollen Tiefen kann der einzelne die Entsprechung zur Tiefe der eigenen Gefühle und Gedanken finden. Daß Gott selbst die unbewußten Schichten des eigenen Inneren kennt, braucht nicht zu schrecken, wenn er vorher nicht Hüter von Moral und allwissender Richter sein mußte. Ein liebender und im säkularen Sinn ohnmächtiger Gott dürfte eher stützen als behindern. Daß Gott in den eigenen Gedanken und Gefühlen, also im Inneren des Menschen zu Wort kommt, ist jetzt eine naheliegende Vorstellung. Von daher können die Erscheinungen und das Reden Gottes in der Überlieferung relativ leicht als Externalisierung innerer Vorgänge verständlich werden. Entsprechendes gilt für die Rede von Gottes Wirken in Welt und Geschichte. Daß Gott auf natürliche Weise und in den »Herzen« der Menschen wirkt, ist nun fast selbstverständlich. Zentrale mythische Überlieferungen sollten daher — je nach Zeit und Möglichkeiten — als Verbildlichungen des unsichtbaren inneren Geschehens aufgearbeitet werden. Gewisse Schwierigkeiten machen Wundergeschichten. Einige Schüler aus betont christlichen Elternhäusern verteidigen sie nachdrücklich als Beweise für die Allmacht Gottes, weil sie natürliche und geschichtliche Gesetze durchbrechen. Anderen gilt solcher Wunderglaube als Beleg für geistige Rückständigkeit des einzelnen und der ganzen Religion.[377] (Vgl. 3. Zielperspektive.)

Die größten kognitiven Schwierigkeiten in dieser Altersstufe stellen sich nicht bei der Interpretation der genannten Traditionsbestände. Sie brechen angesichts der vielfältigen Dialektik der Gotteserfahrung auf. Gilt es doch in Gott Macht und Ohnmacht, Liebe und Leiden, Herrschaft und Knechtschaft, Schöpfung, Sünde und Tod und nicht zuletzt Herrschaft Gottes und Freiheit des Menschen zusammenzudenken. Ein solches Denken setzt eine Reflexion von Begriffen und logischen Systemen auf ihre Entstehungs- und Geltungsbedingungen sowie eine Verknüpfung der so relativierten Inhalte voraus. Schüler zwischen 13 und 16 Jahren sind zu solchen dialektischen Prozessen in der Regel noch nicht in der Lage. Den älteren gelingt es bestenfalls, ihre Überzeugungen in begrifflich logischen Formen erfahrungsbezogen auszudrücken und zu verteidigen; die jüngeren sind noch zu sehr mit der Konstruktion widerspruchsfreier Begriffe beschäftigt, so daß sie sich noch nicht einmal mit verifikatorischen oder apologetischen Aufgaben beschäftigen können. Man hat darum ihre Überzeugungen als »tacit system« bezeichnet.[378] Sie dienen mehr der Bestätigung von Übereinstimmung mit wichtigen Bezugsgruppen als selbständiger Sinnfindung. Die Unmöglichkeit dialektischen Denkens macht für religiös orientierte Jugendliche die Theodizeefrage besonders bedrängend; für andere wird sie leicht zum »Beweis« für die Nichtexistenz Gottes.

Erfahrungen mit Gott: Zentrale Symbolik und mögliche Lernwege

Die Priorität des emotionalen Systems für die Glaubensgestalt wie bisher vorausgesetzt, muß die angebotene Gottesrepräsentation den Strebungen nach emotionaler und aktionaler Selbständigkeit, nach Trost, Halt und Spiegelung der eigenen Gefühle und Bedürfnisse in erster Linie entgegenkommen. Eine Korrektur bedrohlicher oder einschränkender Macht- und Überwachungsvorstellungen sollte damit verbunden sein, zugleich eine Ermutigung zur Öffnung für andere und zur Auseinandersetzung mit individuellen und gesellschaftlichen Lebensbedingungen. Schon diese aus psychodynamischer Sicht formulierten Forderungen verbieten gleichermaßen metaphysische Spekulationen über das Wesen Gottes — etwa in Gestalt der Behandlung der Trinitätslehre — wie eine schlichte Identifizierung von Gott und wahrer Menschlichkeit — etwa in der Aussage, Gott symbolisiere die Bestimmung des Menschen, wie sie Jesus geschichtlich verwirklichte. Das »Wesen« des in diesem Alter benötigten inneren Partners sollte tiefer, geheimnisvoller und vielversprechender sein, als Menschen es je sein können; gleichzeitig soll es aber unendliches Geheimnis bleiben und nicht spekulativ aufgelöst werden. Das unerschöpfliche Geheimnis Gottes verdeutlicht sich selbst durch unerschöpfliche Liebe, die alle Menschen, konkret die Hilfsbedürftigen und die Nicht-Liebenswerten, einschließt.[379]

Aus der Liebeserfahrung ergibt sich die geforderte Korrektur der Allmachts- und Überwachungsängste. Liebe hat keine Machtmittel; ihre Macht gewinnt sie nur aus Preisgabe aller Machtmittel in der ohnmächtigen Hingabe. Glaube an die Allmacht Gottes wird mit dem Glauben an die endgültige Verifikation der ohnmächtigen Liebe trotz säkularer Lieblosigkeit und rätselhaften Leidens identisch.

Zentrale christliche, präsentative Symbolik der ohnmächtigen Liebe Gottes ist das Kruzifix. Es dürfte für die Jugendlichen gerade nicht den traditonellen symbolischen Ausdruckswert haben. Zwar liegen entsprechende Untersuchungen nicht vor, doch zeigen sich starke Aversionen gegen gottgewolltes Leiden und Unverständnis (Irrelevanz) bei Bewertungsfragen zur Auferstehung Christi.[380] Leiden und Tod – so anziehend sie als Negation des Lebens bei krisenhaften Neuorientierungen erscheinen – widersprechen dem Selbstentfaltungswillen, zumindest wenn ihre Gegenwarts- und Zukunftsrelevanz den Jugendlichen nicht anschaulich wird. Die Auferstehungsaussage ist meist unbegriffenes Mirakel und kann daher den Zukunftsbezug nicht tragen. Trotz dieser negativen Bedingungen ist auf das Kreuz als zentrales präsentatives Symbol nicht zu verzichten: theologisch weil Gott seine Liebe in voller Gestalt im Kreuz definiert hat, psychodynamisch weil die Radikalität der Ohnmacht dieser Liebe nur in der Todeshingabe vor Augen tritt. Ohne das elende Kreuz wäre die Allmachtsfurcht des Menschen gegenüber Gott gar nicht aufzuheben. Es gilt also eine präsentative Form des Symbols zu finden, die beides – ohnmächtiges Sterben und lebensschaffende Kraft – unverkürzt zur Geltung bringt. Das im folgenden schwarz-weiß abgedruckte, in Farbe noch viel ansprechendere »Hungertuch« des Künstlers Jacques Chery aus Haiti vermag dieser Forderung zu genügen:[381]

MISEREOR-Hungertuch aus Haiti von Jacques Chéry © 1982. MISEREOR Vertriebsgesellschaft mbH Aachen.

Das zentrale Kreuzessymbol im Zentrum ist der Lebensbaum, dessen überreiche Früchte die lebens- und liebesschaffenden Wirkungen der Hingabe Jesu symbolisieren.[382] Sie sind in den Szenen der mittleren und oberen Ebene unter Bezug auf die biblische Überlieferung und die gegenwärtige Welterfahrung exemplifiziert. In der unteren Ebene sind die Leiden der Gegenwart mit Jesu Handeln in Beziehung gesetzt.

Das Hungertuch mit dem zentralen Lebensbaum-Kreuz-Symbol sollte nach Möglichkeit längere Zeit im Unterrichtsraum aufgehängt sein, zu Neugestaltungen ermutigen und zu wiederholter Bezugnahme bereitstehen. Denn im Umkreis dieses oder ähnlicher Symbole sind jetzt − mit Hilfe biblischer und anderer Überlieferungen die psychodynamischen und kognitiv bedingten Probleme zu behandeln, von denen eben die Rede war.

Unmittelbare Folge einer Verwendung des Kreuz-Lebensbaumsymbols ist das Problem der Identifikation Gottes mit Jesus. Bekanntlich macht nicht nur Jugendlichen der Titel Sohn Gottes bzw. die Aussage »wahrer Gott − wahrer Mensch« Schwierigkeiten. An Beispielen des Verhaltens und der Botschaft Jesu − in diesem Fall nicht der Wunder Jesu − ist zu zeigen, daß Jesus in qualifiziertem Sinn menschlich, d.h. wahre Menschlichkeit lebt und damit das Bekenntnis hervorruft: Dieser ist wie Gott, er ist Gottes Sohn, weil er wahrer Mensch (Ebenbild Gottes) ist. In Jesus zeigt sich Gott als der Mensch, wie er sein soll. Ältere Schüler (9./10. Klasse) können unter günstigen Voraussetzungen die antike und mittelalterliche Zwei-Naturen-Lehre in vereinfachter Form als einen zeitbedingten Versuch verstehen lernen, die Wahrheit des Lebens Jesu zum Ausdruck zu bringen.

Problematischer als die Beziehungen zwischen Jesus und Gott wird den jüngeren Schülern (7./8. Klasse) das Beten erscheinen. Sie lehnen in der Regel ein Klischee von Gebetsfrömmigkeit emotional ab, obwohl sie dessen meist nicht mehr erlebt haben. Die Ablehnung überlieferter fremdbestimmter »Frömmigkeit« macht sich hier bereits bemerkbar. Sie kennen Zwanghaftigkeit auch magisches Beten und machen sich gelegentlich darüber lustig, wiewohl sich viele in entsprechenden Situationen durchaus ähnlicher Muster bedienen. Solche negativen Beispiele können besprochen und überlegt werden, warum Gott diese Gebete nicht »erhört«. Ein Blick auf Gottessymbole von der Art des Hungertuchs dürfte als Antworthilfe schon genügen. Für Möglichkeiten des inneren Gesprächs mit Gott gibt es genügend biblische Beispiele und neuere Gebetsliteratur für Jugendliche.[383] Mit Hilfe meditativer Übungen sollte man Wege zu einer eigenen inneren Gesprächspraxis bahnen, wobei auch auf nicht-dezichert religiöse Formen hinzuweisen wäre.[384] Schließlich sollte eine Auseinandersetzung mit dem Vaterunser ein Modell des Betens im Sinne Jesu vermitteln und gleichzeitig auf die notwendigen Handlungskonsequenzen solchen Betens aufmerksam machen.[385] Wenn im 7.−10. Schuljahr das Kreuz-Lebensbaumsymbol und das Beten in der skizzierten Weise erschlossen sind, dürfte das unverzichtbare Minimum zur Gottesbeziehung geleistet sein. Wo regelmäßig Unterricht stattfindet, ergeben sich um diesen Kernbestand eine Reihe von Fragestellungen zur weiteren Erarbeitung:

− Eine Unterrichtseinheit über Gottesbegegnungen und Gottesbeziehungen in der Bibel kann u.U. an Bekanntes aus den vorhergehenden Schuljahren (Garten Eden, Abraham, Mose, Elia) anknüpfen, mit prophetischen Berufungen, Aufträgen, Visionen (Amos und Jesaja) fortfahren und Jesu Gottesbeziehung erschließen. Engelserscheinungen und Erscheinungen des Auferstandenen bis hin zur Bekehrung des Paulus können den Reichtum vervollständigen. Bei jedem Beispiel müßten die Folgen der Gottesbegegnungen hervortreten.

− Das Verhältnis von Freiheit und Abhängigkeit zwischen Mensch und Gott sollte ausführlich zur Sprache kommen. Die Jona-Überlieferung enthält die Motive Auftrag, Verweigerung, Flucht, Widerspruch, Konflikt und Neubeginn. Außerdem ist sie eine gute Schule symbolischen Deutens, ist reich an politischen Bezügen und verweist auf die lebensübergreifende Universalität der Liebe Gottes. Das Gleichnis von den anvertrauten Pfunden kann man auch als Darstellung der Dialektik von Freiheit und Abhängigkeit lesen. Das im ersten Band abgedruckte Beispiel für Gottesnähe[386] sensibilisiert für die Annahme negativer Lebensumstände ebenso wie andere Behindertenschicksale.[387]

– Die Theodizeefrage ist unmittelbar oder in Anknüpfung an moderne Beispiele in Auseinandersetzung mit ausgewählten Aspekten der Hiobüberlieferungen und des Jeremiabuchs zu erarbeiten.[388] Dialektisches Denken über Gott kann so noch nicht erreicht, jedoch durch Erschütterung systematischer Konstrukte und durch das Nacherleben von Leiden angebahnt werden.

Erfahrungen mit dem eigenen Leben: Selbsterfahrung von Jugendlichen

Das »Ende der bewachten Kindheit«, das Jugendsoziologen heute mit 13/14 Jahren ansetzen, mag nicht für alle Jugendlichen dieses Alters schon Realität sein; die Wendung signalisiert gewiß einen Anspruch der 13–16jährigen. Ein eigener, auch ungestörter Lebensbereich (Zimmer), in dem man Musik hören, träumen, mit Freunden reden, die Wand bekleben u.a. kann, erscheint jetzt unentbehrlich. Von der gewachsenen Bedeutung der eigenen Gefühle und Gedanken war schon die Rede. Empfindlichkeit und Anerkennungsbedürfnis steigen, sind aber nicht mehr so stark auf Fähigkeiten (Spezialistenrolle) bezogen wie beim älteren Kind, sondern auf die gesamte Person in ihrer jeweils dominierenden Befindlichkeit. Beliebtheit und Ernstgenommenwerden von den relevanten Bezugsgruppen sind wesentliche Handlungsziele, der Wunsch sexuell-erotisch attraktiv zu wirken, gehört dazu.

Die Selbstdefinitionsprozesse von 13–16jährigen sind wenig untersucht. Das sozialpsychologische Interesse richtet sich auf die Ergebnisse dieser Phase, die Übernahme von jugendkulturellen Stilen und subkulturellen Varianten. Dies ist ein Fortschritt gegenüber der früheren Annahme einer generellen Orientierung auf die zukünftige Existenz als Erwachsener, d.h. einer umfassenden sinnbezogenen Lebensplanung. Wenngleich viele Jugendliche zentrale Wert- und Verhaltensmuster von Erwachsenen übernehmen (Leistung, Beruf, Karriere, Familie) stellen sie ihr Leben nicht (mehr) auf eine zukünftige Erwachsenenexistenz, sondern auf eine eigenständige Jugendlichenrolle ein. In der deutschen Diskussion hat sich seit einiger Zeit – wie schon erwähnt – für die 13–16jährigen eine idealtypische Unterscheidung zwischen Familienzentrismus und Jugendzentrismus eingebürgert. Beide Orientierungsmuster enthalten Elemente eines gemeinsamen jugendkulturellen Stils; Familienzentrierte wahren dabei prinzipiell die dominierenden Werte der Gesamtkultur, Jugendzentrierte verbinden den Anspruch auf alle Konsum- und Lustprivilegien der Erwachsenen mit Provokation und Protest gegen die bürgerliche Leistungskultur. In der Realität der Jugendlichen dieses Alters vermischen sich häufig Elemente beider Orientierungsmuster. Jugendliche der sozialen Unterschicht mit problematischen Familienbeziehungen schließen sich schon früh eindeutig jugendzentrierten Gruppen an. Die Mehrheit der Jugendlichen von 13–16 Jahren hat die eigene Jugendlichenrolle noch nicht fest definiert. Anerkennungs- und Selbstverwirklichungsbedürfnisse veranlassen zu gelegentlichen und oft recht kurzfristigen Identifikationen und Engagements. Die Begeisterung für bestimmte Personen oder Gruppen kann zeitweise sehr intensiv sein und doch überraschend schnell wechseln. Allerdings kristallisieren sich mit zunehmendem Alter stabilere Interessen- und Orientierungsmuster heraus, die dann auch besser miteinander ausgeglichen werden können. Der u.U. schnelle Wandel von scheinbaren Totalidentifikationen entspringt wohl dem psychodynamisch bedingten Bestreben nach selbst definierter Ganzheit, nachdem die kindliche Rollenidentität verlorengegangen ist. Eine Ganzheit durch Ausgleich und Integration unterschiedlicher Bedürfnisse, Interessen und Werte ist noch nicht erreichbar. Die momentane Identifikation mit einem Star, einem Vorbild oder einer Lebensweise befriedigt vorläufig das Identitätsbedürfnis. »Die sich herauskristallisierende Ich-Identität verknüpft also die frühen Kindheitsphasen, in denen der Körper und die Elternfiguren führend waren, mit den späteren Stadien, in denen eine Vielfalt sozialer Rollen sich darbietet und im wachsenden Maße aufdrängt«, so Erik H. Erikson.[389]

Mit dem Ende der Kindheit und der neuen Selbstdefinition stellen sich auch kognitive Probleme. Die narrativ-handlungsbezogene Rekonstruktion von Sinn und Wert hält den unterschiedlichen Anforderungen verschiedener Bezugsgruppen und den Angeboten der Umwelt nicht mehr stand. Das beginnende formal-operatorische Denken begünstigt – wie schon gezeigt – die begriffliche Konstruktion einer Lebens- und Weltanschauung. Diese Umstrukturierungen vollziehen sich nicht in einem kontinuierlichen Prozeß zunehmender Systematisierung und Differenzierung, sondern machen sich zunächst als disparate innere Diskussion von Kindheitsnormen und Symbolen bemerkbar. Die Jugendlichen haben noch keine konsistenten Deutungen für alle Lebensbereiche, sondern müssen ihre verschiedenen Erfahrungsfelder Schritt für Schritt »formal-operatorisch« rekonstruieren. Man trifft daher Argumentationsweisen unterschiedlichen Niveaus nebeneinander. Besonders in religiösen Fragen, die ja für viele Kinder fern liegen, sind primitivere Denkformen anzutreffen. Bei einem engen Anschluß an traditionelle Bezugsgruppen muß mit einer Verstärkung der konventionalistischen Tendenzen zur Abwehr beunruhigender affektiver oder ideologischer Impulse gerechnet werden. Es sind genügend frühe konventionelle Identitätsdefinitionen religiöser oder areligiöser Art belegt, die bei didaktischen Planungen eine Berücksichtigung verunsichernder und korrigierender Momente neben integrierenden rechtfertigen.[390] Beim 13/14jährigen erstrecken sich die neu erworbenen kognitiven Fähigkeiten zunächst nur auf die begrenzten individuellen Erfahrungsfelder. Die eigene Innenwelt wird gerade erst zur Frage. Umfassende, die Grenzen des persönlichen und sozialen Lebens übergreifende Sinnfragen, die religiöse Reflexion unmittelbar nahelegen, stellen sich erst am Ende dieser Phase des Jugendalters.[391] So liegt eine Beschäftigung mit Sterben und Tod noch außerhalb der Interessensphäre der jüngeren, während das Thema von 15/16jährigen fast immer gewünscht wird. Ähnlich verhält es sich bei Themen, die grundsätzlich die Sinnfrage artikulieren wie »Wozu lebe ich?« o.ä.[392]

Selbsterfahrung von Jugendlichen: Zentrale Symbolik und mögliche Lernwege

Die Erweiterung und zunehmende Integration der Lebensperspektiven in Fragen der Selbstdefinition zwischen dem 13. und 16. Lebensjahr erfordert zuerst eine die Vielfalt möglicher Identifikationen integrierende und korrigierende Grundsymbolik, sodann – für die höheren Schuljahre – eine auf den gesamten Lebenslauf gerichtete symbolische Perspektive, in der die eigene Lebensphase geortet werden kann. Es sind demzufolge zwei zentrale symbolische Elemente vorzuschlagen, von denen das zweite nicht das erste ablöst, sondern lebensgeschichtlich erweitert.

Die Dialektik von aktionsbezogener totaler Identifikation mit etwas oder jemandem sowie des möglichen Wandels der Identifikationsobjekte und Handlungsstrategien integriert wohl am besten das Motiv Nachfolge als geschichtlich realisierte Verbindung von totaler Identifikation mit situationsoffenen Handlungsbereitschaften. An einen Repräsentanten solcher Nachfolge erinnern sich die Jugendlichen vielleicht, an Abraham. Allerdings könnte der mutige Aufbruch des Abraham (Gen. 12,3) eher als Gehorsamsakt ohne konkretes Engagement für etwas verstanden werden, weil Abraham jedenfalls nicht deutlich für eine bestimmte Sache tätig wird. Im Unterschied dazu bieten die beiden Gleichnisse vom Schatz im Acker und von der Perle (Mt. 13,44–46) wertvolle Gegenstände des Engagements an, die zudem als Verbildlichungen für verschiedene geschichtliche Konkretionen der Nachfolge Jesu bzw. des Einsatzes für die Sache Gottes in der Welt stehen können.

Die Gleichnisse sind metaphorische Ereignisse, d.h. sie beziehen bildlich repräsentierte Ereignisfolgen so auf die Lebenswirklichkeit des Hörers, daß dieser sich mit Hilfe der Bilder neue Orientierungsmöglichkeiten vorstellen kann. Sie überlassen die geschichtliche Konkretion der neuen Sinnperspektive den Angeredeten, qualifizieren aber die Einbildungskraft. Diese Einsichten neuerer Gleichnisforschung[393] erlauben die Verwendung der Gleichnisse als symbolische Identifikationshilfen für Nachfolge. Die Schüler erleben in der Bildsprache: bei der Nachfolge gilt es, alle vorhandenen Kräfte für ein sehr wertvolles Ziel einzusetzen. Die Ziele, d.h. die Konkretion der Sache Gottes bzw. Jesu, wandeln sich mit den geschichtlichen oder biographischen Umständen. Dies kann der Unterricht je nach verfügbarer Unterrichtszeit an Beispielen gelebter Nachfolge verdeutlichen. Besonders bei den Beispielen aus Bibel und Kirchengeschichte sind Idealisierungen durch Hervorhebung von Einseitigkeiten und Schwächen zu vermeiden. Den Beispielen aus der Überlieferung sollten zumindest teilweise analogisierbare Beispiele aus der Gegenwart folgen und entsprechende Handlungsmöglichkeiten der Jugendlichen zur Sprache kommen. Die Analogien brauchen und können nicht an der geschichtlichen Konkretion der Nachfolge, sondern in ihrer Qualität, d.h. im Einsatz für Gerechtigkeit, Frieden, Freiheit und Glauben der Menschen gesucht werden.

Von paradigmatischem Wert aus der Geschichte sind die folgenden Gestalten, deren Behandlung – je nach Zeit – in erster Linie zu empfehlen ist: Paulus und Petrus (auch ihre Auseinandersetzung), Franz von Assisi, Martin Luther, Friedrich Bodelschwingh, Dietrich Bonhoeffer (oder Pater Maximilian Kolbe, Alfred Delp, Paul Schneider), Martin Luther King (gegebenenfalls Gandhi). Die meisten der Genannten mußten wegen ihres Engagements leiden, zumindest Verachtung und Spott auf sich nehmen. Den großen Erfolg ihres Einsatzes (Schatz im Acker, Perle) konnten sie nur selten, oft gar nicht erleben, sondern nur den bleibenden Wert erhoffen und glauben. Dieser Gesichtspunkt ist gerade für die anerkennungsbedürftigen Jugendlichen wichtig. Außerdem sollte immer wieder die Verbindung von außergewöhnlichem Handeln der »Klassiker« zu alltäglichen Verhaltensweisen gezeigt werden, die unauffällig Nachfolge – auch unter Jugendlichen – sein wollen. Schließlich kann eine kritische Beschäftigung mit hochbewerteten »Idolen« unserer Zeit (Stars, Politiker, Sportler, sonstige Erfolgreiche) und kleinen Alltagsvorbildern das Unterscheidungsvermögen schärfen.

Mit der Ausweitung der Lebens- und Sinnperspektive auf die eigene Vergangenheit (was war ich, wie bin ich geworden?) und auf die Möglichkeiten und Nötigungen der Zukunft erleben die Jugendlichen Grenzen, Scheitern und Ängste. Die Vergangenheit zeigt sich bereits als Zeit genutzter und verspielter Möglichkeiten; die Zukunft erscheint eher düster, wenngleich einige Lebensmöglichkeiten und -ziele der Erwachsenen eine große Anziehungskraft ausüben. Die Angst, es nicht zu schaffen oder zu spät zu leben, ist verbreitet.

Traditionelles christlich-paränetisches Symbol des Lebenslaufs ist das Bild der zwei Wege, von denen der mühseligere in das Himmelreich, der angenehmere zur Verdammnis führt.[394] Das Bild hat gewiß vielen Generationen bei einer sittlichen Bewertung von Handlungsmöglichkeiten geholfen und verantwortliche Lebensplanung erleichtert. Der pädagogische Vorzug wurde aber mit einer Vergesetzlichung bestimmter Lebensformen und mit lebensfeindlicher Moralisierung erkauft. Gottes Reich und menschliches Leben rückten auseinander; ersteres wurde zum Fernziel, letzteres zum Feld der Bewährung im

Leid und zum Ort des Verzichts auf Lebensfreuden. Eine Symbolisierung des Lebens als verdankte Möglichkeit, als Beginn eines Lebens in der Liebe und der Freude Gottes, ist neu zu entdecken. Ich schlage hierfür Psalm 139, 1–18 + 23–24 vor. Der Psalm thematisiert in vielen Bildern den alltäglichen Lebensvollzug (V 1–6), die Versuche des Ausbruchs, des Rückzugs, der Flucht und Angst (V 7–12), die eigene Herkunft und das Wachsen (V 13–15) und die Gegenwart mit ihren Zukunftsperspektiven (V 16–18); er endet mit der Frage nach dem rechten Weg, ohne in eine moralisierende Bewertung von Lebensmöglichkeiten zu verfallen. Lehrer und Schüler dürften kaum Schwierigkeiten haben, jeden Vers des Psalms mit Alltagsereignissen zu konkretisieren, d.h. den Psalm fortzuschreiben.

Da der Psalmtext kontemplativ die individuelle Existenz beschreibt und zudem hauptsächlich verborgene innere Vorgänge anspricht, wäre es falsch, ihn unvermittelt in den Unterricht einzubringen und als Text zu interpretieren bzw. festzuschreiben. Rückblicke auf das eigene Leben, Erwägungen zur Zukunft und Beschreibungen innerer Vorgänge müssen zuvor stattgefunden haben. Die symbolische Integration durch die Gottesbeziehungen setzt die Aufmerksamkeit auf die inneren Stimmen (Bewertungen, Ängste, Hoffnungen) voraus. Anlaß hierzu könnte das Thema Gewissen sein, bei dem Erfahrungen des guten und schlechten Gewissens, von Schuld und Scheitern, berichtet und mit Gottes Zuwendung in Beziehung gesetzt werden.[395] Ein anderer thematischer Einstieg wäre die Frage »Wo komme ich her, wo gehe ich hin?«. Bilder[396] oder Geschichten[397] geben auch hier Anstöße zu Rückblick und Zukunftserwägung.

Den 139. Psalm kann man vertonen, umdichten, bebildern, pantomimisch darstellen – er sollte jedenfalls in irgendeiner Form im Klassenraum sinnlich erfahrbar werden. Aus diesem symbolischen Hintergrund erwachsen Interpretationsgesichtspunkte zu Fragen und Praktiken realisierten Lebenssinns, zu Sterben, Tod und Auferstehung, zu freundschaftlicher Beziehungsgestaltung und zum Verlust von Beziehungen. Die biblisch-christlichen Interpretamente hierzu lassen sich gut mit anderen Überzeugungen vergleichen, auch mit säkular-skeptischen Alternativen.[398]

Erfahrungen mit Beziehungen zu anderen: Beziehungskonzepte von Jugendlichen

Die Untersuchungen zur sozial-kognitiven Entwicklung kommen übereinstimmend zu dem Ergebnis, das Jugendliche nicht nur eine volle Wechselseitigkeit der Perspektivenwahrnehmung und des Einfühlungsvermögens, sondern auch die Fähigkeit erworben haben, eigene und fremde Verhaltensweisen und Absichten vom Standpunkt der Allgemeinheit aus zu betrachten.[399] Familienbeziehungen und Beziehungen zu anderen sind damit nicht mehr nur von unmittelbar interaktionsbedingten Bedürfnissen, Verpflichtungen und Ansprüchen abhängig; sie müssen sich auch an allgemeingültigen normativen Mustern messen lassen. Dies bedeutet nicht, daß Verbindlichkeiten aus interpersonalen Beziehungen immer den allgemein gültigen Normen untergeordnet werden; sie bedürfen freilich der Legitimation durch gruppenspezifische Muster. Die zunehmende formal-operatorische Denkfähigkeit ermöglicht die Konzeption von Widersprüchen zwischen gruppenspezifischen und allgemein gültigen Normen sowie eine gruppenspezifische Zuordnung von normativen Mustern. Wahrnehmung und Entscheidung von Norm- und Wertkonflikten werden nun unvermeidlich. Schwierigkeiten kann man durch Abwertung von normsichernden Gruppen (z.B. Polizei, Kirche, Behörden) oder durch Umdefinition von moralisch geregelten Situationen und durch Leugnung von Verantwortlichkeit mindern.[400] Jedenfalls wird der Unterschied zwischen allgemeingültigen Konventionen oder Normen und gruppenspezifischen Verbindlichkeiten verstanden, wobei »außermoralische« Konventionen – wie Anrede, Kleidung – zunächst als willkürlich, später als gesellschaftsbedingt betrachtet werden.[401]

Verläßt man sich auf die Themen und Inhalte problemorientierter Unterrichtsangebote zu Familienbeziehungen, müßten die 13–16jährigen in schärfsten Konflikten mit ihren Eltern leben.[402] In der Tat finden sich häufig Berichte über Reibereien wegen Kleidung, Haartracht, Ausgehzeiten, schulischem Lernen und Aufräumen bzw. Ordnung halten. Die meisten neueren Untersuchungen konstatieren hingegen ein positives Familienklima und eine weitgehende Übereinstimmung zwischen Wert- und Erziehungsauffassungen von Eltern und Jugendlichen.[403] Schwerwiegende Konflikte und Aggressionen scheinen sich hauptsächlich in Familien mit machtorientierten oder permissiven Erziehungsmustern zu ergeben. Demokratische, autoritative (nicht autoritäre) und gesprächsbereite Eltern, wie sie in Mittelschichtsfamilien dominieren, fördern Selbständigkeit, positive Selbstbilder, Normeninternalisierung und Geschlechtsrollenidentifikation bei ihren Kindern. Hier macht sich die realistische Relativierung der Elternautorität, die die Jugendlichen dank genauerer Einschätzung der allgemeinen Lage ihrer Eltern, ihrer Stärken und Schwächen sowie ihrer sozialen Positionen vornehmen,[404] nicht negativ bemerkbar. In Familien jedoch, in denen Kinder unter Zuwendungs- und Anerkennungsdefiziten litten oder durch machtorientierte Erziehungstechniken unselbständig gehalten wurden, entwickeln sich jetzt leichter Aggressionen und krisenhafte Ablösungsprozesse. Neben einem wahrgenommenen Mangel an realen Lebens- und Zukunftschancen dürften die genannten emotionalen Defizite und Zwänge eine Abwendung von der Familie und eine verstärkte Orientierung an sog. jugend-kulturellen Verhaltensstilen (Jugendzentrismus) begünstigen.

Der Lockerung der Beziehungen zu Eltern (und Geschwistern) korrespondiert naturgemäß eine Intensivierung und Differenzierung der Gleichaltrigenbeziehungen. In den engeren Beziehungen (Freundschaft) gewinnt das Moment der persönlichen Vertrautheit und Verbundenheit noch größere Bedeutung. Zwischen dem engsten Freund und anderen Freunden ist deshalb zu unterscheiden. Anteilnahme und Verständnis richten sich auf alle Freunde, aber seinen besten Freund meint man besser zu kennen »als alle anderen sogar als die Eltern«.[405] Ihm erzählt man alles, teilt alle Bedürfnisse und Gedanken, bespricht die intimsten Probleme und hilft nach Möglichkeit bei allen Schwierigkeiten und Schwächen – so lautet jedenfalls die altersspezifische Ideologie von Freundschaft. Die Jugendlichen wissen natürlich auch, daß die Erwartungen oft enttäuscht werden und deshalb viele Konflikte entstehen.

Verständnis, Wechselseitigkeit und Einfühlung vertiefen sich demnach in Freundschaften; die sonstigen Gleichaltrigenbeziehungen differenzieren sich stärker funktional. Zwischen Freundschaften und situationsbezogenen Handlungspartnern gibt es in der Regel noch eine Anzahl mehr oder weniger guter Bekannter, mit denen im Ausbildungs- und Freizeitbereich Kooperationen zustande kommen. Hier mischen sich sachbezogene und persönliche Kommunikationsinteressen. Aus dem Bekanntenkreis entwickeln sich meist die engeren Freundschaften. Bei Verhaltensunterschieden ist die Toleranz gegenüber Bekannten meist recht groß. Man relativiert in diesen Kontakten Konventionen und Moralvorstellungen zugunsten eines Konzepts der Selbstverantwortlichkeit und der Nichteinmischung.[406] Eine Tendenz zu egozentrischem Individualismus ist nicht zu übersehen.

Die sonstigen Beziehungen zu Gleichaltrigen und Erwachsenen werden zunehmend funktional betrachtet und konventionell geregelt. Hier stehen die Normen der gesellschaftlichen Handlungsbereiche in selbstverständlicher Geltung, wenn die (älteren) Jugendlichen nicht durch besondere Erfahrungen oder Lernprozesse auf Brüchigkeit bzw. Fragwürdigkeit von üblichem Verhalten in einzelnen Handlungsfeldern aufmerksam wurden. Darüber hinaus stellen der Bekanntenkreis und die sonstigen Gleichaltrigenbeziehungen das Forum für Selbstdarstellung und Erprobung eines eigenen Lebensstils dar, das allerdings von Familienzentrierten weniger intensiv genutzt wird als von Jugendzentrierten.[407] Für letztere wirken sich Peer-Group-Stile, -Symbole und -Bewertungen auch auf die persönliche Einschätzung von Schule, Arbeit und Familie aus.

Mit zunehmendem Alter sehen sich die Jugendlichen genötigt, ihre eigenen Werte und Verhaltensweisen zu bestimmen, offenzulegen und zu begründen. Sowohl die meisten Eltern als auch andere Erwachsene und Gleichaltrige erwarten heute eine eigenständige Lebensform, besonders was Interessen, Beschäftigungen, Verhalten und Geselligkeit und sogar die äußere Erscheinung betrifft. Nur wer den Eindruck von Selbständigkeit vermitteln kann, gilt etwas. Insofern hat sich die sozialpsychologische Situation der Jugendlichen gegenüber der Jugendzeit ihrer Eltern geändert, in der Familienkonformität noch vorausgesetzt wurde. Der Einwand, eine deutliche Eigenständigkeit lasse sich normalerweise erst ab dem 15./16. Lebensjahr feststellen, trifft zu, kann aber nicht eine innere Orientierung der 13/14jährigen auf jugendspezifische Gruppenstile, Symbole und Konsumangebote verdecken. Die Fan-Clubs (Musik-Star-Motorrad) rekrutieren sich zum Teil aus dieser Altersgruppe. Die profitorientierten Jugendzeitschriften mit ihren Berichten von Stars, Musikgruppen, Konsum-, Freizeit- und Sex-Informationen haben hier einen großen Leserkreis. Das Bedürfnis nach Anerkennung begünstigt eine Orientierung an dem, was als Lebensstil und Genußprivileg von Älteren erscheint.

Über Stilelemente der gesamten Jugendkultur (Musik, Party, Mofa, Buttons, Jugendsprache usw.) und subkulturelle Varianten wurde oben schon gesprochen. Es genügt hier der Hinweis, daß traditionelle formelle Gruppen − einschließlich der kirchlichen Jugendgruppen und engagierter Protestgruppen − sich vorwiegend aus Jugendlichen der alten und neuen Mittelschicht zusammensetzen,[408] die höhere Bildungsabschlüsse anstreben.[409] Fan-Clubs verschiedener Art ziehen meist angepaßte Jugendliche aus unteren sozialen Schichten an. Schlecht angepaßte Unterschichtjugendliche machen derzeit die Mehrzahl der Punker, Rocker und anderer gewalttätiger Gruppen aus. Die sog. Popper o.ä. geben hauptsächlich Unterschichtmädchen eine Chance, Lebenserfolg zu demonstrieren.[410]

Neben und im Zusammenhang mit den jugendkulturellen Orientierungsmustern bieten die Konsumgüterindustrie und die Massenmedien relativ rasch wechselnde Beschäftigungen und Güter an, mit deren − manchmal bewußt verfremdender − Aneignung Eigenständigkeit demonstriert und Handlungsalternativen gewonnen werden können. Das Angebot bezieht sich neben den genannten jugendkulturellen Stilelementen hauptsächlich auf Freizeitbedürfnisse und auf die äußere Erscheinung.

Die Sehnsucht nach Anerkennung, Eigenständigkeit, Ganzheit (Identität) und Erlebnissteigerung läßt besonders psychisch benachteiligten Jugendlichen die Lust- und Genußprivilegien der Erwachsenen attraktiv erscheinen. Das Drogenangebot der Umwelt, besonders Alkohol und Tabakwaren, sind immer noch die verbreiteten Symbole der erreichten Selbständigkeit. Früh entstandene Konsum- und Verwöhnungsbedürfnisse verstärken die Drogengefährdung. Der Kontakt mit entsprechenden Gruppen, das Gefühl, von ihnen ernstgenommen zu sein, geben dann meist den Anstoß und die Gelegenheit zum Konsum von Rauschdrogen. Der Einstieg vollzieht sich häufig mit 13/14 Jahren.[411] Der Religionsunterricht kann gewiß nicht therapeutisch, jedoch durch Information zumindest präventiv wirken und auf Hilfsangebote hinweisen.

Die 13−16jährigen müssen ihre Geschlechtsrollen akzeptieren und in ihre verschiedenen Beziehungen einordnen. Dabei erproben sie Verhaltensmuster und Normen aus ihrer Umgebung. Durch die Erfahrung öffentlicher Hochschätzung körperlicher Schönheit und Leistungsfähigkeit, durch die herrschenden Leistungs- und Erfolgsideale geraten sie leicht unter einen Prestigedruck, der eine Funktionalisierung der sexuellen Antriebe begünstigt und eine Vermittlung mit der eigenen Emotionalität und mit der möglicher Beziehungspartner erschwert. Insgesamt hat die Liberalisierung der Sexualnormen zu größerer Offenheit und stärkerer zwischenmenschlicher Sensibilität geführt. Dennoch ist in einigen − oft traditionell christlichen − Elternhäusern Sexualität immer noch tabuisiert, heterosexuelle Kontakte werden erschwert. So ist in den Klassen mit einem breiten

Spektrum von Verhaltensweisen zwischen verklemmter Prüderie, Neugier und demonstrativen Protzverhalten zu rechnen. Ängste, sich lächerlich zu machen (bei Jungen) oder »ausgenutzt« zu werden (bei Mädchen), sind verbreitet. Oft leiden die Jugendlichen selbst unter Diskrepanzen zwischen ihren intensiven Gefühlen und ihren kommunikativen Fähigkeiten. Außerdem sind sie meist noch so auf sich selbst bezogen, daß sie die Emotionalität anderer falsch einschätzen bzw. nicht angemessen reagieren können. Der Religionsunterricht, der ja an der Last christlicher Sexualunterdrückung mitzutragen hat, nützt den Jugendlichen weder durch eine Apologetik der Vergangenheit oder liberal kaschierte Normierungsversuche (»Unter welchen Voraussetzungen ist vorehelicher Geschlechtsverkehr erlaubt«), noch durch unreflektierte Traditionskritik oder sexuelle Aufklärung. Er sollte hingegen symbolische Muster und Handlungsmöglichkeiten erschließen, die eine beziehungsfreundliche Integration der Sexualität in die Gesamtpersönlichkeit und eine Differenzierung der Wahrnehmung von Gefühlen anderer fördern.

Erfahrungen mit Beziehungen zu anderen: Zentrale Symbolik und mögliche Lernwege

Das zentrale christliche Symbol zur Regelung von Beziehungen ist – auch im allgemeinen Bewußtsein – im normativen Kriterium »Nächstenliebe« begrifflich gefaßt. Der Begriff wirkt indes so formalisiert und verschwommen, daß trotz und wegen der üblichen Identifikation von Christentum und Nächstenliebe die Neigung verständlich ist, auf ihn zu verzichten. Dies wäre allerdings ein Fehler, denn der Begriff ist gesamtkulturell und ideologisch so fest verankert, daß eine Ignorierung an seinem Klischeecharakter nichts ändern würde. Zudem steht kein Ersatzkonzept zur Verfügung. Es bleibt nur der Versuch einer Rekonstruktion des begrifflichen Symbols im neutestamentlichen Sinn.[412] Im Neuen Testament wird Nächstenliebe nicht etwa begrifflich definiert, sondern das mit einer begrifflichen Definition gesuchte Ausschließungskriterium (»Wer ist mein Nächster« - und wer nicht? Lk 10,29) durch gleichnishaft verwendete Alltagsinteraktion negiert. Die Frage, wer der Nächste ist, dem die Liebe gelten solle, dreht sich in der Beispielerzählung vom barmherzigen Samariter gegen den Fragenden oder potentiell Handelnden als Aufforderung zu prüfen, ob er die konkreten Bedürftigkeiten wahrnehme, die sein unmittelbares Handeln erforderlich machen. Das Gebot »Liebe deinen Nächsten wie dich selbst« konkretisiert sich zu »Werde zum Nächsten für den, der dich braucht« – ohne Wenn und Aber, ohne Rücksicht auf jedes noch so gerechtfertigte Hindernis.[413] Jesus versucht mit dem Gleichnis die Destruktion des Klischees Nächstenliebe durch eine unmittelbar handlungs- und adressatenbezogene Rekonstruktion. Du hast nicht zu fragen, du bist gefragt und hast zu handeln. Das Gebot der Feindesliebe (Mt 5,43) ist so gesehen keine Verschärfung, sondern eine Konkretion der Handlungsanweisung: Gerade dein Feind braucht deine Hilfe zur Überwindung seiner Feindschaft.

Daß die Beispielerzählung von Anfang an ihren Sitz in der Katechese hatte[414] und bis heute ihre didaktische Position gewahrt hat, ist gewiß ihrer Plausibilität, Realitätsnähe und Anschaulichkeit zu verdanken. Die Kontrastierung der Gefühllosigkeit und Selbstbezogenheit angesehener Bürger mit der spontanen und uneigennützigen Hilfsbereitschaft des verachteten Fremden findet offensichtlich so viele Analogien in der Alltagserfahrung, daß die Geschichte immer wieder herangezogen und unmittelbar verstanden wird. Häufiger Gebrauch in der Schule kann sie dennoch abnützen, wenn sie nicht in der Lieblosigkeit des Alltags ihre erneuernde bzw. kritische Kraft erweist. Wenn die Geschichte trotz ihres häufigen Gebrauchs hier als zentrale Symbolik empfohlen wird, ist dies neben der angesprochenen inhaltlichen Einmaligkeit auch in ihrer Funktion als gesamtgesellschaftlich zugängliches Kommunikationssymbol begründet. In einer Zeit der Traditionsbrüche sind die wenigen gesamtgesellschaftlich verständlichen ethischen Integrationssymbole sorgsam zu pflegen.

Das Befremden, das Sigmund Freud über das Gebot der Nächstenliebe zum Ausdruck brachte,[415] sollte auch mit den Schülern besprochen werden. Denn die Zumutung dieses Gebots ist – wegen der kulturellen Verankerung des ideologischen Musters »Liebe« – oft nicht mehr spürbar. Freud wies darauf hin, daß wir nur das uns entsprechende bzw. uns selbst im anderen lieben können, was die Erfahrung des Liebenswerten am anderen einschließt. Wie aber soll man den Fremden lieben, der im allgemeinen nicht liebenswert ist, sondern seine Interessen durchsetzt und uns eher schadet als nützt? Da Fremdes eher Haß als Liebe in uns auslöst, nötigt das Gebot zu ständiger Selbstverleugnung und Verdrängung aller negativen Gefühle. So gesehen wäre das Nächstenliebegebot nicht nur unrealistisch, sondern unmenschlich. Erich Fromm hat demgegenüber festgestellt, daß Liebe etwas wesentlich anderes sei als der Affekt, von einem anderen angetan zu sein.[416] Liebe zum anderen und zu uns selbst sei keine Alternative. Vielmehr werde man eine sich selbst gegenüber liebevolle Haltung bei denjenigen feststellen, die der Liebe zu anderen fähig sind. Die Liebe zu meinem Ich sei untrennbar mit der Liebe zu jedem anderen Ich verbunden und von der Selbstsucht zu unterscheiden, die alles und jeden für die eigenen Bedürfnisse ausbeutet. Liebesfähigkeit setzt ungeteilte Liebeserfahrung voraus, Selbstsucht ist Folge von Zuwendungsmangel.

Im barmherzigen Samariter begegnet ein Mensch, der sich dem Fremden gegenüber liebevoll verhält, indem er dessen Bedürftigkeit wahrnimmt und ihm aufhilft. Er kann nicht wissen, ob er im Hilfsbedürftigen einem potentiellen Gegner oder Konkurrenten begegnet, der später negative Gefühle in ihm auslösen könnte. Dennoch wäre bei ihm ein Vorbeigehen am ehesten verständlich, weil der Überfallene ja wohl der jüdischen Volksgruppe angehört, die den Samariter diskriminiert. Offensichtlich spielen solche Erwägungen in der Situation der Not keine Rolle. Der liebesfähige Mensch braucht in diesem Fall keinen Haß zu verdrängen, weil er nur den hilfsbedürftigen wahrnehmen kann. Aber selbst wenn er einen bekannten Feind vor sich sähe, würde seine Liebe seinen Haß überwinden, nicht verdrängen. Der Liebesfähige kann auch seine negativen Gefühle zulassen, weil er die innere Sicherheit hat, mit ihnen umgehen zu können. Das Gebot der Nächstenliebe verlangt zudem nicht, selbstsüchtige Akte anderer zu lieben oder zu billigen, sondern im Selbstsüchtigen dessen elementare Liebesbedürftigkeit zu bemerken.

Ein theoretisches Erarbeiten der Diskussion um Nächstenliebe ist frühestens im 9./ 10. Schuljahr am Platz. Die 13/14jährigen müssen religiös-moralische Konzepte immer noch an Handlungssituationen ihres Nahbereichs, in denen ihnen die verbreiteten Handlungs- und Deutungsmuster geläufig sind, gewinnen. Zudem setzt die Einsicht in die fundamentale Bedeutung der Liebeserfahrung für die Liebesfähigkeit die Rekonstruktion von Lebensgeschichten bereits voraus, womit die Jüngeren eben gerade im Blick auf sich selbst beginnen. Demzufolge sollte der Religionsunterricht zunächst den in der Beispielgeschichte vom barmherzigen Samariter induzierten Perspektivenwechsel – von unverbindlicher Menschenfreundlichkeit zur Wahrnehmung konkreter Bedürftigkeit – in den Handlungsfeldern der Jugendlichen durchspielen bzw. mit Hilfe der Geschichte symbolisch initiieren. Dazu eignen sich verschiedene Konflikte mit Eltern, Mitschülern, Freunden und Bekannten. Noch einmal ist zu unterstreichen, daß die Schüler hier nicht angehalten werden sollen, die eigenen Bedürfnisse und Interessen zu verleugnen, sondern im Rahmen zumutbarer Gemeinschaftsordnungen zu vertreten. Sie sollen sich aber gleichzeitig für die tieferliegenden Bedürfnisse und Ansprüche ihrer Konfliktpartner oder -gegner öffnen und lernen, den anderen zu sehen sowie dessen Bedürftigkeit in die eigenen Emotionen und Handlungsmöglichkeiten einzubeziehen.[417] Das Zusammenleben in der Schulklasse und in der Schule kann auch gesondert zur Sprache kommen, weil hier sich häufiger Bedürftigkeit von gleichsam fremden und doch einbezogenen Interaktionspartnern ergibt. Die Einfühlung in andere – wie oben ausgeführt bei Freunden zumindest ideologisch selbstverständlich – ist für Bekannte und Fremde noch zu lernen. Das weitgehend formalisierte Interaktionsfeld des Straßenverkehrs kann sowohl unter sozialstrukturellen Gesichtspunkten (s. folgendes Kapitel) als auch hier zur Sprache kommen. Hier wäre es Übungsfeld zur Ermittlung von Bedürftigkeit hinter egoistischem oder betont ordentlichem Verhalten.

Die Symbolik der Beispielgeschichte läßt sich in verschiedener Weise für die Erfahrung der eigenen Geschlechtlichkeit, für die damit verbundenen Wünsche und Gefühle sowie für die diesbezüglichen Beziehungsprobleme fruchtbar machen. Entsprechende inhaltliche Vorschläge finden sich trotz der Verbreitung des Themas »Liebe« o.ä. bisher nirgends. Die Schüler könnten z.B. ihre eigenen unterschiedlichen inneren Bestrebungen und Widerfahrnisse mit verschiedenen Personen der Geschichte identifizieren, d.h. jedem entsprechende Gedanken zuschreiben. Vor dieser wohl komplexesten Form symbolischer Verarbeitung wäre sicher eine Identifikation der eigenen emotionalen Situation in Beziehung zu realen Freunden oder Wunschpartnern mit einer Person des Gleichnisses angebracht. Ich fühle mich als der unter die Räuber gefallene, als Priester . . . Levit . . . Samariter. Imaginäre Gespräche zwischen den einzelnen Figuren dienen gegebenenfalls als Brücke zwischen der einfacheren Symbolisierung von interpersonalen Verhältnissen zu der schwierigeren Form eines Dialogs unterschiedlicher individueller Anteile. Texte und andere Darstellungen von Erfahrungen, Wünschen und Bedürfnissen helfen bei einer verschlüsselten Artikulation der eigenen Lage, weil gerade die Jüngeren zu einer offenen Aussprache oft noch nicht fähig sind. Daher sollte auch kein Schüler gezwungen sein, seine Art der Verknüpfung zwischen Gleichnis und Gefühlen öffentlich zur Diskussion zu stellen. Ausgangspunkt des Klassenunterrichts können fiktive innere Dialoge sein.

Die Schüler des 9./10. Schuljahrs sollten sich nach Möglichkeit auch mit Interaktionsproblemen beschäftigen, die nicht in ihrem unmittelbaren Erfahrungsbereich liegen müssen, jedoch gesamtgesellschaftlich bedeutsam sind und dem einzelnen irgendwie später oder früher begegnen können. Paradigmatische Funktion haben Themen wie: Alte Menschen, Umgang mit Sterbenden, Aus Mitleid töten (Euthanasieproblem), Umgang mit Behinderten, Situation von Ausländern und Arbeitslosen erhalten.[418] Bei der Auswahl wird der Lehrer das Angebot nahestehender Unterrichtsfächer (Gemeinschafts-, Sozialkunde, Deutsch) berücksichtigen, um Verdoppelungen zu vermeiden. Sollte das »Symbol« Barmherziger Samariter abgenutzt erscheinen, gibt die Jesusüberlieferung genügend andere Beispiele zu analoger Explikation der Nächstenliebe. Die oben skizzierte theoretische Erörterung des Gebots sollte bei kontinuierlichem Unterricht in den oberen Klassen möglich sein.

2. Zweite Zielperspektive:

Gerechtigkeit und Friede – Erschließung der politisch-sozialen Dimension des Glaubens (Reich Gottes)

Bei Anwendung von formal-operatorischem Denken tritt das Ungenügen einer person- und motivbezogenen Analyse und Darstellung politisch-sozialer Verhältnisse zutage. Dennoch werden die meisten Schüler nicht schon ab dem 7. Schuljahr von sich aus dieses Ungenügen empfinden. Ohne zwingende Lehranlässe pflegt man vertraute Denk- und Handlungsmuster anzuwenden, besonders auf solche Gegenstände, die einen selbst nicht unmittelbar zu betreffen scheinen. Fragen nach strukturellen Kausalitäten und nach dem Zusammenwirken unterschiedlicher Bedingungen subjektiver und objektiver Art stellen sich nicht von selbst, sondern setzen eine erfahrungsbezogene Begriffsbildung voraus. Formale Denkstrukturen bedürfen der Vermittlung über inhaltlich qualifizierte Konzepte, selbst wenn ihre Anwendung in personnahen Erfahrungsbereichen schon geübt ist.[419] Dem Religionsunterricht kommt natürlich nicht die Aufgabe einer Vermittlung angemessener politisch-sozialer Begriffe zu. Er muß an die Leistungen der Gemeinschaftskunde anknüpfen. Er kann aber zeigen, in welcher Weise religiös-moralische Momente die Gestaltung vorhandener Motive, Handlungsmuster und objektiver (sozialer) Strukturen beeinflussen bzw. zum Nachdenken darüber veranlassen, in welcher Weise sie dies alles beeinflussen sollten. Da der Geschichts- und Gemeinschaftskundeunterricht nicht jeden der denkbaren Gegenstände aus Geschichte und Gegenwart für den Religionsunterricht vorbereitend bearbeiten kann und zudem eine ständige Wiederaufnahme von Bekanntem die Schüler langweilt, ist eine auf die spezifische Aufgabe des Religionsunterrichts bezogene Vermittlung von Strukturbegriffen durchaus statthaft. Außerdem sind die religiösen Motive nur in geschichtlich-sozialen Zusammenhängen greifbar. Eine ideengeschichtliche Behandlung würde einer Ideologisierung Vorschub leisten. Daher müssen die zentralen Motive (z.B. Gerechtigkeit und Frieden) in geschichtlicher Konkretion zur Anschauung gelangen. Um der didaktischen Überschaubarkeit willen ist es sinnvoll, sie als politische (im engeren Sinn), soziale (im engeren Sinn) und gattungsgeschichtliche Konstitutiva zur Diskussion zu stellen, d.h. – wie im ersten Band erläutert – drei Dimensionen bei den inhaltlich-methodischen Vorschlägen zu unterscheiden. Bei der psychologisch orientierten Beschreibung der Schülervoraussetzungen läßt sich eine solche Trennung allerdings nicht vornehmen, da die vorliegenden Untersuchungen nur allgemein der Entwicklung von politisch-sozialem Denken und Handeln gewidmet sind.

Politisch-soziale Dimension des Glaubens: Schülervoraussetzungen

Empirische Untersuchungen über die Konzeptualisierung politischer Strukturen durch Jugendliche sind selten. Die hin und wieder auftauchenden Berichte über das angeblich politische Un- oder Falschwissen beruhen auf Befragungen zu einzelnen Daten oder Ereignissen und geben daher nur Auskünfte über Art und Intensität des Mediengebrauchs und über die Merkfähigkeit. Außerdem verschüchtern Fragen nach Einzelwissen die weniger Kenntnisreichen und hindern sie somit an der Darstellung ihrer politischen Konzepte.

Folgt man dem Konzept eines schrittweisen Aufbaus von Isomorphie zwischen inneren und äußeren Strukturen (R. Oerter), ist mit einem altersabhängigen Zuwachs an Strukturwissen bei gleichen politischen Rahmenbedingungen zu rechnen, während andere Faktoren wie Geschlecht, Intelligenz und soziale Herkunft nur temporären Einfluß haben dürften. In der Tat kommt eine recht umfangreiche Untersuchung über Jugendliche zwischen 10 und 18 Jahren in den USA, Westdeutschland und Großbritannien auf der Basis informeller Interviews zu eben diesem Ergebnis,[420] wobei sich bei den relativ ähnlichen politischen Verhältnissen auch die nationalen Unterschiede in Grenzen hielten.

Die wichtigsten Ergebnisse der Untersuchung bestätigen erwartungsgemäß eine zunehmende Adäquatheit der politischen und sozialen Vorstellungen mit dem Erwerb des formal-operatorischen Denkens. Während die Jüngeren die Bedeutung von Gesetzen auf einzelne ihrer Umgebung beziehen, dehnen die Mittleren sie auf alle Gesellschaftsmitglieder aus, die Älteren formulieren dann explizit die gesamtgesellschaftliche Funktion. Ebenso werden Institutionen und Prozesse von den Jüngeren durchgehend personalisiert (Gesetze = Polizisten, Richter; Regierung = Führer u.ä.) und auch in ihrer Wirkung auf einzelne Personen bezogen, während mit beginnender Abstraktion Personengruppen bzw. Kollektive in Beziehung treten, um schließlich abstrakten Begriffen wie Organisationen, Macht- und Rechtsverhältnissen Platz zu machen.[421] Entsprechend ändert sich die Zeitperspektive. »Beim Nachdenken über politische und soziale Fragen hat das Kind kaum Sinn für Geschichte und kein präzises und differenziertes Gefühl für die Zukunft«.[422] Zunächst, so Adelson, entwickle sich in der Erwägung über Handlungs- und Gesetzesfolgen die Zukunftsperspektive, während der Blick in die Vergangenheit noch lange auf biographische und personalistische Sichtweisen beschränkt bleibe. Erst in der zweiten Hälfte der Adoleszenz (zwischen 15 und 18 Jahren) würden geschichtliche Bedingungen mitreflektiert, aber selbst bei vielen Älteren sei der Sinn für Geschichte unterentwickelt. Der Befund erscheint jedoch allzu negativ. Denn die Aufgabe, die von den Interviewten zu lösen war, – auf einer einsamen Insel im Pazifik war eine neue Gesellschaft zu gründen – schloß über die biographische Rückfrage nach den gewachsenen Vorstellungen der Neuansiedler eine geschichtliche Perspektive aus. Es läßt sich durchaus annehmen, daß sich in einer personbezogenen Antwort Rückfrage bereits geschichtliches Denken verbirgt.

Bei Fragen nach den Motiven und nach der Beeinflußbarkeit von Personen schließen Kinder global vom Verhalten auf Charakter oder auf Autorität. Menschen handeln so, wie sie sind: Wer selbstsüchtig handelt, ist selbstsüchtig, und wer stiehlt, ist ein Dieb. Charakter scheint Schicksal zu sein. Andererseits können Gesetze und Polizei den Menschen zu einem anderen Verhalten zwingen. Das Vertrauen auf die Wirksamkeit der Ordnungen ist noch naiv. Bereits am Ende der frühen Adoleszenz, mit etwa 15 Jahren, zeigen die Jugendlichen viel Scharfsinn in der Rekonstruktion von Motiven. Langsam setzt sich die Einsicht durch, daß Menschen aus unterschiedlichen und widersprüchlichen Motiven handeln und nicht immer Herr ihrer selbst sind. Entsprechend schwindet das naive Zutrauen in die Autorität der Gesetze. Man kann sich aus unterschiedlichen Motiven widersetzen, nicht gehorchen oder Regelungen unterlaufen. Ein Gespür für andere Mittel der Politik ist vorhanden.

Beurteilung und Bewertung politisch-sozialer Prozesse äußern sich bei Kindern in globaler Zustimmung oder Ablehnung, deren Begründung sich in einem undifferenzierten sittlichen Wert oder in einem pragmatischen Rekurs auf die Durchführbarkeit erschöpft. Bereits in den ersten Jahren der Adoleszenz setzt hypothetisch-deduktives Denken ein. Die Folgen werden differenziert bedacht, Kosten und Nutzen abgewogen, die Lage unterschiedlicher Betroffener einbezogen. Die Älteren machen Entscheidungen und Beurteilungen von Bedingungen abhängig, bezweifeln die Voraussetzungen von entweder/oder-Alternativen, schlagen Änderungen und Kompromisse vor. Der Absolutismus der Kindheit macht einem moralischen und begrifflichen Relativismus Platz.[423]

Dieser Wandel hat seine Parallelen in der Einschätzung der Autorität von Gesetzen, Regeln, Institutionen und Ämtern. Das Kind betrachtet sie vorwiegend als Garanten zur Bändigung von Unrecht und zur Verhinderung von Chaos. Die Einstellung des Kindes zu Regierung und Gesetz sei vertrauensvoll unkritisch und fügsam, während Parteien gegenüber ein vages Mißtrauen herrsche. »Es ist so, als ob Regierung und Gesetz am ›Sakralen‹ teilhaben, während Parteipolitik profan, weltlich ist – und damit potentiell korrupt«.[424] Adelson gibt dafür eine psychodynamische und eine kognitive Erklärung. Das Kind übertrage das häusliche Vertrauen auf den öffentlichen Bereich, bzw. seine bestimmenden Autoritäten. Es fehlten ihm außerdem die kognitiven Mittel zur Beurteilung des Rechten, weil es noch keine Rechtsprinzipien (Selbstbestimmung, Minderheitenschutz, Religionsfreiheit) konzipieren könne. Beide Erklärungen sind theoretisch gesichert. Das eigentümliche Mißtrauen gegenüber parteipolitischen Kontroversen erklärte sich ebenfalls aus der Suche nach einer verläßlichen Handlungsorientierung. Indessen können lerntheoretische Überlegungen noch eine andere Perspektive eröffnen. Die Erzieher dürften durch positive Äußerungen über politische Ordnungen und Gesetze und durch negative über Parteiengezänk dem kindlichen Autoritarismus in die Hände arbeiten. Die Frage ist dann, welche Elemente neben den lebensgeschichtlichen Ablöseprozessen sowie einer Ausdehnung und Differenzierung formal operatorischen Denkens den Rückgang des Autoritarismus und die Entstehung moralischer Rechts- und Sozialprinzipien fördern. Denn für die

Annahme, daß aus der strukturellen Entwicklung des moralischen Denkens mit Notwendigkeit Prinzipien hervorgehen (Kohlberg), spricht wenig.[425] Zweifellos nötigt die Beschäftigung mit politischer Praxis, wie sie auch durch den Geschichts- und Politikunterricht gewährleistet ist, zu einer Änderung der kognitiven Organisation. Aber auch die gelegentlich konflikthafte Begegnung mit öffentlichen Ordnungen legt die Suche nach Kriterien nahe, so daß bei Fünfzehnjährigen im allgemeinen von lose verbundenen Wertbegriffen in der Form eines nicht immer konsistenten impliziten Systems politisch sozialer Prinzipien ausgegangen werden kann. Sie sind meist an den leitenden formalen demokratischen Werten orientiert und wenig konkret. Naiver Idealismus findet sich gelegentlich, aber keineswegs verbreitet wie oft angenommen.[426]

Die bisher dargestellten Befunde konzentrieren sich auf relativ formale, allgemeingültige sozial-kognitive Entwicklungen. Insgesamt bestätigen alle neueren Untersuchungen darüber hinaus die Seltenheit eines ausgeprägten politischen Engagements im Alter zwischen 13 und 16 Jahren. Einige Jugendliche sind allerdings schon mit 14/15 Jahren politisch interessiert und entsprechend informiert. Die Unterschiede sowohl an Einzelwissen wie an kognitiven Schematisierungen sind demzufolge groß. Das seltene politische Engagement erwächst nach Adelson meist aus intensiven religiös-moralischen Impulsen, und zwar links wie rechts. Rechtes Engagement identifiziere politische Ziele mit fundamentalistischen Werten. Politik sei hier die öffentliche Durchsetzung der Frömmigkeit als Kampf gegen die Verderbtheit. Linkes Engagement sei vom Schuldgedanken wegen der eigenen unverdienten Privilegien (oder der von anderen Gruppen) beherrscht. Politik diene der existentiellen Wiedergutmachung und Versöhnung, sei also Religionsersatz.[427]

Diese an den Hochmotivierten gewonnene Einsicht setzt psychodynamische Überlegungen voraus. Die Interviews, die Adelson in den sechziger Jahren durchführte, legten ihm eine ebenso psychodynamisch abgestützte Vermutung hinsichtlich der ideologisch-politischen Qualität des Denkens der durchschnittlich Motivierten nahe. Es ließen sich damals bestimmte Leitmotive unterscheiden, die mit einer gewissen Konsistenz alle Argumentationen eines Typs bedingten. Adelson schreibt: »Es gibt zum Beispiel die Politik der Abhängigkeit (die ungewöhnlich häufig in unserer deutschen Stichprobe auftritt), bei der die vorgestellte und beschriebene politische Welt um die Idee der Regierung als einer hilfreichen Elternfigur und des Bürgers als eines abhängig-empfangenden Kindes organisiert ist. Es gibt die Politik des Neides, des Ressentiments, die von der Überzeugung beherrscht wird, daß die Großen und Mächtigen ungerechterweise die Schätze der Welt für sich behalten. Und dann gibt es eine Politik der Macht, bei der wir eine vorrangige Beschäftigung mit Herrschaft und Kontrolle erkennen können. Diese Themen – Schuld, Abhängigkeit, Neid, Macht und zweifellos noch andere – scheinen aus einer Wechselwirkung zwischen den entscheidenden Werten im Milieu des Kindes und bestimmten Persönlichkeitsdispositionen hervorzugehen. Wenn sie stark genug sind, prägen sie die politische Wahrnehmung und liefern den Rahmen für die Organisation einer Ideologie«.[428]

Die Befunde würden heute nach dem Aufbruch der späten sechziger Jahre vielleicht zu modifizieren sein, auf wesentliche Veränderungen deutet nichts. Ein neues Element sind seitdem die Protestkulturen, die unmittelbar auf eine kleine Gruppe älterer Jugendlicher – meistens in Großstädten – einwirken, mittelbar aber eine kritische Sensibilität größerer Gruppen für die Themen Umwelt und Frieden geschaffen haben. Man sollte sich angesichts spektakulärer Berichte allerdings vor Überschätzungen hüten. Adelson hatte in einer auf den politischen Protest Ende der sechziger Jahre zielenden Nachuntersuchung Motivforschung betrieben und bei der überwältigenden Mehrheit eine antiidealistische und antiutopische Haltung festgestellt. Auch heute dürfte die Erwartung, daß in der mittleren Adoleszenz, wenn sich politische Urteilsfähigkeit gebildet, aber noch nicht völlig konsoldiert hat, kritische und reformerische Anschauungen entstehen, einer günstigen Einschätzung entspringen. Drei Veränderungsmotive konnte Adelson 1971 feststellen:

- ein law and order- und/oder Harmoniemotiv mit dem Ziel, Verbrechen, Aufruhr und Drogen zu verhindern.

- ein Überflußmotiv mit dem Ziel, jeden Mangel zu beseitigen.

- ein Gleichheitsmotiv mit dem Ziel, die wirtschaftlichen und rassischen Unterschiede auszugleichen.[429]
  Heute wären ein Umwelt- und ein Friedensmotiv hinzuzufügen.

Das auffällig geringe politische Interesse der Mehrheit und die wenig ausgeprägte Beschäftigung mit der sozialen und ökonomischen Ordnung signalisieren die Distanz der Jugendlichen (13—18 Jahre) zur gesellschaftlich-politischen Sphäre. Das Engagement von Minderheiten innerhalb der Altersgruppe erklärt sich noch weitgehend durch Einflüsse des Elternhauses. Eine Auseinandersetzung mit politisch-sozialen Gegebenheiten, die durch unmittelbare Betroffenheit motiviert wäre, ist noch kaum zu erwarten. Der Befund kann nicht verwundern. Kurt Lewin postulierte mit Hilfe seines feldtheoretischen Ansatzes[430] lange vor der modernen Diskussion über Jugendkulturen eine Zwischenstellung der Jugendlichen. Sie treten aus dem Bereich der Eltern heraus, bleiben aber ökonomisch und sozial abhängig; weder können noch müssen sie ihre Lebensverhältnisse selbst konstruieren. Ähnlich wie Angehörige abhängiger Randgruppen werden sie — was ihre Stellung in der gesellschaftlichen Entwicklung betrifft — zur »marginal person«. Sie sind als solche zwar als Konsumenten, nicht aber in ihrer sozialen Kreativität gefordert. Die Beschreibung trifft insbesondere für die 13—16jährigen zu. Die Älteren im sog. »postadoleszenten Stadium« (16/18 — Ende 20)[431] müssen sich heute — früher oder später — mit dem Aufbau einer ersten Lebensstruktur befassen, für die auch politisch-soziale Zusammenhänge bedeutsam sind. Die 13—16jährigen können sich bestenfalls innerlich auf dieses Stadium des »Jungen Erwachsenen« einstellen — eine Zukunftsorientierung, die am ehesten in den intellektuell beweglichen Mittelschichten anzutreffen sein dürfte.
Man hat wegen der marginalen Position die Lage der Jugendlichen häufig als besonders konfliktreich und in einem allgemeinen Sinn als entfremdet bezeichnet. Die empirischen Befunde bestätigen diese Hypothese nicht. Die große Mehrheit der Jugendlichen schätzt im Unterschied zu den Erwachsenen das Jugendalter positiv ein,[432] d.h. sie begreift die Marginalposition als Vorzug. Die Erweiterung der Konsum- und Erlebnismöglichkeiten und die Chance zu einer experimentellen Beziehungsgestaltung machen Abhängigkeit und Einflußlosigkeit vermutlich erträglich. Distanz zu politisch-sozialen Fragen ist eine negative Seite dieser Situation. Sie hat u.a. zur Folge, daß entsprechende Unterrichtsstoffe nur eine noch wenig greifbare, zukünftige Realität betreffen, im Blick auf Unterricht also tatsächlich Entfremdungserfahrungen fördern können. Die Komplexität der modernen politisch-sozialen Strukturen verstärkt diesen Effekt.
Wie die persönliche Lebensgestaltung so wird auch die politisch-soziale Welt als Produkt menschlichen Handelns verstanden. Während aber die große Mehrheit — wie oben gezeigt — den individuellen Lebenserfolg im wesentlichen von den eigenen Bemühungen abhängig macht, werden Gesellschaft und Politik zunächst als Produkt anderer Personen und Gruppen begriffen. Die Unmöglichkeit, selbst auf die Verhältnisse einzuwirken, kann ein Gefühl des Ausgeliefertseins und eine Dämonisierung bzw. religiöse Überhöhung politischer Kräfte begünstigen. Dies mag den Umstand erklären, daß die Annahme einer schicksalshaften oder göttlichen Geschichtsdetermination verbreiteter ist als die einer göttlichen Fügung im persönlichen Leben. Solche Überzeugungen bleiben dennoch auf eine kleine Minderheit beschränkt, verbreiteter ist die Erwartung eines gelegentlichen strafenden oder rettenden Eingreifens Gottes in Not- und Krisenzeiten — eine Spielart des oben dargestellten Gelegenheitsglaubens. Eine angemessene religiöse Interpretation geschichtlich-politischer Vorgänge ist demnach für alle Jugendliche schwierig. Die Rede vom göttlichen oder dämonischen Handeln in der Geschichte wird entweder im Sinn des

Gelegenheitsglaubens interpretiert oder als Beispiel der Behauptung supranaturaler bzw. metaphysischer Kausalitäten abgelehnt. Das Recht der Rede vom göttlichen, rettenden und segnenden, oder dämonischen, verwirrenden und zerstörerischen Wirken in der Politik setzt die Wahrnehmung der verselbständigten Folgen von Ideologien, Strukturen und Entscheidungen voraus, die im menschlichen Herzen und Denken modellhaft gewachsen sind. Gott und das Böse bewegen die Herzen und Gedanken derer, die politisch handeln. Sie müssen im Blick auf die Geschichte und die Zukunft der Menschen die Wirkungen ihrer Projekte bedenken und die inneren Stimmen bewerten lernen. Der Religionsunterricht muß also einerseits eine metaphysische Erklärung geschichtlich-sozialer Prozesse, insbesondere den damit verbundenen Gelegenheitsglauben, korrigieren und zur Prüfung der inneren Stimmen (Motive, Modelle, Interessen) anleiten. Er fragt zu diesem Zweck nach den göttlichen und dämonischen Kräften in den Herzen und Gedanken und untersucht ihre Wirkungen.

Politisch-soziale Dimension des Glaubens: Zentrale Symbolik

Ein Geschichtswirken Gottes, das menschliche Handlungsfreiheit nicht supranatural außer Kraft setzt, sondern in den Herzen und Gedanken zur Verantwortung ruft, kann nur im Medium des gewaltlosen Wortes und damit verbundener Handlungsweisen in der politischen Wirklichkeit eine Rolle spielen. Für das politische und soziale Handeln in Mahnung, Aufruf, Urteil und Verheißung steht in der biblisch christlichen Überlieferung die Gestalt des Propheten, der den Königen und Mächtigen mit Ermutigung und Kritik gegenübertritt. Die Überlieferung berichtet von prophetischen Gestalten seit Beginn des Königtums (Samuel, Nathan) bis zu Jesus, der im Rahmen seiner prophetischen Aufgabe die sozialen Implikationen des Reiches Gottes für das Zusammenleben exemplarisch verdeutlicht und deshalb mit den Mächtigen seiner Zeit und Umgebung den für ihn tödlichen Konflikt riskierte. Jesus überschreitet aber die Grenzen prophetischen Wirkens in mancherlei Hinsicht. Darum erscheint es nicht sinnvoll, ihn als zentrale Symbolfigur eines prophetischen Einsatzes für Frieden und Gerechtigkeit zu wählen. Es könnte sonst der Eindruck entstehen, die erlösende und versöhnende Tätigkeit Jesu erschöpfe sich in seiner politischen Funktion. Gelegentlich hat man allerdings auch Kritik an einer Festlegung der prophetischen Botschaft auf eine politisch-soziale Funktion geübt. Immerhin sind große Teile der Überlieferung Warnungen bzw. Anklagen wegen Götzendienstes. Dennoch trifft die Kritik nicht zu. Der Kampf um die Reinheit des Jahweglaubens ist keineswegs bloß religiöser Natur. Denn Religion und Politik sind in biblischer Zeit überhaupt nicht zu trennen. Fremdkulte und Kultmischungen in Israel — seien sie aus politischen Motiven eingeführt oder von den kanaanäischen Mitbewohner übernommen — repräsentieren wie in allen theokratischen Ordnungen des alten Orients politische und soziale Mächte; ihre Wirkungen auf die Beziehungen der Völker und auf die sozialen Ordnungen sind kaum zu unterschätzen.[433]

Welche prophetische Gestalt ist vor allen anderen geeignet, paradigmatisch alle wichtigen Züge des Handelns und der Existenz von Propheten zu verdeutlichen? Die Frage läßt sich so nicht beantworten. Fast von jeder Prophetengestalt weist die Überlieferung Besonderheiten aus, die nicht durch andere ersetzbar sind. Dennoch sind vier Elemente auszumachen, die für das Phänomen biblischer Prophetie charakteristisch sind, drei thematische Elemente der prophetischen Botschaft und das Element der prophetischen Beauftragung. Die prophetische Botschaft richtet sich erstens auf das Gottesverhältnis des Volkes und der Mächtigen in Israel, zweitens auf die Sozialordnung und drittens auf das Verhältnis Israels zu den Völkern. Die drei thematischen Elemente hängen zusammen, genauer: Fragen der sozialen Ordnung und der internationalen Beziehungen kommen zwar getrennt zur Sprache, keine der beiden aber ohne Bezug auf das Gottesverhältnis. Die von den Propheten eingeklagten »Prinzipien« Gerechtigkeit und Friede sind unmittelbarer Ausdruck des Gottesverhältnisses. Wenn dieses nicht in Ordnung ist, leiden beide Beziehungsqualitäten. Über die prophetische Beauftragung wird in Form von Visionen (Amos) und Berufungen, die Visionäres einschließen, berichtet. Sucht man nach einer repräsentativen Überlieferung, die alle vier Elemente anschaulich enthält und mit relativ wenigen anderen Gesichtspunkten belastet ist, sind zweifelsfrei die Propheten Amos und Jesaja an erster Stelle zu nennen.[434] Muß aus Zeitgründen zwischen den beiden Propheten entschieden werden, verdient Jesaja den Vorzug. Denn bei ihm finden sich die politischen und die sozialen Gestaltungsprinzipien Frieden und Gerechtigkeit in gleicher Anschaulichkeit, während bei Amos die Fragen der sozialen und kultischen Ordnung in Israel im Vordergrund stehen, allerdings vielleicht noch bilderreicher als bei Jesaja. Bei Amos fehlt aber die Beziehung zwischen internationaler Politik und dem Friedensmotiv. Das Schicksal von Nachbarvölkern ist zwar im Blick, doch ohne unmittelbaren Zusammenhang mit Israels Politik. Bei Jesaja sind alle Elemente einschließlich der Berufungsvision anschaulich entwickelt, weshalb er als die zentrale Symbolfigur empfohlen wird. Phänomene der politischen und der sozialen Welt lassen sich mit ihrer Hilfe kritisch durcharbeiten. Wo kontinuierlicher Unterricht stattfindet, sollte man auf eine gründliche Auseinandersetzung mit Amos dennoch nicht verzichten. Der Bilderreichtum sowie die Dramatik seiner Anklagen und Visionen, die Fürsprache des Propheten für sein Volk in den Visionen und nicht zuletzt die tragische Konfrontation mit der staatlichen Autorität werfen bezeichnende Schlaglichter auf wesentliche Momente prophetischer Existenz und religiös motivierten politischen Engagements.[435]

Gestalt und Botschaft Jesajas[436] sind nicht nur im Rahmen der alttestamentlichen Prophetie besonders repräsentativ,[437] sondern in der gegenwärtigen politischen Situation wegen des Mottos »Schwerter zu Pflugscharen« aktuell.[438] Das Friedensverständnis des Propheten, das in der Begegnung mit dem König Ahas am oberen Teich (Kap. 7,1–9) dramatisch zum Ausdruck kommt, trifft in eine ausweglos erscheinende politische Situation, in der die Angst vor Vernichtung die Gemüter beherrscht. Während die Mächtigen durch eine schlaue Bündnispolitik Sicherheit erreichen wollen, warnt der Prophet vor einem Vertrauen auf fremde Mächte und Waffen. Vom König und von seinen Mitbürgern verlangt er, politische und militärische Aktivitäten zu unterlassen und die Entwicklung der Dinge im Vertrauen auf Gottes Rettungswillen abzuwarten. Eine solche Position ist heute – zumal angesichts der Erfahrung imperialer Maßlosigkeit – umstritten. Sie vertraut auf einen Wandel in den Herzen der Mächtigen, die eine Selbstbegrenzung der Macht und der Einflußsphären, d.h. Frieden für die Kleinen, zur Folge haben dürfte. Politik aus Angst führt leicht in Abhängigkeiten und zu einer Eskalation der Gewalt, wie auch König Ahas erfahren mußte, der seine Bündnispolitik mit der Unterwerfung unter Assyrien und dessen Gott Assur zu bezahlen hatte.[439] Die Verbindung von religiöser Untreue und sozialem Unrecht deckt in metaphorischer Sprache das Weinberglied auf (Rechtsbruch, Unterdrückung); die folgenden Weherufe benennen die konkreten Mißstände (Kap. 5,1–23). Die Anklagen zielen nicht nur auf die, die unmittelbar unrecht handeln, sondern auf alle, weil sie durch ihren Abfall von Gott »die Umwertung aller Werte vornehmen und jenseits von Gut und Böse leben, die geltenden Maßstäbe nach ihrem eigenen Urteil umkehren und eine neue Weltanschauung aufbauen«.[440] Menschliche Überheblichkeit, die das Gottesrecht praktisch oder theoretisch zugunsten von wirtschaftlichen Interessen und Genußprivilegierung außer Kraft setzt, ist nach Jesaja die Wurzel des sozialen Unrechts. Positiv formuliert: jede ökonomische Veränderung müßte das Recht der Armen wahren und ihre Lage deutlich verbessern, wenn sich die Gerechtigkeit Gottes durchsetzen soll. In bildreichen Verheißungen zeigt Jesaja, daß sich Friede und Gerechtigkeit Gottes als Versöhnung der Menschen untereinander und der ganzen Schöpfung konkretisieren sollen (Kap. 9,1–6; 11,1–9). Schließlich enthält die Berufung Jesajas die wesentlichen Elemente religiös-mystischer Erlebnisse: die Erfahrung des Ausgeliefertseins, die Aufhebung der Grenze zwischen innerer und äußerer Wirklichkeit,[441] das Überwältigtsein von Größe und Heiligkeit Gottes, das Gefühl eigener Nichtigkeit und Verwerflichkeit, die Erfahrung von Zuwendung und Aufrichtung (Läuterung) und schließlich die Übernahme eines lebensbestimmenden Auftrags. Die Schüler begegnen hier exemplarisch der inneren Dimension religiösen Lebens, die in der ganzen Menschheitsgeschichte bis heute immer wieder ihre Kraft erwies.

Die Gewalt und Eindeutigkeit, welche die Botschaft Jesajas auch noch für die heutigen religiösen, politischen und sozialen Verhältnisse gewinnen kann, mag zu der illusionären Annahme verleiten, sie müsse die Schüler unmittelbar ansprechen und für ihre Intentionen begeistern. Die obige Skizze der relativ distanzierten und politisch wie auch religiös wenig motivierten Mehrheit der Jugendlichen sollte zur Vorsicht raten. Allenfalls zu den vorhandenen Friedens-, Gleichheits- und Umweltmotiven dürfte eine gewisse Nähe gegeben sein, von der radikalen kritischen Position des Propheten sind die meisten Jugendlichen weit entfernt. Faßt man die Unsicherheit über die Möglichkeit einer religiösen Dimension des politischen und sozialen Lebens oder gar die Abwehr gegenüber derartigen Aussagen ins Auge, ist vollends klar, daß eine unvermittelte Beschäftigung mit dem Propheten kaum zu der erhofften »symbolischen Integration« seiner Welt- und Gotteserfahrung führt.

Welche Wege können die Begegnung mit dem Propheten vorbereiten? Unstreitig muß zuerst die politisch-soziale Welt als die eigene, den einzelnen unausweichlich betreffende Wirklichkeit in die Nähe gebracht und als Deutungs-, Normierungs- und Gestaltungsaufgabe von den Jugendlichen konzipiert werden. Daß dies angesichts der biographischen Position Jugendlicher sowie der Komplexität und scheinbaren Selbstmächtigkeiten politisch-sozialer Prozesse besondere Anstrengungen erfordert, wird jeder mit diesen Fragen befaßte Lehrer bestätigen. Die Zugänge müssen über tatsächliche oder organisierbare Schülererfahrungen gesucht werden. An der Oberfläche erfahrbarer Wirklichkeit sind das politische, internationale Handeln zwischen den Völkern und das auf die gesellschaftliche Struktur bezogene, soziale Handeln als Außen- und Innenpolitik (einschließlich Rechts-, Sozial- und Wirtschaftspolitik) getrennt. Unter ökonomischer Perspektive haben auch Jugendliche eine vage Vorstellung von den Zusammenhängen zwischen den beiden Handlungsfeldern. Ein erfahrungsorientierter Ansatz muß sich aber zunächst nach den lebensweltlich etablierten Abgrenzungen richten, bevor er zu den Interdependenzen auf abstrakterer Ebene vordringen kann. Dies spricht dafür, die schon im ersten Band eingeführte Unterscheidung zwischen politischer und sozialer Dimension jetzt wieder aufzunehmen, um Zugänge zu einer Erschließung der zentralen Symbolik des Gesamtbereichs zu überlegen.

Politische Dimension des Reiches Gottes: Mögliche Lernwege

Die Skizze der Schülervoraussetzungen hielt für den Beginn der Adoleszenz noch weitgehend personalistische Repräsentationsmodi politischen Handelns fest. Soll oder muß – wegen späteren Ausfalls – die religiös-politische Symbolik bereits im 7. Schuljahr erschlossen werden, liegt eine schlichte narrative Rekonstruktion der wichtigsten Elemente der Jesajaüberlieferung – angefangen vom syrisch-efraimitischen Krieg bis zu den eschatologischen Verheißungen– nahe. Die Erzählung der Berufungsvision kann aus einer Szene erwachsen, in der fiktive Gegner des Propheten dessen Legitimation bezweifeln. Die 13jährigen lassen sich von einer narrativen Dramatik noch fesseln und identifizieren sich vorläufig mit den Motiven Friede und Gerechtigkeit. Sie können auch schon darüber nachdenken, warum Jesaja in seiner Zeit wenig Erfolg hatte.

Ab dem 8. Schuljahr sollten die Schüler ihre Verwicklung in das politische Geschehen selbst entdecken, damit sie sich nicht auf die Position von Unbeteiligten zurückziehen.

Die Faszination durch Krieg, Waffen und Gewalt können sie beim Anschauen von Kriegsfilmen, kriegerischen Science-Fiction- und Comic-Serien an sich selbst beobachten. Zum anderen bieten die Phantasien älterer Kinder mit science-fictionalen Kampfszenen und die Begeisterung von Jugendlichen für Automatenspiele, auf denen Schlachten zu Wasser, zu Land und in der Luft geführt werden, Gelegenheit zur Untersuchung der Gründe derartiger phantastischer Kriegsaktivitäten. Die Neigung, anderen zu imponieren und über andere zu herrschen, ist den 14jährigen ohnehin aus eigener Erfahrung geläufig. Deren phantastische Verstärkung durch die Kriegstechnik erleben sie so an sich selbst und können dies unschwer auf Machthaber, Gruppen und Völker übertragen.[442] Einzelne Beispiele von neuzeitlicher Kriegspropaganda belegen die Analogie. Daß wir uns selbst als potentielle Aggressoren erkennen, bleibt nicht die einzige Erfahrung. In der Rolle von Bedrohten, die sich spielerisch nachvollziehen läßt, erleben wir unsere Ohnmacht und Angst, aber auch das Umschlagen von Ohnmacht in Aggressivität, sobald die Bedrohung nachläßt und wir selbst Machtmittel gewinnen.

Auf dem Hintergrund derartiger Lernerfahrungen kann nun die Szene am oberen Teich (Jes. 7,1−9) ihre symbolische Kraft erweisen. Ob man sie erzählt, vorliest oder nachspielt, Voraussetzung für ein Verständnis ist eine Skizze des historischen Rahmens, in dem die imperialen und ökonomischen Interessen in der Umwelt Judas so zur Darstellung kommen, daß die vorher selbst erlebten Motive wieder identifizierbar sind. Zur Diskussion der Position Jesajas bieten sich verschiedene Arrangements an: Fiktive Beratungen des Königs mit seinen Beamten, die zur Ablehnung des Vorschlags Jesajas führen; ein fiktives Gespräch zwischen Jesaja und dem König nach Abschluß des Vasallenvertrags mit Assyrien; eine Diskussion auf der Straße zwischen Anhängern und Gegnern Jesajas u.a.m. Nach dieser Unterrichtsphase sollten sich Lehrer und Schüler persönlich in die Auseinandersetzung verwickeln lassen, indem sie Analogien zwischen Ängsten und Hoffnungen zu Beginn des syrisch-efraimitischen Krieges und in unserer Zeit formulieren und Jesaja in der Gegenwart auftreten lassen. Wie könnten seine Argumente lauten? Wie würden Gegner argumentieren? Unterstellt, daß auch die Gegner die Friedensintention ins Feld führen, inwiefern würden sich die Friedensauffassungen der verschiedenen Gruppen unterscheiden?
Wichtig ist die Einsicht, daß der Friede, den Gott meint, zu dem er ermutigt und den er verheißt, nicht erzwungen werden muß, sondern im Innern der Menschen lebt. Durch Gewaltlosigkeit und Zuwendung lernen Menschen ein rücksichtsvolles und liebevolles Verhalten. Der Zusammenhang zwischen innerem und äußerem Wandel ist aus den eschatologischen Verheißungen des Propheten leicht erschließbar. Man kann sie sprachlich fortschreiben, bildlich umsetzen, in Collagen fassen, musikalisch oder pantomimisch gestalten. Daß die vom Propheten intendierten Veränderungen schließlich auch die sozialen Verhältnisse umgestalten müssen, kann in einem weiteren Schritt zunächst am historischen Beispiel (Jes. 5) deutlich werden (zur Aktualisierung der sozialen Botschaft vgl. den folgenden Abschnitt). Daß die gesamte prophetische Botschaft unrealistisch bleibt, wenn sie nicht durch ein unerschütterliches religiöses Vertrauen gestützt wird, dürfte schon ein Ergebnis der Diskussion sein. Wie es Jesaja gelingen kann, dieses Vertrauen festzuhalten, ergibt sich bei einer intensiven Beschäftigung mit seinem Berufungserlebnis, dessen Elemente ebenfalls zu symbolisierenden Aktivitäten veranlassen soll.

Wenn die Unterrichtszeit eine weitere Differenzierung der politischen Dimension des Glaubens erlaubt, ist im 9./10. Schuljahr eine weitere Einheit über die Entwicklung der Vorstellungen und ein mögliches Verständnis von der Art des Handelns Gottes in der Geschichte unabdingbar. Denn das metaphysisch-mirakulöse wie das geschichtlich-kausale (Sachgesetzlichkeiten) Geschichtsverständnis bedürfen einer kritischen Bearbeitung. Dabei bleibt die Jesajaüberlieferung kritischer Bezugshorizont für die Qualität der Rede vom Geschichtshandeln Gottes. Um das metaphysische (Miß-)verständnis in seiner historischen Bedeutsamkeit und seiner Gefährlichkeit zu erfassen, sind die Überlieferungen vom »Jahwe-Krieg« und die damit verbundene Auffassung vom rettenden Eingreifen Gottes geeignet,[443] zumal die Auffassung vom »Heiligen Krieg« heute noch eine Rolle spielt. Die älteren Schüler können auch schon über die Funktion dieser Kriegsberichte, die leicht als literarische Konstruktionen erkennbar sind, (Minimierung der militärischen Aktivität, Sieg durch göttliches Wirken, übertriebene Erfolgsbilanzen), in der Zeit ihrer späteren Abfassung nachdenken. In den David-Geschichten begegnet dann bereits das Motiv vom Wirken Gottes in den Herzen und Gedanken der Menschen, z.B. in der Auseinandersetzung zwischen Absalom und David (2 Sam. 16,23–17,23). Für das kritische, allein auf das Wort gestellte Eingreifen der Propheten in die Politik sind genügend Beispiele bekannt. Die Wendung zu zeichenhafter Gewaltlosigkeit als Friedensbedingung tritt am klarsten in den Gottesknechtliedern hervor (Jes. 49–53) und läßt sich in der Bergpredigt und im Verhalten Jesu wieder identifizieren. Eine solche kursartige Erörterung der geschichtstheologischen Entwicklung hätte immer wieder auf die extremen Auffassungen (Ablehnung einer religiösen Qualifikaktion des Politischen / Eigengesetzlichkeit und metaphysisch-mirakulöser Eingriff in die Geschichte) Bezug zu nehmen und die Frage zu stellen, warum solche Auffassungen mit ähnlichen Überlieferungen legitimiert werden.

Das Verhältnis zwischen Prophet und König, in dem die Spannung zwischen Glaube und Geschichte bzw. zwischen Gott und den Mächtigen paradigmatisch Gestalt gewann, hätte in der Geschichte des Verhältnisses von Kirche und Staat seine Fortsetzung finden müssen. Leider trifft Tillichs Feststellung zum Mittelalter auch auf viele der folgenden Ereignisse zu: »Jedesmal, wenn prophetische Erkenntnis den Sinn der christlichen Botschaft neu formulierte, rückten die führenden Kirchenmänner davon ab. Sie fürchteten, daß die für eine prophetische Geschichtsdeutung eigene Betonung der Zukunft das gegenwärtige hierarchische System unterminieren könnte. Das gegenwärtige System verkörperte für sie schon das letzte Zeitalter, das Ende der Geschichte«.[444] In allen Phasen, in denen sich die Kirche so in der Welt einrichtete, daß die Stabilisierung der bestehenden Machtverhältnisse eines ihrer Hauptanliegen war, verlor sie ihre prophetische Kraft, d.h. der offiziell interpretierte christliche Glaube verlor seine Zukunfts- und Hoffnungsdimensionen. Das Reich Gottes wurde auf eine ferne Zeit nach dem Ende der Zeiten vertagt, weil ja die besten aller denkbaren Verhältnisse schon geschaffen waren. Es bedurfte immer wieder der prophetischen Aufbrüche von einzelnen oder Gruppen oder einer grundlegenden Veränderung der Verhältnisse, damit die prophetische Kraft des »schalom« Gottes wieder wirksam werden konnte. Kontinuierlicher Unterricht kann diesen Zusammenhang an einigen »Brennpunkten« exemplarisch erarbeiten[445], wobei er sich vernünftigerweise am Geschichtsunterricht orientiert. Die Gefahr solcher Kurse ist eine Verselbständigung gegenüber dem ohnehin nicht spezifisch politisch oder religiös qualifizierten Erfahrungshorizont der Schüler. Der ständige Rückbezug auf das prophetische Zentralsymbol mag zwar auch für die Schüler den Zusammenhang des Unterrichts und der kritischen Perspektive im Bewußtsein halten, den Bezug zur eigenen Welt erschließt er noch nicht. Daher sollte auch bei der Auswahl der einzelnen Paradigmen überprüft werden, ob und in welcher Weise die historischen Entscheidungen oder Entwicklungen für die gegenwärtige Welt bzw. für die Zukunftsgestaltung des Schülers Bedeutung haben oder vielleicht gewinnen.

Eine Beschäftigung mit den mittelalterlichen Verhältnissen könnte etwa die Dialektik zwischen stabilisierenden und entlasteten Ordnungsstrukturen – auch im religiös-moralischen Bereich – einerseits und verunsichernden bzw. erneuernden Bewegungen sowie die Gefahren einer Auflösung dieser Dialektik erläutern. An der Reformation wäre das für die Handelnden selbst oft unklare Zusammenspiel zwischen Handeln aus Glauben und Überzeugung, politischen Machtinteressen, sozialen Strukturen und sozialpsychologisch bedeutsamen Symbolen und Motiven zu erschließen. Im 19. Jahrhundert sind die Ursprünge des bis heute prekären Verhältnisses zwischen Religion (Christentum) und Arbeitern in unserem Kulturkreis zu erörtern.

Ein so skizzierter »Kirchengeschichtsunterricht« verbindet drei Intentionen neuerer Kirchengeschichtsdidaktik[446] in folgender Weise:

- eine genetische Intention durch Bezug auf die Entstehung gegenwärtiger Strukturen und Probleme

- eine strukturelle Intention durch die Erarbeitung geschichtlich-sozialer Zusammenhänge

- eine kritisch-legitimierende Intention durch Reflexion einer fundamentalen Kategorie des Glaubens: Reich Gottes mit den implizierten Prinzipien Gerechtigkeit und Friede.

Sozialgeschichtliche und sozialstrukturelle Dimension des Reiches Gottes:
Mögliche Lernwege

Dem Vorschlag des vorigen Abschnitts entsprechend sollte bei Unterrichtsausfall in den höheren Klassen im 7. Schuljahr eine narrative Vermittlung der sozialen Botschaft der Propheten versucht werden. Neben einer fiktiven Inszenierung der vermutlichen Situation, die das Weinberglied voraussetzt und einer ausschmückenden Erläuterung der Anklagen in den Weherufen, käme hier — falls Jesaja schon hinreichend behandelt wurde — auch eine erste Begegnung mit dem Propheten Amos in Frage. Auszüge seiner sozial-religiösen Botschaft verbunden mit den entsprechenden Situationsschilderungen, die Dreizehnjährige auch schon aus den Texten selbst erschließen können, stünden am Anfang. In den Visionen sind Anlaß und Inhalte der Botschaft verschlüsselt, gleichzeitig wird der prophetische Wortempfang verständlich gemacht. Mit der Ausweisungsszene (Amos 7,10—17) kommen schließlich der Konflikt mit der Staatsmacht und die Bedürfnisse der prophetischen Existenz (Verlassen der Heimat, Tätigkeitsverbot) ins Spiel. Je nach Kenntnissen und Interessen der Schüler könnte ein vergleichbares Engagement aus der Gegenwart auf das Weiterwirken der prophetischen Impulse hinweisen. Mit einem solchen Vorgehen knüpft der Unterricht an die bei den Jugendlichen vorhandenen Motive des Ausgleichs von Mißständen in der Gesellschaft an (s.o. Gleichheitsmotiv).

Der auf soziale Fragen ausgerichtete Unterricht ab dem 8. Schuljahr hat noch mehr Schwierigkeiten mit der Unanschaulichkeit und Bewußtseinsferne seiner Gegenstände als der eben besprochene zu den politischen Beziehungen der Völker. Alle Untersuchungen stimmen in der Feststellung überein, daß die meisten Jugendlichen die sozialen Verhältnisse als relativ unproblematisch und wenig änderungsbedürftig betrachten. In der Tat gibt es zwischen den von den Propheten gegeißelten krassen Unterschieden zwischen arm und reich sowie der ungehemmten ökonomischen Machtentfaltung der Oberschichten der damaligen Zeit einerseits und den sozialstaatlich geordneten Verhältnissen westlicher Industriegesellschaften andererseits kaum plausible Analogien. In einer schematischen Aufteilung der Gesellschaft zwischen Ausbeutern und Ausgebeuteten erkennen Jugendliche ihre Realität nicht wieder. Die als Ungerechtigkeit angeprangerte Diskrepanz zwischen arm und reich findet ihre Analogie nicht in den inneren sozialen Verhältnissen der hochentwickelten Industriegesellschaften, sondern zuallererst im Verhältnis zwischen diesen Gesellschaften und den sogenannten Entwicklungsländern. Der Nord-Süd-Konflikt ist Ausdruck des sozialen Unrechts unserer Zeit. So gesehen profitieren auch die Jugendlichen unverschuldet und meist unbewußt von der krassen Ungerechtigkeit der internationalen Sozialverhältnisse. Dieses Unrecht tritt ihnen aber ohne besondere Informationsmaßnahmen genauso wenig ins Bewußtsein wie einer großen Zahl von Erwachsenen. Die Einsicht in den eigenen Anteil am weltweiten Unrecht muß also erst gewonnen werden.

Das neue innergesellschaftliche soziale Problem, die Privilegierung der Arbeitenden gegenüber den Arbeitslosen, steht dem Bewußtsein vieler Jugendlicher heute schon näher, zumal wenn sie einen mittleren Abschluß anstreben. Berichte von der schwierigen psychischen Situation arbeitsloser Jugendlicher finden sich in jüngster Zeit häufiger.[447] Der

Unterricht kann gewiß bei dieser sozialen Problematik einsetzen und besonders Verhaltensweisen kritisch beleuchten, die dem Arbeitslosen selbst die Schuld für seine Situation und für sein psychisches Elend zuschieben wollen. Über solches individuelles Fehlverhalten hinaus haben die Jugendlichen wie alle anderen Arbeitenden Schwierigkeiten, ihre eigene Mitverantwortung an der ungerechten Arbeitsverteilung und entsprechende Verbesserungsmöglichkeiten zu erkennen. Schließlich erscheinen die ökonomischen Prozesse und die Arbeitsbedingungen inklusive der Entlohnung unabhängig vom Verhalten einzelner oder von Gruppen festgelegt, während die Propheten doch gerade individuell zurechenbares Verhalten konkret benennen. Es zeigt sich, daß der einzelne das Problem der Arbeitslosigkeit ähnlich konzipieren muß wie das moderne Phänomen sozialer Ungerechtigkeit. Er sieht sich an seiner Entstehung nicht unmittelbar handelnd beteiligt. Als Privilegierter wie als Betroffener erlebt er seine Abhängigkeit von Strukturen, auf die er wenig Einfluß zu haben scheint.

Personale Verantwortlichkeit in der Antike gegen strukturbedingte Abhängigkeit in der Moderne – dies wäre eine allzu vereinfachende Gegenüberstellung. Auch der antike Latifundienbesitzer oder Kaufmann sah sich von objektiven ökonomischen Prozessen abhängig. Wenn er Kleinbauern, die sich verschuldet hatten, enteignete, wird er wohl auch auf internationale Handelsbedingungen verwiesen haben, die den kleinen Besitz unrentabel erscheinen ließen. Gewiß, er hätte die Möglichkeit gehabt, mit dem Kleinen eine Kooperative zu gründen, aber dazu gab ihm seine Umgebung wohl zu wenig Anstöße, die seine soziale Phantasie hätten erweitern können. Ist es heute grundsätzlich anders? Sicher, der einzelne ist in komplexe ökonomische und soziale Strukturen eingebunden, aber hat er nicht die Möglichkeit, sich kooperativ zu organisieren, um seine Kräfte zur Änderung ungerechter Verhältnisse zu verstärken? Stehen ihm nicht dank der medienunterstützten öffentlichen Kommunikation vielmehr Denkmodelle und Überzeugungsmöglichkeiten zur Verfügung? Wie vergleichsweise wirkungslos mußte das Reden eines Propheten gegenüber dem Handeln eines Jugendlichen bleiben, der sich in einer politischen, kirchlichen oder gewerkschaftlichen Gruppe zu Veränderungen der modernen Ungerechtigkeiten einsetzt.

Das Wissen um Strukturabhängigkeit sowie Motive zur Bewertung und Gestaltung der Strukturen soll schulischer Unterricht neben der Diskussion von Handlungsmöglichkeiten vor allem vermitteln. Der Religionsunterricht steht mit dieser Aufgabe nicht allein. Dennoch muß er u.U. den Schülern erst Kategorien nahebringen, die diese in die Lage versetzen, die eigene Abhängigkeit zugleich mit dem eigenen Anteil an den bestehenden Strukturen und Möglichkeiten verantwortlicher Mitgestaltung wahrzunehmen.

Hinsichtlich der Entwicklungspolitik demonstrieren die vorliegenden Unterrichtsmodelle die wachsende internationale Abhängigkeit bei zunehmender Verarmung einzelner Entwicklungsländer am Verfall von Rohstoffpreisen wie Zucker, Kaffee, Sisal, Tee u.ä. oder an Statistiken zu Einkommensunterschieden.[448] Dieser Weg ist prinzipiell gangbar, wenn die Schüler gleichzeitig erfahren, daß die Entwicklungsländer überwiegend nur als Rohstofflieferanten in Frage kommen, vom Verkauf weniger Rohstoffarten abhängig sind und als Konkurrenten auf dem Weltmarkt auftreten. Die Industrieländer kaufen tendenziell immer billig, während ihre eigenen Fertigprodukte, die von den Entwicklungsländern zu beschaffen sind, immer teurer werden. Da die Jugendlichen selbst aber nur in geringem Maße Rohstoffe verbrauchen, ist dieses Beispiel für ihren Lebensvollzug weniger relevant. Einschneidender merken sie den Preisunterschied bei Fertigprodukten, deren Herstellung in sog. Billigländer ausgelagert ist. Die Textilbranche ist ein hervorragendes Beispiel, weil Jugendliche heute bei der Kleideranschaffung weitgehend ihre Wünsche durchsetzen, wenn sie nicht sogar allein einkaufen. Schon fiktive Preisvergleiche belegen, wie sehr der junge Konsument von den Billigfabrikaten profitiert und wie attraktiv für einen Unternehmer eine solche Produktionsweise ist. Die Weherufe des Jesaja oder einige Anklagen des Amos lassen sich danach spielerisch auf diese Situation umformulieren.[449] Die Schüler werden sich allerdings gegen so formulierte Vorwürfe mit gewissem Recht zur Wehr setzen, weil sie nicht wissen können, ob sie ein

Billigprodukt kaufen und weil sie keine Möglichkeiten sehen, etwas dagegen zu unternehmen. Solche Einwände führen zu einem tieferen Nachdenken über Handlungsmöglichkeiten, da sich in vielen Fällen der einzelne tatsächlich keine Informationen beschaffen kann. Die jetzt zu diskutierenden Maßnahmen (etwa entsprechender Lohn und Sozialleistung bei ausgelagerten Betrieben, internationale Vereinbarung von Garantiepreisen u.ä.) bedürfen der politischen Durchsetzung. Welche Gruppen informieren und engagieren sich, wo können Jugendliche mitarbeiten? Auf solche Fragen läuft eine derartige Unterrichtseinheit hinaus, bevor sie wieder auf Jesaja zurückkommt, um nun Person und Botschaft zusammenhängend zu entfalten. Ein umgekehrtes Vorgehen ist ebenso denkbar wie eine bloße Anknüpfung an eine vorhergehende Behandlung des Propheten im 7. Schuljahr.

Ein analoges Vorgehen hinsichtlich des Problems der Arbeitslosigkeit legt sich mit Schülern nahe, deren Schulabschluß bevorsteht. Berichte über die Situation arbeitsloser Jugendlicher sollten zunächst zu einer Klärung der Gründe moderner Arbeitslosigkeit und der Erörterung möglicher – auch individuell zu leistender – Hilfen für arbeitslose Jugendliche dienen. Danach aber geht es darum, den Anteil zu ermitteln, den man selbst als zukünftig Arbeitender an der Arbeitslosigkeit der etwa Gleichaltrigen hat. Die persönlich natürlich nicht zurechenbare »Schuld« wird in einem spielerisch arrangierten Vorstellungsverfahren eindrücklich, in dem sich mindestens doppelt so viele bewerben, wie Stellen vorhanden sind. Die Bedingung, daß sich die Bewerber gegenseitig gut kennen, ist in Abschlußklassen in der Regel gewährleistet. Alle wissen – so eine weitere Vorgabe –, daß die vorhandenen Stellen vermutlich die letzten für sie überhaupt erreichbaren sind. Die Selbstvorstellung sollte schriftlich und mündlich für einen »Personalchef« erfolgen, der am besten vom Lehrer oder von einem sehr geschickten Schüler zu spielen wäre. Denn der Personalchef soll – ohne dies vorher anzukündigen – die Bewerber unaufdringlich zu Vergleichen mit ihren Mitbewerbern veranlassen, falls sie dies nicht schon von selbst tun. Die Vorstellungsgespräche sollten entweder auf Band genommen oder von Beobachtern in ihren wesentlichen Zügen festgehalten werden. Die Auswertung dürfte den Konkurrenzkampf zutage bringen, der dann mit dem prophetischen Wort zu konfrontieren ist.[450] Vermutlich setzen sich die Schüler auch hier zur Wehr. Die Konkurrenzsituation ist ihnen aufgezwungen. Was also wäre zu tun, um dem Zwang zum Egoismus auf Kosten der Schwächeren zu entgehen? Auch hier muß die Suche nach politischen Initiativen und Lösungsvorschlägen beginnen – und nach Gruppen, die sich dafür einsetzen.

Wo kontinuierlicher Unterricht Zeit dazu läßt und das Interesse der Schüler an Motiven und Modellen sozialer Gerechtigkeit erwacht ist, kann nach Zugängen solcher Art eine kursartige Unterrichtseinheit zur Geschichte der sozialen Gerechtigkeit in die Sozialgeschichte Israels und des Christentums »brennpunktartig« unter Verwendung von Inhalten einführen, die bereits im ersten Band dazu genannt sind.[451] Die gesellschaftliche Wirklichkeit ist naturgemäß zu vielfältig, als daß sie auch nur exemplarisch unter theologischen Perspektiven aufzuarbeiten wäre. In den bisherigen Überlegungen fehlt z.B. die Problematik der Institutionen, einschließlich der Kirchen. Gerade das Gegenüber von Prophetie und Machthaber legt entsprechende Themen nahe, wobei insbesondere die Kirche (in Geschichte und Gegenwart) nach der Wahrnehmung ihrer prophetischen Aufgabe zu fragen wäre. Bei genügend Zeit ist im 9./10. Schuljahr eine solche Unterrichtseinheit zu empfehlen. Eine gründliche Aufarbeitung des Institutionenproblems muß wegen der Komplexität funktionaler Betrachtungsweisen allerdings der Oberstufe vorbehalten bleiben.

Menschheits- und schöpfungsgeschichtliche Dimension des Glaubens: Schülervoraussetzungen

Sensibilität für die Umweltbelastung bis hin zur Angst vor einer ökologischen Katastrophe zeichnet nach übereinstimmendem Urteil der neueren Forschung die jüngere Generation aus. Die Frage nach den Gründen erübrigt sich. Allenfalls wäre darauf hinzuweisen, daß auch die neuerdings viel diskutierten narzißtischen Tendenzen mit ihrer regressiven Sehnsucht nach ursprünglicher Einheit (»ozeanisches Gefühl«) die entwicklungs- wie die kulturbedingten Brüche zwischen Mensch und Natur schmerzhafter erscheinen lassen als eine grundsätzlich optimistische Weltzuwendung.[452] Die »Feindschaft« zwischen Menschen, Tieren und Pflanzen wird häufig wie schon in Gen. 9,2 ff. und Röm. 8,18 ff. als Unheil der Welt erlitten; alternative Lebensformen und weiche Technologien sollen, wenn nicht eine Versöhnung erreichen, so doch ein Gleichgewicht zurückgewinnen.

Die gewachsene Sensibilität für die Gefährdung des Lebens und der Welt ist ein besserer Ausgangspunkt für die Erschließung der biblischen Schöpfungsüberlieferung als kognitive Probleme mit Weltanschauungstheorien. Man sollte jedoch nicht vergessen, daß ein großer Teil der Erwachsenen und der Jugendlichen von der Bibel keine Antwort auf die Überlebensprobleme erwarten. Noch immer wirkt das Schlagwort von den »gnadenlosen Folgen des Christentums«, das besonders mit dem biblischen Auftrag des »dominium terrae« begründet wird[453], stärker nach als die Einsicht, daß die biblischen Schöpfungsüberlieferungen auf die Erfahrung grundlegender Gefährdungen von Leben und Welt antworten. Daß in der jahwistischen Urgeschichte, die von der Schöpfungsgeschichte (Gen. 2) ja nur eröffnet wird, die grundlegende Gefährdung des ganzen Lebens — insbesondere durch den Menschen — in einem religiösen Horizont verarbeitet ist, kann mit den Schülern günstigenfalls erarbeitet werden. Für die meisten von ihnen sind die Schöpfungsüberlieferungen weiterhin Berichte über die Weltentstehung, wobei einige sie noch wörtlich, andere als Mythen verstehen.

Was die kognitiven Voraussetzungen zur Behandlung der Schöpfungsüberlieferungen betrifft, begünstigt bereits das frühe formal-operatorische Denken die Ausbildung angemessener Vorstellungen. Der Jugendliche konzipiert symbolische Aussagen nun mehrdimensional; er kann verstehen, daß unanschauliche Wahrheiten nicht in gegenstandsbezogenen Begriffen, sondern in symbolischen Geschichten zur Sprache kommen müssen, die sonst unsichtbare Sachverhalte verbildlichen. Allerdings verknüpft er noch unmittelbar Symbol (im weitesten Sinn, also Begriff) und Bedeutung, weshalb er Schwierigkeiten hat, eine scheinbar sachbezogene oder historisierende Aussage — wie z.B. das Sieben-Tage-Schema — auf Anhieb als symbolische Redeweise zu erkennen. Der Unterrichtende muß demzufolge alle wichtigen symbolischen Elemente einzeln herausstellen und zu ihrer Deutung anleiten, bevor er ein Gesamtverständnis der Geschichten als Mythen oder Sagen eröffnen und positiv nutzen kann.[454]

Bereits vor der Wahrnehmung der Umweltkrise — und danach verstärkt — wurde bei religionspädagogischer Verwendung die aus dem Herrschaftsauftrag sich ergebende Weltverantwortung unangemessen betont.[455] Dies mag mit der Isolierung der Schöpfungsgeschichten aus dem Zusammenhang der ganzen Urgeschichte und mit der anthropologischen Verengung in der hermeneutischen Phase der Theologie zusammenhängen. Eine vergleichbare Verengung ist aber auch die fast ausschließliche Beziehung auf die Umweltkrise, obgleich diese wenigstens von Schülervoraussetzungen her gerechtfertigt erscheint. Die Fülle der Motive in den biblischen Urgeschichten sollte dennoch veranlassen, nach anderen Elementen des jugendlichen Bezugs zur Welt im ganzen und zur Menschheitsgeschichte zu fragen.

Die psychodynamisch begründetete Tendenz zur Rückkehr in die harmonische Einheit des Ursprungs wurde bereits erwähnt. Man braucht in ihr nicht einen mehr oder weniger pathologischen Narzißmus zu diagnostizieren. Die Regression auf die ursprüngliche Harmonie impliziert eine progressive Sehnsucht nach einem heilen Leben, die sich auch in den Bildern vom Paradies ausspricht.[456] Sie mag stammesgeschichtlich eine nur euphorische Version eines vormenschlichen, instinktgebundenen Entwicklungsstadiums sein, in dem der Mensch sich noch nicht selbst beurteilen mußte; sie bleibt dennoch psychodynamischer Ursprung religiöser Heilssehnsucht, über deren Wahrheit innerhalb der Menschheitsgeschichte nicht zu befinden ist. Ein weiteres die Urgeschichte durchweg gestaltendes Motiv bezieht sich auf das menschliche Schuldigwerden, und zwar nicht nur in Form lebensgefährdender Verletzungen und Grenzüberschreitungen (Gen. 4–11), sondern als radikal vertiefte existentielle Schuld, d.h. als Erfahrung des Verstricktseins in leidenproduzierende Lebenszusammenhänge, wie sie mit dem menschlichen Leben gegeben sind. Die Untersuchungen von M. L. Hoffman lassen den Zeitpunkt des Erwachens und der Konzipierung von existentieller Schuld offen.[457] Vermutlich ist hier auch nicht mit einer notwendigen Entwicklung zu rechnen. Doch haben bekanntlich krisenhafte Prozesse der Identitätssuche häufig eine Erschütterung konventioneller moralischer Schemata zur Folge.[458] Damit ist eine Möglichkeit zur Einsicht in die individuellen Bedingtheiten und Abhängigkeiten eröffnet. Es ist nun leichter zu akzeptieren, daß Verletzungen allein schon aus einer konsequenten Realisierung selbstgesetzter, aber nicht von allen Nahestehenden mitvollziehbarer Lebensziele und -stile erwachsen.

Die Wahrnehmung der prinzipiellen Ambivalenzen menschlichen Lebens ist in der frühen und mittleren Adoleszenz gewiß erst anzubahnen. Während die psychodynamische Umstrukturierung in radikale existentielle Spannungen führen kann, erlauben formale kognitive Operationen eine begriffliche Ordnung und Schematisierung der Mensch-Welt-Bezüge, durch die Widersprüche der inneren und äußeren Erfahrung sinnvoll gedeutet werden. Auf eine Tendenz zur Konventionalität und Ideologisierung im Dienst einer Selbststabilisierung wurde schon mehrfach hingewiesen. Die moderne Entmythisierung, Objektivierung und Rationalisierung des Naturverhältnisses kommen dem Sicherheitsstreben sichtlich entgegen. Denn sie machen die rätselhaften und z.T. bedrohlichen Entwicklungsprozesse bis zu einem gewissen Grad durchschaubar, die Risiken kalkulierbar und Lebenschancen planbar. Das Wissen um die universalen Gesetze verschafft den Eindruck einer Überlegenheit all denen gegenüber, die sich noch von göttlichem, dämonischem oder schicksalhaftem Eingreifen überraschen lassen müssen. Der naive Rationalismus und pseudowissenschaftliche Objektivismus, mit dem einige Jugendliche den religiös-mythischen Naturinterpretationen gegenübertreten, dürfte u.a. auch eine Form des Selbstschutzes gegen die Energien sein, mit der die oft gewaltsame innere und äußere Natur die Jugendlichen erschüttert. Eine bloß kognitive Erläuterung des antiken Weltbilds und der daran geknüpften Glaubensaussagen in den alten Überlieferungen erreicht kaum die psychische Verankerung rationalistischer Argumente. Es bedarf des Erlebens einer symbolischen »Bändigung« der natürlichen Prozesse durch religiöse, nicht durch technisch-instrumentalistische Muster.

Die teilweise verdeckte oder verdrängte Ambivalenz des Naturbezugs läßt sich in einer weiteren Dialektik erfassen. Zum einen zeigt sich bei Jugendlichen häufig eine spontane Tendenz zur Identifikation der eigenen Gefühle mit der umgebenden Natur. Sonne, Regen, Jahreszeiten oder Blumen spiegeln und stützen die eigenen Emotionalität, oder sie widersprechen schmerzlich den eigenen Stimmungen. Zum anderen setzt ein Erleben prinzipieller Trennung und Fremdheit zwischen innerer Welt und äußerer Natur ein, das durch die objektivierende Betrachtung und Verbildlichung von Naturprozessen noch verstärkt werden kann. Ein Gefühl der Verlassenheit in der umgebenden Natur und einer kosmischen Einsamkeit tritt gelegentlich in Gegensatz zu Harmonie- bzw. Disharmonieerlebnissen mit dem gleichen »Objekt«. Die Erfahrung, daß die Natur dem Menschen gegenüber gleichzeitig gütig, grausam und uninteressiert ist, sprengt letztlich die kognitiven Schematisierungen der Jugendlichen zum Naturverhältnis. Doch versperrt die technisch-wissenschaftliche Definition des Naturverhältnisses und des Verhaltens weithin den Zugang zu solchen Erfahrungen.[459]

Menschheits- und schöpfungsgeschichtliche Dimension des Glaubens: Zentrale Symbolik und mögliche Lernwege

Im Zentrum religionsunterrichtlicher Beschäftigung mit der Natur stehen traditionellerweise die Schöpfungsüberlieferungen. Auch heute ist diese Inhaltsdominanz ungebrochen, wobei die frühere einseitige Konzentration auf Weltentstehungstheorien zugunsten der aus dem Herrschaftsauftrag abgeleiteten Umweltverantwortung relativiert ist. Diese Ethisierung der Schöpfungsüberlieferung stellt aber ein Element ebenso unverhältnismäßig stark heraus wie die frühere Konzentration auf die Weltentstehung. Die Schöpfungsgeschichten sind eingebettet in die sogenannte Urgeschichte. In ihr werden kollektive und gleichzeitig typisierte Erfahrungen, die sich im menschlichen Leben und im Naturverhältnis als Konstanten erwiesen haben, theologisch gedeutet. Insbesondere werden Erfahrungen grundlegender Gefährdungen des Lebens verarbeitet. Die Stellung des Menschen ist nirgends isoliert gesehen. Er lebt mit Pflanzen und Tieren zusammen, darf sie mit Namen belegen (kognitive Ordnungsfunktion) und zum Nahrungserwerb »Herrschaft« ausüben, d.h. das Land bebauen und sich von den Lebewesen ernähren. Göttliches Wort und Handeln garantieren den Menschen, die durch sich selbst und durch die Naturprozesse bedroht sind, einen vertrauenswürdigen Lebensraum mit verläßlichen Grenzen gegenüber den Chaosmächten. Wie eine fruchtbare Oase steht der menschliche Lebensraum inmitten der trockenen Wüste. Hier haben die Nomaden ihre Heimat gefunden, aus der sie nur der Ungehorsam gegen Gott, mithin eigene Verfehlungen vertreiben können (Gen. 2+3).

Die vertrauensschaffende und identitätssichernde Deutung des Lebensraums durch den priesterschriftlichen Schöpfungsbericht stellt die folgende Darstellung von U. Früchtel heraus:[460]
»Ausgangspunkt für die Priesterschrift ist nicht vorgefundenes Erzählmaterial, sondern eine durchreflektierte Konzeption von den Ordnungen Gottes. Sie beginnt mit der Schöpfung, bei der aus einem ungeordneten Chaos ein geordneter Kosmos wird; Gott geht dabei in einer bestimmten Reihenfolge vor (Sechstagewerk) und stiftet zugleich den zur kultischen Ordnung gehörenden Sabbat. Zur Sintflut (also wiederum zum Chaos) mit ihren die ganze Menschheit umspannenden Ausmaßen kommt es durch die ständigen Verletzungen der Ordnungen Gottes. Nach einem bestimmten System werden Menschen und Kreaturen in die Arche ›verfrachtet‹, um zu überleben. Schöpfung und Sintflut, die beiden ›Eckdaten‹ der priesterlichen Urgeschichte, werden verknüpft durch Stammbäume (von Adam bis Noah). Die Verbindung zur Geschichte Israels wird ebenfalls durch einen Stammbaum hergestellt. ›Der‹ Mensch (nicht unterschieden nach Mann und Frau) ist Gegenstand der Reflexion; nicht, was er psychologisch ist, interessiert, sondern was er theologisch ist: Gottes Ebenbild. Gott betätigt sich bei seiner Erschaffung nicht als Töpfer, der einen Erdklumpen bearbeitet und ihm Lebensodem einhaucht, sondern alles, was entsteht, geschieht durch die Wirksamkeit des Wortes. Die priesterschriftliche Überlieferung zeigt nicht ein höheres Reflexions-, wohl aber ein höheres Abstraktionsvermögen. Es besteht Einigkeit in der alttestamentlichen Wissenschaft darüber, daß hier Leute am Werk waren, die über die Einhaltung sakraler Ordnungen zu wachen hatten. Daß dies in der Zeit des babylonischen Exils – weit weg vom einst verheißenen Land – besonders wichtig zur Wahrung der eigenen religiösen Identität wurde, liegt auf der Hand. Gleichzeitig kommen ein anderer Kulturkreis und andere Völker in den Blick (mesopotamischer Kulturkreis) und nötigen zur theologischen Auseinandersetzung mit den dort vorhandenen Traditionen (babylonischer Schöpfungsmythos). Die Schöpfung wird so geschildert, wie Menschen alljährlich das Ende der Regenfälle und Überschwemmungen erleben mußten: Land und Trockenes werden wieder sichtbar, und Leben erwacht«.

Die beiden Schöpfungsgeschichten am Beginn der Urgeschichten setzen eine geordnete, eine »heile Welt« als Gottes Werk ins Bild.[461] Es ist kein Schlaraffenland für regressiv bleibende Sehnsüchte nach Versorgung und Luxus, auch nicht ein Raum für technisch vermittelte Machterlebnisse, sondern ein Ort tätiger und fruchtbarer Auseinandersetzungen mit der natürlichen Umwelt. Vergleicht man diese Lebensweltkonzeption mit den sozialpsychologisch erhobenen »Traumorten« Jugendlicher, ist die Nähe zum Typ einer alternativen, naturnahen Lebensraumphantasie augenfällig.[462] Der Mensch lebt hier in einer noch nicht entfremdeten aktiven Beziehung zu seiner natürlichen Umwelt, die er Gottes Güte und Ordnungswillen verdankt. Die »Regression« zum Paradies dient einer »Progression« auf eine freundliche Lebenswelt hin. Das Paradies ist Symbol des im Glauben erhofften umfassenden Heils, das den Menschen vom Verderber zum Pfleger wandeln soll. Die Art der Darstellung dieses Ursprungs- und Zielorts des Menschen muß sich geschichtlich wandeln. Auch sein vortechnischer Charakter braucht trotz des herrschenden tiefen Mißtrauens gegen Wissenschaft und Technik nicht dogmatisiert zu werden. Heile Lebensverhältnisse und Ordnungen könnten auch eine »sanfte Technik« einschließen.

Die regressiv-progressive Symbolisierung der Ursprungsverhältnisse als Werke der göttlichen Liebe kann ohne Zweifel narzißtische Bedürfnisse der Jugendlichen integrieren, Allmachtsphantasien korrigieren und besonders bei einer Erweiterung auf die gesamte Urgeschichte eine Annahme und Bearbeitung von Ambivalenz- und Schulderfahrungen erleichtern. Sie dürfte in erster Linie solche Jugendlichen anziehen, die auf die zivilisatorischen Lebensverhältnisse mit Ängsten reagieren oder konkret unter ihnen leiden. Diejenigen aber, die von Technik und Fortschritt noch Lebenssteigerungen und Machtgewinn erhoffen – also vorwiegend Jugendliche aus unteren sozialen Schichten – finden in ihnen entweder nur überlebte Idyllen oder ideologische Elemente zur Hintergrundstabilisierung für persönliche Krisen (Gelegenheitsglaube). Andere mögen in den Symbolen einer heilen Welt nur Illusionen einer heilen Vergangenheit erkennen; sie werden durch die philosophische Deutung evolutionstheoretischer Einsichten unterstützt, nach der das Paradies in mythischer Form die vormenschliche Instinktgebundenheit oder eine frühmenschliche, magisch-mythische Verhaltenssteuerung repräsentiert und der »Sündenfall«[463] als Akt der Befreiung des Menschen die Übernahme moralischer Verantwortung einleitet.[464] Nicht, daß den Schülern diese philosphischen Theorien bekannt wären, doch könnten sie ihnen in popularwissenschaftlicher Form schon begegnet sein. Die Entfaltung der Schöpfungssymbolik wird dies zu berücksichten haben.

Der folgende Vorschlag konzentriert sich auf die Erschließung des symbolischen Kerns der Schöpfungsüberlieferung.Für eine eventuelle anschließende Aufarbeitung der Problematik unterschiedlicher Weltbilder und der Umweltverantwortung gibt es reichhaltiges Material.[465] Hier soll ein Weg gezeigt werden, die ambivalente Erfahrung eines vorgegebenen und gefährdeten, eines freundlichen und eines bedrohten Lebensraums und ebensolcher innerer Dispositionen mit Hilfe biblisch-christlicher Symbolik zu verarbeiten. In einem ersten Schritt werden die Schüler aufgefordert, ihre zukünftige Welt darzustellen. Sie können schreiben, zeichnen, malen oder Collagen erarbeiten, nach Möglichkeit sollte die Grundform eines Kreises gewahrt bleiben. Thema: Meine Welt – was ich erhoffe, was ich befürchte. Darauf folgt ein Vorgehen, wie es K. Meyer zu Uptrup im Rahmen eines sonst eher kognitiv ausgerichteten Entwurfs vorschlägt:[466]

»Ich zeige euch ein Bild. Schaut es euch bitte eine Weile an!
Sagt dann einfach frei drauflos, was euch dazu einfällt!

BILD (Fotomontage):	Eine Hand hält von oben her greifend den Erdball.	DIA Hand/Erdball
1. DARBIETUNG und RUNDGESPRÄCH	Welche Gedanken kommen euch bei diesem Bild?	
Lernziel 1:	Nach einer Weile wird das Dia umgedreht, so daß die Hand von unten her greifend den Erdball hält.	

Aussprechen von Lebens- und Weltgefühl durch Projektion in eine Bildbetrachtung	Ist es nun anders, wo die Hand von unten her den Erdball hält?	

Aussprechen von Lebens- und Weltgefühl durch Projektion in eine Bildbetrachtung

Ist es nun anders, wo die Hand von unten her den Erdball hält?

Wie fühlen wir uns, wenn wir uns in diese Kugel hineinversetzen?

Der Unterrichtende hält sich ganz zurück.
Erst zum Schluß mag er eine Zusammenfassung geben und einige deutende Akzente setzen:
Die Erde in einer Hand gehalten – in der Hand des Menschen? In der Hand Gottes?

Uns Menschen ist das Gefühl nicht fremd:
Wir leben auf dieser Erde, weil wir irgendwie gehalten sind. Es könnte auch alles in sich zusammenstürzen. Wir können in einen Abgrund versinken. Es ist da eine Hand über uns, die die Bedrohung abwehrt, eine Hand, die uns auffängt, wenn wir fallen . . .
Wir haben Angst, die Hand könnte uns fallenlassen oder gar wegwerfen . . . Offenbar können wir nicht leben ohne das gefühlsmäßige Wissen:
WIR SIND GEHALTEN. — TAFEL

2. GRUPPENARBEIT

Lernziel 2a:

Einfühlen in die existentielle und theologische Symbolik des altorientalischen Weltbildes der Bibel

Betrachtet nun das Bildblatt über das altorientalische Weltbild in der Bibel.
Befaßt euch bitte in Vierergruppen mit den untenstehenden Fragen. — BILDBLATT altoriental. Weltbild (siehe folgende Seite)

Es steht dem Unterrichtenden frei, die Gruppenarbeit auf die wesentlichere erste Frage zu beschränken.

3. DARBIETUNG und RUNDGESPRÄCH

Hören wir jetzt die Berichte der Gruppen!

Auswertung der Gruppenarbeit

Es wird vorgeschlagen, alle Gruppen zu jeweils einer Frage berichten zu lassen. Die Antworten zu den Fragen 2 und 3 sind jeweils auf das Grundproblem zu beziehen:

Was hatte das für Folgen dafür, wie die Menschen sich in ihrem Leben gefühlt haben?

Die folgenden sachorientierten Vermittlungshilfen können frei erzählend in das Gespräch eingespielt werden:

Das alte Weltbild mit der Himmelsglocke, die sich über die Erde wölbt, war so gebaut, daß es für die Menschen eine symbolische Bedeutung tragen konnte:

WIR SIND VON GOTT GEHALTEN UND GEBORGEN.

aus: Dienst/Flemmig/Gossmann/Neidhardt (Hg.), ku-praxis 4. Gütersloher Verlagshaus Gerd Mohn. Gütersloh, 3. Aufl. 1984
Abb. auf S. 165: ebenda, M 8.

Die Menschen der Bibel haben sich die Welt so vorgestellt, wie sie aussieht und wie wir sie auch heute noch mit unseren Augen wahrnehmen.

Der Himmel scheint sich doch wie eine riesige, halbkugelförmige Glocke über uns zu wölben. Er ist blau, blau wie das Wasser im See. Darum muß dort oben auch Wasser sein, auch ein See – nein, ein gewaltiges Meer, die *Urflut*. Da muß die Himmelsglocke schon sehr fest sein, um diese ungeheuren Wasser zurückzuhalten. Sie heißt darum auch *Feste*, in der hebräischen Sprache der Bibel ein Wort, das die sprachverwandten Phönikier an eine festgehämmerte Blechschale erinnerte. In der lateinischen Bibel wurde das Wort mit *Firmamentum* übersetzt (firmus = fest), und wir sprechen noch heute von den Sternen am Firmament. Die Feste ruht auf den »Säulen des Himmels« (Hiob 26,11).

Die Erde ist eine vom Meer umspülte und auch auf den Urgewässern ruhende *Scheibe*. Sie wird gestützt von den »Säulen der Erde« (Hiob 9,6), – aber worauf ruhen die, wenn doch Himmelsgewölbe und Erde von der großen Urflut umspült sind wie eine Taucherglocke? Dann ist die Erde wohl über dem Nichts aufgehängt! (Hiob 26,7). Und Gott bewacht die Urflut, die man sich dichterisch wohl auch als einen Meeresdrachen dachte (Hiob 7,12).

1. Wie haben sich wohl die Menschen gefühlt, die in diesem Weltbild lebten?
2. Wie kommt es, daß es regnet? Daß Quellen sprudeln? Wie brach die Sintflut herein?
   (Lies 1. Mose 7,11; 8,21).
3. Wie wird die so vorgestellte Welt von Gott geschaffen? (Lies 1. Mose 1,1–2 und 6–8; vergleiche auch Psalm 104, 1–9).«

Jetzt sollen die Schüler ihre eigene Darstellung wieder zur Hand nehmen und überlegen, was man daran ändern müßte, wenn die Aussagen von Psalm 104 wahr sein sollen. Als Ergebnis wird die Diskrepanz zwischen Schöpfungsglauben und Zukunftserwartungen zutage treten.

Die folgende Unterrichtsphase sollte in einfacher oder komplexerer Weise die fingierte Ursprungssituation einer oder beider Schöpfungsgeschichten erläutern.[467] Intention ist zu zeigen, daß die Inhalte beider Schöpfungsgeschichten rätselhafte und bedrohliche Erfahrungen der Menschen beantworten und damit auch bestimmte Verhaltensweisen empfehlen. Sie widersprechen naturreligiösen Praktiken (Gen. 2) und einem drohenden grundlegenden Identitätsverlust in der Zeit des Exils (Gen. 1), wie heute der Schöpfungsglaube unseren Ängsten und den Gefährdungen der Welt widerspricht. Bei genügend Zeit sollten auch die folgenden Urgeschichten unter der Fragestellung zur Sprache kommen, welche Ängste und Gefährdungen in ihnen sichtbar werden und wie Glaubende in alter und neuer Zeit damit umgehen können.[468] Alle Geschichten zeigen, daß Gott durch sein Eingreifen die drohende Zerstörung verhindert und dem Menschen neue Handlungsmöglichkeiten einräumt. Abschließend sind wieder die ersten Darstellungen der Jugendlichen unter Fragen wie den folgenden aufzunehmen: Was müßten Glaubende heute von Gott erbitten? Könnte Gott eingreifen – wenn ja, wie? Bei der Diskussion solcher Fragestellungen wäre an die oben zur Gottesfrage vorgeschlagenen Konzepte anzuknüpfen.

3. Dritte Zielperspektive: Gedeutetes Leben und gelebte Deutungen

Während unter den vorangegangenen Zielperspektiven zentrale Symbolik für Jugendliche zu erschließen und ansatzweise auf bestimmte Problemzusammenhänge zu beziehen war, sollen in diesem Kapitel die semantische Eigenart symbolischer Ausdrucksformen erfaßt und eine angemessene Hermeneutik entwickelt werden. Daß formal-operatorisches Denken – wie schon mehrfach unterstrichen wurde – hierfür eine wesentliche Vorbedingung ist, hängt mit dem charakteristischen »Doppelsinn« symbolischer Rede zusammen, ohne den religiöse Inhalte die psychodynamische Struktur an objektive Mächte binden und damit einem zwanghaften System unterwerfen würden. Wenn religiöse Überzeugungen wesenhaft emotionale Bindungen an innere Objekte sind, entscheidet die Eigenart dieser Objekte darüber, ob die Bindung auf ein objektiv erscheinendes Weltbild und ein fixiertes Normensystem festlegt und damit Entwicklungsmöglichkeiten vorweg definiert oder ob sie Beziehung zu einem in sich selbst lebendigen unerschöpflichen Anderen ist, das den, der sich gebunden hat, in neue Dimensionen führt. Cassirers Definition, nach der Symbole Bezeichnungen für alle die Sprachgebilde sind, die Realität mit Bedeutsamkeit ausstatten,[469] läßt den Unterschied zwischen einer Beziehung ersten Grades von Zeichen und Objekt und der Möglichkeit mehrschichtiger Bedeutung nicht hervortreten. Die Selbständigkeit der symbolischen Welt gegenüber der »objektiven Welt der Dinge« hält sie zwar fest,[470] erlaubt aber keine Unterscheidung zwischen solchen Zeichen, die sich einlinig auf die objektive Welt der Dinge beziehen, und solchen, die mit Hilfe objektbezogener Zeichen auf andere Wirklichkeiten bzw. Deutungsdimensionen hinweisen. Ricoeurs Symboldefinition legt eine solche Unterscheidung zugrunde. Er beschränkt den Begriff Symbol auf solche Zeichen, »die bereits einen ersten wörtlichen manifesten Sinn haben und die durch diesen Sinn auf einen anderen Sinn verweisen«; er begrenzt damit »den Begriff des Symbols bewußt auf die doppel- und mehrdeutigen Ausdrücke, deren semantische Textur in Wechselbeziehung steht mit der Interpretationsarbeit, die ihren zweiten oder vielfachen Sinn expliziert«.[471]
Es war schon im ersten Band darauf hingewiesen worden, daß dieses Symbolverständnis, das auf einer mehrfachen semantischen Intentionalität basiert, die Wahrheitsfrage nicht löst, sondern verschärft. Denn der Verweis auf eine andere Bedeutungsebene verspricht nur dem einen höheren Wahrheitsgewinn, der in jedem zweiten oder tieferen Sinn eine größere Nähe zu einem letzten, objektiven Sein vermutet, von dem her jede Deutung zu rechtfertigen wäre. Enthält man sich solch verdeckter metaphysischer Ontologie, bleiben alle – auch die sog. tieferen Sinnebenen – als Gebilde menschlichen Herzens solchen Kriterien der Wahrheitsprüfung unterworfen, die ihrerseits rechtfertigungsbedürftig sind. Die Doppelsinnigkeit des Symbols verschärft die Wahrheitsfrage durch das Moment der Legitimitätsprüfung des Zeichengebrauchs. Es wird weiter unten zu erfragen sein, welche Kriterien Schüler der Sekundarstufe I zur Wahrheitsprüfung anwenden können.
Der Hinweis auf die mehrsinnige semantische Struktur symbolischer Rede ist für das religiöse Denken und Sprechen besonders wichtig. Zwar verweist – wie die Zurückweisung

ontologischer Prämissen deutlich macht – symbolische Rede nicht eo ipso auf religiöse Sinngehalte. Umgekehrt aber ist religiöse Rede notwendigerweise symbolisch, insofern sie Objekte aus der Erfahrungswelt benutzt, um transzendente Sinnebenen zu vergegenwärtigen. Einen Grenzfall stellt der Begriff Gott dar. Auf ein Objekt der Erfahrungswelt kann er sich nicht beziehen. Deshalb wird er häufig durch objektbezogene Begriffe wie Vater, Herrscher u.a. interpretiert. In diesem Fall aber wird der Begriff Gott nicht symbolisch gebraucht, sondern in Analogie zu dem semantisch einsinnigen Zeichen, als ob mit Gott ein definierbares Objekt gegeben wäre, das durch die symbolischen Begriffe mit zusätzlichen Bedeutungselementen ausgestattet wird. Die Unangemessenheit solcher objektivierenden Rede von Gott ist geläufig. Man hat deshalb das Wort Gott als Symbol für etwas anderes, also etwa für die Bestimmung des Menschen oder für den Sinn der Geschichte zu verstehen gesucht. In dieser Weise werden aber die Sinnebenen vertauscht. Die transzendente Dimension ist so für die Objektwelt instrumentalisiert, während der symbolisierende Prozeß umgekehrt verläuft. Der Verdacht der Auflösung der Transzendenz in Immanenz, der Theologie in Anthropologie ist nicht von der Hand zu weisen. Dennoch kann der Begriff als Symbol angesprochen werden, weil er als quasi objektivierende Bedeutung auf eine nicht objektivierbare Sinnebene verweist. Dies ist aber ein Grenzfall symbolischer Rede und als solcher weder der Gefahr einer Objektivierung des Gottesbegriffs (Bilderverbot) noch seiner Instrumentalisierung entzogen. Das theologisch legitime Symbol für den (transzendenten) Gott ist der geschichtlich immanente Lebensvollzug Jesu. Bereits unter der ersten Zielperspektive war dieser Zusammenhang für die didaktischen Entscheidungen ausschlaggebend. Der gesamte symbolische Lebensvollzug Jesu wurde aber dort noch nicht unterrichtlich ausgewertet.

Die Erschließung des religiös-symbolischen Doppelsinns sollte nicht am komplexesten Gegenstand – an Jesus Christus – beginnen und vorläufig auch nicht mit dem Grenzfall des Gottesbegriffs belastet sein. Leichter zugänglich und vertrauter sind alltagsweltlich relevante symbolische Elemente, die hintergründig sinnbestimmend wirken und oft auf transzendente Setzungen verweisen, ohne daß diese immer explizit gemacht würden. Beim Durcharbeiten verschiedener Sinndimensionen alltagsweltlicher Symbolik werden die Schüler auch auf die psychische Ambivalenz aufmerksam, die dem Symbolgebrauch allemal anhaftet. Die Wahrheitsfrage wird demzufolge auch diesen Gesichtspunkt zu berücksichtigen haben.

Die alltagsweltliche Symbolik ist allerdings inkonsistent, abhängig von verschiedenen Symbolsystemen und funktional einer (dominierenden) symbolischen Welt zugeordnet. Sie wird in Symbolsystemen greifbar, die das Leben von Gruppen und einzelnen steuern. Diese Systeme konkurrieren offen oder verdeckt miteinander, wobei sich die Formen des »Streits« geschichtlich wandeln und dennoch einer systemimmanenten Rechtfertigung bedürfen. Diese Zusammenhänge sollen exemplarisch in einem zweiten Zugriff zur Diskussion stehen. Erst danach kann der symbolische Charakter von Praxis- und Redezusammenhängen, mithin auch der Zusammenhang des Lebens Jesu, zur Darstellung kommen. Die Frage nach der Legitimität von Wahrheitskriterien und -ansprüchen, die ja in symbolischer Praxis enthalten sind und an sie herangetragen werden, ist dann abschließend, allerdings nur ansatzweise, zu erörtern.

Religiöse und weltanschauliche Elemente in der Alltagswelt: Schülervoraussetzungen

Zu Anfang ist der jugendsoziologische Befund zur Randstellung christlicher Religiosität im Alltag in Erinnerung zu rufen. R. Döbert stellte im Rahmen seiner Untersuchungen zur moralischen Identität Jugendlicher fest, daß die christliche Religion sogar »von Probanden, die sich selbst als religiös verstehen, nicht so erfahren (wird), daß sie für die alltägliche Lebensführung relevant werden kann«.[472] Religiosität steht selbst für solche

Jugendliche oft neben dem Alltag, d.h. bleibt besonderen Höhen- oder Tiefpunkten im Lebensalltag vorbehalten. Man mag zu Recht einwenden, Religiosität qualifiziere eben dadurch den Alltag, daß sie im Alltagszyklus besondere Phasen auszeichne, ansonsten aber hintergründig Handlungssicherheit gewährleiste. Dennoch ist nicht zu bestreiten, daß die Höhepunkte des Jugendalters weitgehend ohne christlich-religiöse Symbolisierungen bleiben und die unstreitig noch wirksame religiöse Hintergrundstabilisierung mit Hilfe einer wenig strukturierten »Religiosität des Fühlens und Meinens« erfolgt. Wo finden die Jugendlichen religionsäquivalente Thematiken?

Der geregelte durch Leistung, Konkurrenz und Lebenssteigerung definierte Alltag verdrängt Fragen, die religiöse Antworten nahelegen. Sie brechen gelegentlich bei Anpassungs- und Beziehungskrisen oder bei plötzlicher Konfrontation mit Krankheit und Tod auf. Die individuellen »Brüche« sind kaum unterrichtlich zu bearbeiten. Anders verhält es sich mit den Lebensvollzügen, die in der Alltagspraxis selbst ganzheitliches Erleben ermöglichen, an erster Stelle Musikkonsum, neuerdings verstärkt auch selbständiges Musizieren.

Durch Musik schulen – so R. Spindler – Jugendliche »ihre Sensibilität, bekommen ein Gefühl für Harmonie und Disharmonie, ein Gefühl für Mißklänge in der Außenwelt. Denn die Wirklichkeit ist unmusikalisch. Sie ist ungeordneter, eckiger, schroffer. Und vor allem: In ihr gibt es den Erfolg nicht, den ein Hörer in fast jedem Musikstück findet: Dort gibt es für fünf oder fünfundzwanzig Minuten ein schönes Ganzes, begonnen und zu Ende geführt, überschaubar und doch unerforschlich, interessant, erlebnisreich und angenehm bewegt. Wer könnte das von seinem eigenen Leben behaupten? Vor allem welcher Jugendliche, dessen Leben voller Zensuren und Zeugnisse, Autoritäten, Entfremdungen, Partner- und Elternprobleme steckt? Eine wirkliche Affinität zur Musik geht fast unweigerlich mit dem Wunsch nach einem anderen Leben daher«.[473] Daß dieser Wunsch in vielen Texten mit Hilfe religiöser Motive zum Ausdruck kommt, hat K. E. Nipkow im Gespräch mit seinem Sohn herausgefunden. Er fragt: »Wissen eigentlich Eltern, was ihre Kinder zu einer solchen Welt der Musik mit ihrer – oft verschlüsselten – Sprache und Bildwelt hinzieht? Mir ist aufgegangen, daß sich das Suchen der Jugendlichen im Medium der Musik in verschlüsselter Weise vollzieht. Sie wissen und wissen es nicht, was sie fasziniert. Mir ist auch deutlich geworden, wie sehr die biblische Tradition aus den kirchlichen Gehäusen ausgewandert und nun in einzelnen Elementen in einer offenen Kultur anzutreffen ist, hier der jugendlichen Musikkultur . . . Ihre Musikwelt scheint die jungen Leute von uns und dem von uns vertretenen christlichen Erbe zu entfernen. Aber wenn wir hinsehen, kommen sie uns gleichzeitig mit Bruchstücken dieses Erbes verwandelt in ihren Händen entgegen«.[474] Ohne Zweifel ist die vielfältige jugendliche Musikszene das vorherrschende symbolische Phänomen zur Persönlichkeitserweiterung und Alltagsüberwindung.

Religiöse und weltanschauliche Elemente: Zentrale Symbolik und mögliche Lernwege

Bei einer Auseinandersetzung mit der Musikszene geht es dem Religionsunterricht naturgemäß weniger um die Ermittlung sozialer Funktionen oder ästhetischer Kategorien, sondern um die Analyse des Musiklebens als tröstende, ausgleichende, integrierende oder provozierende Erfahrung. Daher gehören Musik und Text, Situationen, Arrangement und Akteure zusammen. Zu Recht wird von einer Überschätzung der Textinhalte gewarnt. Jugendliche singen und erleben die Lieder, auch ohne den Wortsinn zu verstehen. Oft bestehen Texte auch nur aus Sprachfetzen. »Bei Schlagern und Songs spielen darüber hinaus der Star und sein Auftritt eine große Rolle: Gleichsam wie ein Priester zelebriert der Star seinen Vortrag und nachweislich hat dies eine tröstende Wirkung auf die Hörer«.[475] Die Analyse des Musikerlebens wird die Ambivalenz herauszustellen haben. Die Sehnsucht nach Ganzheit, Persönlichkeitssteigerung und einer heileren Welt kann sich mit Hilfe der Musik in folgenloser Regression erschöpfen und zur Abhängigkeit von Konsumarrangeuren führen. Sie kann aber auch Ansprüche und Protest mit dem Ziel

eines versöhnten Lebens wachhalten sowie Hoffnungen und Gemeinschaftsbezug fördern. Letzteres gilt insbesondere für die neuere religiöse Musik, während zum hergebrachten christlichen Musik- und Liedgut nur vereinzelt positive innere Beziehungen
anzubahnen sind. Die neueren religiösen Lieder verknüpfen häufig alltägliche Wahrnehmungen und Fragen mit überlieferten Geschichten und Glaubensvorstellungen, oder sie
erzählen und erläutern zentrale Elemente der Tradition. Melodisch, harmonisch und im
Arrangement stehen sie der Rock-, Pop- und Chansonmusik nahe.[476] Bilder gelungenen
Lebens und Elemente der religiösen Traditionen finden sich reichhaltig, auch in der nicht-
religiösen Rock- und Popmusik.[477]
Musik ist eines der alltagsweltlichen Phänomene mit religiös-symbolischer Qualität. In
der Massenunterhaltung, in der politischen Propaganda, in der Konsumwerbung, im
Sport und in der vielfältigen Freizeitkultur (Tourismus) finden sich symbolische Formen
vergleichbarer Art. Ein Lehrer, der selbst wenig Zugang zur modernen Musikszene hat,
wird seine Unterrichtsangebote sicher lieber aus einem der letztgenannten Bereiche
wählen.

Der Streit um die Wahrheit in Gegenwart und Vergangenheit: Schülervoraussetzungen

Schon die älteren Kinder nehmen unterschiedliche Überzeugungen und damit zusammenhängende Lebenspraxis in ihrer Umgebung wahr; sie beschäftigen sich auch gerne mit
fremden Religionen, wenn sie anschauliche Berichte hören. Dieses Interesse erwächst
wohl aus dem allgemeineren kognitiven Bedürfnis, die eigene Welt kennenzulernen und
auf diesem Weg auch emotional bedeutsame Orientierungspunkte für Zugehörigkeit und
Fremdheit zu gewinnen.[478] Die Begegnung mit anderen Überzeugungen kann wegen der
psychosozialen Bindungen an die Herkunftsgruppen kaum Anstöße zu alternativen
Orientierungen geben. Daß Sinn- und Wertsysteme miteinander auch dann konkurrieren,
wenn sie sich gegenseitig anerkennen oder eine begrenzte Funktion zuerkennen, nehmen
Kinder allenfalls zur Kenntnis, erleben es aber nicht.
Wegen der entwicklungsbedingten Umstrukturierung der Beziehungen zu den Herkunftsgruppen und einer gelegentlich auftretenden traditionskritischen Haltung unterstellt man in der Regel Jugendlichen ein selbständigeres Interesse an weltanschaulichen
Orientierungen und empfiehlt demzufolge ab dem 13./14. Lebensjahr eine Auseinandersetzung mit den nicht-christlichen Weltreligionen. Die Erfahrungen sind allerdings
höchst unterschiedlich. Im 7./8. Schuljahr erlahmt nach dem Abklingen eines Neuigkeits-
effekts oft auch schon das Interesse; im 9./10. Schuljahr ist dies weniger der Fall, wenn
sich der Unterricht nicht allzusehr in Einzelheiten verliert. Insgesamt ist das Interesse
aber doch begrenzt, was die vielkritisierte Vermittlung schematisierter Gesamtüberblicke
oder aber untypischer Einzelzüge – wegen ihrer Aktualität – begünstigt. Das beginnende formal-operatorische Denken kommt hingegen einer systematischen, d.h. struk-
turell und begrifflich ausgerichteten Erarbeitung besonders ab dem 9./10. Schuljahr entgegen – ein Umstand, der die besseren Erfahrungen in den Abschlußklassen der Sekundarstufe I erklären dürfte. Hinsichtlich der Relevanz des so erlernten Strukturwissens für
die persönliche Sinnorientierung sollte man sich aber auch hier keine Illusionen machen.
Die nicht-christlichen Weltreligionen mögen für einzelne wegen einzelner erlebnisinten-
siver Vollzüge (Meditation, Yoga u.a.) attraktiv sein, die eher konventionalistische und
rationalistische Gesamtorientierung der meisten 13–16jährigen – sie war schon mehrfach
als Absicherung gegen psychodynamische Ansprüche verstanden worden – hält sogar die
aktuellen religiösen Modeströmungen auf Distanz und begünstigt eine Tendenz der
Abwertung wegen zivilisatorischer Rückständigkeit. Erst für die jungen Erwachsenen (ab
17 Jahren), die in bewußter Negation der herrschenden Lebensmuster nach ursprünglicheren Lebensformen suchen, stellen die Religionen eine ernstzunehmende Herausforderung dar.

Diese eher ungünstigen Voraussetzungen machen einen Unterricht über grundlegende religiöse Alternativen nicht zu einem aussichtslosen Unterfangen. Sie dämpfen nur den Optimismus, man biete mit »Fremdreligion« eine von den Schülern gesuchte Möglichkeit zu existentieller Auseinandersetzung an. Die relative und nicht vorurteilsfreie Distanz der meisten Schüler zusammen mit einem mäßigen Interesse aufgrund der öffentlich und schulisch vermittelten diffusen Kenntnisse und Erfahrungen sowie die Neigung zu begrifflicher Systematisierung sind durchaus noch normale Voraussetzungen für die Behandlung eines Unterrichtsthemas. Da in einer späteren Lebensphase, in der zudem viele kaum noch Gelegenheit zu einer intensiveren unterrichtlichen Bearbeitung religiöser Bewegungen haben, die religiösen Alternativen an Bedeutung gewinnen, ist neben der kulturellen und politischen Bedeutung der Religionen auch eine lebensgeschichtliche Begründung für eine Auseinandersetzung gegeben. Eine solche Vermittlung von Eindrücken und Kenntnissen im Vorgriff auf spätere Orientierungsprobleme kann zumindest verbreitete Klischees und Vorurteile korrigieren,[479] provozierende oder schwer verständliche Einzelphänomene in ihrer relativen Bedeutung zugänglich machen, emotionale Barrieren lockern und damit Begegnungsbereitschaften fördern, Lebensorientierungen und Überzeugungssysteme mit Hilfe zentraler symbolischer Vollzüge und Vorstellungen charakterisieren sowie Fragen nach der eigenen religiösen Identität – in der Auseinandersetzung mit anderen Überzeugungen – auf den Weg bringen. Voraussetzung für gelingenden Unterricht sind bekanntlich nicht nur aktuelle Motivationen und allgemeine Lerndispositionen, sondern auch die Unterrichtserfahrungen selbst, d.h. die erinnerte und zu erwartende Lerngeschichte.

Der Streit um die Wahrheit in Gegenwart und Vergangenheit: Mögliche Lernwege und die Rolle zentraler Symbole

Die oben formulierten Möglichkeiten des Unterrichts bedürfen einer genaueren fachdidaktischen Begründung, die über Erwägungen zu den Schülervoraussetzungen hinausgeht. Die im Vergleich zu den parallelen Abschnitten modifizierte Überschrift berücksichtigt zunächst einmal das Problem der Pluralität der Überzeugungen und der Quantität der Alternativen. Naturgemäß ist es ausgeschlossen, für alles Nicht-christliche eine zentrale symbolische Einheit vorzuschlagen und dabei noch die Beziehung zum Christentum sowie die Sinndefinition der Jugendlichen zu berücksichtigen. Von den Schülervoraussetzungen her rücken zuerst Probleme der Erschließung in den Vordergrund. Vollständigkeit auch nur hinsichtlich der großen Religionen ist selbst bei kontinuierlichem Unterricht in der Sekundarstufe I nicht zu erreichen.[480] Eine Auswahl ist unerläßlich, wenn sich der Religionsunterricht nicht zum Unterricht über Religionen verändern soll.[481]

Das in der Praxis übliche Auswahlkonzept – Vermittlung von Überblicksinformationen über Islam, Judentum und Hinduismus/Buddhismus unter kritischer Anknüpfung an gängige Wissensbestände und Vorurteile – ist so offenkundig fachdidaktisch defizitär, daß es niemand beim Namen zu nennen wagt. Da es sich im Schulalltag hinreichend »bewährt« hat, klagt kaum jemand – Religionswissenschaftler ausgenommen – das Theoriedefizit ein. Vermutlich zwingen die unterrichtspraktischen Voraussetzungen zu Vermittlungen zwischen dominierenden fachdidaktischen Konzepten, die in ihrer Einseitigkeit entweder am Schüler oder am Gegenstand scheitern und daher auf Dauer nicht umgesetzt werden. Was verlangen diese Konzepte?

Auf der einen Seite finden sich die eher schüler-, problem- oder christlich-theologisch orientierten Konzepte, die sich sowohl in der Polemik gegen eine beziehungslose Vermittlung religionswissenschaftlicher Einsichten als auch in der Forderung einer lebensbezogenen Auswahl einig sind. Es sollen nur die Inhalte zu Unterrichtsgegenständen werden, denen eine funktionale Rolle für die Identitätsfindung bzw. für eine soziale oder christliche Kompetenz mit kritischer Stoßrichtung zuzubilligen ist.[482] Daß bei einer solchen Devise einseitiges, für jede Ideologisierung anfälliges Wissen und eine Verkürzung der fremden religiösen Überzeugungen im Rahmen der eigenen Lebensperspektiven zu befürchten ist, stellen Religionswissenschaftler zu Recht heraus. Gerade unter der kritischen Voraussetzung einer eingeschränkten und deformierten Erfahrungswelt ist mit einer entsprechenden Formierung existentieller Interessen und gesellschaftlicher Problemlagen zu rechnen, so daß einer eigenen Wirkung der schon verselbständigten Inhalte wenig Chancen bleiben. Das aus der Sicht von Religionswissenschaftlern formulierte Gegenkonzept braucht ebenfalls Konzentration und Relevanzfilter, um die Stoffülle einzuschränken und sich nicht allzu weit von den motivationalen Voraussetzungen zu entfernen. Prinzipiell unterstellen Religionswissenschaftler die Relevanz ihres Gegenstandsbereichs für die schulische Bildungsaufgabe und schlagen eine Strukturierung vor, die sich – wissentlich oder unwissentlich – am geisteswissenschaftlich-hermeneutischen Prinzip des Elementaren orientiert. Mit den Worten Tworuschkas: »Objekt der Religionsdidaktik ist nicht: Buddha, Muhammad, Laotse und Kungtse, auch nicht Buddhismus, Islam, chinesischer Universismus, auch nicht Theologiegeschichte einzelner Religionen, sondern Gesetzmäßigkeit, Strukturanalogie, Zufall, Individualität, Typisches im religiösen Denken, Handeln in Sprache und Gemeinschaftsformen.«[483] Nicht eine Aneinanderreihung von Religionen, sondern strukturiertes Wissen ist Ziel und Inhalt solchen Unterrichts. Tworuschka schwebt eine Theorie von »Bauelementen« der Religionen vor, die sich in Sachstrukturen des Gegenstandsbereichs formulieren lassen, »damit entsprechende Lernstrukturierungen eingeleitet werden können«.[484] Er sieht selbst, daß die Religionswissenschaften über eine phänomenologisch-strukturalistische Religionstheorie nicht verfügen, erhofft sie sich aber von der weiteren Entwicklung. Die Möglichkeit einer solchen Theorie sei dahingestellt; unstreitig gibt es vergleichbare Strukturen in verschiedenen Religionen, die allerdings nicht inhaltsunabhängig und d.h. immer von geschichtlich-kulturell geprägten Positionen und Perspektiven abhängig zu formulieren sind.[485] Bedeutsamer als diese Einschränkung ist die unterstellte Möglichkeit einer Deduktion von Wissenschaftsstrukturen bzw. Sachstrukturen auf Lernstrukturen, wie sie nur auf der Basis einer die Emotionalität unterschlagenden kognitiven Psychologie möglich ist.[486] Gewiß integrieren und differenzieren kognitive Strukturen auch die affektiven Bestrebungen – kognitives Lernen ist nicht bedeutungslos für Identitätsbildungsprozesse – sie können aber diese Wirkung nur dann entfalten, wenn sie an den schon bestehenden emotional besetzten kognitiven Strukturen anknüpfen und gleichzeitig die sich verändernde Psychodynamik berücksichtigen. Sach- und Lernstrukturen sind nicht einfach identifizierbar. Ohne existentiellen Bezug auf innere und äußere Handlungsdispositionen, ohne Verbindung zur eigenen Orientierungsproblematik kommen Lernprozesse nicht einmal in Gang. Es geht nicht ohne eine – immer kritisierbare – Verknüpfung von Strukturwissen und Lebensbedeutsamkeit sowie von eigener und fremder weltanschaulicher Tradition.[487] Eine rein strukturalistische Didaktik müßte an ihrer kognitiven Einseitigkeit scheitern.

Wie lassen sich die selektive Einseitigkeit des Schülerbezugs mit einer objektivierenden Strukturierung des religiösen Gegenstandsbereichs verbinden? Zunächst muß man sich die Prozeßhaftigkeit des Lernens vor Augen halten. Der Prozeß vermittelt zwischen selektiver Aufmerksamkeit und kognitiven Mustern. Er braucht dazu Inhalte, die vorhandene Emotionen auf sich ziehen und gleichzeitig zum Weiterfragen, Weiterdenken und Differenzieren ermutigen – solche Inhalte also, die ihrerseits auf die umfassenden Sinngehalte religiöser Orientierungen verweisen. Wer die obigen Überlegungen zum Symbolbegriff Ricoeurs gelesen hat, erkennt in der Charakterisierung der Inhalte den Doppelsinn bzw. die Mehrperspektivität der Symbole wieder. Symbole binden Emotionen und verweisen auf umfassende Sinnbereiche, die in ihnen bereits konzentriert sind. Es gibt verschiedene Symbole, die der Forderung Ricoeurs genügen. Allein begriffliche oder im

Sinne von S. K. Langer diskursive Smybole, die jeder Anschaulichkeit entbehren,[488] müssen ausscheiden. Symbole aber, die Lebensvollzüge oder Gebräuche verbildlichen, Bilder bzw. Geschichten von Transzendentem oder von Offenbarungsgeschehen, Zentralfiguren, Heiligtümer usw. ziehen Aufmerksamkeit auf sich, wecken Emotionen und veranlassen zu Fragen — besonders dann, wenn sie nicht in die alltagsweltlich dominierende Symbolik hineinpassen. Ein existenz- bzw. schülerbezogener Ansatz wird mit anschaulichen symbolischen Phänomenen beginnen, die Aufmerksamkeit oder gar Verärgerung auslösen, seien sie auch noch so periphär (z.B. heilige Kühe). Er bleibt aber nicht bei solchen Erscheinungen stehen, sondern sucht mit den Schülern das generelle Sinn- bzw. Handlungsmuster zu ermitteln, auf das die gewählte Symbolfigur verweist. Der Weg vom Symbol zum Sinnmuster ist ein virtueller Konstruktionsvorgang auf formal-operatorischer Basis. Aus diesem Grund ist er erst ab der Mittelstufe möglich; bei jüngeren Kindern können Symbole narrativ ausgestaltet, d.h. mit Lebensvollzügen oder Ursprungsgeschehen verknüpft werden; eine strukturelle Rekonstruktion aber ist ausgeschlossen — unabhängig von der Frage, welche Elemente als Strukturen einer Religion gelten sollen.[489]

Als Beispiel für den Weg vom Symbol zum Sinnmuster sei hier das Vorgehen in Kursbuch Religion 9/10 — leicht modifiziert — vorgestellt.[490] Dort sind »heilige Kühe« in Indien abgebildet. Die Schüler sollen sich zunächst äußern. Die üblichen Reaktionen werden diskutiert. Darauf der folgende Text: »Europäer belächeln oder kritisieren meist die Verehrung der Kuh. Über zwei Milliarden Dollar jährlich kostet der Schutz dieses Tieres das vom Hunger geplagte Indien. Man soll die schlechtgenährten Tiere doch abschlachten, verlangen viele unserer Zeitgenossen. Andere entgegnen, die Kuh nütze den Indern nicht nur mit ihrer Milch und als Zugtier. Ihr Dung diene getrocknet auch als Brennstoff und sie ersetze die nicht vorhandene Müllabfuhr, weil sie sich von den herumliegenden Abfällen ernährt. Verteidiger und Gegner der Kuh mögen beide ein Stück weit recht haben. Ihre Argumente gehen aber am Denken des indischen Menschen vorbei. Anders Mahatma Gandhi, . . .: „Im Mittelpunkt des Hinduismus steht der Schutz der Kuh. Für mich ist der Schutz der Kuh eine der wunderbarsten Erscheinungen in der menschlichen Entwicklung . . . Für mich bedeutet die Kuh die ganze nichtmenschliche Schöpfung. Durch die Kuh ergeht an den Menschen der Auftrag, seine Einheit mit allem, was lebt, zu verwirklichen . . . Man kann Mitleid an dem freundlichen Tier lernen. In Indien ist sie die Mutter der Millionen. Schutz der Kuh heißt Schutz der gesamten stummen Kreatur Gottes. Das ist das Geschenk des Hinduismus an die Welt." Göttliches lebt in allen Lebewesen, ob Baum, ob Mensch, ob Kuh oder Affe. Besondere Verehrung genießen die Tiere. Ehrfürchtig betrachtet der Hindu die Vielfalt des Lebendigen. Fromme Hindus sind oft Vegetarier«.
Soweit der Text. Daran schließt sich der folgende Impuls: »Für Gandhi ist die Kuh ein Symbol in mehrfacher Hinsicht. Er sieht sogar Verbindungen zwischen ihr und den hungernden Menschen. Inwiefern gehören Kuh und nicht-menschliche Schöpfung zusammen? Denkt an die Lehre vom Atman«.
Text und Frage zeigen — wie von dem einen (anstößigen) Symbol ausgehend die gesamte hinduistische Lebensdeutung einschließlich lebenspraktischer und doktinärer Aspekte erschließbar wird. Sie zeigen natürlich auch, wie durch die Sprache (auch bei Gandhi) westliche (christliche) Denkmuster (z.B. Schöpfung) in die Darstellung einfließen.

Gegen das vorgeschlagene Verfahren läßt sich einwenden, daß nicht immer so einfache und zugleich provokative Symole zur Verfügung stehen, die zudem so umfassend in die zugehörige Lebensdeutung hineinführen. Der Einwand wäre stichhaltig, wenn man den Symbolbegriff auf einzelne Bilder oder Gegenstände beschränkte und nicht Stifterfiguren, Ursprungsgeschichten, kultische Vollzüge und Alltagsriten hinzunähme. Selbst zu abstrakten Begriffen wie Erlösung, Versöhnung, Rechtfertigung, Gebet finden sich bildliche oder narrative Äquivalente.
Der Weg vom symbolischen Phänomen zum generellen Sinnmuster bleibt unbefriedigend, wenn der Schüler die neugewonnene Struktur nicht auf eigene oder in seiner Umge-

bung relevante Sinnmuster beziehen kann. Denn die Forderung nach Lebensbedeutsamkeit des Lernens gilt nicht nur für den Einstieg, sondern für den gesamten Lernprozeß. Hier ist der Bezug zur Wahrheitsfrage gegeben. Erst auf der Ebene generalisierter Sinnmuster kann vernünftigerweise gefragt werden, ob die erschlossene Orientierung sich auch im eigenen Leben bewähren, d.h. bewahrheiten kann. Der Schüler muß sich selber fragen lernen, was die Umsetzung des erkannten Musters in seine Lebenswirklichkeit bedeutet. Er muß es mit anderen Orientierungsangeboten vergleichen und auf die von ihm gelernten und in seiner Umgebung relevanten Sinnsetzungen zurückbeziehen. Dies ist möglich, wenn er Analogien oder Kontraste zu entdecken vermag.

Die eben zitierte Stelle versucht durch weitere Impulse diese Forderung einzulösen. Man liest sofort nach dem Verweis auf Atman: »Der christliche Arzt und Theologe Albert Schweitzer hat das Wort ›Ehrfurcht vor dem Leben‹ geprägt. Zu welchen Verhaltensweisen wollte er damit ermutigen?
Nur noch wenige wagen heute über den Umgang des Hindus mit den Pflanzen und Tieren zu lächeln. Diese wenigen vergessen die verhängnisvollen Folgen unseres Umgangs mit der Natur.«

Die didaktische Forderungen fußen ebenso wie das Beispiel auf Analogie- bzw. Kontrastbildung, d.h. sie setzen vergleichbare Strukturen zwischen religiösen Systemen voraus. Dennoch braucht man nicht der Illusion objektiver, wertneutraler, empirisch analytischer Strukturen anzuhängen, wenn man sich klarmacht, daß Strukturen — welcher Art auch immer — die auf Dauer gestellten kognitiv-affektiven Formen von Interaktionen zu Objekten, im Fall der Religionen zu generellen Orientierungsproblemen sind. Sie sind zum einen von den spezifischen Traditionen, zum andern von universalen Menschheitsproblemen bedingt. An letzteren müssen sich alle Menschen abarbeiten. Von daher ergeben sich auch gemeinsame Fragen, die, selbst wenn sie in unterschiedlichen Denksystemen artikuliert werden, von einem Ausgangspunkt her vergleichbar bleiben. Die Suche nach analogen Grundstrukturen aller Religionen dürfte vergeblich bleiben. Eine positions- und traditionsbezogene Strukturierung anderer Religionen im Horizont der gemeinsamen Menschheitsprobleme wird — wenn sie von verschiedenen Positionen vorgenommen wird — aber zu aufeinander abbildbaren Fragen und Antworten führen. Der positionsbezogene und zugleich weltoffene Dialog bleibt die äußerste Verständigungsform, in der die Kategorien der Beteiligten und Betroffenen wechselseitig verglichen und angenähert werden. Die Schüler können einen solchen Dialog — schon wegen des Fehlens kompetenter Vertreter anderer Religionen — nicht eigenständig führen. Der positionsbezogene und weltoffene Religionsunterricht kann sie aber in einen Prozeß hineinnehmen, der sie dialogfähig macht.[491]

Der symbolische Charakter religiöser und weltanschaulicher Praxis und Sprache: Schülervoraussetzungen

Piagets Definition formaler Operationen ist in Erinnerung zu rufen: »Das Denken des Jugendlichen ist nicht wie das des Kindes nur auf die Gegenwart gerichtet.« Der Satz meint, daß das Kind in der Phase des konkret-operatorischen Denkens auf die jeweils gegebenen Informationen (zu Vergangenheit und Gegenwart) angewiesen ist, nicht etwa, daß es nicht mit vergangenen Ereignissen oder mit abstrakten Begriffen umgehen könne. »Er (der Jugendliche) entwickelt Theorien über alles mögliche und findet sein Vergnügen vor allem an Betrachtungen, die sich nicht auf die Gegenwart beziehen.« Diese bewußte Denkform ist hypothetisch-deduktiv, d.h. der Jugendliche denkt »a) aufgrund von einfachen Annahmen, die mit der Wirklichkeit oder mit dem, was das Subjekt wirklich glaubt, in keiner notwendigen Beziehung stehen«, und b) vertraut »der Notwendigkeit des Schlusses als solchem (vi formae) im Gegensatz zur Übereinstimmung seiner Folgerung mit der Erfahrung«.[492] Die Trennung von Anschauung und (hypothetischem) Denken ist Vorbedingung eines vollen Symbolverständnisses, d.h. eines Verständnisses des Doppelsinns. Denn der Jugendliche muß dabei ein gegebenes Objekt auf eine nur imaginierte Sinnebene beziehen. Es sei darauf hingewiesen, daß dies eine komplexere Leistung erfordert als der Prozeß hypothetischer Schlußfolgerung mit logischen Mitteln, den Piaget im Auge hat. Es kommt die Fähigkeit zu semantischen Analogienbildungen hinzu, die über einfache Ähnlichkeitsrelationen deshalb hinausgehen, weil die Analogie über Zwischenglieder vermittelt werden muß. Kinder zwischen 9 und 13 Jahren erwerben diese Fähigkeit.[493]

Wenn z.B. der folgende Satz zu interpretieren ist: Das Wort Gottes ist wie ein Hammer, der Felsen zerschmeißt, muß das Motiv der Kraft in der Metapher erhoben und auf mögliche Wirkungen von Worten bezogen werden. Der Vergleich erfordert die Isolation des mit dem Hammer symbolisierten Elements Kraft/Energie und seine Verwendung als semantisches Zwischenglied.

Religiöse und weltanschauliche Symbolik hat aber gegenüber alltagsweltlichem Symbolgebrauch noch einen höheren Grad an Komplexität. Während das normale Symbol in einem bestimmten Sinnhorizont bedeutungsvolles Objekt ist, das auf einen anderen erfahrbaren Sinnhorizont verweist, ist der zweite religiöse Sinnhorizont, auf den das religiöse Symbol verweist, selbst nicht einem unmittelbaren, sondern nur einem in der Symbolik der betreffenden Religion vermittelten Erleben zugänglich.

Um dies an einem Beispiel zu verdeutlichen: Das Symbol Herz verweist auf Liebe. Der zweite Sinnhorizont Liebe ist für jeden durch bestimmte Verhaltensweisen und Gefühle sozial definiert. Diese sind zwar ihrerseits auch symbolisch vermittelt, aber die als Liebe bezeichnete Beziehung hat ihre eindeutig identifizierbaren psychischen und sozialen Merkmale. Das religiöse Symbol – etwa die Person Jesus als Christus – verweist zunächst einmal in den Bereich des Glaubens. Auch dieser ist mit Hilfe bestimmter sozial-kulturell definierbarer Merkmale als psychische Realität faßbar und anerkannt. Die im Glauben konstituierte symbolische Realität, also daß Jesus Christus Erlöser der Menschheit ist, läßt sich an Erfahrung nicht mehr verifizieren. Der Glaubensinhalt ist – humanwissenschaftlich gesehen – rein fiktional. Sein Realitätsbezug kann selbst nur über symbolische Prozesse hergestellt werden.

Die Schüler müssen zusätzlich zwischen geschichtlichen und fiktionalen Realitäten unterscheiden lernen sowie die Bedeutung und Wahrheit fiktionaler Realitäten erfassen. Über die formalen Denkvoraussetzungen verfügen sie. Es ist Aufgabe des Unterrichts, emotionale Barrieren gegen »Phantasiegebilde« abzubauen, die Abhängigkeit des Menschen von fiktionalen Realitäten aufzuweisen und die spezifische Art der Wahrheit religiöser Fiktion herauszuarbeiten.

Der symbolische Charakter religiöser und weltanschaulicher Praxis und Sprache:
Mögliche Lernwege und zentrale Symbole

Doppelsinn und Fiktionalität lassen sich prinzipiell mit Symbolen aus verschiedenen Traditionen erarbeiten. Entscheidend ist, daß nicht nur einfache bildliche, sondern auch komplexere sprachliche – narrative und begriffliche – Symbolik zugänglich wird. Denn der »Kosmos« eines religiös-weltanschaulichen Systems enthält ikonische, narrative und begriffliche Elemente, die geordnet aufeinander bezogen sind. Wegen ihres geringen präsentativen Gehalts sind die Begriffe am schwierigsten zu erschließen, weshalb diese erst gegen Ende der Sekundarstufe I gesondert in den Blick kommen.
Obwohl die Wahl der Symbole prinzipiell beliebig ist – das Lernen soll ja gerade zu Transferleistungen befähigen –, ist ein zusammenhängender Traditionskomplex zu empfehlen, damit die für das Verständnis notwendigen geschichtlichen und kulturellen Infor-

mationen nicht immer von neuem gegeben werden müssen. Darüber hinaus ist es sinnvoll, die grundlegende Symbolik der eigenen Herkunftstradition vorrangig zu bearbeiten, da religiöse Kompetenz zuallererst in der eigenen Umwelt gefordert ist. Zudem entspricht eine Priorität der christlichen Tradition an dieser Stelle dem Auftrag des (christlichen) Religionsunterrichts, vor allem um ein sachgemäßes Verständnis der eigenen Tradition bemüht zu sein.[494] Das hervorragende christliche Symbol ist Jesus Christus. Dies war bereits zu Anfang dieses Kapitels insofern von Belang, als das zentrale christologische Symbol zur Erschließung christlicher Gotteserfahrung empfohlen wurde. Seither spielte die Auseinandersetzung mit Gesamtdeutungen des Lebens und Geschicks Jesu keine Rolle mehr, wenngleich im Zusammenhang mit Beziehungs- und Strukturproblemen hin und wieder einzelne Jesusüberlieferungen zur Diskussion stehen werden. Dies ist weder Zufall noch Nachlässigkeit, sondern in der Sache begründet. Leben und Geschick Jesu sind uns nicht als zusammenhängende Biographie überliefert, in der Entstehung, Entwicklung und Bewährung charakteristischer Intentionen und Verhaltensmuster die Kontinuität einer Lebensgeschichte gewährleisten, was eine Würdigung der Person und ihres Wirkens erst gestattet. Die wenigen biographischen und historisch sicheren Überlieferungen beziehen sich auf eine sehr kurze Zeit des Lebens Jesu, enthalten wenig »harte« Daten und sind geprägt vom Glauben an den Auferstandenen. Von dieser Erfahrung her gewinnt das Leben Jesu erst seine Einheit. Ohne Ostern gäbe es allenfalls Episoden aus der gescheiterten Praxis einer radikalisierten Reich-Gottes-Verkündigung. Dies besagt nicht, daß die historischen Gegebenheiten keine Rolle gespielt hätten oder spielen dürften. Sie sind in gewisser Weise für die symbolische Integration des Lebens Jesu normativ.[495] Aber erst die symbolische Qualität als »Offenbarung« des wahren Menschseins bzw. des wahren Gottes stattet die Fragmente dieses Lebens mit dem Doppelsinn aus, der für religiöse Sinnfindung unabdingbar ist: Sie verweisen über sich hinaus auf ein erneuertes Leben und eine erneuerte Welt, die nicht ein Produkt menschlicher Bemühung sein kann (Transzendenz).

Der obige Vorschlag, die Wirklichkeit Gottes durch die Kruzifix-Lebensbaum-Symbolik im Zusammenhang mit dem Wirken Jesu zu veranschaulichen, konzentrierte das Leben Jesu auf wenige Szenen, in denen aber die ganze Bedeutung präsent werden kann. Dies besagt, daß Schüler nicht erst mühsam die gesamte Jesusüberlieferung bis hin zur Auferstehung durcharbeiten müssen, um die Symbolik dieses Lebens in den Blick zu bekommen. Jede einzelne Szene verweist auf wesentliche Aspekte dessen, was mit Reich Gottes bzw. Leben in der Nähe Gottes gemeint ist. In dem jeweils inszenierten Sachverhalt wirkt immer der gesamte symbolische Bezugshorizont, so daß — didaktisch gesehen — mit Hilfe von Einzelszenen eine symbolische Gesamtauffassung ausgebildet werden kann. Nun ist schon seit längerem bekannt, daß die symbolische Qualität des Lebens Jesu auch mit spezifischen Formen sprachlicher und nicht-sprachlicher Praxis verbunden war, nämlich solchen, die in besonderer Weise geeignet scheinen, eben diesen symbolischen Horizont wirksam werden zu lassen.[496] Die bekanntesten Beispiele sind die Gleichnisse und die Wundergeschichten. Die Gleichnisse Jesu — so hat E. Jüngel das neue metaphorische Verständnis der Gleichnisse vorwegnehmend formuliert — bringen die Gottesherrschaft als Gleichnis zur Sprache,[497] und wenn »die Gleichnisse Jesu die Basileia (Gottesherrschaft) als Gleichnis zur Sprache bringen, dann ist Das-zur-Sprache-Kommen der Basileia ein ausgezeichneter Modus ihres Kommens«.[498] Das Gleichnis inszeniert mit metaphorischen Mitteln die Alltagswelt neu. Es entwickelt fiktiv solche Prozesse in der Alltagswelt, die für Herrschaft Gottes charakteristisch sind. Die Wundergeschichten als Elemente der Reich-Gottes-Botschaft sind den Gleichnissen analoge handlungsbezogene Ereignisse. Auch sie inszenieren die Herrschaft Gottes im Leiden des Alltags. Versteht man sie als symbolische Handlungen oder Wunschgeschichten, in denen Hoffnung und Protest der Leidenden und Unterdrückten zum Ausdruck kommen, ist ihre metaphorische Eigenart vollends deutlich: Sie sprechen als Glaubensgeschichten dem Seienden ein

Mehr an Möglichkeiten zu. Noch einmal E. Jüngel: »Die Sprache des christlichen Glaubens teilt die Eigenart religiöser Rede, Wirkliches so auszusagen, daß ein Mehr an Sein zur Sprache kommt.«[499]

Das letzte Zitat weist darauf hin, daß nicht nur Gleichnisse und Wundergeschichten, sondern die religiöse Sprache schlechthin metaphorisch ist, d.h. zwei Seinsbereiche verknüpft. Die der Alltagswelt entstammenden Objekte werden dadurch zu Symbolen im Sinne Ricoeurs, daß in ihnen zwei sonst getrennte Seinsbereiche zusammenfallen. Während in der Metapher als Satz (z.B. Achill ist ein Löwe) beide Seinsbereiche analytisch trennbar sind, sind sie im Wortsymbol vollständig verschmolzen. Weitet man den Symbolbegriff aber auf alle analogieherstellenden Redeformen aus, so wären Metaphern und metaphorische Redeformen zu subsumieren. Ein dritter Komplex der Jesusüberlieferung, die Wortüberlieferung einschließlich der Streit- und Schulgespräche, der biographischen Apophtegmata und der »Herrenworte«[500] wird in seiner Funktion deutlicher. Er verdeutlicht Konsequenzen der Botschaft von der Gottesherrschaft und daraus entstehende Konflikte im Alltag.[501] Das Verhalten Jesu ist nicht nur ein Kommentar dazu, sondern ihre Bewährung in der Praxis und somit selbst symbolisch. Allein eine historiographische überlieferte Kreuzigung wäre ohne symbolischen Wert. Sie kommt aber durchgängig von zwei Polen her interpretiert zur Darstellung: Von der Geschichte Israels und Jesu einerseits und vom Auferstehungszeugnis andererseits. Insofern ist auch die Kreuzigung ein durch und durch symbolisches Geschehen, in dem sich das Geschick Gottes und seiner Herrschaft in der Welt manifestiert. Die anderen Jesusüberlieferungen sind Voraussetzungen von Kreuz und Auferstehung – historisch wie symbolisch; ohne Kreuz und Auferstehung wären sie unvollständig, weil offenbliebe, in welcher Weise sich die mit Botschaft und Verhalten Jesu symbolisch eröffnete Möglichkeit in die Wirklichkeit umsetzt. Didaktisch ergibt sich aus diesem Zusammenhang die Folgerung, daß der sachliche Bezug auf Kreuz und Auferstehung bei jeder Bemühung um die Symbolik von Einzelüberlieferungen zu beachten ist.

Wie kann dieser große symbolische Zusammenhang des Lebens Jesu angemessen erschlossen werden? Man beginne mit den genannten signifikanten Einzelkomplexen und bearbeite diese exemplarisch. Die Besorgnis, das Ganze nicht zu erreichen, ist unbegründet, weil – wie oben ausgeführt – in der Einzelüberlieferung das Ganze in wesentlichen Aspekten zur Sprache kommt. Der Bezug zum Gekreuzigten kann schon vorausgesetzt werden, wenn bei der Auseinandersetzung mit Gott immer auf diese zentrale Symbolik zurückgegriffen wird. Es bedarf dann keiner großen Anstrengung, um bei der Frage nach der Verwirklichung von Jesu Anstößen auf das Leiden und die Hoffnung zu sprechen zu kommen. Wo sich die Schüler ernsthaft engagieren, dürften sie von sich aus das sichtbare »Scheitern« Jesu ins Feld führen.

Unter den genannten Einzelkomplexen wurde die Behandlung der Gleichnisse bereits für das 5./ 6. Schuljahr vorgeschlagen. Ist das geschehen, legt sich eine erneute wiederholende Beschäftigung mit dem Ziel nahe, die Wirksamkeit des symbolischen Horizonts »Reich Gottes« für die Gestaltung des Gleichnisses – es geht von alltäglichen Vorfällen aus und führt zu außergewöhnlichen Handlungsweisen – aufzuzeigen und argumentativ oder meditativ nach Analogien zur eigenen Lebenswirklichkeit zu suchen.[502] Auch bei nur wenigen Unterrichtsstunden darf eine Auseinandersetzung mit den Wundergeschichten nicht fehlen. Unverständnis, Polemik und Hilflosigkeit kennzeichnen den öffentlichen Umgang mit den Wundern, zumal angesichts immer neu aufbrechender Wunderglaubigkeit und der Konjunktur paranormaler Erscheinungen. Ein großer Teil der Jesusüberlieferungen sind Wundergeschichten; bleiben sie außer Betracht, fehlt ein wesentliches Element der Botschaft Jesu von der Gottesherrschaft. Der Unterricht[503] sollte in einem ersten Schritt die verbreiteten Wunderverständnisse aufarbeiten und Analogie sowie Differenz zu Wundern Jesu festhalten (Motive der Rettung, des Unwahrscheinlichen). In entsprechender Weise sind Vergleiche mit antiken Wundererzählungen zu empfehlen. Diese geben gleichzeitig Gelegenheit, das antike Denken über Wunder im Rahmen des damals gültigen Weltbilds zu veranschaulichen. Danach

durchbrechen Wunder nicht die Naturgesetze, sondern geschehen im Rahmen des möglichen Wirkens von Mächten und Gewalten, die die Erde beherrschen. Die Einsicht, daß auch Jesus mit seinen Wundern nach damaliger Auffassung im Rahmen des Erklärbaren bleibt, hat befreiende Wirkung und erleichtert eine »Fortschreibung« von Wundern für die Gegenwart − als Wunder inneren Wandels, unerwarteter Zuwendung, unüblicher Hilfe u.a. Wunder sind denkbare, wenngleich außergewöhnliche Ereignisse. Daß Jesus in diesem Sinne Wunder getan hat (Dämonenaustreibung, Krankenheilung), steht außer Zweifel. Er dürfte über psychische Kräfte verfügt haben, die auch heute noch nicht erforscht sind. Es läßt sich allerdings nicht feststellen, welche Wunder auf Jesus zurückgehen. An Textvergleichen können die Schüler die Struktur von Wundergeschichten feststellen. Auf diesem Weg lernen sie auch verstehen, warum Jesus später viele Wundergeschichten zugeschrieben wurden. Wer an den Auferstandenen glaubte, mußte ihm einfach alles zutrauen. So zeigen die Wundergeschichten, was die Menschen vom Auferstandenen erhofften. Es sind zu einem großen Teil »Wunschträume«, was besonders an den Totenauferweckungen deutlich wird.[504] An dieser Stelle muß eine Phase zur notwendigen und not-wendenden Funktion von »Wunschträumen«, Utopien u.ä. eingeschoben werden, z.B. anhand des Traumes von M. L. King. Abschließend sollten Beispiele analysiert werden, in denen Menschen aufgrund ihres Glaubens − ihrer Wunschträume vom Reich Gottes − »Wunder« heute wirken und gegen ungerechte Verhältnisse protestieren. Auch der Hinweis, daß einige Wundergeschichten schon in der Bibel übertragen verstanden sind (z.B. Sturmstillung) kann hilfreich sein.
Die Kreuzigung Jesu und seine Weigerung, sich dem Kreuze zu entziehen, markieren die Grenze für alle symbolischen Handlungen und Hoffnungen. Die Herrschaft Gottes zeigt sich als Liebe ohnmächtig. Der Glaube an ihre Durchsetzung rechnet mit dem Wunder.

Wenn Gleichnisse und Wundergeschichten als symbolische Paradigmata zur Sprache gekommen sind, dürften die grundlegenden hermeneutischen Einsichten vermittelt sein, um mit einem zusammenfassenden »Kurs« zur Jesusüberlieferung sowohl das Wissen um die symbolische Bedeutung Jesu zu differenzieren als auch die Entwicklung der Überlieferung − und damit des Symbolisierungsprozesses − in Grundzügen verständlich zu machen.

Da beides, die Deutung Jesu wie die Geschichte der Jesusüberlieferung, von der Erfahrung des verkündigten, mithin des gedeuteten Jesus herkommt und auch die Schüler ihre eigene Beziehung zu Jesus von einem lebenspraktisch interpretierten Jesusbild her definieren, legt sich ein Ansatz bei Begegnungen oder Auseinandersetzungen mit Jesus unmittelbar nahe. Die unterschiedlichen Reaktionen auf Jesus führen zur Frage nach ihrer Berechtigung, so daß die Berichte über Jesus einer Prüfung zu unterziehen sind. Erneut werden die bekannten Überlieferungskomplexe − Gleichnisse und Wunder − in Erinnerung gerufen, ergänzt durch Herrenworte und die Leidensgeschichte. Die Herrenworte kann man auch mit aktuellem Bezug am Beispiel der Bergpredigt behandeln. Es empfiehlt sich, inhaltliche und überlieferungsgeschichtliche Gesichtspunkte nicht zu trennen, sondern letztere inhaltsbezogen und nur soweit zu behandeln, als sie für ein sachgemäßes Verständnis der Reich-Gottes-Botschaft und des Geschicks Jesu unabdingbar sind.[505] Auch Jesus-Kurse sollten − trotz der unvermeidbaren Stoffülle den Bezug zur Lebensproblematik der Schüler nicht nur zu Beginn wahren. Dies verlangt, bei möglichst vielen Elementen Analogien oder Kontraste in der Lebenswelt zu benennen.

Wahrheitsansprüche und Bewahrheitungskriterien religiöser und weltanschaulicher Orientierungen: Schülervoraussetzungen

Intention des letzten Abschnittes war es zu zeigen, wie Schüler einen positiven Zugang zur Fiktionalität der Glaubenswelt gewinnen können: Sie sollten mit Hilfe der Jesusüberlieferung die Notwendigkeit und die Motivationskraft (fiktionaler) Hoffnungsbilder erleben und begreifen. Damit ist allerdings die Fiktionalität der Glaubensinhalte weder begrifflich erfaßt noch in ihren ambivalenten Funktionen reflektiert. Der Begriff »Fiktion« dürfte für die Schüler auch noch nicht hilfreich sein. Es ist schon viel erreicht, wenn ihnen die Wunsch- und Hoffnungsbilder als wertvolle Teile der Glaubenserfahrung erscheinen. Eine Reflexion der Fiktionalität auf ihren Wert – mithin die Frage nach ihrer Wahrheit – setzt einen weiteren Schritt der Verallgemeinerung voraus, der eine Distanzierung von eigenen Glaubens- und Wertüberzeugungen mit sich bringt; diese müssen im Gedankenexperiment so zu behandeln sein, als seien sie emotional wenig besetzte Objekte, und sich verallgemeinerbaren Kriterien unterwerfen lassen. Eine solche kritische Distanzierung von eigenen Überzeugungen ist erfahrungsgemäß im 9./10. Schuljahr noch schwierig. Den Überzeugungen anderer gegenüber fällt sie naturgemäß leichter, führt jedoch oft zu unbarmherzig einseitigen Urteilen. Die von J. W. Fowler untersuchte Entwicklung des weltanschaulichen und symbolischen Verständnisses bestätigt diese Beobachtungen aus der Sicht kognitiver Psychologie. In der ersten Phase formal-operatorischen Denkens konzipiert der Jugendliche noch nicht den Systemcharakter der eigenen Überzeugungen, also auch noch nicht ihre Relativierbarkeit im Vergleich mit anderen. Daß Symbole den symbolisierten Sinnbereich immer nur annähernd zum Ausdruck bringen und daher selbst relativ sind – diese Einsichten setzen eine intensive geistige Auseinandersetzung schon voraus. Erst danach dürfte die psychische Sicherheit erreicht sein, daß eine kriterienbezogene Reflexion des Wahrheitsgehalts der Symbole, d.h. des von ihnen repräsentierten Sinngehalts, nicht unmittelbar bedrohlich erscheint. Eine experimentelle Distanzierung erscheint ungefährlich. Nach Fowlers Ergebnissen vollzieht sich dieser Entwicklungsschritt im günstigen Fall in der späten Adoleszenz, also ab ca. 17 Jahren, war aber bei mehr als der Hälfte der über 20jährigen in seiner Untersuchung noch nicht abgeschlossen.[506] Eine Reflexion auf Wahrheitskriterien fiktionaler Gehalte ist daher der Oberstufe des Gymnasiums vorzubehalten.

Die fehlende Distanzierungsmöglichkeit und das noch vorherrschende integrale Symbolverständnis bewahrt die Jugendlichen nicht vor einer Stellungnahme zu religiösen Phänomenen. Zwar wird ihnen in der schulischen Öffentlichkeit normalerweise keine Entscheidung für oder gegen bestimmte religiöse Überzeugungen abverlangt – immerhin soll der Konfirmandenunterricht zu einer vorläufigen Entscheidung für den christlichen Glauben führen[507] – es begegnen ihnen aber anziehende Erscheinungen religiöser Verheißungen von Glück, Identitätssicherung und Machtgewinn. »Der Zeitraum zwischen der bisher durchlaufenen religiösen Sozialisation und der neu zu gewinnenden religiösen Identität ist für viele Jugendliche so etwas wie ein Vakuum, das infolge der noch nicht ausgebildeten Reflexionsfähigkeit religiöse und pseudoreligiöse Phänomene ›ansaugt‹«, konstatiert K. Lorkowski.[508] Narzißtisch-regressive Verschmelzungswünsche und Größenphantasien finden in magischen Techniken und übersinnlichen Phänomenen ihre adäquaten Medien. Ängste und Unsicherheiten wegen der eigenen Leistungsfähigkeit und der persönlichen Zukunft verstärken die Neigung zu pseudoreligiösen Sicherheiten. Die Mehrheit der Schüler weiterführender Schulen dürfte im Gespräch eine positive Wertschätzung des sog. Aberglaubens für sich selbst weit von sich weisen, aber eine bedauerliche Verbreitung des Phänomens bei anderen beklagen. Mit rationalen Argumenten verneinen sie eine Abhängigkeit von Sternen oder anderen Mächten, ein Wirken übersinnlicher Kräfte oder Fähigkeiten wie Hellsehen und Fernheilen. Telepathische und psychokinetische Erscheinungen halten sie – ein Erfolg des parapsychologischen Booms – gelegentlich für wahrscheinlich, betrachten sie jedoch nicht als Wirkungen von Übersinnlichem, sondern von noch nicht ausreichend erforschten menschlichen Fähigkeiten. Die rationalistische Argumentation spiegelt den gesamtgesellschaftlich akzeptierten Bewußtseinszustand, erklärt aber nicht, warum sich dennoch fast alle Jugendliche gerne an einer Auseinandersetzung mit übersinnlichen Phänomenen beteiligen. Die bisherigen Überlegungen legen die Vermutung nahe, daß die rationalistische Argumentation der Abwehr von Neigungen und Hoffnungen dient, die zumindest in Zeiten psychischer und existentieller Krisen die Einwände des Bewußtseins außer Kraft setzen. Die übersinnlichen Mächte versprechen leichteren Trost und erfolgreichere Lebensbewältigung als der anerkannte religiöse Glaube, weil man mit Hilfe abergläubischer Praktiken ihre Einflüsse vorhersehen und auf sie einwirken kann. Während Gott dem Menschen unberechenbar – und zudem allwissend – gegenübertritt, sind Sterne und Geister beeinflußbar. Der einzelne kann sich ihnen ebenbürtig erweisen.

Wahrheitsansprüche und Bewahrheitungskriterien religiöser und weltanschaulicher Orientierungen: Mögliche Lernwege

Die persönliche Situation der Jugendlichen legt um der Selbstfindung und der Selbständigkeit willen eine Thematisierung von »Aberglauben« nahe. Hinsichtlich der Relevanz und Eigenart religiöser Sinnsetzung muß der Jugendliche die qualitativen Unterschiede zwischen pseudoreligiösen bzw. magischen Phänomenen und religiöser bzw. christlicher Glaubensorientierung wahrnehmen, er muß also »Wahrheitskriterien« anwenden, ohne diese schon in ihrer Funktion als Kriterien reflektieren zu können. Es wird dabei nur möglich sein, die unterschiedliche Qualität von Glauben und Aberglauben herauszuarbeiten; warum die eine Form der anderen überlegen ist, sollte man aus der Sicht des jeweiligen Systems darstellen und auf beide Argumentationsweisen allgemein anerkannte Kriterien der Wissenschaftlichkeit bzw. des Erfahrungswissens anwenden. Dabei bemerken die Schüler, daß religiöser Glaube mit Wissenschaft und Erfahrung vereinbar bleibt sowie die Freiheit und Selbständigkeit des einzelnen wahrt. Sie werden auch sehen, daß Aberglauben göttliche und dämonische Kräfte in Dienst zu nehmen sucht und damit dem einzelnen mehr Sicherheit und Macht verspricht. Den Widerspruch zum christlichen Gottesbegriff finden sie mit Hilfe entsprechender Fragen heraus. Sie erfahren auf diesem Weg, daß Bewertungskriterien zu religiösen Phänomenen von eigenen Überzeugungen abhängig sind, ohne schon einzelnen Kriterien ihren systematischen Ort zuweisen zu können.

Als Beispiel, wie die didaktischen Forderungen einlösbar sind, ist im folgenden die Grobstruktur einer Unterrichtseinheit aus dem 27er Buch abgedruckt und um ein Lernziel ergänzt, das die Positionsbezogenheit der Beurteilungskriterien ins Auge faßt:[509]

Lernziele	Inhalte
1. Erscheinungsformen des Aberglaubens begrifflich einordnen und von Wissenschaft unterscheiden	Astrologie, Wahrsagen und Magie, Wunderheiler, UFO-Bewegung, Erdstrahlenlehre, Spiritismus o.ä.
	Davon zu unterscheiden: Parapsychologie, Astronomie
2. Am Beispiel von Wochenhoroskopen Wurzeln des Aberglaubens aufdecken	Angst, Sehnsucht nach Sicherheit Glück, Lebenshilfe
3. Das Verständnis von Glück im Glauben und Aberglauben unterscheiden	Aberglaube: z.B. Erfolg in Liebe und Beruf, Gesundheit, Freiheit von Problemen und Konflikten
	Glaube: Mt 5,3–10 Engagement und Teilhabe am Reich Gottes, z.B. Mt 6,25–32 oder 16,24–26a und Mt 13,44–46

Lernziele	Inhalte
4. Zeigen, daß der Glaube an biblische Zusagen die Ängste heilen kann, die durch okkulte Lebensberatung ausgenutzt werden	Beispiele okkulter Beratung und deren Auswirkungen, z.B. der Chirologie Jes 49,15—16a und Ps 31,16a Gebet um Vergebung des Aberglaubens
5. Möglicher Zusatz für Gymnasium: Wesentliche Unterschiede zwischen spiritistischer Jenseitsvorstellung und christlicher Auferstehungshoffnung erarbeiten	Grundkenntnisse über Entstehung und Methoden des Spiritismus 1 Tim 2,5—6a; Joh 3,2; Röm 3,28

Unterschiede:

viele Medien	— — ein Mittler
spekulativ	— — zurückhaltend
Jenseits	— — Eschaton
moralisierend	— — rechtfertigend

Der zu ergänzende Teil müßte – der formalen Struktur der Einheit entsprechend – etwa so lauten:

Die christliche Auffassung der Gott-Mensch-Beziehung aus der Sicht okkulter Religiosität sowie umgekehrt okkulte Auffassungen vom Wirken und der Beeinflußbarkeit von Mächten aus christlicher Sicht kritisieren	Christlich: Vertrauen und Geborgenheit angesichts unvorhersehbarer Ereignisse, Freiheit zum Handeln Okkult: Sicherheit durch Vermeiden ungünstiger und Nutzen günstiger Einflüsse, »bessere« Planung menschlichen Handelns

Abdruck der Unterrichtseinheit (Grobstruktur) aus: H. Schmidt/J. Thierfelder, 27 Unterrichtseinheiten für den Religionsunterricht im 7./8. Schuljahr. Calwer Verlag Stuttgart 1978.

V. Überlegungen zum Religionsunterricht in schwierigen Hauptschulklassen

1. Zur Situation des Religionsunterrichts in der Hauptschule

Die schwierige Situation des Religionsunterrichts in der Hauptschule hat erst neuerdings einige Religionspädagogen alarmiert, nachdem man jahrelang ein spezifisches Hauptschulproblem kaum wahrgenommen hat. Die letzte gründliche Auseinandersetzung mit dem Religionsunterricht in der Hauptschule fand 1968 im Religionspädagogischen Institut Loccum statt.[510] Danach hat sich G. Pfister zweimal mit unterschiedlichen Akzenten zum Thema geäußert.[511] In der Reformdiskussion der beginnenden 70er Jahre wollte er den Religionsunterricht als Schulfach durch einen fundamental-ontologischen Religionsbegriff legitimieren.[512] Bei den aus dieser Begründung gewonnenen Vorschlägen zur Ziel- und Inhaltsproblematik fanden Besonderheiten der Hauptschule keine Beachtung. Auch in dem von W. G. Esser herausgegebenen Band − Zum Religionsunterricht morgen II − ziert die Hauptschule nur den Untertitel. Im zugehörigen Text ist weder sachlich noch verbal davon die Rede.[513] Einer der Mitautoren, P. Biehl, hat sich danach noch einmal dem Religionsunterricht in der Hauptschule zugewandt, allerdings mit der besonderen Absicht, einen fächerübergreifenden − problemorientierten − Unterricht neben fachgebundenen Lehrgängen in der Hauptschule zu etablieren.[514] Die Hauptschule ist nur ein Ausgangspunkt der Überlegungen, da sich hier an die Tradition des Gesamtunterrichts anknüpfen ließ, um die Diskussion über fächerübergreifenden und fachlichen Unterricht der 60er Jahre aufzuarbeiten. Im Verlauf seiner Ausführungen beschränkt sich Biehl auf die Erläuterung seines Konzepts eines fächerübergreifenden Unterrichts, zu dem der Religionsunterricht als »Hermeneutik des Daseins« und »Hermeneutik politischen Existierens« (S. 283) eigenständige Beiträge leisten muß.

Demgegenüber scheint der curriculare »Rahmenplan für den evangelischen Religionsunterricht an der Hauptschule in Bayern« den Schüler in der Hauptschule ernster zu nehmen. Neben kurzen Bemerkungen zu den »Soziokulturellen Voraussetzungen für den RU« bietet er ausführliche Beschreibungen der einzelnen sog. Schülerjahrgänge (5/6 − 7/8 − 9).[515] Doch eine genauere Lektüre lehrt: Nicht der Schüler in der Hauptschule stand den Verfassern vor Augen, sondern der Schüler überhaupt, wie ihn die damals bekannte entwicklungspsychologische Literatur als Normalfall aus der konkreten Wirklichkeit herausdestillierte.

Nicht nur bei Religionspädagogen war das Thema Hauptschule wenig beliebt. Auch die allgemeine pädagogische Diskussion hatte es vernachlässigt. Die letzten größeren konzeptionellen Arbeiten zur Hauptschule stammen aus der zweiten Hälfte der 60er Jahre.[516] Danach kam es vereinzelt zu einer Auseinandersetzung mit psychologischen und soziologischen Gesichtspunkten[517] und mit Problemen der Beziehung von Schule und Lebenswelt, wobei einige curriculare und organisatorische Veränderungen vorgeschlagen wurden.[518] Allein die Arbeitslehre hat eine intensivere fachdidaktische Diskussion herausgefordert.[519] Es ist hier nicht ausführlich über die Gründe des eigentümlichen Defizits nachzudenken. Sicherlich ist die vom Jahre 1968 an beginnende Entwicklung zum integrierten Sekundarbereich I von Bedeutung.[520] So hat bereits der Kongreß der Deutschen Gesellschaft für Erziehungswissenschaft im April 1970 nicht mehr die Notwendigkeit empfunden, unter dem Titel »Erziehungswissenschaft − Schulreform − Bildungspolitik« eine Reform des gegliederten Schulwesens − und damit der Hauptschule − überhaupt noch ins Auge zu fassen.[521] Die besonderen Probleme der Hauptschule schienen sich weitgehend der Struktur des gegliederten Schulwesens zu verdanken.[522] Mit ihrer Überführung in das integrierte und differenzierte System einer Gesamtschule erwartete man eine völlig neue Lage. Die Probleme der Hauptschule konnte man angesichts ihrer erhofften Aufhebung auf sich beruhen lassen. Auch der Religionsunterricht entwickelte seine Didaktik im Blick auf einen integrierten Sekundarbereich I.[523]

Bei der Verabschiedung des Bildungsgesamtplans der Bund-Länderkommission für Bildungsplanung im Juni 1973 kündigten sich dann aber Veränderungen der bildungspolitischen Reformbemühungen an. Die Sondervoten der Länder Baden-Württemberg, Bayern, Rheinland-Pfalz, Saarland und Schleswig-Holstein zur Errichtung von Gesamtschulen und zur Orientierungsstufe ließen damals nicht mehr eine schnelle Verwirklichung eines integrierten Sekundarbereichs I erwarten.[524] Schon kurz danach war klar, daß die CDU-regierten Länder an einem reformierten gegliederten Sekundarbereich I festhalten werden, d.h. innerhalb der einzelnen Schularten inhaltliche Reformen, also Lehrplanreformen, durchführen wollten.[525] Auch in den SPD-regierten Ländern ist mit einer längerfristigen Weiterführung der Hauptschule zu rechnen.[526] Zudem haben die integrierten Gesamtschulen die Probleme, die in den heute schwierigen Hauptschulen auftreten, ebenfalls nicht gelöst. Sie finden sich dort in den unteren Niveaukursen, in den Sonderklassen und in den Abschlußklassen des 9. Schuljahres wieder.[527] In allen Reformversuchen stellt sich das »Hauptschulproblem« verschärft: Die Schüler am unteren Ende der Leistungshierarchie sind stärker isoliert, weil eine intensivere Erfassung der sogenannten »Begabungsreserven« gelungen ist.[528] Die Hauptschule ist auch dort eine Restschule, wo sie als solche nicht in Erscheinung tritt.[529]

Das Leiden an der Hauptschulwirklichkeit drang in Form von Berichten aus dem Lehrer- und Schulalltag seit Beginn der 70er Jahre in die pädagogisch interessierte Öffentlichkeit.[530]

Im folgenden sind die wichtigsten Abschnitte aus einem zusammenfassenden Bericht von H. Hanisch zitiert, der zwischen Lehrer- und Schülerperspektive unterscheidet.[531]

Lehrer:

»Wenn man Hauptschullehrer über ihre Arbeit befragt, dann beklagen sie gewöhnlich die geringen Erfolge, die ihre Arbeit zum Ergebnis hat. Sie machen geltend, daß Schüler in den oberen Schuljahren der Hauptschule oft kaum bessere schulische Leistungen aufweisen als gute Grundschüler. Wissenslücken, die aus der Zeit der Grundschule stammen, würden sich von Jahr zu Jahr vergrößern. Die Rechtschreibung sei katastrophal. Die sprachlichen Ausdrucksmöglichkeiten der Schüler seien begrenzt. Ein sicher verfügbares Grundwissen fehle den meisten.

Zu den geringen schulischen Erfolgen, die die Lehrer bei ihren Schülern feststellen, treten ernsthafte Disziplinprobleme. Aufgrund von Desinteresse und Teilnahmslosigkeit am Unterricht herrscht in den Klassenzimmern mitunter große Unruhe. Die Schüler passen im Unterricht nicht auf. Sie unterhalten sich und treiben Unfug. Zurechtweisungen, Ermahnungen oder Appelle des Lehrers erweisen sich als sinnlos. Bestrafungen wie Strafarbeiten oder Sonderaufgaben nehmen die Schüler mit einem ironischen Lächeln hin, denn sie können davon ausgehen, daß sie diese Arbeiten nicht machen müssen, da sie niemand zwingen kann, diese Aufgaben tatsächlich auszuführen. Das Klima in den Klassen und die Atmosphäre im Unterricht werden dadurch belastet, daß die Schüler den unterrichtlichen Anweisungen des Lehrers nicht folgen. Nur ein Teil der Schüler erledigt die Hausaufgaben. Zu bestimmten Unterrichtsstunden werden Bücher oder Hefte, auf die der Unterrichtende zurückgreifen möchte, nicht mitgebracht. Der Unterricht kann oft nicht pünktlich beginnen, weil einige Schüler das Pausenende selbst bestimmen. Die ausländischen Schüler stellen den Lehrer vor besondere Probleme, denen er gewöhnlich völlig hilflos ausgeliefert ist . . .

Die geschilderten Erfahrungen, die der Hauptschullehrer alltäglich macht, bleiben nicht ohne Wirkung auf sein Verhalten und seine Einstellung zum Beruf. Die ständige Herausforderung seiner Autorität, die Erfahrung des Scheiterns sowohl im Unterricht als auch im persönlichen Umgang mit den Schülern und das Gefühl mangelnder Unterstützung von seiten der Eltern, der Schulverwaltung und der Öffentlichkeit führen zu Unmut, Enttäuschung, Entmutigung und Resignation . . .

Im einzelnen lassen sich vier Verhaltensdispositionen hervorheben, die in enger Beziehung zueinander stehen:

a)   Der Planung, Gestaltung und Durchführung des Unterrichts wird zunehmend weniger Aufmerksamkeit und Sorgfalt geschenkt, da der Lehrer davon ausgehen kann, daß er mit einem gut geplanten Unterricht ebenso scheitert wie mit einem schlecht geplanten . . . Für viele Hauptschullehrer stellt sich die Frage nach dem Sinn dessen, was sie an der Hauptschule tun. Was lehren sie? Zu welchem Zweck lehren sie, was sie lehren? Was ist ihr erzieherischer Auftrag an der Hauptschule? Nicht selten flüchten sie sich in sinnverheißende Nebenbeschäftigungen, weil sie auf diese Fragen keine befriedigenden Antworten finden. Ihren eigentlichen Beruf führen sie als Job aus, der dazu dient, ihre Hobbies zu finanzieren.

b)   Mit der Auffassung des Berufs als Job verringern sich zwangsläufig die personalen Bezüge zwischen Lehrer und Schüler. Die Folge davon ist, daß der Erfolg des Unterrichts grundlegend in Frage gestellt wird. Denn ohne intensiven personalen Kontakt zwischen Lehrer und Schüler, in dem die emotionalen Bedürfnisse der Schüler ernstgenommen werden, ist nach E. Frister ein Unterrichtserfolg an der Hauptschule nicht denkbar . . .[532]

c)   Die geringen Erwartungen des Lehrers im Hinblick auf seinen beruflichen Erfolg und wiederholt erlebte Mißerfolge und Enttäuschungen beeinflussen sein Urteil über die Begabung, Aktivität, Fleiß, Interesse und Einstellung der Schüler zur Schule negativ. Da nun eine hohe Korrelation zwischen Lehrerurteil und Zeugnisnote besteht, ist anzunehmen, daß die Schüler nicht nur schlechter beurteilt werden, sondern auch schlechtere Noten erhalten, als aufgrund von Intelligenzuntersuchungen zu erwarten ist . . .[533]

d)   Aufgrund der Rollenunsicherheit des Hauptschullehrers und seines geringen Statusbewußtseins gegenüber Lehrern anderer Schularten kann vermutet werden, daß er auf Disziplinstörungen heftiger reagiert und sich eher in Machtkämpfe einläßt, wobei er jedesmal die Erfahrung machen muß, daß ein endgültiger Sieg unmöglich ist, weil der Schüler in seinen Kampfmethoden weder durch ein Gefühl der Verantwortung noch von einer moralischen Verpflichtung eingeschränkt wird. Indem der Lehrer zu ›Überreaktionen‹ neigt, provoziert er weitere Disziplinprobleme, die eine emotional unbelastete Unterrichtsarbeit verhindern.

Schüler:

Wenn wir die Erfahrungen der Hauptschüler zusammentragen, die sie während ihrer Schulzeit machen, dann ist offenbar die erste und folgenreichste die, daß sie sich als Versager empfinden, die in der Grundschule nicht mitgekommen sind und deshalb nicht die Möglichkeit hatten, die Realschule oder das Gymnasium zu besuchen. Den Grund ihres Versagens sehen sie darin, daß sie in der Grundschule vernachlässigt worden sind. Nach ihrem Urteil sind die begabteren Kinder gezielt gefördert worden, damit sie die Übergänge auf Realschule und Gymnasium schaffen, während sie mit ihren schulischen Schwierigkeiten weitgehend allein gelassen wurden. Statt nach den frustrierenden Erfahrungen der Grundschulzeit in der Hauptschule Ermutigung und Lernhilfe zu erfahren, finden die Hauptschüler, daß sie in den seltensten Fällen von ihren Lehrern ernstgenommen und in ihren Problemen verstanden werden. Sie haben das Gefühl, daß ihnen ihre Lehrer zu verstehen geben wollen, daß sie im Grunde dumm sind, nichts taugen und gar nicht in die Hauptschule, sondern in die Sonderschule gehören.

Das Gefühl, nicht ernstgenommen zu werden, verstärkt sich durch den Unterricht. Die Inhalte, die hier behandelt werden, sind nach Auffassung der Schüler nicht die wirklich wichtigen Themen, die sie interessieren und die für sie von Bedeutung sind . . .[534]

Die geschilderten Erfahrungen, die der Hauptschüler im Schulalltag macht, führen zu einer Reihe von Folgen. Im Hinblick auf sein Verhalten und seine Einstellung zur Schule lassen sich vier Verhaltensdispositionen hervorheben:

a)   Die geringe Fremdeinschätzung des Hauptschülers durch seine Lehrer und durch die Öffentlichkeit führt zu einer geringen Selbsteinschätzung, die sich negativ auf die Schulleistung und den Schulerfolg auswirkt. Der sich einstellende geringere Schulerfolg wirkt auf das Selbstwertgefühl des Schülers zurück. Das Ergebnis dieses Prozesses ist, daß die Schulleistung weiter absinkt . . .

b) Im Gegensatz zu der pädagogischen Forderung der Schule als einem Ort der Geborgenheit und des Vertrauens stellt sich die Hauptschule für ihre Schüler als ein Ort der Frustration und des Versagens dar, mit dem sie sich nicht identifizieren wollen und können. Dies führt dazu, daß sie sich in der Schule als andere Menschen empfinden und sich entsprechend verhalten: ›Man ist alberner, weniger ernsthaft bei der Arbeit, man sitzt seine Tage ab und kümmert sich nicht um die anderen‹.[535]

c) Anzunehmen ist, daß jene Ablehnung der Schule zugleich ein schichtenspezifisches Problem reflektiert, das sich darin ausdrückt, daß die Hauptschule von Lebenserfahrungen und Wertvorstellungen der Mittelschicht bestimmt wird, die zur Nichtbeachtung und Diskriminierung der Lebenserfahrungen und Wertvorstellungen der Hauptschüler führen, die in erster Linie der Unterschicht und der unteren Mittelschicht angehören. Die Diskriminierung der Lebenserfahrungen und Wertvorstellungen der Schüler verhindert unter anderem, daß sie sich zu dem Milieu, aus dem sie kommen, bekennen und ihre sozialen Verhältnisse offenbaren. Die Folge davon ist, daß sich die Schüler sowohl gegenüber dem Lehrer als auch gegenüber ihren Mitschülern vor intensiven sozialen Kontakten scheuen . . .

d) Verstärkt wird das aggressive Verhalten der Schüler durch die Unfähigkeit, mit ihrer Sexualität umzugehen. Viele Rangeleien, die als Ausdruck körperbezogener Kritik zu deuten sind, arten leicht in tätliche Auseinandersetzungen aus.«[536]

Quelle s. Anm. 531. Abdruck mit freundlicher Genehmigung von Dr. H. Hanisch, Zell u. A.

2. Orientierung an der Alltagswelt? (Konzeptionelle Erwägungen)

Die Berichte stimmen weitgehend überein: In der Hauptschule treffen sich Schüler, die mit Mißerfolgen groß werden mußten, deren Beziehungsfähigkeit geschädigt ist, die aufgrund ihrer Lage den Lernaufwand an einer unmittelbaren Nützlichkeit des vermuteten Lernergebnisses messen, sich aber gleichzeitig einem »Übermaß an unbewältigtem Dasein« gegenübersehen.[537] Unterricht muß therapeutische Elemente integrieren, wenn er überhaupt zu Erfolgen führen soll.
H. Hanisch fordert als didaktische Konsequenz, den Gebrauchswert als Kriterium bei der Auswahl von Unterrichtsinhalten für die Hauptschule in den Vordergrund zu stellen. Demnach soll die Schule – mit den Worten G. Aichingers – »nützliche« Fähigkeiten vermitteln, und zwar:[538]

1. Nützliches in Haus und Familie, z.B. Kochen, Arzneimittellehre;
2. Erhöhung der individuellen Verhaltenssicherheit, z.B. Kosmetik, Sexualkunde;
3. Nützliche Fähigkeiten für den späteren Beruf, z.B. Kfz-Technik, Maschinenschreiben;
4. Spaß, Entspannung, Interessantes, z.B. Sport, Kenntnisse über Tiere, Pflanzen und über fremde Länder.

Dabei sei darauf zu achten, daß Mädchen der Unterschicht nicht einseitiger auf traditionelle Frauenrollen hin erzogen würden, als es in den oberen Mittelschichten heute üblich ist.
Dieses Konzept verlangt offensichtlich eine fast bruchlose Anpassung an das Bedürfnissystem und die vorherrschenden Nützlichkeitsperspektiven der Jugendlichen selbst. Wichtige methodische Forderungen wie Sinnlichkeit, Anschaulichkeit, konkrete Objektbezogenheit des Unterrichts, unmittelbar praktische Verwendbarkeit und soziale Zweckmäßigkeit oder kollektiver und solidarischer Arbeitsvollzug (H. Kuhlmann) lassen sich in ein solches anpassungsorientiertes Konzept gut integrieren. Schließlich sollen auch die Inhalte und Methoden des Religionsunterrichts klar auf die Probleme des Berufsanfangs und die Schwierigkeiten des Lebensalltags bezogen sein.[539]

In der Forderung, Lebensalltag und Hauptschulunterricht enger zu verknüpfen, sind sich Pädagogen aller Richtungen einig; Schulversuche streben sogar eine Aufhebung der organisatorischen Strukturen von Unterricht zugunsten einer produktiven Arbeit in und an den Alltagsproblemen an;[540] sie arbeiten allerdings mit der Intention, die gesellschaftliche Realität durch pädagogisches Handeln mittelfristig zu verändern. Die Diskussion um Chancen und Grenzen solcher Alternativschulen ist hier nicht zu führen. Deren kritische Konzepte teilen jedenfalls nicht den logischen Fehlschluß der anpassungsorientierten Richtung, die zwar zu Recht den Großteil der schulischen Schwierigkeiten den deformierten Sozialisationsverhältnissen und den mangelnden Lebensperspektiven der Hauptschüler anlasten, Abhilfe aber von einer Vermittlung nützlicher Fähigkeiten zum Leben eben in denselben zerstörerischen und hoffnungslosen Zuständen erwarten. Sollten mißerfolgsgewohnte und resignierte Schüler etwa dadurch lernbereiter werden, daß man ihnen nützliche Fähigkeiten für eine Lebensform anbietet, die sie gar nicht anstreben? Mit diesen Bemerkungen sollen die Forderungen nach Sinnlichkeit, Anschaulichkeit und Nützlichkeit des Unterrichts nicht abgewiesen werden, solange sie didaktisch-methodisch zu verstehen sind. Es soll auch nicht ein Konzept propagiert werden, nach dem erst eine grundlegende Veränderung der »kapitalistischen« Sozialstruktur ein für alle erfolgreiche Erziehung gestatte. Eine Hauptschuldidaktik muß aber den Schülern mindestens eine solche Beziehung zu ihrer Vergangenheit, Gegenwart und Zukunft zu vermitteln suchen, die es ihnen erlaubt, ihre Schädigung zu akzeptieren und zu bearbeiten und darüber hinaus Lebensperspektiven für eine sie fordernde und ihnen zum Teil feindlich begegnende Umwelt zu entwickeln. Die konkreten Ziele müssen bescheiden bleiben, da die äußeren Bedingungen von der Schule aus nur selten zu verbessern sind: »Wenn sich bei Schülern Mißerfolgserlebnisse häufen, die Aussichten auf einen Ausbildungsvertrag gering sind, das Elternhaus wenig Anregungen bieten kann, die Normen und Werte in der Subkultur denen der Schule widerstreiten und die Massenmedien durch Unterhaltungsangebote ablenken, dann ist es keine leichte Aufgabe, in der Schule zum Lernen zu motivieren«.[541] Immerhin kann die Schule einen therapeutischen Beitrag leisten, wenn sie Aktivitäten zur symbolischen Verarbeitung von Mißerfolgserlebnissen, mangelnden Zukunftsperspektiven, subkulturellen Werten und Normen sowie zu den medial vermittelten Unterhaltungsangeboten organisiert.

3. Unterricht als Praxis religiöser Symbolisierung lebensweltlicher Zusammenhänge

Der Religionsunterricht kann sich am wenigsten auf eine rein anpassungsorientierte Nützlichkeitsdidaktik einlassen. Er kann allenfalls einige lebensweltlich relevanten Handlungsprobleme aufgreifen oder persönliche Schwierigkeiten und Defiziterfahrungen berücksichtigen.[542] Aber bereits in den ersten Erarbeitungsphasen kommen Inhalte ins Spiel, die der »Lebenswelt der Hauptschüler« fremd sind, es sei denn, der Religionsunterricht wolle auf sein Spezifikum, die Glaubensdimension zu erschließen, verzichten, d.h. sich selbst überflüssig machen. Die religiöse Dimension bietet aber gerade eine der wenigen Möglichkeiten, Schäden und Schwächen symbolisch zu verarbeiten und dem Anpassungsdruck zu widerstehen.[543] Allerdings steht die große Mehrheit der Hauptschüler gerade dieser Dimension fern. Da christlicher Glaube oder andere religiöse Phänomene in Familie und Umwelt der Kinder kaum vorkommen, gibt es praktisch keine religiösen Reflexionsprozesse.[544] Oft stehen infantile religiöse Vorstellungen – neutralisierte Reste von Religion[545] – isoliert neben einer pragmatisch illusionslosen Alltagsorientierung. Lohnende Lebenserfahrungen müssen lust- und erlebnisbetont oder risikoreich sein und dem Selbstgefühl dienen. Die ohnehin wenig bekannte Religion steht dagegen in dem Ruf, lustfeindlich, moralisierend und beengend zu sein. Gerne bedient man sich eines Klischees von Kirche und Frömmigkeit, um sich diese zusätzliche Bedrohung der kleinen Alltagsfreuden vom Leib zu halten. Im Gegensatz dazu können Religionslehrer, die sich für die Hauptschüler einsetzen und auf ihre kommunikativen Bedürfnisse eingehen, ohne der Kumpanei verdächtigt zu sein, Achtung und Sympathien genießen.[546] Aber auch solche Lehrer haben es schwer, wenn sie religiöse Inhalte vermitteln oder mit ihnen argumentieren wollen. Denn im Unterschied zu den Schülern anderer Schulen haben die schwierigen Hauptschüler wenig Sinn für kulturelle oder geschichtliche Werte, zu denen eben auch religiöse Inhalte gehören. Ihr Alltag ist zu eng und zu bedrückend.

Eine Verbesserung der schulischen Lernsituation muß mehrere Aspekte berücksichtigen. Zunächst einmal darf man die schulisch vorgegebene Kontinuität der Lernprozesse nicht einfach unterstellen, »sondern muß eine prinzipielle Diskontinuität, Brüchigkeit, Sprunghaftigkeit der alltäglichen Aneignungs- und Lernweisen voraussetzen. Kontinuität ist also nicht die Basis von Lernen, sondern muß gegen die mit dem Konsum von Waren eng verbundene Sprunghaftigkeit und Flüchtigkeit im Umgang mit Sachen (und Menschen?) durchgesetzt, erkämpft, erarbeitet werden«, soweit H. Hartwig.[547] Es ist hinzuzufügen, daß die Selbstkontrolle bei vielen Hauptschülern sehr schwach, die Toleranzschwelle also sehr niedrig ist. Jeder momentane Reiz löst eine unmittelbare Reaktion aus; Bedürfnisse nötigen zu sofortigem motorischen Ausdruck und verlangen nach unmittelbarer Befriedigung. Auch deshalb sind kontinuierliche Lernprozesse oft in Frage gestellt. Die erste organisatorische Konsequenz müßte eine Auflockerung der starren Schulordnung sein, was nur möglich ist, wenn ein Lehrer mehrere Fächer unterrichtet und demzufolge die Inhalte auch stundenunabhängig verteilen kann oder wenn – was das Lehrangebot erlaubt, die Finanzpolitik aber ausschließt – mehrere Lehrer ständig kooperieren. Der Religionslehrer, der nur zwei Stunden oder gar nur eine Stunde in der Woche in die Klasse darf, braucht sich aber nicht entmutigen zu lassen. Angesichts der Situation kann er ein gutes Gewissen haben, wenn er einen Teil seiner Stunde darauf verwenden muß, Schüler zu beruhigen, ihre Konflikte zu besprechen und Anlässe plötzlicher Unruhe zusammen mit den Schülern zu suchen und zu bearbeiten. Er braucht dazu viel Verständnis, Geduld und Festigkeit. Um ihre Sprunghaftigkeit beim Lernen und die Flüchtigkeit des Interesses selbst in den Griff zu bekommen, benötigen die Schüler konkrete Handlungsziele und Verfahren, die sie in einer für sie überschaubaren Zeit realisieren können. Die Zeitspanne muß anfangs kürzer, später länger sein. Außerdem sollte für einzelne Schüler die Möglichkeit bestehen, sich schneller erreichbare Zwischenziele zu setzen. Besonders bei Spannungen und Unruhe in der Klasse sollte der Lehrer seine Gesprächsbereitschaft signalisieren, zugleich aber auf das (begrenzte) Pensum hinweisen und dafür in der entsprechenden Unterrichtsstunde eine angemessene Zeitspanne vorschlagen. Normalerweise halten sich die Schüler gerne an solche Vereinbarungen, weil sie sich selbst damit ein erreichbares Maß auferlegen. Was die sonstigen methodischen Fragen betrifft, lassen sich außer den bekannten Prinzipien der Anschaulichkeit, der Konkretheit und des Handlungsbezugs kaum allgemeingültige Regeln aufstellen. Die in der Literatur verbreitete Rede von der Überlegenheit kollektiven, solidarischen und projektorientierten Lernens ist aufgrund von Erfahrung und Gesprächen mit Lehrern nicht zu halten. Die Schüler müssen alle Lernformen z.T. mühsam lernen, je komplexer die Lernform, um so schwieriger ihre Durchführung. Einzelarbeit fällt den meisten noch am leichtesten, wenn sie die sachlichen Schwierigkeiten der Aufgabe meistern. Partnerarbeit kann schon Anlaß zu Konflikten sein, ist aber nach einiger Übung in eingespielten Teams meist hilfreich. Gruppenarbeiten scheitern oft am unterschiedlichen Arbeitswillen und den verschiedenartigen Empfindlichkeiten der Teilnehmer. Hier helfen kurzfristig zu erledigende Aufgaben bei klarer Aufgabenverteilung. Projektunterricht verlangt große Geduld und viel zusätzlichen

Lehrereinsatz. Besonders wenn er über die Grenzen von Schule und Unterricht hinausführt – was wegen der Verbindung von Schule und Alltag wünschenswert erscheint –, ist ständig mit Nichterledigung oder Scheitern bei Teilaufgaben zu rechnen. Hier sollten nach Möglichkeit immer mehrere Lehrer zusammenarbeiten.

Nachhaltiger als die methodischen Maßnahmen beeinflußt das inhaltliche Konzept das Lerninteresse und die Lernerfolge. Die Fremdheit religiöser Inhalte wurde als Schwierigkeit genannt. Sie kann sich aber u. U. auch als Vorteil erweisen, nämlich dann, wenn die Schüler merken, daß von ihnen keine Bedrohung ausgeht. Die Anforderungen in den Leistungsfächern erscheinen bedrohlich, weil sie schwer erreichbare Forderungen einer Erwachsenenzukunft repräsentieren, die man gar nicht anstrebt, die aber in den unvermeidbaren Noten ihre Symbolik haben.[548] Wenn es nun gelingt, durch die religiösen Inhalte auch Erlebnisse der Befreiung, der Erleichterung, des Selbstwerts und des Machtgewinns, ja sogar der Lust auszulösen oder zu unterstützen, können die Religionsstunden leichter sein als der sonstige Fachunterricht. Die folgenden Überlegungen gewährleisten das gewiß nicht, geben aber hoffentlich Anstöße in diese Richtung.

Didaktische Voraussetzung ist, daß der Umgang mit religiösen Inhalten eine symbolische Praxis der Schüler sein muß, die allerdings nicht einfach einem besseren Kennenlernen und schließlichen Begreifen alltäglicher Lebensverhältnisse dienen darf. Denn das progmatische Interesse der Hauptschüler gilt nicht den hierfür konstitutiven Kulturtraditionen, mit deren Hilfe die Schüler – nach W. Nicklis[584a] – die eigenen Grenzen „denkend-lernend" verstehen sollen, sondern der dominierenden sozial-ökonomischen Werten und Konsumverheißungen. Mit dem Mittel sprachlicher Kommunikation können sich Hauptschüler in der Regel nicht aus ihrer Fixierung auf diese „Güter" befreien. Sie brauchen symbolische Hilfen, die unterhalb des diskursiven und durch sprachliche Konventionen normierten Denkens ansetzen und damit eine Vergegenständlichung nicht zugelassener Erfahrungen, Bedürfnisse und Träume ermöglichen. Mit den Worten Hartwigs: »Durch präsentative Symbolisierung (wie Lorenzer ästhetische Prozesse nennt) kann also eine im Klischee erstarrte Persönlichkeit . . . aus ihrer ›Privatisierung‹, Vereinzelung, Isolierung herauskommen«.[549] Beim präsentativen Symbolisieren gestalten, kombinieren und verändern eigene Erfahrungen und Emotionen von der Umwelt angebotene symbolische Elemente oder Muster. Ist die Erfahrungswelt deformiert, werden auch die Symbolisierungen verzerrt. Einseitigkeiten und Verkürzungen sind daher nicht zu vermeiden, sondern zu erwarten. Sie sind mit Rücksicht auf die begrenzten Lernkapazitäten um so leichter tolerierbar, als von einem der persönlichen Symbolstruktur einverleibten Element in veränderten Lernsituationen neue Lernimpulse ausgehen können. Eine symbolische Verknüpfung gelingt, wenn der Schüler mit dem angebotenen Symbol produktiv umgeht, d. h. es mit etwas anderem kontrastiert, mit persönlichen Sichtweisen ausstattet, verändert oder sich an ihm reibt. Alle diese Möglichkeiten sind in Betracht zu ziehen. Schulunterricht tendiert um eines gemeinsamen oder positiven Ergebnisses willen, negierende Symbolisierungen oder abstrus erscheinende Phantasien auszuschalten. Man sollte aber bedenken, daß die Hauptschüler in dieser Weise oft die einzige Chance sehen, ihre negativen Erfahrungen zu verarbeiten. Scheinbare oder offenkundige Blasphemie darf auch nicht schrecken. Gebeutelt von Widersprüchen, üben sich viele in der Entlarvung von Widersprüchen. Man mag darin Kreativität sehen, vielleicht wirkt sich auch ein Bedürfnis aus, für Beschädigungen Rache zu nehmen, ohne Rücksicht auf die Ursache. Jedenfalls trifft die Einsicht zu: »Verarschen ist Erkenntnistätigkeit«.[550]

4. Vorschläge zur ersten Zielperspektive

Präsentatives Symbolisieren von Gotteserfahrungen

Viele Schüler reproduzieren nur infantile Gottesklischees, oder sie signalisieren in anderer Weise ihre Beziehungslosigkeit zu einer Wirklichkeit wie Gott. Daher dürfte die komplexe Symbolik des Hungertuchs aus Haiti,[551] die oben zur ersten Zielperspektive vorgeschlagen wurde, die Schüler zunächst überfordern. Wegen seiner Anschaulichkeit und seines sinnlichen Reichtums kann das Hungertuch dennoch viele Impulse zu eigener symbolischer Tätigkeit freisetzen, wenn zuvor Brücken über den Graben zwischen der verkümmerten individuellen und der aus einem lebendigen Glauben erwachsenen Symbolik geschlagen sind. Es wird im Unterricht also zunächst darum gehen, die deformierte Gottessymbolik samt den damit verbundenen Wunsch- und Abwehrbildern der Jugendlichen zu vergegenständlichen und danach zu versprachlichen. Eine Vorgabe bestimmter Darstellungsformen darf keine zusätzlichen Barrieren schaffen. Deshalb erhalten die Schüler verschiedene Angebote. Sie können zeichnen oder nur Farben benutzen, etwas aufschreiben, kleben, reißen, mit Knet oder Ton formen, eine Pantomime vorstellen, einen Rhythmus ausdenken oder eine Musik auswählen — kurz alle expressiven Möglichkeiten benutzen, um ein Thema wie die folgenden zu bearbeiten:
— (M)ein Tag mit Gott — wie ich mir Gott wünsche — wenn ich Gott wäre — lieber Gott, das wollt' ich dir schon lange einmal sagen usw. Die Aufgabenstellung kann variieren.[552] Wichtig ist eine Verknüpfung von Ich-Erleben und Gott unter weitgehender Ausschaltung von Distanzierungsmöglichkeiten. Die Ergebnisse dürften viele traditionelle Himmels- und Gottesklischees, aber auch Elemente eines technisierten Science-fiction oder Supermanszenariums aufweisen. Während der Herstellung läßt sich der Lehrer von einzelnen Schülern auffällige Einzelheiten erklären, um Vorstellung und Gespräch über die Produkte etwas koordinieren zu können. In diesem Prozeß, der sich über mehrere Stunden hinziehen kann und in dem u.U. auch Anstöße zu alternativen Darstellungen noch realisiert werden, ist jede Vergegenständlichung gestattet, soweit nur ihre Merkmale bestimmbar sind. Ziel ist eine lockere Gruppierung nach Gemeinsamkeiten bei den symbolischen Mitteln, in der Stimmung oder in den Auffassungen der Gott-Mensch-Beziehung. Die Ergebnisse sollen nach Möglichkeit aufbewahrt werden, damit man sie im weiteren Verlauf vergleichend heranziehen kann.
Nach dieser ersten Phase präsentativen Symbolisierens und Versprachlichens sollten die Schüler Möglichkeiten zur Erweiterung bzw. Modifizierung ihrer eigenen inneren Bilder erhalten. Sie sehen Bilder von Szenen, die Gott im Alltag in Anspruch nehmen, z.B. betende Frau in der Kirche, betender Fußballer vor dem Spiel, fröhliches Liebespaar, Sterbenskranker — also nicht nur Szenen mit explizit religiösen Zügen, sondern auch solche, in denen Gott keine Rolle zu spielen braucht, für die er aber gelegentlich in Anspruch genommen wird. Anhand solcher Szenen versuchen Schüler und Lehrer gemeinsam mögliche Bedeutungen Gottes — aber auch Negationen Gottes — zu formulieren. Aus diesem Arbeitsgang können auch kleinere Collagen erwachsen mit dem Thema: »Wenn hier Gott im Spiel ist« (evtl. freiwillige Hausaufgabe). Der weitere Schritt zur Bearbeitung der persönlichen Symbolik verlangt vom Lehrer eine sorgfältige Auswahl von bildlichen und narrativen Motiven. Es gilt aus der biblischen oder aus anderen religiösen Überlieferungen solche Gotteserfahrungen zu erheben, die sich den symbolischen Vergegenständlichungen der Schüler mittels Ähnlichkeitsrelationen zuordnen lassen und gleichzeitig Anstöße zur Weiterarbeit an der eigenen Symbolik enthalten. Die Äußerungen der Schüler zur Alltagsbedeutung Gottes aus der vorangehenden Phase geben zusätzliche Hinweise auf Assoziations- und Bearbeitungsmöglichkeiten. Auch klare

Kontrastierungen zur persönlichen Symbolik sind sinnvoll. Die Richtung der gewünschten Veränderung ist mit der Kruzifix-Lebensbaumsymbolik grob vorgezeichnet.

Zur Verdeutlichung lassen sich nur Beispiele ausdenken. Angenommen, ein Schüler hat eine Gottesdarstellung in einem Science-fiction-Szenario imaginiert, in dem Gott mit Hilfe von Laserstrahlen, Raketen und Satelliten die Welt in Ordnung hält. Zwei biblische Gotteserfahrungen – eine ähnliche und eine kontrastierende – könnten hier weiterhelfen. Zunächst wird die allmächtige Figur Gottes in der Vision Jesajas oder das Handeln Gottes in den Visionen des Amos in einer lebendigen Erzählung vor Augen gemalt und das Motiv der Zuwendung bzw. des Hörens auf den kleinen Menschen mit besonderer Liebe herausgearbeitet. Es folgt dann Jesu Gespräch mit Pilatus nach Joh. 18,36 (Mein Königtum = das Königtum Gottes ist nicht von dieser Welt . . .). Danach wäre zu erörtern, mit welchen Mitteln Gott die Welt regiert, mit Waffen oder mit etwas anderem.
Ein anderes Beispiel: Ein Schüler hat Gott als finster-mächtiges Wesen dargestellt, das Welt und Menschen umgreift und in Schach hält. Der Lehrer zeigt zunächst das buddhistische Bild des Lebensrads, das von dem alles beherrschenden schrecklichen Gott der Zeit (Mahakāla) umfaßt wird.[553] Es gibt kein Entrinnen. Der Lehrer erklärt die einzelnen Szenen und den kleinen Pfad nach außen, der – so vereinfachend – in radikaler asketischer Weltüberwindung besteht. So lernt der Schüler das schreckliche lebensfeindliche Gesicht seines allmächtigen Gottes entschlüsseln. Dem tritt etwa eine Gottesdarstellung aus der mittelalterlichen Buchmalerei gegenüber, in der Gott die Welt ebenfalls hält und mit einem Zirkel vermißt – also ihr Zeit und Maß setzt, aber die ganze Stimmung des Bildes Freundlichkeit und Güte ausstrahlt.[554] Die Schüler können an Beispielen über die unterschiedlichen Konsequenzen für die Lebensführung nachdenken.

Nachdem in dieser Weise verschiedene Schülerarbeiten aufgenommen und weitergeführt wurden, kann das komplexe Kruzifix-Lebensbaumsymbol des Hungertuchs zum Einsatz kommen. Aufgrund einer kurzen, noch oberflächlichen Erläuterung der Einzelszenen suchen die Schüler Orte im Bild, an denen sie sich selbst unterbringen könnten oder gerne unterbringen würden. Finden sie keine, erfinden sie zusätzliche Szenen. Danach werden die Beziehungen in allen Einzelszenen besprochen und gegebenenfalls im Rollenspiel gestaltet. Erst am Schluß wendet sich die Aufmerksamkeit dem zentralen Symbol zu. Auch jetzt sind zuerst die symbolischen Motive Baum und Kreuz im Schülerverständnis zu ermitteln, um dann in die Deutung des Kruzifixes einzutreten. Einige »Gottesgeschichten« im Alltag unter dem Stichwort »aus Leiden wird Freude« dienen schließlich dazu, den symbolischen Gehalt noch einmal in Alltagspraxis zu überführen.

Präsentatives Symbolisieren von Selbsterfahrungen mit und ohne Gott

Städtische Hauptschüler aus der Unterschicht erzählen nicht ungern von sich selbst, ihren Taten und Gefühlen. Im Gegensatz zu vielen Mittelschichtkindern, die Mißerfolge oder für bürgerliche Maßstäbe außergewöhnliche häusliche Vorfälle und Umstände zu verschweigen suchen, haben die Unterschichtkinder selten Bedenken, von sich zu erzählen, wenn sie zu ihren Gesprächspartnern etwas Vertrauen haben. Daher bedarf es meist keiner medienvermittelter Fremderfahrungen, um die Schüler zur Selbstdarstellung anzuregen. Erprobt sind Verfahren der Selbstvorstellung in Form eines Comics, des Tätowierens oder der eigenen Körper-Umrißzeichnung, pantomimische Selbstvorstellung, Beschriften und Erzählen zu Fotos aus Kindheit und Gegenwart, fingiertes Tagebuch. Oft genügt schon die einfache Aufgabe, sich selbst irgendwie vorzustellen, um erstaunliche expressive Fähigkeiten zu mobilisieren. Der auffällige Unterschied zur Mehrheit der Mittelschichtkinder mag aus dem gesteigerten Anerkennungsbedürfnis der in ihrem Selbstwertgefühl häufig gekränkten Jugendlichen zu erklären sein. Die von diesen Jugendlichen bevorzugten Phantasiefiguren (Rocker, Abenteurer, Comic-Helden, mythologische Figuren, Superman, Wesen von anderen Sternen), die Macht, Einfluß oder Schönheit verkörpern, haben vermutlich ebenfalls kompensatorische Funktion. Da die

Selbsterfahrung und die Selbsteinschätzung der Hauptschulkinder oft fragmentarisch, sprunghaft, von situativen Reizen abhängig und mit wechselnden Größen- und Erfolgsphantasien verbunden sind, ist schon viel erreicht, wenn in den Selbstvorstellungen eine kontinuierliche Linie oder so etwas wie ein einheitlicher Lebenstraum sichtbar wird. Zu diesem Zweck sollte die thematische Vorgabe die Dimension Vergangenheit und Zukunft miteinbeziehen, also etwa lauten »Wer ich war, wer ich bin, wer ich sein möchte?«

Die Selbstvorstellungen der Schüler wollen erläutert sein, genauer: die Schüler haben selbst das Bedürfnis, ihren Zuschauern und Zuhörern das zu erklären, was sie zum Ausdruck bringen wollten, aber wegen der Begrenztheit des Mediums oder ihrer eigenen Fähigkeiten nicht so klar machen konnten, wie sie eigentlich wollten. Deshalb darf jeder Schüler seine Selbstvorstellungen anderen erklären und sich fragen lassen. Die anderen üben in dieser Weise Zuhören und Einfühlung. Der Lehrer versucht indessen eine Schematisierung und Ordnung typischer Selbstaussagen und Figuren – nach Möglichkeit den Zeitdimensionen zugeordnet. Eine solche tabellarische Schematisierung stellt er den Schülern vor, fragt, ob sich jeder etwa richtig eingeordnet findet und korrigiert gegebenenfalls seinen Vorschlag. Die aufgezeichneten Schülerarbeiten werden vorläufig verwahrt – später in Heft oder Ordner des jeweiligen Autors eingeklebt; das Ordnungsschema des Lehrers wird als gemeinsames Arbeitsergebnis von jedem abgeschrieben, damit es für die weitere Arbeit zur Verfügung steht.

Die nächste Unterrichtsphase dient der religiösen Qualifizierung der Selbstaussagen. Es sind mehrere Verfahren möglich – etwa biblische Motive zur Fürsorge Gottes in Konfrontation mit negativen Lebenserfahrungen nachspielen oder thematische Anstöße in der Form von Sätzen wie: »Von Gott geschaffen / zu Hause eine Last; Vater kümmert sich nicht um uns; bis hierher hat mich Gott gebracht in seiner großen Güte – mein Leben; wenn Jesus mein Vorbild wäre, würde ich . . .« weiterschreiben und mit anderen durchspielen. Im folgenden ist ein stärker ich-bezogenes Verfahren vorgeschlagen:[555] Zunächst ist eine Liste mit einer breiten und vier schmalen Spalten anzufertigen. In die erste Spalte werden Gegenstände des persönlichen Besitzes eingetragen. In den schmalen Spalten ist anzukreuzen, was man von Eltern (E), Verwandten (V), Freunden (F) bekommen oder selbst gefertigt oder erworben hat (I). Es folgt eine zweite um eine Spalte erweiterte Liste, in die in gleicher Weise Wissen, Eigenschaften, Fähigkeiten eingetragen werden. Hier müssen Zweifel über die Herkunft elementarer Fähigkeit wie Gehen, Sprechen usw. auftreten sowie noch weitere Einflußgrößen genannt werden. Diese sollen in der sechsten Spalte abgekürzt angegeben werden (z.B. S für Schule, oder v.G. von Geburt an u.ä.). Die Schüler sehen so, daß a) sie den überwiegenden Teil ihres Besitzes und ihrer Fähigkeiten anderen verdanken, daß b) insbesondere bei der Ausbildung von Fähigkeiten mehrere gleichzeitig beteiligt sind, daß c) einige Ursachen als Vorgaben das Leben bestimmen. Unter die Listen schreiben die Schüler Ps. 23,1–4 oder den Beginn von Luthers Auslegung des ersten Glaubensartikels.[556] Dann diskutieren sie, ob die Aussagen zutreffen können oder in welchen Fällen ja, in welchen Fällen nein. Danach werden die ersten Selbstdarstellungen hervorgeholt, verglichen und wenn notwendig ergänzt oder neu bearbeitet. Die Unterschiede sind zu erläutern. Zu erwarten ist, daß die Schüler empfundene Widersprüche entweder dazu benutzen, sich selbst oder die Glaubensaussage lächerlich zu machen.

Die äußere Erscheinung gehört zu den wichtigsten Problemen vieler Jungen und Mädchen in der Hauptschule. Beim Ausfüllen und Besprechen der zweiten Liste behindern u.U. Unsicherheit und Ängste, nicht attraktiv zu sein. Ungewohnt ist auch die Verbindung von Körperwahrnehmung und Gottesglauben. Sollte der Lehrer ähnliches bemerken, könnte der folgende Text eine Hilfe sein:[557]

»Oft bin ich mit mir selbst nicht zufrieden. Ein Blick in den Spiegel – und ich bin den ganzen Tag launisch. Dann möchte ich sagen: Gott, all deine Werke sind wunderbar, aber ich bin wohl ein Ausrutscher. Mein Körper ist nicht sportlich genug; ich habe fettige, strähnige Haare; auf meiner Nase prangen neue Pickel; und zugenommen habe ich auch schon wieder. Wenn ich mich so sehe, dann gerate ich immer in eine Jammerstimmung, und vor meinen Freunden kontrolliere ich mich dauernd: Wie liegt das Haar, guckt mein Bauch auch nicht zu sehr aus der Hose, werde ich beachtet? Dabei fühle ich mich immer befangen und unsicher.

Und oft genug ärgere ich mich über mich selbst und beklage mich über andere, weil sie mich nicht verstehen. Und dann lasse ich meine Wut an denen aus, denen ich am wenigsten weh tun möchte: an meiner Familie und an meinen Freunden.

Alles ist wunderbar geschaffen, nur ich nicht. Andere sind gelöst und glücklich. Sogar Susanne ist fröhlich mit ihrer Himmelfahrtsnase. Und Horst mit seinem Bauch, auch er. Wie kommt das? Warum können sie sich denn bejahen?

Ein Erlebnis hat mir geholfen. Zu dritt gehen wir von der Schule heim. Spontan rennen alle los. Auf dem Rasen dort hinten lassen wir uns erschöpft ins Gras fallen. Der Puls rast, ich bin richtig außer Puste. Mein ganzer Körper zuckt mit jedem Herzschlag. Ich atme tief und bin entspannt. Jetzt fühle ich mich wohl. Ich erfahre meinen Körper ganz neu. Ich kann mir jede einzelne Zelle vorstellen, wie sie lebt und pulsiert. Ich versuche, mit meinem Körper zu atmen; durch jede Pore will ich die Luft einsaugen. Jetzt spüre ich es: Alles lebt in mir! Ich bin doch keine Fehlkonstruktion, kein Ausrutscher. Jetzt kann ich sagen: Ich preise dich Gott, daß du mich so wunderbar geschaffen hast. Du hast mich gewollt, wie ich bin: mit meiner Nase, mit meinen Haaren, mit meinem Körper. Ich bin einzigartig und einmalig auf dieser Welt; und ich bin gewollt.

Ich will lernen, nicht so auf die Fassade zu achten – das Ganze ist wichtig. Das Äußere ist wichtig – aber was ich wert bin, ist davon nicht abhängig. Du beurteilst mich anders. Wie wunderbar, daß ich lebe. Da ist ein ganzes, ein reiches Ich, das du mir geschenkt hast: Was ich bin, was ich kann, was ich tue, was ich bisher erlebt und gelernt habe, was ich plane und hoffe – damit preise ich dich.«

Erst nach diesen Phasen der Selbstdarstellung und Bearbeitung sollten die oben (Kap. IV,2) vorgeschlagenen Motive Nachfolge – mit Hilfe der Gleichnisse vom Schatz im Acker und der Perle – und Geborgenheit mit Hilfe von Ps. 139 in der vorgeschlagenen Weise zu Unterrichtsinhalten werden.

Als Beispiel für eine meditative Erschließung von Psalm 139 ist am folgenden eine Existenzmeditation abgedruckt. Der Lehrer in der Hauptschule müßte die sprachlichen Abstrakta (Unbedingtheit, Ständigkeit meines Daseins) ersetzen:[558]

»Ich finde mich vor – jetzt – hier. In diesem Raum, zu dieser Zeit, auf diesem Stuhl, vor diesem Tisch. Tatsächlich, unweigerlich: ich bin da, ich bin. Ich finde mich einfach vor. Das ist merkwürdig! Ich kann mich sehen, greifen. Ich finde mich vor als dieser, als diese, mit diesem Namen, mit dieser meiner Geschichte, mit diesem Körper, diesem Geschlecht; Sehen, Hören, Atmen . . . merkwürdig, daß ich da bin. Ich kann es empfinden . . . ich bin unbedingt da. An dieser Tatsache kann ich nicht rütteln. Ich bin. Ich kann nicht aus meiner Haut. Ich kann nicht aussteigen. Selbst wenn ich mich tötete, würde das wahrscheinlich nur die Art meines Daseins ändern. Ich bin unweigerlich da – diese Unbedingtheit ist merkwürdig . . . Als wenn ich gesetzt wäre. Du bist Du, und nun bist Du da! Woher kommt diese Wucht, diese Macht, die solche Ständigkeit meines Daseins schafft, daß ich dauernd, dauernd da bin?« Es folgt der Text von Psalm 139,1-10.

Nach einem solchen Text dürften die Jugendlichen zu einer freien bildlichen Gestaltung ihrer Empfindungen angeregt sein. Leise Musik kann den Arbeitsvorgang begleiten. Danach sollte ein Gespräch über die Stimmungen der Bilder die darin sichtbar gewordenen Gefühle der Geborgenheit, der Angst oder der Resignation artikulieren und gegebenenfalls Sorgen wegen einer »Überwachung« durch Gott zerstreuen.

Präsentatives Symbolisieren von Nächstenliebe in Beziehungen

Es ist vorauszusetzen, daß die Thematisierung von sozialem Verhalten auch im Religionsunterricht der Hauptschule eine große Rolle spielt. Themen wie: Strafe / Kriminalität, Außenseiter / Gastarbeiter, Behinderte, Konflikte, Arm und reich und Diakonie geben ausreichend Gelegenheit, um Notwendigkeit und Praxis der Nächstenliebe zu vergegenwärtigen. Es genügt hier auf eine Hilfe zur Entfaltung der zentralen Symbolik (Barmherziger Samariter) hinzuweisen, die für Hauptschüler die Konkretisierung der Nächsten-

Abdruck M 1-3 aus: Dienst/Flemming/Gossmann/Neidhardt, ku-praxis 6. Gütersloher Verlagshaus Gerd Mohn. Gütersloh, 1976.

liebe zu vergegenwärtigen. Es genügt hier auf eine Hilfe zur Entfaltung der zentralen Symbolik (Barmherziger Samariter) hinzuweisen, die für Hauptschüler die Konkretisierung der Nächstenliebe als unbedingtes Gefordertsein durch Bedürftige samt den dadurch entstehenden Konflikten alltagsnah erzählt. Die folgende Bildgeschichte, die aus einem Vorschlag für den Konfirmandenunterricht entnommen ist, ist in 3 Phasen entsprechend den Nummern M 1—3 aufzuarbeiten:[559]

Wie sich der Samariter verteidigt

Was ist passiert?	Der Samariter hat wieder einem geholfen, der unterwegs unter Räuber gefallen war. Seine Reise dauert wieder länger, weil er sich um den Schwerverletzten kümmern muß. Außerdem hat er noch Ärger mit der Polizei.
Wie soll es weitergehen?	Von unterwegs schreibt der Samariter seiner Frau und seinem Sohn einen Brief. Er überlegt dabei: Was werden sie dazu sagen, daß er wieder geholfen hat und später kommt? Wie kann er ihnen klarmachen, daß er trotzdem wieder helfen mußte?
Was meint Ihr dazu?	Stellt euch vor, Ihr würdet diesen Brief schreiben! Ordnet die verschiedenen Gedanken und Einfälle und schreibt eure Gedanken dazu!
	Oder: Stellt euch vor: Der Mann kommt nach Hause. Seine Frau stellt ihn zur Rede. Er verteidigt sich. Schreibt diese Auseinandersetzung als Gespräch oder Hörspiel auf.
	Ihr könnt einzeln oder in Gruppen arbeiten.

Was die Frau, der Sohn und der Samariter sagen könnten:

Wie konntest du denn bloß wieder helfen – du solltest doch zuallererst für deine Frau und deinen Sohn da sein!

Jeder ist sich selbst der Nächste.

Wer Gott liebt, der liebt auch seinen Bruder.

Andere werden schon kommen und helfen.

Das Geschäft geht vor! Man kriegt ja schließlich nichts geschenkt.

Gott hat den Verwundeten genau so lieb wie mich!

Man kann auch ohne Knüppel jemanden totschlagen! Aus der Not des Verwundeten spricht Gott mich an!

Was hast du eigentlich davon, wenn du hilfst?

Den konnte ich doch nicht einfach liegen lassen!

Wer hilft mir denn, wenn ich in Not bin?

Mir haben auch schon Menschen geholfen.

Gott braucht mich. Der Verwundete braucht mich.

Was geht mich der Verwundete an? Dafür sind soch andere zuständig!

Jesus sagt: Was ihr einem von meinen leidenden Brüdern getan habt, das habt ihr mir getan.

»Du sollst nicht töten!«

Wenn der Lehrer für einen zweiten Arbeitsgang Situationen (und eventuell Personen) vorgibt, dürften die Schüler Spaß daran haben, ähnliche Bildgeschichten in ihren Lebensbereichen (z.B. Unfall, hilfloser Behinderter an der Schule) mit entsprechenden Konflikten am Ende auszudenken. Aus solchen aktualisierenden Versuchen ergeben sich zwanglos thematische Ansatzpunkte zur Behandlung sozialer Handlungsprobleme aus der Perspektive von Betroffenen, »Vorübergehenden« und von solchen, die sich durch das Beispiel des barmherzigen Samariters herausfordern lassen.

5. Vorschläge zur zweiten Zielperspektive

Präsentatives Symbolisieren von politischer Macht, sozialem Unrecht und prophetischem Handeln

Prophetisches Handeln durch gewaltloses Reden und durch zeichenhafte Taten war oben selbst als präsentatives Symbol für einen christlichen Umgang mit politischen und sozialen Strukturen herausgestellt worden. Als Repräsentanten wurden in erster Linie Jesaja, sodann Amos vorgeschlagen. Nun kommen Prophetengestalten trotz ihres hohen präsentativen Gehalts in der Lebenswelt der Hauptschüler nicht vor. Es gibt auch schlechthin keine Äquivalente, wenn man nicht die zerstörerische und gewalttätige Symbolik der Rocker- und Punkerfiguren assoziieren möchte. Deren Protest mag zwar manchmal vergleichbare Anlässe haben, ist aber von anderer Qualität: Von der Zwecklosigkeit des Redens überzeugt und selbst sprachlich den Mächtigeren und Privilegierten unterlegen, versuchen diese Gruppen durch Gewalttätigkeit zu schockieren und auf sich aufmerksam zu machen. Auch Propheten erfuhren die Machtlosigkeit ihres Wortes und die Mängel ihrer Sprache. Gelegentlich schrien auch sie in ihren Klagen nach gewaltätiger Rache.[560] Doch nie verfielen sie auf die Idee, die Zerstörung selber anzuzetteln, die sie anzudrohen hatten. So sind die Propheten Gegenfiguren zu den gewaltsamen Protestlern unserer Tage. Sie freuen sich nicht an der Zerstörung, die ihren Worten folgen kann, sondern sie leiden selbst darunter. Diesen Umstand stellt der folgende Holzschnitt »Prophet« von Honest Schempp eindrücklich dar:[561]

Quelle s. Anm. 561. Wiedergabe mit freundlicher Genehmigung von H. Schempp, Lindau.

Der Künstler deutete dieses Bild: »Des Propheten Gesicht meint nicht zuerst Anklage oder Verdammnis, stammt nicht aus Hochmut oder Verzweiflung, nicht einmal aus Zorn und Eifer, vielmehr aus Kummer über die Vergeblichkeit seines Tuns«. Die rechts oben noch unversehrte Stadt, deren mächtige Gebäude politische und wirtschaftliche Macht anzeigen, geht links in Flammen auf. Die Menschen erleiden Gewalt und Mord. Dem Propheten, dessen Kopf diese Bilder zu zersprengen drohen, ist das Entsetzen ins Gesicht geschrieben.

In der Gestalt des Propheten eine andere Möglichkeit des Protestes zu zeigen, genügt nicht. Denn in der Gewalttätigkeit von Punkern und Rockern äußert sich zwar Leiden, aber unbegriffenes Leiden, eine generelle Aggressivität gegen die feindlich erscheinende Umwelt – und gegen die eigene Vergangenheit –, deren bedrückende und beschädigende Strukturen meistens weder bekannt noch als Unrecht begriffen sind. Das zur Gewalt verleitende Gefühl der Ohnmacht stellt sich in der Begegnung mit unbegriffenen Mächten, Prozessen und Schwächen ein. Der Betroffene kann seine »Feinde« nicht einmal benennen, geschweige denn den Eindruck der Feindlichkeit begründen. Deshalb kann er sich auch nicht artikulieren. Es bleibt nur die blinde Wut. Das Gegenbild Prophet allein würde demzufolge dem aggressiven Teil der Unterschicht-Jugendlichen genauso wenig nützen wie denen, die sich den Gegebenheiten anpassen und das Beste für sich herauszuholen suchen. Es würde auch allein nicht ausreichen, den Blick über die persönliche Lage hinaus zu weiten für die menschheitsbedrohenden Dimensionen politischer Macht und sozialer Ungerechtigkeit. Die gesellschaftlichen Strukturen müssen zuerst in einer präsentativen Symbolik vor Augen treten, damit sie in ihrer Qualität als Bedrohung und Unrecht begreiflich und auch sprachlich artikulierbar werden. Mit Hilfe der so gefundenen Bilder und Bildworte öffnen sich Zugänge zur Bildhaftigkeit prophetischen Redens und Handelns. Die Materialien prophetischen Redens bleiben nicht Fremdkörper in der eigenen Lebenswelt, sondern finden in ihrer symbolischen Repräsentation ihre Analogien. Gewaltloses Handeln in Wort und Zeichen wird zu einer realen Möglichkeit.
Es ist demzufolge nach einer angemessenen und greifbaren Symbolik von politischer Macht/Ohnmacht und von sozialer Privilegierung/Unterdrückung zu fragen, von der aus eine Überprüfung ihrer Angemessenheit und eine argumentative Kritik selbst einsetzen kann. Die Definition von präsentativen Symbolen allein wäre ebenfalls noch keine ausreichende Grundlage für wirkungsvolles politisches Handeln. Denn präsentative Symbole konzentrieren auf bestimmte Erscheinungen und Bewertungen, d.h. sie vereinseitigen um der Verdeutlichung willen. Viele zu differenzierende Aspekte der politisch-sozialen Wirklichkeit fallen dabei unter den Tisch, was zu gefährlichen Reaktionen führen kann. Wer mit präsentativen Symbolen umgeht, muß diese – wie die Propheten im übrigen auch – mindestens ansatzweise argumentativ verifizieren können.[562] Angesichts der differenzierten politisch-sozialen Struktur ist eine Festlegung auf präsentative Symbole für Macht und Privilegierung ein risikoreiches Unternehmen. Im Vergleich zu früher tritt Macht kaum in Erscheinung, und Privilegierung verbirgt sich hinter den Standards einer Konsumkultur. Beide – Macht und Privilegien – werden zudem in legalen Prozessen erworben und genutzt, so daß symbolische Proteste leicht in den Verdacht geraten, gegen die Rechtsordnung gerichtet zu sein. Trotz dieser zur Vorsicht mahnenden Erwägungen kann man mit den Schülern gemeinsam danach fragen, wie uns eigentlich Macht begegnet, in welchen Bildern wir sie uns vorstellen können und sollten, um die Gefühle zum Ausdruck zu bringen, die wir gegenüber politischer und sozialer Macht haben. Vermutlich sind die ersten Schülerversuche so unterschiedlich, daß zunächst einmal eine kritische Auswahl angebracht ist. Manche orientieren sich an historischer Machtrepräsentation eines Königs oder eines Diktators, die inzwischen zum Klischee geworden ist. Das Bild hochdekorierter Militärs mag mehr der Realität in anderen Kontinenten entsprechen als der hiesigen. Die kosmetisch bearbeiteten Fernsehporträts unserer Spitzenpolitiker sagen mehr über Propagandamethoden als über den realen Machtgebrauch. Jede Personalisie-

rung politischer Macht, eine von Hauptschülern erfahrungsgemäß vorgezogene Symbolisierungsform, verdeckt im übrigen den Systemcharakter politischer Macht und deren Eigen-Mächtigkeit.

Das konfliktschwangere und bedrohliche Zusammenspiel der politischen Mächte wird wohl in keiner anderen Symbolisierung deutlicher als in Darstellungen ihres waffenstarrenden Gegenüberstehens. Bomben und Raketen sind die heute charakteristischen Symbole politischer Bedrohung − Ausdruck des Macht- und Erhaltungswillens demokratischer wie totalitärer Systeme. Waffentechnik und Waffenmengen werden nicht mehr von einzelnen Staaten, sondern von Bündnissystemen hervorgebracht. Man zeigt in Paraden und Manövern die gefährlichen Waffen vor und setzt im tagespolitischen Kampf gezielt das statistische Vernichtungspotential vorhandener oder projektierter Waffen ein. Waffensysteme sind die wirksamsten Symbole politischer Macht. Die Schüler dürften das bei einer Auseinandersetzung mit ihren eigenen ersten Darstellungen leicht herausfinden; allenfalls muß der Lehrer mit einigen Meldungen aus Nachrichten oder Kurzauszügen aus politischen Reden nachhelfen; die Möglichkeit zur Verbildlichung waffenstarrender Mächte benützen sie meist gern. Man sollte sie immer wieder daran erinnern, die eigene Person in ihre Darstellungen hineinzunehmen und dabei auch die eigene Situation zum Ausdruck zu bringen.

Nicht weniger komplex und diffus erscheint die sozial-strukturelle Situation für die Jugendlichen. Über eine differenzierte Vorstellung von sozialen Strukturen verfügen sie nicht. Die Nivellierung sozialer Unterschiede im öffentlichen Verhaltensstil erschwert die Wahrnehmung der Gegebenheiten. Sie kennen allerdings Symbole von Reichtum und Armut aus der eigenen Umgebung und − vermittelt über die öffentlichen Medien − auch aus der Dritten Welt. In den städtischen Zentren sind es insbesondere die großen Gebäude der Banken, Versicherungen und der Kaufhäuser mit ihrem überreichen Warenangebot, die symbolisch für eine kalte Welt rational erworbenen Reichtums aus Beton, Glas und Genußgütern stehen. Auf die Unterschichtkinder wirkt diese Welt besonders ambivalent, weil die Güter sie einerseits unwiderstehlich anziehen, andererseits ihre Unerreichbarkeit (auf legalem Weg) ständig bewußt ist. So verbinden sich bei einigen Wunsch, Neid und Ohnmachtserfahrung, um Haß hervorzubringen. Von daher fällt ihnen die Identifikation ähnlicher Reichtumssymbole in der Dritten Welt − im Kontrast zu Slums − ebenso leicht wie ein Mitfühlen mit der armen Bevölkerungsmehrheit, wenn ideologische Apologetik sie nicht daran hindert (»Wer schaffen will, kann es auch zu etwas bringen«).

Der didaktisch-methodische Weg ist damit vorgezeichnet. In einer ersten Phase erarbeite man eine präsentative Symbolik der Schüler zu politischer Macht bzw. sozialer Privilegierung und prüfe sie argumentativ auf ihre Angemessenheit. Welchen Gesichtspunkt heben die Schülerarbeiten besonders hervor, trifft er noch zu, was ist außerdem zu bedenken? Wie kommt die eigene Beziehung zu den gefundenen Bildern zum Ausdruck? Könnte das Bild von allen in unserem Land als richtig anerkannt werden, oder würden ihm nur bestimmte Gruppen (etwa Friedensbewegung, Arbeitslose u.ä.) zustimmen? Nach Erörterung solcher Fragen käme das Bild des Propheten von Honest Schempp (s.o.) ins Gespräch: Wo zeigt sich ähnliches, was fehlt, was ist im Bild Schempps über die Schülerdarstellungen hinaus zu finden? Im nächsten Schritt sollte man, ausgehend von dem Prophetenbild, die »Visionen« an der prophetischen Kritik verifizieren und dabei die historische Funktion des Propheten erläutern. Die im vorigen Kapitel vorgeschlagene Textauswahl zu Jesaja und/oder Amos dürfte (in vereinfachter Form) auch für Hauptschüler leicht verständlich sein, da alle Texte sehr bildhaft sind. In einem weiteren Arbeitsgang könnten die Schüler das Schempp-Bild den bearbeiteten Texten entsprechend modifizieren, um schließlich die Prophetengestalt mit ihren eigenen ursprünglichen Symbolisierungen zu verbinden und diese mit Bezug auf den Propheten auszubauen. Am Schluß sollte die Frage stehen, ob und wo Jugendliche und Erwachsene wie Propheten handeln können und sollten. Möglichkeiten wären zu erörtern, mit Hilfe angefangener (open-end) Berichte oder in Rollenspielen durchzuspielen und schließlich wäre nach der Begründung solchen Engagements zu fragen. Hierzu sollte man die diesbezüglichen Äußerungen verschiedener engagierter Gruppen oder einzelner heranziehen und mit den »Begründungen« des behandelten Propheten vergleichen. Ein exemplarisches Aufarbeiten der sozialen Ungerechtigkeit im Weltmaßstab und der Arbeitslosigkeit kann sich anschließen, wenn es die Zeit und die Schülervoraussetzungen gestatten.

Präsentatives Symbolisieren von Lebenszerstörung und Schöpfungsglauben

Für die Hauptschüler ist es erfahrungsgemäß viel schwieriger als für alle anderen, die Eigenart der Schöpfungsgeschichten als Glaubensgeschichten zu erfassen. Sie sind zwar sehr wohl in der Lage, zwischen sagenhaften Erzählungen und Tatsachenberichten zu unterscheiden, können aber zunächst nicht akzeptieren, daß die biblischen Schöpfungsüberlieferungen eher mit Sagen als mit historischen Berichten verwandt seien und dennoch Wahrheit enthalten sollen. Eine Konkurrenz zu naturwissenschaftlichen Welterklärungsmodellen ist für sie auf der konkreten Ebene von Tatsachen und erforschbaren Prozessen angesiedelt und nicht bei den damit verbundenen Deutungen von Leben und Welt. Die berichtende Sprache beider Schöpfungserzählungen verschärft vermutlich die Schwierigkeit. Immer noch gilt die Alternative Bibel oder Naturwissenschaft, die meist zugunsten der letzteren entschieden wird. Dies ist der Hintergrund des Vorschlags, die tröstenden, stabilisierenden, ermutigenden und orientierenden Aspekte des Schöpfungsglaubens nicht zuerst mit Hilfe der Schöpfungserzählungen, sondern unter Verwendung einer unserer bedrohten Situation symbolisch näheren und eindeutig sagenhaften Überlieferung zu erschließen. Gemeint ist die Sintflutüberlieferung, die wegen der unaufhaltsamen Ausbreitung des Unheils über die Erdoberfläche und wegen der unentrinnbaren Gewalt des Ereignisses eine echte symbolische Analogie zur ökologischen Katastrophe darstellt und mit der Rettung in der Arche ein so eindeutig sagenhaftes Motiv einführt, daß keine naturwissenschaftlich begründeten Einwände dessen symbolischen Gehalt erschüttern können. Die zentralen Intentionen der Sintflutüberlieferung und der Schöpfungsgeschichten sind ähnlich: Gott bewahrt vor den Chaosmächten, er bewahrt den Menschen vor dem seinen Taten entspringenden Unheil, er garantiert die Verläßlichkeit der grundlegenden kosmischen Ordnungen und sorgt in dieser Weise für die Erhaltung und die Entfaltung des Lebens.

Wie unter den vorhergehenden Zielperspektiven ist auch hier keine unmittelbare Konfrontation mit der biblischen Überlieferung beabsichtigt. Zunächst sollen die Schüler ihre Umweltwahrnehmung symbolisch gestalten. Angesichts der schon unübersehbaren Vielfalt anregender Medien jeder Art bedarf es hierzu keiner besonderen Hinweise. Die Fülle des veröffentlichten Materials legt eine Herstellung von Collagen in Einzel- oder Gruppenarbeit nahe. Sie setzen die verschiedenen Erscheinungen von Umweltzerstörung wohl am umfassendsten ins Bild. In diesem ersten Arbeitsgang sollten die Schüler auch schon versuchen, ihr eigenes Betroffensein und ihre Beteiligung einzubeziehen.
In der folgenden Phase kommt die Sintflutgeschichte — bereits im Kontext der Umweltproblematik in bildlicher Anschaulichkeit zum Zug. Man wähle entweder HAP Grieshabers Verbildlichung der Sintflutüberlieferung zusammen mit Dokumenten zur ökologischen Krise, wie sie J. Schwarz in einem Medienpaket zusammengestellt hat,[563] oder die folgende Karikatur:[564]

Hans Moser in der schweizerischen satirischen Zeitschrift Nebelspalter.

Wenn die Schüler diese Karikatur über den Tageslichtprojektor oder als Arbeitsblatt erhalten, können sie die wichtigsten Elemente nachzeichnen und weitere Erscheinungen der Umweltzerstörung hinzufügen. Nicht alle werden die Sintflutgeschichte kennen; viele dürften nicht in der Lage sein, die Zurückweisung der beiden Menschen zu deuten. Letzteres läßt sich bei der ersten Besprechung des Bildes klären. In der weiteren Beschäftigung sollte die Sintflutgeschichte in verkürzter Form geboten und mit der Karikatur verglichen werden. Dabei ist auf den Doppelsinn der symbolischen Elemente Wert zu legen, des Wassers, der Arche, des Raben, der Taube, des Altars, des Regenbogens usw. Auch auf die Analogie bei der Verursachung der Sintflut sollte man hinweisen. Es sind die Ergebnisse des »Sinnens und Trachtens des menschlichen Herzens«, die böse sind und böse Folgen haben.[565] Daß nach der Erzählung das vernichtende Handeln von Gott — als Strafe — und nicht von Menschen ausgeht, kann man den Schülern plausibel machen, indem man auf die begrenzte Erfahrung der Menschen alter Zeiten hinweist: Sie konnten sich einfach noch nicht vorstellen, daß Menschen (mit Hilfe von Wissenschaft und Technik) so viel Macht gewinnen könnten, daß sie allein zu solch totaler Vernichtung in der Lage wären.

Die Arche mit ihrer »Besatzung« symbolisiert das Vertrauen, daß Gott aller Bedrohung zum Trotz die Menschen vor sich selbst und das Leben beschützt. Ist dies begriffen, kann in ähnlicher Interpretation die Geschichte vom Turmbau (Gen. 11) folgen.[566] Auch hier setzt Gott dem drohenden Unheil Grenzen, indem er seine weitere Ausbreitung nicht zuläßt. Wenn Schüler und Lehrer an dieser Art der Beschäftigung mit der biblischen Urgeschichte etwas Spaß gewonnen haben, ist jetzt in Weiterführung der inhaltlichen Perspektiven eine Beschäftigung mit den Schöpfungserzählungen möglich. Wieder hebt der Lehrer zunächst die symbolischen Elemente — Chaos und Finsternis (Gen. 1,2) sowie Wüste und Sumpf (Gen. 2,5 u. 6) — vor, die Mensch und Leben bedrohen. Die Tätigkeit Gottes wird dann als ordnende und bewahrende entfaltet, woraus sich der entsprechende Auftrag an den Menschen ergibt. Wie unter der politisch-sozialen Perspektive sollten auch an dieser Stelle Konsequenzen für das persönliche und gemeinschaftliche Verhalten zur Diskussion stehen.

6. Vorschläge zur dritten Zielperspektive

Zu den ersten beiden Dimensionen dieser Zielperspektive sind im vorangehenden Kapitel eine Beschäftigung mit der lebensweltlich relevanten Musik (Schlager, Songs, Rock und Pop) sowie eine Erschließung anderer religiöser Sinnmuster über bekannte oder auch umstrittene Symbole nichtchristlicher Religion vorgeschlagen. Auch im Hauptschulunterricht dürften diese Ansätze geeignet sein, da sie die den Schülern bekannte Symbolik zum Ausgangspunkt machen und im weiteren Arbeitsgang immer wieder darauf Bezug nehmen. Anders verhält es sich mit den Vorschlägen zum »symbolischen Charakter« der Jesusüberlieferung und zur Erörterung der Wahrheitsfrage am Phänomen des Aberglaubens. Zu beiden sind im folgenden Lernwege entwickelt, die stärker die präsentative Symbolisierungsaktivität der Schüler einbeziehen.

Präsentatives Symbolisieren zu Wundern und zur Person Jesu

In Wundergeschichten bewahrheiten sich symbolisch die Hoffnungen der Hoffnungslosen. Die Wunder Jesu sind die Hoffnungszeichen des Reiches Gottes, als dessen Verkündiger und Anfang Jesus geglaubt wurde. Ziele des Hauptschulunterrichts sind daher ein Verständnis der Wundergeschichten als Hoffnungsinhalte und die Ermutigung zu einer Praxis, die für Hoffnungslose und unter Hoffnungslosen Zeichen der Herrschaft Gottes setzt, wie sie mit Jesus begonnen hat.

Hauptschüler haben es besonders schwer mit Wundern als Hoffnungszeichen. Die Härte ihres Alltags lehrt sie meist früh, wie wenig ihre Träume und Phantasien zum Ziel kommen. Neben die kognitive Schwierigkeit, die sich durch die eindimensionale Konzipierung von Realität stellt, tritt die emotionale Fixierung auf die von dieser Realität angebotenen Möglichkeiten der Selbstdarstellung und des Lebensgenusses. Wunder erscheinen nicht nur unsinnig, weil sie den Alltagsnormierungen widersprechen; sie sind zudem unattraktiv, weil ihre »Ergebnisse« weit hinter den konkretistischen und zugleich mediengesteuerten Wunschträumen vom guten Leben zurückzubleiben scheinen. Denn Träume haben die Hauptschüler trotz — vielleicht gerade wegen — ihres pointiert realistisch-pragmatischen Denkens. Ihre Träume sind die Gegenbilder ihrer Ängste und Ohnmachtserfahrungen. Sie träumen von technisch vermitteltem Machtgewinn, von der Schönheit, der Selbstsicherheit, der coolen Attitüde erfolgreicher Akteure im interstellaren Raum oder in alltäglichen Begegnungen u. ä. m. Demgegenüber sind die Wunschvorstellungen in den Wundern Jesu einfach, lebensfreundlich und gesättigt mit Zuwendung. Müßte man nicht den Versuch machen, die narzißtischen oder psychotischen Größen- und Erfolgsphantasien in den Träumen der Jugendlichen mit der heilenden und altruistischen Symbolik der Jesus-Wunder zu korrigieren?

Der folgende didaktisch-methodische Weg ist nur ein erster Vorschlag, um die skizzierte Intention zu realisieren. Denn in keinem der vielen religionsdidaktischen Arbeiten zum Wunderproblem wurde diese therapeutische Funktion der Wundersymbolik bisher gesehen — ganz zu schweigen von den Konzepten eines sog. therapeutischen Religionsunterrichts.[567]

Der Unterricht beginnt mit »Träumen vom guten Leben«. Die Schüler erhalten zunächst eine Stunde Zeit, um sich in irgendeiner Form schöne Träume auszumalen, zu beschreiben, zu verbildlichen o. ä. Sie erhalten am Ende der Stunde den Auftrag, sich in den nächsten Tagen zu merken, von was sie manchmal träumen. Die folgende Stunde setzt wieder mit Schülerträumen ein, ergänzt durch die Aufgabe, die häufigsten Träume darzustellen. Schließlich soll jeder eine kleine Dokumentation seiner Träume, sei es in Stichworten, sei es als Zeichnungen oder als Comics, zusammenstellen. Nachdem in dieser Ausführlichkeit die eigene Traumwelt rekonstruiert wurde, greift der Lehrer wenige von den Schülern freiwillig zur Verfügung gestellte Traumbeispiele auf und versucht im Gespräch mit diesen Schülern Zusammenhänge mit der Situation der »Träumenden« herauszuarbeiten. Es wird sich herausstellen, daß die intensivsten Träume auf die am intensivsten empfundenen Mängel verweisen. Die Schüler nehmen sich ihre »Dokumentationen« vor und schreiben in Stillarbeit zu ihren Träumen Mängel auf, soweit ihnen etwas einfällt. Sie brauchen ihre Ergebnisse niemandem zu zeigen. Die folgende Unterrichtsphase — weiter unter dem Thema »Bilder und Träume vom guten Leben« — kann sich nach zwei Stundenentwürfen richten, die U. Früchtel im Rahmen der Unterrichtseinheit: »Muß man an Wunder glauben?«[568] entwickelt hat. Dabei kommt das Speisungswunder (Mk. 6) als Wunschvorstellung ins Spiel:

LERNSCHRITTE	LEHRER	SCHÜLER
1. Das Bild vom guten Hirten (mindestens ¼ Stunde!).	Er zeigt das Bild vom guten Hirten von Th. Zacharias.	Sie äußern sich spontan und geben erste Eindrücke wieder. Mit Hilfe von Lehrerimpulsen beschreiben sie Farbkomposition und Bildanordnung und nennen Erkennbares (Tor, Schafe, Wölfe etc.). Sie assoziieren zu den Bildinhalten und überlegen, was sie aussagen wollen.
2. Bildworte über den guten Hirten in einem Text.	Er verteilt einen Textauszug aus Psalm 23,1–5; Der Herr ist mein Hirte .... Auf grünen Auen läßt er mich lagern zur Ruhstatt am Wasser führt er mich .... Und ob ich schon wanderte im finstern Tal .... dein Stecken und Stab, der tröstet mich .... Du deckst mir den Tisch	

Lernschritte	Lehrer	Schüler
	Er sagt: Diese Sätze stammen aus einem Psalm. Es sind viele Vergleiche. Denkt euch aus, was sie bedeuten könnten!	Nach einer Lese- und Spontanäußerungsphase tragen sie Erklärungen für die Vergleiche ein.
3. Mk 6 als erzählende Ausgestaltung von Motiven des 23. Psalms.	Er läßt Mk 6,34 lesen und sagt: Es gibt Zusammenhänge zwischen dem Bild, den Psalmworten und diesem Vers! Überlegt, was der Evangelist seinen Lesern mit der Speisungsgeschichte sagen wollte!	Sie tragen zusammen und nennen Intentionen für die Speisungsgeschichte.

Folgende Stunde

Lernschritte	Lehrer	Schüler
1. Suchen und Fragen als menschliche Grundhaltung.	Er zeigt das Bild von Habdank ›Die Wartenden‹ und sagt: Der Künstler stellt hier keine Geschichte dar; er will Menschen charakterisieren!	Sie äußern sich spontan zum Bild und beschreiben die Gesichter der dargestellten Menschen; sie halten Ausschau, sie warten, sie suchen . . . Sie überlegen, wonach Menschen Ausschau halten, ob das für alle Menschen gilt etc.
2. Suchen und Fragen der Menschen sind auf Ziele gerichtet.	Er entwirft ein Tafelbild: Liebe Sehnsucht = Verlangen = Aner- Erwartung = Hunger kennung Bedürfnis = nach Hoffnung = Gerechtig- keit Leben Nahrung	Nach einigen Stichworten ergänzen sie ungeordnet, wonach Menschen sich sehnen und bringen dann die ›Gegenstände der Hoffnung‹ in eine Reihenfolge. Sie ersetzen im nächsten Arbeitsgang das Wort »Hunger nach« durch andere Ausdrücke.
3. Joh 6 als Ergänzung, Überhöhung und Korrektur menschlicher Erwartungen.	Er verteilt ein Arbeitsblatt mit der johanneischen Fassung der Speisungsgeschichte und daran sich anschließenden Auszügen aus der Brotrede. Impuls: Ersetzt die Aussage ›Ich bin‹ durch Tätigkeitsworte!	Sie lesen still und ergänzen dann das Tafelschema durch weitere Begriffe bzw. Symbole wie ›ewiges Leben‹, Auferstehung, etc. Sie tragen auf ihrem Arbeitsbogen ein: Ich verspreche, ich zeige euch . . . !«

Damit die Schüler die korrigierende Interpretation, die Jesus zum Speisungswunder in der johanneischen Fassung gibt, mitvollziehen können, muß der Lehrer den Inhalt von Joh. 6,24–27 u.

30–35 (Ich bin das Brot des Lebens) erzählend einführen. Der Text ist sprachlich zu kompliziert. Die Schüler können dann erste Erwägungen anstellen, welche »Nahrung« bei Jesus zu finden sein könnte.

aus: Ursula Früchtel/ Klaus Lorkowski: RELIGION im 7./8. Schuljahr © 1981 by Benziger Verlag Zürich/Köln.

Nach dieser biblischen Phase greift der Unterricht die Traumdokumentationen der Schüler wieder auf. Die Schüler nehmen sich einen ihrer Träume — einen, der ihnen besonders wichtig ist — und versuchen, eine Geschichte zu ersinnen, in der Jesus diesen Traum erfüllt. Die Darstellungsform bleibt ihnen überlassen. Wieder werden einzelne Wunsch-Wundergeschichten besprochen. Dabei dürften sich bereits Wundergeschichten herausstellen, die eher zu Jesus passen, und andere, die man wohl Jesus kaum zutrauen könnte. Die Schüler überlegen, warum das so ist, und finden vielleicht andere Figuren, denen sie eher einige der Wundergeschichten anhängen würden. In den folgenden Stunden werden je nach Zeit und Interesse der Schüler einzelne Leidens- und Mangelsituationen imaginiert, die in Wundern Jesu (oder auch des Alten Testaments) eine Lösung finden. Was träumt ein Blinder, ein Lahmer, ein Tauber, ein Sterbender? Was erhofft er sich von einem Menschen, der ihm Heil bringt? Auch die Geschichte von der Sturmstillung kann in dieser Weise erklärt werden.

Spätestens an dieser Stelle werden die Schüler die Frage nach der »Faktizität« der Wunder Jesu stellen. Manche haben jetzt schon allzu gut verstanden, Wunder seien nur Wunschträume, also Märchen ohne Bedeutung; andere halten an der Faktizität der Wunder Jesu verbissen fest, auch wenn sie nicht aus einem fundamentalistischen Elternhaus stammen. Ihnen garantieren die Wunder, daß ihr Glaube an die Hilfe Jesu oder Gottes sicher sein kann. Der Lehrer muß jetzt erläutern, daß Jesus wohl einiges getan hat, was damals und zum Teil auch heute wie ein Wunder erscheint. Kranke wurden in der Begegnung mit ihm gesund — vielleicht weil sie fest daran glaubten, vielleicht weil Jesus seelische Kräfte aktivieren konnte, die wir noch nicht kennen. Lehrer und Schüler werden analoge Erscheinungen aus der Gegenwart zu nennen wissen, aber auch auf Formen des Aberglaubens und andere mißbräuchliche Praktiken hinweisen. Ebenso deutlich müssen die Schüler erfahren, daß Jesus einige Wundererwartungen nicht erfüllt und zurückgewiesen hat. Sie suchen mit Hilfe des entsprechenden Textes (Mk 8,11–13) nach Gründen, die Jesus zur Ablehnung von Wunderforderungen veranlaßten. Gegebenenfalls kann die Geschichte von der Versuchung Jesu — als Bildgeschichte eingeführt (Mt 4,1–11) — bei der Ermittlung der Gründe hilfreich sein. Wichtig ist das Fazit: Jesus lehnt Wunder zur Befriedigung eigener Bedürfnisse sowie zur Demonstration seiner Macht oder Sonderstellung ab. Hier sollte der Unterricht auf die bereits vorgenommene Einteilung der Wunsch-Wunder (zu Jesus passend/nicht passend) zurückgreifen und sie unter diesen Kriterien erneut überprüfen.

Die letzte Unterrichtsphase beginnt mit der Frage, welche Träume ich für andere haben könnte, welche Wunder ich anderen (konkreten Gruppen oder einzelnen) wünschen würde. Danach werden Beispiele erarbeitet, wie Menschen solche Wunder für andere zu realisieren versuchen. Ihre Begründungen — aus dem Handeln Jesu oder dem Willen Gottes — werden erfragt, wobei jetzt nicht nur der Bezug auf Wunder, sondern auf das Handeln Jesu insgesamt in den Blick kommen sollte. Mit der gebotenen Zurückhaltung kann man abschließend anregen, die eigenen Traumdokumentationen erneut zu bearbeiten. Die Schüler sollen nicht ihre Träume ändern, aber sie sollen — für sich — unterscheiden: Hier träume ich, weil meine Wünsche nach Genuß, Ansehen oder Erfolg mich veranlassen; hier hingegen kommen auch Bedürfnisse und Nöte anderer zum Zug. Was kann ich an dem einen oder anderem meiner Träume ändern, um neben meinen eigenen **auch die Nöte anderer zu berücksichtigen?**

Erfahrungen mit Unterrichtsversuchen zum Thema »Aberglaube« sind auch in der Hauptschule vorwiegend positiv. Dies mag damit zusammenhängen, daß viele derartige Angebote sich gerade an Unterschichtangehörige richten und dort wegen der alltäglichen Mißerfolge und Niederlagen auch auf fruchtbaren Boden fallen. Sicher profitiert der Unterricht zu diesem Thema auch von der Anschaulichkeit und dem sinnlich erfahrbaren Gebrauchswert magisch-mythischer Praktiken. Praxis des Aberglaubens ist in erster Linie selbst Praxis präsentativen Symbolisierens, die meist nur aus apologetischen Gründen diskursiv – vom schlichten Erfahrungsbeweis bis zu Argumentationen mit komplizierten pseudotheoretischen Systemen – gerechtfertigt werden muß. Daher ist der Unterrichtsvorschlag des vorigen Kapitels in vereinfachter Fassung[569] auch für die Hauptschüler zu empfehlen. Zusätzlich wäre aber die Analogie magisch-mythischer Symbolpraxis zu den narzißtischen Verschmelzungs-, Größen- und Machtsymbolen erfahrbar zu machen, die Jugendliche und Erwachsene in Ohnmacht- und Mangelsituationen dann produzieren, wenn sie keine angemessene Form der Bewältigung finden oder lernen konnten. Die magisch-mythische Praxis, die den Macht- und Verschmelzungswünschen am stärksten entgegenkommt, ist ohne Zweifel das Zaubern – angefangen von den amulettartigen Glücks- und Unglücksbringern bis zu Praktiken der Beeinflussung von Gefühlen und Lebensereignissen (Beschwörung und Verfluchung). Die Annahme, die Schüler müßten deshalb selbst zu Zauberpraktiken neigen, wäre ein Mißverständnis. Die innere Symbolisierung von Größe und Macht in Tagträumen und Selbstgesprächen leistet so viel wie die alten Zauberpraktiken. Sie hat zudem den Vorzug, nicht mit den Alltagsplausibilitäten zu kollidieren. Wenn die Schüler aber Analogien zwischen eigenen Phantasien und sonst überholt erscheinender Zauberei entdecken, sind sie vielleicht eher in der Lage, diese Art innerer Symbolisierung als falschen Weg des Umgangs mit eigenen Bedürfnissen zu erkennen und nach anderen Möglichkeiten zu suchen.

Das Vorgehen ist denkbar einfach. Die Schüler phantasieren unter Themen wie: »Als Hexe im Weltraum« oder: »Als ich einmal 007 war« Ereignisse und Handlungen, die ihnen – meist unter Anwendung technischer Hilfsmittel – die Steuerung anderer Menschen und Gegenstände nach eigenen Wünschen gestatten. Danach suchen sie zuerst nach Analogien im modernen Unterhaltungsangebot, was ihnen leichtfallen dürfte, weil die eigenen Phantasien von daher Motive und Inhalte beziehen. Damit werden Berichte von Zauberpraktiken verglichen; manche Schüler werden Spaß haben, einige zu suchen und sie anderen zu erzählen. Der Vergleich dient dem Herausarbeiten der identischen Intentionen zwischen eigenen Phantasien und Zaubergeschichten bei unterschiedlichen Mitteln – dort eine überlegene Technik, hier die durch Formeln aktivierten Zauberkräfte. Die kleine Geschichte von Simon und dem Zauberer in Apg. 8, 9–24 leitet schließlich eine Erörterung der Frage ein, warum Menschen immer wieder versuchen, über besondere Kräfte zu verfügen und warum diesen Versuchen – wie die Antwort von Petrus zeigt – von Gott Grenzen gesetzt sind. Der weitere Unterricht kann dann dem Vorschlag im vorigen Kapitel folgen.

VI. Religionsunterricht in der gymnasialen Oberstufe

1. Rechtliche und organisatorische Rahmenbedingungen

Aufgrund der Vereinbarung der Ständigen Konferenz der Kultusminister zur Neugestaltung der gymnasialen Oberstufe (1972) wurde der Religionsunterricht — seinem Status als einem ordentlichen Lehrfach entsprechend — in der gesamten Bundesrepublik zum zählenden und abiturfähigen Pflichtfach,[570] mithin dem Bildungsauftrag der Oberstufe unterstellt, was sich in einer ziel-inhaltsbezogenen Aufgabendefinition niedergeschlagen hat. In der Mehrzahl der Länder ist in der Folgezeit — wie in den Empfehlungen der zuständigen EKD-Kommission bereits 1970 gefordert[571] — eine Zuordnung zum Aufgabenfeld II (gesellschaftswissenschaftlich) erfolgt,[572] was aber ohne nennenswerte Auswirkung auf die inhaltliche Gestaltung des Religionsunterrichts blieb. Dies kritisieren heute nur noch wenige; sie fordern, den Religionsunterricht als Fach der politischen Bildung zu konzipieren, um die gesellschaftliche Relevanz im Vergleich mit den anderen Fächern dieses Aufgabenfelds wie Gemeinschaftskunde, Wirtschafts- und Sozialwissenschaften nachweisen zu können.[573] In der Schulpraxis ließen sich die inhaltlichen Erwartungen an die Aufgabenfelder ohnehin nicht realisieren, weil zumindest in den ersten beiden Aufgabenfeldern zu disparate Fächer vereinigt wurden.

Außerdem sind die betroffenen Fachdidaktiken gegenwärtig weniger geneigt, Aufgaben und Inhalte ihrer Fächer sozialphilosophischen oder politischen Intentionen einfach unterzuordnen.[574] Von der Einrichtung der Aufgabenfelder versprach man sich ursprünglich die Lösung der bildungstheoretischen Problematik. Schon die geisteswissenschaftliche Pädagogik hatte die Vorstellung eines Kanons unverzichtbarer Bildungsinhalte verabschieden müssen. Nun boten sich die Aufgabenfelder als neue Definition von Allgemeinbildung an. Nicht Inhalte aus Tradition und Wissenschaften, auch nicht die Methoden von Einzelwissenschaften, sondern gemeinsame Fragestellungen, Sicht-, Zugriffs- und Bearbeitungsweisen von Wirklichkeit sollten die unverzichtbaren Gemeinsamkeiten innergesellschaftlicher Kommunikation sein. Bildung wurde als Prozeß der Vermittlung von Alltags- und Wissenschaftskulturen mit dem Ziel eines Humanitätsgewinns verstanden, nachdem die Fiktion einer einheitlichen abendländischen Kultur verloren war. Angesichts der bedrängenden Lebensprobleme schien eine kommunikative Ermittlung des Humanen mit Hilfe aller zugänglichen Wissenschaften die einzig legitime Möglichkeit, die Aufgaben der Selbstdefinition und der Gesellschaftsgestaltung zu lösen.

Die Diskussion um ein neues Verständnis von Allgemeinbildung ist bis heute noch nicht wesentlich weitergekommen. Die verschiedenen Versuche, über die formale und prozessuale Definition des Bildungsbegriffs hinaus bestimmten Inhalten — wie Muttersprache, Geschichte, Mathematik — eine grundlegendere Funktion zuzuweisen, unterstellen einen qualifizierteren Begriff von Allgemeinbildung. Bildung ist danach nicht die Anhäufung von Wissen, sondern die Fähigkeit, Zusammenhänge herzustellen, sowie die Verfügung über Denkformen und Methoden, mit deren Hilfe neue Gebiete leicht erschlossen werden können. So läßt sich kaum bezweifeln, daß die sprachliche Kommunikation, mit deren Hilfe Zusammenhang und Bedeutung erst zu ermitteln sind, die Beherrschung der Muttersprache voraussetzt, daß mathematisches Denken und Operieren naturwissenschaftlichem und technischem Wissen und Handeln zugrunde liegen, daß erst aus der Kenntnis geschichtlicher Entwicklungen und Lebensformen angemessene Kategorien zum Verständnis politischer und sozialer Gegenwartsproblematik erwachsen. Die Verlegenheiten beginnen bei der inhaltlichen Definition und Begrenzung von Basiswissen, von grundlegenden Denkformen und elementaren Fähigkeiten.

Die bildungstheoretische Verlegenheit spiegelt sich in den »Korrekturen«, die in den letzten Jahren an der Oberstufenreform vorgenommen wurden. Man relativierte das ursprünglich geltende Gleichheitsprinzip aller Fächer, schränkte die Wahlfreiheit ein und vergrößerte die Anzahl der Pflichtkurse in Deutsch, Mathematik, Geschichte und einer Naturwissenschaft. Zu einer Verständigung über die gesuchten inhaltlichen Elementaria, die die quantitativen Anteile eigentlich erst begründen könnten, kam es nicht. So blieben und bleiben vermutlich auch die bildungspolitischen Entscheidungen Reaktionen auf konkrete Defiziterfahrungen, denen man mit recht unsicheren Vermutungen über das Elementare beizukommen sucht.

Neben dem von der Fachdidaktik gesondert geltend zu machenden Bezug auf die jugendliche Lebensproblematik ist die Wissenschaftsorientierung das einzige inhalts- und methodenrelevante Kriterium für die Gestaltung des Oberstufenunterrichts − eine Orientierung der Wissenschaften auf die Lebens- und Überlebensprobleme der menschlichen Gattung vorausgesetzt. Dementsprechend schreiben neuerdings Ländergesetze zur gymnasialen Oberstufe selbst für Grundkurse ein Mindestmaß an Kenntnissen und Einsichten in die »Stoffgebiete und Methoden verschiedener Fächer«[575] vor, ohne auf eine strenge Wissenschaftspropädeutik zu verpflichten. Als Bezugswissenschaft des Religionsunterrichts dient nicht allein die Theologie, wenn diese auch einen eindeutigen Vorrang genießt. Die Aufgabenbestimmung der kultusministeriellen Vereinbarung lautet:

»Der Unterricht in Religionslehre stellt die Grundlage und Lehre der jeweiligen Religionsgemeinschaft dar; er soll Einsichten in Sinn- und Wertfragen des Lebens vermitteln, die Auseinandersetzung mit Ideologien, Weltanschauungen und Religionen ermöglichen und zu verantwortlichem Handeln in der Gesellschaft motivieren.«[576]

Theologie ist für den ersten Teil dieser Aufgabenbestimmung die einzige, für die weiteren Teile eine wichtige Bezugswissenschaft. Nur im Wortlaut und in der Reihenfolge abgewandelt sind die Themenbereiche bzw. Prüfungsfelder, die in den einheitlichen Prüfungsanforderungen für die Abiturprüfung Evangelische Religionslehre festgelegt wurden. Hier sind sogar Einzeldisziplinen der Theologie hervorgehoben:[577]

»− Erscheinungsformen und Deutungen des christlichen Glaubens in Geschichte und Gegenwart;
− Religionen und Weltanschauungen im Gespräch;
− Bedingungen und Möglichkeiten menschlicher Existenz (Probleme theologischer Anthropologie);
− Kriterien zur Handlungsorientierung (Probleme theologischer Ethik).«

Man kann eine solche eindeutig inhaltliche Ausrichtung des Religionsunterrichts auf die Theologie und verwandte Wissenschaften für bedauerlich halten, muß sich aber klar sein, daß eine im Gegensatz zu dieser »Wissenschaftssystematik« entwickelte problem- und projektorientierte Didaktik gegen die einschlägigen Rechtsvorschriften operiert.[578]

Die Vereinbarungen und Gesetze zur gymnasialen Oberstufe unterscheiden zwei selbständige Organisationseinheiten, die 11. Jahrgangsstufe oder Einführungsphase und die 12./13. Jahrgangsstufe oder Qualifikationsphase. Die letztere erlaubt dem Schüler eine interessenbezogene Auswahl durch ein Angebot von Halbjahreskursen. Er hat hier außerdem die Möglichkeit, Religion als Leistungsfach zu wählen. Als die gymnasiale Oberstufe eingeführt wurde, setzte das Kurswahlangebot bereits im Laufe der 11. Klasse ein; die neueren Gesetze und Verordnungen haben es auf den Beginn des 12. Schuljahrs verschoben, um den Klassenverband bzw. die Stammgruppe in der 11. Jahrgangsstufe noch zu erhalten. Die jetzt verlängerte Einführungsphase kann so eher ihrer Aufgabe gerecht werden, in die wichtigsten Fragestellungen und Inhalte des Fachs sowie in die grundlegenden Methoden einzuführen. Will ein Schüler Religion als Leistungsfach oder als schriftliches bzw. mündliches Abiturfach wählen, muß er in der Regel in der gesamten Einführungsphase am Unterricht in Religion teilgenommen und in der gesamten Qualifikationsphase Kurse in demselben (konfessionellen) Religionsunterricht besucht haben.[579] Eine Rahmenplanung für Religionsunterricht sollte demzufolge in Klasse 11 ein der Einführungsphase entsprechendes orientierendes Angebot für einen kontinuierlichen Unterricht von 2–3 Wochenstunden ausweisen. Daneben sehen die Verordnungen schon für Klasse 11 besondere Maßnahmen zur Vorbereitung von Leistungskursen in der Qualifikationsphase vor, die als eigenständige Vorbereitungs- bzw. Orientierungskurse oder als Erweiterungen des normalen Unterrichtsangebots (auf 4–6 Stunden) durchgeführt werden können. Eine Rahmenplanung für Klasse 11 muß demnach zusätzliche Inhalte, die besonders der Einführung in die wissenschaftlichen Methoden des Fachs dienen, benennen. Für die 12./13. Jahrgangsstufe ist dann zwischen einem Angebot von Grundkursen und Zusätzen für Leistungskurse zu unterscheiden. Letztere sollen nicht in erster Linie zusätzliche Inhalte anbieten, sondern ein selbständiges Arbeiten mit wissenschaftlichen Methoden ermöglichen, was natürlich auch neue inhaltliche Gesichtspunkte einschließt.[580]

2. Wissenschaftsorientierung und fachdidaktische Struktur

Die in den gesetzlichen Vorgaben festgeschriebene Orientierung an wissenschaftlich ausgewiesenen Stoffgebieten und elementaren wissenschaftlichen Methoden hat in mehreren neuen Religionsrichtlinien zu einer offenen oder nur sprachlich gemilderten Übernahme der traditionellen theologischen Disziplinen oder einiger Gegenstandsbereiche systematischer Theologie geführt. Ganz offenkundig ist die Orientierung an der »structure of discipline« (Ausubel), mithin die Orientierung an einer theologischen Systematik im katholischen Relgionsunterricht, wie die Synopse auf S. 208 von E. Kastner ausweist.[581]

Von den »evangelischen« Lehrplänen folgen Baden-Württemberg, Bayern, Nordrhein-Westfalen und Hamburg ähnlichen inhaltlichen Strukturierungen nach Themen- oder Zielbereichen, wie die Synopse auf S. 209 zeigt:[582]

Abweichend hiervon orientieren sich die »evangelischen« Lehrpläne bzw. Handreichungen von Rheinland-Pfalz und die niedersächsischen Vorarbeiten an den Themenbereichen der einheitlichen Prüfungsanforderungen, wobei sie diese — wie das Beispiel Rheinland-Pfalz zeigt — sowohl im Hinblick auf die Wissenschaftsorganisation als auf mögliche Erfahrungsstrukturen differenzieren:[583]

I Erscheinungsformen des Christentums und der Religionen in Geschichte und Gegenwart
II Deutung christlicher Überlieferung in der Theologie der Gegenwart
III Religiöse Welt- und Lebensdeutung im individuellen und interpersonalen Bereich
IV Religiöse Welt- und Lebensdeutung im gesellschaftlichen Bereich
V Das Christentum im Gespräch mit Religionen und Weltanschauungen.

1. Synopse der den Lehrplänen zugrunde liegenden Gliederungsprinzipien und didaktischen Ansätze (Kath. Religion)

	Baden-Württemberg (6)	Bayern	Hessen	Niedersachsen (5)	Nordrhein-Westfalen (3)	Rheinland-Pfalz	Saarland	Schleswig-Holstein
	Themenfelder (6)	–	Zielfelder (6)	Dimensionen (5)	Lernbereiche (3)	did. Bereiche (4)/ Prinzipien (2)	Aspekte/Erf.-bereiche (5)	Dimension (5)
	A Gott und Religion B Jesus Christus C Kirche – Zeichen des Heils D Menschl. Existenz – Christl. Anthropol. E Soziale Gerechtigkeit – Theolog. Ethik F Die Theologie u. die Wissenschatten	besonderes didakt. Prinzip nicht erkennbar	– fundamentale Perspektive – theolog. Dimension – christol. Dimension – ekklesiol. Dimension – eschatol. Dimension – ethische Dimension	– Grundlagenkurs – theolog. Dimension – christol. Dimension – ekklesiol. Dimension – eschatol. Dimension – anthrop./ethische Dimension	I: Sinn und Heil II: Vermittlung des Heils III: Ausrichtung des Handels auf Heil	4 Bereiche: – Mensch u. Glaube – Glaube u. Bekenntnis – Glaube u. Institut. – Welt u. Lebensgestaltung 2 Prinzipien: – christologisch – dialogisch	– anthropol. Aspekt – ethischer Aspekt – ekklesiol. u. sozialer Aspekt – theol., christol., eschatol. Aspekt – dialog. Aspekt	biblisch-hermeneutische Fragen theologische Dimension christologische Dimension anthropologisch-ethische Dimension ekklesiologische Dimension eschatologische Dimension

2. Synopse aller (Grob-)Inhalte (GK 11–13)

	Baden-Württemberg*	Bayern	Hessen*	Niedersachsen*	Nordrhein-Westfalen*	Rheinland-Pfalz*	Saarland	Schleswig-Holstein*
11/1	1. Sinnfrage/ religiöse Frage 2.	stand nicht	z.B. Sinnfrage	Grundlagenkurs	Religion u. Glaube/RU	z.B. Christentum als Religion	Christentum als Religion	Die Frage nach Gott
11/2	3. Umgang m. d. Bibel	zur Verfügung	z.B. Gottesfrage	z.B. Jesus	christl. Anthropologie	Jesus der Christus	Jesus Christus	Biblisch-hermeneutische Fragen
12/1	1. Glaube u. Wissen	Verhältnis Glaube/Wissen	z.B. Jesus Christus	z.B. Gott	Christus	Kirche	Kirche	Die Frage nach Jesus Christus
12/2	2. Gottes-glaube/Atheism. 3. Jesus Christus 4. Kirche	Gott	z.B. Kirche/ Christsein	z.B. Kirche	Kirche	*Verfügungssemester*	Ethik	Fragen christlicher Ethik
13/1	5. Soziale Gerechtigkeit	Menschen	z.B. Eschatologie	z.B. Eschatologie	Gott	Ethik	Gottesfrage	Die Frage nach der Kirche
13/2	6. Freiheit …	Christ in Gesellschaft u. Staat	z.B. Ethik	z.B. Anthropologie/Ethik	Ethik/Eschatologie	Anthropologie	Dialog u. Auseinanders./Glaube u. Existenz	Die Frage nach der Zukunft des Menschen und der Geschichte

* Reihenfolge kann variieren

Lehrpläne Evang. Religion

Baden-Württemberg	Bayern	Hamburg	Nordrhein-Westfalen
Themenbereiche	Themenbereich Kl. 11	Zielbereiche	Lernbereiche

– Gott und Religionen – Jesus Christus – Kirche und Welt – Mensch und menschliche Existenz/theologische Anthropologie – Soziale Gerechtigkeit/christliche Sozialethik – Die Theologie und die Wissenschaften	– Glaube/ Wissenschaft/Denken – Bibel – Religion – Kirche ——— GK Richtziele Kl. 12/13 – verkürzt ——— – Christliche Anthropologie – Gottesglaube und Daseinsauslegungen – Christliche Individualethik – Christliche Sozialethik	– Religion und Theologie (Menschen-Welt-Gottesverständnis) – Bedingungen und Möglichkeiten menschlichen Lebens (Probleme theologischer Anthropologie) – Kriterien der Handlungsorientierung (Fragen theologischer Ethik)	– Grund, Sinn und Ziel der Welt und des Menschen bezogen auf das christliche Gotteszeugnis – Vermittlung und Verwirklichung von Sinn und Heil bez. auf das Zeugnis von Jesus Christus – Anspruch und Wirklichkeit rel. und weltansch. Gemeinschaften bez. auf Auftrag und Erscheinungsformen der Kirche – Wesen, Bestimmung und Aufgabe des Menschen bez. auf christl. Anthropologie u. Ethik

Die revidierte Fassung des Lehrplans Gymnasium Evangelische Religion Oberstufe aus Schleswig Holstein[584] macht einen widersprüchlichen Eindruck. Die »fachspezifischen Lernziele« verpflichten zu einer Kombination zwischen einem religionsphänomenologischen bzw. religionswissenschaftlichen Zugriff mit Fragen individueller Sinnorientierung und sozialer Verantwortung. Christlicher Glaube, Weltanschauungen und Religion stehen danach gleichwertig nebeneinander, ohne daß mehr als formale Kriterien (sachgerecht, sachgemäß, verantwortlich) für die interreligiöse Auseinandersetzung oder für die Vermittlung mit Sinn- und Normfragen genannt wären. Die inhaltliche Strukturierung entspricht aber eher der theologisch-fachwissenschaftlichen Ausrichtung der Mehrheit der Pläne. Für die 11. Jahrgangsstufe sind fünf inhaltliche Schwerpunkte vorgeschlagen, von denen drei aus einer theologischen Systematik (Gott, Bibel, ethische Grundfragen), eines aus einer religionswissenschaftlichen (Weltreligion) und eines aus einer phänomenologischen Zugangsweise (religiöse Lebensform) entstammen dürften. Ergänzend wird das zweite Halbjahr der 11. Jahrgangsstufe in drei Kategorien eingeteilt: Theologisch-systematisch, biblisch-hermeneutisch, religionswissenschaftlich. Für die 12. und 13. Jahrgangsstufe sind Themen zu wählen, »die in den Zusammenhang von theologisch-anthropologischen und in den Komplex theologisch-sozialethischer Probleme gehören«.[585] Insgesamt dominieren bei den Inhalten Formulierungen aus christlich-theologischer Perspektive, die auch gesellschafts- und identitätsorientierte Aspekte einbeziehen. Daneben stehen einige religionswissenschaftliche Inhalte, die als Phänomene benannt sind jedoch keine Hinweise auf eine Kriterienbildung enthalten.

Eine Sonderstellung kann der Hessische Kursstrukturplan für sich beanspruchen. Dies gilt nicht für die Wissenschaftsorientierung, aber für den Stellenwert der Theologie im Curriculum der Oberstufe. Zwar signalisiert die programmatisch formulierte Aufgabenstellung am Anfang ähnlich wie in fast allen Lehrplänen Konformität mit den Vorgaben: »Im Fach Evangelische Religionslehre soll den Schülern ermöglicht werden, fremde und eigene Vorstellungen und Erfahrungen wahrzunehmen, zu reflektieren und sie in Beziehung zu setzen zu dem christlichen Glauben, wie er durch evangelische Theologie und Kirche vermittelt wird«.[586] Die Struktur des Plans mit fünf Zielfeldern und neun »komplexen Lernzielen«, läßt aber die Theologie bzw. den christlichen Glauben nur noch als eine unter den »heute relevanten, religiösen, weltanschaulichen und ideologischen Traditionen« im Rahmen phänomenologischer Kenntnisnahme und soziologischer Analyse zu und räumt ihr bei der Reflexion von »Geltungsansprüchen« einen Platz im Rahmen vernünftiger Selbstreflexion ein. Die Struktur ist (in gekürzter Fassung) auf der folgenden Seite abgedruckt.

Ordnet man den einzelnen Zielfeldern bzw. Lernzielen die jeweils strukturbestimmende Wissenschaft oder wissenschaftliche Richtung zu, ergibt sich unter Vernachlässigung möglicher Hilfswissenschaften das folgende Bild:

Zielfeld I   Religionsphänomenologie (1), strukturalistische Religionswissenschaft (2)
Zielfeld II   Philosophische Anthropologie (3), Religionssoziologie (4)
Zielfeld III Philosophische Ethik (5a), Ethik als Handlungstheorie (5b)
Zielfeld IV   Geschichtswissenschaft (6), Humanistische Psychologie (7)
Zielfeld V   Philosophische Religionskritik und kritische Theorie (8)
              Systematische Theologie als kritische Theorie (9),

Überblickt man diese didaktische Struktur, kann man nicht behaupten, daß sie mit dem Wortlaut der gesetzlichen Vorgaben nicht vereinbar wäre. Selbstverständlich lassen sich die »Grundlagen und Lehren der jeweiligen Religionsgemeinschaft« im Rahmen des ersten Zielfeldes zur Darstellung bringen. Auch der damit verbundene Wahrheitsanspruch braucht nicht verschwiegen zu werden. In den Zielfeldern II–IV können Elemente aus Theologie und christlicher Tradition als Impulse und Kriterien zum Zuge kommen. Unübersehbar ist aber die Verschiebung der inhaltlichen Gewichtung. Während der Gesetzgeber und alle anderen Lehrpläne der Darstellung und Reflexion christlichen Glaubens und Handelns Priorität zusprechen, ist im hessischen Plan die weltanschauliche Pluralität der Moderne inhaltsbestimmend. Die konfessionelle Bindung ist nicht mehr erkennbar. Wer alle inhaltlichen Schwerpunkte des Plans etwa gleichwertig berücksichtigt, kann kaum die Kenntnisse aus evangelischer Theologie und christlicher Glaubenstradition vermitteln, die erst einmal die Voraussetzung der im Lernziel 9 angestrebten selbständigen theologischen Reflexion wären. Der Religionslehrer ist hier mangels Vorkenntnisse seiner Schüler gezwungen, abstrakte und notwendigerweise verkürzte systematisch-theologische Denkmodelle für die gewünschte Konfrontation vorzugeben. Wie sollen Schüler Klischeevorstellungen von christlicher Dogmatik überwinden, wenn sie bei der Auseinandersetzung mit »wissenschaftlich akzeptierten Formen des Denkens« unvorbereitet Denkmodelle anwenden sollen, die der Kursstrukturplan selbst »mit Stichworten wie ›Offenbarung‹, ›von Christus her‹, ›Gesetz und Evangelium‹, ›Kreuz und Auferstehung‹, ›eschatologischer Vorbehalt‹ charakterisiert.[587] Die Verschiebung der inhaltlichen Gewichte ist indessen weniger einschneidend als die Ersetzung der Theologie und des christlichen Glaubens als kritisch-normativer Horizont für Erfahrung, Überlieferung und ideologisch-weltanschauliche Auseinandersetzung

Kursstrukturplan Evang. Religionslehre Hessen (gekürzt)

Zielfelder	Komplexe Lernziele	
I Fakten und Strukturen kennenlernen	1. Kenntnisnahme von Religion (heute relevante Traditionen und deren Kritik)	2. Erkennen von Religion (religiöse Strukturen innerhalb und außerhalb institutionalisierter Formen und Systeme)
II Voraussetzungen und Funktionen ermitteln	3. Ermitteln anthropologischer Bedingungen des Religiösen (Sinnfrage, Deutungsbedürfnisse, Identitätssuche)	4. Ermitteln von Zusammenhängen zwischen Religion und Gesellschaft (religiöse und weltanschauliche Systeme bzw. Sozialgestalten »in ihrem Zusammenhang mit gesellschaftlicher Realität«)
III Folgen erörtern und Folgerungen ziehen	5a. Einsicht in die ethische Relevanz menschlichen Tuns (Überzeugungen, Handeln, Wahrheitsfrage)	5b. Entwerfen ethisch verantwortlicher Handlungsperspektiven (eigene Lebensgestaltung und politisch-soziale Zukunftsgestaltung — Impulse christlicher Ethik — Legitimitätsprüfung)
IV Möglichkeiten erkennen und reflektieren	6. Gewinnen geschichtlicher Erfahrung — Erfahrungsfähigkeit (Distanzierung und Handlungsphantasie durch Erschließung von Geschichte)	7. Wahrnehmen humaner Existenzmöglichkeiten — Sensibilisierung und Kreativität (unangepaßte Denk-, Erlebnis- und Handlungsfähigkeit)
V Geltungsansprüche reflektieren	8. Philosophische Reflexion des Glaubens (kritisch-vernünftige Reflexion von Wahrheitsansprüchen in Glaubenstraditionen)	9. Theologische Reflexion des Denkens (Konfrontation anerkannter Denkformen mit systematisch-theologischen Denkmodellen, Analyse der normativen Vorgaben, Auswertung für eine Selbstreflexion der Vernunft).

durch andere, wissenschaftlich etablierte und selbst wert- und ideologiehaltige Theorieansätze und -systeme. H. Sorge/S. Vierzig begrüßen dies als »Typus eines offenen Unterrichts in Religion«,[588] verschweigen oder bemerken offensichtlich aber nicht die damit unreflektiert akzeptierten ideologischen Prämissen, denen selbst der noch erlaubte Rest theologischer Reflexion unterstellt ist. Befreite Subjektivität, qualitative Vernünftigkeit der Vernunft, Erweiterung der Denk- und Erlebnismöglichkeiten sind einige der Kriterien, die nicht etwa in eine kritische Beziehung zum christlichen Glauben treten, sondern vor denen sich der christliche Glaube zu legitimieren hat. Demgegenüber ist an die allenthalben als offen bewertete Interpretation der Grundsätze christlichen Glaubens aus evangelischer Sicht zu erinnern, nach der das biblische Zeugnis von Jesus Christus – unter Beachtung seiner Wirkungsgeschichte und auf wissenschaftlicher Grundlage ausgelegt und vermittelt – den Reflexionshorizont für die Auseinandersetzung mit Erfahrung und Sinndefinition abgeben soll. Dieser normative Horizont ist im hessischen Kursstrukturplan nicht mehr gültig. Das biblische Zeugnis wird weder ausgelegt noch vermittelt noch kritisch auf Erfahrung und Sinnsetzungen bezogen. Dennoch soll es sich dem unterordnen, was an Erfahrungs-, Vernunft- und Sinnvorgaben in den gegenwärtig hochbewerteten Wissenschaften und im öffentlichen Bewußtsein dominiert. Die christliche Überlieferung und Lebensdeutung ist nicht kriterienbestimmend. Es handelt sich eher um einen religionskundlichen Unterricht auf der Grundlage kritischer Theorie und humanistischer Psychologie, es sei denn, man betrachte diese Denkansätze als die (wirkungsgeschichtlich) legitimierten Formen moderner Christlichkeit.

Wenn im folgenden das inhaltliche Zentrum christlichen Glaubens, die Botschaft von Jesus Christus, als Bezugshorizont für die Inhalte und die Intentionalität des Oberstufenunterrichts reklamiert wird, ist dies nicht mit Forderungen zu verwechseln, die vom Religionsunterricht eine geordnete und systematische Einführung in eine scheinbar objektiv definierte christliche Glaubenslehre verlangen.[589] Einem solchen Mißverständnis sind alle die Richtlinien ausgesetzt, die im Sinn einer Abbilddidaktik Disziplinen der Theologie oder systematisch-theologische Loci zur Strukturierung der Unterrichtsinhalte verwenden, selbst wenn diese Unterteilung dazu dienen soll, Sinn- und Wertfragen zu erschließen und eine kritische Auseinandersetzung mit verschiedenen Religionen und Weltanschauungen einschließlich des christlichen Glaubens zu ermöglichen.[590] Eine an hergebrachten theologischen Schemata orientierte inhaltliche Strukturierung muß keineswegs zu einer objektivistischen, kirchlich-dogmatisch verengten Glaubensvermittlung führen. Immerhin lassen sich Gotteslehre, Christologie, Anthropologie, Ethik und Eschatologie so aufarbeiten, daß die gesamte Ambivalenz der Erfahrungswelt in die Bestimmung der Glaubensinhalte eingeht, verfestigte Formen aufbricht oder gar neu zum Sprechen bringt. Umgekehrt können die zur Sprache gewordenen Glaubenserfahrungen alter Zeiten die modischen Klischees und Deformationen von Erfahrungsmöglichkeiten durchbrechen sowie neue Denk- und Erlebnisformen eröffnen.[591] Dennoch bleibt die Gefahr der Fixierung auf historisch begrenzte Erfahrungsweisen durch historisch bedingte Glaubensformen. Außerdem kann eine solche fachwissenschaftliche Strukturierung wegen ihres formalen Charakters das Problem der Auswahl und Begrenzung von Inhalten innerhalb der Kategorien nicht lösen. Welche christologischen Traditionen und Entwürfe müssen oder sollen zur Sprache kommen? Darüber entscheidet dann entweder stillschweigend eine Fachgruppe oder ein einzelner Lehrer aufgrund von subjektiven Vorlieben, oder es bedarf weiterer Relevanzkriterien, die ihrerseits theologisch und didaktisch zu begründen wären.

Die oben zitierte rheinland-pfälzische Handreichung versucht mit Hilfe einer Strukturierung – über die vorgegebenen Prüfungsfelder hinausgehend – eine hermeneutische Vermittlung von Erfahrung und Überlieferung. Die Themengruppe I (Erscheinungsform des Christentums und der Religionen) unterstellt ihre Gegenstände einer phänomenologischen Perspektive und ähnelt in diesem Punkt dem ersten Zielfeld des hessischen Strukturplans. Die Themengruppe II (Deutung christlicher Überlieferung und Theologie) soll in Fragestellungen, Methoden und Kategorien theologischer Auseinandersetzung mit Erfahrung und Überlieferung einführen. Die religiös-phänomenologischen und die theologischen Kategorien werden dann in Themengruppe III auf individuelle und interpersonale Erfahrungen, in Themengruppe IV auf gesellschaftliche Strukturen und Probleme verschiedener Art bezogen; in Themengruppe V kommt schließlich das Verhältnis zwischen Christentum und den Religionen bzw. Weltanschauungen in den Blick. Die Abfolge von phänomenologischen über theologische Kategorien zu den gegenwartsbezogenen Handlungsfeldern und zur Pluralität der Sinnorientierungen ist auch durch die fachdidaktische Kommission als quasi-verbindliche »Empfehlung« festgelegt.[592] Dahinter steht die Absicht, die Schüler aus einer relativ distanzierten Haltung zu Religion und Theologie durch eine verständnisintendierende Analyse religiöser Phänomene herauszuführen. Wenn so das Interesse geweckt ist, sollen eine propädeutische Erschließung theologischer Methoden und Konzepte die Instrumentarien für die weitere — nun engagierten und auf die Lebenswirklichkeit bezogenen — Auseinandersetzung liefern. Die Struktur des Plans ist also in erster Linie an einem didaktischen Prozeß orientiert, der schrittweise in eine schülerbezogene Aufarbeitung der Zusammenhänge von Glaube und Erfahrung hineinführen will. Die Themengruppen III—V stellen offensichtlich die zentralen Elemente und zugleich die Zielpunkte des geplanten Unterrichts dar. Sie sind den in diesem Buch explizierten drei Zielperspektiven sehr ähnlich. Weiter unten wird die Frage zu erörtern sein, ob gesonderte — phänomenologische und theologische — Kurse in der Oberstufe notwendig und angebracht sind, um die Arbeit unter den erfahrungsbezogenen Zielperspektiven bzw. Themengruppen vorzubereiten.

Der rheinland-pfälzische Lehrplan gewinnt seine wichtigsten didaktischen Strukturen ähnlich wie diese Religionsdidaktik nicht aus fachwissenschaftlich-theologischen, religionswissenschaftlichen, philosophischen oder soziologischen Strukturen, sondern aus Erfahrungsfeldern bzw. Handlungsbereichen, die von der didaktischen Intentionalität her unter bestimmte Perspektiven gestellt und in dieser Weise voneinander unterschieden werden. Die gewählten Perspektiven versuchen die Lebensproblematik der Jugendlichen in ihrer erfahrungsbezogenen Gestalt zu erfassen, d.h. sie sollen ein formales Gerüst für die jugendlichen Perspektiven selbst darstellen. Religionsunterricht ist als begleitende Hilfe beim Aufbau der eigenen Lebensstruktur konzipiert, zu der die Aufgabe der Selbstdefiniton (Identität) in Beziehungen, ein qualifiziertes Gesellschaftsverhältnis[593] und eine weltanschauliche Orientierung gehören. Die spezifische Hilfe, die der Religionsunterricht dabei anzubieten hat, besteht in einer auf theologische Kriterien bezogenen Auseinandersetzung mit religiösen und anderen weltanschaulichen Sinn- und Handlungsmotiven. Theologie ist als Kriterienhorizont in allen Handlungsbereichen bzw. unter allen Perspektiven relevant. Die theologische Reflexion der Lebensprobleme ist ihrerseits auf die Aussagen anderer Humanwissenschaften dialogisch zu beziehen, wie auch die Jugendlichen die religiösen Dimensionen ihrer Lebensstrukturen nicht isoliert, sondern nur im Zusammenhang mit psychologischen, soziologischen und anderen humanwissenschaftlichen Einsichten angemessen in den Blick bekommen. Auf die in diesem Buch explizierten Zielperspektiven bezogen, ergibt sich eine besondere Nähe zu den folgenden nichttheologischen Fachwissenschaften:

- die erste Zielperspektive (Ich in Beziehungen) zu Psychologie und Sozialpsychologie;
- die zweite Zielperspektive (politisch-soziale Strukturen und Prozesse) zu Politologie, Soziologie, Sozialphilosophie, Rechtswissenschaften, Wirtschaftswissenschaften;
- die dritte Zielperspektive (transpersonale Deutungs- und Handlungsmuster) zu Religionswissenschaften, Philosophie, Religionssoziologie u.a..

Im Rahmen dieser drei erfahrungsbezogenen Zielperspektiven können die zentralen Inhalte und Überlieferungen des christlichen Glaubens hinreichend zur Darstellung kommen und so beim Aufbau der ersten vorläufigen Lebensstruktur der jungen Erwachsenen ihre Bedeutung erweisen. Der wissenschaftspropädeutische Schwerpunkt (Studierfähigkeit) der Oberstufe gibt den Methoden wissenschaftlichen Arbeitens bzw. wissenschaftlicher Urteilsbildung einen besonderen Rang, was hauptsächlich die Gestaltung der Leistungs- und Orientierungskurse beeinflußt. Die Methoden der außertheologischen Bezugswissenschaften — außer der Religionswissenschaft — sollte der Religionsunterricht schon aus Zeitgründen den anderen Fächern überlassen und an das dort Vermittelte im Bedarfsfall anknüpfen. Grundlegende Methoden theologischer Hermeneutik, Theoriebildung und Urteilsfindung müssen aber – soll das Ziel der Studierfähigkeit für die Oberstufe weiter gelten – im Religionsunterricht ihren Platz haben. Sie wurden bisher im Rahmen der dritten Zielperspektive unter der Frage der Wahrheitskriterien für religiöse Deutungen mitbehandelt. Der wissenschaftspropädeutische Akzent der gymnasialen Oberstufe legt aber die Formulierung einer besonderen *methodischen Zielperspektive* nahe, die lauten könnte:

Legitimität und Relevanz: Methoden und Kriterien theologischer Hermeneutik und Urteilsbildung

Wichtige Bezugswissenschaften hierfür sind neben der Theologie die philosophisch-ethische Hermeneutik einschließlich der Religionskritik, die Sprachwissenschaften sowie die hermeneutischen Ansätze aus den anderen genannten Bezugswissenschaften (Psychologie, Soziologie usw.). Der Unterricht in der Oberstufe wird ohne eine Unterscheidung zwischen grundlegenden und speziellen Methoden nicht auskommen, so fragwürdig sie im Ernstfall sein mag.

Die Aufgabenstellung dieser methodischen Zielperspektive deckt sich mit fünf der sieben Intentionen, die in der Themengruppe II (Deutung christlicher Überlieferung in der Theologie der Gegenwart) des rheinland-pfälzischen Lehrplans wie folgt formuliert sind:

»1. Die Geschichtlichkeit des christlichen Glaubens erkennen.
  2. Fragestellungen, Methoden und Erkenntnisse der theologischen Wissenschaften mit ihren Voraussetzungen und Folgen kennen und anwenden können.
  5. Den Anspruch theologischer Aussagen mit kirchlicher und gesellschaftlicher Wirklichkeit vergleichen.
  6. Die Wechselbeziehung von normativer Setzung der Ursprungsdokumente und Auslegung dieser Dokumente in der Entwicklung des Christentums erkennen.
  7. Das Problem der Wahrheit in theologischen Aussagen erkennen und reflektieren.«

Die hier nicht zitierte dritte und vierte Intention verweisen die Relevanzprüfung in die Themenbereiche III und IV des rheinland-pfälzischen Lehrplans. Sie sind daher im strengen Sinn keine methodischen Ziele. Bleibt zu überlegen, ob ein besonderer phänomenologischer Zugriff auf die Gegenstandsbereiche Religion und Kirche den Unterricht der Oberstufe eröffnen sollte, wie es die erste Themengruppe des rheinland-pfälzischen Plans und die ersten beiden Zielkomplexe des schleswig-holsteinischen Plans vorschlagen, und in welcher Weise die methodische Zielperspektive zu realisieren ist.

Die Begründung für einen gesonderten phänomenologischen Einsatz würde einleuchten, wenn hier dem Schüler unbekannte und emotional weder positiv noch negativ besetzte Gegenstände zur Behandlung anstehen würden. Erste Beziehungen im Bewußtsein der Schüler anzubahnen und Neugierde zu wecken, wäre dann ein sinnvoller Weg. Die genannten Erscheinungsformen des Christentums (Kirche, Konfessionen und ihre Auswirkungen) und der Religionen (Religiöses im Alltag, nicht-christliche Religionen) haben aber einen genauer bestimmbaren Stellenwert in den Selbst- und Gesellschaftsbildern der Jugendlichen. Sie sind besetzt mit Sympathien oder Antipathien, gelten als Beispiele für Fortschritt oder Rückständigkeit, sind in der politisch-gesellschaftlichen Umwelt umstritten. Auch der Religionsunterricht der vorangehenden Schuljahre hat einen Beitrag zu diesen Bewertungen geleistet. Selbst Schüler, die aus eigener Erfahrung wenig Kenntnisse haben, sind kaum neutral distanziert. Entweder sie mißtrauen den religiösen Erscheinungen, erwarten Störungen ihres Lebensstils, vermuten Vereinnahmungstendenzen, oder sie fühlen sich angezogen – meist ohne zu wissen, warum. Diese Situation wird einen distanzierten phänomenologischen Zugriff im Unterricht erschweren. Die Thematisierung von »Religion« im Rahmen der individuellen gesellschaftlichen Strukturen dürfte der psychologischen Situation besser entsprechen.[594]

Wie kann schließlich ein Lehrer, dessen Lehrplan eine theologisch-inhaltliche Fachsystematik vorgibt, wie das in der Mehrheit der Bundesländer der Fall ist, einem dogmatischen Objektivismus entgehen und eine erfahrungsbezogene Erarbeitung von Glaube und Weltanschauung erreichen? Zunächst ist an die Feststellung zu erinnern, daß auch innerhalb jeder dogmatischen Systematik Auswahlentscheidungen über konkrete Inhalte und theologische Konzeptionen anstehen. Eine vollständige oder auch nur repräsentative Darstellung der gegenwärtig diskutierten Konzeptionen und Gesichtspunkte ist ausgeschlossen, von der historischen Dimension ganz zu schweigen. Der verantwortliche Lehrer wird sich auch nicht einfach nach seinen theologischen Vorlieben oder nach denen von Lehrplan- und Lernmittelautoren richten wollen. Er hat sich also immer wieder selbstkritisch zu fragen, ob dieser oder jener Inhalt den (christologischen) Kern des christlichen Glaubens in eine relevante Beziehung zur Lebensproblematik Jugendlicher bringt, d.h. in eine Beziehung, in der dieser Kern seine befreiende Wirkung als Evangelium entfalten kann. Das fachwissenschaftliche Strukturschema enthält dann die Funktion eines sekundären Reflexionsrasters, mit Hilfe dessen man überprüfen kann, ob die verschiedenen inhaltlichen Dimensionen des Glaubens mit etwa dem Gewicht zur Sprache kommen, das ihnen in der theologischen Arbeit der Gegenwart zukommt. Stellt der Lehrer fest, daß er erheblich anders gewichtet, indem er etwa der anthropologisch-ethischen Dimension die meiste Unterrichtszeit widmet, während die Gottesfrage oder das Verhältnis zu Wissenschaft und Weltanschauung nicht vorkommen, sollte er erwägen, ob ihm eine solche Gewichtung von der Situation der Schüler tatsächlich aufgenötigt wird oder nicht vielmehr seinen momentanen persönlichen Prämissen entspricht. Im folgenden ist die Verpflichtung zur Orientierung an den Inhaltsbereichen theologischer Wissenschaft in der skizzierten Weise realisiert. Die theologisch-inhaltlichen und disziplinbezogenen Systematiken dienen der Überprüfung, ob die verschiedenen Inhaltskomplexe des Glaubens angemessen zur Sprache kommen. Die Einbindung in die Lebensproblematik der Schüler hat diesem Kriterium gegenüber aber Priorität. Zur Überprüfung der Legitimität von Glaubens- und Erfahrungsaussagen ist der Wissenschaftsbezug unabdingbar. Die erfahrungsbezogene Reflexion des Glaubens im Religionsunterricht ist im Kontext wissenschaftlicher Kommunikation zu verantworten.

3. Der Unterricht in der Einführungsphase (Klasse 11)

Organisatorisch ist zwischen dem normalen zwei- bis dreistündigen Unterricht (Normalunterricht) und den Leistungsvorkursen (Orientierungskursen) zu unterscheiden. Letztere können als Zusatzkurse von ebenfalls zwei bis drei Stunden oder als integrierende Elemente eines erweiterten Normalunterrichts (vier bis fünf Stunden) angeboten werden. Die folgenden Vorschläge gehen von einer Trennung zwischen Normalunterricht und Orientierungskursen aus, weil die Kombination der getrennten Teile leicht fällt und weil Orientierungskurse in beiden Formen erfahrungsgemäß nur ganz selten eingerichtet werden können.
Der Unterricht in der Einführungsphase soll die Schüler in die Lage versetzen, bei den Kurswahlen in der folgenden Qualifikationsphase inhaltliche Kriterien zu berücksichtigen, d.h. ihre möglichen Interessen und Fragen in den angebotenen Inhalten wiederzufinden und deren Stellenwert im Religionsunterricht vorläufig einzuschätzen.[595] Daraus folgt für die Unterrichtsplanung die Aufgabe, die wichtigsten Fragestellungen und Inhaltskomplexe, die sich aus den vier Zielperspektiven für den Oberstufenunterricht ergeben, exemplarisch zu erschließen. Im Unterschied zum Religionsunterricht in der Mittelstufe, in dem es nach dem hier dargelegten Konzept um ein entwicklungs- und handlungsbezogenes Verständnis zentraler präsentativer Glaubenssymbolik geht, arbeitet

der Oberstufenunterricht die Glaubensdimension und ihre Symbolik mit theologischen Konzepten und Denkmodellen auf. Dem 11. Schuljahr fällt hierbei die besondere Aufgabe der Einführung in theoretische Fragen und in die Problematik einer angemessenen Begriffs- und Modellbildung zu. Eine theoretische Haltung gegenüber den eigenen Lebens- und Glaubensproblemen muß jetzt gewonnen werden. Der Unterricht erfüllt seine Aufgabe, wenn er hilft, die grundlegenden Fragen jeder Zielperspektive theoretisch-begrifflich zu formulieren und damit verknüpfbare religiöse Symbole begrifflich zu erarbeiten. Eine systematische Erschließung der Perspektiven, Begriffe und Methoden bleibt der Qualifikationsphase vorbehalten.

Das theoretisch-kognitive Schwergewicht des Oberstufenunterrichts ist nicht nur durch die wissenschaftspropädeutische Aufgabe bedingt. Es entspricht auch den kognitiven Möglichkeiten und dem sozial-emotionalen Entwicklungsstand. Der jugendliche Ablöseprozeß hat in der Regel zu einer neuen emotionalen Selbständigkeit geführt. Ein eigener Lebensstil, eigenständiges Auftreten, eine relativ unabhängige Beziehungsgestaltung innerhalb der Altersgruppe und zu Erwachsenen werden von der Umwelt erwartet und vom einzelnen gegenüber Widerständen auch meist eingefordert. Die gewachsene Selbständigkeit begünstigt eine Vervielfältigung der Kontakte, wodurch es auch leichter zu Begegnungen mit anders gearteten Vorstellungen und Denkweisen kommt. Die Wahrnehmung und Bewältigung von Pluralität im Denken und Handeln, u.a. in moralischen und religiösen Fragen, erfordert Unterscheidungskriterien, die für die Konstruktion eigener Lebens- und Sinnentwürfe brauchbar sind. Damit differenziert sich die schon erworbene Fähigkeit formal-operatorischen Denkens. Es gilt, Dialektik und Ambivalenz zu verarbeiten; die eigene nur global formulierte »Welt- und Lebensanschauung« muß differenzierter ausgearbeitet und kommunikativ vertreten werden – vorausgesetzt der Jugendliche findet auch in der Schule herausfordernde Gesprächspartner. Langsam wird der konstruktive Charakter von Denk- und Überzeugungssystemen erfaßt, was zu einer relativistischen Krise führen, aber auch Fragen nach übergeordneten Prinzipien, Werten und Sinnsetzungen wecken kann. Aus der Erfahrung der Legitimationsbedürftigkeit von Denksystemen ergibt sich die Einsicht in die Relativität, d.h. in die Verweisfunktion von Symbolen und Symbolsystemen. Symbol und Symbolisiertes treten auseinander. Der Wahrheitsgehalt von Grundüberzeugungen droht ohne theoretische Anstrengungen verloren zu gehen. Die gesellschaftliche Umwelt insinuiert weithin einen Verzicht auf sinnorientierte Gedankenarbeit. Die Jugendlichen können sich leicht pragmatisch an herrschenden Lebensentwürfen und den damit verbundenen Genußprivilegien orientieren und Deutungs- oder Wertfragen auf sich beruhen lassen. Oft ist allein die Schule der Ort, an dem die theoretische Anstrengung gefordert wird. Daher sind nicht alle Schüler geneigt, sich auf die schwierige theoretische Arbeit einzulassen – besonders bei Inhalten, die nicht mit sozialen Gratifikationen verbunden sind. Die Möglichkeit, in Religion das Abitur abzulegen, stützt jedoch die Bereitschaft zu einer ernsthaften Auseinandersetzung.

3.1 Der Normalunterricht in der Einführungsphase

Eine theoretisch-begriffliche Einführung in jede der vier Zielperspektiven ist demzufolge die Aufgabe des 11. Schuljahres. Ein solches Vorgehen läßt sich am besten in der Form einer begrifflich ausgearbeiteten Rahmenstruktur darstellen, wie sie mit dem oberstufenspezifischen Begriff eines Kursstrukturplans gemeint sein dürfte. Die vier notwendigen Rahmenstrukturen sollten von der Annahme einer Gleichwertigkeit der Zielperspektiven und damit von etwa gleicher Unterrichtszeit ausgehen. Ca. 18 Unterrichtsstunden pro Zielperspektive sind als Recheneinheit vorauszusetzen.[596] Die vier Rahmenstrukturen hintereinander geben eine mögliche Abfolge für das ganze Schuljahr an, die – den vordringlichen Fragen der jugendlichen Lebensproblematik entsprechend – von Fragen der

Selbstdefinition über Umwelt- und Deutungsprobleme zu einigen Methoden theologischer Interpretation und Urteilsbildung führt. Eine derartige Planungsvorgabe ist allerdings nicht für alle Unterrichtssituationen geeignet. Es müssen auch variable Inhalte für kürzere Unterrichtszeiträume zur Verfügung stehen, damit die Schüler wählen können und Absprachen möglich sind. Außerdem sollte ein angefangenes Rahmenthema zu unterbrechen sein, wenn aus der Erarbeitung von Teilgebieten ein Wunsch zur Erweiterung oder zur Beschäftigung mit Aspekten anderer Rahmenthemen erwächst. Deshalb sind die folgenden Übersichten als Baukästen zu verstehen, deren einzelne Bausteine u. U. sinnvoll in andere Zusammenhänge einzuordnen sind. Die einzelnen thematischen Bausteine sind mit verschiedenen inhaltlichen Vorschlägen zur Auswahl und mit didaktischen Hinweisen versehen, die helfen sollen, die unterrichtlichen Intentionen umzusetzen.

1. Rahmenthema: Verlieren, loslassen, gewinnen – Sinn im Lebenslauf und Lebensalltag[597]

Intentionen: Gelebten oder zerbrochenen Lebenssinn an Lebensläufen oder Lebensentwürfen identifizieren und auf lebensgeschichtliche Voraussetzungen befragen; Lebenskrisen als Sinnkrisen verstehen lernen; die Tragfähigkeit gängiger Sinnsetzungen überprüfen; Beispiele religiösen Lebenssinns kennen und Folgen für die Lebensführung bedenken.

Thematische Bausteine	Inhaltliche Vorschläge (zur Wahl)	Didaktische Hinweise
Leben als Erwachsener – Karrieren und Bilanzen	Typische Lebensläufe in einer Leistungsgesellschaft; Symbole realisierten Lebenssinns; Alte blicken zurück: Was ich wollte, was daraus wurde; Aussteiger und Neuanfänger; Sinnersatz im Alltag: Risiko, Abenteuer, Ausflippen.	Viele wollen nicht erwachsen werden, andere orientieren sich fraglos an Erwachsenenkarrieren. Diffuse Ängste und Hoffnungen können begründet werden, wenn die alltäglich realisierten Sinnsetzungen auf den Begriff gebracht und in Lebenszusammenhängen geortet sind.
Sinnvermittlung durch Erziehung	Erziehungsziele und Lebensformen verschiedener Familien und Zeiten; Wertneutrale Erziehung? Typen religiöser und weltanschaulicher Erziehung, Formen und Möglichkeiten christlicher Erziehung heute – Ziele und Folgen	Gelebter Lebenssinn ist Produkt von Umwelt und Erziehung. Jugendliche können sich hier mit der eigenen Erziehung auseinandersetzen und zum vermittelten Lebenssinn Stellung beziehen.
In Beziehungen leben	Lebenssinn in Freundschaften, Liebesbeziehungen; Arbeit in engagierten Gruppen, Kampf gegen Mißstände und Leiden – Motive und Ziele; Sinnerfüllung bei Mißerfolgen? Wandel und Krisen als Lebenschancen	Verschiedene Möglichkeiten der Sinnerfüllung durch gewählte oder übernommene Verbindlichkeiten sollten auf ihren Ertrag (auch bei Scheitern) und ihre Tragfähigkeit überprüft werden. Wichtig ist die Einsicht, daß Verlusterfahrungen (loslassenlernen) Bedingungen für Weiterentwicklung sind.
Leben mit Grenzen und Leiden	Leben mit physischen, psychischen oder sozialen Behinderungen; Glück, Erfüllung, Leid und Resignation – Voraussetzungen, Bedingungen, Hilfen.	Am Leben von Behinderten oder von Arbeitslosen können die Dimensionen von Sinnerfahrungen an Grenzen verständlich und über hilfreiches Verhalten nachgedacht werden.

Thematische Bausteine	Inhaltliche Vorschläge (zur Wahl)	Didaktische Hinweise
Dem Tod begegnen	Wege zum Sterben: Menschen gehen auf ihren Tod zu – Verdrängung, Prozesse des Akzeptierens – Bedingungen und Hilfe; Glaube und Sterben; Der schöne, schnelle, der böse, langsame Tod; Lebenssinn und Todessinn.	Die Auseinandersetzung mit Tod und Lebenssinn kann auch unter geschichtlicher Perspektive angegangen werden, z.B. Mysterienspiel »Jedermann«. Dabei wird die Geschichtlichkeit der modernen Sinnfrage deutlich.
Gott begegnen – religiöse Sinnerfahrung	Wer sein Leben verliert um meinetwillen – Sinn durch Hingabe für andere (christlich); Überwindung des Begehrens und Leidens (Buddhismus); Bedingungslose Hingabe und Unterwerfung unter den göttlichen Willen (Islam); Geschenktes Leben und Annahme des Lebensmaßes.	Die christlichen Sinndefinitionen sollten auf besprochene Sinnrealisierungen zurückbezogen, d.h. befragt werden, was sie hinsichtlich der angesprochenen Lebensprobleme und Möglichkeiten bewirken. Die anderen religiösen Sinnsetzungen sind hier zum Vergleich herangezogen.

Die Identitätsproblematik, die im Zentrum der ersten Zielperspektive steht, stellt sich für den Jugendlichen in der Spannung zwischen realisiertem und gelerntem, erwartetem und noch möglichem Lebenssinn. Dabei ist nicht mit einem konsistenten Sinnentwurf für alle Lebenszusammenhänge zu rechnen. Manche meinen zwar, sich nach einem einheitlichen Lebensentwurf zu richten, verschleiern aber vor sich selbst oft die bereichs- und situationsspezifischen Inkonsistenzen. Die hier vorgelegte Rahmenstruktur geht von dem generellen jugendlichen Orientierungsproblem aus, veranlaßt zu einer Bedingungsreflexion und soll die Sinnproblematik angesichts der relevanten Lebensprobleme entfalten. Wenn – wie oben – die Gottesfrage erst am Schluß ins Spiel kommt, kann die Absicht leitend sein, nicht zu früh zu einer Nivellierung der vielfältigen Sinnproblematik durch die Anwendung eines alles integrierenden symbolischen Faktors beizutragen. Wegen der noch relativ schmalen Lebenserfahrung neigen Jugendliche zu einseitiger Integration negativer Phänomene mit Hilfe eines ideologischen Musters, wobei sich auch der Gottesglaube gelegentlich als nützlich erweist; manchmal muß er auch einem anderen Muster weichen, das die Brüche im Leben leichter zu bewältigen verspricht. Ist die Gefahr solcher Einschränkung der Erfahrungsmöglichkeiten nicht zu fürchten, kann eine Umstellung des Aufbaus – also der Einsatz mit Gottesbegegnungen – von Anfang an eine kritisch-theologische Perspektive zur Wirkung bringen. Gottesbegegnungen relativieren ja nicht einfach menschliche Sinnsetzungen, sondern sie verändern die Sinnfrage. Befreit von der Nötigung, letzten Sinn zu definieren, kann der Glaubende seine Endlichkeit akzeptieren und sich auf die Möglichkeiten und Probleme seines Alltags liebevoll einlassen.

2. Rahmenthema: Selig sind, die Frieden schaffen – In Konflikten um Macht, Recht und Lebensmöglichkeiten

Intentionen: Substantielle Friedensimpulse der Ethik Jesu mit Hilfe von Ausschnitten aus der Bergpredigt formulieren und exemplarisch auf die modernen lebensbedrohenden Konflikte (Kriegsgefahr, Nord-Süd-Konflikt, Umweltzerstörung) beziehen; strukturbedingte Schwierigkeiten der Friedensarbeit in diesen Bereichen ermitteln und analysieren sowie Initiativen zur Abhilfe erörtern.

Thematische Bausteine	Inhaltliche Vorschläge (zur Wahl)	Didaktische Hinweise
Was Frieden stiftet – Substantielle Friedensimpulse der Bergpredigt	Das Friedensethos Jesu, z.B. Seligpreisungen: Armut, Trauer, Gewaltlosigkeit, Gerechtigkeit,	Der erste Baustein ist von der Intention her verbindlich, die folgenden zur Auswahl. Das Ethos

Thematische Bausteine	Inhaltliche Vorschläge (zur Wahl)	Didaktische Hinweise
	Barmherzigkeit; Antithesen: Negation des Hasses, Versöhnung, Beziehungstreue, Wahrhaftigkeit, Gewaltverzicht, Feindesliebe; Leben aus Gottes Hand (Sorget nicht!); Die goldene Regel im Sinn der Wahrnehmung von Bedürftigkeit; Reich Gottes als Erweis der Fürsorge und Solidarität Gottes: Die Bitten des Vaterunsers.	Jesus[598] kann auch in anderen Texten (z.B. Gleichnissen) ermittelt werden. Es empfiehlt sich, Textzusammenhänge zu wählen, die auch im methodischen Teil (4. Rahmenthema) herangezogen werden. Gegebenenfalls ist eine Kombination sinnvoll. Didaktisch vorrangig ist hier die Frage, inwiefern die Weisungen Jesu Frieden bewirken (z.B. Trauer als Fähigkeit zum Leiden und Mitleiden).
Abschreckung oder Gewaltverzicht – Frieden sichern und/ oder Frieden schaffen	Theorie und Praxis der Friedenssicherung – Abschreckung mit globaler Vernichtung; Gewaltverzicht im christlichen Pazifismus (Mennoniten, Quäker, ohne Rüstung leben); Gewaltverzicht als Ziel oder als Weg? Armut, Trauer, Gerechtigkeit und Versöhnung als Wege zum Frieden? Machtinteressen und Ängste als politische Motive.	Ausgangspunkt kann eine Diskussion über Wehrdienst oder Ersatzdienst sein. Bei der weiteren Bearbeitung ist der Hinweis wichtig, daß Gewaltverzicht kein isoliertes Friedensmotiv ist, sondern – wie die Friedenskirchen zeigen – mit einer Praxis gemeinsamen Lebens verbunden sein muß, in der die anderen sittlichen Impulse Jesu als friedenschaffende und – erhaltende Motive wirksam sind.
Weltweite Gerechtigkeit – Friede als soziale Ordnung	Die sich öffnende Schere zwischen reich und arm, Fortbestehen kolonialer Strukturen, Schäden des Kolonialismus, internationale Abhängigkeit; Die Folgen profitorientierter Entwicklungshilfe; Armut, Barmherzigkeit und goldene Regel als Friedensimpulse: Wahrnehmung der Bedürftigkeit, Aufbau bedürfnisorientierter Wirtschaftssysteme, fördernde Marktordnungen.	Gerechtigkeit erhält nicht nur den äußeren Frieden, weil sie Konflikte beseitigt, sie ist konstitutives Element des von Jesus und dem AT gemeinten Friedens, der die lebensfreundliche Realität der Herrschaft Gottes bezeichnet. Das Beispiel des Kolonialismus lehrt, daß äußerlich friedliche, unterdrückende Verhältnisse nie als Frieden im Sinne Jesu zu bezeichnen sind.
Leben mit oder gegen die Natur – Friede als Versöhnungsarbeit	Traditionelle Konzepte des Natur-Menschverhältnisses: Kampf und Ausbeutung; Gewaltverzicht und »Sorget nicht« als Einweisung in ein »mitkreatürliches Leben«; Persönliche und politische Konsequenzen.	Die Übertragung des Friedensbegriffs auf das Mensch-Umweltverhältnis ist für Schüler ungewöhnlich. Eine historische Erarbeitung des traditionellen »Kampfkonzepts« kann die Radikalität des heute notwendigen Wandels verdeutlichen. Die relative Ohnmacht der Menschen früherer Zeiten macht das Kampfkonzept verständlich, ohne es zu legitimieren. Bereits im AT findet sich ein gänzlich anderes Naturverständnis.

Von den beiden für diese Zielperspektive ausschlaggebenden Wertbegriffen – Friede und Gerechtigkeit – ist der erstere gewählt, weil Friede in der biblischen Tradition Gerech tigkeit einschließt und auch das Naturverhältnis bezeichnen kann (Kol 1,15-20). Friede als substantieller Begriff erhält seine ethische Konkretion in der Reich-Gottes-Verkündigung Jesu, wie sie in der Bergpredigt zusammengefaßt ist. Deshalb wird die Bergpredigt hier als Summe der Friedensbotschaft und der im weitesten Sinn ethischen Weltinterpretation Jesu eingeführt. Die zentrale Stellung des Vaterunsers rechtfertigt die Einbeziehung der für das Ethos Jesu konstitutiven Weltdeutung und Glaubenspraxis. Für den Schüler wird so die eschatologische Dimension des Lebensvollzugs Jesu erkennbar. Die Beziehung der Bergpredigt auf die politisch-sozialen Strukturprobleme ist durch die universale Bedeutung des Reich-Gottes-Begriffs und die ganzheitliche Lebenspraxis Jesu legitimiert. Jesus hat nicht zwischen individuellen und politisch-sozialen Bereichen unterschieden, sondern im öffentlichen Rahmen zeichenhaft gehandelt. Überlieferungsgeschichtliche Fragen zur Bergpredigt oder zu entsprechenden Überlieferungen kommen im 4. Rahmenthema zur Sprache, sollten aber bei Anfragen schon hier bearbeitet werden.

3. Rahmenthema: Wem oder was kann man glauben? – Erfahrung der Pluralität und Wahrheitsfrage[599]

Intentionen: Die Vielfalt religiöser und weltanschaulicher Wahrheitsansprüche wahrnehmen und nach ihrer Vereinbarkeit oder Unvereinbarkeit fragen; Funktionen religiöser Erfahrungen und weltanschaulicher Bindungen für Selbstdefinition und Lebensgestaltung erörtern; zwischen religiösen und areligiösen Überzeugungen und zwischen religiösen Orientierungen mit Hilfe zentraler Glaubensinhalte unterscheiden sowie über Möglichkeiten ihrer Bewahrheitung (= Bewährung) nachdenken.

Thematische Bausteine	Inhaltliche Vorschläge (zur Wahl)	Didaktische Hinweise
Religiös-weltanschauliche Pluralität in der Schulklasse, am Wohnort, in der Bundesrepublik	Typische Überzeugungsformen: liberaler bzw. atheistischer Humanismus, konfessionelle Unterschiede im Christentum, unterschiedliche Ausprägungen von »Frömmigkeit« innerhalb der Kirchen, Islamangehörige, weltanschauliche Unsicherheit oder Desinteresse, marxistisch-sozialistische Einstellung usw.	Die Schüler kennen die verschiedenen Typisierungen meist nicht; daher beginnt man mit Übersichten, bezogen auf die Gesamtbevölkerung oder auf eine Stadt, bevor sich die Schüler (vorläufig) selber einordnen sollten.[600] Verschiedene Positionen werden exemplarisch erläutert.
Religiös oder atheistisch? – Unterschiede und Gemeinsamkeiten[601]	Transzendenzbezug als Unterscheidungsmerkmal; Verschiedene Vorstellungen von der Transzendenz, z.B. personale Gottesvorstellungen, ontologischer Gottesbegriff, Gott als Macht, Liebe, Tiefe des Seins usw.; Ablehnung transzendenter Vorstellungen. Mögliche Gemeinsamkeiten: Liebe, Erkenntnis, Mitleid, soziale Gerechtigkeit, Selbstbestimmung, neues Bewußtsein, Naturnähe, neue Sensibilität.	Die Schüler können unterschiedliche Lebensformen, Haltungen und Einstellungen zur Welt im ganzen und zum alltäglichen Handeln mit verschiedenen religiösen und areligiösen Anschauungen in Verbindung setzen. Unter den Stichworten Kontemplation und Engagement finden sich Gemeinsamkeiten zwischen verschiedenen religiösen und areligiösen Überzeugungen.
Segen oder Fluch? – Was religiöse Erfahrungen bewirken[602]	Geborgenheit und Engagement in einer Gruppe (z.B. neue religiöse Bewegungen, kirchliche Gruppen), Ganzheitserfahrungen (Kontemplation, Meditation), Trost in hoff-	Alle »Wirkungen« sollten von verschiedenen Kriterien her anschaulich zur Darstellung kommen. Ziel ist nicht nur die Einsicht in die Ambivalenz, sondern ein erster

Thematische Bausteine	Inhaltliche Vorschläge (zur Wahl)	Didaktische Hinweise
	nungsloser Lage (biographische Beispiele), Protest gegen unmenschliche Verhältnisse (z.B. Gandhi, christlich motivierte Freiheitsbewegungen); Ambivalenz der Wirkungen.	Eindruck von der Relativität der Beurteilungskriterien. Was in einer Hinsicht positiv scheint, ist für andere negativ. Wir sind selbst von gelernten Kriterien abhängig.
Liebe/Leiden, gehorsame Hingabe, Versenkung – Bewahrheiten durch Bewähren	Leiden, Sterben und Auferstehung als Zeichen voraussetzungsloser Liebe (Christentum); Hingabe an den Willen Allahs, Erfüllung der Grundgebote und Rechtsordnung (Islam); Versenkung/Abkehr von der Welt (Hinduismus); Die Ringparabel aus Lessings »Nathan der Weise« – wie kann die Wahrheit zutage kommen?	Man kann die verschiedenen Einstellungen auch optisch vermitteln, z.B. Bilder vom »leidenden Gerechten«, Gebetshaltung (Islam) und Darstellungen hinduistischer Meditation. Die Ringparabel nennt nicht den Hinduismus, die Schüler verallgemeinern aber ihre Aussage. Je nach Interessen und Kenntnissen sind auch andere religiöse und areligiöse Überzeugungen mit dem Christentum vergleichbar. Dann müßte der Titel des Bausteins geändert werden. Ziel ist eine Diskussion, die zeigt, daß weltanschauliche Wahrheitsfragen nicht durch Objektivierung einer Entscheidung zugeführt werden können, sondern einer existenzieller Bewährung unterliegen.

In der Lerngruppe ist in der Regel ein breites Überzeugungsspektrum repräsentiert (s. Anm. 600), wenngleich viele Schüler sich noch nicht definitiv festlegen wollen. Die extremen Gruppen neigen gelegentlich zu abwertender Kritik an ihrem Gegenüber. Ein Unterricht, der die Vielfalt möglicher Einstellungen vor Augen führt und deren relatives Recht verdeutlicht, kann zur Selbstklärung beitragen sowie Fixierungen und Etikettierungen abbauen helfen. Zugleich wirkt die bewußte Wahrnehmung der Pluralität auch verunsichernd – ein notwendiger Prozeß, wenn man das Ziel verfolgt, übernommene Überzeugungen in reflektiert akzeptierte zu überführen. Die neue Suche nach religiöser Sinnerfahrung oder nach unmittelbarem Sinnerleben auf dem Hintergrund pessimistischer Erwartungen zur persönlichen und gesellschaftlichen Zukunft ist einigen verdächtig, anderen erscheint sie als Weg zur Lebenserfüllung. Mit dem Aufzeigen der positiven Möglichkeiten und der Gefahren dürfte eine rücksichtsvolle Form der Begleitung und Korrektur angesichts tiefsitzender Vorurteile und Erwartungen gefunden sein. Die Thematisierung der Wahrheitsfrage an inhaltlichen Unterschieden in der Lebensinterpretation großer Religionen kann schließlich der Vermittlung von partikularen Eindrücken und Erfahrungen mit allgemein bedeutsamen Sinnorientierungen dienen.

4. Rahmenthema: Durchleuchten, unterscheiden, Stellung nehmen – Einführung in die wichtigsten Methoden der Bibelauslegung

Intentionen: Aus einem Textzusammenhang der synoptischen Evangelien das Vorgehen historisch-kritischer Bibelauslegung – vom übersetzten Text bis zum gesprochenen Wort – mit Hilfe der klassischen Methoden nachvollziehen und die Frage nach der heutigen Bedeutung des Textes erörtern; die Hypothesen über die Entstehung der synoptischen Evangelien kennen und den Aufbau der ersten drei Evangelien skizzieren.

Thematische Bausteine	Inhaltliche Vorschläge (zur Wahl)	Didaktische Hinweise
Wer hat recht? – Übersetzungen und Urtext	Vergleich unterschiedlicher Übersetzungen, z.B. der Seligpreisungen (Mt 5,3–12) – Absichten der Übersetzer/Verständnismöglichkeiten des Urtextes; Verschiedene Lesarten des Urtextes – die ältesten Textzeugen – Verfahren der Rekonstruktion des Urtextes	Entsprechend der Textvorgabe des zweiten Rahmenthemas ist die Bergpredigt als Textzusammenhang vorgeschlagen. Werden andere Texte gewählt, so ist die Möglichkeit eines synoptischen Vergleichs im Auge zu behalten. Probleme der Übersetzung und der Rekonstruktion des Urtextes sind hier zusammengefaßt.
Was hat Jesus wirklich gesagt? Unterschiedliche Überlieferungen in den Evangelien (Literarkritik)	Seligpreisungen und Antithesen mit Parallelen aus dem Lukasevangelium (Mt 5,38 ff. / Lk 6,29 ff.); Literarkritische Analyse der Textzusammenhänge – Absichten der Evangelisten mit Bergpredigt und Feldrede	Die im Vergleich erhobenen inhaltlichen Unterschiede lassen die Frage nach einem ursprünglichen Wortlaut wach werden. Sie läßt sich unmittelbar nicht beantworten. Erst nach Einsicht in die Textzusammenhänge können die besonderen »Interessen« der Evangelisten Zusätze und Auslassungen erklären.
Aus der Werkstatt der Evangelisten – Quellen und Aufbau der Evangelien	Ausgangspunkt: Textvergleich aus den drei synoptischen Evangelien, z.B. Mt 5,15 f / Lk 8,16 f / Mk 4,21 f.; Abweichungen wegen Textzusammenhang; Begriff Synoptiker, Darstellung des parallelen Aufbaus der Evangelien; Zwei Quellen und Sondergut; Zeit und Intentionen der Evangelisten – Hypothesen über die Adressaten.	In diesem Baustein wird die literarkritische Analyse auf die Synoptiker insgesamt ausgedehnt. Ausgangspunkt ist ein Bergpredigttext, dessen synoptische Parallelen in anderen Zusammenhängen stehen. Daher ist nach der kompositorischen Arbeit der Evangelisten zu fragen. Ihre Beziehung auf bestimmte Adressatengruppen und unterschiedliche Zeiten macht den Abstand zur Ursprungssituation in der Zeit Jesu deutlich.
Wege zum Ursprung – Erschließung mündlicher Überlieferung	Überlieferungsträger: Apostel, Propheten, Lehrer, Gemeindegruppen – die Frage der formgeschichtlichen Methode; Ermittlung der religiösen Situation – die Frage der religionsgeschichtlichen Methode; Ermittlung der sozialen Situation – die Frage der sozialgeschichtlichen Methode; Kriterien für echte Jesusüberlieferung: Unsicherheit bei formalen Kriterien, z.B. Abba, Ich aber sage euch; Kombination von zwei Sachkriterien: Einmaligkeit bzw. Kontingenz = aus Umwelt und späterer Zeit nicht erklärbar, Konsequenz = passend zur Gesamtintention Jesu.	Dieser Baustein kann nur exemplarisch die Vielfalt möglicher Zugangsweisen aufzeigen und damit auf die Ergänzungsbedürftigkeit jeder Methode aufmerksam machen. Vollständigkeit der Methoden ist nicht beabsichtigt. Die Frage nach Kriterien echter Jesusworte führt auf formale Elemente (Abba, Gleichnisse, Stilform), deren sich aber auch nichtchristliche Propheten bedient haben, und auf Sachkriterien, die sich mit G. Theissen auf die beiden genannten reduzieren lassen.[603]

Unter den Methoden der Theologie haben die biblischen Auslegungsmethoden eine zentrale Stellung, da sie die normative Grundlage theologischen Arbeitens erschließen. Da die Jesusüberlieferung im Zentrum des biblischen Kanons steht, wird hier auch am schärfsten um die Angemessenheit und richtige Anwendung der Methoden gestritten. Das Rahmenthema soll nur in die wissenschaftlich unstrittigen Grundlagen biblischer Exegese einführen, um Geschichtlichkeit und Interpretationsbedürftigkeit der biblischen Überlieferung begreiflich zu machen. Einzelmethoden und Ergebnisse bleiben ausgeklammert. Der Kurs ist Grundlage für weitere biblische Methodenkurse und für die Probleme theologischer Urteilsbildung, die in der Qualifikationsphase unter allen Zielperspektiven zur Diskussion stehen. Die generell feststellbaren kognitiven und emotionalen Voraussetzungen der Schüler müßten das distanzierend-theoretisierende Vorgehen begünstigen. Die Schüler erhalten die Möglichkeit, Kriterien für selbständige Urteilsbildung zu erarbeiten. Mit Schwierigkeiten bei Schülern aus entschieden fundamentalistischen Gruppen ist zu rechnen. Allerdings sind auch diese Schüler meist zu historischer Arbeit bereit, wenn sie den Eindruck gewinnen, daß der Unterricht nicht auf die Zerstörung von Glaubensaussagen und Überlieferungsinhalten aus ist, sondern den Wahrheitsanspruch der biblischen Texte über die historische Bedingtheit hinaus zu ermitteln sucht.[604]

3.2 Orientierungskurse in Klasse 11 zur Vorbereitung von Leistungskursen

Die Orientierungskurse sollen auf die Arbeit in den späteren Leistungskursen vorbereiten und dabei insbesondere in Methoden selbständigen wissenschaftlichen Arbeitens einführen. Diese Aufgabenstellung nötigt zu einer intensiveren Beschäftigung mit Methoden der Interpretation von Überlieferung und Erfahrung, wenn das Ziel der Leistungskurse in der Fähigkeit bestehen soll, die religiöse Dimension von Überlieferung und Erfahrung mit Bezug auf theologische Kriterien zu interpretieren. Demzufolge geht es um eine Einführung in Methoden und Kriterien religiös-theologischer Urteilsbildung.
Religiöse bzw. theologische Urteile kombinieren immer mehrere Elemente. Sie deuten Gegebenheiten und Prozesse der Erfahrungswelt unter Berufung auf Personen, Traditionen, unmittelbare Erleuchtung bzw. Eingebung oder Weisheitslehren. Die Deutung muß bei der Bewältigung der Erfahrungswelt hilfreich sein, d.h. zu einem realisierbaren Verhalten motivieren. Die Deutungen bedürfen nicht unbedingt der Bestätigung durch Ereignisse oder Handlungsfolgen; sie können sich auch als Gegenwelten zu bestehenden negativ empfundenen Wirklichkeiten bewähren. Entscheidend für das religiös-theologische Denken ist die Beziehung der Wirklichkeit auf eine transzendente Realität, über deren Gestalt, Wirken und Verknüpfung mit der Erfahrungswelt Aussagen gemacht werden. Wo diese Aussagen auf unmittelbarer Eingebung oder Autorität beruhen, brauchen sie zusätzliche Legitimationen. Diese können an ein Amt – etwa das kirchliche Lehramt –, an kultische Vorgänge, ekstatische Erscheinungen, Berufungserlebnisse oder an die Auslegung der leitenden Traditionen gebunden sein. In der Regel treten verschiedene Elemente verbunden auf. Außerdem sind die Widerspruchsfreiheit menschlichen Denkens, also die Vereinbarkeit religiöser Deutungen und humanwissenschaftlicher Erkenntnisse sowie die Beziehung auf allgemein anerkannte humane bzw. moralische Bestrebungen zusätzliche Reflexionskriterien. Die Hochreligionen ordnen den Bezug auf die leitenden Überlieferungen bzw. Lehren und deren Interpretation im Horizont vernünftiger Erfahrungserkenntnis einer personalen oder kultischen Autorität vor, auch wenn eine Lehrautorität institutionalisiert ist.
Wollte man einem ganzheitlich-analytischen Verfahren folgen, müßte man den gesamten Komplex religiöser Urteilsbildung vorstellen und in seine Elemente zerlegen. Dem stehen nicht nur kognitive Schwierigkeiten der Schüler entgegen. Die Vielfalt und die Geschichtlichkeit der religiösen Systeme selbst verbietet ein solches Vorgehen. Es gibt kein

Exempel, das alle Elemente religiöser Urteilsbildungsprozesse in sich vereinigen würde. Im Rahmen jedes Systems dominieren bestimmte geschichtlich gewachsene Begründungs- und Reflexionsformen, so daß nur ein »elementenhaft-synthetisches Verfahren«, also ein induktives Vorgehen möglich ist.[605]

Die in unserem Kulturkreis dominierende Begründungsform religiöser Wahrheit ist die Auslegung der Überlieferung im Horizont von Erfahrung und Vernunft, also die hermeneutische Bemühung um die Ursprungsüberlieferung. Selbst die zur religiösen Lehre bestellten und durch ein Lehramt autorisierten Persönlichkeiten müssen ihre Aussagen an den Ursprungsüberlieferungen legitimieren. Eine sachgemäße Interpretation der Ursprungsüberlieferungen ist somit dem gesamten Oberstufenunterricht aufgegeben. Im Rahmen des christlichen Religionsunterrichts und angesichts der prägenden Wirkungen des Christentums in unserem Kulturkreis ist die hermeneutische Arbeit in erster Linie an der biblischen Überlieferung zu leisten. Biblische Hermeneutik ist ein wesentliches Moment der Leistungskurse. Deshalb sollen im 11. Schuljahr über einen Einblick in die biblische Überlieferungsgeschichte hinaus Grundformen biblischer Sprache verständlich werden.

Eine Auseinandersetzung mit der biblischen Überlieferung allein reicht für den Prozeß religiös-theologischer Urteilsbildung nicht aus. Glaube fordert zu überlieferungsbezogenen Deutungen der Erfahrungswelt heraus – ein Prozeß, an dem die Schüler selbst bei der Arbeit innerhalb der ersten drei Zielperspektiven beteiligt sind. Die religiöse Deutung der Erfahrungswelt ist eine eigenständige systematische Leistung, die komplexe Konstruktionsprozesse erforderlich macht. Die Rekonstruktion des ganzen Prozesses erfahrungsbezogener religiöser Hermeneutik würde die Schüler ebenso überfordern wie ein ganzheitlich analytisches Verfahren, zumal sie eine Auseinandersetzung mit einer Fülle humanwissenschaftlicher Sichtweisen einschließen müßte. Dennoch soll am verkleinerten Modell in den Prozeß theologischer Urteilsbildung eingeführt werden. Die sozialpsychologische Situation der älteren Jugendlichen legt nahe, zur Reflexion der religiösen Dimension von Prozessen zu veranlassen, die beim Aufbau der ersten eigenständigen Lebensstruktur und bei der Ausbildung eines persönlichen Lebensstils in kommunikativen Zusammenhängen zu bewältigen sind. Die Jugendlichen haben sich für bestimmte Verhaltensformen und Handlungsmuster zu entscheiden und sollten solche Entscheidungen begründen können. Daher erscheint es sinnvoll, aus dem Spektrum religiöser Daseinsinterpretation die handlungsbezogenen Prozesse sittlicher Urteilsbildung zu isolieren und mit den Schülern zu rekonstruieren. Der zweite Orientierungskurs wird demzufolge den handlungsbezogenen Prozessen sittlicher Urteilsbildung unter religiösen Aspekten gewidmet sein.

1. Rahmenthema: So kennen wir die Bibel nicht – Entdecken und erschließen biblischer Textzusammenhänge

Intentionen: Wichtige Textsorten der alt- und neutestamentlichen Überlieferungen unterscheiden und unter Anwendung verschiedener methodischer Zugänge interpretieren lernen; Die wichtigsten Inhaltskomplexe der Bibel grob charakterisieren und die Entstehungsgeschichte der Bibel skizzieren.[606]

Thematische Bausteine	Inhaltliche Vorschläge (zur Wahl)	Didaktische Hinweise
Wahrheit in alten Geschichten – Mythen, Sagen, Märchen in der Bibel	Beispiele aus der Urgeschichte (Gen 1–11), den Vätergeschichten (Gen 13–50) und der Mose-Josuatradition (Ex/Jos) erschlossen aus:	Erfahrungen, Ängste, Hoffnungen »hinter« den alten Geschichten werden hypothetisch ermittelt und die Tragfähigkeit der theologischen »Antworten« überprüft. Den Schü-

Thematische Bausteine	Inhaltliche Vorschläge (zur Wahl)	Didaktische Hinweise
	– historisch-kritischer Perspektive – psychologischer Perspektive – theologischer Perspektive	lern soll der unterschiedliche methodische Zugriff deutlich werden.
Gebote und Gesetze Gottes – Ursprung, Adressaten, Gültigkeit	Die Zehn Gebote in der Sinaitradition (Ex 20, 1–21 im Rahmen von Ex 19–20) – Offenbarung gegen menschlich geschichtliche Entstehung: – aus historisch-kritischer und sozialgeschichtlicher Perspektive – aus theologischer Perspektive? Vergleich mit Gesetzen der Umwelt – welchen Einfluß hat der Jahweglaube? Geschichtliche Wirkung und heutige Bedeutung.	Offenbarungsempfang als Verbildlichung des Glaubens an den fundamentalen und gottgewollten Inhalt der Gebote. Die Gebote gelten als hilfreiches Geschenk zum Segen des Volkes. Sozialgeschichtliche Analyse bringt die Bindung der Zehn Gebote an die frühe agrarisch-patriarchalische Gesellschaftsstruktur zum Vorschein. Behalten sie dennoch generelle Bedeutung?
Das Alte Testament – ein Jahrtausend gedeuteter Geschichte	Überblick über die Inhaltskomplexe: – Gen.–Josua – Richter/Samuel/Königs-/Chronikbücher – Psalmen/Lieder/Weisheit – Propheten Schematische Darstellung der Entstehungs- und Berichtszeiträume	Die Differenzierung des Überblicks richtet sich nach der Zeit. Sind die ersten beiden Bausteine behandelt, kann man von je einem typischen Beispiel aus den anderen Textkomplexen ausgehen und danach den Textbestand kurz charakterisieren. Den Schülern sollte dabei klar werden, daß fast alle Textzusammenhänge eine lange Geschichte hatten.
In Wundern und Gleichnissen	Wunder im AT; Wunder in der Antike; Jesu Wunder: Dämonenaustreibungen, Krankenheilungen, Nothilfe in Bedrängnis – sozialgeschichtliche und psychologische Analyse – therapeutische Leistung von Wundern Wunder als Gleichnisse des Reiches Gottes – Vergleich mit Gleichnissen Jesu.	Als Texte des Neuen Testaments sind zunächst die für die Schüler »schwierigen Brocken« gewählt. Sollten Wundergeschichten in Sek. I schon behandelt sein, bedeutet die sozialgeschichtliche und psychologisch-therapeutische Analyse eine wertvolle Vertiefung. Zum Vergleich mit Gleichnissen vgl. oben S. 171.
Das kann man doch nicht glauben/dem kann man glauben – Legendäres und Authentisches in der Biographie Jesu	Legendäre Elemente zum Leben Jesu – ihre Deutung: – Ankündigung der Geburt Jesu/ sog. Jungfrauengeburt – Die Engel und die Sterndeuter – Der Satan in der Wüste – Taufe und Verklärung – Begleitumstände des Todes Jesu – Auferstehung und Himmelfahrt.	Diese legendären Elemente der Jesusüberlieferung werden im RU meist umgangen. Schüler können mit ihnen oft nicht umgehen. Um einen positiven Zugang zu gewinnen, sollen die Schüler versuchen, einige der Geschichten ohne die legendären Elemente zu erzählen. Was geht verloren? Könnte man heute den verlorenen Bedeutungsgehalt anders formulieren?

Thematische Bausteine	Inhaltliche Vorschläge (zur Wahl)	Didaktische Hinweise
Das Neue Testament – Bericht aus Glauben mit dem Ziel der Befreiung zur Liebe (Evangelium)	Überblick über die Inhaltskomplexe: – Synoptiker/Apostelgeschichte – Johannes-Evangelium – Paulusbriefe und andere Briefe – Apokalypse Konkretisierung der Intention an Beispielen als Befreiung – von Ängsten und Nöten – von Unterdrückung – zur Liebe im konkreten Alltag – zur Hoffnung eines heilen Lebens.	Auch für die NT-Textkomplexe sollen einzelne charakteristische Texte im Sinn von paradigmatischen Fixpunkten Ausgangspunkt der Darstellung sein, die das Christuszeugnis als befreiende Botschaft in verschiedenen Dimensionen der Lebenserfahrung (Beziehungen zu anderen Menschen, zu gesellschaftlichen Verhältnissen, zu Vergangenheit und Zukunft) auslegt.

2. Rahmenthema: Wie soll ich mich verhalten, was soll gelten, wie kann ich Entscheidungen vertreten? – Sittliche Entscheidungsfindung und Urteilsbegründung

Intentionen: Ausgehend von Handlungsproblemen Jugendlicher Prozesse der Entscheidungsfindung analysieren; kriterienbezogenes und opportunistisches Verhalten unterscheiden; typische theologisch-ethische Begründungsmodelle kennenlernen, über ihre Anwendungsmöglichkeit nachdenken und sie in einem Prozeß sittlicher Urteilsbildung verorten.

Thematische Bausteine	Inhaltliche Vorschläge (zur Wahl)	Didaktische Hinweise
Umstrittene Fälle und alltägliche Lösungen	Entscheidungen junger Erwachsener, z.B. Wehrdienst/Zivildienst? Ehe/freie Partnerschaft? Abtreiben? Auszug aus dem Elternhaus? Darstellung und Sammlung alltäglicher Entscheidungsgründe; Unterscheidung zwischen opportunistischen (= was mir am wenigsten weh tut) und moralischen Gründen (= was für ein Mensch möchte ich vor mir und anderen sein).	Es wäre falsch, die Entscheidungssituationen isoliert moralisch (d.h. unter der Frage nach leitenden Normen) zu präsentieren. Jugendliche wissen, daß moralische Probleme durch Umdefinitionen zu Zwangslagen umgangen werden. Es bedarf daher einer leicht handhabbaren Unterscheidung zwischen opportunistischem und moralischem Verhalten wofür die subjektive Sicht ein einleuchtendes Kriterium abgibt.
Verbindliche Normen aus dem Glauben?	Entscheidung der behandelten Fälle nach (vermuteten) christlichen Normen – kontroverse christliche Begründungen; Schwierigkeiten biblizistischer Begründungen (z.B. Ehescheidung) und dogmatisch normativer Deduktion; Drei Formen theologischer Begründungen: (vgl. folg. Tabelle) – Ethik der Ordnungen – Ethik der Nächstenliebe – Ethik des Reichen Gottes	Wenn – oft polemisch – von Offenbarungsethik gesprochen wird, hat man entweder eine biblizistische Ethik oder eine Normendeduktion im Auge. Beide Modelle bedürfen zusätzlicher Annahmen, über die nicht reflektiert wird. Die drei theologischen Ansätze zeigen die Notwendigkeit einer »Prinzipienorientierung« und die Relevanz der Situationswahrnehmung (Konstruktion des sozialen Zusammenhangs).

Thematische Bausteine	Inhaltliche Vorschläge (zur Wahl)	Didaktische Hinweise
Lebenserfahrung – Glaubenserfahrung – sittliches Urteil	Verknüpfung der drei theologisch-ethischen Begründungsformen mit »Ursprungs-« bzw. Handlungssituationen: – Ethik der Ordnungen angesichts chaotisch erscheinender Umbrüche (z.B. Luther im Bauernkrieg, Ehegesetze in Esra 9,1–4, aber auch bei Zerstörung natürlicher Ordnungen), – Ethik der Nächstenliebe zwischen Freiheit und Rücksicht (z.B. Starke und Schwache bei Paulus, 1 Kor 8,1–13), – Ethik des Reiches Gottes als zeichenhafte Veränderung von Alltagsstrukturen (z.B. Gleichnisse Jesu).	Dieser Baustein soll das formale Modell aus dem letzten Baustein mit bestimmten Lebenserfahrungen füllen und damit das relative Recht aller drei Modelle aufzeigen. Schüler können so erkennen, daß die Anwendung von Kriterien auch von Lebenssituationen abhängig ist und keiner für sich absolute Wahrheit beanspruchen kann.
Sechs Schritte zur sittlichen Urteilsfindung[607]	1. Problemfeststellung 2. Situationsanalyse 3. Gängige Verhaltensalternativen 4. Prinzipien und Kriterienbestimmung 5. Konstruktiver Entwurf 6. Rückblickende Adäquanzkontrolle Durchspielen an den eingangs behandelten Fällen; Zuordnung des bisherigen Verfahrens	Das Prozeßschema sittlicher Urteilsfindung dient zur weiteren Differenzierung des bisher durchlaufenen Prozesses. Es wird dabei deutlich, daß die Schritte 5 und 6 noch nicht explizit durchgeführt wurden, weshalb nun 5 noch zu leisten ist, während 6 in der Anwendung des Prozeßschemas selbst besteht.

Tabelle siehe S. 228. ▶

»ETHIK DER ORDNUNGEN«	»ETHIK DER NÄCHSTENLIEBE«	»ETHIK DES REICHES GOTTES«
In Natur und Geschichte sind Ordnungsprinzipien erkennbar (Ehe, Familie usw.) Ordnungsprinzipien = Gottes Wille	Es gibt allgemeingültige ethische Grundprinzipien (Nächstenliebe)	Glaube hat eine politisch-gesellschaftliche Dimension Glaube = eschatologische Offenheit für Zukunft
1. Schritt: Gegebenheiten feststellen	1. Schritt: – kritische Überprüfung geltender Ordnungen, Normen, Institutionen	1. Schritt: – Analyse der politisch-gesellschaftlichen Gegebenheiten
2. Schritt: Gegebenheiten theologisch interpretieren	2. Schritt: – Orientierung am Grundprinzip Nächstenliebe	2. Schritt: – Analyse der theologisch-ethischen Zielvorstellungen
3. Schritt: Appell: »bewahren!«	3. Schritt: ethische Entscheidung der einzelnen in der Situation	3. Schritt: Anweisung: Änderung der Lebensstrukturen
»traditionsgeleitete oder konservative Ethik	»emanzipative Ethik« oder »Situationsethik«	»revolutionäre oder progresive Ethik

4. Der Unterricht in der Qualifikationsphase (12/13)

Der Unterricht in der Qualifikationsphase ist in Grund- oder Leistungskursen organisiert, die jeweils ein Schulhalbjahr dauern und mit 2–3 oder 4–5 Stunden ausgestattet sind. Leistungskurse ergänzen nicht die Grundkurse, sondern ersetzen sie, d.h. ihr inhaltliches Angebot umgreift das der Grundkurse und führt zugleich darüber hinaus. Es erscheint daher sinnvoll, in allen Rahmenplanungen einen Grundkursteil und einen Erweiterungsteil für Leistungskurse vorzusehen.
Die Länge der Kurse gibt die Chance, einzelne Aspekte oder inhaltliche Zusammenhänge gründlicher zu erarbeiten sowie an wissenschaftliche Theorien und Methoden heranzuführen. Dieser unstreitige Gewinn bringt es andererseits mit sich, daß das mit den Zielperspektiven angezeigte Spektrum auch in der gymnasialen Oberstufe nicht auszuschöpfen ist. Schüler und Lehrer müssen sich für einige Hauptprobleme entscheiden. Die Erfahrung eines bleibenden Defizits zerstört jedenfalls die Illusion, mit den religiösen und moralischen Fragen zu Ende gekommen zu sein, könnte also zu weiterer Beschäftigung motivieren. Damit die Wahl tatsächlich möglich ist – zumindest wenn mehrere Kollegen in der Oberstufe Angebote machen[609] – sind zu jeder Zielperspektive mehrere Kurse vorgeschlagen. Der einzelne Schüler kann insgesamt nur vier Kurse wählen. Daher ist es nützlich, beim Kursangebot die Zielperspektive anzugeben und den Schülern nahezu-

legen, möglichst alle vier Felder berücksichtigen.[610] Die Rahmenthemen sind in ihrer Formulierung weit gefaßt; alle weiteren Angaben dienen der Anregung; so bleibt es den Schülern und Lehrern überlassen, sich über die genauere inhaltliche Spezifizierung zu verständigen.

Man kann die Zuordnung umfangreicher thematischer Einheiten, mit ihren vielschichtigen Glaubensinhalten, Überlieferungs- und Erfahrungszusammenhängen zu jeweils einer Zielperspektive mit guten Gründen kritisieren. Bereits an der inhaltlichen Ausgestaltung der Zielperspektive in den unteren Schulstufen mit kürzeren »Unterrichtseinheiten« läßt sich nachweisen, daß die jeweils verwendeten religiösen Inhalte nicht nur im Rahmen der so strukturierten Erfahrungsfelder, sondern auch in anderen Handlungszusammenhängen symbolische Funktionen erfüllen könnten, daß also die Zuordnung zu Zielperspektiven immer auch mit Vereinseitigungen erkauft wird. Gerade wenn es – dank einer gelungenen symbolischen Vermittlung – in der Oberstufe zu intensiverer Auseinandersetzung mit Glaubensinhalten kommt, treibt deren ganzheitliche Integrations- bzw. Motivationskraft über die Grenzen eines vorstrukturierten Erfahrungsfelds hinaus. Die Friedensbotschaft Jesu – um nur ein Beispiel zu nennen – wäre nicht ernst genommen, wenn sie nur bei einer Beschäftigung mit politisch-sozialen Strukturen und nicht auch in den alltäglichen zwischenmenschlichen Interaktionen zur Geltung käme. In beiden Zusammenhängen muß sie aber zu verschiedenen Konsequenzen führen, d.h. in verschiedener Weise interpretiert werden. In politisch-sozialen Strukturfragen wird Gerechtigkeit zu einem vorrangigen Kriterium von Frieden, in zwischenmenschlichen Interaktionen spielt Gerechtigkeit zwar auch eine Rolle, wichtiger ist aber eine bedürfnisbezogene Aufmerksamkeit und Zuwendung, ein liebevolles Zusammenleben, wie es in dem englischen Wort 'to care' (Sorge tragen, fürsorglich leben) gut zum Ausdruck kommt.[611] Die geschichtliche und strukturelle Kontextabhängigkeit der Glaubensinhalte zwingt zu einer kontrollierbaren Beschreibung der vorausgesetzten kommunikativen Strukturen; die geschichts- und kontextverändernde Kraft, die den Glaubensinhalten wegen ihrer universalen Geltung und eschatologischen Offenheit eignet, nötigt zum Überschreiten der strukturellen Vorgaben. Wo diese Dialektik nicht gewahrt wird, kommt es zu Verfälschungen. Entweder verschwinden die »Ordnungen« und Möglichkeiten der Wirklichkeit hinter chaotischen Begriffen und Illusionen, oder sie erstarren als geheiligte Ordnungen an der Sterilität ihrer legitimierenden Deutungen. Der Unterricht kann die beiden Extreme am besten vermeiden, wenn er innerhalb der gegebenen Erfahrungsstrukturen ansetzt, im Verlauf ihrer religiösen Bearbeitung aber über sie hinausgeht. Daher ist der Ansatz innerhalb der vorgegebenen Zielperspektiven auch bei den umfangreicheren Themen der Oberstufe festgehalten, jedoch vorweg auf die Notwendigkeit von »Grenzüberschreitungen« aufmerksam gemacht.

4.1 Rahmenthemen zur ersten Zielperspektive

Selbstfindung und Beziehungsgestaltung im Horizont von Glaube und Religion führen spätestens dann zu einer theoretischen Beschäftigung mit der religiösen Autorität selbst, wenn die lebensbestimmenden Verbindlichkeiten und Überzeugungen persönlich zu verantworten sind. Welche Bedeutung kann eine Beziehung zu Gott für das Selbstverständnis und den Lebensvollzug gewinnen, welche Rolle spielt Gott und welche Art von Wirkung bzw. Wirklichkeit kann ihm zugebilligt werden? Positive und negative Lebenserfahrungen sind die Bezugsfelder, in denen der Gottesglaube zu bewähren und theoretisch einzuholen ist. Das Thema »Gott« kann eigenständig behandelt und auf unterschiedliche Erfahrungszusammenhänge bezogen werden; es kommt aber auch von Themen her in den Blick, die bei der menschlichen Selbstdefinition (Der Mensch auf der Suche, Gewissen) oder bei Lebenskrisen (Leiden – Sterben) einsetzen. Da die Themen alternativ angeboten werden, sind Überschneidungen in Teilaspekten sinnvoll. Die Themenformulierung sollte den religiös-theologischen Horizont zum Ausdruck bringen. Im folgenden sind vier Vorschläge grob skizziert, die Probleme der Selbstfindung in Beziehungen mit der Gottesfrage verknüpfen.

1. Rahmenthema: Allmacht und Ohnmacht − Gotteserfahrung oder Gottesvergiftung[612]

Intentionen: Eigene und fremde Gotteserfahrungen und -vorstellungen im Zusammenhang von Lebensbedingungen und Lebenserfahrungen sehen und mit der Selbstinterpretation Gottes in Jesus Christus in Beziehung setzen; Gotteserfahrungen anderer Völker und Zeiten mit gegenwärtigem Reden von Gott vergleichen; typische Formen der Kritik des Gottesglaubens kennen und auf ihre weltanschaulichen Voraussetzungen befragen.[613]

Thematische Bausteine	Inhaltliche Vorschläge (zur Wahl)	Didaktische Hinweise
Woran du dein Herz hängst . . . − Gottesglauben und Gottessurrogate	Gott als Mutter oder Vater, Gott als allmächtiger Herr − Erfahrung von Bedürftigkeit, Schutz, Geborgenheit; Fruchtbarkeitsgötter gegen Jahwe, den sich zukünftig definierenden Gott; Güter, Ich und Lebensgenuß als Götter; Technik oder Rüstung als Gottesersatz; Gott als Person, Gott als Sein, Gott als Du − Der Gott Jesu, das Vaterunser; Gott als Herrscher − Gott als ohnmächtige Liebe − Gott »in« Jesus.	Die verschiedenen Stichworte geben Hinweise auf mögliche Erfahrungszusammenhänge, die hinter den entsprechenden Glaubensformen stehen. Dem treten biblische Gotteserfahrungen gegenüber; sie zeigen ebenfalls die Affinität Gottes zu den individuellen und kollektiven Situationen, aber zugleich seine Unverfügbarkeit. Die biblischen Gottesbegegnungen durchbrechen und korrigieren die menschlichen Erwartungen. Jesus definiert die Allmacht Gottes als ohnmächtige Liebe.
Ein freundlicher oder ein schrecklicher Gott − Glaube und Kindheitserfahrungen	Kinderäußerungen − Kinderzeichnungen − Kindergebete; Zusammenhang von Gottesvorstellung und Elternverhalten: Gottesvergiftung gegen Förderung und Ermutigung; Der Wandel kindlicher Gottesbilder: Vom bergenden Schutz zum inneren Partner; Krisen des Gottesglaubens in der Entwicklung von Kindern und Jugendlichen.	Der Baustein vertieft den vorangehenden und gibt zugleich Gelegenheit, die eigene Vergangenheit aufzuarbeiten und sich Gedanken über die spätere Rolle als (religiöser) Erzieher zu machen. Der Hinweis auf die weltanschauliche Komponente jeder Erziehung sollte nicht fehlen. Außerdem ist der Zusammenhang von explizitem (religiösen) und implizitem Verhalten zu erörtern.
Wie kann Gott das zulassen?	Die Erfahrung Hiobs: Unbegreifliches Leiden; Leiden als Strafe oder Erziehung? Gott als mitleidender Mensch, die Passion Jesu; Erfahrung der Gottesleere − Gottesfinsternis (Buber): Klage, Meditation, Gebet.	An der Erfahrung des Leidens oder der Ohnmacht zerbricht heute manche noch unreife Form des Glaubens, in der Gott als universale Versorgungseinrichtung oder als Garant letzter Sicherheiten zu funktionieren hat. Aber auch wer Leiden akzeptiert, hat es bei Entzug aller Lebensgrundlagen schwer, den Glauben an die Liebe Gottes festzuhalten. Daher der Hinweis auf die Einübung der Klage und des Gebets.

Thematische Bausteine	Inhaltliche Vorschläge (zur Wahl)	Didaktische Hinweise
Argumente des Glaubens: Gottesbeweise und Gegenbeweise	Rationale Versuche, Gott zu beweisen: Thomas von Aquin, Anselm von Canterbury, Immanuel Kant: Grenzen der Beweisbarkeit und Grenzen der Vernunft, »falsche Beweise« als Hinweise auf Gott.	Gottesbeweise waren Versuche von Glaubenden, auch die Vernünftigkeit des Glaubens zu erweisen und damit den Glauben zu stützen. Seit Kant die Grenzen der Vernunft aufwies, hat sich ihre Funktion geändert. Es sind religionsphilosophische Möglichkeiten unter Voraussetzung von Glauben.
Kritik an Gott und Religion	Die Kritik von Feuerbach und Marx; Kritik der Kritik: Gattungsbegriff und gesellschaftliche Utopie als Gottesersatz.	Für eine exemplarische Auseinandersetzung genügen die beiden Klassiker der Religionskritik, weil ihre Methodik – Religion als Produkt des Menschen – auch bei den Kritikern zur Anwendung kommt.
Gott in den Religionen	Personale Gottesbegriffe in Judentum, Christentum und Islam; Das Brahma und die Götter (Hinduismus); Götter und Nichts/ Sein (Buddhismus).	Der Vergleich soll Gemeinsamkeiten und unterschiedliche Züge im Gottesbegriff zutage bringen, sowie auf die radikalen religiösen Alternativen aufmerksam machen.
Gott im alltäglichen Engagement und Bekennen	Praxis solidarischen Handelns, gewaltloser Veränderung, liebender Zuwendung – Praxis, die Hoffnungen macht.	Hier ist an die Diskussion historischer und aktueller Beispiele gedacht.

Hinweise für Leistungskurse:

a) Die vorgeschlagene inhaltliche Ausgestaltung ist bereits so umfangreich, daß sie nur in günstigen Fällen in einem Halbjahresgrundkurs zu realisieren ist. Zum Beispiel kann die religionskritische Frage hier ausgeklammert und unter der 4. Zielperspektive behandelt werden. Auch der zweite und der zweitletzte Baustein könnten entfallen. Wenn noch Zeit bleibt, sind die einzelnen Bausteine inhaltlich leicht zu ergänzen, z.B. biblische Gotteserfahrungen im ersten und im dritten Baustein (Lektüre von Auszügen des Buches Hiob, Klagen, Psalmen und Weisheit); Glaubensentwicklung und Lebensgeschichte sowie religiöse Erziehung im zweiten Baustein; das Theodizeeproblem in moderner Literatur im dritten Baustein; Glauben und Denken (philosophische Gottesbegriffe) im vierten Baustein.

b) Mögliche weitere Bausteine: Gottesglaube und Politik – zwischen politischer Funktionalisierung und Kritik; Theorien der Entwicklung von Gottesglauben und Religion – Entwicklungslogik und rationalistische Ideologie.

2. Rahmenthema: Zum Bild Gottes geschaffen – Der Mensch auf der Suche nach Menschlichkeit[614]

Intentionen: Alltagsrelevante und wissenschaftliche Bestimmungen des Menschen mit grundlegenden anthropologischen Aussagen der biblisch-christlichen Tradition in Beziehung setzen und auf ihre Lebensrelevanz befragen; Ansprüche und Grenzen humanwissenschaftlicher Erkenntnisse und philosophisch-anthropologischer Entwürfe im Hinblick auf eine christliche Sicht vom Menschen erörtern; die eigene lebensgeschichtliche Situation im Licht philosophischer, humanwissenschaftlicher und theologischer Aussagen über den Menschen reflektieren.

Thematische Bausteine	Inhaltliche Vorschläge (zur Wahl)	Didaktische Hinweise
Definitionen des Menschen heute	Definitionen in alltäglichen Handlungssituationen (Mode, Wohnung, Sozialstatus), in Werbung und Medien; Definition in Wirtschaft und Beruf; Definition in besonderen sozialen Situationen (Krankenhaus, Kirche, Schule); Jugendliche Selbstdefinition in Gruppen, Subkulturen u.a.	Die alltäglichen Definitionen sollen die eigenen Festlegungen, die Abhängigkeiten und ihren Wandel bewußt machen. Hier kann auch der Rollenbegriff hilfreich sein. Die Frage, wer bin ich oder wer will ich eigentlich hinter und jenseits aller bedingten Selbstdefinition sein, liegt Jugendlichen nahe, wenn sie ihre Wandlungsfähigkeit bemerken.
Grundlegende Erfahrungen – Wandel des Lebensgefühls	Eröffnung neuer Möglichkeiten und Grenzerfahrungen, z.B. Goethe: Prometheus, Mythos von Sisyphus (vgl. A. Camus); Der von Natur böse Mensch, der von Natur gute Mensch; S. Freud: Die drei Kränkungen menschlicher Eigenliebe; E. Fried: Definition; Der angewiesene und antwortende Mensch, z.B. 1 Kön 3,9: Salomos Bitte um ein »hörendes Herz«.	Der geschichtliche Rückblick führt zu den für das Bewußtsein des modernen Menschen konstitutiven Erfahrungen: Freiheit und Selbstmächtigkeit bei gleichzeitiger Ohnmacht bzw. Abhängigkeit. Die Grenzen von Wissen und Selbstverfügung sind für den modernen Menschen schmerzlich. Der biblische Hinweis auf die Notwendigkeit des Hörens deutet einen Perspektivenwechsel an: die Annahme und Gestaltung der Abhängigkeit.
Grundlegende humanwissenschaftliche Einsichten: der Mensch – ein gefährdeter Autor seiner selbst	Der erste Freigelassene der Schöpfung: die Evolution des Menschen zum Wesen, das seine Verhältnisse schafft und sich selbst zuschaut; der Mensch als »Mängelwesen« (Gehlen); der Mensch – bedürftig und offen (Portmann); der Mensch schafft seine Verhältnisse und versklavt sich (K. Marx); Ps 8 und Ps 90 – zwei komplementäre Selbsterfahrungen.	Aus den Humanwissenschaften werden hier nur die grundlegenden Bestimmungen der Evolutionstheorie und der diese auswertenden philosophischen und biologischen Anthropologie herangezogen. Es zeigt sich eine der biblischen Sicht analoge Dialektik.
Ebenbild Gottes – Opfer und Werkzeug des Bösen	Die Dialektik des gefährdeten und gehaltenen Menschen in der biblischen Urgeschichte: – Turmbau zu Babel (Gen 11) – Sintflut (Gen 6–9) – Lamechlied (Gen 4,23–24) – Kain und Abel (Gen 4) – Schöpfung und Fall (Gen 3 + 4)	Die gesamte Urgeschichte erzählt von lebenszerstörenden Grenzverletzungen des Menschen, deren Auswirkungen Gott durch Strafen, Retten und beschützende Maßnahmen in Grenzen hält. Die Ambivalenzen des gebundenen und freien Menschen durchziehen alle Überlieferungen. »Ebenbild Gottes« ist nur von Gottes Zusage abhängig.
Verloren und angenommen – gebunden und frei	Der Mensch als verlorener Sohn: ausziehend und heimkehrend, verlassen und angenommen; Jesu Schicksal in Analogie zum verlorenen Sohn und zum verlorenen Menschen; Auferstehung als Hoffnung auf Versöhnung;	Der Weg des verlorenen Sohns kann für ältere Jugendliche ein besonders hilfreiches Symbol sein, weil er die Motive der Lösung, des Wagnisses und des Neubeginns auf Hoffnung vereinigt. Das Leiden als Beziehungslosigkeit trifft eine mensch-

Thematische Bausteine	Inhaltliche Vorschläge (zur Wahl)	Didaktische Hinweise
	Luthers Sicht christlicher Freiheit, bezogen auf Alltagssituationen.	liche Grundsituation. Luthers Dialektik von Freiheit und Dienst führt über in die Handlungsperspektive.
Selbstverlust oder Selbstgewinn in Beziehungen	Die Lebensaufgabe des jungen Erwachsenen beim Aufbau einer eigenen Lebensstruktur: Berufsperspektiven, Familienbeziehungen, Freunde, Cliquen, Intimpartner, Rolle von Religion und Moral, Lebensstil und Lebensgenuß; Identifikationen und Trennungen.	Viele Jugendliche wollen nicht die von Erwachsenen anerkannten Lebensmuster übernehmen. Damit verschärft sich das Problem des Loslassens. Wie soll man erwachsen werden, wenn alle Lebensstil- und Beziehungsprobleme ungesichert sind. Die Analogie zur Situation des verlorenen Sohns liegt nahe, mit dem Unterschied, daß die Liebe des Vaters nicht zweifelhaft zu sein braucht.
Der angewiesene Mensch – der offene Mensch – der betende Mensch	Gesten des Gebets: Sammlung, Öffnung, Hingabe; Jesus als handelnder und betender Mensch: Im Vaterunser leben; Nachfolge an Beispielen: Ebenbild Gottes = In Beziehung zu Gott leben wie Jesus.	Der letzte Baustein soll die christliche Anthropologie zum Bild des betenden und in der Nachfolge handelnden Menschen symbolisch verdichten.

Hinweise für Leistungskurse:

a) Erweiterungen der Bausteine: Typische Definitionen des Erwachsenenlebens (zum 1. Baustein) in Konfrontation mit Texten vom M. Frisch, B. Brecht, G. Grass u.a. zur Verfassung des modernen Menschen; Psychologische und soziologische Definitionen des Menschen (zum 3. Baustein) nach E. Fromm, R. Dahrendorf, H. Marcuse, N. Luhmann; Literarische Neubearbeitungen des »Verlorenen Sohns« (zum 5. Baustein) und Luthers Dialektik von »gerecht und Sünder zugleich« Erörterung des Sündenbegriffs

b) Zusätzliche Bausteine: Nietzsches Kritik an einem christlichen Menschenbild und die Lehre vom Übermenschen — Folgen und Kritik; Verbesserung des Menschen: Hoffnungen und Ängste um die Gentechnik / Leidensfähigkeit und Barmherzigkeit als Kriterium des Menschseins

3. Rahmenthema: Gewissen/Verantwortung/Schuld — Identität und Normenwandel[615]

Intentionen: Gewissenserfahrungen mit Hilfe wichtiger Theorien zur Funktion und Entwicklung des Gewissens erläutern; verschiedene Formen des Schulderlebens und Möglichkeiten der Schuldentlastung unterscheiden; die Erfahrung von Verbindlichkeit und Freiheit als Gewissenserfahrung interpretieren. Gewissen als Ort religiöser Selbstdefinition begreifen.

Thematische Bausteine[616]	Inhaltliche Vorschläge (zur Wahl)	Didaktische Hinweise
Gewissenserfahrungen: Die Moralen (pl.!) der Gewissen – die Unerbittlichkeit des Gewissens	Schlechtes Gewissen – gutes Gewissen (= Abwesenheit des schlechten?); Gewissensreaktion in Abhängigkeit von Erziehung und Umwelt (Gewissen von Kannibalen und Kopfjägern u.a.);	Bemerkbar macht sich das Gewissen als negatives Urteil; gutes Gewissen dürfte Ausdruck einer angenommenen Übereinstimmung mit inneren Bezugsgrößen sein. Die Erfahrung der Unterschiedlichkeit der

Thematische Bausteine	Inhaltliche Vorschläge (zur Wahl)	Didaktische Hinweise
	Härte des Gewissens: es kann Menschen vernichten; Verweigerung aus Gewissensgründen.	Gewissensmoral (Relativität) bei gleichzeitiger Unerbittlichkeit motiviert die Suche nach Erklärungsmodellen.
Stimme Gottes oder des Guten im Menschen (religiös-philosophische Gewissensbegriffe)?	Seneca (Stoa): Es wohnt bei uns ein heiliger Geist, ein Beobachter und Wächter . . .; Mittelalter: Zwei Schichten des Gewissens, irrtumsfrei (synteresis) und irrtumsfähig (syneidesis); Paulus und Luther: Mitwissen des Menschen um sich selbst – vor Gott.	Die Annahme, im Gewissen spreche unmittelbar die Stimme Gottes, ist nicht ursprünglich christlich (s. Paulus und Luther), sondern stoisch. Die mittelalterliche Theologie mußte sie mit dem Phänomen irrender, aber verantwortlicher Gewissen verbinden, woraus der doppelte Gewissensbegriff entstand. Die paulinisch-lutherische Auffassung ist mit modernen Definitionen verwandt wie: Gewissen als zentrale Selbstfunktion – im Gegenüber zu externen Ansprüchen (z.B. göttlicher Wille).
Gewissen als Instrument der Unterdrükkung (lebensphilosophischer und psychoanalytischer Gewiswissenbegriff)?	Gewissen als schlechter Instinktersatz (F. Nietzsche); Gewissen als Fortsetzung strafender Elternautorität – Über-Ich (S. Freud).	Die beiden Positionen nehmen die Erfahrung der Unerbittlichkeit kritisch auf und verarbeiten zugleich die Kultur- und Erziehungsabhängigkeit des Gewissens.
Entwicklung der Schulderfahrung – Möglichkeiten der Schuldentlastung (psychologische und theologisch-anthropologische Sicht)	Die Stufen der Schuldentwicklung nach M. L. Hoffman[617] im Vergleich zu Freuds Schuldtheorie; Die Erfahrung existentieller Schuld (Verstricktsein in leiderzeugende Zusammenhänge); Wiedergutmachung von Verletzungen – interindividuelle Verzeihung; Schuld gegen Menschen, gegen sich selbst, gegenüber Gott? Versöhnung des Menschen mit sich selbst und mit Gott durch Gottes Liebe; Buße und Beichte: Luthers Thesen gegen den Ablaß – sein Bußverständnis.	Schuld ist nicht erst Folge der Über-Ich-Bildung (S. Freud), sondern entwickelt sich nach Hoffman im Zusammenhang mit der sozial-kognitiven Entwicklung, indem sich das Kind als Verursacher des Leidens anderer begreift und verletzende Folgen seines Handelns auch voraussehen kann. Wiedergutmachung kann nur den materiellen Schaden ausgleichen, erst Verzeihung bereinigt die psychische Verletzung. Darüber hinaus bleibt die Reaktion des schlechten Gewissens gegenüber den eigenen inneren Maßstäben (Rückgriff auf Freuds Theorie), die bei lebendiger Gottesbeziehung auch als Verletzung dieser Beziehung begriffen werden muß. Selbstversöhnung und Gottesversöhnung werden so identisch. Die Erfahrung existentieller Schuld, mithin unverschuldeter Schuldhaftigkeit, bildet die Grundlage des Erbsündenbegriffs.

Thematische Bausteine	Inhaltliche Vorschläge (zur Wahl)	Didaktische Hinweise
Gewissen zwischen Bindung und Freiheit – Dialektik von lebensgeschichtlicher und religiöser Verbindlichkeit	Neuere psychoanalytische Konzepte: Entwicklung vom Muß-Gewissen der Kindheit zum »Sollte-Gewissen« (z.B. E. H. Erikson); Gewissen als zentrale Selbstfunktion: Wer will ich vor mir und anderen sein? Handeln gegen das eigene Gewissen, d.h. gegen die gelernten Normen und gegen erworbene Selbstdefinitionen; Röm 2,14–16 + Kor 4,1–5: Schuldbewußtsein und Gewissen sind nicht letzte Maßstäbe, sondern vorletzte Hinweise.	Die Erfahrung von Vergebung und Befreiung des Gewissens impliziert eine relative Gewissensautonomie, wie sie erst in den neueren psychologischen Konzepten erkannt wurde. Diese bestätigen die biblische Sicht der Vorläufigkeit von Gewissensurteilen. Im eigenen Gewissen spricht immer die eigene Vergangenheit, es meldet sich die gelernte moralische Identität. Neue Anforderungen können ein Handeln gegen das eigene Gewissen notwendig machen, wozu die Bindung an Christus befähigen kann.

Hinweise für Leistungskurse:

a) Erweiterungen im zweiten Baustein: Stoische und aristotelische Philosophie zum Gewissensproblem; Das Vernunftgewissen bei Thomas von Aquin; Kants Gewissens- und Vernunftautonomie (Kategorischer Imperativ); der existentialistische Gewissensbegriff

b) Zusätzliche Bausteine: Theorien der Gewissensentwicklung und der moralischen Entwicklung nach S. Freud/J. Piaget/L. Kohlberg; Soziale und sozialisatorische Bedingungen für Gewissensautonomie; Die Botschaft von der Rechtfertigung als Antwort auf die Dialektik zwischen Verbindlichkeit und Endlichkeit des Gewissens

4. Rahmenthema: Glück und Leid/Tod und Auferstehung – Von der Widersprüchlichkeit und der Verheißung des Lebens

Intentionen: Streben nach Glück und Vermeidung von Leiden in alltäglichem Handeln bzw. in Lebensgeschichten identifizieren und der ambivalenten Folgen des Glücksstrebens ansichtig werden; in Utopien und Ursprungsüberlieferungen Konzepte eines gelingenden (glücklichen) Lebens entdecken; Rätsel und Grausamkeiten des Lebens wahrnehmen sowie die Bewertung des Todes als Kränkung des Menschen verstehen; Das liebevolle, im Vertrauen auf Gottes Güte gelebte Leben Jesu als Verheißung eines gelingenden (glücklichen) Lebens sehen lernen und den Auferstehungsglauben als Protest gegen die Zerstörung dieses Lebens und als Hoffnung auf seine universale Bewahrheitung begreifen.

Thematische Bausteine	Inhaltliche Vorschläge (zur Wahl)	Didaktische Hinweise
Lust und Glück – im Alltag – als Organisationsprinzip – als Lebensziel	Symbole des Glücks in Bildern, Liedern, Sprichwörtern; Glücksvorstellungen von Jugendlichen und Erwachsenen; Lustprinzip als Organisationsprinzip des Zusammenlebens und als Lebensziel: – in der Philosophie (Hedonismus/Epikur) – in der Lebenspraxis (z.B. Lebensplanung, Freizeit – und Ferienplanung).	Alltägliche Glücksvorstellungen und Lebensziele sind den Jugendlichen vertraut. Die frühe philosophische Diskussion um den Hedonismus macht bereits auf die Ambivalenz des Glücksstrebens aufmerksam. Epikur sah, daß Glück als Lustmaximierung verstanden zur Vermehrung von Unlust führt. Dennoch herrschen lustbezogene Glücksvorstellungen in vielen Lebensbereichen vor.

Thematische Bausteine	Inhaltliche Vorschläge (zur Wahl)	Didaktische Hinweise
Das Doppelgesicht und die Vielschichtigkeit des Glücks	Kroisos und Solon: Wer ist der Glücklichste auf Erden? (Herodot)[618]; Ungewißheit des Glücks; Hintergrundserfüllung als Basis für unendliches Wünschen (A. Gehlen)[619], hedonistische Diskontierung[620]; Glückserlebnis als Episode der Befriedung aufgestauter Bedürfnisse, Unendlichkeit des Luststrebens und der Aggression bedingt ihren zerstörerischen Charakter; Kultur und Sittlichkeit sichern gemeinschaftliches Überleben gegen die Anarchie der Triebe (S. Freud); Bedingungen des Glücks »jenseits« des Lustprinzips: Gerechtigkeit und Besonnenheit (Plato); Leben in der Polis und Erkenntnis des Göttlichen (Aristoteles); Beziehung zu Gott (Augustin).	Die Überlieferung von Kroisos und Solon zeigt das Ungenügen des Lustprinzips, die folgenden Inhalte dessen zerstörerische Kraft. Die Analyse Freuds trägt dem Rechnung und führt zur Notwendigkeit der »Bändigung« von Trieben. Kultur und Sittlichkeit werden zu Zwangsinstrumenten. Demgegenüber sahen schon die antiken Denker, daß die kulturellen, sozialen und religiösen Strukturen positive Bedingungen eines gefüllteren Glückserlebens darstellen.[621]
Paradiese – Hoffnungen und Bedingungen	Der Traum vom Schlaraffenland – Leben ohne Aktivität und Hunger; Die Insel der Seligen – Leben ohne Triebe in Harmonie; Das Land Utopia des Thomas Morus – Rationale Lebenskonstruktion; Das biblische Paradies (Gen 2): Tätigkeit und Umweltgestaltung; Die Verheißung des Reiches Gottes nach Jes 11: Friede mit Mensch und Natur, und: Jer 31, 31–34: Gesetz Gottes in den Herzen der Menschen.	Die verschiedenen Paradiesesvorstellungen und Utopien müssen in ihrem zeitgeschichtlichen Kontext verständlich werden, z.B. Schlaraffenland als Gegenbild gegen das häufige Hungern und die mühselige Plackerei der kleinen Leute im Mittelalter. Die biblischen Verheißungen reflektieren bereits die Erfahrung der Widersprüchlichkeit des Lebens und des Glücksstrebens sowie die Erfahrung schuldhaften Scheiterns gegenüber den heilsamen Gemeinschaftsverpflichtungen (Bund) Gottes. Auch die »Verheißungen« anderer Religionen (bes. Islam, Hinduismus, Buddhismus) können hier verglichen werden.
Leiden und Sterben – Erfahrungen von Sinn und Sinnlosigkeit	Typische Beispiele für sinnvoll erfahrenes Leiden oder Sterben aus Vergangenheit und Gegenwart; Grausamkeit und Sinnlosigkeit schmerzhaften und frühen Leidens und Sterbens (vgl. Ps. 88); Endlichkeit als Kränkung der menschlichen Selbstvorstellung; Die Lehre von der unsterblichen Seele als Ausdruck der Erfahrung einer Teilhabe am bleibend Vernünftigen (Plato, Phaidon)[622].	Leiden kann Anstoß zu bewußterer Lebensführung und zur Annahme der Lebensgrenzen sein. Wo aber Leiden im Übermaß keine Lebensmöglichkeiten mehr offen läßt oder kaum gelebtes Leben zerstört wird, kann der Mensch keinen Sinn mehr erkennen. Gegebenenfalls ist hier die Theodizeefrage aufzugreifen. Prinzipiell stehen Leiden und Tod im Widerspruch zur Selbsterfahrung des sich selbst »inszenieren-

Thematische Bausteine	Inhaltliche Vorschläge (zur Wahl)	Didaktische Hinweise
		den«, des selbstmächtigen Menschen. Bei Plato ist diese Selbsterfahrung mit dem Vernunftbegriff verbunden, woraus er die Annahme der Unsterblichkeit der vernünftigen Seele ableitet.
Bedingungsloses Vertrauen und unbedingte Liebe – gelebte Verheißung und lebendige Hoffnung	Das glückliche Leben Jesu (D. Sölle): Gottvertrauen, Lebensvertrauen, Unmittelbarkeit und Zuwendung (Beispiele); Die Passion Jesu – Zeichen unerschütterlicher Gewißheit (Ps 22) und radikaler Hingabe des leidenden Gerechten; Auferstehung als Glaubenserfahrung und Hoffnung auf die endgültige Realisierung eines Lebens im Sinne Jesu.	Der letzte Baustein faßt mit dem Leben und Sterben Jesu die ambivalenten Glücks- und Leidenserfahrungen und die ambivalenten Todeserfahrungen der vorangehenden Bausteine zusammen. Jesus definiert Glück als Leben in liebevollen Beziehungen und in unbedingtem Vertrauen auf Gottes Nähe. Seine Passion wird – wie das Zitat Ps 22,2 im letzten Schrei Jesu zeigt – als Ausdruck solchen Vertrauens des leidenden Gerechten gesehen. Die Auferstehungserfahrung schafft die Gewißheit der Bestätigung und endgültigen Durchsetzung dieses »glücklichen« Lebens.

Hinweise für Leistungskurse:

a) Erweiterungen: Die antike Diskussion zum Glück: Sophisten, Kyniker, Sokrates/Plato, Stoa (zum zweiten Baustein); Utopien und Verheißungen in Philosophie und Religionen (zum dritten Baustein); Das Problem der Theodizee (zum vierten Baustein); Glück und Leid im Alten Testament, z.B. David, Salomo, Weisheit (zum dritten Baustein).

b) Zusätzliche Bausteine: Glück – Freiheit – moralische Verpflichtung; Glücksstreben – Menschenrechte – Sozialstaat; Glück und Leid im älteren und neueren Marxismus.

4.2 Rahmenthemen zur zweiten Zielperspektive

Der historisch leicht verifizierbare Widerspruch von »Binnen- und Außenmoral«, von Familie und Arbeits- bzw. Geschäftswelt, von Intim- und Sozialbereich habe sich in unserer Zeit verschärft. »Sicher war es nie leicht, den Nächsten zu lieben, aber ist es nicht in unserer Situation zur objektiven Unmöglichkeit geworden«, fragt Dorothe Sölle[623] und belegt ihren Zweifel mit Hinweisen auf Mütter, die zu Hause mit ihren Kindern liebevoll umgehen, am Arbeitsplatz aber elektronische Teile für die Waffenindustrie (»zwecks Tötung anderer kleiner Kinder«) herstellen oder als Lehrerinnen die riesige Selektionsmaschine Schule bedienen. Die Konfrontation zwischen privater Familienmoral und strukturellen Funktionen mit Hilfe des für beide wenig passenden Begriffs der Nächstenliebe mag eine beliebte Methode provokativen Moralisierens sein; unübersehbar sind die Widersprüche zwischen den moralischen Ansprüchen, die mit politisch-rechtlichen und sozial-ökonomischen Strukturen geschichtlich verbunden sind, und ihren Funktionen für Betroffene und Beteiligte. Eine religionsdidaktische Bearbeitung wird die religiös-moralischen Motive, die bei der Konstitution und Legitimation der wichtigsten politisch-sozialen Zusammenhänge und Prozesse beteiligt waren und sind, zu erheben, kritisch zu erörtern und auf die geschichtlichen Wirkungen zu beziehen haben. Überlieferungen und Verheißungen von Frieden und Gerechtigkeit wurden oben als Leitmotive und Kriterien für diese Zusammenhänge begründet. Ihre legitime und illegitime Inanspruchnahme aufzuweisen, sollte Ziel der theoretischen Arbeit der Oberstufenschüler sein.

Angesichts der Komplexität des thematisierten Handlungsbereichs und der Fülle der hier zu nennenden Probleme kann keine Auswahl einzelner strukturierter Zusammenhänge als repräsentativ gelten. Daher empfiehlt es sich, die grundlegenden Legitimationsmuster und Ordnungen zu thematisieren, die für das Verhältnis zwischen Christentum und politisch-sozialen Strukturen charakteristisch sind und sich in unterschiedlichen gesellschaftlichen Handlungsfeldern auch für die älteren Jugendlichen auswirken. Politisch-soziale Ordnungen der Gegenwart müssen sich durch Rekurs auf die Menschenrechte bzw. auf den Wert der Gerechtigkeit legitimieren, auch wenn sie andere Funktionen erfüllen. Das Verhältnis von Religion und Politik zeigt sich unter den gegebenen Umständen in seiner Komplexität am deutlichsten in den Beziehungen von Christentum und Politik bzw. von Kirche und Staat. Daneben sollen die beiden ungelösten lebensbedrohenden Problemzusammenhänge, die Friedens- und die Umweltproblematik Anlaß und Rahmen theologisch-ethischer Reflexionen sein.[624]

1. Rahmenthema: Herrschaft Gottes und Herrschaft des Rechts – Zur Geschichte und Problematik der Menschenrechte[625]

Intentionen: Erfahrungen mit Herrschaft, mit sozialen und institutionellen Ordnungen auf dem Hintergrund der Diskussion um die Menschenrechte reflektieren und Zusammenhänge zur Verkündigung und Praxis der »Herrschaft Gottes« herstellen; die konfligierende Geschichte des Verständnisses von Herrschaft Gottes und Menschenrechten im politisch-sozialen Raum grob skizzieren, Differenz und Komplementarität beider nach heutigem Verständnis umreißen und aktuelle Probleme der Durchsetzung von Menschenrechten beschreiben.

Thematische Bausteine	Inhaltliche Vorschläge (zur Wahl)	Didaktische Hinweise
Bedingte Freiheit, gebrochene Gleichheit, eingeschränkte Teilhabe – Menschenrechte in Institutionen und Nationen	Überprüfung von Erfahrungen und Berichten unter den Kriterien Freiheit, Gleichheit und Teilhabe, z.B. aus – Arbeitswelt/Betrieb – Dritte Welt (politisch und ökonomisch) – Familie und Schule – Verhältnis Mann – Frau – staatliche und kirchliche Gründe für Einschränkungen und Forderungen von strukturspezifischen Verbindlichkeiten; Eklatante Menschenrechtsverletzungen in der Welt – Rassentrennungspolitik und Rassismus – Diskriminierung und Verfolgung wegen religiöser und politischer Überzeugungen – Folter, politische Justiz und Überwachung durch Geheimdienste.	Die klassische Formulierung aus der Französischen Revolution – Freiheit, Gleichheit, Brüderlichkeit – ist nach 200jähriger Geschichte abzuwandeln. Brüderlichkeit ist nicht »justitiabel« und wurde de facto durch Teilhabe ersetzt (Huber/Tödt). Die Überprüfung der Menschenrechtsgeltung in schülernahen Bereichen hat auch den Sinn, eine undifferenzierte Anwendung globaler Forderungen auf bestimmte Handlungsbereiche zu korrigieren. So sind für pädagogische Verhältnisse Einschränkungen unvermeidlich; allerdings müssen sie dem Ziel dienen, sich überflüssig zu machen.

Thematische Bausteine	Inhaltliche Vorschläge (zur Wahl)	Didaktische Hinweise
Gottesherrschaft gegen Menschenrechte?	Ständische Ordnung und Fürstenherrschaft als Verwirklichung der Herrschaft Gottes im Mittelalter; Neuzeitliche Vertragstheorien auf der Basis prinzipieller Gleichheit: – Th. Hobbes: Ursprünglicher Verzicht auf das »Recht auf alles« begründet Zwangsherrschaft – J. Lockes: Schutz des Eigentums und der Freiheit der Überzeugungen als Aufgaben des Staates; liberale Staatstheorie	Die Identifikation von Gottesherrschaft und Gesellschaftsordnung führte zum unglücklichen Konflikt zwischen menschlichem Freiheitsanspruch und christlichem Glauben. Die modernen Vertragstheorien sind zwar nicht atheistisch begründet, stehen aber in deutlichem Gegensatz zu den kirchlichen Machtpositionen und theologischen Auffassungen der Zeit.
Durchsetzung der Menschenrechte gegen herrschende Auffassungen in Theologie und Kirche	Luthers Obrigkeits- und Gesellschaftsbild (z.B. am Bauernkrieg): Fürsten- und Ständeherrschaft; Demokratische Momente bei den Reformierten (Zürich und Genf), beschränkt auf Vollbürger. Durchsetzung von Toleranz und Religionsfreiheit als erstes Bürgerrecht, dann Eigentums- und Gewerbefreiheit. Unveränderliche Rechte Rousseaus und bürgerliche Mitbestimmungsrechte gegen den Widerstand der Kirche; Bill of Rights (USA) als Ergebnis der Verbindung calvinistischer und aufklärerischer Traditionen; Fortbestehen des Unrechts (Abhängige, Frauen, Sklaverei).	Luthers Obrigkeitsauffassung und Gesellschaftsbild ist mittelalterlich und steht im Widerspruch zu seinen Auffassungen von kirchlicher Autorität und menschlicher Gewissensfreiheit. Dies begünstigte ein jahrhundertelanges Festhalten der lutherischen Kirchen besonders in Deutschland an ständischen Ordnungsmodellen. Religionsfreiheit und bürgerliche Freiheiten wurden früher in calvinistischer Tradition entwickelt, allerdings auf die Vollbürger (männlich, besitzend) beschränkt, was sich bis in die ersten demokratischen Ordnungen auswirkte.
Gottesherrschaft und Menschenrechte	Christlicher Kampf um Menschenrechte, z.B. M.L. King: Ich habe einen Traum; Christen in Menschenrechtsgruppen. Jesu Einsatz für Menschenrechte in seiner Zeit: Die Beziehungen zu Ausgeschlossenen, Verachteten, Frauen und Kinder; Menschenrechte als Gottes Willen; Menschenrechte als einklagbare Normen unabhängig vom christlichen Glauben: Charta der UN, Grundrechte in demokratischen Verfassungen, Sozialrechte und sozialstaatliche Regelungen; Komplementarität von Menschenrechten und Gottesherrschaft: Formale Rechte und brüderliche Beziehungen.	Das christliche Engagement für Menschenrechte speist sich aus Jesu Verkündigung und Praxis des Reiches Gottes. Die Gottes- und Menschenbeziehung der Liebe impliziert die »justitiablen« Menschenrechte und vertieft sie. Christen werden ein »Menschenrechtsverständnis fördern, das auch beteiligte, ›brüderliche‹ Gleichheitsbeziehungen zuläßt und fördert. . . . Wer auf die Differenzen achtet, wird . . . zugeben, daß weltliches Recht zunächst einmal die minimalen Regeln und Bestimmungen menschlichen Zusammenlebens zu sichern hat, dabei freilich offen bleiben soll für zwischenmenschliche Beziehungen von höherer Qualität.«[626]

Thematische Bausteine	Inhaltliche Vorschläge (zur Wahl)	Didaktische Hinweise
Beteiligt an Verletzungen der Menschenrechte?[627]	Ökonomische Herrschaft der Satten über die Hungernden; Arbeitslast und Arbeitsmangel; Frauenrollen und Frauenrechte.	Das Menschenrechtsproblem betrifft Bürger westlicher Staaten vorrangig in den drei genannten sozialen und ökonomischen Konflikten, da wir hier indirekt als Nutznießer des Systems, potentiell aber auch als Leidtragende beteiligt sind.

Hinweise für Leistungskurse:

a) Der letzte und der erste Baustein lassen sich zusammennehmen und mit gründlichen Analysen zu den angesprochenen Handlungsfeldern ausbauen.

b) Zusätzliche Bausteine: Verfassungsrecht und Verfassungswirklichkeit; Diskussion um Rechte und politische Handlungsmöglichkeiten von Minderheiten, zwischen Parlamentarismus und plebiszitären Ordnungen; Menschenrechte und Bürgerrechte in Lateinamerika und in den sogenannten sozialistischen Staaten.

2. Rahmenthema: Stütze des Rechts oder der Ordnung? – Zum Handeln der Kirche in Politik und Gesellschaft[628]

Intentionen: Kontroversen und Konflikte um das politisch-soziale Handeln der Kirchen und um das Verhältnis von Kirche und Staat erörtern; Inhalte und Grenzen des politischen Auftrags von Kirchen und Christen bestimmen; die Entwicklung des Verhältnisses von Staat und christlicher Kirche in Hauptlinien skizzieren; den Zusammenhang zwischen kirchlichen und gesellschaftlichen Handlungs- und Autoritätsstrukturen begreifen; typische Formen der Beziehungen von Kirche, Staat und Gesellschaft beschreiben und ihre Vorzüge und Nachteile für alle Beteiligten diskutieren.

Thematische Bausteine	Inhaltliche Vorschläge (zur Wahl)	Didaktische Hinweise
Konflikte um Einfluß und Kooperation	Konflikte um soziales und politisches Handeln der Kirche, z.B. Abrüstung, Ostverträge, Abtreibung, Arbeitsrecht; Konflikte um kirchliche Wirkungsmöglichkeiten, z.B. soziale Einrichtungen, Religionsunterricht, Kirchensteuer; Innerkirchliche Konflikte um politische und soziale Fragen: Rassismus, Gewalt und Widerstandsrecht, Friedensauftrag. Forderung strikter Trennung von Staat und Kirche.	Der erste Baustein soll bei aktuellen Kontroversen bzw. bei bestehenden Problemzonen einsetzen, Vorurteile abbauen, Informationen vermitteln und Emotionen klären. Darüber hinaus ist ein Verständnis für geschichtlich gewachsene Kooperationsformen und für die sich daran immer wieder entzündende Kritik (»Privilegierung«) zu schaffen. Vielleicht kann schon die Funktion institutioneller Regelungen deutlich werden, eine menschliche Form des Zusammenlebens zu stützen.
Kirche – Selbstverständnis und politischer Auftrag	Begriff Kirche, biblische und theologische Auftragsbestimmung; Bilder vom kirchlichen Aufbau und Wirken; Reformatorisches Kirchenverständnis; Die Wirkungen der Zwei-Reiche-Lehre, Sanktionierung von autoritärer Herrschaft (Thron und	Dieser Baustein zieht eine Linie von den biblischen Grundlagen zum reformatorischen Kirchenverständnis und von hier aus zu den staatskirchlichen Formen vor dem Ersten Weltkrieg, um den politischen Auftrag der Kirche kritisch von einer mißverstandenen Zwei-Reiche-

Thematische Bausteine	Inhaltliche Vorschläge (zur Wahl)	Didaktische Hinweise
	Altar); Stütze oder Widerstand gegen den totalitären Staat; Kirche und Staat nach D. Bonhoeffer und Barmen III.	Lehre zu unterscheiden. Mit Bonhoeffers Überlegungen und den Barmer Thesen beginnt eine theologisch-kritische Bestimmung des Verhältnisses von Staat und Kirche.
Staat und Kirche – Aufbau und Funktionen	Entwicklung des Staatsverständnisses vom patriarchalischen Obrigkeitsstaat zum demokratischen Rechts- und Sozialstaat: Von totaler Ordnung und Versorgung zu rechtsstaatlichen Regelungen von Konflikten und Ansprüchen; Sozialstaat als Ergebnis der Gleichheits- und Gerechtigkeitsforderung; Verwaltung und Verbände, Parteien; Kirche und Obrigkeitsstaat: Moralische und religiöse Versorgung, Integration und Legitimation, hierarchische Kirchenstruktur; Kirche im Rechts- und Sozialstaat: Zusammenschluß freier Bürger zur Pflege und Entfaltung ihrer Überzeugungen – Konsequenzen für den Aufbau der Kirche; Weltanschauliche Neutralität des Staates und die Notwendigkeit sinn- und wertvermittelnder Gruppen.	Der dritte Baustein thematisiert die staatlichen und kirchlichen Funktionen aus sozial-struktureller Sicht im Zusammenhang mit Strukturfragen von Kirche und Staat. Der Obrigkeitsstaat ist ein Amalgam von Kirche und Staat zur totalen Versorgung und Einordnung seiner Bürger. Mit der Emanzipation freier Bürger werden Staatsfunktionen differenziert und die weltanschaulichen Bedürfnisse direkter Staatstätigkeit entzogen. Das Gemeinwesen bleibt aber auf die sinn- und wertvermittelnden Traditionen angewiesen, wie sie in den Kirchen gepflegt werden und bedarf sittlich sozialer Motive. Daher fördert der Staat indirekt die öffentliche Arbeit der Kirchen.
Zwischen Distanz und Verbundenheit – typische Ordnungen in Geschichte und Gegenwart	Distanz von Kirche und Staat im 1.–3. Jahrhundert: Widerspruch zur Staatsreligion – Verfolgungen; Integration und Machtkonkurrenz von Kirche und Staat: Von der Konstantinischen Wende bis zum Mittelalter; Staatskirchentum und Landesregiment: Herrschaftstragende Gesinnungsbildung; Radikale Trennung von Kirche und Staat: Frankreich, USA, sozialistische Staaten; Koordination und Kooperation in der Bundesrepublik.	Die geschichtlichen Beispiele zeigen typische Beziehungsformen mit ihren Vorzügen und Gefahren. Da Religion und Politik zusammenhängen, kann ein distanziert-kritisches Verhältnis von der Staatsmacht als Bedrohung empfunden werden (Verfolgung). Aber auch theokratieähnliche Integrationen schließen Konflikte nicht aus (Mittelalter). Der moderne Staat tendiert ebenfalls zur Indienstnahme von Religion auch dort, wo radikale Trennungen vorgesehen sind (Bürgerreligion), oder er präsentiert sich selbst als Religionsersatz. Die Ambivalenz innerhalb der sozialistischen Staaten ist in der neueren Kirchenpolitik der DDR besonders deutlich.

Thematische Bausteine	Inhaltliche Vorschläge (zur Wahl)	Didaktische Hinweise
Kirchen in den politisch-sozialen Weltkonflikten	Politisch-soziale Aktivitäten des Ökumenischen Rats: Einsatz für Menschenrechte, soziale Gerechtigkeit und Frieden; Schwerpunkte katholischer Aktivitäten: Revolution oder Reform in Lateinamerika, Stabilisierung von Familie, Ehe und Sozialstrukturen in Europa; Religionsfreiheit und kirchliche Unabhängigkeit in Osteuropa; Kirchen als Orte kritischer Kommunikation in Ost und West.	Der letzte Baustein soll exemplarisch Schwerpunkte christlich-politischen Engagements aufzeigen, ihre innerkirchliche und gesellschaftliche Problematik – in Fortsetzung des ersten Bausteins – entfalten und Möglichkeiten eines Engagements der Schüler aufzeigen. Sinnvoll ist eine Konzentration auf eine oder zwei Aktivitäten und ihre Analyse im Rahmen der einschlägigen gesellschaftlichen Verhältnisse. Selbständige Dokumentationen und Referate der Schüler können in einzelne Aktivitäten einführen. Hinweise auf engagierte Gruppen sollten die weltweiten Perspektiven in den Alltag zurückbinden.

Hinweise für Leistungskurse:

a) Erweiterungen zum zweiten Baustein: Kirche im totalitären Staat am Beispiel der Naziherrschaft; Weg und Werk D. Bonhoeffers; Kirche und Staat nach 1945: Folgen und Impulse aus dem Kirchenkampf. Zum dritten Baustein: Moderne Staatstheorien bürgerlicher und sozialistischer Herkunft.

b) Zusätzliche Bausteine: Kirche und Staat in der Verfassung und Gesetzgebung der Bundesrepublik und der DDR: Wirkungsmöglichkeiten im sozialen, erzieherischen und politischen Bereich; Die politische Arbeit der EKD und der katholischen Kirche in der Bundesrepublik seit 1945.

3. Rahmenthema: Friede durch Gewaltverzicht? – Die Diskussion um Friede und Gerechtigkeit und um die Rolle der Gewalt

Intentionen: Phänomene substantiellen Friedens im Alltag und in sozialen Verhältnissen ermitteln; Erfahrungen ausgeübter und erlittener Gewalt artikulieren und die Funktion von Gewalt als Mittel sozialen und politischen Handelns reflektieren; verschiedene Gewaltbegriffe unterscheiden, ihre Aussageintention erheben und die Grenzen ihrer Brauchbarkeit erörtern; Gewalt als Mittel politischen und sozialen Kampfes im Kontext der Reich-Gottes-Botschaft reflektieren; gewaltfreie und gewaltlose Aktionen auf ihre friedensschaffende Leistung überprüfen.

Thematische Bausteine	Inhaltliche Vorschläge (zur Wahl)	Didaktische Hinweise
Gewaltsamer Friede, friedlicher Friede	Der mit Gewalt aufrechterhaltene Friede: – in Familie, Gesellschaft, Institutionen – in totalitären Staaten, zwischen machtorientierten Systemen; friedlicher Friede in romantischen Utopien (Naturnähe, Naturvölker)? Friede durch Konfliktverarbeitung, durch Solidarität und Auseinandersetzung mit dem Leiden.	Substantieller Friede braucht den Verzicht auf manifeste Gewalt als äußere Voraussetzung. Die Illusion eines natürlichen Friedens scheitert an der »Freiheit des Menschen zum Bösen« bzw. an dem nicht schematisierten menschlichen Triebsystem. Frieden muß mühsam erlernt und über Verletzungen gewonnen werden.

Thematische Bausteine	Inhaltliche Vorschläge (zur Wahl)	Didaktische Hinweise
Manifeste Gewalt – verdeckte Gewalt	Gewaltausübung durch staatliche Organe – Ziele und Grenzen; Das staatliche Gewaltmonopol als menschheitsgeschichtlicher Fortschritt – Bedeutung und Funktion; offene und verdeckte Gewalt im Alltag: – in der Erziehung (Familie und Schule) – in der Arbeitswelt – in der Öffentlichkeit; Unterscheidung zwischen personaler und struktureller Gewalt – Leistung und Grenzen dieser Begriffe; Legitimität normativer Vorgaben in Familie, Wirtschaft und Gesellschaft (latente Gewalt).	Der Gewaltbegriff ist negativ besetzt, auch Schüler betrachten Gewalt als notwendiges Übel und billigen daher in der Regel das staatliche Gewaltmonopol. Die Erörterung von Gewalt im Alltag soll die Unschärfe und Problematik aller Gewaltbegriffe aufzeigen. Historische Exkurse können darüber hinaus den Wandel in der Legitimation alltäglicher Gewaltausübung verdeutlichen. Die Unterscheidung zwischen personaler und struktureller Gewalt bringt die potentielle Gewalttätigkeit von Strukturen ins Bewußtsein. Sie reicht für eine sittliche Beurteilung noch nicht aus. Latente Gewalt üben Normen und Autoritäten jeder Art aus; sie haben verhaltenssichernde Funktionen, die Grenzen zur Illegitimität sind geschichtlich wandlungsfähig.
Gewalt unter Völkern – Kriegsgründe und -rechtfertigungen	Rechtfertigung imperialer Macht (z.B. Pax Romana, Kolonialismus, faschistische Theorien): Sendungsbewußtsein eines Volkes oder einer Gruppe als Weltherrscher oder Ordnungsstifter; Das Konzept des heiligen Kriegs (AT und heute); Das Konzept des gerechten Kriegs (christliches Mittelalter und Moderne: Krieg als Verteidigung in Notwehrsituationen); Theorie und Politik gegenseitiger Abschreckung und gestufter Vergeltung; Der Streit um Abrüstungsstrategien: Krieg und Rüstung als »Sünde«	Die Legitimationsmuster kriegerischer Handlungen zeigen eine bemerkenswerte Entwicklung zur Einschränkung von Gewalt. Der Weg geht von Kriegsbegeisterung über Verpflichtung, Instrumentalisierung und Notwehr zur Qualifikation als Sünde. Mit dem letzten Schritt sind Massenvernichtungswaffen prinzipiell delegitimiert, höchstens vorläufig noch tolerabel (EKD, Kath. Bischöfe). Voraussetzungen dieser Entwicklung sind die Eskalation des Vernichtungspotentials und der Wandel im theologischen Verständnis der Gottesherrschaft. Jesu Praxis der Gottesherrschaft schließt Gewalt nicht gänzlich aus.
Reich Gottes – Realitäten und Utopien	Gottesherrschaft im Alten Testament: – Der Streit um das Königtum – Konflikte um politische Bündnisse – Kult, Recht und Sozialordnung in Israel (Bund) – Verheißungen von Gottes Friedensreich Gottesherrschaft in der Praxis und Verkündigung Jesu, Provokation	Jesu provokative Aktion im Tempel hat durchaus gewaltsame Züge. Kriterium sollte neben dem Maß an Gewalt, das in einer Aktivität zur Anwendung kommt, die Tendenz zur Eskalation oder zur Minderung von Gewalttätigkeit bei Beteiligten, Betroffenen und in der sozialen Struktur sein. Der Kampf um gerechte Ordnungen und der Schutz vor Willkür und Gewalttätigkeit kann sich

Thematische Bausteine	Inhaltliche Vorschläge (zur Wahl)	Didaktische Hinweise
	durch Verhalten und Botschaft, gewaltfreie Aktionen Jesu, Gottesherrschaft als praxisbestimmende Hoffnung; Gottesherrschaft als Theokratie in der Spätantike (seit Theodosius) und im Mittelalter: Gewalt zur äußeren und inneren Sicherung; Gottesherrschaft als sittliche Gesinnung und kulturelles Ideal des Bürgertums: Gewaltsame Sicherung der sozialen Privilegien, Kolonialismus, Imperialismus; Die Wiederentdeckung der Reich-Gottes-Botschaft Jesu: Diskussionen um die Bergpredigt	auf Jesu Friedensbotschaft und -praxis berufen. Entscheidend für die gegenwärtige Diskussion ist die Frage, wieweit das angewandte Maß an Gewalt kontrollierbar bleibt, was erst die Voraussetzung für die Überprüfung der Verantwortbarkeit ist. Die christliche Lehre hat – leider nur prinzipiell – der Gewaltanwendung immer enge Grenzen gesetzt, d.h. sie nur im äußersten Notfall zugelassen.
Gewaltlosigkeit – Gewaltfreiheit – Gewalt als Mittel des Kampfes um Frieden und Gerechtigkeit	Internationale Konflikte: Abschreckung oder Gewaltverzicht – Strategien und Chancen gewaltlosen Widerstands; Konflikte um soziale Gerechtigkeit und politische Teilhabe: Gewaltloses Leben, gewaltfreier Kampf oder Gewalt als unvermeidliches (letztes) Mittel? Vom Widerstandsrecht gegen manifestes Unrecht zum Einsatz für Gerechtigkeit: Der Wandel politischer Theologie	

Hinweise für Leistungskurse:

a) Die geschichtlichen Elemente der einzelnen Bausteine lassen sich unschwer erweitern. Gewaltphänomene im ersten Baustein können zur Beschäftigung mit anthropologisch-psychologischen Gewalttheorien veranlassen: Gewalt – angeboren, erworben, gelernt?

b) Zusätzliche Bausteine: Geschichte und Problematik der Friedensbewegungen und Friedenskirchen; Friedenstheorien, Friedensordnungen, Friedensinstitutionen (z.B. UNO): Probleme um Gewalt, Recht und Machtausübung

4. Rahmenthema: Fortschritt an den Grenzen – Perspektiven des Überlebens

Intentionen: Ideologische, soziale und ökonomische Voraussetzungen der Naturzerstörung ermitteln; Religiös-christliches und nichtchristliches Schöpfungs- und Weltverständnis auf Praxis und Ideologie des technisch-wissenschaftlichen Weltverhältnisses beziehen und Konsequenzen für eine gemeinsame »Ethik des Überlebens« erörtern; mit Hilfe der gewonnenen Perspektiven Probleme wie Rohstoff- und Energieversorgung, Möglichkeiten technisch-wissenschaftlicher Entwicklung und Fragen des Lebensstils aufarbeiten.

Thematische Bausteine	Inhaltliche Vorschläge (zur Wahl)	Didaktische Hinweise
Gefahrenherde für Mensch und Natur – Prognosen	Darstellung der problematischen Entwicklungen und Prognosen in Bereichen wie – Energie, Rohstoffe – Landschaftsveränderung, Luftverschmutzung	Der Unterricht sollte hier nur an Bekanntes anknüpfen und sich mit exemplarischen Berichten von Schülern begnügen. Herauszuarbeiten sind die Triebkräfte der Entwicklung. Die Motive sind ur-

Thematische Bausteine	Inhaltliche Vorschläge (zur Wahl)	Didaktische Hinweise
Faszination durch For-	– Bevölkerungsentwicklung – Biologische Manipulation; Gründe: Hoffnung auf Lebenserleichterung, Lebenssicherung, gründen. schung und Machtgewinn durch Technik.	sprünglich aus der ungesicherten und weltoffenen Stellung des Menschen erwachsen. Ihre Benennung kann keine antitechnischen Affekte be-
Gnadenlose Folgen des Christentums?	These von C. Amery: Christlich-jüdischer Herrschaftsauftrag ist Ursprung der aggressiven Behandlung der Erde; Vergleich mit naturreligiöser Scheu vor Eingriffen in die Natur (z.B. Naturverständnis der Indianer); Antike Philosophie: Abwertung der materiellen Welt; Fortschrittsideologien seit der europäischen Renaissance und Aufklärung: Mensch sieht sich als Herr und Besitzer der Natur, nicht mehr als beauftragter Verwalter; Emanzipationsenthusiasmus und Fortschrittsglauben im 18. und 19. Jahrhundert; Leistung und ökonomischer Erfolg als Statuskriterien	Bekannt wurde die Rede des Indianerhäuptlings Seattle (Film: Söhne der Erde).[629] In christlich-jüdischer Tradition wird die Erde nicht mit numinoser Scheu betrachtet; AT und NT zeigen eine Haltung der Dankbarkeit und Bewunderung für das Werk des Schöpfers. Erst die Verbindung von Christentum und antiker Philosophie schuf eine Voraussetzung für die Abwertung der Natur. Die Erfolge moderner Wissenschaft und Technik bestätigen und beflügelten die Herrschaftsideologie.
Natur und »Fortschritt« in den Religionen	Buddhismus: Natur als Begehren und Leidensursache – Überwindung des Natürlichen durch Askese (= Fortschritt); Hinduismus: Natur als Erscheinung, in der sich Göttliches verbirgt – Verehrung und Scheu, Fortschritt = Versenkung; Islam: Ähnliche Motive des Schöpfungsglaubens wie Christentum. Ordnug und traditionelles Recht behindern emanzipatorische Bestrebungen und technokratische Leistungsdenken. Fortschritt = Islam in Lebensführung und Gesellschaftsordnung; Tradition, Meditation, Askese als Motive einer »Ethik des Überlebens«. Christentum: Schöpfung als geschenkter Lebensraum, Mitkreatürlichkeit, Annahme des Leidens und des Todes, Hoffnung auf einen neuen Himmel und eine neue Erde.	Die ostasiatischen Religionen haben ein grundlegend anderes Naturverhältnis. Ihre Umweltprobleme entspringen der Überbevölkerung und dem Kontakt mit der westlichen Zivilisation (Kolonialismus). Der Islam adaptiert heute westliche Technik und Wissenschaft, was Konflikte mit den hergebrachten Lebensformen schafft. Das ungeschichtliche Offenbarungsverständnis des islamischen Fundamentalismus setzt einem technisch-wissenschaftlich gestützten Rationalismus enge Grenzen. Eine ethische Auswertung der Religionen im Blick auf die Überlebensprobleme kann noch eine Fülle anderer Motive zutage fördern. Eine didaktisch-methodische Erschließung des Beitrags der nichtchristlichen Religionen zu einer Überlebensethik steht noch aus.

Thematische Bausteine	Inhaltliche Vorschläge (zur Wahl)	Didaktische Hinweise
Beziehungen stiften, teilen, wieder verwerten, rekrieren	Sanfter Lebensstil und sanfte Technik–Beispiele rücksichtsvoller Lebensführung und umweltfreundlicher Technik: – Unerschöpfliche Energien – Verwertungsmöglichkeiten im Alltag – Forschungsziele und -mittel – »Askese« im Alltag und naturnahe Lebensformen Bedingungen und Möglichkeiten inneren Wandels: – MitkreatürlicheSensibilisierung – Meditation über Geschenke und Prozesse der Natur – Danken und Bitten.	Zu Fragen eines neuen Verhaltens und »sanfter Technologien« gibt es laufend aktuelles Material. Weniger Aufmerksamkeit finden Möglichkeiten und Hilfen des inneren Wandels. Kleine Meditationsübungen zu Naturerfahrungen, Bildern, Psalmen im Unterricht können wenigstens Ansätze zeigen.

Hinweise für Leistungskurse:

a) In dem zweiten und dritten Baustein können Lektüre, Auslegung und Meditation verschiedener biblischer Aussagen zu Natur und Schöpfung (Genesis, Psalmen, Hiob, Weisheit) einbezogen werden, im dritten Baustein ebensolche Texte aus buddhistischer und hinduistischer Tradition.

b) Zusätzliche Bausteine: Dokumentation und Diskussion krichlicher Stellungnahmen zur Kernenergie; Elemente und Motive christlicher Naturfrömmigkeit, z.B. Franz von Assisi (Sonnengesang), alte und neue Lieder, Brot und Wein als Symbole Christi, Traditionen und Bräuche am Erntedankfest, Gestaltung von Erntedankfesten.

4.3 Rahmenthemen zur dritten Zielperspektive

Wer seine Lebensstruktur selbstverantwortlich aufzubauen hat, braucht Begründungen für die von ihm praktizierten Sinndeutungen und Lebensorientierungen. Die formalen kognitiven Voraussetzungen zu einer theoretischen Reflexion der Funktion und des Wahrheitsanspruchs von Sinndeutungen sind bei Schülern der Oberstufe in der Regel erreicht. Oft fehlen aber inhaltliche Kenntnisse zu den Orientierungsangeboten und die Einsicht in ihren symbolischen Charakter. Die inhaltlichen Mängel sollten nicht durch verselbständigte »Informationskurse« ausgeglichen werden, da auf diese Weise vorurteilsabhängige Deutungen aus den alltagsweltlichen Normensystemen die Informationsaufnahme steuern. Nachzuholende Kenntnisse sind aufgrund der Fragestellungen und Bearbeitungsperspektiven zu erwerben, die zu einer Erschließung des »Doppelsinns« der symbolischen Deutungen und zu einer darauf bezogenen Kriterienreflexion anleiten. Die religiös-symbolischen Deutungsarten stehen heute konkurrierend oder komplementär neben empirisch-analytischen Begriffen und Konzepten, die Wirklichkeit funktional erklären und damit auch Deutungsmöglichkeiten präformieren. Analogie und Differenz der verschiedenen Wahrheitsansprüche und -kriterien sind erklärungsbedürftig. Darüber hinaus konkurrieren verschiedene religiöse und weltanschauliche Orientierungen untereinander. Kriterien und Formen ihres »Streites« um Wahrheit sind ebenfalls zu diskutieren, wobei hier nicht von den geschichtlichen Erfahrungen in dem Glaubens- bzw. Wahrheitsverständnis des (westlichen) Christentums abstrahiert werden kann. Ein geschichtlich-kulturell geprägtes Vorverständnis von Religionen und Weltanschauungen beeinflußt alle

Auseinandersetzungen – auch solche, die von neutralen Kategorien beherrscht zu sein scheinen. Daher sind die subjektiven Prämissen nach Möglichkeit kenntlich zu machen und die methodischen Kriterien wissenschaftlicher Kommunikation einzuhalten. Die letzte Forderung ist bei der Auseinandersetzung mit Deutungen gerade unter jungen Erwachsenen heute nicht leicht zu erfüllen. Die weithin funktionalisierte und zerstückelte Wirklichkeitserfahrung mit ihren nur sektoral einschlägigen Deutungen sowie das Ende der Traditionsorientierung haben ein dringendes Integrationsbedürfnis geschaffen, das sich mit hohen emotionalen Erwartungen auf neue Möglichkeiten religiöser Erfahrung und weltanschaulich-fundierter Praxis richtet und die zergliedernden sowie abstrakten wissenschaftlichen Kriterien gerade wegen ihrer desintegrativen Wirkungen beiseite zu schieben trachtet. Die Sehnsucht nach ganzheitlichem Sinnerleben trifft auf eine differenzierte und zersplitterte Erfahrungswelt. Der Unterricht sollte bei der Verarbeitung solcher Diskrepanzerlebnisse helfen. Darüber hinaus erschweren Zerstörungen und Verletzungen – in den zwischenmenschlichen Beziehungen empfindlich registriert – die Lösung der Orientierungsproblematik. Es bedarf einer symbolischen Hilfe zur Verarbeitung des »Bösen«. Die folgenden vier Rahmenthemen können die angesprochenen Orientierungsschwierigkeiten aufgreifen:

1. Sinnerleben und heile Gemeinschaft – Zur Bedeutung und Entwicklung von Religionen und Weltanschauungen in der Gegenwart
2. Dialog oder Mission? – Zur Konkurrenz der Religionen
3. Symbole des Bösen – Zur Erfahrung von Zerstörung und Verletzung
4. Wege zur Wirklichkeit – Wissenschaft, Glaube, Weltanschauung

Die vier Themen entsprechen den vier Dimensionen dieser Zielperspektive, wie sie im ersten Band entwickelt wurden.[630] Für das erste und zweite Thema sind Grundkenntnisse zu wichtigen religiösen und weltanschaulichen Bewegungen unserer Zeit aus der Sekundarstufe I Voraussetzung. Sind sie nicht (mehr) vorhanden, sollten informative Bausteine zu den großen Weltreligionen und zum Marxismus eingeführt werden. Hinweise geben die folgenden Kursstrukturskizzen.

1. Rahmenthema: Sinnerleben und heile Gemeinschaft – Zur Bedeutung und Entwicklung von Religionen und Weltanschauungen

Intentionen: Phänomene religiöser Sinndeutung und Gemeinschaft erkunden und die darin wirksamen Bedürfnisse entschlüsseln; mit Hilfe psychologischer und soziologischer Theorien und Kritik Leistungen und Gefahren religiöser Orientierung erörtern und an zentralen Inhalten des christlichen Glaubens überprüfen.

Thematische Bausteine	Inhaltliche Vorschläge (zur Wahl)	Didaktische Hinweise
Der Wunsch, ganz zu sein – Bedürfnisse und Bedingungen[631]	Suche nach Trost, Sinn und Zuwendungserfahrungen in religiösen Gruppen, in der Kirche, in therapeutischen Gruppen, im Naturerleben, in Naturreligonen, in spiritistischen Gruppen usw. Darstellung von Erscheinungen und Entschlüsselung der Gründe: – anthropologisch: Weltoffenheit und Selbsttranszendenz – psychologisch: Antriebsüberschuß und Konkurrenz der Bedürfnisse	Die verstärkte Suche nach heilen Gemeinschaften geht mit der Entmachtung traditioneller Sinnsetzungen und der wissenschaftlich-technischen Zerstückelung der Welt einher. Deshalb ist ein Vergleich mit integrierten religiösen Lebensformen, z.B. im Islam oder im europäischen Mittelalter aufschlußreich. Er zeigt die Integrationsfunktion gelebter Religion positiv auf. Auch die neuen synkretistischen Bewegungen verdienen Beachtung.

Thematische Bausteine	Inhaltliche Vorschläge (zur Wahl)	Didaktische Hinweise
	– sozialpsychologisch: Zerstückelte und plurale Lebenswelt – philosophisch: Erfahrung von Absurdem und Sinnlosigkeit.	
Psychologische Religionstheorie und Kritik	S. Freud: Religion als Neurose (infantile Vaterbindung); Religion als Narzißmus (Kohut); Urvertrauen und Religion (E.H. Erikson); Religion als Integration, Motivation und Konfliktverarbeitung (z.B. Paulus, Augustin, Luther)[632].	Die folgenden beiden Bausteine dienen der Ermittlung der funktionalen Leistungen von Religion. Der Weg über psychologische und soziologische Religionskritik[633] ist dabei unerläßlich, da die positiven Leistungen für Persönlichkeits- und Gesellschaftsbildung auch immer in Gefährdungen umschlagen können.
Soziologische Religionstheorie und Kritik	Religion als Opium (K. Marx): Herrschaftssicherung und Kompensation; Religion als Sinn- und Wertintegration der Gesellschaft (funktionale Theorie); Religion als Stabilisierung, Normorientierung und Protest (z.B. Jesu Wunder, Gleichnisse, Gesetzesinterpretation).	Auch der religiöse Mensch muß sich der Ambivalenz seiner Orientierungen bewußt sein. Es wird eine Konzentration auf »Klassiker« der Theoriebildung empfohlen, weil sich an ihnen auch die wissenschaftliche Diskussion orientiert. Die theoretischen Ansätze sollen mit Erscheinungen des christlichen Glaubens verifiziert und korrigiert werden. Die genannten Theorien zur Entwicklung der Religionen sind beliebig austauschbar. Gemeinsam teilen sie die Auffassung einer bevorstehenden Eliminierung von Religion bzw. Transformation in Moral, Wissenschaft oder Lebenspraxis. Vorausgesetzt, daß in den Religionen die anthropologisch offene Sinnfrage Antworten mit letztgültigem Wahrheitsanspruch findet, wird den Erben die gleiche Leistung abgefordert. Sie müssen als Ersatzreligionen dienen.
Säkularisierung und Moralisierung oder neue Religiosität:	Ablösung der Religionen durch Wissenschaften (Rationalismus); Pluralisierung und Privatisierung religiöser Überzeugungen (Funktionalismus); Ablösung der Religion durch universale Prinzipienmoral (sozialphilosophische Entwicklungslogik); Neue Religiosität und neue Spiritualität innerhalb und außerhalb der Kirchen; Die weltanschaulichen Voraussetzungen der Entwicklungstheorien (Religionsersatz).	
Marxismus – Religion oder Wissenschaft?	Begriffserläuterung: Wissenschaftliche Weltanschauung, dargestellt am historischen und dialektischen Materialismus: universale Geschichts- und Gesellschaftstheorie; Überprüfung an den erarbeiteten funktionalen Momenten von Religion, z.B. Integration, Motivation, Konfliktbearbeitung, Sinn- und Normvermittlung, Protest und Trost. Welche Funktionen füllte der Marxismus aus?	In diesem Baustein sollen nach einer Einführung bzw. Wiederholung der Grundlagen des dialektischen und historischen Matelismus die funktionalen Bestimmungen und Kriterien für Religion, die bisher erarbeitet wurden, auf die marxistische Geschichts- und Gesellschaftstheorie angewendet werden. Es genügt eine Auswahl und der Hinweis auf das innerhalb der marxistischen Diskussion selbst festgestellte Trostdefizit

Thematische Bausteine	Inhaltliche Vorschläge (zur Wahl)	Didaktische Hinweise
	Welche Aussagen sind empirisch überprüfbar, welche nicht (betr. zukünftige Entwicklungen)?; Marxismus als Ersatzreligion (Phänomene im Alltag, z.B. Jugendweihe, Personenkult).	(angesichts der Kontingenzen des Lebens). Es wird sich zudem zeigen, daß nur ein geringer Teil der marxistischen Thesen empirisch verifizierbar, aber eine Reihe negierbar sind.
Welchen Sinn, welches Heil, welche Ganzheit? – Kriterien des christlichen Glaubens	Gruppen- oder Weltbezug? Individuelles Erleben und/oder gesellschaftliche Verantwortung? Leiden und Sinnlosigkeit – Vertröstung auf ein Jenseits oder Annahme der Lebensrätsel? Überprüfung der Leitfragen an ausgewählten Stücken der Jesusüberlieferung.	Die Intention des letzten Bausteins kann auch immer dann eingebracht werden, wenn die entsprechenden Phänomene in den vorangehenden Bausteinen zur Sprache kommen. Es soll deutlich werden, daß auch die christliche Religion den angesprochenen Gefährdungen unterliegt und sich deshalb ständig neu überprüfen lassen muß.

Hinweise für Leistungskurse:

a) Die psychologischen und soziologischen Theorien sowie die sozialkulturellen Entwicklungstheorien können durch weitere Vertreter variiert werden. Man sollte dann stärker den zeitgeschichtlichen Hintergrund ins Spiel bringen. Im letzten Baustein gegebenenfalls Informationen zur Jesusüberlieferung einfügen.

b) Religionsphänomenologische Theorie; Religion in der Kritischen Theorie (Horkheimer/ Adorno); Religion in einer religionslosen Welt (D. Bonhoeffer und Nachfolger).

2. Rahmenthema: Dialog oder Mission? – Zur Konkurrenz der Religionen

Intentionen: An ausgewählten Religionen den Zusammenhang zwischen Offenbarungs- bzw. Selbstverständnis, Missionsverständnis und Dialogbereitschaft ermitteln; Erfahrungen des interreligiösen Dialogs reflektieren und Möglichkeiten eines sachgemäßen und problemangemessenen Miteinanders erörtern.

Thematische Bausteine	Inhaltliche Vorschläge (zur Wahl)	Didaktische Hinweise
Mission und Konkurrenz	Islamische und christliche Missionen in Afrika; Christliche Missionsarbeit in hinduistischer Umgebung; Diskussionen um die christliche Judenmission; Kritik an der Mission: Zerstörung kultureller Identitäten, Absolutheitsanspruch, Mission und Kolonialismus, Abhängigkeit vom Westen. Gemeinsame Suche nach der Wahrheit des ganzen Lebens.	Es genügt ein Beispiel, um Konkurrenzsituationen und Kritik darzustellen. Am schwierigsten ist das Problem der Judenmission, die heute auch innerhalb der Kirchen auf Ablehnung stößt, da sich Christen und Juden als Brüder begreifen lernen. Aus christlicher Sicht müßte aber auch die Beziehung zu den anderen Religionen verwandtschaftlich sein. Denn alle suchen Gott, dienen aber auch Eigeninteressen.

Thematische Bausteine	Inhaltliche Vorschläge (zur Wahl)	Didaktische Hinweise
Strenger Monotheismus und missionarischer Eifer – Der Islam	Begriff Islam: Hingabe an den einzigen Gott; Der endgültige Offenbarer: der Prophet; Vorbildlichkeit des Lebens und wörtliche Verbindlichkeit der Lehre – Theokratie/Umma/Heiliger Krieg: Einheit des religiösen, politischen und sozialen Lebens; Regeln der Lebensführung (fünf Säulen); Ehe als Rechtsinstitut; Ausbreitung und Mission: Verhältnis zu den Buchreligionen Judentum und Christentum: Anerkennung in einem untergeordneten Status.	Von den folgenden Religionen sollten in der Regel zwei ausgewählt werden, um das Problem von Dialog und Mission auf dem Hintergrund des entsprechenden Selbstverständnisses zu erörtern. Der interreligiöse Dialog wird ja normalerweise auch nicht gleichzeitig mit allen Religionen, sondern von christlicher Seite mit Vertretern einer der genannten Religionen geführt. Jeder Baustein sollte mit einer Erörterung der Möglichkeiten und Schwierigkeiten eines Dialogs mit der jeweiligen Religion abschließen.
Erleuchtung, Erkenntnis und Integration aller Religionen – Der Hinduismus	Hinduismus als Volksreligion – Hinduismus als Seinsphilosophie; Integration religiöser Vielfalt in den Kreislauf und die ewige Ordnung des Lebens (Karma Samsara, Dharma und Kastenordnung); Erlösung als Lösung aus dem Kreislauf des Lebens und Aufgehen im Absoluten (moksha); Monistische und pantheistische Grundlage mit verschiedenen Repräsentationen des Göttlichen; Verschiedene Heilswege und Frömmigkeitsformen, Toleranz und Integration verschiedener Traditionen als Wege zur Wahrheit – Gewaltlosigkeit.	Über entsprechende Beispiele berichtet regelmäßig die Evangelische Zentralstelle für Weltanschauungsfragen, Stuttgart (Materialdienst, Arbeitstexte, Informationstexte).[634] Auf Schülermaterialien zur Erschließung der Weltreligionen wurde mehrfach hingewiesen. Hier ist auch Gelegenheit zu arbeitsteiligem Vorgehen – Gruppen erarbeiten die Vorstellung einer Religion – oder zu Schülerreferaten. Durch die Konzentration auf das Missions- bzw. Dialogverständnis ist eine Vorgabe gesetzt, die ein Ausufern verhindern sollte.
Überwindung des Begehrens und Leidens durch Lehre und Vorbild (Askese) – Der Buddhismus	Wurzeln im Hinduismus Einsichten Buddhas: Leben ist Begehren und Leiden; Überwindung des Kreislaufs der Wiedergeburten durch Askese – Die mönchische Lebensform: Der achtfache Pfad; Zen und Zen-Meditation; Keine aktive Mission, sondern Vorbild und Belehrung; Andere Religionen als Teile des zu überwindenden Lebens.	Als integrative und dialog-offene Gruppe wäre auch die Bahai-Religion zu nennen, die auf islamischem Boden gewachsen ist und einige Elemente anderer Religionen integriert hat. Sie unterhält auch in Europa ihre Zentren. Deren Bauweise verdeutlicht den integrativen Anspruch.
Gelebter Glaube zwischen Erinnerung und Erwartung – Das Judentum	Grunderfahrungen jüdischen Glaubens: Auszug und Bundesschluß; Die Bedeutung der Thora (Weisung) für die alltägliche Lebensführung; Thora als Geschenk, Gehorsam als Gnade;	Das Judentum treibt keine aktive Mission und richtet derzeit auch hohe Hürden für Übertrittswillige auf (mehrjährige Gemeindearbeit und intensiver Unterricht, strenge Prüfung). Die religiöse Identität wird in einer Übereinstimmung zwischen Tradition und Lebensführung gese-

Thematische Bausteine	Inhaltliche Vorschläge (zur Wahl)	Didaktische Hinweise
	Messiaserwartung; Zerstreuung, Verfolgung und Erhaltung der jüdischen Identität (Nicht-Vermischung); Keine Mission, nur vorbildliche Lebensführung; Die Diskussion um Jesus im neueren Judentum: Jesus als Lehrer, nicht als Messias; Verhältnis zum Christentum: Der Glaube Jesu (an Jahwe) und der Glaube (der Christen) an Jesus (als Christus).	hen und ist mit dem Schicksal des Volkes (Erwählungsgedanke) untrennbar verbunden. Die Erwartung richtet sich in erster Linie auf die Erlösung und Verherrlichung des Volkes als Zentrum der universalen Erlösung. Daher ist Mission weder nötig noch erwünscht. Der christlich-jüdische Dialog ist auf die Auslegung des Alten Testaments und auf die Person Jesu konzentriert. Auf jüdischer Seite ist die Anerkennung Jesu als dem Pharisäismus zuzuordnender Lehrer oder »Bruder« (Martin Buber, Schalom Ben-Chorin) nicht unumstritten.
Christentum und Religionen	Katholische Kirche und andere Konfessionen, andere Religionen: Annäherungen an die Wahrheit und neue Elemente von Wahrheit. Wahrheit und Katholizität (Erklärung des 2. Vat. Konzils über das Verhältnis zu den nichtchristlichen Religionen, Dekret über den Ökumenismus) Evangelische Kirchen und Kirchen im ökumenischen Rat: Christus ist die letztgültige Offenbarung Gottes. Alle Kirchen haben die Wahrheit dieser Offenbarung vor sich, keine verfügt darüber. Verpflichtung zu gemeinsamer christusbezogener Reflexion; Elemente der Wahrheit in den nicht-christlichen Religionen, aber Verkündigung der Erlösung durch Jesus Christus in aller Welt. Gemeinsame Verpflichtung zur Ermittlung von Humanität, Lebenssinn und zur Erhaltung der Welt.	Alle Religionen beanspruchen die »Fülle der Wahrheit« für sich – während sie den anderen einen Anteil daran einräumen. Dies gilt im Christentum besonders für die offizielle katholische Lehre, die die Kirche zwar mit den anderen Religionen zusammen auf dem Weg zur Wahrheit sieht, aber mit dem Vorzug der Gewißheit, auf dem richtigen Weg am weitesten vorangeschritten zu sein. Die evangelischen Kirchen sehen sich mit den anderen Kirchen des ökumenischen Rats stärker in historisch-gesellschaftliche Abhängigkeiten verstrickt und wagen es daher nicht, das Maß vorhandener Wahrheitserkenntnis vergleichend zu bestimmen. Die Wahrheit wird – eschatologisch offen – in Christus gesehen und von ihm her erwartet. Damit ist ein Vorzug gegenüber den anderen Religionen behauptet, der aber nicht zu Rechthaberei mißbraucht werden darf. Es ist denkbar, daß Angehörige anderer Religionen näher am »Reich Gottes« leben und denken als Christen. Der Christ wird auch im interreligiösen Dialog auf Christus hinweisen, der aber seiner Verfügung entzogen bleibt.

Hinweise für Leistungskurse sind entbehrlich, da die Vielfalt der Religionen die Grenzen jedes Leistungskurses überschreiten dürfte.

3. Rahmenthema: Symbole des Bösen – Zur Erfahrung von Zerstörung und Verletzung

Intentionen: Erfahrungen und Symbolisierungen des Bösen zur Sprache bringen und nach Gründen bösen Handelns fragen; in Symbolen des Bösen das Erleben von Ohnmacht, Angst und Ausgeliefertsein erkennen; den Ursprung des Bösen und die Verselbständigung böser Taten in der Menschheitsgeschichte verfolgen; Die Wirkung von Zwangs- und Sicherheitsmaßnahmen sowie die Chancen eines liebevollen und geduldigen Verhaltens im Sinne Jesu erörtern.

Thematische Bausteine[635]	Inhaltliche Vorschläge (zur Wahl)	Didaktische Hinweise
Erfahrungen des Bösen in Gegenwart und Vergangenheit	Menschen und Lebewesen als Opfer der Zerstörung – Berichte der Massenmedien – Filme zum Bösen (z.B. I. Bergmann/Polanski) – Manifestation und Symbolfiguren des Bösen in Geschichte und Gegenwart.	Die erste »phänomenologische« Erschließung des Problemfelds soll nicht nur »böse« genannte Erscheinungen, sondern auch Symbolisierungen, Deutungen und alltäglich diskutierte Problemstellungen enthalten. Dabei können schon Diskrepanzerfahrungen zwischen Intentionen und Folgen von Handlungen deutlich werden.
Das Böse – Konstruktionsfehler von Mensch oder Kultur?	Das »sogenannte« Böse;[636] Psychische Antriebe: Gelernte und angeborene Aggressionen; Soziale Voraussetzungen: Unterdrückung und Verdinglichung (Marxismus); Anthropologisch: »Konkupiszenz« der Menschennatur (Stoa, Neuplatonismus, Augustin).	Die Versuche, böse und gut monokausal auf Antriebe oder Verhältnisse zurückzuführen, sind Legion. Daher ist es sinnvoll, die beiden thematischen Bausteine in Gegenüberstellung zu behandeln. Ergebnis könnte sein, daß der Mensch verschiedene, oft widersprüchliche, soziale wie asoziale Antriebe hat und ebensolche Verhältnisse schafft, aus deren
Das Gute – Überlebenshilfe der Menschennatur?	Ambivalenz der Vater- und der Mutterliebe und der zwischengeschlechtlichen Liebe; Sozialität des Menschen – altruistischer Antrieb, aber auch Hilfe zur Solidarität unter Verbrechern.	Zusammenwirken erst Böses oder Gutes erwächst, das mithin beeinflußbar bleibt.
Das Böse: Risiko der Freiheit – oder biblische Sicht	Die sog. Sündenfallgeschichte (Gen 3,1–19): In den alltäglichen Beziehungen entspringt das Böse im Herzen der Menschen und bezieht das Umfeld ein. Deutung der Figuren als innere Stimmen; Erkenntnisdrang und Lebenssteigerung am Ursprung des Bösen, der unstreitige Gewinn an Freiheit durch Grenzüberschreitung trägt das Risiko der Verletzung in sich; Der Mensch versteckt sich, weil er sich seiner im ganzen schämt, sich als »Sünder« erfährt. Gott betraut ihn aber trotz des Risikos mit neuen Lebensaufgaben.	Die mythische Geschichte verlegt die inneren Vorgänge in Figuren und Beziehungen. Der Mensch strebt als Gemeinschaftswesen nach einem »Sein wie Gott« durch Wissen des absolut Guten und Bösen. Indem er sich aber Wissen und Macht erwirbt, zerstört er elementare Lebensbeziehungen. Er erfährt sich als schlechthin bedroht und bedrohlich. Darum verbirgt er sich. Er verstrickt sich in seinem gefährlichen Zustand. Gottes Widerspruch gegen das Böse beginnt mit dem Herausrufen. Gott traut dem Menschen noch Lebensgestaltung zu, obgleich mit der bösen Tat ständig zu rechnen ist.

Thematische Bausteine	Inhaltliche Vorschläge (zur Wahl)	Didaktische Hinweise
Der Risikofall Mensch – Sicherheitsmaßnahmen	Menschliche Maßnahmen zur Eindämmung des Risikos Mensch: Erziehung als Gewöhnung an Normen durch Gebote, Verbote, Vorbilder; Fernhalten von schlechten Einflüssen – Beispiele; Gesetze und Strafen – Straftheorien: Abschreckung, Sühne, Erziehung; Überwachungseinrichtungen, Ordnungsmächte – Funktionen und Effekte; Militärische Rüstung als ambivalentes Mittel: Schutz vor und Werkzeug von Bösem.	Um sich vor sich selbst und vor anderen zu schützen, hat der Mensch gewaltige Systeme aufgebaut. Ihr Effekt ist aber nicht eindeutig. Sie erreichen eine gewisse Eindämmung des Bösen, werden jedoch selbst zu Werkzeugen böser Entwicklungen. Dies gilt nicht nur für das Militär, sondern auch für die Erziehungs- und Strafpraxis.
Das Böse durch das Gute überwinden	Röm 12,21 – ein Motto für die Lebenspraxis Jesu; Zurückgewiesene Versuchungen (Mt 4,1–13/ Lk 4,1–11); Aktive Auseinandersetzung mit Bösem und Vertrauen auf die Übermacht der Güte und Gerechtigkeit Gottes, z.B. Antithesen der Bergpredigt (Mt 5,21 bis 48); Jesu Zuwendung zu den Ausgeschlossenen (Zöllner, Römer u. a.) und »Besessenen«, Auseinandersetzungen mit Gesetz und Willen Gottes (Mk 2,23–36; 7,1–15; 10,2–12); Die Tempelreinigung (Mk 11,15–19 parr); Das wehrlose Leiden des Unschuldigen (Joh 18 + 19); Erfolge eines Handelns im Sinne Jesu mit dem Ziel einer Veränderung statt einer Bändigung des Menschen? Beispiele und Gegenbeispiele. Allein im Glauben ist die Hoffnung auf die Übermacht der Güte Gottes (Auferstehung) festzuhalten.	Die Texte zeigen keineswegs einen sanften oder harmlosen Jesus. Kämpferisch und provokativ durchbricht Jesus im Reden und Handeln die Gesetze, Ordnungen und Gewohnheiten, die in seiner Zeit selbst zum Mittel des Bösen geworden waren. Sein wehrloses Leiden liegt in der Konsequenz des gewaltfreien Kampfes. Die Darstellung des Johannes zeigt besonders schön die Stärke und Qualität des Kampfes Jesu.

Hinweise für Leistungskurse:

a) Erweiterung zum zweiten Baustein: Die Dialektik menschlicher Grundtriebe bei Schopenhauer, Freud oder A. Adler; Zum dritten Baustein: Die Figur des Satans in der Bibel: Begrenzte Wirksamkeit des Bösen.

b) Zusätzliche Bausteine: Symbolisierung des Bösen in der (christlichen) Kunst — ausgewählte Beispiele; Sünde und Erbsünde: Versuche der Erklärung der überindividuellen Mächtigkeit des Bösen (Augustin, Thomas, Luther, moderne Deutungen); Der einzelne in den Strukturen des Unrechts: das Handeln des Michael Kohlhaas oder »lieber Unrecht leiden als Unrecht tun« (Sokrates). Kann der einzelne in Unrechtsstrukturen gerecht bleiben?

4. Rahmenthema: Wege zur Wirklichkeit – Wissenschaft, Glaube, Weltanschauung[637]

Intentionen: Erwartungen und Befürchtungen erheben, die mit gegenwärtiger wissen-
                 schaftlicher und religiöser Praxis verbunden sind; Wirklichkeitsbezug und
                 Erkenntnisinteressen aus verschiedenen Epochen der Wissenschaftsgeschichte
                 kennenlernen und den jeweils damit zusammenhängenden Stellenwert von
                 Religion bestimmen; Über Funktionen und Möglichkeiten religiöser Wirk-
                 lichkeitsdeutung in der Gegenwart nachdenken.

Thematische Bausteine	Inhaltliche Vorschläge (zur Wahl)	Didaktische Hinweise
Fortschritt wohin? – Erwartungen und Befürchtungen angesichts wissenschaftlicher Praxis	Vernünftige Erkenntnis gegen unvernünftigen Offenbarungsglauben (z.B. E. Haeckel);[638] Lösung von Menschheitsproblemen wie Hunger, Krankheit, Leiden, Energieversorgung; Erweiterung von Handlungsmöglichkeiten über die Erde hinaus und Durchschauen aller Naturordnungen; Negative Erfahrungen wie Umweltzerstörung, Hochrüstung, Arbeitsplatzvernichtung, Manipulation und Überwachung des Menschen, Zerstückelung der Erfahrungswelt.	Die großen Erwartungen an Wissenschaft und Technik wurden bis in die jüngere Vergangenheit naiv vorgetragen (z.B. Erwartungen hinsichtlich der Kernenergie). Heute überwiegt Pessimismus,[639] weshalb an die unverzichtbaren Leistungen und an den Umstand zu erinnern ist, daß die Überlebensprobleme nur mit Hilfe von Technik und Wissenschaft zu lösen sind.
Ganzheit – Verheißung oder Illusion? Erwartungen und Befürchtungen angesichts religiöser Praxis	Erfahrung von Ganzheit und Liebe, Zugang zum Geheimnis des Lebens, Erleuchtung, Reinigung, Vereinigung, Erfahrung von Geist, Kraft und Mut (charismatische Bewegungen); Gemeinschaft, Geborgenheit, moralische Klarheit (neue religiöse Bewegungen); Realitätsverlust und Leben in einer Sonderwelt – Einschränkung der Beziehungen auf Gleichgesinnte; Wiederbelebung autoritärer Abhängigkeitsstrukturen u.ä.	Die Suche nach Ganzheit und authentischer Erfahrung artikuliert sich nicht nur in explizit religiösen Formen, sondern auch in therapeutischen Gruppen, in neuen Formen solidarischer Praxis, in »Reisen nach innen«.[640] Die häufig zu hörende Kritik sollte beachten, daß die zerstückelte Realität und formalisierte Beziehungswelt selbst mit einigem Recht als anormal bezeichnet werden kann.
Antike »Wissenschaft«: Anschauung der ewigen Ordnung	Altorientalisches, griechisches oder mittelalterliches Weltbild – Erfassen einer ewigen ganzheitlichen Ordnung (= Kosmos); Der Ort des Menschen in der Mitte – Bewahren der Ordnung; Kosmische Ordnung impliziert sittliche Ordnung (z.B. Aristoteles, Stoa, Augustin, Thomas); Analogie zwischen Naturgesetz und Naturrecht.	Die folgenden drei Bausteine[641] erläutern in drei Phasen den Wandel der Weltbilder und des Wissenschaftsverständnisses von der Antike bis zur Gegenwart, um die Differenz und Konkurrenz zwischen modernem wissenschaftlichen und religiösem Wirklichkeitsverständnis aufzuzeigen. Gleichzeitig werden die komplementären Intentionen beider »Zugänge zur Wirklichkeit« deutlich.

Thematische Bausteine	Inhaltliche Vorschläge (zur Wahl)	Didaktische Hinweise
Neuzeitliche Wissenschaft: Erkenntnis gesetzmäßiger Ordnungen hinter den Erscheinungen durch Vernunft – vernünftige Religion als vernünftige Moral	Galilei: Erkenntnis von Gesetzmäßigkeiten durch bedingte Beobachtung. Gesetzmäßigkeit verweist auf vernünftige Ordnung. Descartes: Vernunft vergewissert sich der Wahrheit, vermutlich auch tragfähig für die Bestimmung der Sittlichkeit. Kant: Natur und Verhalten vor dem Forum der Vernunft (auch J. Kepler, J. Bruno, I. Newton).	Zu Galilei vgl. C. F. v. Weizsäckers Ausführungen.[642] Decartes' Auffassungen am kürzesten und klarsten in einem Brief an Chanut (15. Juni 1644): ». . . daß mir der ungefähre Begriff der Physik, den ich mir zu verschaffen versuchte, sehr genützt hat, um sichere Grundlagen für die Moral festzulegen.[643]
Wissenschaftliches-technisches Zeitalter: Natur und Mensch als Forschungsfelder – pragmatisch technologisches Interesse an Fortschritt und Machtgewinn/Privatisierung von Religion und Moral	Niels Bohr und Werner Heisenberg: Wissenschaft als methodisch kontrollierte und nachvollziehbare Beziehung von Subjekt und Gegenstand; Forschung als Konstruktion und Veränderung von Wirklichkeit; Unendlichkeit des Forschungsprozesses; Technische Verwertbarkeit der Forschungsergebnisse als Forschungszweck. Das Postulat der Wertfreiheit (Max Weber), Vergleichgültigung der Wesensfragen. Wir können, sollen wir? (Beispiele).	Komplementaritätsthese (Bohr) und Unschärferelation (Heisenberg) demonstrieren, daß es »objektive« Erkenntnisse im strengen Sinn nicht gibt. Es hängt von der Beobachtungsperspektive ab, welches Wirklichkeitsbild zugänglich wird. »Der Gott der Physik ist da, um uns zu geben, was wir wünschen, aber nicht, um uns zu sagen, was wir wünschen sollen« (C. Dippel).[644]
Religion zwischen Regression in den Mythos und naivem Geschichtsoptimismus – Glaube als Begegnung mit dem Leiden	Phänomene der Rückkehr in die Kindheit in traditionellen und neuen religiösen Gruppen; Fortschrittsoptimismus in religiös-moralischen Entwicklungstheorien.[645] Das Kreuz als Symbol der Annahme des Leidens der Schöpfung, der Menschen und Kreaturen; Das Leiden Gottes in und an der Welt; Auferstehung als Hoffnung der Leidenden; Annahme von Endlichkeit, Mangelhaftigkeit und Bösem im eigenen Leben und in der Schöpfung.	Mit Hilfe von Religion kann man aus der zerstückelten und leidenden Welt in Ganzheitsillusionen fliehen oder die Entwicklung selbst als zielgerichtet zu universaler Vernunft strebend ansehen und so mit religiösen Weihen versehen. Das Geheimnis der Wirklichkeit findet der Christ aber weder im Fortschritt noch im Mythos, sondern im geschichtlichen Leiden Gottes am Kreuz der Welt.[646] Damit werden Endlichkeit, Leiden und Böses nicht eliminiert, sondern in die Gabe des Lebens hineingenommen.

Hinweise für Leistungskurse:

a) Ein Ausbau der einzelnen Bausteine ist mit Hilfe von Textinterpretationen zu den angegebenen Positionen und Personen zu empfehlen. An den 3., 4. und 5. Baustein kann eine Erläuterung des jeweiligen Geschichtsverständnisses als Konsequenz des herrschenden Vernunftsverständnisses angeschlossen werden.

b) Zusätzliche Bausteine: Theologische und psychologische Auseinandersetzung mit Ronald Laing: Phänomenologie der Erfahrung (s. Anm. 640).

nasialen Oberstufe gegenüber der vorangehenden Zielperspektive verselbständigt – verbindet eine Einführung in grundlegende Methoden theologischer Hermeneutik und Urteilsbildung mit der Diskussion um Geltung und Relevanz von religiösen oder weltanschaulichen Aussagen und führt damit in die Kriteriendiskussion um Religion und Glauben ein. Die Zielperspektive setzt eine theoretische Haltung in Glaubensfragen bereits voraus, wie sie in der Qualifikationsphase (12./13. Klasse) unter günstigen Verhältnissen erwartet werden kann. Sie verlangt im übrigen einige Grundkenntnisse zur biblischen Überlieferungsgeschichte und zu den Hauptinhalten des christlichen Glaubens (Gott, Jesus Christus, christliche Geschichtsdeutung), wie sie (allerdings nur selten) in den oberen Klassen der Sekundarstufe I und in der 11. Klasse erworben werden können. Solche günstigen Voraussetzungen sind aber nicht die Regel. Oft kann erst in der 12. Klasse eine Einführung in die Problematik biblischer Überlieferungsgeschichte und theologischer Urteilsbildung erfolgen, weil im 9. – 11. Schuljahr Schwierigkeiten bei der Selbstfindung und sozialkulturellen Orientierung die Auseinandersetzung mit Glaubensfragen so stark beeinflussen, daß kaum Zeit und Aufmerksamkeit für theoretische und methodische Probleme zu gewinnen sind. Für solche Fälle wird vorgeschlagen, das Angebot zur vierten Zielperspektive auf theoretisch-methodische Grundfragen und -kenntnisse zu konzentrieren, d.h. die beiden im vorigen Abschnitt für Klasse 11 vorgeschlagenen »Orientierungskurse« bzw. »Leistungsvorbereitungskurse« zusammen mit den beiden ersten der vier folgenden Rahmenthemen zu wählen, also Einführungskurse zur biblischen Überlieferung, zur Urteilsbildung aus theologisch-ethischer Sicht, zu Kriterien der Beurteilung von Glaubensaussagen (Religionskritik) und zum Verhältnis von Glauben und Erfahrung an Beispielen religiöser und areligiöser Geschichtsdeutung (Sinn in der Wirklichkeit) anzubieten. Die beiden letzten Rahmenthemen führen dann das hermeneutische Problem hinsichtlich des Überlieferungsverständnisses und der Relevanz von Glaubensaussagen weiter. Unter dem Thema »Gotteswort und Menschenwort« wird nach der Verbindlichkeit der Bibel und nach der Leistung von Auslegungsmethoden gefragt. Im Thema »Jesus Christus« geht es um die Legitimität von Glaubensaussagen angesichts der auffälligen Abhängigkeit der Jesusinterpretation von lebensgeschichtlich und sozialkulturell bestimmten Erfahrungsperspektiven und -interessen. Am Zentrum des christlichen Glaubens läßt sich am deutlichsten zeigen, wie religiöse Aussagen existentielle Erfahrungen widerspiegeln, sich aber zu diesen nicht notwendigerweise nur funktional, sondern auch qualifizierend verhalten können. Die beiden letzten Themen sind für Klassen mit biblischem und hermeneutischem Grundwissen gedacht. An sie sollte sich demnach das folgende Angebot richten:

1. Religionskritik – Zum Problem der Beurteilung von Glaubensaussagen
2. Sinn in der Wirklichkeit? – Zum Verhältnis von Glaubensaussagen und Erfahrungswissen
3. Gotteswort und Menschenwort – Bibelautorität, Bibelkritik und Bibelauslegung
4. Jesus Christus – Christologische Aussagen als Spiegel und Interpretation existentieller Erfahrungen

Klassen mit wenig hermeneutischen Vorkenntnissen wählen aus einem Angebot, das die Themen der beiden »Orientierungskurse« der Klasse 11 mit den ersten beiden Rahmenthemen dieser Zielperspektive kombiniert.

1. Rahmenthema: Religionskritik – Zum Problem der Beurteilung von Glaubensaussagen[647]
Intentionen: Typen und Gründe radikaler Religionskritik kennenlernen und die Kriterien dieser Kritik ermitteln; den Zusammenhang zwischen den Kriterien der Kritik und sozialkulturellen und weltanschaulichen Voraussetzungen erheben; religionskritische Tendenzen in der jüdisch-christlichen Überlieferung und deren Kriterien feststellen; die Legitimationsbedürftigkeit aller Kriterien einsehen und ihre relative Bedeutung beschreiben.

Thematische Bausteine	Inhaltliche Vorschläge (zur Wahl)	Didaktische Hinweise
Religionskritik im Alltag	Christlichkeit (Frömmigkeit) und Verhalten (moralische Glaubwürdigkeit); Es hilft nichts, an Gott zu glauben (Nützlichkeit); Religion (und Kirche) verderben Spaß, beschränken die Freiheit; Gott – ein Aufpasser in der Kindheit; Gottesglaube macht unterwürfig und politisch unmündig; Gott ist unnötig oder hinderlich für wissenschaftliche Welterklärung; Macht Glaube weltfremd? u.ä.	Alltägliche Religionskritik wird nebenbei in häuslicher und schulischer Interaktion geäußert. Sie repräsentiert den alltagsweltlichen Ertrag einer langen religionskritischen Tradition. Die folgenden Bausteine formulieren diese Kritik im Medium wissenschaftlicher Sprache und leiten zu ihrer kritischen Reflexion an, Schüler können durch Befragung und mit Hilfe von Dokumenten die genannten Kritikpunkte sammeln und vorläufig begründen.
Im Namen von Vernunft und Moral – Religionskritik der Aufklärung	Gegen kirchliche Machtansprüche und religiösen Fanatismus (Voltaire); Im Namen von Vernunft und Wissenschaft gegen den Aberglauben (d'Holbach); Gott als Fessel der Intelligenz (B. Russel). Kriterien: Moralität der Vernunft, Vernunft als Gottesersatz, z.B. Französische Revolution, B. Brecht: Die Verwandlung der Götter[648]; Kritik an vernunftwidrigem Götzendienst und an Machtmißbrauch in AT und NT.	Die aufklärerische Kritik richtet sich gegen die Funktion der Religion als Machtinstrument zur Beherrschung von Vernunft und Moral und die damit verbundene Unmoral. Eine solche Kritik durchzieht auch bereits die biblische Tradition als Kritik am Götzendienst und an den Versuchen, Gott für persönliche Macht- oder Sicherheitsinteressen zu funktionalisieren. Sie findet sich vor allem bei den Propheten und bei Paulus (z.B. Jes 44,9–20; Mi 3,5–12; Gal 4,8–11; 1 Kor 1,18–2,16). Wenn die Texte gewählt werden, muß man ihren situativen Bezug erläutern. Besonders der Korinther-Text zeigt, daß der christliche Gottesglaube Machtansprüche relativiert.
Im Namen von Glück und Menschlichkeit – Naturalistische und vitalistische Religionskritik	Gott als Darstellung des Ziels der menschlichen Gattung, als Projektion der Wünsche nach wahrem Menschsein (L. Feuerbach); Die Seligkeit auf Erden als leibliche und sinnliche Befreiung (H. Heine: Wir wollen hier auf Erden schon die Seligkeit gewinnen); Offenbarung in der Natur (E. Haeckel). Kriterien:	Die naturalistische und vitalistische Religionskritik bringt den oben genannten Verdacht der Lebenseinschränkung und Glücksfeindlichkeit der Religion auf den Begriff. Die Abwertung von Sinnlichkeit und die moralische Gesetzlichkeit in der Christentumsgeschichte liefern dieser Kritik gute Gründe. Sie setzt ihrerseits illusionistisch die Integrität von Natur und Mensch voraus

Thematische Bausteine	Inhaltliche Vorschläge (zur Wahl)	Didaktische Hinweise
	Identität und Selbstgenügsamkeit des nichtentfremdeten Menschen: Glaube an die Integrität von Natur und Sinnlichkeit Das Glück Jesu – bedingungsloses Lebens- und Gottesvertrauen; Schöpfung als gefährdeter Prozeß.	und überspringt die Gefährdungen durch böses Handeln. Jesu Lebenspraxis ist aus Vertrauen in die Übermacht der Liebe Gottes trotz entfremdeter Realität lebensfreundlich.
Religion als Illusion – marxistische und psychoanalytische Religionskritik	Religion als Opium des Volkes: Ausdruck des wirklichen Elends und »Protestation« gegen das wirkliche Elend (K. Marx) – Veränderung der gesellschaftlichen Zustände, die die Illusion hervorbringen; Lenins Religionskritik (»Opium für das Volk«): Enteignung und Einschränkung, Verbot von Öffentlichkeit; Gottesglaube als illusionäre Fortsetzung des kindlichen Vaterverhältnisses – Überwindung des Infantilismus (S. Freud); Fortschritt zu einer vaterlosen Gesellschaft (A. Mitscherlich) Kritierien: Der selbstmächtige Mensch ohne Abhängigkeiten. Dagegen E. H. Erikson: Religion als Wiederbelebung von Grundvertrauen; Die Mündigkeit der Söhne und Töchter Gottes (Gal 4,1ff.; 1 Kor 3,1f.; 13,11); Religion als reale politische Kritik, z.B. Prophetie, Praxis Jesu.	Marxistische und psychoanalytische Kritik formulieren Erfahrungen von Infantilisierung, Weltfremdheit, apolitischer Jenseitsorientierung und folgenloser Vertröstung. Die Kirchen- und Theologiegeschichte gerade des 19. Jahrhunderts, der politisch-soziale Konservatismus des Luthertums und des Konfessionalismus bestätigen das relative Recht dieser Kritik.

Hinweise für Leistungskurse:

a) Erweiterungen: 3. Baustein: Kritik im Namen der Lebendigkeit des Lebens (F. Nietzsche/A. Gide); E. Blochs Interpretation von Mystik und Mythos als Innewerden des Göttlichen im Menschen bzw. der menschlichen Bestimmung; Atheismus im Christentum.[649]

b) Zusätze: Existentialistische Kritik bei Sartre und Camus; Das Leiden als Religionskritik (Camus, Borchert, Andersch o.a.); Biblische Gottesbegegnungen (Offenbarung) als Religionskritik: Vom Bilderverbot bis zum »Tod Gottes«.

2. Rahmenthema: Sinn in der Wirklichkeit? – Zum Verhältnis von Glaubensaussagen und Erfahrungswissen

Intentionen: Verbreitete Wirklichkeitsdeutungen formulieren und mit typischen Modellen der Geschichtsdeutung in Beziehung setzen. Die erfahrungsbezogenen Voraussetzungen und Konsequenzen typischer Wirklichkeitsdeutungen erschließen; den christlichen Gottesglauben als Möglichkeit geschichtsbezogener Sinndeutung begreifen und über Chancen seiner Bewährung (= Bewahrheitung) nachdenken.

Thematische Bausteine	Inhaltliche Vorschläge (zur Wahl)	Didaktische Hinweise
Wer oder was bestimmt das Leben? – Wirklichkeitsdeutung und Lebensziele	Persönlicher Lebensvollzug vorwiegend abhängig oder mitbestimmt von: – individuellem Handeln – anderen Menschen – Gesellschaftsordnung – Zufall/Macht des Schicksals – göttlicher Führung Persönliche Lebensziele; für welche Werte kann/will ich mich (nicht) einsetzen und warum (Vorgabe einer Liste mit z.B. Gerechtigkeit, Liebe, Leistung, Fleiß, Gleichheit, Toleranz usw.)	Die Schüler können mit den angegebenen Vorgaben eine Rangfolge nach den Kriterien wesentlich/teilweise/überhaupt nicht erstellen.[650] Danach wären persönliche Lebensziele in Verbindung mit den erstplazierten Auffassungen zu erörtern, um die jeweils zutreffende Wirklichkeitsdeutung zu erheben. Dabei ist es nötig, geduldig nach den Gründen des Einsatzes für einen Wert zurückzufragen, um zur bestimmenden Wirklichkeitsauffassung zu gelangen.
Absurdes Leben/ sinnlose Welt – Erfahrungsvoraussetzung und Handlungskonsequenzen	Der Mensch – ein Irrläufer der Evolution (J. Monod), Voraussetzung: Wissenschaftlich läßt sich keine Zielrichtung der Evolution erkennen, Konsequenzen? Leben als sinnlose Tätigkeit (H. Kasak)[651] und absurde Veranstaltung, Konsequenzen: Es ist ungehörig, in der Welt zu leben, aber noch ungehöriger, die Welt mit neuen Unglücklichen zu bevölkern (Ingmar Bergman: Wilde Erdbeeren).[652] Welche Voraussetzungen haben solche Aussagen?	Die angeführten Texte und Autoren sind austauschbare Beispiele, um den Zusammenhang zwischen Erfahrungsvoraussetzung, Sinndeutung und Konsequenzen herzustellen. Bei Monod wird die wissenschaftliche Unerkennbarkeit von Sinn weltanschaulich verallgemeinert. Bergmans Text weist auf Liebesdefizite als Voraussetzung der Sinnlosigkeitserfahrung. Hinzuweisen wäre auf Camus' Konsequenz, die Absurdität im Kampf um Menschlichkeit auszuhalten.
Göttliche Ordnung des Kosmos, der Kreislauf der Geschichte – antike Welterfahrung und Lebensorientierung	Der Kosmos bei Plato oder Aristoteles; mythischer Geschichtskreislauf vom goldenen Zeitalter zur geschichtlichen Zeit (vgl. z.B. Thukydides); Analoge Ordnung von Natur und Moral nach der Stoa. Erfahrungsvoraussetzungen: Wahrnehmung geschichtlicher und natürlicher Regelmäßigkeiten; Gemeinwesen als geordneter Verband – Konsequenzen: Besonnene und mäßige Lebensführung, Ausgestaltung und Erhaltung der Ordnungen.	Die platonische Philosophie wurde im Gegenzug zur sophistischen Relativierung entwickelt. Die Verunsicherung durch die Relativität alles Seienden mußte ebenso abgewehrt werden wie ein unreflektierter Traditionalismus. Auch hier zeigt sich, wie bestimmte Momente der Erfahrungswelt negativ oder positiv aufgenommen und zu einer Gesamtdeutung verallgemeinert werden, die »wissenschaftlich« nicht mehr überprüfbar, sondern nur an der Erfahrung selbst zu »bewähren« ist.
Gott als Verheißung von Zukunft – die Geschichtserfahrung Israels	Rettung aus der Knechtschaft – die Exoduserfahrung; der Name Gottes (Jahwe): Ich bin der, als der ich da bin, oder: Der, der ins Dasein setzt (Ex 3,14); Der Bund als Chance eines beziehungsreichen Lebens (Schalom): Soziale Konsequenzen; Erfahrungen der Gefährdung, Gericht und Verheißung (Prophetie); Voraus-	Grundlegend ist die Exoduserfahrung, die sich auch in ungesichertem Wanderleben als Rettung bewährt. Von daher erklärt sich, warum die Israeliten mit der überraschenden Nähe eines nicht festgelegten Gottes rechneten, der ihnen Lebensmöglichkeiten offenhielt, auch wenn sie selbst die Beziehung zerstörten. Schuld und Gericht sind

Thematische Bausteine	Inhaltliche Vorschläge (zur Wahl)	Didaktische Hinweise
	setzung: Situation der Unterdrückten – Rettung und Befreiung (Ex 15,21) – Ungesichertes Wanderleben; Konsequenzen, z.B. Einschränkung der Besitzrechte, Schutz der Sklaven und Fremden u.ä.	in einer so offenen Beziehung, die menschliche Freiheit (auch zum Bösen) wahrt, unabdingbar, wenn das Handeln jedes Bundespartners ernst genommen werden soll.
Vertrauen in die Übermacht gewaltloser Liebe/Annahme des Leidens – die geschichtsverändernde Praxis Jesu	Die gewaltlose Liebesherrschaft Gottes: Gleichnisse als Bilder des Lebens in der Nähe Gottes; Das Gemeinschaftsleben Jesu, Vertrauen in die Güte des Schöpfers, Zuwendung zum Leidenden und zum Leiden. Lebensgeschichtliche Voraussetzungen unbekannt, für spätere Tradenten nur durch unmittelbare Beziehung zu Gott begründbar, die in den legendären Geburts-Kindheits- und Taufgeschichten zum Ausdruck kommt.	Das unerschütterliche Lebensvertrauen und die ungeteilte Liebe Jesu erscheint bis in die Gegenwart zu außergewöhnlich, um auch mit den günstigen lebensgeschichtlichen Voraussetzungen hinreichend erklärt werden zu können. Die legendären Überlieferungen zur Herkunft und zur Kindheit Jesu verweisen auf ein außergewöhnliches »Da-Sein« (= Jahwe) Gottes in Jesus als Ermöglichung dieser Praxis und als Hoffnungssymbol für die Nachfolger.
Sinnstiftung durch Hoffnung in ambivalenten Prozessen – Glaube als Praxis der Weltgestaltung	Pessimistische Lebensperspektiven in der technisch-wissenschaftlichen Zivilisation; Der Mensch als gescheiterter Weltgestalter (neuzeitlicher Fortschrittsglaube) in irreversible Vernichtungsprozesse verstrickt? Chancen einer Hoffnungspraxis im Sinne Jesu – Erörterung von Beispielen (M. L. King, Gandhi, ökologische Initiativen, Friedensaktivitäten) Vertrauen auch bei Vernichtung wie in Gen 8,22 oder Jer 31,31 ff.?	Der Baustein kann an die vermutlich dominierenden Ergebnisse der ersten beiden Bausteine anknüpfen, um die erfahrungsgestaltende Kraft des Glaubens zur Diskussion zu stellen. Dabei ergibt sich die Gelegenheit – auch im Rückgriff auf das Ereignis Jesus Christus – die mißverständliche Rede von der »Fügung Gottes«, die von den Schülern meist abgelehnt wird, zu korrigieren. Das landläufige Verständnis, daß menschliche Freiheit erstickt wird, ist theologisch illegitim Gottes »Führung« ist die Eröffnung von Lebenschancen, die der Mensch in Freiheit wahrnehmen, aber auch vernichten kann.

Hinweise für Leistungskurse:

a) Die Bausteine 2 – 5 können mit entsprechenden Texten aus Humanwissenschaften, Literatur und Theologie vielfältig erweitert werden.

b) Zusätzliche Bausteine: Vernünftige Konstruktion einer besseren Menschengesellschaft: Der Mensch als Vollstrecker des moralischen Ziels der Geschichte (neuzeitliche Geschichtsphilosophie von Kant bis Hegel); Geschichte als revolutionärer Evolutionsprozeß mit dem Ziel der gerechten und vernünftigen Gesellschaft (Geschichtsdialektik bei Marx und in neomarxistischen Entwürfen).

3. Rahmenthema: Gotteswort und Menschenwort – Bibelautorität, Bibelkritik und Bibelauslegung[653]

Intentionen: An Beispielen alltäglichen Bibelgebrauchs Schwierigkeiten und Gründe der Bibelentfremdung erarbeiten; Schwierigkeiten hinsichtlich des Wandels der Weltbilder und der Lebensformen und widersprüchlicher theologischer Aussagen und Auslegungen an Beispielen mit Hilfe neuerer Auslegungsmethoden aufarbeiten; Die wichtigsten hermeneutischen Modelle der Vergangenheit und Gegenwart kennenlernen und auf die eigene Erfahrung mit Bibeltexten anwenden.

Thematische Bausteine	Inhaltliche Vorschläge (zur Wahl)	Didaktische Hinweise
Bibel – alltäglicher Umgang, alltägliche Schwierigkeiten	Bibelpraxis in Westeuropa: – Bibelstellen nur an festlichen Höhepunkten oder in Krisen (Konfirmandenspruch, Trautext usw.), Verhalten der Zuhörer? – Bibel als Grundlage gottesdienstlicher Predigt – Probleme – Tägliche Bibellese und »Losung« in kleinen Gruppen: Zuspruch und Weisung für den Tag – Umsetzung in die Alltagspraxis (Beispiel)? Bibelpraxis in der Dritten Welt, z.B. das Evangelium der Bauern in Solentiname – politische Konsequenzen. Persönliche Bibellektüre: Entdeckungen und Schwierigkeiten	Im Vordergrund stehen die hiesigen alltäglichen Probleme mit der Bibel. Sie treten bei allen drei genannten Typen auf. Die Schüler kennen mindestens aus der Zeit des Konfirmandenunterrichts einige der Schwierigkeiten. Über die Praxis täglicher Bibellese muß der Lehrer gegebenenfalls informieren. Er kann Tagungslosung und Text verlesen und jeden bitten, ein persönliches Votum zu formulieren. An dem ungewohnten Beispiel aus der 3. Welt kann auch die Legitimität der praktizierten Auslegung diskutiert werden. Bei selbständiger Lektüre eines kleineren biblischen Buches sollen die Schüler Entdeckungen, Fragen und Schwierigkeiten notieren.
Veraltetes Weltbild – verändertes Lebensgefühl	Argumente: Wichtige Glaubensaussagen nur im alten Weltbild verständlich; antiker Mensch weiß sich abhängig von Natur, Göttern, Dämonen, Gestirnen; der moderne Mensch kennt die Naturgesetze und gestaltet danach seine Welt. Beispiel für Erarbeitung: Wundergeschichten aus AT und NT (nach Wahl): Abhängigkeit der Botschaft (Zeichen der beginnenden Gottesherrschaft) vom Weltbild; Streit zwischen fundamentalistischer (Gottes Tat) und rationalistischer Auslegung (legendäre Ausschmückung natürlicher Ereignisse). Heutige Exegese: Wunder als mögliche Ereignisse im alten Weltbild (historisch) – Wunder als symbolische Handlungen.	Der Wandel vom mythischen zum aufgeklärten Weltbild bedeutet nicht nur eine Veränderung grundlegender kognitiver Muster, sondern geht mit einer ebenso grundlegenden Veränderung des Lebensgefühls einher. Bei der Auslegung von Wundergeschichten (Anknüpfung an Sek. I, evt. Klasse 11) läßt sich dies am deutlichsten zeigen. Fundamentalistisches Verständnis der Bibelautorität muß auf der Faktizität der Wunder bestehen (Erweis der Göttlichkeit Jesu), rationalistische Bibelkritik leugnet die Möglichkeit des Wunders und negiert jede Bedeutung. Die neuere Exegese sieht die enge Beziehung von Wunder und (verborgener) Gottesherrschaft, wenn sie Wunder als Glaubens- und Protestgeschichten erklärt.

Thematische Bausteine	Inhaltliche Vorschläge (zur Wahl)	Didaktische Hinweise
Geänderte Lebensformen – gewandelte Moral	Beispiele: Die Stellung des Paulus zu Ehe, Sexualität und Frauen im Korintherbrief (Vergleich 1 Petr 3,1–7); Die Argumentation des Paulus zur Sklavenfrage im Philemonbrief (Vergleich mit 1 Petr 2, 18–23); Probleme eines wörtlichen Verständnisses der Bibel; Befreiende Elemente in der Argumentation des Paulus im Vergleich zur Umwelt – Wirkungen des Evangeliums; Kritik an Paulus und Weiterwirken der Impulse; Frage nach Kriterien zur Unterscheidung zwischen Zeitbedingtem und Gültigem.	Die gewählten Beispiele sind ersetzbar. Es kommt darauf an, solche zu wählen, die zeigen, wie die Botschaft des Evangeliums korrigierend auf die Moral der Zeit einwirkt. Daß dies trotz des paulinischen Konservatismus der Fall ist, zeigt schon der Vergleich mit den Ausschnitten aus dem Petrusbrief, wo Jesus bzw. alttestamentliche Gestalten als Vorbild klagloser Unterordnung mißbraucht werden. Damit verschärft sich die Frage nach den Auslegungskriterien. Eine bloße Berufung auf Jesus kann alles legitimieren.
Widersprüche in der Bibel und beliebige Auslegungen in Geschichte und Gegenwart	Beispiele: Die widersprüchliche Bewertung des Königtums in 1 Sam 8–12; Die unterschiedliche Bewertung des Staates in Röm 13,1 ff. (vgl. 1 Petr 2,11–17) und Offenbarung 13; Bewertung von Königtum und Staat in der Christentumsgeschichte zwischen Staats- und Herrschaftsbejahung und revolutionärer oder weltflüchtiger Staatsverneinung	Der Baustein schließt unmittelbar an den vorangehenden an. Die Beispiele sind austauschbar. Die Thematisierung des Staats-bzw. Herrschaftsverständnisses hat den Vorzug, das Weiterwirken der biblischen Widersprüche in der Christentumsgeschichte aufzeigen sowie den »ketzerischen« Gebrauch der Bibel in Minderheitsgruppen neben der »legitimen« Auslegung der Großkirche verfolgen zu können.
Bibelautorität/ Auslegungsautorität – Modelle und Praxis der Interpretation	Der vierfache Schriftsinn im Mittelalter – Kirche als autoritative Auslegungsinstanz; Die rationalistische Position: Was vernünftig ist, ist Offenbarung, Das Lehramt der katholischen Kirche und die Kontinuität der dogmatischen Traditionsbildung – Lehramt und moderne Exegese (Beispiel); Die fundamentalistische Position: . . . »entschlossene und vollkommene Rückkehr zu einer Form der Verbalinspiration«[654], Widersprüche als Werkzeuge des Geistes Gottes und Charakteristika unterschiedlicher Epochen der Heilsgeschichte; Kritik: Unterwerfung unter ein Lehrgesetz und ein theologisches System der Ausleger. Wissenschaftliche Position: Bibel (bes. NT) ist nicht Offenbarung, sondern ältestes Zeugnis der auslegungsbedürftigen Offenbarung.	Dieser Baustein stellt modellhaft die wichtigsten hermeneutischen Modelle aus Geschichte und Gegenwart vor. Bei der Darstellung der historischen Modelle sollten auch die positiven Leistungen herausgearbeitet werden. So hat bereits die mittelalterliche Methodik der theologischen Qualität der Hermeneutik Rechnung getragen und war nicht einfach autoritätshörig. Die Institution des Lehramts und die Hochschätzung der Tradition sind Versuche, die Gesamtverantwortung zu wahren. Der Fundamentalismus nimmt die Offenbarung ernst und liefert sie nicht an wissenschaftliche Moden aus. Der Rationalismus pocht zu Recht auf Vereinbarkeit von vernünftiger Erfahrungsrepräsentation und theologischer Deutung.

Hinweise für Leistungskurse:

Zusätzliche Bausteine: Relativierung durch die Religionsgeschichte? – Biblische Texte und Motive aus anderen Religionen und Kulturen (Beispiel: Die Sintflutüberlieferung im Gilgamesch-Epos):[655] Gibt es einen Aussagegewinn?
Impulse und Stationen moderner Bibelauslegung: Von Reimarus bis zur modernen Methodenvielfalt.

4. Rahmenthema: Jesus Christus – Christologische Aussagen als Spiegel und Interpretation existentieller Erfahrungen[656]

Intentionen: Eigene Eindrücke und Wahrnehmungen von Jesus als Motive in modernen Äußerungen oder Bildern zur Person Jesu wiederfinden und Anstöße zu einer verständlichen Beschreibung der menschheitsgeschichtlichen Bedeutung Jesu entdecken; in klassischen und modernen Jesusbekenntnissen den Erfahrungshintergrund und die Denkvoraussetzungen erschließen sowie die verändernde Wirkung der Jesusbegegnung in diesen Bekenntnissen identifizieren; Funktion und Methoden der Rückfrage nach dem historischen Jesus kennen und den gegenwärtigen Kenntnisstand über die Lebensgeschichte Jesu skizzieren.

Thematische Bausteine	Inhaltliche Vorschläge (zur Wahl)	Didaktische Hinweise
Erfahrungen mit Jesus – Bilder von Jesus	Wer ist Jesus – für mich: Positive und negative Voten, z.B. Illusionist, wohlmeinender Spinner, authentischer Mensch, neuer Mensch, Vorbild; Bilder von Jesus aus Gegenwart und Vergangenheit; Mein Jesusbild; Ungewöhnliche Erfahrungen mit Jesus als Anstoß zur Lehrbildung.	Die schon genannten Arbeitshilfen und Lehrbücher bieten ausreichend divergierendes Material, in dem die Schüler eigene Eindrücke und Emotionen wiederfinden können. Daraus ergibt sich die Möglichkeit, die Schüler um eine verbale oder nichtverbale Darstellung ihres Jesusbildes zu bitten. Sie werden dabei die Nötigung entdecken, das »Unnormale« an Jesus allgemeinverständlich zum Ausdruck bringen (Anlaß zur Lehrbildung) zu müssen.
Antworten auf Jesus in Titel und Bekenntnissen	Titel Messias (Christus), Herr (Kyrios) und Gottes Sohn – zeitgeschichtliche Voraussetzungen – Erfahrungsanlässe zur Verwendung dieser Titel (z.B. Mk 8,27-30; 15,39; Phil 2,5-11 – Bedeutung des Leidens); Die Bekenntnisse von Nicäa und Chalcedon im Rahmen griechischen Denkens.	Der Baustein soll verdeutlichen, wie die biblischen und altkirchlichen Titel und Lehrformeln als »Bekenntnisse zum Ungewöhnlichen« der Jesuserfahrung den zeitbedingten Denkvoraussetzungen verhaftet sind, diese aber gleichzeitig korrigieren (vgl. das folgende Informationsblatt). Informationsblatt).
»Alternative Christologien« – Jesus in unterschiedlich qualifizierter Lebenspraxis	Ein Jude unter Juden – Bruder Jesus (z.B. M. Buber, Schalom Ben Chorin, Leo Baeck); Jesus als authentischer Mensch in der neueren marxistischen Diskussion (z.B. M. Machovec, L. Kolakowski, V. Gardavsky); Jesus als politischer Revolutionär (z.B. J. Carmichael, C. Torres, E. Cardenal); Jesus – Modell des Therapeuten (z.B. H. Wolff).	Die unterschiedlichen, noch erweiterbaren Beispiele (z.B. Jesus als Harlekin) zeigen, daß man auch heute die Bedeutung Jesu innerhalb bestimmter Erfahrungszusammenhänge zu formulieren sucht. Die gleiche kritische Frage wie an die altchristliche Bekenntnisbildung ist zu stellen: Wird Jesus nur funktional eingeordnet oder bewirkt die Jesuserfahrung eine Veränderung der vorausgesetzten Perspektiven?

Thematische Bausteine	Inhaltliche Vorschläge (zur Wahl)	Didaktische Hinweise
Wer kann sich zu Recht auf Jesus berufen? – Der geschichtliche Jesus als Legitimationsinstanz	Schwierigkeit der Erforschung des Lebens Jesu: – kaum außerbiblische Quellen – späte Verschriftlichung der mündlichen Tradition – Evangelien als Glaubenszeugnisse Methoden und Kriterien der historischen Rückfrage (vgl. 4. Rahmenthema 11. Schuljahr) Ergebnisse: Lebensgeschichtlicher Rahmen, soziale und politische Situation – Gruppen und Parteien, soziale Struktur in Palästina; Botschaft und Praxis der Herrschaft Gottes, Kontinuität und Diskontinuität der jüdischen Umwelt (Verhältnis zum Gesetz); Leiden und Auferstehungsbotschaft.	Die Unterschiedlichkeit der verschiedenen „Christologien" führt zur Frage nach Legitimationskriterien, die nach neuzeitlichem Wissenschaftsverständnis nur am geschichtlichen Jesus zu gewinnen sind. So hat bereits die Aufklärung in Absetzung vom dogmatischen Jesus nach dem historischen gefragt, dabei aber ebenso wie spätere Jahrhunderte Jesusbilder entworfen, die den herrschenden soziokulturellen Strömungen entsprachen. Inzwischen wurden die Methoden verfeinert, so daß ausreichend gesichertes Wissen zu den Lebensumständen und zur Lebenspraxis Jesu vorliegt
Versuchte Nachfolge	Der Jude Paulus als Christ – Verhältnis zu den jüdischen Zeitgenossen; Praxis der Hoffnung und der Liebe in Wort und Tat, z.B. Christoph Blumhardt, D. Helder Camara; Rückbezug auf die »alternativen Christologien« und auf moderne Bekenntnisse, z.B.: – Drei Zugänge zum Geheimnis Jesu (Karl Rahner) – Der gekreuzigte Gott: Wege zur psychischen und politischen Befreiung (J. Moltmann) – Wahrer Gott und wahrer Mensch: »In seiner menschlichen Offenheit für Gott und die Menschen ist er zugleich die persongewordene Liebe Gottes«.[657]	Der letzte Baustein soll dazu dienen, das erarbeitete Bild vom geschichtlichen Jesus auf lebenspraktisch und systematisch formulierte moderne Bekenntnisse anzuwenden und dabei die Relevanz im Blick auf heutige Erfahrung und Selbstdefinition und die Kongruenz mit der auf Jesus bezogenen Glaubenspraxis zu überprüfen.

Hinweise für Leistungskurse:

a) Erweiterung im vierten Baustein: Überblick über die Geschichte der Leben-Jesu-Forschung unter dem Titel »Die Tücken historischer Rekonstruktion.«

b) Passion und Ostern: Meditative Auseinandersetzung mit dem Leiden und der Osterbotschaft – Bilder, Musik, Texte.

Informationsblatt:

Schematische Darstellung der Entwicklung der altkirchlichen Christologie (stark verein-facht zu didaktischen Zwecken)

Bekenntnisbildung

Leben, Botschaft und Geschichte Jesu
zeigen Besonderheiten
– seinen Anspruch (Ich aber sage)
– seine Botschaft (Reich Gottes jetzt)
– seine voraussetzungslose Liebe
– seine Taten (Wunder)
– Erscheinungen des Auferstandenen.
Begegnungen und Zeugnisse der ersten
Boten formen sich zu Vorstellungen, Be-griffen und Überlieferungen:

Jesus ist der gesalbte Heilsbringer (= Mes-sias), Menschensohn oder Sohn Gottes.
Aber nicht: der erfolgreiche *politische Be-freier* oder der priesterliche König, der
Kult und Thora reinigt. Sondern: der *Lei-dende und Sterbende,* der die Schuld sühnt
und die Ausgestoßenen in die Gemein-schaft Gottes aufnimmt.

Begriffe und Überlieferungen verändern
ihre Bedeutung aufgrund veränderter
Denkvoraussetzungen:

Jesus ist Gott.
Er befreit das leidende und sterbliche
menschliche Wesen, weil in ihm das ganze
göttliche Wesen mit dem ganzen mensch-lichen Wesen verbunden ist.
*Nicht: Ein Teil von Gott (Halbgott) und
nicht: ein Teil des Menschen (Schein-mensch).* Denn: Ein Halbgott könnte nur
das göttliche Sein teilweise vermitteln;
beim Scheinmenschen wäre nur ein Teil
des Menschen, evtl. der Körper, aber nicht
Geist und Wille erlöst, *Sondern: Wahrer
Gott und wahrer Mensch in einer Person.*

Denkvoraussetzungen

In Jesus verbirgt und offenbart sich Gott
menschlich, d.h. in geschichtlichen Taten,
Worten, Widerfahrnissen

Glaubende erkennen und benennen diese
Erfahrungen:

Menschen *jüdischer* Herkunft, die auf
das Heil, die Erlösung Gottes durch einen
Heilsbringer der Endzeit warten, hoffen: Alle
Toten werden auferweckt und mit den Leben-den vor den Richter (= Gott) treten. Der wird
entscheiden über Bürgerschaft im Reich
Gottes oder Verdammnis aufgrund von Taten
und Lebensführung und des Bekenntnisses
zum Heilsbringer (= Messias)

Menschen im Umkreis *griechischen* Denkens
verstehen die Begriffe und Überlieferungen
in ihren Denkmöglichkeiten:

Auch sie warten auf Erlösung: Sie sehnen
sich danach, die Begrenzungen menschlichen
»Seins« zu überwinden und das vollendete
göttliche Sein (ohne Leiden, Tod, Schuld,
Irrtum) zu erreichen.
Sie sehnen sich nach der Erscheinung Gottes
auf Erden, der sie am Ursprung des Lebens
teilnehmen läßt, mit dem sie »eins« werden
können und so selbst Unsterblichkeit erlan-gen. Der Erlöser muß dem ganzen mensch-lichen Wesen das ganze göttliche Wesen
mitteilen.

Anmerkungen

* Vgl. H. J. Fraas: Glaube und Identität, Grundlegung einer Didaktik religiöser Lernprozesse, Göttingen 1983 – Das Buch ist nach Abschluß des Manuskripts erschienen und konnte deshalb nicht mehr berücksichtigt werden. Die Rezeption der dialektischen Theologie in der Evangelischen Unterweisung, verbunden mit Erinnerungen an die eigene religiöse Erziehung, kann vielleicht das tiefsitzende Vorurteil vieler Religionspädagogen erklären, die das Wort Evangelium mit Traditionalismus und Lebensferne in Verbindung bringen.

** Vgl. die Literaturangaben in den Anmerkungen 55, 62, 82, 137.

1 Religionssoziologische Forschung kann mit einem engeren oder weiteren Begriff von Religion arbeiten, ohne sich auf eine christliche Religionsdefinition zu verpflichten, » . . . je nachdem, ob dabei ein substantielles oder ein funktionales Verständnis von Religion vorherrscht, wird solche Forschung enger – weil, meist aufgrund eines expliziten Transzendenzbezugs, nur bestimmte Vorstellungen als religiös qualifizierend – oder weiter ansetzen, wo der Religionsbegriff alle jene Phänomene einschließt, die von ihrer Wirkung auf menschliches Denken und Handeln her als ›religiös‹ im Sinne von ›sinnstiftend‹ verstanden werden«. So. I. Lukatis: Empirische Religions- und Kirchensoziologie in Deutschland. Entwicklung, Stand und zukünftige Aufgaben eines Forschungsbereichs, in: Zeitschrift für evangelische Ethik 26/1982. Zu beachten ist, daß der weite Begriff von Religion eine Unterscheidung zwischen religiösen und areligiösen Orientierungen kaum noch zuläßt. Die Hypothese einer »säkularen Religiosität« sollte auf den Umstand aufmerksam machen, daß areligiöse Sinnsetzungen mittlerer Reichweite mit quasi-religiöser Absolutheit ausgestattet werden.

2 A. Feige: Erfahrungen mit Kirche. Daten und Analysen einer empirischen Untersuchung über Beziehungen und Einstellungen junger Erwachsener zur Kirche. Ein Beitrag zur Soziologie und Theologie der Volkskirchenmitgliedschaft in der Bundesrepublik Deutschland, Hannover 1982[2], S. 3–179. Vgl. darin J. Kutz: Intensität und Aktualität von Einstellungen und Werthaltungen Junger Erwachsener im Kontext kirchlich-religiöser und christlich-ethischer Normvorgaben, ebd. S. 180–197.

3 Jugend '81. Lebensentwürfe, Alltagskulturen, Zukunftsbilder. Studie im Auftrag des Jugendwerks der Deutschen Shell, Opladen 1982, S. 94 ff.

4 Vielleicht ist dies der Grund, warum die meisten Schüler das Thema Drogen so dringend im Religionsunterricht behandeln wollen. Vgl. A. Feige: Erfahrungen mit Kirche, a.a.O., S. 363 (Berufsschüler: 1. Rang, Gymnasiasten: 3. Rang).

5 Vgl. H. Thiersch: Pubertät aus der Sicht der Sozialpädagogen, in: R. Lempp (Hrsg.): Adoleszenz. Biologische, sozial-pädagogische und jugendpsychiatrische Aspekte, Bern 1981, S. 56 f.

6 Th. Ziehe: Trendanalyse zur Situation der jungen Generation aus psychologischer Sicht, in: Jugend zwischen Anpassung und Ausstieg. Symposion des Jugendwerks der Deutschen Shell, Hamburg 1980, S. 48.

7 Jugend '81, a.a.O., S. 102.

8 Die Jugendstudie '81 gibt als Quelle an: K. Keniston: Young Radicals, New York 1968.

9 Jugend '81, a.a.O., S. 102. Der Begriff »Junge Erwachsene«, den A. Feige in seiner Untersuchung für die im wesentlichen 17–23jährigen verwendet, ist zwar weniger technizistisch und klingt daher menschlicher, bringt aber die virulente Teilabhängigkeit dieser Altersgruppe nicht mehr zum Ausdruck, die bei »postadoleszent« anklingt.

10 Jugend '81, S. 346–377 und S. 418. Das folgende greift die wichtigsten Aspekte heraus. Prozentzahlen für die Gruppen sind nicht angegeben.

11 Nach der Untersuchung von A. Feige, loc.cit. S. 401 bejahen die Frage nach der Abhängigkeit des persönlichen Lebensvollzugs von göttlicher Fügung uneingeschränkt nur 6,7 %. 25,6 % rechnen mit einer teilweisen Abhängigkeit, 64,4 % lehnen die Abhängigkeit ab.

12 Jugend '81, S. 497.

13 ebd. S. 489.
14 Die soziale Aufschlüsselung nach Schichtzugehörigkeit und Bildungsniveau (erreichter oder angestrebter Schulabschluß/Berufsstatus) zeigt eine eindeutige Affinität von Mittelschichtsangehörigen und Absolventen weiterführender Bildungsgänge zu engagierten Proteststilen, von Unterschichtsangehörigen zu konservativen Stilen. Protesthaltung bei Hauptschulabsolventen äußert sich stärker in aggressiven Stilen (Punker, Rocker). Bei den reinen Fan-Gruppen dominiert die untere Mittelschicht. Allerdings ist hier zu beachten, daß ihre Anhänger mehrheitlich sehr jung sind. Insgesamt gilt, »daß die Orientierung an Proteststilen stärker von einer längeren und anspruchsvolleren Schulbildung abhängt als von der sozialen Herkunft« (44). Außerdem spielt der Wohnort eine Rolle. Jugendliche aus kleineren Orten neigen häufiger zu konservativen Stilrichtungen, solche aus Großstädten eher zu Proteststilen. Schließlich wirkt auch die Beziehung zu den Eltern ein. Jugendliche mit konservativen Stiltendenzen leben in engeren inneren und äußeren Beziehungen zu ihren Herkunftsfamilien (vgl. Studie Jugend '81, S. 501).
15 Jugend '81, S. 467.
16 ebd. S. 468.
17 So der Titel eines Aufsatzes zur Moral der Jugendlichen von J. Bopp, in Kursbuch 60 Moral, hrsg. von K. M. Michel und T. Spengler, Berlin 1980, S. 23 ff.
18 Jugend '81, S. 515.
19 ebd. S. 548.
20 So noch L. A. Vaskovics: Familie und religiöse Sozialisation, Wien 1970. P. M. Zulehner: Religion ohne Kirche. Das religiöse Verhalten von Industriearbeitern, Wien/Freiburg/Basel 1969. G. Kehrer: Das religiöse Bewußtsein des Industriearbeiters, München 1967, nach dem Vorbild von M. Argyle: Religious Behavior, London 1961².
21 Ch. Y. Glock: The religious revival in America?, in: Religion and the face of America, Berkeley 1958, S. 25–42.
22 Ch. Y. Glock: On the study of religious commitment, in: Ch. Y. Glock / R. Stark (Hrsg.): Religion and society in tension, Chicago 1965, S. 18–38. Deutsch: Über die Dimensionen der Religiosität, in: J. M. Matthes: Kirche und Gesellschaft. Einführung in die Religionssoziologie, Bd. 2, Reinbek 1969, S. 150–168.
23 U. Boos-Nünning: Dimensionen der Religiosität. Zur Operationalisierung und Messung religiöser Einstellungen, München/Mainz 1972, S. 130 f. u. 147 ff.
24 Für Katholiken: U. Boos-Nünning, loc.cit. S. 150. Die Befunde bei G. Schmidtchen: Was den Deutschen heilig ist, München 1979, S. 67–77 bestätigen das Zitat.
25 So W. Marhold: Religion und Kirchen im industriellen Zeitalter – religionssoziologische Überlegungen zu ihrer Funktion, aus: Religion und Kirchen im industriellen Zeitalter, hrsg. von Georg-Eckert-Institut für internationale Schulbuchforschung, Braunschweig 1977 (Selbstverlag), S. 20.
26 Aus systemtheoretischer Sicht hat N. Luhmann die Funktion der »Bürgerreligion« präzise formuliert. Er meint allerdings, die Funktion von Religion überhaupt erfaßt zu haben. N. Luhmann: Die Organisierbarkeit von Religionen und Kirchen, in: J. Wössner (Hrsg.): Religion im Umbruch, Stuttgart 1972, S. 250 f. »Religion hat demnach die Funktion, die an sich kontingente Selektivität gesellschaftlicher Strukturen und Weltentwürfe tragbar zu machen, das heißt ihre Kontingenz zu chiffrieren und motivfähig zu interpretieren«. Vgl. ders.: Funktion der Religion, Frankfurt (1977) 1982, bes. Kap. 1 u. 3.
27 G. Schmidtchen: Zwischen Kirche und Gesellschaft, Freiburg 1972; ders.: Gottesdienst in einer rationalen Welt, Freiburg 1973a, untersuchte die Wertmuster von Katholiken und Protestanten und ihr Verhältnis zu Religion und Kirche sowie zu den damit assoziierten Wertmustern. Schmidtchens Arbeit von 1979: Was den Deutschen heilig ist, führte diesen sozial-psychologischen Ansatz fort und ergänzte ihn durch die Untersuchung von Zusammenhängen zwischen religiöser und politischer Orientierung.
28 G. Schmidtchen: Was den Deutschen heilig ist, München 1979, S. 30 f., Zitat S. 31.
29 H. Hild: Wie stabil ist die Kirche, Gelnhausen 1974.
30 Nach IfD-Umfrage 1250/II August 1975, berichtet bei G. Schmidtchen: Was den Deutschen heilig ist, S. 86 ff. fühlen sich etwa 23 % der Protestanten und 46 % der Katholiken stark mit der Kirche verbunden. Auf einer Skala zwischen 0 und 10 ordnen sie sich zwischen 7 und 10 ein.

31 Zitate nach W. Marhold/M. Schibilsky: »Lieber Gott, mach mich fromm . . .«. Religiöse Sozialisation in biographischer Selbstvergewisserung, in: Wissenschaft und Praxis in Kirche und Gesellschaft 66/1977, Heft 7, S. 309 f.

32 Vgl. K. E. Nipkow: Neue Religiosität, Jugend und Sinnfrage, in: W. Hornstein u.a.: Jugend ohne Orientierung? Zur Sinnkrise der gegenwärtigen Gesellschaft. München/Wien/Baltimore 1982, S. 30 u. 43—53.

33 Vgl. A. Feige: Erfahrungen mit Kirche, a.a.O., S. 369 (F 203) u. S. 386 (F 208).

34 G. Schmidtchen: Was den Deutschen heilig ist, a.a.O., S. 69.   35 ebd. S. 73.

36 A. Feige: Erfahrungen mit Kirche, S. 418 (F 508): 5,9 % der »Jungen Erwachsenen glauben wortwörtlich an die Aussagen des Glaubensbekenntnisses; 24,2 % glauben an das »Wesentliche, nämlich Gott und Jesus Christus«.

37 G. Schmidtchen: Was den Deutschen heilig ist, a.a.O., S. 74.

38 W. Marhold/M. Schibilsky: »Lieber Gott, mach mich fromm . . .«. Religiöse Sozialisation in biographischer Selbstvergewisserung, loc.cit. S. 309. Dazu bestätigend: A. Feige: Erfahrungen mit Kirche, loc.cit. S. 13 ff., S. 24 ff., S. 44 ff.

39 A. Feige: Erfahrungen mit Kirche, S. 159.

40 Vgl. Der Bundesminister für Jugend, Familie und Gesundheit: Bericht zur Lage der Jugend, Bonn 1981, S. 6 f.

41 K. E. Nipkow: Neue Religiosität, Jugend und Sinnfrage, a.a.O., S. 31.

42 Der Begriff »Interaktionsverhältnisse« faßt sozial-ökonomische Strukturen mit Handlungs- bzw. Interaktions- und Legitimationsmustern zusammen. Ich verdanke ihn E. Arens: Kommunikative Handlungen. Die paradigmatische Bedeutung der Gleichnisse Jesu für eine Handlungstheorie, Düsseldorf 1983, der ihn S. 213 verwendet, um den Ertrag einer pragmatisch orientierten materialistischen Sprachtheorie nach A. Vološinov auf den Begriff zu bringen. In Anlehnung an die Marx'schen Produktionsverhältnisse bezeichnet er den Bereich zwischen Basis und Überbau, in dem sich beide in den gesellschaftlichen Interaktionsformen treffen (vgl. Anmerkung 11 bei E. Arens).

43 Vgl. die Darstellung der Theorien von Thorndike, Pawlow and Skinner, in: E. R. Hilgard/ G. H. Bower: Theorien des Lernens, Bd. I, Stuttgart 1970, Kap. 2—5.

44 B. Buschbeck: Religion von sechs bis zehn. Ein Arbeitsbuch zum Religionsunterricht für Ausbildung und Praxis, Gütersloh 1981, S. 23 f. stellt die religionspädagogisch relevant gewordenden Ansätze dieser Art (natürliche Theologie, Erfahrung des Numinosen) dar und konfrontiert sie mit der darauf bezogenen psychologischen Kritik.

45 Das mehrbändige Werk von M. Eliade: Geschichte der religiösen Ideen, Freiburg 1978[2] und später verbindet die ontologische Vorstellung der religionswissenschaftlichen Schule (R. Otto, F. Heiler) mit der traditionellen Vorstellung einer religiösen Anlage durch ein strukturalistisches Bewußtseinskonzept: »Das ›Heilige‹ ist also ein Element der Struktur des Bewußtseins und nicht ein Stadium in der Geschichte dieses Bewußtseins« (Bd. I, S. 7).

46 A. Vergote: Religionspsychologie, Olten und Freiburg 1970, bes. S. 337: »Wenn die religiöse Erfahrung auch den Weg zum Anderen eröffnet, kann sie ihn doch nur dann beim Namen nennen, wenn sie im Wort gelichtet wird.«

47 Vgl. A.-M. Rizzuto: Freud, God, the devil and the theory of object representation, in: International Review of Psychoanalysis, Vol. 3, Part 2 (1976).

48 So J. van Herik: Die feministische Kritik an der klassischen Psychoanalyse, in: Concilium 18/ 1982, Heft 6/7, S. 441.

49 Zur Psychologie der Frau bei S. Freud: Einige psychische Folgen des anatomischen Geschlechtsunterschieds (1925), in: Studienausgabe, Bd. V, Frankfurt 1982, S. 253 ff.; Über die weibliche Sexualität (1931), in: Studienausgabe, Bd. V, S. 273 ff.; Die Weiblichkeit, aus: Neue Folgen der Vorlesungen zur Einführung in die Psychoanalyse (1933 [1932]), in: Studienausgabe, Bd. I, Frankfurt 1982, S. 544.

50 A. Vergote: The dynamics of the family and its significance for moral and religious development, in: Chr. Brusselmans (ed.): Toward moral and religious maturity, Morristown, New Jersey 1980, S. 108 f. Titel im Inhaltsverzeichnis lautet anders: . . . its social segnificance . . . religious echcation.

51 J.-M. Jaspard: The relation to God and the moral development of the young child, in: Chr. Brusselmans (ed.): loc.cit., S. 138—164.

52 E. H. Erikson: Wachstum und Krisen der gesunden Persönlichkeit, Stuttgart 1953, S. 17.
53 ebd. Zitate S. 20.
54 E. H. Erikson: Kind und Gesellschaft, Stuttgart 1979[7], S. 244.
55 B. Grom: Religionspädagogische Psychologie des Kleinkind-, Schul- und Jugendalters, Düsseldorf/Göttingen 1981, S. 48 spricht von »Bereichen menschlich-religiöser Ansprechbarkeit«, in denen religiöse Erziehung ansetzen kann: Grundvertrauen, positive Lebenseinstellung, prosoziales Empfinden.
56 H. Kohut: Überlegungen zum Narzißmus und zur narzißtischen Wut, in: ders.: Die Zukunft der Psychoanalyse, Frankfurt 1975. Die Beschreibung der Narzißmus-Entwicklung führt beiläufig zu dieser Konsequenz. Denn Kohut sieht, daß religiöser Glaube nicht nur die Sehnsucht nach ursprünglicher Einheit, ungebrochener Geborgenheit und unbegrenzter Verfügung – Erfahrungen des Säuglings in der originären Mutterbeziehung – wachhält, sondern ein vergöttlichtes, d.h. idealisiertes Liebesobjekt präsent hält, mit dem der einzelne seine Geborgenheits- und Omnipotenzwünsche durch Verschmelzung befriedigen kann. Sobald in der Mutter-Kind-Beziehung erste Frustrationen erfahren werden, muß die Psyche das ursprüngliche Vollkommenheitsgefühl ersetzen. Dieses wird als idealisiertes »Elternimago« projiziert, mit dem sich der Projizierende identifiziert. So wird das »grandiose Selbst« gezügelt und narzißtische Erfüllung durch Verschmelzung mit einem »Objekt« ermöglicht. Christlicher Glaube ersetzt dann die Identifikation mit dem »Elternimago«. Er versucht die Manifestationen des grandiosen Selbst zu zügeln, wohingegen er narzißtische Erfüllung im Bereich einer Verschmelzung mit dem omnipotenten Selbst-Objekt, der göttlichen Figur Christi offenläßt (bes. S. 158).
57 C. H. Ellzey: Relationships among acceptance of self, acceptance of others, and belief in an accepting God, Columbia University 1961. Diss. Man. zitiert bei B. Grom, loc.cit. S. 318.
58 H. Plessner: Die Stufen des Organischen und der Mensch, Berlin/New York 1975 (Sammlung Göschen), S. 320 f.: »Um sich ins Gleichgewicht erst zu bringen und nicht um es zu verlassen, wird der Mensch das dauernd nach Neuem strebende Wesen, sucht er die Überbietung, den ewigen Prozeß. Die Übersteigerung – ... – ist das notgedrungen diese Form annehmende Mittel der Kompensation seiner Halbheit, Gleichgewichtslosigkeit, Nacktheit«. Und Plessner fährt – u.a. unter Bezug auf Freuds Sublimierungstheorie – fort: »Nur weil der Mensch von Natur halb ist und (was damit wesensverknüpft ist) über sich steht, bildet Künstlichkeit das Mittel, mit sich und der Welt ins Gleichgewicht zu kommen. Das bedeutet nicht, daß Kultur eine Überkompensation von Minderwertigkeitskomplexen darstellt, sondern zielt auf eine durchaus vorpsychologische, ontische Notwendigkeit«.
59 H. Kohut spricht dem Christusbild auch eine empathiefördernde Wirkung zu.
60 Vgl. B. Grom: Religionspädagogische Psychologie des Kleinkind-, Schul- und Jugendalters, a.a.O., S. 93, Anm. 47: »Wo diese narzißtische Kompensation auch religiöse Vorstellungen verwendet, deutet sie diese im gleichen Sinne um: Sie versteht »Gott« oder Christus (1) nicht als unbedingte Größe, Allwissenheit, Berühmtheit und steht mit ihm (2) nicht in einer dialogischen Beziehung, sondern verschmilzt mit ihm, fühlt sich an Gottes Stelle, mit ihm identisch. Wenigstens erleben schwer Gestörte in ihren Tagträumen und Halluzinationen Gott in dieser Art einer grenzenlosen Selbstidealisierung. Wird – bei weniger schwerer Störung – Gott doch irgendwie als anderer gesehen, so hat er nur die Aufgabe, die Persönlichkeit zu bestätigen, sie zu etwas Besonderem auszuerwählen und ihre Wünsche zu erfüllen, ohne von ihr Korrektur oder Eigenaktivität verlangen zu dürfen«. Mit Verweis auf H. Schjelderup: Psychologische Analyse eines Falles von Zungenreden, in: Zeitschrift für Psychologie 122/1931, S. 1–27; H. Schjelderup/K. Schjelderup: Über drei Haupttypen der religiösen Erlebnisformen und ihre psychologische Grundlage, Berlin 1931, S. 53–56; R. L. Randell: Religiöse Vorstellungen einer narzißtisch gestörten Persönlichkeit, in: Wege zum Menschen 29/1977, S. 68–78.
61 Auch C. G. Jungs Religionspsychologie wäre als Beispiel einer entwicklungsfördernden Funktion von Religion zu diskutieren. In ihr dient etwa Christus als hilfreiches Symbol, das eine im Menschen vorgegebene Tendenz zur Selbstverwirklichung stützt und qualifiziert. Christus vereint die Polaritäten von Bewußtem und Unbewußtem, Ideal und Schatten, Männlichem und Weiblichem. Vgl. C. G. Jung: Psychologie westlicher und östlicher Religionen, Gesammelte Werke Bd. 11, Zürich/Stuttgart 1963, darin besonders: Versuch einer psychologischen Deutung des Trinitätsdogmas (1942/8), S. 121–218, der Abschnitt: Christus als Archetypos

(S. 166−172). Jungs Ansatz wird hier nicht behandelt, weil seine Archetypenlehre zu spekulativ erscheint; ihre Grundlagen dürften aber − die stammesgeschichtlich erworbenen Verhaltenstendenzen − in den weiter unten dargestellten vier »präreligiösen Dispositionen« aufgenommen sein dürften.

62 H. Sundén: Religionspsychologie. Probleme und Methoden. Aus dem Schwedischen übersetzt von Horst Reller, Stuttgart 1982, S. 46. Vgl. ders.: Gott erfahren. Das Rollenangebot der Religion, Gütersloh 1975.

63 H. Sundén: Religionspsychologie, a.a.O., S. 48.

64 ebd.

65 E. Durkheim: Die elementaren Formen des religiösen Lebens, Frankfurt 1981. Vgl. neuerdings die Darstellung durch J. Habermas: Theorie des kommunikativen Handelns, Bd. 2, Frankfurt 1981, S. 75−96.

66 Vgl. die Darstellung durch H. Joas: Praktische Intersubjektivität. Die Entwicklung des Werkes von G. H. Mead, Frankfurt 1980.

67 D. Geulen: Perspektivenübernahme und soziales Handeln, Frankfurt 1982, S. 58 mit Verweis auf ders.: Das vergesellschaftete Subjekt. Zur Grundlegung der Sozialisationstheorie, Frankfurt 1977, S. 255 ff.

68 D. Geulen: Perspektivenübernahme und soziales Handeln, a.a.O., S. 68 f.

69 Es läßt sich natürlich nicht bestreiten, daß eine Menge religiöser Vorstellungen und Praxis mit Hilfe »klassischen« oder »operanten« Konditionierens gelernt wird. Erscheinungen von kindlichem Ritualismus zeigen aber, daß solche Lernprozesse, wenn sie isoliert bleiben, sich über kurz oder lang als sinnlos erweisen, weil sie den Deutungs- und Handlungsbedürfnissen nicht gewachsen sind. Wo konditioniertes Lernen mit Identifikationen und kognitiven Akten verbunden ist, erreicht es allerdings grundlegende Lebensbedeutung. Diese Zusammenhänge erfaßt der klassische Behaviorismus aber nicht mehr.

70 A. Bandura: Sozial-kognitive Lerntheorie, Stuttgart 1979; ders.: Lernen am Modell, Stuttgart 1976.

71 So G. Theißen: Psychologische Aspekte paulinischer Theologie, Göttingen 1983, S. 18.

72 Die folgende Darstellung der Ansätze von Piaget und Goldman orientiert sich an der ausgezeichneten Zusammenfassung bei B. Grom: Religionspädagogische Psychologie, a.a.O., S. 128−130 u. 131−133.

73 J. Piaget: Das Weltbild des Kindes, Stuttgart 1978, S. 298; dort Verweis auf die Arbeiten von P. Bovet.

74 Siehe B. Grom: Religionspädagogische Psychologie, a.a.O., S. 130.

75 H. Kreitler/S. Kreitler: Die kognitive Orientierung des Kindes, München 1967.

76 Vgl. R. Goldman: Religious thinking from childhood to adolescence, London 1964 (Deutsch: Vorfelder des Glaubens, Neunkirchen 1972).

77 J. H. Peatling: On beyond Goldman: Religious thinking and the 1970s, in: Learning for living 16/1977, H. 3, S. 99 ff.

78 K. E. Nipkow: Grundlagen der Religionspädagogik, Bd. 3: Gemeinsam leben und glauben lernen, Gütersloh 1982, S. 65.

79 O. Wullschleger: Anschauliche Christologie. Empirische und theologische Aspekte zur Erzählbarkeit der Jesusgeschichte in der Grundschule. Aarau/Frankfurt 1977, S. 29 f.

80 L. T. Howe: Religious understanding from a piagetian perspective, in: Religious Education Vol LXXIII/1978, No 5, S. 581: »religious understanding is founded upon an idealizing understanding already operative which alone enables grasping, utilizing, and reformulating idealizations which have peculiar significance as constitutive for religious communities and cults«. Dies schließt Erfahrungswissen und dessen Deutung (Goldman) unter Bezugnahme auf die Ganzheit der Wirklichkeit (J. W. Fowler) ein.

81 Vgl. L. Kohlberg: Stufe und Sequenz. Sozialisation unter dem Aspekt der kognitiven Entwicklung, in: ders.: Zur kognitiven Entwicklung des Kindes, Frankfurt 1974, S. 7−255. Zur neueren Diskussion vgl. B. Munsey (ed.): Moral development, moral education and Kohlberg, Birmingham/Al. 1980.

82 J. W. Fowler: Stages of Faith. The psychology of human development and the quest for meaning, San Francisco 1981, S. 16: »faith is always relational; there is always another in faith«. »I trust in and am loyal to . . .«.

83 F. Oser u.a.: Stufen des religiösen Urteils, in: Wege zum Menschen 32/1980, S. 386 ff.; ders.: Stages of religious judgement, in: Chr. Brusselmans (ed.): Toward moral and religious maturity, a.a.O., S. 277–315.

84 Zitiert nach F. Oser/P. Gmünder/U. Fritzsche: Stufen des religiösen Urteils, in: Wege zum Menschen 32/1980, Heft 10, S. 393 f.

85 ebd. S. 395.

86 Vgl. L. Kohlberg: Stufe und Sequenz: Sozialisation unter dem Aspekt der kognitiven Entwicklung, in ders.: Zur kognitiven Entwicklung des Kindes, Frankfurt 1974, S. 7–225.

87 F. Oser/P. Gmünder/U. Fritzsche: Stufen des religiösen Urteils, a.a.O., S. 396 f. Osers Übersetzung von »Ultimate Environment« als das Ultimate ist wenig verständlich. In Anlehnung an Jaspers Philosophie kann man besser vom »Umgreifenden« sprechen.

88 ebd. S. 387. Eine Studie zur interkulturellen Gültigkeit soll nach S. 398, Anm. 30 noch vorgelegt werden.

89 ebd. S. 397 f.

90 Oser und Mitarbeiter berufen sich Anm. 31 auf H. Peukert: Sprache und Freiheit. Zur Pragmatik ethischer Rede, in F. Kamphaus/R. Zerfass: Ethische Predigt und Alltagsverhalten, München 1967, S. 63: Die dort explizierte Struktur von Gleichnissen als argumentative Sprachhandlungen mit dem Zweck der Situationsumdefinition soll den Dilemmageschichten entsprechen. Dies trifft nicht zu. Die Konflikte hinter oder vor den Gleichnissen sind Alltagskonflikte, die in metaphorischer Verfremdung zum Argumentationsmaterial werden. Die Konflikte in den künstlich konstruierten Dilemmageschichten sollen selbst moralische Alternativen repräsentieren.

91 Vgl. P. Gmünder: Entwicklung als Ziel der religiösen Erziehung, in: Katechetische Blätter 8/1979, S. 628–634.

92 Die empirischen Belege in Auswahl und die Schlußfolgerungen in F. Oser: Stages of religious judgement, in: Chr. Brusselmans (ed.): Toward moral and religious maturity, Morristown, New Jersey 1980, S. 277, 315.

93 In der Verengung der Gottesbeziehung auf Moral und Abhängigkeit bleibt Oser dem Erbe Kants verpflichtet, auf das sich auch L. Kohlberg beruft. Vgl. I. Kant: Die Religion innerhalb der Grenzen der bloßen Vernunft, in ders.: Werke VIII, Schriften zur Ethik und Religionsphilosophie 2, hrsg. v. W. Weischedel, Theorie Werkausgabe Suhrkamp, S. 826: »Die natürliche Religion als Moral (in Beziehung auf die Freiheit des Subjekts), verbunden mit dem Begriffe desjenigen, was ihrem letzten Zwecke Effekt verschaffen kann (dem Begriffe von Gott als moralischem Welturheber), und bezogen auf eine Dauer des Menschen, die diesem ganzen Zwecke angemessen ist (auf Unsterblichkeit), ist ein reiner praktischer Vernunftbegriff, der, ungeachtet seiner unendlichen Fruchtbarkeit, doch nur so wenig theoretisches Vernunftvermögen voraussetzt, daß man jeden Menschen von ihr praktisch hinreichend überzeugen, und wenigstens die Wirkung derselben jedermann als Pflicht zumuten kann«. (Viertes Stück, erster Teil. Vgl. zweiter Teil, S. 838: »Aus dem Munde des ersten Lehrers als eine nicht statuarische, sondern moralische Religion hervorgegangen«).

94 W. M. Watt/T. Welch: Der Islam, Bd. 1, Stuttgart 1980, S. 60: »Das hervorstechendste Thema der frühen Passagen (scil. des Korans) besteht in der Aussage, Gott sei ein Wesen mit großer Macht, das zur gleichen Zeit auch gut, d.h. den Menschen wohlgesonnen ist. Wie in der Invokation zu Beginn jeder Sure zum Ausdruck kommt, ist er ›barmherzig und gütig‹. Die Verbindung von Macht und Güte wird in vielen natürlichen Phänomenen wiedererkannt, insbesondere im Werden des Menschen«.

95 So gut übersetzt durch K. E. Nipkow: Grundfragen der Religionspädagogik, Bd. 3: Gemeinsam leben und glauben lernen, Gütersloh 1982, S. 54.

96 J. W. Fowler: Faith and the structuring of meaning, Chandler School of Theology, Emory University Atlanta 1979, S. 9.

97 F. Oser/P. Gmünder/U. Fritzsche: loc.cit. S. 391.

98 Englisches Original bei J. W. Fowler: Faith and the structuring of meaning, in: Chr. Brusselmans, loc.cit. S. 80 f. Bei der Übersetzung war mir Frau stud. theol. Birgit Müller behilflich.

99 ebd. S. 75 stellt Fowler den Entwicklungsprozeß durch übereinanderliegende Ebenen dar, die in der Figur einer siebenseitigen Pyramide (→ 7 Entwicklungsaspekte) zusammengefaßt sind. Text S. 74.

100 ebd. S. 67.

101 Stufenbeschreibung ebd. S. 68–74. Die Übersetzung wurde mit Hilfe von Frau Birgit Müller angefertigt. Um der besseren Verständlichkeit willen ist gelegentlich anstelle einer wörtlichen Übersetzung eine bedeutungsnähere Formulierung gewählt.

102 ebd. S. 66. Dort sind die Themen stichwortartig genannt.

103 Vgl. K. E. Nipkow: Grundfragen der Religionspädagogik, Bd. 3, a.a.O., S. 78.

104 J. Fowler: Faith and the structuring of meaning, a.a.O., S. 64.

105 R. L. Selman: The growth of interpersonal understanding, New York 1980 und R. L. Selman/ D. F. Bryne: Stufen der Rollenübernahme in der mittleren Kindheit (1974), in: R. Döbert/J. Habermas/G. Nunner-Winkler: Entwicklung des Ichs, Köln 1978, S. 109 ff.

106 R. L. Selman: Sozial-kognitives Verständnis. Ein Weg zu pädagogischer und klinischer Praxis, in: D. Geulen (Hrsg.): Perspektivenübernahme und soziales Handeln, Frankfurt 1982, S. 223–256 nennt insbesondere S. 232–241 explizit die genannten Aspekte.

107 Vgl. M. Keller: Soziale Kognition, Moralisches Urteil und Ich-Prozesse, in: L. H. Eckensberger/R. K. Silbereisen: Entwicklung sozialer Kognitionen, Stuttgart 1980, bes. S. 166–169.

108 Vgl. dagegen M. L. Hoffman: Empathy, role-taking, guilt and development of altruistic motives, in: Th. Lickona (ed.): Moral development and behavior, New York 1976, s. 124–143; ders.: Empathy, its development and prosocial implications, in: C. P. Keasy (ed.): Nebraska Symposium on motivation, vol 25, Lincoln 1977, S. 169–217.

109 L. Kohlberg: Moral stages and moralization. The cognitive – development approach, in: Th. Lickona (ed.): Moral development and behavior a.a.O., S. 31–53; L. Kohlberg/E. Wasserman/N. Richardson: The just-community school. The theory and the Cambridge Cluster School experiment. (Deutsch in G. Portele (Hrsg.): Sozialisation and Moral, Weinheim 1978, S. 215–259.)

110 Die sechste Stufe wird (mit vielen Kritikern) als rein spekulativ betrachtet. Sie ist ein Versuch, religiöse Genialität zu beschreiben, kann aber auch zur Rechtfertigung religiösen Wahns gebraucht werden.

111 Aus einigen Analogien zwischen individuellen Entwicklungsstufen und sozial-kulturellen bzw. geschichtlichen Manifestationen werden neuerdings verschiedene Versuche abgeleitet, eine Logik sozial-kultureller Entwicklung herauszuarbeiten und die individuelle Entwicklung dieser universalen Evolutionslogik unterzuordnen. Vgl. R. Döbert/G. Nunner-Winkler: Adoleszenzkrise und Identitätsbildung, Frankfurt 1975, zurückgreifend auf N. Bellah: Religiöse Evolution, in: C. Seyfarth/W. M. Sprondel (Hrsg.): Seminar: Religion und gesellschaftliche Entwicklung, Frankfurt 1973, S. 272–300. Vor einer – wenn auch nur hypothetischen – Übernahme solch globaler Entwicklungstheorien zur Begründung und Ausgestaltung einer »religionspsychologischen Sozialisationstheorie« (vgl. K. Ebert: Theorien zur Entwicklung des religiösen Bewußtseins, in: Der Ev. Erzieher 33/1981, S. 456 ff.) sollte man eine umgekehrte Abhängigkeit bedenken: Persönliche Entwicklung realisiert »vergangene« geschichtliche und damit verfügbare kulturelle Möglichkeiten, ist aber nicht von einer zukunftsbestimmenden Entwicklungslogik abhängig. Letztere könnte auch Folge ganz neuer individueller oder kommunitärer Handlungen sein, die neue kulturelle »Strukturen« erst schaffen.

112 B. Seiler: Die Bereichsspezifität formaler Denkstrukturen. Konsequenzen für den pädagogischen Prozeß, in: K. Frey/R. Lang: Kognitionspsychologie und naturwissenschaftlicher Unterricht, Bern 1973, S. 249–285.

113 J. Piaget: Das Weltbild des Kindes, Stuttgart 1978, S. 145 ff.

114 J. Fowler, loc.cit. S. 33.

115 Vgl. den entsprechenden Nachweis bei: W. E. Conn: Affectivity in Kohlberg and Fowler, in: Religious Education, Vol 76, No 1, Jan/Febr. 1981, bes. S. 42–46.

116 So schon bei F. C. Power/L. Kohlberg: Religion, morality, and ego development, in Chr. Brusselmans (ed.): Toward moral and religious maturity, a.a.O., S. 355–365.

117 Der philosophische Vorläufer dürfte A. N. Whitehead sein: Process and reality, New York 1929. K. E. Nipkow: Grundfragen der Religionspädagogik, Bd. 3, S. 54 weist ebenfalls auf diesen Umstand hin.

118 Auch Fowlers interessanteste Stufe, die des paradox(es)-verbindenden Glaubens (5), läßt sich nicht ohne Bezug auf eine grundlegende Vertrauensbeziehung plausibel machen. Nur diese

kann erklären, wieso Glaube nicht an der Widersprüchlichkeit von Deutungen und Erfahrungen zu scheitern braucht.

119 J. Fowler: Stages of faith. The psychology of human development and the quest for meaning, San Francisco 1981, S. 14 + 16 f. Auf die Anklänge an Luther und die reformierte Theologie weist K. E. Nipkow, Grundfragen der Religionspädagogik, Bd. 3, a.a.O., S. 51 hin.
120 J. Fowler ebd. S. 16, 25, 27. Entsprechendes gilt für Oser. Vgl. K. E. Nipkow, ebd. S. 52.
121 So auch aus psychoanalytischer Sicht: A.-M. Rizzuto: The psychological foundations of belief in God, in: Chr. Brusselmans: Toward moral and religious maturity, a.a.O., bes. S. 125.
122 B. Grom: Religionspädagogische Psychologie, a.a.O., S. 126, Schema S. 124 f., S. 68.
123 A.-M. Rizzuto: The psychological foundations of belief in God, a.a.O., S. 130.
124 B. Grom: loc.cit. S. 86.
125 ebd. S. 101. Die folgende Zusammenfassung verkürzt notgedrungen Groms hervorragende Darstellung (S. 105−117), die alle bekannten psychologischen Ansätze einschließlich der neuesten zur Empathieentwicklung (M. L. Hoffman) aufarbeitet.
126 Grom weist ebd. S. 106−108 zu Recht darauf hin, daß das ursprüngliche prosoziale Empfinden eine Alternative zur Ontogenese des Gewissens aus psychoanalytischer Sicht (Muß-Gewissen aufgrund zwanghafter Identifizierung mit Erwachsenen) und aus radikal behavioristischer Sicht (konditionierte Angst) darstellt.
127 Zur Entwicklung der Schulderfahrung vgl. M. L. Hoffman: Eine Theorie der Moralentwicklung im Jugendalter, in: L. Montada (Hrsg.): Brennpunkte der Entwicklungspsychologie, Stuttgart 1979, S. 259−262.
128 ebd. S. 263.
129 Vgl. B. Grom: Religionspädagogische Psychologie, a.a.O., S. 162 ff.: Selbstbezogen-wunschbestimmte Übertragungstendenzen.
130 ebd. S. 115 f. und S. 154 ff.
131 B. Grom, loc.cit. S. 134−143 hat dem metaphysisch-religiösen Denken einen eigenen Abschnitt gewidmet, also seine Bedeutung wohl erkannt.
132 E. H. Erikson: Identität und Lebenszyklus, Frankfurt 1979, S. 98.
133 D. P. Ausubel: The psychology of meaningful verbal learning, New York 1963; R. W. White: Motivation reconsidered: The concept of competence,in: Psychological Review 66/1959, S. 297−333. Außerdem ist das Erlebnis erfolgreichen Lernens als Selbstverstärkung im Sinne der neobehavioristischen Lerntheorie zu verstehen.
134 J. Piaget: Das Weltbild des Kindes, Stuttgart 1978, S. 289.
135 G. W. Allport: The individual and his religion, New York 1973, S. 59.
136 J. Loevinger: Ego development: Conceptions and theories, San Francisco 1976; diess.: Theorie und Empirie in der Erfassung der Persönlichkeitsentwicklung, in: L. Montada (Hrsg.): Brennpunkte der Entwicklungspsychologie, Stuttgart 1979, S. 386−398; diess.: Zur Bedeutung und Messung von Ich-Entwicklung, in: R. Döbert/J. Habermas/G. Nunner-Winkler: Entwicklung des Ichs, Köln 1977, S. 150−168.
137 R. Kegan: The evolving self. Problem and process in human development, Cambridge/Mass. 1982; G. Noam/R. Kegan: Soziale Kognition und Psychodynamik. Auf dem Weg zu einer klinischen Entwicklungspsychologie, in: W. Edelstein/M. Keller: Perspektivität und Interpretation. Beiträge zur Entwicklung des sozialen Verstehens, Frankfurt 1982, S. 422−460.
138 *Tabelle:* Einige Meilensteine der Ich-Entwicklung (aus J. Loevinger, zur Bedeutung und Messung von Ich-Entwicklung, in: R. Döbert/J.Herbermes/G. Nummer-Winkler, Entwicklung des Ichs, S. 156. Athenäum Verlag Königstun/Ts.)

Stadium	Impulskontrolle und Charakterentwicklung	Stil interpersoneller Beziehungen	Bewußte Thematiken
vorsozial symbiotisch impulsabhängig	impulsabhängig Angst vor Vergeltung	autistisch symbiotisch ausbeutend, abhängig	Selbst vs. Nichtselbst Körpergefühle, bes. sexuelle und aggressive

Stadium	Impulskontrolle und Charakter- entwicklung	Stil interpersoneller Beziehungen	Bewußte Thematiken
opportunistisch	instrumentell, Angst vor Erwischt- werden	ausbeutend, mani- pulativ, Null- summenspiel	Vorteil, Kontrolle
konformistisch	Konformität gegen- über externen Regeln, Scham	reziprok, ober- flächlich	materielle Dinge, äußere Erscheinung, Ansehen
gewissens- orientiert	internalisierte Regeln, Schuld	intensiv, verant- wortungsbewußt	differenzierte innere Gefühle, Leistung, Charakterzüge
autonom	Auseinandersetzung mit inneren Kon- flikten, Toleranz gegenüber indivi- duellen Verschieden- heiten	intensiv, Anerken- nung von Auto- nomiebedürfnissen	wie oben, Rollen- differenzierung, Ent- wicklung, Selbstver- wirklichung
integriert	Auflösung innerer Konflikte, Verzicht auf Unerreichbares	wie oben, Hoch- schätzung von Individualität	wie oben, Identität

139 Empirische Bestätigungen: J. Loevinger: Construct validity of the sentence completion test of ego development, in: Applied Psychological Measurement 3/1979, S. 281–311; R. R. Holt: Loevinger's measure of ego development: Reliability and national norms of male and female short forms, in: Journal of Personality and Social Psychology 39/1980, S. 909–920; M. Vetter: Ich-Entwicklung und kognitive Komplexität, in: Zeitschrift für Entwicklungspsychologie und Pädagogische Psychologie, Bd. XII, 1980, Heft 2, S. 126–143.
140 R. Kegan: The evolving self, a.a.O., S. 118–120.
141 Die folgende Tabelle auf G. Noam/R. Kegan: Soziale Kognition und Psychodynamik, a.a.O., S. 430 weist dies aus. In: The evolving self, S. 86 f. hat Kegan sogar Eriksons Theorie, aller- dings unter Schwierigkeiten zugeordnet, dies aber offenbar später wieder fallen gelassen. Sein Spiralmodell widerspricht in gewissem Sinn diesem Schema:

Figur 1: Die Stufen des Verhältnisses zwischen Selbst und Anderem als logische Grund- struktur in verschiedenen Entwicklungstheorien

	Ich-Ent- wicklung	Piaget	Kohlberg	Loevinger	Maslow	McClelland/ Murray
	Einver- leibung	sensu- motorisch		präsozial	physiol. überlebens- orientiert	
0	(Nullstadium) Grundstruktur: Selbst – Anderes(r): Reflexe (Fühlen, Bewegen) – Keines					
	Impulsivität	präopera- tional	straf- u. gehorsams- orientiert	impulsiv	physiol. befriedi- gungsorien- tiert	
1	(Stufe 1) Grundstruktur: Selbst – Anderes(r): Impulse, Wahrnehmungen – Reflexe (Fühlen, Bewegung)					

Ich-Ent- wicklung	Piaget	Kohlberg	Loevinger	Maslow	McClelland/ Murray
Imperialis- mus	konkret- operational	instrumen- tell orientiert	opportu- nistisch	sicherheits- orientiert	macht- orientiert

2 (Stufe 2)

Grundstruktur: Selbst − Anderes(r): Bedürfnisse, Interessen, Wünsche − Impulse, Wahrnehmungen

Inter- personalis- mus	früh formal- operational	überein- stimmungs- orientiert	konfor- mistisch	liebes-, zu- neigungs-, zugehörig- keitsorien- tiert	gesellungs- orientiert

3 (Stufe 3)

Grundstruktur: Selbst − Anderes(r): Zwischenmenschliches, Gegenseitigkeit − Bedürfnisse, Interessen, Wünsche

Institutio- nalismus	voll formal operational	gesell- schafts- orientiert	gewissen- haft	achtungs- und selbst- achtungs- orientiert	leistungs- orientiert

4 (Stufe 4)

Grundstruktur: Selbst − Anderes(r): »Autor«-Sein, Identität, Umgang mit der Psyche, Ideologie − Zwischenmenschliches, Gegenseitigkeit

Inter-Indi- vidualität	post- formal? dialektisch?	prinzipien- orientiert	autonom	Selbstver- wirklichung	vertrauens- orientiert?

5 (Stufe 5)

Grundstruktur: Selbst − Anderes(r): Individualität, für einander offene Selbst-Systeme − »Autor«-Sein, Identität, Umgang mit der Psyche, Ideologie

aus: G. Noam/R. Kegan, Soziale Kognition und Psychodynamik, in: Perspektivität und Interpretation. stw 364, ©Suhrkamp Verlag Frankfurt am Main 1980, S. 430

142 G. Noam/R. Kegan: Soziale Kognition und Psychodynamik, a.a.O., S. 441.
143 R. Kegan: The evolving self, a.a.O., S. 108.
144 G. Noam/R. Kegan, loc.cit. S. 441.
145 Abb. 4 aus R. Kegan, The evolving self, a.a.O., S. 109.
146 Zu einer ähnlichen Feststellung gelangt die handlungstheoretische Reinterpretation der Stufentheorie Kohlbergs durch L. H. Eckensberger/H. Reinshagen: Kohlbergs Stufentheorie der Entwicklung des Moralischen Urteils: Ein Versuch ihrer Reinterpretation im Bezugsrahmen handlungstheoretischer Konzepte, in: L. H. Eckensberger/R. K. Silbereisen (Hrsg.): Entwicklung sozialer Kognition: Modelle, Theorien, Methoden, Anwendung, Stuttgart 1980, S. 65−131 (Spiralmodelle S. 109, 129).
147 R. Kegan: There the dance is: Religious dimensions of a developmental framework, in: Chr. Brusselmans (ed.): Toward moral and religious maturity, a.a.O., S. 403−404.
148 ebd. S. 432−435.
149 Vgl. dazu die faszinierende und zugleich kritische Darstellung von M. Welcker: Universalität Gottes und Relativität der Welt. Theologische Kosmologie im Dialog mit dem amerikanischen Prozeßdenken nach Whitehead, Neukirchen-Vluyn 1981. Kegan verlangt in: There the dance is, S. 410, die religiöse Entwicklungstheorie müsse dem Rechnung tragen, was Whitehead »called the ultimate reality of the universe − its motion«.

150 loc.cit. S. 414, S. 421–425. Die zitierten Stellen aus Tillichs »Systematischer Theologie« und Niebuhrs »The responsible self« und »Man the sinner« weisen hingegen darauf hin, daß beide Theologen zwar die Gottesbeziehung ontologisch-prozeßhaft (mit dem Seinsbegriff) erläutern, aber wegen der Offenbarung des Logos eine Dialektik in der Seinsgeschichte annehmen, weshalb Gott und Sein in Spannung bleiben. Vgl. D. Nörenberg: Analogia imaginis. Der Symbolbegriff in der Theologie Paul Tillichs, Gütersloh 1966, bes. S. 152, Kritik S. 216 ff.

151 Dies in Auseinandersetzung mit Freud herausgearbeitet zu haben, ist das Verdienst von Paul Ricoeur: Die Interpretation. Ein Versuch über Freud, Frankfurt (1969) 1974, z.B. S. 508: »Diese Explikation der intentionalen Struktur des Symbols weitertreibend, möchte ich sagen, daß der Gegensatz von Regression und Progression, mit dem wir uns herumgeschlagen haben, sowohl um ihn einzusetzen, wie um ihn zu überwinden, – daß dieser Gegensatz die paradoxe Textur expliziert, die man als die Einheit des Verbergens/Enthüllens bezeichnen könnte. Die wahren Symbole liegen am Schnittpunkt dieser beiden Funktionen, die wir bald einander entgegengesetzt, bald miteinander verschmolzen haben; sie verkleiden und entschleiern zugleich; . . . Das Symbol ist es, das aufgrund seiner Überdeterminierung die konkrete Identität zwischen der Progression der Gestalten des Geistes und der Regression zu den Schlüssel-Signifikanten des Unbewußten verwirklicht«.

152 J.-M. Jaspard: The relation to God and the moral development of the young child, in: Chr. Brusselmans (ed.): Toward moral and religious maturity, a.a.O., S. 140–142.

153 R. Döbert/G. Nunner-Winkler: Formale und materiale Rollenübernahme: Das Verstehen von Selbstmordmotiven im Jugendalter, in: W. Edelstein/M. Keller: Perspektivität und Interpretation, a.a.O., S. 320–374 kommen bei der Untersuchung jugendlicher Selbstmordtheorien nicht nur zu dem Ergebnis, daß alle formalen Operationen einen Spielraum lassen, der durch spezifische Situationsschematisierungen aufgefüllt werden muß (»und diese können nur in materialer Rollenübernahme erfaßt werden«) (S. 363). Sie weisen sogar nach, daß »die vorhandenen Entwicklungstheorien nicht nur additiv durch materiale Aspekte ergänzt werden müssen«, vielmehr, daß »Momente materialer Rollenübernahme konstitutive und integrale Bestandteile der Entwicklungstheorien sind« (S. 364 f.). Die von ihnen angenommene universale Gültigkeit der Stadienmodelle (sozio-kognitive und moralische) wird damit erklärt, daß sie »auf wahrscheinlich universellen Erfahrungen (typische Konflikte und Probleme der Lebensführung) aufbauen, die dann eben als universeller Inhalt in den Modellen wieder auftauchen« (S. 365). Demzufolge extrahieren formale Strukturen universelle Elemente materialer Interaktion, die hinsichtlich der Genese Vorrang genießt.

154 A. Vergote: Analyse psychologique du phénomène de l'athéisme, in: J. Girardi/J.-F. Six (Hrsg.): Des chrétiens interrogent l'athéisme, Tome I, Vol. 1: L'athéisme dans la vie et la culture contemporaines, Paris 1967, S. 213–253. B. Grom: Religionspädagogische Psychologie, a.a.O., S. 167–169.

155 F. Oser: Stages of religious judgement, in: Chr. Brusselmans (ed.): Toward moral and religious maturity, a.a.O., S. 279f.

156 »faith images a unifying grasp of the ultimate conditions of existence. Faith is imagination as it composes a felt image of an ultimate environment«, so in: Stages of faith a.a.O., S. 33.

157 R. Kegan: The evolving self, a.a.O., S. 77 und passim.

158 ebd. Tabelle 7, S. 118–120 (s.o. Übersetzung): Auf Stufe 0 Störungen der Mutter-Kind-Beziehung, auf Stufe 1 Störungen der Ehe (Scheidung), auf Stufe 2 Umsiedlung der Familie, auf Stufe 3 Verlust von persönlichen »Partnern«, auf Stufe 4 Verlust genereller die Lebensformen und Normen betreffender Plausibilitäten.

159 Bewährte und neuere Studienliteratur in Auswahl: H. Grosch (Hrsg.): Religion in der Grundschule. Didaktische Reflexionen, Entwürfe und Modelle, Frankfurt/Düsseldorf 1971 (1975[4]). E. Schwartz (Hrsg.): Religionsunterricht heute in Vor- und Grundschule, Frankfurt 1972. G. Baudler und Arbeitsteam der PH Rheinland: Religionsunterricht im Primarbereich. Vorschläge zu einer religiösen Propädeutik, Zürich 1973 (kath.). S. Wibbing (Hrsg.):Religionsunterricht Grundschule, Frankfurt 1974. Chr. Reents: Religion Primarstufe, Stuttgart/München 1975. K. Burk/E. Sievers (Hrsg.): Religionsunterricht für Grundschüler, Düsseldorf 1981 (Beiträge evang. und kath. Autoren). M. Saller: Religionsdidaktik im Primarbereich, München 1980 (Darstellung der Theologie und Didaktik des Zielfelderplans für kath. RU in der Grundschule). B. Buschbeck: Religion von sechs bis zehn. Ein Arbeitsbuch zum Religionsunterricht

für Ausbildung und Praxis, Gütersloh 1981 (gut geeignet zur Einführung und als Überblick zum evang. Religionsunterricht). K. Wegenast: Religionsdidaktik Grundschule. Voraussetzungen, Grundlagen, Materialien, Stuttgart 1983.

160 Die beiden letzten, in der vorigen Anmerkung genannten Veröffentlichungen bieten ausführliche Übersichten über das unterrichtsbezogene Literatur- und Medienangebot zum Zeitpunkt ihres Erscheinens. Die Sammelkataloge Verlagsring Religionsunterricht und Fach Religion informieren jährlich über die deutschsprachigen Neuerscheinungen. Lehrpläne und Lehrbücher des kath. Religionsunterrichts diskutiert im ersten Teil seiner Arbeit: Th. Eggers: Religionsunterricht und Erfahrung. Zur Theorie und Praxis des Religionsunterrichts in der Primarstufe, München 1978. Der zweite Teil bietet die bisher gründlichste und umfassendste erziehungswissenschaftliche und theologische Auseinandersetzung mit dem Erfahrungsbegriff, aber keine speziellen Aussagen zur Didaktik der Primarstufe.

161 In der Tat findet sich in der genannten Literatur zum Religionsunterricht der Grundschule keine systematische Darstellung von Unterrichtsinhalten. Man verweist, zitiert oder interpretiert geltende Lehrpläne bzw. Rahmenrichtlinien und setzt sich mit deren Systematik auseinander. Die Verfasser scheuen offensichtlich eine solche curriculare Konkretion ihrer Ansätze, verständlich angesichts der Fülle möglicher Inhalte und der Gefahr von Stoffhuberei.

162 Dies ist kein grundsätzlicher Einwand gegen inhaltsorientierte Rahmenpläne. Sie sind für Schulunterricht unumgänglich. Wie neuere Lehrpläne die emotionale Basis von Glaubens- und Wertinhalten als Ausgangspunkt zur Sprache bringen können, zeigt exemplarisch der Zielfelderplan für den katholischen Religionsunterricht in der Grundschule, München 1977, besonders das beiliegende Übersichtsblatt: Die konkreten Lernintentionen sind Erfahrungsinhalten zugeordnet.

163 Die Notwendigkeit, empirisch abgesichertes Wissen im Zusammenhang mit einigermaßen plausiblem pädagogischem »Erfahrungswissen« (das empirisch zur Gänze nicht überprüfbar ist) zu interpretieren, ist aus handlungstheoretischer Sicht keine Besonderheit. Vgl. H. Ruprecht: Die erfahrungswissenschaftliche Tradition der Erziehungswissenschaft, in: H. Thiersch/H. Ruprecht/U. Herrmann: Die Entwicklung der Erziehungswissenschaft, München 1978, S. 160: »Da in der Handlungsforschung praktisches Handeln und wissenschaftliche Erkenntnissuche mit empirischen Methoden in wechselseitige Verbindung gebracht aus der Einheit einer konkreten Situation präzise dokumentierte Prozesse als gleichzeitige Lern- und Forschungsvorgänge aufgefaßt werden, muß der in der klassischen empirischen Forschung vorhandene Ausschließlichkeitswert distanzierter Wahrheitssuche relativiert werden«.

164 Auf eine Darstellung und Diskussion von Einzelmethoden ist bewußt verzichtet. Eine solche findet sich in vielen Handbüchern zur Grundschuldidaktik und in den oben genannten Veröffentlichungen von Buschbeck und Wegenast. Beschrieben werden konkrete Umgangsweisen mit Gegenständen.

165 Zum Erfahrungsbegriff vgl. die differenzierte Darstellung bei Th. Eggers: Religionsunterricht und Erfahrung, a.a.O., S. 132–143. Aus der Zusammenfassung S. 142: »Die Momente Individualität und Subjektivität machen Erfahrung konkret-singulär und perspektivisch und bedingen ihre eingeschränkte Mitteilbarkeit. Der historisch-soziale Kontext ist ebenso interpretationsleitend wie das Vorverständnis, das als hermeneutisches Moment in Korrelation zu diesem steht. Erfahrung beansprucht die ganze Person; was sich zwischen dem Erfahrungssubjekt und dem Erfahrungsobjekt ereignet, ist dialektisches Geschehen, dessen Evidenz sich aus der praktisch-kommunikativen Beziehung in Unmittelbarkeit herleitet«. Vgl. außerdem P. Biehl/G. Baudler: Erfahrung – Symbol – Glaube, Frankfurt 1980 und P. Biehl: Erfahrung als hermeneutische, theologische und religionspädagogische Kategorie, in: H. G. Heimbrock (Hrsg.): Erfahrungen in religiösen Lernprozessen, Göttingen 1983.

166 B. Grom: Religionspädagogische Psychologie, a.a.O., S. 48 und S. 61 ff.

167 Zur begrifflichen Klärung und Unterscheidung von Vorbedingung und Vorläufer vgl.: R. L. Campell/D. M. Richie: Problems in the theory of developmental sequences, in: Human Development 26/1983, Heft 3, S. 156–172: »A prerequisite is a necessary condition for a later ability. A precursor is a prerequisite ability that performs an analogous transformation on the world to the later ability«.

168 A. M. Rizzuto: The psychological foundations of belief in God, in: Chr. Brusselmans (ed.): Toward moral and religious maturity, a.a.O., S. 130: »God knows the child internally and is

a constant witness of his experiences, a witness that can always be resorted to either to confess badness or to request help to be good, to beg for protection or to pray to for the satisfaction of private wishes«.

169 K. E. Nipkow: Gott und Gewissen in der Erziehung, in: M. Hengel/R. Reinhardt (Hrsg.): Heute von Gott reden, München/Mainz 1977, S. 83–112, wiederabgedruckt in: K. E. Nipkow: Moralerziehung. Pädagogische und theologische Antworten, Gütersloh 1981, S. 119–151.

170 B. Grom: Religionspädagogische Psychologie, a.a.O., S. 154 f.

171 Vgl. J. Adam: Untersuchung über die Beziehung zwischen Gottesvorstellung und dem Erleben väterlicher Autorität in der Kindheit, in: Wege zum Menschen 28/1976, S. 190–196: Nur bei einem von 32 evang. Viertkläßlern war eine Übertragung eines negativen Vaterbilds auf Gott festzustellen.

172 B. Grom: Religionspädagogische Psychologie, a.a.O., S. 163.

173 J. Piaget: Das Weltbild des Kindes, Stuttgart 1978.

174 B. Grom: Religionspädagogische Psychologie, a.a.O., S. 181.

175 J. Piaget: Das moralische Urteil beim Kinde, Frankfurt 1973, S. 284–297.

176 H. Loves: Croyances ancestrales et catéchèse chrétienne. Enquête dans 55 classes du Kwango (Congo Belge), in: A. Godin (Hrsg.): Cahiers de Lumen vitae, Bd. 1, Recherches et Réflexions, Brüssel 1965, S. 165–189; P. H. Narjarian-Svajian: The idea of immanent justice among lebanese children and adults, in: Journal of Genetic Psychology 109/1966, S. 57–66; R. Vianello: La religiosità infantile, Florenz 1976, S. 142–158 (Hinweise bei B. Grom: Religionspädagogische Psychologie, S. 196).

177 B. Grom, loc.cit. S. 197 vermutet, daß sich eine negative Erfahrung wie Angst vor Bestrafung stärker einprägt als Freude auf Belohnung.

178 M. J. Lerner: The desire for justice and reactions to victims, in: J. Macauly/L. Berkowitz (Hrsg.): Altruism and helping behavior, New York 1970, S. 205–229 weist nach, daß bei Mißlingen oder Unmöglichkeit von Hilfeleistung für unschuldige Opfer (z.B. Elektroschocks im Labor) die geschädigte Person abgewertet wird: sie habe das Leiden verdient.

179 Animistische Vorstellungen müssen nicht prinzipiell an menschenähnliche Gottesvorstellungen geknüpft sein. Sie können – wie die Religionsgeschichte zeigt – ebenso mit Tiervorstellungen (theriomorph) oder anderen Naturelementen (Wasser, Luft, Sonne) oder mit pantheistischen Vorstellungen (Gott als Natur in allem Natürlichen) verbunden sein.

180 Belege bei R. Goldman: Religious thinking from childhood to adolescence, London 1964, S. 95 ff.; B. Grom: Religionspädagogische Psychologie, a.a.O., S. 206 ff.; A. Godin: Gott-Vater und Elternbilder, in: Archiv für Religionspsychologie 9/1967, S. 87–92; A. Vergote/A. Tamayo/L. Pasquali/M. Bonami/M. R. Pattyn/A. Custers: Concepts of God and parental images, in: Journal for the Scientific Study of Religion 8/1969, S. 79–87; A. Tamayo/A. Dugas: Conceptual representation of mother, father, and God according to sex and field of study, in: The Journal of Psychology 96/1977, S. 79–84; R. Weil: Wer hat den lieben Gott auf die Welt gebracht, Gütersloh 1974.

181 B. Grom: Religionspädagogische Psychologie, S. 209.

182 s.o. Kap. I, 2.

183 Nach R. Goldman: Religious thinking from childhood to adolescence, London 1964, S. 100 äußern religiös uninteressierte Schüler länger als andere massiv anthropomorphe Gottesvorstellungen. Ähnlich für die affektive Anthropomorphisierung A. W. Siegman: An empirical investigation of the psychoanalytic theory of religious behavior, in: Journal for the Scientific Study of Religion, 1/1961, S. 74–78.

184 Chr. Reents: Religion Primarstufe, Stuttgart/München 1975, S. 122 ff., Unterrichtsskizze, S. 130 f. Ähnlich das Schülerbuch: Religion, Bilder und Wörter 1/2, S. 110, S. 126 hrsg. H.-D. Bastian/H. Rauschenberger/D. Stoodt/K. Wegenast.

185 H. Grosch: Sprachliche Propädeutik, in: ders.: (Hrsg.): Religion in der Grundschule, Frankfurt/Düsseldorf 1971, S. 46–50. Vgl. H. Halbfas: Fundamentalkatechetik, Düsseldorf 1970³, S. 67–90.

186 Chr. Reents: Schuld und Vergebung (Gleichnis als Spiel), in: H. Grosch (Hrsg.): Religion in der Grundschule, a.a.O., S. 101–119, Zitat S. 118.

187 Die Unterscheidung zwischen präsentativem und diskursivem Symbolisieren stammt aus der

sprachanalytischen Forschung. Vgl. S. K. Langer: Philosophie auf neuem Wege. Das Symbol im Denken, im Ritus und in der Kunst, Berlin 1965[4], S. 86–109. Neuerdings aufgenommen bei A. Lorenzer: Das Konzil der Buchhalter. Die Zerstörung der Sinnlichkeit. Eine Religionskritik, Frankfurt 1981, S. 23–32.

188 Vgl. J. W. Fowler: Stages of faith, a.a.O., S. 133 f.

189 A. Lorenzer: Das Konzil der Buchhalter, a.a.O., S. 31.

190 G. Baudler: Religionsunterricht im Primarbereich, Zürich 1973, S. 132 f. meint, daß der Mensch mit der prälogischen Symbolik dank der Urkorrespondenz des Seins vor die Tiefe der Wirklichkeit und damit in die religiöse Dimension des Daseins selbst gerate. Das präsentativ prälogische Sprechen sei die erste, unterste Schicht der menschlichen Sprache – das ist unstrittig – und mithin die tiefste Schicht der Welt. Der Gedankengang ist nur im Rahmen einer metaphysischen Sprachontologie schlüssig, die zudem – mythologischem Denken folgend – die Wahrheit im Anfang findet. Auch ohne solche mythologisch-metaphysischen Spekulationen kann vom ganzheitsstiftenden Charakter prälogisch-präsentativer Symbolik ausgegangen werden. Die Wahrheitsfrage bleibt dann freilich offen und diskursiver Bearbeitung zugänglich.

191 In diesem Sinn ist die Bildung des Über-Ichs als Gewissen, wie sie Freud als Ergebnis der ödipalen Krise herausgearbeitet hat, nicht nur introjezierte Abhängigkeit, sondern Bedingung individueller Handlungsfreiheit. Vgl. S. Freud: Das Ich und das Es (1923), in: Studienausgabe, Bd. III Psychologie des Unbewußten, hrsg. v. A. Mitscherlich u.a., Frankfurt 1982, S. 273 ff., bes. S. 296 ff.

192 C. Westermann: Die Verheißung der Väter. Studien zur Vätergeschichte, Göttingen 1976.

193 Unstreitig spiegeln die Vätergeschichten patriarchalische Lebensformen. Jedoch handeln auch hier die Frauen eigenständig und haben ihre unabhängige Beziehung zu Gott. Da die Geschichten auch für die Kinder ohne Zweifel in einer vergangenen Zeit und unter anderen Lebensumständen spielen, braucht man eine Verstärkung patriarchalischer Denkstrukturen nicht allzusehr zu fürchten. Zudem kann man »Gegengeschichten« aus der Perspektive der beteiligten Frauen erfinden. Gute Beispiele der Umsetzung der Abrahams- und Josefsgeschichten für das 1./2. Schuljahr von Ch. Hilger und D. Grohn-Hilger, in: D. Steinwede (Red.): Religionsunterricht Primarbereich. Materialien zum Grundschullehrplan Evang. Religionslehre XIV. Modelle des Anfangsunterrichts, Heft 2, Pädagogisch-Theologisches Institut, 5300 Bonn 2 (Bad Godesberg), S. 92 ff., S. 142 ff.

194 Gen. 48, 15–16a: Dann segnete er die Söhne Josefs und sagte: »Ich bete zu dem Gott, nach dessen Willen meine Vorfahren Abraham und Isaak sich stets gerichtet haben. Wie ein Hirt hat er mich ein Leben lang geführt und beschützt. Er hat mich durch seinen Engel aus aller Not gerettet.

195 M. Hartenstein/R. Hauswirth: Arbeitshilfe Grundschule. Zum Lehrplan '77 für Evangelische Religionslehre. 2. Schuljahr, Stuttgart 1978, S. 72.

196 Lied: Abraham, Text: Hanna Lam, Melodie: Wim ter Burg, abgedruckt in: Singt mit, spielt mit, 1. Liederheft, hrsg. v. G. Rosewich/R. Schweizer, Lahr/München 1974, Nr. 31.

197 Vorschlag zur unterrichtlichen Realisierung bei: W. Longardt: Spielbuch Religion, Zürich/Lahr 1974, S. 88.

198 Vgl. M. Hartenstein/R. Hauswirth: Arbeitshilfe Grundschule 2. Schuljahr, a.a.O., S. 52–67: Menschen reden von Gott; R. Tschirsch: Gott für Kinder, Gütersloh 1977, S. 33–44; B. u. R. Veit: Die Menschen reden von Gott, in: diess.: Religion im ersten Schuljahr, Zürich/Lahr 1976, S. 43 ff.

199 Aus: Religionsunterricht Primarbereich. Materialien zum Grundschullehrplan Evangelische Religionslehre XIII. Modelle des Anfangsunterrichts, Heft 1, Red.: D. Steinwede. Päd.-Theol. Institut 5300 Bonn 2 (Bad Godesberg), S. 25–34, Auszug S. 30 ff.

200 in: D. Steinwede/S. Ruprecht: Vorlesebuch Religion, Bd. 3, S. 340 ff.

201 Vgl. F. W. Bargheer/J. Röbbelen (Hrsg.): Gebet und Gebetserziehung, Heidelberg 1971, darin besonders: G. Otto: Über das Gebet, S. 31–48, W. Neidhardt: Psychologische Aspekte der Gebetserziehung, S. 75–85.

202 Beispiele bei D. Bock; Gut, daß du da bist. Gebete für Kinder, Lahr 1974.

203 Vgl. den Unterrichtsentwurf in D. Haag/R. Hauswirth (Hrsg.): Alles ist neu. Lehrerhandbuch zu Religion 1, S. 149–151 (E. Schmidt-Lange), wo auch darauf hingewiesen wird, daß das

Vaterunser noch nicht ganz erschlossen, aber in seiner zentralen Intention eingeprägt werden kann.

204 Vgl. J. Fowler: Stages of faith, a.a.O., S. 149.

205 Zur didaktischen Funktion biblischer »Grundworte« oder »leitender Worte«. Vgl. J. Baldermann: Die Bibel – Buch des Lernens, Göttingen 1980, S. 51–83 und S. 260 ff.

206 Eine strukturbezogene Geschichtsdidaktik muß formale kognitive Abstraktionen voraussetzen, da ökonomische oder soziale Abhängigkeiten oder Vorgaben aus konkretem Handeln heraus erst erhoben werden müssen. Dies ist z.B. in den Kapiteln »Schöpfung« und »Israel und sein Anfang – Befreit zur Brüderlichkeit« (S. 7–30) des Religionsbuchs: Weitersagen. Ein Arbeitsbuch für den evangelischen Religionsunterricht im 3. und 4. Schuljahr (von E. Bochinger, G. G. Hiller, J. Hiller-Ketterer, E. Waldmann, Frankfurt 1978) zu wenig beachtet.

207 Eine historisch-kritische Erarbeitung der Exodus-Sinai-Traditionen ist im 3./4. Schuljahr verfrüht. Auch eine vorbereitende Form (Darbietung aus verschiedenen Erzählerperspektiven), wie sie Chr. Reents vorgeschlagen hat, überfordert die Kinder, weil diese linear und nicht multiperspektivisch repräsentieren. Letzteres würde voraussetzen, daß Kinder eine integrierende Perspektive einnehmen könnten, mithin formal abstrahieren. Für die Schüler kommen auf dem von Reents vorgeschlagenen Weg bestenfalls verschiedene Geschichten heraus. Vgl. Chr. Reents: Erziehung zum kritischen Denken im Religionsunterricht: 3.–6. Schuljahr, Düsseldorf/Frankfurt 1973, Schülerheft 2 und Lehrerheft; diess. Religion Primarstufe, a.a.O., S. 88–100. Es geht hier noch nicht um ein wissenschaftliches Objektivitätsideal, sondern um grundlegende symbolische Kategorien, nämlich Gott rettet und gibt freiheitsschaffende Weisungen (Thora).

208 Fast alle Lehrpläne/Rahmenrichtlinien setzen die Mose-Überlieferungen ins 3./4. Schuljahr. Dementsprechend zahlreich sind die Realisierungsvorschläge in den verschiedenen Arbeitshilfen und Schulbüchern. Bekannt ist der Bericht von R. Goldman (Religious thinking from childhood to adolescence) über die mythologisch-wörtliche Interpretation der Geschichte vom brennenden Dornbusch durch die Kinder. Er konnte aber gleichzeitig den Beginn einer symbolisch-spirituellen Auslegung zwischen 8 und 12 Jahren feststellen. Diese kann der Unterricht unterstützen.

209 Vgl. M. Hartenstein/R. Hauswirth: Arbeitshilfe Grundschule. Zum Lehrplan '77. 3. Schuljahr, Stuttgart 1978, S. 36.

210 Von den vorliegenden Materialien gibt nur Religion: Bilder und Wörter, Bd. 2 für Klasse 3 und 4, Düsseldorf 1974, S. 37 f. der sog. zweiten Schöpfungsgeschichte den Vorzug. Sie ist hier allerdings nur als Warnung für übermütige Zeitgenossen eingeführt. Dieser Aspekt liegt zweifellos im ganzen Zusammenhang, doch wird hier umfassender geredet. U. Jaeschke: Unsere Welt. Schöpfung im Unterricht des 3. Schuljahrs, in: H. Grosch (Hrsg.): Religion in der Grundschule, a.a.O., S. 160 begründet die Bevorzugung des priesterschriftlichen Schöpfungsberichts: Die Sprache des Priesters sei frei von Bildern, »die entweder Verwirrung stiften oder durch den Reiz des Deutens vom Gedankengang ablenken könnten (vgl. Gen. 2,4 ff.)«! So befangen war man noch vor wenigen Jahren im Glauben an die kognitive Rationalität.

211 So C. Westermann: Schöpfung, Stuttgart 1971, S. 102–104.

212 Vgl. K. E. Nipkow: Grundfragen der Religionspädagogik, Bd. 3: Gemeinsam leben und glauben lernen, Gütersloh 1982, S. 211 ff.

213 C. Westermann: Schöpfung, S. 115 ff. macht darauf aufmerksam, daß nach biblischer Auffassung nicht beschauliches Genießen, sondern aktives Gestalten und Erhalten die Grundbestimmung erfüllten Lebens ausmacht.

214 D. Steinwede: Von der Schöpfung. Ein Sachbilderbuch, Lahr/Düsseldorf 1972, S. 31–37.

215 Anregungen für jüngere Kinder durch Gedichte, in: E. Conrad/K. Deßecker/H. Kaiser (Hrsg.): Erzählbuch zum Glauben, Bd. 1: Das Glaubensbekenntnis, Zürich/Lahr 1971, S. 70–73.

216 K. Deßecker/H. Heyduck-Huth (Hrsg.): Malmappen Religion, mehrere Mappen, Lahr/Zürich (ab) 1974.

217 Hess. Institut für Bildungsplanung und Schulentwicklung (Hrsg.): Planungshilfen Evang. Religion für das 3. und 4. Schuljahr. Materialien zum Unterricht Primarstufe 6 / Evangelische Religion 2, empfiehlt S. 45 f. im Zusammenhang mit den Vögeln unter den Himmeln ein Lied

(Die Spatzen kaufen niemals ein), ein Märchen (Sterntaler) und eine Erzählung zum Naturverhältnis von Franz v. Assisi. Diese Materialien sind ebenfalls gute Ausgangspunkte für ein Nachdenken über Gottes Wirken in der Natur.

218 Vgl. L. Ragaz: Die Gleichnisse Jesu, seine soziale Botschaft, Gütersloh 1979[2], S. 62−72.

219 J. Piaget: Das moralische Urteil beim Kinde, Frankfurt 1976[2], Beispiele und Auswertung S. 316 ff., S. 321 ff., S. 351 ff., S. 356 f.

220 S. Ley: Unterrichtliche Elementarisierung biblischer Texte, in: Fernstudienlehrgang für evangelische Religionslehrer, Studienbrief I/4: Umgang mit der Bibel im Religionsunterricht, Deutsches Institut für Fernstudien, Tübingen (Weinheim) 1978, S. 37−42 hat den Vergleich mit den von Piaget erhobenen Gerechtigkeitskonzepten durchgeführt mit dem Ergebnis, daß Kinder auf der Stufe des »Egalitarismus« dem Besitzer in der Parabel am wenigsten zustimmen können.

221 Vgl. Am Anfang. Ein Arbeitsbuch für den Religionsunterricht im 1. und 2. Schuljahr von E. Bochinger, M. Köhnlein, M. u. H. Rehlen, L. Trump, Frankfurt 1975, S. 28 f.

222 Am Anfang, ebd. S. 25 f. bringt die Ankündigung der Geburt Johannes des Täufers und seine Botschaft, allerdings nicht mit den hier gemeinten Intentionen.

223 A. N. Leontjew: Zur Theorie der psychischen Entwicklung des Kindes, in ders.: Probleme der Entwicklung des Psychischen, Berlin 1975[5], S. 326 f.

224 Dem sog. Allmachtsgefühl des Kleinkindes liegt wohl keine Erkenntnis oder Phantasie zugrunde, sondern eine spontane Neigung des Organismus zu Zuständen des Wohlbefindens und des Genusses. Vgl. S. Arieti: The intrapsychic self, New York 1967, S. 48.

225 D. P. Ausubel/E.V. Sullivan: Das Kindesalter. Fakten, Probleme, Theorie, München 1974, S. 268.

226 ebd. S. 279 f.

227 Daher erscheint es nicht abwegig, in tendenziell eher satellitischen oder nicht-satellitischen Beziehungen auch wichtige Bedingungsfaktoren − neben anderen − für die späteren Orientierungsmuster von Jugendlichen, etwa »Familienzentrismus« oder »Jugendzentrismus« zu sehen. Vgl. Projektgruppe Jugendbüro: Subkultur und Familie als Orientierungsmuster. Zur Lebenswelt von Hauptschülern, München 1977.

228 Vgl. H. Wöller (Hrsg.): Gottes Kindergarten, Stuttgart 1978 und E. Marshall/St. Hample: Children's letters to God, New York 1966 (deutsch: Kinderbriefe an den lieben Gott, Gütersloh 1968).

229 M. L. Hoffman: Eine Theorie der Moralentwicklung im Jugendalter, in: L. Montada (Hrsg.): Brennpunkte der Entwicklungspsychologie, Stuttgart 1979, S. 252−266.

230 J. Piaget: Theorien und Methoden der modernen Erziehung, Frankfurt 1974, S. 153−178.

231 H. Borke: Interpersonelle Wahrnehmung bei kleinen Kindern: Egozentrismus oder Empathie?, in: D. Geulen (Hrsg.): Perspektivenübernahme und soziales Handeln, Frankfurt 1982, S. 109−120.

232 R. L. Selman: Sozial-kognitives Verständnis. Ein Weg zu pädagogischer und klinischer Praxis, in: D. Geulen: Perspektivenübernahme und soziales Handeln, a.a.O., S. 232.

233 ebd. S. 234.

234 Besonders hervorzuheben sind die folgenden Hilfen: G. Bergmann: Angst, in: H. Grosch (Hrsg.): Religion in der Grundschule, a.a.O., S. 120 ff.; S. Wibbing (Hrsg.): Kinder fragen nach dem Leben, 2. Schuljahr, Frankfurt 1974, S. 41 ff.; D. Steinwede: Arbeitsbuch: Religion 1/2, Düsseldorf 1975, S. 72 f.; W. Longardt (Hrsg.): Wenn wir manchmal Angst haben. Katechetische Spielmappe 2, Lahr/Freiburg 1978[2]; B. und R. Veit: Kinder haben manchmal Angst, in: diess.: Religion im ersten und zweiten Schuljahr, Köln/Lahr 1976; K. Deßecker/H. Heyduck-Huth (Hrsg.): Malmappen Religion, Junge-Mädchen, Thema Angst (vgl. Lehrerkommentar) Lahr/Köln 1974; E. Bochinger u.a.: Am Anfang. Ein Arbeitsbuch für den Religionsunterricht im 1. und 2. Schuljahr, Frankfurt 1975, S. 16−18 (vgl. dazu auch Arbeitsheft); M. Hartenstein/R. Hauswirth (Bearb.): Arbeitshilfe Grundschule. Zum Lehrplan '77 für Evangelische Relglonslehre, 2. Schuljahr, Stuttgart 1978, S. 15 ff.; D. Steinwede (Red.): Religionsunterricht Primarbereich. Modelle des Anfangsunterrichts, Heft 2, Pädagogisch-Theologisches Institut, 5300 Bonn 2 (Bad Godesberg), S. 75 ff. (Die beiden zuletzt genannten Hilfen sind die materialreichsten und anregendsten).

235 Als Beispiel sei hingewiesen auf: M. Hartenstein/R. Hauswirth: Arbeitshilfe Grundschule.

Zum Lehrplan '77 für Evangelische Religionslehre, 1. Schuljahr, a.a.O., S. 20–29 u. S. 8 (ein Medium).

236 Aus: I. Draumann: Der Grundschüler und die Wahrheit, in: K. Burk/E. Sievers (Hrsg.): Religionsunterricht für Grundschüler, a.a.O., S. 196–199 verbindet »Motivforschung« zur Lüge mit biblischen Situationen (Joseph und seine Brüder) und Luthers Auslegung zum 8. Gebot.

237 Hessisches Institut für Bildungsplanung und Schulentwicklung (Hrsg.): Materialien zum Unterricht Primarstufe, Heft 7. Katholische Religion 1, Wiesbaden/Frankfurt 1982 (Bezug: Verlag M. Diesterweg), S. 121. Der Titel »Sich ändern und neu anfangen« ist den entsprechenden Rahmenrichtlinien entnommen. Die Unterrichtseinheit beschäftigt sich mit einem weiteren Thema, etwa: Schlechtes Gewissen, gutes Gewissen.

238 Vgl. M. Schlieter (14 Jahre): Als Oma starb, in: E. Conrad/K. Deßecker/H. Kaiser (Hrsg.): Erzählbuch zum Glauben. Das Glaubensbekenntnis, a.a.O., S. 385–387 (Nr. 173).

239 A. Becker: Gespräch mit der sehr alten Tante Emmy, in: E. Conrad/K. Deßecker/H. Kaiser (Hrsg.): Erzählbuch zum Glauben. Das Glaubensbekenntnis, a.a.O., S. 387 f.

240 G. Ruck-Pauquèt: Bis morgen, Melanie, in: D. Steinwede/S. Ruprecht (Hrsg.): Vorlesebuch Religion 3, Lahr/Göttingen/Zürich 1976, S. 185–188. Die Geschichte ist aus Platzgründen nicht abgedruckt.

241 Vgl. H. Härterich/H. Heller: Tod und Leben. Unterrichtsvorschläge für das vierte Schuljahr, in: Hessisches Institut für Bildungsplanung und Schulentwicklung (Hrsg.): Materialien zum Unterricht, Primarstufe 6 / Evangelische Religion 2, Planungshilfen für das 3. und 4. Schuljahr, Wiesbaden/Frankfurt 1981 (Bezug: Verlag M. Diesterweg), S. 68 f.

242 D. P. Ausubel/E. V. Sullivan: Das Kindesalter, a.a.O., S. 326 f.

243 Zum Unterschied zwischen komplementären Interaktionen als Abhängigkeitsbeziehungen und symmetrischen Beziehungen der Wechselseitigkeit vgl. P. Watzlawick/J. H. Beavin/D. D. Jackson: Menschliche Kommunikation, Berlin 1974[4], S. 68 ff.

244 H. S. Sullivan: Die interpersonale Theorie der Psychiatrie, Frankfurt 1980, S. 278 f.

245 J. Youniss: Die Entwicklung und Funktion von Freundschaftsbeziehungen, in: W. Edelstein/M. Keller: Perspektivität und Interpretation, Frankfurt 1982, S. 78–109.

246 ebd. S. 93.

247 Exemplarisch hierzu: W. Walter: Elementares soziales und emotionales Lernen im Religionsunterricht des 1. Schuljahrs, in: D. Steinwede (Red.): Religionsunterricht Primarbereich, Materialien zum Grundschullehrplan XIII, Modelle des Anfangsunterrichts, Heft 1, a.a.O., S. 3 ff. Die Einheit »Gott ist wie ein guter Hirte« ist hier nur angehängt. Religion: Bilder und Wörter 1/2, von H. Grosch/U. Jaeschke/J.-F. Konrad/E. Linnemann: Wie ich bin, S. 8 ff.

248 M. Hartenstein/R. Hauswirth: Arbeitshilfe Grundschule. Zum Lehrplan '77, 1. Schuljahr, UE Kennenlernen – Annehmen, S. 2 ff.; Religion 1. Alles ist neu, von R. Schindler/M. Rettich/R. Herrmann, Lahr/Frankfurt 1977, S. 1 + 6 (vgl. Lehrerhandbuch); Kinder fragen nach dem Leben. Fibel für 1. Schuljahr, hrsg. v. S. Wibbing, Frankfurt 1976.

249 Am Anfang, von E. Bochinger u.a. bietet a.a.O., S. 94 eine Bildseite mit dem Titel: Nicht alle Menschen sind Christen. Solches läßt sich viel alltagsrelevanter beim Kennenlernen vermitteln.

250 E. Decker: Wie du mir, so ich dir (nicht), aus: Hessisches Institut für Bildungsplanung und Schulentwicklung: Materialien zum Unterricht. Primarstufe 5 / Evang. Religion 1, a.a.O., S. 25–28. Die Darstellung ist aus Platzgründen verkürzt und mit einigen Medien integriert. Die Erzählfassung der Saul/David-Geschichte von E. Decker (S. 28) ist nicht abgedruckt.

251 Vgl. den ausgezeichneten Entwurf in: M. Hartenstein/R. Hauswirth (Bearb.): Arbeitshilfe Grundschule. Zum Lehrplan '77, 1. Schuljahr, a.a.O., S. 73–84.

252 G. Ruck-Panquèt: Der kleine Zauberer und sein Freund, aus: diess.: Sandmännchens Geschichtenbuch, Ravensburg 1970, in: Religion: Bilder und Wörter 3/4, a.a.O., S. 104 f.

253 Hier kann man eine Beziehung zur Geschichte von der Verleugnung des Petrus herstellen, wie es Bilder und Wörter 3/4, S. 114 f. vorschlägt, sollte allerdings Jesu Wiederbegegnung mit Petrus und dem neuen Auftrag an Petrus hinzunehmen.

254 H. G. Furth: Das Gesellschaftsverständnis des Kindes und der Äquilibrationsprozeß, in: W. Edelstein/M. Keller: Perspektivität und Interpretation, Frankfurt 1982, S. 188–215.

255 G. Mugny/W. Doise: Socio-cognitive conflict and structuration of individual and collective performances, in: European Journal of Social Psychology 8/1976, s. 181–182.

256 W. Damon: Zur Entwicklung der sozialen Kognition des Kindes. Zwei Zugänge zum Ver-

ständnis sozialer Kognition, in: W. Edelstein/M. Keller: Perspektivität und Interpretation, a.a.O., S. 133.

257 s. Bd. I, S. 230–239.

258 Kohlbergs Stufen 2 (vorkonventionelles Niveau) und 3 (konventionelles Niveau), also die Orientierung an »instrumentellem Realismus« und die Konformität mit dem Bild des »guten Jungen« bzw. des »lieben Mädchens« enthalten Elemente der skizzierten Art der Zugehörigkeitsbestrebungen. Die oben referierte Unterscheidung zwischen lockeren und engeren Beziehungen (J. Youniss) legt die Vermutung nahe, daß in lockeren Beziehungen der instrumentelle Realismus zu Gerechtigkeitskonzepten weitergebildet wird, während in den engeren Beziehungen die Identifikation mit Wünschen und Werten wichtiger Bezugspersonen von ausschlaggebender Bedeutung ist. Diese Hypothese würde den Befund von N. Haan erklären, daß verschiedene Dilemmata von den gleichen Personen auf verschiedenen Niveaus gelöst werden, und den Befund von Holstein, der in einer Längsschnittuntersuchung feststellte, daß bisweilen Stufen übersprungen werden. N. Haan: Hypothetical and actual moral reasoning in a situation of civil disobedience, in: Journal of Personality and Social Psychology 32/1975, S. 255–270; C. B. Holstein: Irreversible, stepvise sequence in the development of moral judgement: A longitudinal study of males and females, in: Child Development 47/1976, S. 51–61.

259 Grundlegend J. Piaget: Das moralische Urteil beim Kinde, Frankfurt 1973.

260 P. Hubley/C. Trevarthen: Sharing a task in infancy, in: New Directions for Child Development 4/1979, S. 57–80.

261 W. Damon: Zur Entwicklung der sozialen Kognition des Kindes, in: W. Edelstein/M. Keller: Perspektivität und Interpretation, a.a.O., S. 139. Die folgende Darstellung der Entwicklung ebd. S. 123–126.

262 K. H. Rubin/F. W. Schneider: Die Beziehung zwischen moralischem Urteil, Egozentrismus und altruistischem Verhalten, in: D. Geulen (Hrsg.): Perspektivenübernahme und soziales Handeln, Frankfurt 1982, S. 374–382.

263 Empirisch ist diese Voraussetzung häufig bestätigt. Vgl. W. Damon: Zur Entwicklung der sozialen Kognition des Kindes, loc.cit. S. 128; E. Turiel: Die Entwicklung sozial-konventionaler und moralischer Konzepte, in: W. Edelstein/M. Keller (Hrsg.): Perspektivität und Interpretation, a.a.O., S. 153 f. Turiels Arrangement belegt nicht seine These von einer auch entwicklungspsychologisch identifizierbaren Trennung zwischen sozial-konventionaler und moralischer Entwicklung, jedoch die Rigidität der Eigentumsauffassung. Diebstahl ist in jedem Fall untersagt, andere Regeln können sich verändern.

264 R. Oerter/E. Dreher/M. Dreher: Kognitive Sozialisation und subjektive Struktur, München 1977.

265 W. Damon: Zur Entwicklung der sozialen Kognition des Kindes, loc.cit. S. 119–122.

266 Kinderbriefe von Ursula Rave abgedruckt in: M. Hartenstein/R. Hauswirth (Bearb.): Arbeitshilfe Grundschule. Zum Lehrplan '77. 4. Schuljahr, Stuttgart 1978, Auszüge S. 97, 99 u. 101.

267 In H.-G. Noack: Der gewaltlose Aufstand, Baden-Baden 1965. Weitere gute Beispiele im Entwurf von E. Decker: Selig sind, die Frieden stiften, denn sie werden Gottes Kinder heißen, in: Hessisches Institut für Bildungsplanung und Schulentwicklung: Materialien zum Unterricht. Primarstufe 6 / Evang. Religion 2, S. 51–53.

268 Geschichten von Kindern in der Dritten Welt gibt es in vielen Lesebüchern, vgl. etwa die Sammlung in D. Steinwede/S. Ruprecht: Vorlesebuch Religion 2, Lahr/Zürich 1971, S. 164 ff. und in fast allen Religionsbüchern der Grundschule 3./4. Schuljahr. Unterrichtseinheiten finden sich in den schon genannten Arbeitshilfen.

269 Der Hinweis auf UNICEF dürfte besonders kindgerecht sein. Er findet sich in: Weitersagen Religion 3/4, von E. Bochinger u.a., a.a.O., S. 163 ff.

270 Zu Brot: J. F. Spiegel: Sinn durch die Sinne. Sakramentale Propädeutik für Grundschule, in: K. Burk/E. Sievers (Hrsg.): Religionsunterricht für Grundschüler, a.a.O., S. 90.

271 W. Longardt: Spielbuch Religion, Zürich/Lahr 1974, S. 139 f. Vgl. Nr. 181 Kindergebet von M. Höhn, in: E. Conrad/K. Deßecker/H. Kaiser: Erzählbuch zum Glauben, a.a.O., S. 398 f.

272 W. Kettler/A. Becker: Bausteine Gebet, in: F. Beth (Hrsg.): Zum Religionsunterricht morgen Bd. V. Religiöse Elemente in der Vorschulerziehung, München 1973, S. 215 schlagen die folgende Übung vor: Die Kinder legen sich (in Badehose) mit dem Rücken auf den Rasen und erleben: »Wir sehen den ziehenden Wolken nach. – Wir verlieren uns in der Weite. – Wir

spüren das Gras oder die glatte Erde im Rücken. – Wir sind ein Teil der Erde, wie ein Stein, wie ein Käfer, und doch sehen wir den weiten Bogen des Himmels . . . Wir liegen mit dem Gesicht zur Erde. – Riechen das Gras an. – Riecht den Geruch der Erde. – Streckt die Arme weit nach vorn, drückt die Finger in die Erde. – Wir sind klein, hinfällig, Teil der Erde, Staubkorn«.

273 Religion: Bilder und Wörter 1/2, von H. Grosch u.a. empfiehlt S. 32 ff. dieses Thema bereits für das erste Schuljahr. Dies ist wohl verfrüht.

274 Nach 3. Mose 25, 23 f. darf Grund und Boden nicht für immer verkauft werden. »Denn das Land ist mein und ihr seid (nur wie) Fremdlinge und Schutzbürger bei mir«.

275 Vgl. die Erzählungen in D. Steinwede (Hrsg.): Erzählbuch zur Kirchengeschichte, Lahr/ Zürich/Göttingen 1982, S. 320–322.

276 Vgl. auch die Geschichte 'Reiche Gabe' von einem unbekannten Verfasser in D. Steinwede/S. Ruprecht: (Hrsg.): Vorlesebuch Religion 2, a.a.O., S. 175.

277 W. Longardt: Spielbuch Religion, a.a.O., Nr. 14, S. 61.

278 ebd. Nr. 5, S. 46.

279 ebd. Nr. 42, S. 121. Ein vollständiger und materialreicher Unterrichtsvorschlag zum Thema »Unsere Kirchengemeinde« findet sich in: M. Hartenstein/R. Hauswirth (Bearb.): Arbeitshilfe Grundschule. Zum Lehrplan '77, 3. Schuljahr, Stuttgart 1978, S. 13–26.

280 Von W. Laubi, in: E. Conrad/K. Deßecker/H. Kaiser: Erzählbuch zum Glauben, a.a.O., S. 415–417 (Originalbeitrag). Die Geschichte ist für das 3./4. Schuljahr geeignet.

281 Im verständlichen Bemühen um eine alltagsrelevante Glaubensbeziehung entgehen auch einige Geschichten im zitierten Erzählbuch zum Glauben dieser Gefahr nicht, z.B. R. R. Rücks: Die Meisterschaft (S. 414 f.): Hier suggeriert die Geschichte, das meisterschaftsichernde Tor, sei die unmittelbare Folge eines erhörten Stoßgebets. W. Laubis davor abgedruckte Geschichte: Startnummer 11 (S. 410 ff.) zu einer analogen Sportsituation bietet eine reifere Konzeption der Gottesbeziehung: Gott/Jesus wird zum ermutigenden inneren Begleiter.

282 J. Matthes: Volkskirchliche Amtshandlungen, Lebenszyklus und Lebensgeschichte, in: M. Kohli (Hrsg.): Soziologie des Lebenslaufs, Darmstadt 1978, S. 206 ff.

283 Diese Absicht des »Entdeckens« hat einer empfehlenswerten Reihe von Spiel- und Arbeitsmappen zu den Festen den Titel geliefert: W. Longardt: Ostern entdecken: Lahr/Freiburg 1977; ders.: Anvertrautes entdecken (bes. Erntedank), Lahr/Freiburg 1982; ders.: Pfingsten entdecken, Lahr/Freiburg 1977.

284 Vgl. das leider im Programmatischen verbleibende Konzept von O. P. Bronson: Religious learning through involvement in social conflict and service, in: Religious Education LXV/ 1970, Nr. 2, S. 120–124.

285 Man kann natürlich solchem Vorgehen zu Recht Eklektizismus vorwerfen, wie das Religionswissenschaftler gerne tun. Vgl. U. Tworuschka: Die Weltreligionen im Religionsunterricht – Ein typologischer Forschungsbericht, in: G. Stephenson (Hrsg.): Der Religionswandel unserer Zeit im Spiegel der Religionswissenschaft Darmstadt 1976,S. 279. Bevor man aber dies als »asthmatischen Aktualismus« apostrophiert, um in Anlehnung an die englische Religionspädagogik einen phänomenologischen Zugang zu empfehlen, sollte man sich klarmachen, daß Phänomenologie gerade eine subjektbezogene hermeneutische Erschließung von Erkenntnisobjekten anstrebt. U. Tworuschka: Problemanzeigen und Forderungen für den Religionsunterricht, in: U. Tworuschka/D. Zilleßen: Thema Weltreligionen, Frankfurt/München 1977, S. 108–111 hat die didaktische Forderung als Vermittlung von Strukturwissen präzisiert. Strukturalistische Zugänge sind gewiß hilfreich zur Erfassung eines Überzeugungssystems als Ganzheit, setzen aber ein Interesse an grundlegenden ganzheitlichen Orientierungen – etwa als Alternativen zur eigenen Lebensführung – voraus und dürften daher und aus Gründen des kognitiven Anspruchs am ehesten in der Sekundarstufe II sinnvoll sein. Vgl. den Vermittlungsvorschlag für Sekundarstufe I im übernächsten Kapitel.

286 So sinngemäß J. W. Fowler: Stages of faith, a.a.O., S. 136 (so. Kap. I).

287 in: Religionsunterricht Primarbereich. Materialien zum Grundschullehrplan Evangelische Religionslehre XIII. Modelle des Anfangsunterrichts, Heft 1 a.a.O., S. 69. Die reichhaltige und gute Materialsammlung daselbst S. 58–90, ergänzt durch Nr. XIV, Heft 2, S. 57–66.

288 Exemplarisch der Vorschlag D. Steinwedes, in: K. Rommel (Hrsg.): Die Weihnachtszeit im Kindergarten, Freiburg/Lahr 1975, S. 41 ff.

289 Lehrer müssen aus einer unüberschaubaren Fülle von Angeboten an Geschichten und Unterrichtsvorschlägen auswählen. Sie sollten sich dabei von den angegebenen Kriterien und Intentionen leiten lassen. Eine historisch-kritische und eine konsumkritische Auseinandersetzung mit Weihnachten sind im 1./2. Schuljahr noch fehl am Platz.

290 Vgl. E. Linnemann: Erzählvorschlag zum »Osterhasenmärchen«, in H. Grosch (Hrsg.): Religion in der Grundschule, Frankfurt/Düsseldorf 1971, S. 284 ff., wieder übernommen für das 1./2. Schuljahr in den oben zitierten Materialien XIV, Heft 2, S. 68 f. E. Linnemanns Erzählvorschlag dürfte frühestens am Ende des 3. Schuljahres (bis zum 6. Schuljahr) geeignet sein.

291 Aus: Hessisches Institut für Bildungsplanung und Schulentwicklung (Hrsg.): Materialien zum Unterricht Primarstufe 5 / Evangelische Religion 1, S. 62 f.

292 M. Hartenstein/R. Hauswirth (Bearb.): Arbeitshilfe Grundschule. Zum Lehrplan 77. 1. Schuljahr, a.a.O., S. 99.

293 K. Engelhardt/D. Haas/R. Hauswirth/H. Kaiser: Vieles ist anders. Lehrerhandbuch zu Religion 2, Lahr/Frankfurt 1980, S. 72. Vgl. Schülerbuch S. 44 f. (Lied und Bilder).

294 Ähnlich H. Halbfas: Religionsunterricht in der Grundschule. Lehrerhandbuch 1, Zürich/Düsseldorf 1983, S. 190 und ders. (Hrsg.): Religionsbuch für das 1. Schuljahr, S. 40. Allerdings kombiniert das hier verwendete Osterbild von Relindis Agethen collageartig eine Fülle ikonographischer Motive, die von Kindern nur zum geringsten Teil selbständig erschlossen werden können. Durch seine Komplexität veranlaßt das Bild — im Gegensatz zu den Weihnachtsbildern (S. 32/34) — zu einem weit ausholenden verbal-kognitiv-erklärenden Unterricht (es müssen mindestens 9 ikonographische, traditionell geprägte Motive erklärt werden), wovor Halbfas selbst warnt. Außerdem überfordern die Texte (S. 39 + 41) die Kinder im ersten Schuljahr.

295 So H. Halbfas: Religionsunterricht in der Grundschule, Lehrerhandbuch 1, S. 12 f. und S. 63–194. Halbfas schränkt zwar seine Empfehlung auch ein, schlägt aber die Behandlung von Erntedank, Allerseelen, Martinstag, Nikolaustag, Advent, Weihnachten, Fastnacht, Fastenzeit und Ostern vor — alles im ersten Schuljahr.

296 s.o. Bd. I, S. 243 f.

297 Susanne Kilian: Morgen, Kinder, wird's was geben. Logbuch des Michael Ackermann vom 1. bis 25. Dezember, Lahr/Freiburg 1973, in gleichnamiger Unterrichtsmappe Religion Primarstufe, hrsg. vom Pädagogisch-Theologischen Institut Bad Godesberg, S. 27–31. Die Geschichte ist aus Platzgründen nicht abgedruckt.

298 Deutung der Osterkartensymbolik bei E. Linnemann: Ostern, in: H. Grosch (Hrsg.): Religion in der Grundschule, a.a.O., S. 283 f.

299 Vgl. R. Krenzer u.a. (Hrsg.): Kurze Geschichten zum Vorlesen und Nacherzählen im Religionsunterricht, München 1975, S. 270 (Ali ist aus der Türkei), D. Steinwede/S. Ruprecht (Hrsg.): Vorlesebuch Religion 1, S. 346 (Die Moslems); diess.: Vorlesebuch Religion 2, S. 226 (Die richtige Religion/Gespräch über Mohammed), S. 228 (Das Beiramfest); diess.: Vorlesebuch Religion 3, S. 367 (Johannes), S. 371 (Die lausigen Teppiche).

300 B. u. R. Veit: Der Glaube der Moslems, in: Religion im dritten Schuljahr, Köln/Lahr 1977, s. 121 ff.; M. Howald/R. Hauswirth: Judentum und Islam. Unterrichtsmappe, Freiburg/Lahr 1976; Arbeitsbuch Religion 3/4, hrsg. v. I. Baldermann/J. Kluge/H. Kremers/E. Ter-Nedden/H. Wichelhaus, Düsseldorf 1975, S. 99–101; Kinder fragen nach dem Leben. Religionsbuch 3./4. Schuljahr, hrsg. v. S. Wibbing, Frankfurt 1977, S. 133–137; M. Hartenstein/R. Hauswirth (Bearb.): Arbeitshilfe Grundschule. Zum Lehrplan 77, 4. Schuljahr, S. 102–106.

301 Vgl. etwa H. P. Richter: Freitagabend, abgedruckt in D. Steinwede/S. Ruprecht: Vorlesebuch Religion 3, S. 365 und noch spezieller für Kinder: R. Schindlers Erzählungen: Esther — ein Mädchen in Kapernaum, in: Alles ist neu. Lehrerhandbuch Religion 1, S. 64–68, hierzu bes. S. 66 ff

302 Vgl. W. Neidhart: Ährenausraufen am Sabbat. Erzählidee zu Mk. 2, 23–28, in: W. Neidhart/H. Eggenberger (Hrsg.): Erzählbuch zur Bibel, Zürich/Lahr 1975, S. 247–249.

303 Vgl. D. Steinwede: Paschafest im Tempel, in: W. Neidhart/H. Eggenberger (Hrsg.): Erzählbuch zur Bibel, a.a.O., S. 153–161.

304 R. Schwarz: Der ist gepflanzt wie ein Baum an den Wasserbächen. Kreativer Umgang mit einem Psalm im vierten Schuljahr, in: Hessisches Institut für Bildungsplanung und Schulent-

wicklung. Materialien zum Unterricht Primarstufe 6 / Evanglische Religion 2, S. 6–18, Zitat S. 17.

305 Nach E. H. Erikson: Identität und Lebenszyklus, Frankfurt 1979[5], S. 105 f. In der Phase »Werksinn gegen Minderwertigkeitsgefühl« möchte das Kind seine Angelegenheiten »gut« machen. Nach Kohlberg befinden sich die meisten älteren Grundschulkinder noch auf Stufe 2, etwa ein Drittel auf Stufe 3, d.h. die Kinder sind auf eigene und fremde Bedürfnisse hin orientiert, schicken sich aber an, Vorstellungen vom »good boy« oder »nice girl« zu konzipieren. Vgl. L. Kohlberg/R. B. Kramer: Continuities and discontinuities in childhood and adult moral development, in: Human Development 12/1969, S. 93–120.

306 A. Treml: Theorien struktureller Erziehung, Weinheim 1982, S. 42–56 definiert Erziehung als »Vermittlung von Entwicklung«, sofern diese nicht allein auf endogene Faktoren zurückzuführen ist.

307 Vgl. M. Hartenstein/R. Hauswirth (Bearb.): Arbeitshilfe Grundschule. Zum Lehrplan '77. 4. Schuljahr, a.a.O., S. 4, S. 11/12.

308 Für Grundschule geeignet: G. Franz: Jesus kommt nach Akropong. Modelle für den Religionsunterricht, Heft 7, Stuttgart 1976; W. Scheytt: Gwama. Vom Ziegenhirt zum Gemeindepastor, hrsg. v. Evangelisches Missionswerk Südwestdeutschland, Stuttgart. Diese Unterrichtshilfe hat den Vorzug, auch das Wirken eines einheimischen Missionars zu zeigen.

309 Am gelungensten wohl W. Neidhart: Paulus in Korinth, in: ders.: H. Eggenberger (Hrsg.): Erzählbuch zur Bibel, a.a.O., S. 367–372. Gute Anregungen auch in D. Steinwede: Paulus aus Tarsus, Lahr/Düsseldorf 1975.

310 G. Baudler: Zur Begründung des Ansatzes: Erschließung der religiösen Dimension der Wirklichkeit durch dichterisch-prälogische Sprachformen, in: ders.: Religionsunterricht im Primarbereich, Zürich 1973, s. 131 ff.; H. Halbfas: Fundamentalkatechetik, Düsseldorf 1970[3], S. 67–90 und 193 ff.; ders.: Auf dem Weg zu einer Symboldidaktik, in: ders.: Das dritte Auge, Religionsdidaktische Anstöße, Düsseldorf 1982, S. 84–141.

311 H. Halbfas: Religionsunterricht in der Grundschule, Lehrerhandbuch 1, S. 15.

312 ebd. S. 259–262.

313 z.B. ebd. S. 280 im Zusammenhang der Lichtsymbolik eine »Erklärung« der Sonne anhand van Goghs »Der Tag«: »Die Sonne taucht die Welt in warmes Licht. Es ist ausfüllendes Licht, in dem die Dinge als das erscheinen, was sie sind. Wir sehen die Nähe wie die Ferne und zumal die Farben dieser Welt. Diese Welt ist im Licht. Ohne dieses Licht der Sonne wäre die Welt kalt und dunkel; weder gäbe es Pflanzen, Tiere, Menschen noch irgendwelche Nahrung. Die Sonne ist für diese Welt die Voraussetzung allen Lebens . . .« Und ein wenig später: »Die Menschen bauen ihre Welt. Die Sonne ist das Symbol ihres Lebensmutes, ihrer Hoffnung und Freude . . .« Vgl. ähnlich S. 283 (zu Nacht und Sternen), S. 289 (Lichtvision der Hildegard), S. 298 f. (zu Herz), S. 310 (Herzauge). Wo solche Erklärungen fehlen – wie beim Symbol Tür (S. 311–331), ist ein Sammelsurium verschiedener Türsymbolik ungeordnet und mit z.T. hochkomplexen symbolischen Einzelmotiven (z.B. Kirchenportal, S. 323 ff.) zusammengestellt, was für einen Erstkläßler meist unzugänglich ist und nur Verwirrung hinterläßt.

314 Zusammenstellung bei H. Halbfas: Religionsunterricht in der Grundschule. Lehrerhandbuch 1, s. 268–273 unter Rückgriff auf Vorschläge von Regine Schindler, Wolfgang Longardt, Agnes Bischof.

315 Solche biblisch-anthropologischen Horizonte vermag die symbolische Rede vom Herzen sowohl vor einem romantischen Liebesklischee (Halbfas, Lehrerhandbuch S. 299–303) als auch vor allzu platter Verbildlichung zu bewahren (Religionsbuch S. 68, Lehrerhandbuch S. 306–308), die auch dann nicht sachgemäß ist, wenn große Künstler (Donatello/H. Fries) sie zum Thema eines Bildes gemacht haben (im Falle Donatellos stand vermutlich keine belehrende Absicht im Vordergrund).

316 Im allgemeinen setzt man den Beginn der didaktischen Diskussion zu diesen Fragen an mit: H. Roth: Stimmen die deutschen Lehrpläne noch?, in: Die Deutsche Schule 1968, S. 69–76. Ein Überblick über den heutigen Stand verschafft K. Haußer: Die Einteilung von Schülern. Theorie und Praxis schulischer Differenzierung, Weinheim 1980, bes. S. 126 ff.

317 Eine Aufzählung aller Einzelentwürfe würde eine Bibliographie füllen. Ich nenne nur die verbreitetsten Schulbücher und Vorbereitungswerke:
Evangelisch: Kursbuch Religion 5/6, v. Chr. Busch/O. Knödler u.a., Stuttgart/Frankfurt

1976, Neubearbeitung 1984; Orientierung Religion v. U. Becker/F. Blume u.a., Frankfurt 1973; Arbeitsbuch Religion 5/6, v. I. Baldermann/J. Kluge u.a., Düsseldorf 1975; Religion Sehen + Deuten 5/6, von H. Schulte, R. Sistermann u.a., Düsseldorf 1977; Schnittpunkte Religion 5/6, von H. Hammerich/K. Heinemeyer u.a., Hannover 1980.

Katholisch: Zielfelder 5/6, hrsg. v. Deutschen Katechetenverein, München 1975, Neubearbeitung 1983; Zeit der Freude, von W. Trutwin/K. Breuning, Düsseldorf 1980; Religion in der Hauptschule, 5. Jahrgangsstufe / Religion in der Hauptschule 6. Jahrgangsstufe, hrsg. v. W. Stengelin/L. Volz, München 1981.

Unterrichtsvorbereitungswerke: U. Früchtel: Religion im 5./6. Schuljahr, Zürich 1979; H. Schmidt/J. Thierfelder: 28 Unterrichtseinheiten für den Religionsunterricht im 5./6. Schuljahr, Stuttgart 1976; Katechetisches Amt Heilbronn (Hrsg.): Didaktischer Kommentar 5/6 für den evangelischen Religionsunterricht, Frankfurt 1981 (mit gesondertem Material).

318 In den Lehrerhandbüchern und Unterrichtshilfen finden sich meist einige allgemeine Bemerkungen zur Schülersituation und zu den Aufgaben des Religionsunterrichts in dieser Altersstufe sowie Ausführungen zu einzelnen Themen. Speziell zum Religionsunterricht in der Orientierungsstufe nur: E. F. Mono: Religionsunterricht. Bericht der Fachkommission für den evangelischen und römisch-katholischen Religionsunterricht, in: R. Burst/A. Lichter u.a. (Hrsg.): Weinheimer Gesamtschulcurricula, Heidelberg 1971, s. 220—246; Hessisches Institut für Bildungsplanung und Schulentwicklung (Hrsg.): Revisionsvorschlag zur didaktischen Struktur der Rahmenrichtlinien und zum Themenangebot für die Jahrgangsstufe 5/6. Materialien zum Unterricht 30 / Evang. Religion 1, Wiesbaden 1982.

319 K. Wegenast: Der Religionsunterricht in der Sekundarstufe I. Grundsätze, Planungsformen, Beispiele, Gütersloh 1980; H. Halbfas: Fundamentalkatechetik. Sprache und Erfahrung im Religionsunterricht, Stuttgart 1968; L. Volz: Der Religionsunterricht an der Sekundarstufe I, in: E. Feifel/R. Leuenberger/G. Stachel/K. Wegenast (Hrsg.): Handbuch der Religionspädagogik, Gütersloh/Zürich 1973, S. 347—358. Irreführend betitelt ist H. J. Dörger/J. Lott/G. Otto: Religionsunterricht 5—10, München 1981. Hier finden sich neben den von den Autoren auch sonst bekannten Grundsatzerwägungen zur Situation des Religionsunterrichts und zur Unterrichtsplanung einige sogenannte Praxisberichte (Unterrichtsentwürfe) für die oberen Klassen der Sekundarstufe I. Ein Entwurf »Sehnsucht Leben« von R. Grätz zum Drogenproblem soll zwar für das 5.—10. Schuljahr einsetzbar sein, kein einziges der angegebenen Materialien ist aber für diese Schuljahre geeignet.

320 So H. Schmidt: Unterricht über Glaube und Leben. Grundlagen und Rahmen des Evangelischen Religionsunterrichts in der Sekundarstufe I, Stuttgart/München 1975.

321 So Chr. Reents: Erziehung zum kritisch-produktiven Denken im Religionsunterricht der Grund- und Orientierungsstufe.Theoretische Grundlegung, Gütersloh 1974, bes. S. 97—109. Vgl. die entwicklungspsychologischen Arbeiten von Elkind, Long, Spilka, Goldman, Dechonchy und Peatling in der Übersicht bei: A. G. Mc Grady: Teaching the Bible: Research from a Piagetian perspective, in: British Journal of Religious Education, 5/1983, No 3, S. 132.

322 Vgl. Vereinbarung der Kultusministerkonferenz vom 27. 11. 1969 und Sondervotum der Länder Baden-Württemberg, Bayern, Rheinland-Pfalz und Schleswig-Holstein zur Orientierungsstufe, in: Comenius-Institut (Hrsg.): Religionsunterricht in der Sekundarstufe I. Bildungspolitische Dokumentation, München 1972, S. 10 ff., bes. S. 15 f. Außerdem: Deutscher Bildungsrat: Strukturplan für das Bildungswesen, Stuttgart 1970[2], S. 73 f.; Bund-Länder-Kommission für Bildungsplanung: Bildungsgesamtplan, Kurzfassung, Bonn 1973, S. 16.

323 Der Unterrichtsausfall in den Klassen 5/6 ist im Vergleich mit den folgenden Klassen sehr gering. Gelegentlich wurden in den Anfangsjahren der Gesamtschulen schon im 5./6. Schuljahr Versuche der Differenzierung nach Leistung oder Interessen bei sog. konfessionell-kooperativem Unterricht gemacht, die aber inzwischen weitgehend — jedenfalls offiziell — zurückgenommen wurden. Vgl. Ergebnisse der Tagung »RU in der Gesamtschule« vom 5.—7. 6. 1972 in Weinheim, in: Comenius-Institut (Hrsg.): Religionsunterricht in der Sekundarstufe I, S. 509 f.

324 Vgl. etwa das durchgehend so ausgerichtete inhaltliche Angebot des Schulbuchs »Orientierung Religion« (Frankfurt 1973 ff.), im Vergleich zu dem entsprechenden für das 7.—10. Schuljahr: Anpassung oder Wagnis, hrsg. v. D. Brummack/H. Fricke u.a., Frankfurt 1972 ff.

325 Strukturplan, loc.cit. S. 143.

287

326 So für viele W. Nicklis: Allgemeinbildung heute − Allgemeine wissenschaftsorientierte Grundbildung für alle − Konsequenzen für die Schulstruktur, in: F. W. Babilon/H.-J. Ipfling (Hrsg.): Allgemeinbildung und Schulstruktur. Fragen zur Sekundarstufe I, Bochum 1981, S. 46.

327 H. v. Hentig: Allgemeinbildung heute − Allgemeine wissenschaftsorientierte Grundbildung für alle − Konsequenzen für die Schulstruktur, in: F. W. Babilon/H.-J. Ipfling: Allgemeinbildung und Schulstruktur, S. 40.

328 Religion: Sehen und Deuten 5/6, Lehrerhandbuch (v. H. Schulte, R. Sistermann u.a. Düsseldorf 1977, S. 14. Hier sind allerdings die Konsequenzen unzureichend: Offenes Gespräch, damit sich die Schüler ohne Zwang auf neue (christliche) Erfahrungen einlassen.

329 Auf die Unterscheidung zwischen Jugendzentrismus und Familienzentrierung wurde schon mehrfach hingewiesen (Projektgruppe Jugendbüro).

330 Schüleräußerungen bei der Erprobung der Unterrichtseinheit »Gibt es Gott wirklich«, in: Hessisches Institut für Bildungsplanung und Schulentwicklung (Hrsg.): Revisionsvorschlag zur didaktischen Struktur der Rahmenrichtlinien und zum Themenangebot für die Jahrgangsstufe 5/6, Materialien zum Unterricht 30 / Evang. Religion 1, Wiesbaden 1982, S. 46, auch die folgenden Äußerungen ebd.

331 So auch B. Grom: Religionspädagogische Psychologie, S. 216.

332 ebd. S. 217 f.

333 Entsprechende Geschichten finden sich in großer Zahl in den verbreiteten Schul- und Vorlesebüchern. Auch Kindergebete sind geeignet.

334 Vgl. A. Höfer u.a.: Gestalt des Glaubens. Beispiele aus der Praxis gestaltorientierter Katechese, München 1982, bes. S. 120−123 (M. Glettler).

335 Von E. Alt und W. Habdank gibt es moderne Darstellungen Jonas im Walfisch; außerdem ist die Jonasgeschichte in einem frühen Zyklus der altchristlichen Kunst gestaltet. Die Geschichte sollte von Anfang an erzählt werden, da auch das Fliehen vor Gott ein Grundmotiv der Gottesbegegnungen ist.

336 H. Freudenberg: Spiele um Jona und andere Versuche, in: Pädagogisch-Theologisches Institut der Evangelischen Kirche im Rheinland/Pädagogisches Institut der Evangelischen Kirche von Westfalen (Hrsg.): Materialien und Entwürfe für den Religionsunterricht in der Sekundarstufe I, X Methoden, 1978, S. 53 f.

337 Informationen zum Buch Jona: W. Knörzer: Überall ist Jona. Einführung und Meditationen zum Büchlein Jona, Stuttgart 1970; H. Werner: Jona. Der Mann aus dem Ghetto, Göttingen 1968.

338 Abgedruckt zum Beispiel in: Orientierung Religion, S. 8 f.; Vorlesebuch Religion 1, S. 312 ff.; Zeit der Freude, S. 130 f.

339 Für Kinder dieses Alters als persönliche Lektüre und zur auszugsweisen Verwendung im Unterricht für alle Gottesbeziehungen geeignet: Fynn: Hallo Mister Gott, hier spricht Anna, Bern 1974 ff.

340 Ein gutes Beispiel zur »Heilung des Besessenen von Gerasa« in: W. Faber: Leitsätze und Verfahren in der Gestaltpädagogik, in: Katechetische Blätter 108/1983, Heft 5, S. 372 f. Der Versuch wurde im 9. Schuljahr durchgeführt, ist aber ohne Schwierigkeiten auf das 5./6. Schuljahr übertragbar.

341 R. L. Selman: Sozial-kognitives Verständnis. Ein Weg zu pädagogischer und klinischer Praxis, in: D. Geulen (Hrsg.): Perspektivenübernahme und soziales Handeln, S. 236.

342 Themen zum Verhältnis Eltern-Kinder finden sich in mehreren Schulbüchern und Lehrplänen. »Partnerschaft und Liebe« für das 5./6. Schuljahr vorzuschlagen blieb dem Religionsbuch Sehen und Deuten 5/6 vorbehalten.

343 Vgl. H. Schmidt/J. Thierfelder: 28 Unterrichtseinheiten für den Religionsunterricht im 5./ 6. Schuljahr, Stuttgart 1976, S. 183 ff.

344 Die Anregung ist einem Spielvorschlag entnommen, der sich in einer Mappe mit dem Titel »Ich bin einmalig« (hrsg. v. Evangelisches Bildungswerk Berlin, Abt. Gemeindeberatung, Goethestraße 23−30, 1000 Berlin 12) mit Vorschlägen und Materialien für die Gestaltung von Kinderbibelwochen befindet.

345 E. Lange: Die zehn großen Freiheiten, Gelnhausen 1974[11] führt das hermeneutische Prinzip durch. Die konkrete Auslegung ist an manchen Stellen nicht mehr aktuell und war auch nicht für Kinder gedacht.

346 Vgl. II,7 (Strafe und Vergeltung) und II,8 (Wenn dich jemand auf die rechte Backe schlägt . . .) in H. Schmidt/J. Thierfelder: 28 Unterrichtseinheiten . . ., S. 99 ff., S. 111 ff.

347 Für die hier geäußerten Hypothesen sind mir keine empirischen Belege bekannt. Sie sind als Konsequenzen aus der strukturellen Entwicklung des Denkens abgeleitet und bisher nur durch subjektiv rezipierte Praxis bestätigt. Eine auf das Lernen semantisch-symbolischer Gehalte gerichtete Forschung zur religiös-moralischen Entwicklung über J. Fowlers und F. Osers Ansätze hinaus ist ein Desiderat.

348 Man beachte allerdings die neuere Veränderung der Begriffsdefinition von Problemorientierung, in: H.-B. Kaufmann/H. Ludwig (Red.): Die Geistesgegenwart der Bibel. Elementarisierung im Prozeß der Praxis, Münster 1979 (Comenius-Institut) Vorwort, S. XII−XV und E. Feifel: Identitätsfindung und Sinnfrage im schülergerechten Religionsunterricht, in: Katechetische Blätter 104/1979, H. 2, S. 149.

349 Abgedruckt in: Hessisches Institut für Bildungsplanung und Schulentwicklung (Hrsg.): Materialien zum Unterricht 30 / Evangelische Religion 1, Wiesbaden 1982, S. 20, hier gekürzt und sprachlich dem Zusammenhang angepaßt.

350 Der Abdruck eines Beispiels ist angesichts der Menge der Entwürfe unnötig. Vgl. Schulbuchkapitel »Menschen brauchen einander, in: Kursbuch Religion 5/6, S. 153 ff. und die Zusammenstellung in H. Schmidt/J. Thierfelder: 27 Unterrichtseinheiten für den Religionsunterricht im 7./8. Schuljahr, Stuttgart 1978, S. 127 ff.

351 Vgl. die Schulbuchkapitel »Sie kamen aus dem Osten« und »Verfolger und Verfolgte« in: Kursbuch Religion 5/6, S. 33 ff. u. S. 49 und die entsprechenden Kapitel des Lehrerhandbuchs.

352 Vgl. Religion: Sehen und Deuten 5/6, S. 29 f.; Kursbuch Religion, S. 186 ff.; Schnittpunkte Religion 5/6, S. 143 ff. (Woher-Wohin?).

353 Vgl. H. Schmidt/J. Thierfelder: 28 Unterrichtseinheiten . . ., a.a.O., S. 33, die Unterrichtseinheit »Mensch und Natur I. Im Unterricht müßte der Titel der Einheit allerdings schülernäher formuliert werden.

354 J. W. Fowler: Stages of faith, S. 138−140 + 149.

355 Kursbuch Religion 5/6, S. 59−70; Zeit der Freude, S. 184−190; Zielfelder RU 5/6, S. 23, 76, 201 f. H. Schmidt/J. Thierfelder: 28 Unterrichtseinheiten, a.a.O., S. 57 ff.

356 Eine schülernahe Zusammenstellung z.B. in: Zeit der Freude, a.a.O., S. 185.

357 M. Hartenstein: Stationen auf dem Lebensweg Martin Luthers, aus: Begleitheft zu Geschichten der Bibel, Stuttgart 1967, übernommen in: M. Hartenstein/R. Hauswirth (Bearb.): Arbeitshilfe Grundschule. Zum Lehrplan '77, 4. Schuljahr, a.a.O., S. 139 f., leicht gekürzt. Die Plazierung der Geschichte im 4. Schuljahr ist möglich, im Zusammenhang mit der konfessionellen Trennung aber für einige Kinder sicher verfrüht.

358 Je nach Zusammensetzung der Schülerschaft empfiehlt es sich, in diesem Zusammenhang Engel und Teufel zum Thema zu machen. Vgl. Hessisches Institut für Bildungsplanung und Schulentwicklung (Hrsg.): Revisionsvorschlag zur didaktischen Struktur der Rahmenrichtlinien. Materialien zum Unterricht 30 / Evang. Religion 1, S. 36−38.

359 ebd. S. 66−69; H. Schmidt/J. Thierfelder: 28 Unterrichtseinheiten, S. 260 ff.

360 Zitiert aus dem Thema: Jesus erzählt von Gott (Gleichnisse), in: Hessisches Institut für Bildungsplanung und Schulentwicklung (Hrsg.): Revisionsvorschlag . . . loc.cit., S. 58. Die folgenden thematischen Vorschläge ebd. S. 59.

361 M. J. Howald/H. Schmidt: Der Gott Israels lebt. Elia − Ein Prophet im 8. Jahrhundert vor Christus, Lahr/Göttingen 1978; Katechetisches Amt Heilbronn (Hrsg.): Didaktischer Kommentar für den evangelischen Religionsunterricht im 5. und 6. Schuljahr, Frankfurt 1981, S. 37−55 (Autoren: G. Schröttel/L. Singer); Hessisches Institut für Bildungsplanung und Schulentwicklung (Hrsg.): Revisionsvorschlag . . . loc.cit., S. 30−32.

362 Vergleichsuntersuchungen über den Religionsunterricht in verschiedenen Schularten liegen nicht vor, jedoch ist der Befund aufgrund allgemeiner und fachspezifischer Leistungsvergleiche (Deutsch, Englisch, Mathematik, Physik) eindeutig, so daß für den RU ähnliches vermutet werden kann. Vgl. Bund-Länder-Kommission für Bildungsplanung und Forschungsförderung: Modellversuche mit Gesamtschulen. Auswertungsbericht der Projektgruppe Gesamtschule, Bühl/Baden 1982; H. Fend: Gesamtschule im Vergleich, Weinheim 1982; selbst K. Aurin: Die Gesamtschule und ihre Grenzen, in: Die höhere Schule 6/1983, S. 187.

363 Der Religionsunterricht an Sonderschulen kann aus Platzgründen hier nicht behandelt werden. Die folgende Spezialliteratur ist zu empfehlen: Themenhefte der Zeitschrift entwurf. Religionspädagogische Mitteilungen 1/80 und 2/80. A. Pokrandt hat im Heft 2/80 eine umfangreiche Zusammenstellung von Arbeitshilfen für den Religionsunterricht an Sonderschulen und allgemeiner sonderpädagogischer Literatur vorgelegt. Außerdem L. Schlaich: Erziehung und Bildung geistig Behinderter durch Eltern und Erzieher, Neuburgweier 1974; Schulreferat der Diözese Rottenburg: Hilfen für die religiöse Unterweisung geistig behinderter Kinder (Auslieferung: Deutscher Katecheten-Verein) o.J.; E. Begemann/A. Möckel/K. E. Nipkow/ H. Schultze: Evangelium und Behinderte, hrsg. v. Comenius-Institut, Münster 1978; H. Schultze/M. Homann (Hrsg.): Medien, Lernanlässe, Lernchancen. Handreichung für Religionslehrer an Sonderschulen für Lernbehinderte, Comenius-Institut, Münster 1976; Beispiel-Plan für den evangelischen Religionsunterricht in der Schule für Lernbehinderte, Comenius-Institut, Münster 1978; K. Schilling: Religionsunterricht mit Lernbehinderten, München/Lahr 1983.

364 Die Unterschiede zwischen den Schularten beziehen sich heute auf die Menge und das Abstraktionsniveau des Wissensstoffs und der kognitiven Leistungen. Diese werden de facto nicht von den Schularten, sondern von den Schulabschlüssen her definiert, wenn auch staatlicherseits immer wieder qualitativ unterschiedliche Bildungsaufträge behauptet werden.

365 Der revidierte Zielfelderplan für den katholischen Religionsunterricht in der Sekundarstufe I stellt auch die Schuljahre der Mittelstufe jeweils unter ein theologisch-inhaltliches Leitmotiv, das in einzelnen Themen schrittweise entfaltet und vertieft wird. Selbst bei kontinuierlichem Unterricht dürften die divergierenden sozialen und emotionalen Erfahrungen den so erhofften Aufbau einer kognitiven Struktur stören. Die inhaltlich gedachte Sequentialität kann so schnell in Schülerferne umschlagen. Vgl. W. Albrecht: Vor dem Abschluß: Die Revision des Zielfelderplans Sekundarstufe I, in: Katechetische Blätter 9/83 (108. Jahrg.) S. 713–718.

366 Die Festlegung eines Minimalkanons christlicher Bildungsinhalte setzt ein allgemein geteiltes und hierarchisch strukturiertes Überzeugungssystem mit definierten Basisinhalten voraus. Im Mittelalter war dies leicht möglich. Schon vor Karl dem Großen galten das Vaterunser, das apostolische Glaubensbekenntnis und gelegentlich die Zehn Gebote in ihrer kirchlichen Auslegung, später ergänzt durch das Ave Maria und die Sakramente als Minimalkanon, so Thomas von Aquin, vgl. W. Bartholomäus: Einführung in die Religionspädagogik, Darmstadt 1983, S. 7 ff.

367 Den Ansatz einer »hermeneutisch orientierten Religionspsychologie« unter modifizierender Integration verschiedener psychologischer Erklärungsmodelle (lerntheoretische, psychoanalytische, psychodynamische und kognitive) skizziert G. Theißen: Psychologische Aspekte paulinischer Theologie, Göttingen 1983, bes. S. 49–65. Er erprobt diesen Ansatz danach in der exegetischen Arbeit an paulinischen Texten, indem er nach Text- und Traditionsanalyse die Auswahl und Intepretation traditioneller Motive, also kulturell bedeutsamer Deutungen individual- und sozialpsychologisch (Paulus in seiner Umwelt) deutet. Damit hat auch Theißen, ohne dies explizit herauszustellen, ein interaktionstheoretisches Paradigma angewandt. Die hier geübte projektive Anwendung auf die Ontogenese kann im Unterschied zu Theißens historisch-retrospektiver Analyse über die Wirkung der ausgewählten und empfohlenen symbolischen Muster nur Mutmaßungen anstellen.

368 R. Oerter: Moderne Entwicklungspsychologie, Donauwörth 1970[8], S. 285–288.

369 E. Spranger: Psychologie des Jugendalters, Leipzig 1925; G. W. Allport: The individual and his religion, New York 1950; A. Gesell: Jugend. Das Alter von 10–16, Bad Nauheim 1958; D. Elkind: Egozentrismus in der Adoleszenz, in: R. Döbert/J. Habermas/G. Nunner-Winkler (Hrsg.): Entwicklung des Ichs, Köln 1977, S. 176: »Das Verlangen nach einer anerkannten Privatsphäre und die Überzeugung von der individuellen Einzigartigkeit begünstigen den Aufbau einer Ich-Du-Beziehung mit Gott als persönlichem Vertrauten, bei dem man nicht mehr Geschenke, sondern Rat und Unterstützung sucht«.

370 J. W. Fowler: Stages of faith, a.a.O., S. 151 ff. beschreibt die normalerweise mit der »Pubertät« erreichte Stufe als »synthetic-conventional faith«.

371 ebd. S. 162: »A person in Stage 3 is aware of having values and normative images. He or she articulates them, defends them and feels deep emotional investments in them, but typically has not made the value system, as a system, the object of reflection«.

372 Mögliche Ergebnisse unauffälliger oder dramatischer Verläufe der sog. Adoleszenzkrise beschreiben: R. Döbert/J. Habermas/G. Nunner-Winkler (Hrsg.): Entwicklung des Ichs. Zur Einführung, a.a.O., S. 14 f. und R. Döbert/G. Nunner-Winkler: Adoleszenzkrise und Identitätsbildung, Frankfurt 1975. Vgl. auf psychoanalytischem Theoriehintergrund: H. Stierlin/ L. D. Levi/R. J. Savard: Zentrifugale und zentripedale Ablösung in der Adoleszenz: Zwei Modi und einige ihrer Implikationen, in: R. Döbert/J. Habermas/G. Nunner-Winkler (Hrsg.): Entwicklung des Ichs, a.a.O., S. 46 ff.; auf kognitiv-strukturalistischem Hintergrund: N. Haan: The adolescent antecedents of an ego modell of coping and defense and comparisons with Q-sorted ideal personalities, in: Genetic Psychology Monograph 89/1974, H. 2, S. 273–306.

373 J. C. Coleman: Current contradictions in adolescent theory, in: Journal of Youth and Adolescence, 1978, H. 7, S. 1–11 weist eine große Übereinstimmung in sinn- und wertbezogenen Auffassungen von Eltern und Kindern nach. Eine differenzierte Darstellung des ganzen Problems bei: O. Ewert: Entwicklungspsychologie des Jugendalters, Stuttgart 1983, S. 42–46.

374 So die Ergebnisse der Braunschweiger Untersuchung zur Einstellung junger Erwachsener bei A. Feige: Erfahrungen mit Kirche, a.a.O., S. 71–74 und S. 401. Sie dürften bei den jüngeren Jugendlichen nicht wesentlich anders aussehen.

375 Vgl. ebd. S. 72 und Übersichten S. 487 ff. Dazu J. Kutz: Intensität und Aktualität von Einstellungen und Werthaltungen Junger Erwachsener im Kontext kirchlich-religiöser und christlich-ethischer Normvorgaben, in: A. Feige, loc.cit. S. 180 ff. Über 2/3, auch Jüngerer, signalisiert Zustimmung zu Gott, etwa ein Viertel »Neutralität«, nur 10 % lehnen Gott ab.

376 ebd. S. 111–115.

377 Zu Wundergeschichten vgl. außer dem Standardwerk von G. Theißen: Urchristliche Wundergeschichten, Gütersloh 1974, neuerdings H. Zirker: Jesusgeschichten als phantastische Literatur, in: Der Evangelische Erzieher 35/1983, H. 3, S. 228 ff., bes. S. 241 ff. Wundergeschichten von Jesus gelten als »Wunschgeschichten«, innere »symbolische Handlungen« (G. Theißen), in denen die Negativität des Lebens nicht akzeptiert, sondern gegen sie protestiert und in hoffender Phantasie überschritten wird. Da der Glaubende in ihnen nicht nur folgenlose Träume, sondern erfüllbare Hoffnungen sieht, ergeben sich daraus auch Handlungskonsequenzen. Die Wundergeschichten als Sprachform sind unter der 3. Zielperspektive aufzuarbeiten, ihre Inhalte passen aber unter die 1. und 2., weshalb sich auch hier die genannten Kontroversen ergeben können.

378 J. W. Fowler: Stages of faith, a.a.O., S. 161 übernimmt diesen Begriff von M. Polanyi: The tacit dimension, Garden City, NY 1966. Besonders bei religiös-weltanschaulichen Fragen besteht wegen deren Marginalität die Gefahr, daß diese Form »synthetisch-konventionellen Lebensglaubens« lebenslang erhalten bleibt. Fowler gibt S. 164 ff. Interviewbeispiele für christlich-religiöse und atheistische Ausprägungen dieser Denkform bei älteren Erwachsenen.

379 Vgl. E. Jüngel: Gott als Geheimnis der Welt, Tübingen 1977, bes. S. 451 f.

380 Vgl. A. Feige: Erfahrungen mit der Kirche, a.a.O., S. 489.

381 Verlag und Vertrieb: Misereor-Vertriebsgesellschaft mbh, Aachen 1982, Mozartstraße 9.

382 P. Biehl: Zugänge zu christlichen Grunderfahrungen mit Hilfe elementarer Symbole, in: Der Evangelische Erzieher 35/1983, H. 3, S. 255–272 schlägt vor, die parallelen Felder Sündenfall und Kreuzigung an der Bernwardstür von Hildesheim zu behandeln. Auch dort ist Jesu Kreuz als Lebensbaum symbolisiert und dem welkenden Lebensbaum des Paradieses (Abb. ebd. S. 268) gegenübergestellt. Die Lebensbaumdarstellung des Hungertuchs ist jedoch ungleich anschaulicher und auch wegen der exemplifizierten Folgen vorzuziehen.

383 Z.B. K. Meyer zu Uptrup: Tag mit Gott, Stuttgart 1980; D. Rost/J. Machalke (Hrsg.): Unterwegs, Gütersloh 1981[5]; diess.: Zukunft wagen, Gütersloh 1980[2]; H. Wulf: Gib Geduld; ders.: Gib Liebe, Neukirchen 1982.

384 A. Biesinger (Hrsg.): Meditation im Religionsunterricht, Düsseldorf 1981; K. Meyer zu Uptrup: Zeit mit Gott, Stuttgart 1982.

385 Vgl. H. Schmidt/J. Thierfelder: 27 Unterrichtseinheiten für den Religionsunterricht im 7./ 8. Schuljahr, Stuttgart 1978, S. 425 ff., bes. Ziel 3 u. 4, S. 432 ff.

386 Bd. I, S. 221 f.

387 Der Lebensbericht von J. Lusseyran: Das wiedergefundene Licht, Frankfurt 1981 (Ullstein-Taschenbuch) ist u.U. zu selbständiger Lektüre zu empfehlen.

388 K. Bätz/H. Schmidt: Von Gottes Hand gepackt. Der Prophet Jeremia. Das Buch Hiob, Lahr 1980.

389 E. H. Erikson: Identität und Lebenszyklus, S. 109.

390 Vgl. R. Döbert: »Was mir am wenigsten weh tut, dafür entscheid ich mich dann auch«. Normen, Einsichten und Handeln, a.a.O., bes. S. 45–55. Relativismus, Macchiavellismus und sozialstrukturelle Hierarchien als entlastende Faktoren.

391 R. Döbert: Sinnstiftung ohne Sinnsystem?, in: W. Fischer/W. Marhold: Religionssoziologie als Wissenssoziologie, bes. S. 60.

392 Dementsprechend sind die Themen Tod und Sinnfrage in den meisten Schulbüchern und Unterrichtshilfen nicht vor dem 9./10. Schuljahr angesiedelt. Vgl. Kursbuch Religion 9/10, Stuttgart/Frankfurt 1979, S. 2 ff., S. 58 ff.; K. Bätz/H. Schmidt: 33 Unterrichtseinheiten für den Religionsunterricht im 9./10. Schuljahr, 2. Halbband, Stuttgart 1980, S. 5 ff., S. 33; U. Früchtel/K. Lorkowski: Religion im 9./10. Schuljahr, Zürich 1982, S. 119 f., S. 153 ff.

393 Die Literatur zur neueren Gleichnisexegese wächst. Daher nur die grundlegenden Arbeiten: P. Ricoeur/E. Jüngel: Metapher. Zur Hermeneutik religiöser Sprache, München 1974; H. Weder: Die Gleichnisse Jesu als Metaphern, Göttingen 1981[2]; H. J. Klauck: Allegorie und Allegorese in den synoptischen Gleichnistexten, Münster 1978. Zum argumentativen Charakter der Gleichnisse: E. Arens: Kommunikative Handlungen. Die paradigmatische Bedeutung der Gleichnisse Jesu für eine Handlungstheorie, Düsseldorf 1982. Sammelbände: W. Harnisch (Hrsg.): Gleichnisse Jesu. Positionen der Auslegung von Adolf Jülicher bis zur Formgeschichte, Darmstadt 1982, ders.: Die neutestamentliche Gleichnisforschung im Horizont von Hermeneutik und Literaturwissenschaft, Darmstadt 1982.

394 Die christliche Zwei-Wege-Ethik kam in neupietistischer Fassung über Farbdrucke: Der breite und der schmale Weg, Mt. 7, 13 + 14 in viele Familien. Die Bibelstelle in Mt. 7, 13 + 14 ist allerdings nicht im Sinne einer Zwei-Wege-Ethik, sondern als Glaubensalternative zu verstehen. Abbildung und Deutung in K. Bätz/H. Schmidt: 33 Unterrichtseinheiten . . . 1. Halbband, S. 451 ff.

395 M. L. Hoffman: Eine Theorie der Moralentwicklung im Jugendalter, in: L. Montada (Hrsg.): Brennpunkte der Entwicklungspsychologie, a.a.O., S. 257 ff. unterstreicht, daß die Empathiefähigkeit in der späten Kindheit durch Einsicht in die allgemeine Lage des anderen kognitiv transformiert wird und damit der eigene Anteil durch Handeln und Unterlassen am Befinden des anderen vollständiger wahrgenommen wird.

396 Vgl. Kursbuch Religion 9/10, S. 1. Das Titelbild des Kapitels »Wozu lebe ich« zeigt einen Jugendlichen beim Betreten einer Treppe, die in der Ferne ins Ungewisse zerfließt. Im Schatten seines Hinterkopfs trägt der Jugendliche die Utensilien der Kindheit und Schulzeit mit sich.

397 E. Kästner: Das Eisenbahngleichnis, aus: Kästner für Erwachsene, Zürich 1966, S. 85. Auszugsweise abgedruckt im Kursbuch Religion 9/10, S. 2.

398 Eine solche skeptische Lebensauffassung läßt sich aus G. Grass' Gedicht »Im Ei« herauslesen. Es könnte als Antithese zu Ps. 139 dienen:

Im Ei
Wir leben im Ei.
Die Innenseite der Schale
haben wir mit unanständigen Zeichnungen
und den Vornamen unserer Feinde bekritzelt.
Wir werden gebrütet.
Wer uns auch brütet,
unseren Bleistift brütet er mit.
Ausgeschlüpft eines Tages,
werden wir uns sofort
ein Bildnis des Brütenden machen.
Wir nehmen an, daß wir gebrütet werden.
Wir stellen uns ein gutmütiges Geflügel vor
und schreiben Schulaufsätze
über Farbe und Rasse
der uns brütenden Henne.
Wann schlüpfen wir aus?

Unsere Propheten im Ei
streiten sich für mittelmäßige Bezahlung
über die Dauer der Brutzeit.
Sie nehmen einen Tag X an.
Aus Langeweile und echtem Bedürfnis
haben wir Brutkästen erfunden.
Wir sorgen uns sehr um unseren Nachwuchs im Ei.
Gerne würden wir jener, die über uns wacht
unser Patent empfehlen.
Wir aber haben ein Dach überm Kopf.
Senile Küken,
Embryos mit Sprachkenntnissen
reden den ganzen Tag
und besprechen noch ihre Träume.
Und wenn wir nun nicht gebrütet werden?
Wenn diese Schale niemals ein Loch bekommt?
Wenn unser Horizont nur der Horizont
unserer Kritzeleien ist und auch bleiben wird?
Wir hoffen, daß wir gebrütet werden.
Wenn wir auch nur noch vom Brüten reden,
bleibt doch zu befürchten, daß jemand,
außerhalb unserer Schale, Hunger verspürt,
uns in die Pfanne haut und mit Salz besteut. –
Was machen wir dann, ihr Brüder im Ei?

Günter Grass »Im Ei« aus: GLEISDREIECK © 1960 Hermann Luchterhand Verlag, Darmstadt und Neuwied

399 R. L. Selman: Sozial-kognitives Verständnis. Ein Weg zu pädagogischer und klinischer Praxis, in: D. Geulen (Hrsg.): Perspektivenübernahme und soziales Handeln, Frankfurt 1982, S. 237 f.

400 R. Döbert/G. Nunner-Winkler: Performanzbestimmende Aspekte des moralischen Bewußtseins, in: G. Portele (Hrsg.): Sozialisation und Moral, Weinheim 1978, bes. S. 114 ff.

401 E. Turiel: Die Entwicklung sozial-konventionaler und moralischer Konzepte, in: W. Edelstein/M. Keller (Hrsg.): Perspektivität und Interpretation, a.a.O., S. 163–167.

402 K. Bätz/H. Hanisch: Kursbuch Religion 7/8. Lehrerhandbuch, Stuttgart/Frankfurt 1980, S. 199 f.; D. Haas u.a.: Familie. Wandlungen – Konflikte – Auftrag, Lahr 1976³; rp-modell Nr. 4: Gehorsam und Mündigkeit in der Familie, Frankfurt/München 1972.

403 Zusammengefaßt bei R. Oerter: Jugendalter, in: R. Oerter/L. Montada: Entwicklungspsychologie, S. 247 f.; J. J. Conger: Eltern – Kindbeziehungen und Sozialisation im Jugendalter, in: L. Montada (Hrsg.): Brennpunkte der Entwicklungspsychologie, Stuttgart 1979, S. 324–336.

404 J. Youniss: Die Entwicklung und Funktion von Freundschaftsbeziehungen, in: W. Edelstein/M. Keller (Hrsg.): Perspektivität und Interpretation, S. 94.

405 Zitiert ebd. S. 93.

406 R. Döbert: »Was mir am wenigsten weh tut, dafür entscheid ich mich dann auch«, loc.cit., S. 45–48.

407 H. Lüdtke: Jugendliche in organisierter Freizeit, Weinheim 1972; G. Grauer: Jugendfreizeitheime in der Krise. Zur Situation des sozial-pädagogischen Felds, Weinheim 1973.

408 Zur Unterscheidung und Definition der neuen Mittelschicht (Angestellte, Beamte, Geschäftsleute, Dienstleistungsberufe) und der alten Mittelschicht (freie Berufe, kleine und mittlere Unternehmer, Akademiker) vgl. A. Giddens: Die Klassenstruktur fortgeschrittener Gesellschaften, Frankfurt 1975.

409 H.-G. Rolff: Soziologie der Schulreform, Weinheim 1980, S. 38 ff.

410 Die Angaben stammen aus der schon mehrfach zitierten Studie des Jugendinstituts der deutschen Shell, Jugend 81, S. 476 ff.

411 Die Untersuchungsergebnisse aus verschiedenen Ländern zu verschiedenen Drogen zusammengestellt bei R. Oerter: Jugendalter, loc.cit., S. 308–310.

412 A. Lorenzer: Die Wahrheit der psychoanalytischen Erkenntnis. Ein historisch-materialisti-scher Entwurf, Frankfurt 1974, S. 292 macht darauf aufmerksam, »daß die Resymbolisierung Produktion einer symbolischen Interaktionsform bzw. eines Sprachspiels ist«, mithin auf kon-krete Interaktionen bezogen sein muß.

413 G. Schneider: Das Evangelium nach Lukas 1. Kapitel 1–10, ÖTK 3/1, Gütersloh 1977, S. 247 + 249.

414 ebd. S. 251.

415 S. Freud: Das Unbehagen in der Kultur, Frankfurt 1953, Fischer TB, S. 100; Studienausgabe, Bd. IX, Frankfurt 1982 (TB), S. 238: »Wir wollen uns naiv zu ihr (Nächstenliebe) einstellen, als hörten wir von ihr zum ersten Male. Dann können wir ein Gefühl von Überraschung und Befremden nicht unterdrücken«.

416 E. Fromm: Psychoanalyse und Ethik, Frankfurt 1978, S. 143–145.

417 Entsprechende Vorschläge zu alterstypischen Konflikten finden sich in vielen Unterrichtsent-würfen. Vgl. Kursbuch Religion 7/8, a.a.O., S. 176 ff. (Nachgeben oder sich durchsetzen?) H. Schmidt/J. Thierfelder: 27 Unterrichtseinheiten . . ., a.a.O., S. 127 ff., dort weitere Lite-ratur. Auf die Verschiedenheit der Konfliktlagen wurde oben verwiesen. Nicht jeder hat Kon-flikte mit Eltern oder Lehrern. Dennoch ist die Besprechung auch solcher alterstypischer Kon-flikte sinnvoll, die nicht jeden einzelnen betreffen. Der Nicht-Betroffene kann so lernen, sich besser in die Lage anderer zu versetzen.

418 Auskunft über das vielfältige Angebot geben die Verlagskataloge sowie die häufig genannten Schulbücher und Lehrerhandbücher.

419 Zu diesem Schluß kommen R. Döbert und G. Nunner-Winkler: Formale und materiale Rol-lenübernahme: Das Verstehen von Selbstmordmotiven im Jugendalter, in: W. Edelstein/M. Keller (Hrsg.): Perspektivität und Interpretation, a.a.O., S. 363: »Der Spielraum, den die for-malen Operationen lassen, muß durch spezifische Situationsschematisierungen ausgefüllt werden, und diese können nur in materialer Rollenübernahme erfaßt werden«. Und S. 364 f. die Feststellung, »daß die vorhandenen Entwicklungstheorien nicht nur additiv durch mate-riale Aspekte ergänzt werden müssen«, sondern »daß Momente materialer Rollenübernahme konstitutive und integrale Bestandteile der Entwicklungstheorien sind«.

420 J. Adelson: Die politischen Vorstellungen des Jugendlichen in der Frühadoleszenz, in: R. Döbert/J. Habermas/G. Nunner-Winkler (Hrsg.): Entwicklung des Ichs, a.a.O., S. 273. Die Untersuchung schloß eine Längsschnittprobe mit 50 Jugendlichen ein, die im Alter von 13, 15 und 18 Jahren erhoben wurde.

421 ebd. S. 275 f.

422 ebd. S. 276.

423 ebd. S. 279.

424 ebd. S. 283.

425 Vgl. M. Keller: Soziale Kognition, Moralisches Urteil und Ich-Prozesse, in: L. H. Eckens-berger/R. K. Silbereisen (Hrsg.): Entwicklung sozialer Kognitionen, Stuttgart 1980, bes. S. 169–175 unterscheidet – die Diskussion um soziale und moralische Entwicklungstheorien zusammenfassend – zwischen einer interpersonalen und einer formalen Moral als entwick-lungsabhängige Strukturen. Dabei bleibt aber offen, welche Prinzipien die beiden Moraltypen konstituieren.

426 Die Befunde finden in dem von J. W. Fowler postulierten »tacit system« der synthetisch kon-ventionellen Glaubensstufe eine Analogie (s.o.).

427 J. Adelson: Die politischen Vorstellungen . . . loc.cit, S. 289. Das Phänomen eines existen-tiellen Schuldgefühls wegen Zugehörigkeit zu einer privilegierten Gruppe oder Klasse wurde auch von anderen festgestellt. Vgl. M. L. Hoffman: Eine Theorie der Moralentwicklung im Jugendalter, in: L. Montada (Hrsg.): Brennpunkte der Entwicklungspsychologie,a.a.O., S. 260.

428 J. Adelson: Die politischen Vorstellungen . . . loc.cit., S. 289 f.

429 ebd. S. 293.

430 K. Lewin: Feldtheorie in den Sozialwissenschaften, Stuttgart 1963.

431 Zum Begriff »Postadoleszenz« s.o. und K. Keniston: Entwicklung der Moral, jugendlicher Aktivismus und moderne Gesellschaft, in: R. Döbert/J. Habermas/G. Nunner-Winkler (Hrsg.): Entwicklung des Ichs, S. 294 f.

432 Zusammengefaßt in R. Oerter: Jugendalter, in: R. Oerter/L. Montada (Hrsg.): Entwicklungs-psychologie, a.a.O., S. 287 f.

433 Eine kurze und dennoch präzise Einführung in das Phänomen der alttestamentlichen Prophetie findet sich neuerdings bei R. Rendtorff: Das Alte Testament. Eine Einführung, Neukirchen-Vluyn 1983, S. 118–131.

434 In der unterrichtspraktischen Literatur werden auch diese beiden vorzugsweise behandelt. Vgl. z.B. Kursbuch Religion 7/8, S. 1–10 und Kursbuch Religion 9/10, S. 71–80.

435 Zu Amos neben der oben zitierten Einführung von R. Rendtorff insbesondere den Kommentar von H. W. Wolff: Dodekapropheten 2 (Joel und Amos) Biblischer Kommentar Altes Testament XIV/2 Neukirchen-Vluyn 1975[2] und W. Schottroff: Der Prophet Amos. Versuch einer Würdigung seines Auftretens unter sozialgeschichtlichem Aspekt, in: W. Schottroff/W. Stegemann (Hrsg.): Der Gott der kleinen Leute. Sozialgeschichtliche Auslegungen, Bd. 1: AT, München/Gelnhausen 1979, S. 39 ff.

436 Zu Jesaja vgl. G. Fohrer: Züricher Bibelkommentare 19 Zürich 1967[2]; H. Wildenberger: Jesaja 1–12, Jesaja 13–27, Jesaja 28–39. Biblischer Kommentar Altes Testament X/1–3, Neukirchen-Vluyn 1980[2], 1978, 1982.

437 G. v. Rad: Die Botschaft der Propheten, Gütersloh 1977[3], S. 115: »Die Verkündigung Jesajas ist das gewaltigste theologische Phänomen des ganzen Alten Testaments«.

438 Jes. 2,4. Eine ältere Überlieferung findet sich bei Micha. 4,3.

439 2 Kön. 16,11. In Jerusalem mußte als Zeichen der Abhängigkeit ein Altar für den Staatsgott Assur errichtet werden.

440 So G. Fohrer: Das Buch Jesaja, 1. Bd. Züricher Bibelkommentar, a.a.O., S. 86.

441 M. Polster: Jesaja – ein Prophet des Friedens, in: H. Schmidt/J. Thierfelder (Hrsg.): Kursbuch Religion 9/10. Lehrerhandbuch, Stuttgart/Frankfurt 1981, S. 139: »Man kann nur Vermutungen darüber anstellen, ob es sich bei Jesajas Vision um eine Schau vor dem inneren Auge handelte oder ob der Prophet sich tatsächlich im Tempel aufhielt und die Tore des Allerheiligsten vor sich geöffnet sah«.

442 H. Hartwig: Jugendkultur: Ästhetische Praxis in der Pubertät, Reinbek 1980, S. 13–20. Eine psychoanalytische Motivforschung ist in diesem Alter natürlich unangebracht (Allmachtsphantasien). Es genügt die Einsicht, daß man sich für die Waffentechnik begeistert, weil sie einen selbst stärker oder mächtiger macht als den Gegner, und daß man dabei nicht durch einen Gegner gehindert wird, der sich aus der Nähe als Mensch zeigen könnte.

443 Vgl. Bd. 1, S. 231. Vgl. außer der dort genannten Literatur von G. v. Rad die folgenden Arbeiten: R. Smend: Jahwekrieg und Stämmebund, 1966[2]; F. Stolz: Jahwes und Israels Kriege. Kriegstheorien und Kriegserfahrungen im Glauben des alten Israel, 1972; M. Weippert: »Heiliger Krieg« in Israel und Assyrien, in: ZAW 84/1972, S. 460–493. Nach den neueren Arbeiten ist eine Verbindung zur »Amphiktyonie« ebensowenig sicher wie der spezifisch israelitische Charakter dieser Kriege. Gotteskriege begegnen auch sonst im alten Orient. Die historische Wirkung der alttestamentlichen Überlieferung ist aber höher einzuschätzen.

444 P. Tillich: Sieg in der Niederlage. Der Sinn der Geschichte im Lichte christlicher Prophetie, in: M. Baumotte (Hrsg.): Tillich-Auswahl, Bd. 3: Der Sinn der Geschichte, Gütersloh 1980, S. 256.

445 Bd. 1, S. 232 sind mögliche Themen genannt. Nochmals sei auf die Darstellung des didaktischen Konzepts von »Brennpunkten der Kirchengeschichte« im Lehrerkommentar zum gleichnamigen Schülerbuch, hrsg. H. Gutschera/J. Thierfelder, Paderborn 1978, S. 6–12 verwiesen.

446 Die drei Intentionen sind dargestellt und entwickelt bei: G. Besier/D. Pohlmann: Einleitung, in: Dozentenkollegium des Religionspädagogischen Instituts Loccum (Hrsg.): Evangelische Kirche und Drittes Reich. Ein Arbeitsbuch für Lehrer der Sekundarstufen I und II, Göttingen 1983, S. 9–18.

447 Klaus: Ich denk, ihr werdet mich noch sehen, in: K. M. Michel/H. Wieser (Hrsg.): Kursbuch 54 Jugend, Berlin 1978, S. 44 ff.; M. Jahoda/P. F. Lazarsfeld/H. Zeisel: Die Arbeitslosen von Marienthal, Frankfurt 1975.

448 Vgl. H. K. Berg/F. Doedens/H. H. Strube: Entwicklungshilfe. rp-modell 1/2, Frankfurt/München 1971; Kursbuch Religion 7/8, S. 28 f., S. 31 ff.; H. Schmidt/J. Thierfelder: 27 Unterrichtseinheiten . . . S. 184 f., S. 194 ff.; F. Puhl: Zwei Welten im Zeugenstand,

Stein/Nürnberg/Freiburg 1972. Die Entwicklungsländer sind für die Industrieländer als (billige) Rohstoffproduzenten interessant, während die Herstellung von Fertigprodukten den Industrieländern eher schadet, es sei denn, sie geschehe unter Regie von Wirtschaftsbetrieben der Industrienationen.

449 Z.B. Weh denen, die in ihren eigenen Augen weise sind und sich selbst für klug halten (Jes. 5,21), weil sie Billigfabrikate einkaufen und sich dadurch immer noch mehr leisten können; sie drücken die Löhne in den armen Ländern und verzehren, was den Armen zusteht. Als Gegenbeispiel kann auf das Angebot der Dritte-Welt-Läden verwiesen werden. Einzelne Schüler besuchen den Dritte-Welt-Laden am Ort, berichten über das Angebot und die Preise und wie die Leute dort ihnen die höheren Preise erklärt haben.

450 Gegebenenfalls mit Jes. 5,20: »Weh denen, die das Böse gut und das Gute böse nennen, die die Finsternis zum Licht und das Licht zur Finsternis machen, die das Bittere süß und das Süße bitter machen«. Oder: Amos 5, 12−15 modifiziert: »Ihr bringt den Unschuldigen in Not, ihr laßt euch bestechen (von Arbeitsplatzversprechen) und macht den Armen schlecht bei der Vorstellung. Darum schweigt in dieser Zeit, wer klug ist; denn es ist eine böse Zeit. Sucht das Gute, nicht das Böse« usw.

451 S.o. Bd. 1, S. 233−236. Man beachte, daß die Voraussetzungen für eine ausführliche sozialgeschichtliche Behandlung des Themas soziale Gerechtigkeit erst in der gymnasialen Oberstufe gegeben sein dürften.

452 Zur Narzißmusdiskussion: Th. Ziehe: Pubertät und Narzißmus. Sind Jugendliche entpolitisiert? Frankfurt 1975; ders.: Der Wunsch, sich selbst lieben zu können. Zur Zunahme narzißtischen Leidensdrucks bei der jüngeren Generation − ein neuer Sozialisationstyp, in: Neue Sammlung 1979, H. 1, S. 70 ff.; H. Häsing/H. Stubenrauch/Th. Ziehe (Hrsg.): Narziß − ein neuer Sozialisationstyp, Bensheim 1979.

453 C. Amery: Das Ende der Vorsehung. Die gnadenlosen Folgen des Christentums, Reinbek 1974. Amerys These setzt nur eine theologische Legitimation neuzeitlichen Fortschritts fort, die im Bemühen um eine positive Bewertung der Säkularisierung entwickelt wurde.

454 Die meisten Entwürfe und Untersuchungsmodelle weisen hierfür kaum Hilfen aus. Sie verfolgen das Ziel eines globalen Verständnisses der Überlieferungen als Mythos oder Sage, ohne diese Begriffe genauer zu erörtern, und werten den Schöpfungsauftrag im Blick auf das Umweltproblem aus. Typisch: rp-modelle Nr. 17: Schöpfung. Mut zum Leben − Verantwortung für die Welt (ausgearbeitet für das 4.−6. Schuljahr, aber frühestens ab dem 6. Schuljahr geeignet), erarb. v. H. Wandschneider u.a., Frankfurt/München 1977 ff. und die inhaltliche Fortsetzung: rp-modelle Nr. 12: Qualität des Lebens (ausgearbeitet für Klasse 7−10) von H.-K. Berg/F. Doedens, Frankfurt/München 1973.

455 Ganz beiseite blieb, daß der priesterliche Schöpfungsbericht erst am siebten Tag der Ruhe von Gott und Mensch zu seinem Ziel kommt, an dem also auch Aktivitäten der Weltgestaltung nicht vorgesehen waren.

456 Vgl. P. Ricoeur: Die Interpretation. Ein Versuch über Freud, Frankfurt 1974 stw, S. 551: »Eine und dieselbe Phantasie kann also zwei entgegengesetzte Vektoren haben: einen regressiven, der sie der Vergangenheit unterwirft, und einen progressiven, der sie zu einem Sinndedektor macht«.

457 M. L. Hoffman: Empathy, role-taking, guilt, and development of altruistic motives, in: T. Lickona (Hrsg.): Moral development: current theory and research, New York 1976.

458 N. Haan/M. B. Smith/J. Block: Moralische Argumentationsstrukturen junger Erwachsener: Politisch-soziales Verhalten, Familiendaten und Persönlichkeitskorrelate, in: R. Döbert/J. Habermas/G. Nunner-Winkler (Hrsg.): Entwicklung des Ichs, S. 307−337.

459 Neuere Untersuchungen zum Naturverhältnis Jugendlicher sind mir nicht bekannt. Die Darstellung kann sich hier allein auf Eindrücke aus Gesprächen berufen. Anhaltspunkte finden sich auch in der Studie Jugend 81, Jugendwerk der deutschen Shell, S. 582−604 aus der Erhebung und Typisierung von »phantasierten Handlungsräumen« (Traumorten). Danach träumen etwa ein Drittel bis zur Hälfte der Jugendlichen (verstärkt der unter 17jährigen) von »alternativen«, vorindustriellen, naturnahen Lebensräumen (Mädchen stärker als Jungen), in denen ein tätiges Leben, aber ohne Konkurrenzdruck gewünscht wird. Schlaraffenlandähnliche Orte mit totaler Versorgung (Regression) finden sich bei über 2/3 aller Befragten, zivilisatorische Abenteuerräume bei etwa der Hälfte, dazu noch narzißtische Träume und Weltraumträume. Alter-

native und narzißtische Träume finden sich vermischt, gelegentlich auch mit Zügen eines naturnahen »Schlaraffenlands« (Südseeinsel), aber in deutlicher Unterscheidung zu zivilisatorischen Träumen (Luxusvilla), technisch-vermittelten Abenteuern und Weltraumträumen, die zusammen auftreten. Es läßt sich auch eine schichtenspezifische Zuordnung der Traumorte feststellen. Schlaraffenland und zivilisatorische Abenteuerträume treten bei Kindern aus unteren Schichten erheblich stärker auf. Außerdem scheinen Mädchen häufiger als Jungen alternativ zu träumen. Es liegt wohl nahe, bei den alternativ Träumenden eine größere Aufgeschlossenheit für Naturerfahrungen zu vermuten.

460 U. Früchtel/K. Lorkowski: Religion im 9./10. Schuljahr, Zürich 1982, S. 89.
461 C. Westermann: Theologie des Alten Testaments in Grundzügen, Göttingen 1978, S. 76 weist auf die sachliche Zusammengehörigkeit der beiden biblischen Schöpfungsberichte hin: »Die Eigenart des Redens von der Schöpfung in der Bibel besteht nun aber darin, daß nicht etwa die späteste, abstrakte Vorstellung von der Erschaffung durch das Wort die älteren, konkreten Vorstellungen auslöscht, sondern daß diese ihr Recht und ihre Bedeutung behalten«.
462 Vgl. die in Anm. 545 zusammengefaßten Ergebnisse der Studie Jugend 81.
463 Die Worte Sünde und Sündenfall kommen in Gen. 3 allerdings nicht vor. Der Sünde verfällt erst Kain (Gen. 4,7). Vgl. F. Crüsemann: Autonomie und Sünde, in: W. Schottroff/W. Stegemann (Hrsg.): Traditionen der Befreiung, Bd. 1, München 1980, S. 60–77; nach Crüsemanns Auffassung wird in der Geschichte von Gen. 3 der Übergang von einer traditionsgeleiteten, segmentären Gesellschaft zu einer zentralisierten frühen »Klassengesellschaft« verarbeitet, in der durch den nun »autonomen« Menschen neue Normen gesetzt werden, aus denen viel Böses hervorgeht. Für diese These führt Crüsemann die Datierung in die frühe Königszeit an. Textimmanente Anhaltspunkte für eine solche Auslegung fehlen. Es wird abzuwarten sein, ob sich die Belege verstärken lassen.
464 So schon I. Kant (Mutmaßlicher Anfang der Menschengeschichte) und F. Schiller (Etwas über die erste Menschengesellschaft nach dem Leitfaden der Mosaischen Urkunde, 1790) und G. W. F. Hegel (Vorlesungen über die Philosophie der Religion). Vgl. W. Trillhaas: Felix culpa, in: Probleme biblischer Theologie. Festschrift für G. v. Rad, München 1971, S. 589–602; M. Metzger: Die Paradieserzählung, Bonn 1959.
465 Vgl. die sehr umfangreiche Literaturübersicht bei U. Früchtel/K. Lorkowski: Religion im 9./10. Schuljahr, S. 90 f.
466 K. Meyer zu Uptrup: Spiel der Schöpfung, in ku-praxis 4, Gütersloh 1975, S. 36–38. Das dort enthaltene Bildblatt (M 8) ist hier auf S. 165 abgedruckt.
467 Anregungen hierzu bei U. Früchtel/K. Lorkowski, Religion im 9./10. Schuljahr, S. 113–115.
468 Zu Gen. 3,4 und 11s. Unterrichteinheit I, 4: Ausgestoßen aus dem Paradies, in: H. Schmidt/J. Thierfelder: 27 Unterrichtseinheiten . . ., S. 97–108.
469 E. Cassirer: Philosophie der symbolischen Formen, Bd. 1, Darmstadt 1953², S. 5.
470 Vgl. E. Cassirer: Wesen des Symbolbegriffs, Darmstadt 1965, S. 175.
471 P. Ricoeur: Die Interpretation, Frankfurt 1974 (stw) S. 25.
472 R. Döbert: Was mir am wenigsten weh tut, dafür entscheid ich mich dann auch, loc.cit., S. 52.
473 W. Spindler: »Rock me!« Diskotheken, Buden, Läden, in: Kursbuch 54 Jugend, hrsg. v. K. M. Michel/H. Wieser, Berlin 1978, S. 7.
474 K. E. Nipkow: Grundfragen der Religionspädagogik, Bd. 3: Gemeinsam leben und glauben lernen, Gütersloh 1982, S. 84 f. Das Zitat weist darauf hin, daß ganzheitliches Sinnerleben mit Motiven aus ursprünglich religiösen Zusammenhängen auch noch in weiteren alltagsrelevanten Symbolen greifbar wird.
475 H. Schmidt/J. Thierfelder: 27 Unterrichtseinheiten . . ., S. 483 mit Verweis auf R. Baumgart: Die verdrängte Phantasie, Darmstadt 1973.
476 Besonders gut gelungen, reichhaltig und informativ: Th. Eggers: Du lieber Gott, komm doch mal runter. Kassette mit Begleitbuch Stuttgart/München/Düsseldorf 1981.
477 Die Fachgruppe Evang. Religion zur Revision der Rahmenrichtlinien in Hessen hat sich auf die folgenden Intentionen zum Thema »Schlager, religiöse Lieder« (Kl. 9/10) aufgrund eines Vorschlags von Klaus-Heiner Weber, Baunatal, geeinigt:
  – Sprechen über Stimmungen, Erinnerungen und Wünsche beim Hören von Musik.
  – Gemeinsamkeiten und Unterschiede zwischen Schlagern und religiösen Liedern ermitteln.

– Religiöse Momente bei öffentlichen Starauftritten und im Arrangement von Musikveranstaltungen identifizieren.

– Wirkungen von Schlagern, Songs und religiösen Liedern unter Kriterien wie Gemeinschaftsbildung, Selbstfindung, Hoffnung und Protest erörtern.

– In Beispielen der Rock- und Popmusik Themen und Motive aus christlich-jüdischen oder aus anderen religiösen Traditionen herausfinden und ihre Bedeutung unter Bezug auf die überlieferten und auf die neuen Kontexte erörtern.

478 Vgl. U. Tworuschka/D. Zilleßen (Hrsg.): Thema Weltreligionen, Frankfurt/München 1977, S. 1.

479 U. Tworuschka (Hrsg.): Religion heute, Frankfurt/München 1977, Einleitung S. 8 weist darauf hin, daß der Religionsunterricht oft auch Vorurteile und Klischees vermittelt.

480 Die meisten Lehrpläne/Rahmenrichtlinien der Sekundarstufe I empfehlen Unterrichtseinheiten zu Islam, Judentum und zu den sog. ostasiatischen Religionen, wobei hier der Hinduismus dominiert. Manchmal tendieren die vorgeschlagenen Lernziele eher zur Vermittlung eines begrifflich-systematischen Gesamtbildes, manchmal zu exemplarischer Konzentration, etwa auf das Leben des Stifters und auf einige Lehrelemente. Religionswissenschaftler kritisieren zu Recht die Einseitigkeit solcher Stoffauswahl, insbesondere auch die fast ausschließliche Verwendung klassischer Texte. Allerdings überschätzen sie meist die Möglichkeiten des Unterrichts und die Leistungsfähigkeit der Schule hinsichtlich der Vermittlung allgemeinen Kulturwissens. Vom erzieherischen Auftrag der Schule her sind die Grenzen schwer zu bestimmen.

481 In der Tat gibt es Forderungen nach Ablösung des »konfessionellen« Religionsunterrichts durch einen religionskundlich ausgerichteten bekenntnisfreien »Religionenunterricht« mit den Religionswissenschaften als Bezugsgröße. Vgl. K. Hoheisel: »Religionenunterricht« als neues Schulfach, in: U. Tworuschka/D. Zilleßen (Hrsg.): Thema Weltreligionen, Frankfurt/München 1977, S. 103–108. Zu Bekenntnisgebundenheit und Offenheit des Religionsunterrichts und zu der Möglichkeit eines wertneutralen Unterrichts über Religionen ist im ersten Band genügend gesagt. Die Möglichkeit der von Hoheisel unterstellten Objektivität der Religionswissenschaften sei vorsichtig in Frage gestellt. Die Unterscheidung zwischen »intentional bekenntnisfreier Religionswissenschaft und glaubensmäßig gebundener Religionstheologie« (S. 105) mag hie und da wissenschaftsorganisatorisch Früchte getragen haben, in der Sache bleibt sie Illusion. Hoheisel fordert eine anthropologische Theorie des Phänomens Religion als Grundlage der intentional bekenntnisfreien Religionswissenschaft (S. 105). Wo wäre die wertneutrale Anthropologie?

482 Differenzen zwischen Schülerorientierung und Problemorientierung können hinsichtlich des fachdidaktischen Ansatzes außer Betracht bleiben. Bezeichnend ist immerhin, daß auf der Grundlage einer pointiert schülerorientierten Religionsdidaktik überhaupt keine unterrichtspraktischen Anregungen zur Auseinandersetzung mit Fremdreligionen entwickelt wurden, während sich solche im Rahmen des problemorientierten Unterrichts durchaus finden. Die individualistische Variante, die eigene Unterrichtseinheiten vorschlägt, äußert sich eher in philosophischer Terminologie: Auswahlkriterium soll der existentielle Lebensbezug oder die bewußtere Wahrnehmung des eigenen Glaubens sein. Vgl. H. Waldenfels: Religion und Religionen im Zielfelderplan. Religionswissenschaftlich orientierte Anmerkungen, in: R. Ott/G. Miller (Hrsg.): Zielfelderplan. Dialog mit den Wissenschaften, München 1976, S. 94; J. Lähnemann: Jesus und Mohammed, Christoph und Ali. Zur Problematik des Fremdreligionsunterrichts am Beispiel des Islam, in: Der Evangelische Erzieher 26/1974, S. 409–424. Zur Funktionalisierung im problemorientierten Ansatz P. Biehl: Vorbereitende Bemerkungen zu einer Didaktik des themenorientierten Religionsunterrichts, in: H.-K. Berg/ F. Doedens (Hrsg.): Unterrichtsmodelle im Religionsunterricht, Frankfurt/München 1974, S. 113.

483 U. Tworuschka: Problemanzeigen und Forderungen für den Religionsunterricht, in: ders.: U. Tworuschka/D. Zilleßen (Hrsg.): Thema Weltreligionen, Frankfurt/München 1977, S. 110 Hier finden sich auch differenzierte Situationsberichte über die »Religionen-Didaktik« in Großbritannien (B. E. Gates, S. 112–123) und in Deutschland (U. Tworuschka, S. 123–132). Eine Auseinandersetzung mit den einzelnen fachdidaktischen Richtungen, wie sie etwa Tworuschka beschreibt (christlich-theologisch, anthropologisch – ontologisch, reli-

gionskritisch, religionskundlich) muß hier unterbleiben. Es genügt die Diskussion der im Rahmen aller Ansätze auftretenden Probleme.

484 ebd. S. 94.

485 Hierauf gründet das Recht einer um ihre Standortgebundenheit wissende christlich-theologische Position, wie die von J. Lähnemann, wenn sie versucht, ihre eigenen Prämissen durchsichtig zu machen. Vgl. auch H. Angermeyer: Weltmacht Islam. Analysen und Projekte zum RU, Heft 7, Göttingen1974.

486 Dies gilt modifiziert für den in Großbritannien verbreiteten Ansatz von Ninian Smart: »The phenomen of religion, London 1973; ders.: The Science of religion and the sociology of knowledge, Princeton 1973; ders.: The exploration of religion and education, in: Oxford Review of Education 1/2, 1975, S. 99—105. Auch alle religionskundlichen Ansätze brauchen eine Strukturierung ihres Gegenstandsbereichs, der sich an Wissenschaftsstrukturen anlehnt.

487 Trotz gegenteiligen Anspruchs hierfür wenig ergiebig, ist der sich selbst als »kritisch« verstehende Ansatz von G. Otto/H. J. Dörger/J. Lott: Neues Handbuch des Religionsunterrichts, Stuttgart 1972⁴, S. 34, denen es nur darum geht, die ambivalenten gesellschaftlichen Wirkungen der Religionen kritisch aufzuarbeiten, wobei die Kriterien der Kritik verschwommen bleiben (Emanzipation). Das Übergewicht dieses religionssoziologischen Aspekts kritischer Theorie führt notwendigerweise zu einer Nivellierung aller religiösen Orientierungsalternativen zugunsten einer platten Entgegensetzung von »emanzipatorischem Potential« und dem, was ihm entgegensteht. So H. J. Dörger/J. Lott/G. Otto: Religionsunterricht 5—10, München 1981, S. 22.

488 Die Symboltheorie von S. K. Langer: Philosophie auf neuem Wege, Frankfurt 1965 (zu diskursiven und präsentativen Symbolen bes. S. 68 f.) fußt auf Cassirers Symbolbegriff (Symbole = Sprachgebilde), was sie zur Unterscheidung zwischen diskursiven und präsentativen Symbolen nötigt. Die Unterscheidung bezeichnet idealtypisch Extreme. Dazwischen gibt es anschauliche Begriffe und nach logischen Gesetzmäßigkeiten konstruierte Bilder. Man wird sinnvollerweise ein Kontinuum zwischen den Extremen diskursiv/präsentativ annehmen.

489 In der Handlungsabhängigkeit kindlichen Denkens hat die Zurückhaltung hinsichtlich der sog. Fremdreligionen in den unteren Klassen einen berechtigten Grund. Die Kinder können im Geschehen mit- und nacherleben und sich von daher auffällige religiöse Phänomene bzw. Verhaltensweisen in ihrer Umgebung bzw. aus Berichten erklären. Eine irgendwie geartete Bedeutung für die eigene Sinn- und Handlungsorientierung über den Umgang mit andersgläubigen Mitschülern hinaus bleibt ihnen aber solange verschlossen, als sie nicht von einem geschehensunabhängigen Standpunkt aus das einschlägige symbolische Muster erleben und für die eigene Lebensproblematik reformulieren können.

490 Kursbuch Religion 9/10, S. 169.

491 Aus dem Gesagten ergibt sich kein Anhaltspunkt für die Auswahl bestimmter Religionen oder Sinnsysteme. In der Tat ist dies unmöglich. Vorrangig begrifflich formulierte Weltanschauungen wie z.B. der Marxismus oder andere philosophische Systeme dürften die Ausdauer — nicht unbedingt die kognitiven Fähigkeiten — der Schüler noch überfordern. Eine stark vereinfachte Einführung in den Marxismus ist im 9./10. Schuljahr durchaus möglich, allerdings ohne selbständige Lektüre der Primärquellen. Unter den Weltreligionen sollte bei kontinuierlichem Unterricht in der vorgeschlagenen Weise nach Möglichkeit an Islam, Judentum, Hinduismus und Buddhismus herangeführt werden. Mehr als die Besprechung einer Religion ist in einem Schuljahr nur zu empfehlen, wenn man sich dabei mit Kurzeinheiten (4—6 Stunden) begnügt.

492 J. Piaget: Psychologie der Intelligenz, Zürich 1970 (4. Aufl. der 2. überarb. Aufl.) S. 167.

493 R. M. Billow: A cognitive development study of metaphor comprehension, in: Developmental Psychology 11/1975, S. 415—423.

494 Man sollte auch beachten, daß die Anwendung des hier vorausgesetzten bzw. empfohlenen Symbolverständnisses von namhaften Vertretern in bezug auf ihre Religion nicht gebilligt würde. Dies dürfte zumindest für orthodoxe Vertreter des Islams und des Judentums zutreffen. Allerdings finden sich symbolische Interpretationen ablehnende fundamentalistische Positionen auch im Christentum.

495 Vgl. E. Schweizer: Jesus Christus, Gütersloh 1976⁴, S. 17.

496 Insofern erscheint der Streit um den richtigen didaktischen bzw. erkenntnistheoretischen Zugang zur Christologie — von oben oder von unten — heute müßig. Wer von oben, also mit

Titulaturen anfangen will, trifft in der Bibel auf die Menschlichkeit Jesu; wer von unten – etwa mit der Botschaft Jesu – anfangen will, bekommt es mit Reich-Gottes-Gleichnissen, Sündenvergebung, einer »illusionären« Ethik und mit Wundergeschichten zu tun. Zur entsprechenden religionsdidaktischen Diskussion s. I. Baldermann: Ein anderer Jesus?, abgedruckt in: I. Baldermann/G. Kittel: Die Sache des Religionsunterrichts – zwischen Curriculum und Biblizismus, Göttingen 1975, S. 154–172.

497 E. Jüngel: Paulus und Jesus, Tübingen 1972[4], S. 135.

498 ebd. S. 139.

499 E. Jüngel: Metaphorische Wahrheit. Erwägungen zur theologischen Relevanz der Metapher als Beitrag zur Hermeneutik einer narrativen Theologie, in: P. Ricoeur/E. Jüngel: Metapher. Zur Hermeneutik religiöser Sprache, München 1974, S. 121.

500 So die Bezeichnungen bei R. Bultmann: Die Geschichte der synoptischen Tradition, Göttingen 1957 ff.

501 P. Hoffmann/V. Eid: Jesus von Nazareth und eine christliche Moral, Freiburg 1975.

502 Vgl. die guten und noch weiter gehenden Anregungen bei B. Herrmann: Im Gleichnis leben. Sprachbilder der Bibel für die Meditation in Schule und Gemeinde, Göttingen 1982.

503 Vgl. den Entwurf in H. Schmidt/J. Thierfelder: 27 Unterrichtseinheiten . . ., S. 223 ff. Die obige Skizze wertet den Gesichtspunkt »symbolische Handlungen« noch stärker aus.

504 Vgl. H. Zirker: Jesusgeschichten als phantastische Literatur, in: Der Evangelische Erzieher 35/1983, H. 3, S. 228 ff.

505 Die obige Skizze entspricht den Ansätzen im Kursbuch Religion 7/8 und 9/10 sowie H. Schmidt/J. Thierfelder: 27 Unterrichtseinheiten . . ., a.a.O., S. 505 ff.; K. Bätz/H. Schmidt: 33 Unterrichtseinheiten . . ., 2. Halbband, S. 356 ff. Die Bücher von U. Früchtel/K. Lorkowski: Religion im 7./8. Schuljahr und Religion im 9./10. Schuljahr bieten keinen zusammenhängenden Jesuskurs, nur im 9./10. Schuljahr ein Thema zur Auferstehung (S. 189 ff.), vielleicht wegen der nordrhein-westfälischen Lehrplanvorgabe, vielleicht auch wegen der Komplexität eines solchen Kurses.

506 S.o. Kap. I in diesem Band die übersetzte Tabelle Fowlers und die Altersgruppentabelle in J. W. Fowler: Stages of faith, S. 318.

507 Vgl. die kurze, aber instruktive Darstellung zur Didaktik des Konfirmandenunterrichts bei K. Dienst: Konfirmandenunterricht als Glaubenshilfe, in: Lebendige Katechese. Beihefte zu: Lebendige Seelsorge 4/1982, Heft 1, S. 62–66.

508 In: U. Früchtel/K. Lorkowski: Religion im 7./8. Schuljahr, S. 185.

509 H. Schmidt/J. Thierfelder: 27 Unterrichtseinheiten . . ., S. 446. Zu der Unterrichtseinheit ist das Singen folgender Lieder empfohlen: Such, wer da will, ein ander Ziel (EKG 249), kombiniert mit »Wege und Ziele« (im Anhang Nr. 5; Hört, wen Jesus glücklich preist (Liederbuch für die Jugend, Nr. 627, Singt mit, spielt mit II, Nr. 80); Die ganze Welt hast du uns überlassen (Neue Lieder Württemberg Nr. 6). In ähnlicher Weise geht die Unterrichtseinheit »Vielleicht ist doch etwas dran – Begegnung mit dem Übersinnlichen, in: U. Früchtel/K. Lorkowski: Religion im 7./8. Schuljahr, a.a.O., S. 183 ff. vor. Wegen des Fehlens inhaltlicher Übersichten in diesem Buch ist auf einen Abdruck verzichtet.

510 Sie liegt als Eigenpublikation des Instituts vor. Loccumer Religionspädagogische Studien und Entwürfe, Band V, hrsg. vom Religionspädagogischen Institut der hannoveranischen Landeskirche, Loccum, Januar 1969.

511 G. Pfister: Religion, in: Handbuch zum Unterricht – Modelle emanzipatorischer Praxis – Hauptschule, hrsg. W. Raith, Starnberg 1973, S. 461 ff. und ders. unter Mitarbeit von R. Frania: Fachbereich Religion, in: Handbuch der Unterrichtspraxis, Band 3, Der Unterricht in der Hauptschule, hrsg. v. O. Meissner und H. Höpfl, München 1974.

512 Pfister schließt sich an die von S. Vierzig ausgegangene Interpretation des Religionsbegriffs von P. Tillich an, die bis heute noch weit verbreitet ist. Vgl. S. Vierzig, Zur Theorie der »religiösen Bildung« (Vortrag 1968), in: H. Heinemann/G. Stachel/S. Vierzig: Lernziele und Religionsunterricht, Zürich 1970, S. 7 ff.

513 W. G. Esser (Hrsg.): Zum Religionsunterricht morgen II, Konzeptionen und Modelle zu künftiger Praxis in Haupt- und Realschule, Gymnasium und Gesamtschule, München/Wuppertal 1971. Die Hauptschule ist im Titel der Beiträge von P. Biehl und R. v. Doemming, S. 95 ff. und S. 124 ff. genannt.

514 P. Biehl: Der Religionsunterricht in der Hauptschule. Erwägungen zum Problem des fächer-übergreifenden Unterrichts, in K. Wegenast: Theologie und Unterricht, Gütersloh 1969, S. 176 ff. und ders.: Religionsunterricht – wohin? Gütersloh 1971, S. 272 ff.

515 Curricularer Rahmenplan für den Evangelischen Religionsunterricht an der Hauptschule in Bayern, hrsg. vom Katechetischen Amt der Evang. Lutherischen Kirche in Bayern, Referat Hauptschule, Heilsbronn, Neue Abtei (August 1972), S. 19, 47 ff., 123 ff., 221 ff.

516 A. Roth: Idee und Gestalt der Hauptschule, Ratingen 1966; K. Stöcker: Die Hauptschule. Entwurf und Gestaltung, München 1968; R. Krüger: Pädagogik der Hauptschule, München 1968.

517 O. Engelmayer: Die Schülerpersönlichkeit der Hauptschule, München 1970.

518 B. Tollkötter: Hauptschule und berufliches Bildungswesen in der Diskussion, Weinheim 1967; W. S. Nicklis (Hrsg.): Hauptschule als Sekundarschule, Bad Heilbrunn 1970.

519 Vgl. H. Möller (Hrsg.): Die Hauptschule. Aufgabe und Probleme, Frankfurt 1972. Die Diskussion um die Arbeitslehre wird auch in Zeitschriften intensiv geführt.

520 Vgl. Empfehlung der KMK zur Hauptschule (1969). Deutscher Bildungsrat, Strukturplan für das Bildungswesen, Stuttgart 1970[2], S. 147 ff. Bund-Länder-Kommission für Bildungsplanung, Bildungsgesamtplan, Band I, Stuttgart 1973, S. 24 ff.

521 Zeitschrift für Pädagogik, 9. Beiheft: Erziehungswissenschaft – Bildungspolitik – Schulreform. Bericht über den Kongreß der Deutschen Gesellschaft für Erziehungswissenschaft vom 12.–15. April 1970 in der Kongreßhalle in Berlin, Weinheim 1971.

522 Vgl. H. G. Rolff/Th. Sander/G. Winkler: Die demokratische Leistungsschule, Hannover 1967.

523 Vgl. bes. die gesamte Unterrichtsmodellentwicklung: Zur Praxis und Theorie der norddeutschen Modellentwicklung: H.-K. Berg/F. Doedens (Hrsg.): Unterrichtsmodelle im Religionsunterricht, Frankfurt/München 1974. Zur Praxis und Theorie der süddeutschen Modellentwicklung (RPF): K. Dessecker/G. Martin/K. Mayer zu Uptrup: Religionspädagogische Projektforschung, Stuttgart/München 1970.

524 Bildungsgesamtplan, Band I, S. 24 f.

525 Vgl. z.B. für Baden-Württemberg: P. H. Piazolo: Die bildungspolitische Gesamtkonzeption in Baden-Württemberg und ihre Realisierungsstufe im Herbst 1975, in: Lehren und Lernen Nr. 8/1975, S. 1 ff. Vgl. auch CDU 80 – Programm für Nordrhein-Westfalen, abgedruckt in: Gesamtschulkontakte 1/1975, S. 461.

526 Die Gründe für diese Veränderungen lassen sich noch nicht umfassend darstellen. Einige Faktoren: Beschränkung der finanziellen Mittel; Abschied vom Ideal der möglichen Höchstqualifizierung für alle (für mehr Schüler bessere Chancen); besondere Schwierigkeiten des Unterrichts in heterogenen Gruppen; Verhaltensunsicherheiten der Schüler durch zu häufigen Gruppen- und Lehrerwechsel; Mangel an differenziertem Unterrichtsmaterial; Überforderung der Lehrer durch zu unterschiedliches Schülerverhalten usf.

527 Z.B. »Fest dagegen steht, daß Förderkurse für das Fach Deutsch auch nach der 5. Klasse dringend nötig sind«, so resümiert lakonisch Klaus Pabel die Erfahrungen der Gesamtschullehrer. K. Pabel: Fördermaßnahmen im Deutsch-B-Kurs einer 9. Klasse an einer integrierten Gesamtschule, in: W. Keim: Gesamtschule. Bilanz ihrer Praxis, Hamburg 1973, S. 451 f.

528 H. Fend stellte bei Gesamtschülern einen »Aspriationsschub« fest, der durch die relativ späte Festlegung der Abschlüsse begünstigt wird. Vgl. H. Fend: Sozialisationseffekte unterschiedlicher Schulformen, in: Zeitschrift für Pädagogik, 19. Jahrgang 1973, Heft 6, S. 910 ff. Die hohen Eintrittsquoten in Realschule und Gymnasien (zusammen über 50 %) verweisen auf einen vergleichbaren »Aspirationsschub« der Unterschicht zur mittleren Reife.

529 Dies hat zu Versuchen geführt, die Hauptschule »attraktiver« zu machen. Vgl. CDU 80-Programm für Nordrhein-Westfalen (1974); Aktionsprogramm für die Weiterentwicklung der Hauptschule in Baden-Württemberg (1975); Schulversuche 10. Klasse Hauptschule, vgl. dazu für Niedersachsen: Schulversuche und Schulreform, Heft 1/2, Hannover 1972.

530 Zur Lehrer- und Schülerresignation schon W. Nicklis (Hrsg.): Hauptschule als Sekundarschule (s.o.); K. Wünsche: Die Wirklichkeit des Hauptschülers. Berichte von Kindern der schweigenden Mehrheit, Köln 1972; J.-G. Klink: Klasse H7 E, Bad Heilbrunn 1974[2]; H. Kuhlmann: Klassengemeinschaft, Berlin 1975; R. G. Ermer: Hauptschultagebuch oder: Der Versuch, in der Schule zu leben, Weinheim 1975; W. Wimmer: Nicht allen das gleiche, sondern jedem das Seine, Hamburg 1976.

531 H. Hanisch: Der Religionsunterricht an der Hauptschule, in: entwurf. Religionspädagogische Mitteilungen 3/1977, S. 9–14. Auszüge aus S. 9–11.

532 E. Frister: Schicksal Hauptschule, Köln/Frankfurt 1976², S. 106.

533 G. Aichinger/K. Feldmann/J. Meintker: Grund- und Hauptschule – reformbedürftig?, Hannover 1976, S. 164 ff. Es ist allerdings zu ergänzen, daß für die Differenz zwischen den Ergebnissen von Intelligenzuntersuchungen und Schulnoten die Motivations- und Verhaltensschwierigkeiten der Schüler mindestens ebenso einschlägig sind. Wer meistens nicht zuhört, wird kaum etwas lernen.

534 Die Textpassage ist in Anlehnung an H. Kuhlmann: Klassengemeinschaft, S. 109 und S. 40 ff. formuliert.

535 H. Kuhlmann: Klassengemeinschaft, S. 44.

536 Projektgruppe Jugendbüro und Hauptschülerarbeit: Die Lebenswelt von Hauptschülern, München 1975, S. 119 ff.

537 So H. Hartwig: Jugendkultur, S. 339 mit Verweis auf K. Holzkamp: Kunst und Arbeit – ein Essay zur therapeutischen Funktion künstlerischer Gestaltung, in: Gesellschaftlichkeit des Individuums, Köln 1978.

538 G. Aichinger/K. Feldmann/J. Meintker: Grund- und Hauptschule – reformbedürftig?, S. 194.

539 H. Hanisch: Der Religionsunterricht an der Hauptschule, loc.cit. S. 13.

540 Schulversuch Glocksee, in: Ästhetik und Kommunikation 1977², Heft 22/23; H. Kemper: Das Schulprojekt Glocksee. Eine Auseinandersetzung mit seinem politischen Anspruch und seiner pädagogischen Konzeption, in: Zeitschrift für Pädagogik 27/1981, Heft 4, S. 539; D. Goldschmidt/P. M. Roeder (Hrsg.): Alternative Schulen? Gestalt und Funktion nichtstaatlicher Schulen im Rahmen öffentlicher Bildungssysteme, Stuttgart 1978.

541 Zentrale Pädagogische Planungsgruppe Marburg: Vorschläge zur Verbesserung der Hauptschulsituation, in: Westermanns Pädagogische Beiträge 30/1978, Heft 1, S. 11.

542 H. Hanisch: Der Religionsunterricht an der Hauptschule, S. 13 schlägt vor, sich auf Themen zu konzentrieren wie: Arbeit – Beruf – freie Zeit, Wozu lebe ich?, Macht und Ohnmacht des Menschen, Erziehung wozu?, Wie kann Gott das zulassen?, Alle reden vom Frieden, Glaube und Aberglaube. Er unterläßt es dann aber, über die »Nützlichkeit« der hier zu berücksichtigenden religiösen Inhalte nachzudenken.

543 H. Hanisch hat zusammen mit D. Haas bearbeitet und herausgegeben: 24 Unterrichtseinheiten für den Religionsunterricht im 8./9. Schuljahr der Hauptschule, Stuttgart, 1. Halbband 1980, 2. Halbband 1981. Hier sind nun – dem zugrundeliegenden Lehrplan entsprechend – das thematische Angebot wesentlich breiter und eine Fülle religiöser Inhalte didaktisch entfaltet, zwar in oft erfreulicher Vereinfachung, aber fast durchweg mit Texten oder begrifflichen Schematisierungen, die von den Schüler kognitiv erfaßt werden müssen. Die Mehrzahl des Materials dürfte für lernwillige, erwachsenenorientierte und durchschnittlich begabte Jugendliche, wie sie sich noch in ländlichen und manchen kleinstädtischen Hauptschulen in größerer Zahl finden, gut verwendbar sein.

544 Was aus Kindergarten und Schule von den Kindern selbst mitgebracht wird, wird entweder übergangen oder aus »strategischen« Gründen toleriert, ohne einen Stellenwert zu gewinnen. Vgl. W. D. Buckow/G. Czell: Zur Theorie der religiösen Sozialisation in der Familie, in: Theologia Praktica 10/1975, Heft 2, bes. S. 108 f.

545 Zum Begriff vgl. D. Stoodt: Zum Verhältnis von Tradition und Erfahrung in der Religionspädagogik, in: P. Biehl/H. B. Kaufmann: Zum Verhältnis von Emanzipation und Tradition, Frankfurt 1975, S. 150 ff.

546 N. Havers: Der Religionsunterricht – Analyse eines unbeliebten Fachs, München 1972, S. 133–135.

547 H. Hartwig: Jugendkultur, S. 366.

548 Viele Hauptschüler reagieren auf schlechte Noten scheinbar mit Wurstigkeit, freuen sich aber geradezu extrem über die geringste Notenverbesserung, die sie eigenen Bemühungen zuschreiben können. Vermutlich zeigt sich hier einerseits Resignation, andererseits ein stark ausgeprägtes Anerkennungsbedürfnis, das aus den meist bis weit in die Kindheit zurückgehenden alltäglichen Verletzungen des Selbstwertgefühls erwachsen sein dürfte (s.o. Status des Nicht-Satelliten).

548a W. Nicklis: „Qualitative Vollständigkeit des Lehrplans", „Volkstümliche Bildung" und „Wissenschaftsorientierung" – Probleme des Eigenprofils der Hauptschule, in: W. S. Nicklis (Hrsg): Hauptschule, Heilbronn 1980, S. 117f Nicklis verwendet den Begriff des „mundanen Denkens" zur Qualifizierung des Bildungsauftrags der Hauptschule (vgl. M. Pollner: Mundanes Denken, in E. Weingarten u. u. Ethnomethodologie, Frankfurt 1976, S. 295 ff.) im Sinn eines anpassungsorientierten Lernens.

549 H. Hartwig: Jugendkultur, S. 246.

550 So eine Überschrift ebd. S. 123 mit der folgenden Definition: »Im Sprachmaterial Widersprüche herausarbeiten zwischen Realität und Anspruch, sinnlichem Gehalt und Begriff, ideologisch-genremäßigen Klischees und den darin versteckten mimisch-gestischen Aktionsformen usw«.

551 Misereor – Hungertuch des Künstlers Jacques Chéry, s.o. Kap. IV, 2.

552 Zu vermeiden sind objektivierende Aufgabenformulierungen von der Art: »So stelle ich mir Gott vor«, oder: »Malt ein Bild von Gott«. Sie legen eine Distanzierung nahe, können also emotional-affektive Anteile zurückweisen.

553 Als Schwarz-Weißabbildung und als farbige Folie, in: D. Back/W. Sonn: Weltreligionen heute. Buddhismus, a.a.O., S. 18 u. Folie, Erläuterung S. 17 f.

554 Abgedruckt in: Kursbuch Religion 9/10, S. 186.

555 In Anlehnung an N. Spiegler: Das Leben spielen – Phänomene jugendlichen Verhaltens, Gütersloh 1978, S. 208.

556 »Ich glaube, daß mich Gott geschaffen hat samt allen Kreaturen, mir Leib und Seele, Augen, Ohren und alle Glieder, Vernunft und alle Sinne gegeben hat und noch erhält;«

557 Zitiert aus: Ich – Gott weiß, daß ich da bin. Verteilblatt des Evangelischen Jugendwerks Württemberg, Stuttgart o.J. Dort als Text eines 16jährigen Mädchens angegeben.

558 Abgedruckt in: K. Meyer zu Uptrup: Die Bibel im Unterricht, Gütersloh 1977, S. 41. Meyer zu Uptrup zitiert K. Tilmann: Übungsbuch zur Meditation. Vgl. das Lied A. 15: Ich sitze oder stehe, in: K. Meyer zu Uptrup: Tag mit Gott, Stuttgart 1979, S. 25.

559 Medienblätter aus P. Engel/M. Flämig/D. Gerts/D. Glawatz/F. A. Schaefer: Von wem lasse ich mir etwas sagen?, in: ku-praxis 6: An Gott glauben – den Menschen bejahen, Gütersloh 1976, S. 35–37.

560 Z.B. Jer. 12,3b: »Raff sie weg wie Schafe zum Schlachten, sondere sie aus für den Tag des Mordens«, vgl. Jer. 15,15; 17,18.

561 Honest Schempp, Lindau: Der Prophet. Abgedruckt in K. Bätz/H. Schmidt: Von Gottes Hand gepackt. Der Prophet Jeremia. Das Buch Hiob, Lahr 1980, S. 4 und in: U. Früchtel/K. Lorkowski: Religion im 9./10. Schuljahr, S. 95.

562 Anläßlich der Diskussion um die symbolische Blutattacke des grünen Abgeordneten F. Schwalba-Hoth im Hessischen Landtag vom 3. August 1983 warnt D. E. Zimmer zu Recht: »Wer den Boden der diskursiven Argumentation verläßt und sich ins magische Reich der Symbole begibt, bringt Einsichten nicht zuwege; vielmehr kommt er selber nicht heil daraus zurück«. (Blut läßt uns nicht kalt, in: Die Zeit, Nr. 34 vom 19. August 1983, S. 37.) Allerdings übergeht Zimmer den Umstand, daß wertende und deutende Sprache – unabdingbare Voraussetzung für politisches Handeln – im »magischen Reich der Symbole« wurzelt.

563 J. Schwarz/HAP Grieshaber: Sintflut. 6 Dias, Farbe. Verleih in verschiedenen Medienzentralen.

564 Aus: H.-K. Berg: Lieder/Bilder/Szenen, Stuttgart/München 1978, S. 7. Der Vorschlag, die Sintflutgeschichte in dieser Weise aufzuarbeiten, findet sich auch bei H. Hanisch/D. Haas: 24 Unterrichtseinheiten für den Religionsunterricht im 8./9. Schuljahr der Hauptschule, S. 13, S. 17 f.

565 F. Crüsemann: Autonomie und Sünde, in: W. Schottroff/W. Stegemann (Hrsg.): Traditionen der Befreiung, Bd. 1: Methodische Zugänge, München/Gelnhausen 1980, S. 72 f. weist auf die wörtliche Übersetzung hin: »Und jedes Gebilde der Planungen seines Herzens war nur böse allezeit« und paraphrasiert sie S. 73 f. wie folgt: »Die Realisierungen und Konsequenzen der Planungen der menschlichen Vernunft und des menschlichen Willens sind lebensfeindlich. Das führt zur Sintflut, aber das bleibt danach weiterhin so.«

566 Die Darstellung von Pieter Breughel des Turmbaus zu Babel (1563) wurde von Pierre Brauchli so umgezeichnet, daß der zerstörte Turm in den Kühlturm eines Atomkraftwerkes eingebaut

erscheint. Das Motiv ist als farbiges Kunstdruck-Poster im Format 48 × 68 cm bei Tanner & Staehlin Verlag, Zürich, erhältlich. Man kann diese Idee aber auch einfach an der Tafel nachzeichnen, so daß der Verweis auf Technik und Wissenschaft unübersehbar ist. Vgl. auch das Bild von Bernhard Heisig: Neues vom Turmbau oder Alles an einem Nachmittag, 1977, Öl auf Leinwand, Staatl. Galerie Moritzburg, Halle/DDR.

567 Es ist auffällig, daß in keiner der Arbeiten zu einer sozialisationsbegleitenden oder sozialtherapeutischen Religionsdidaktik eine therapeutische Funktion der Wundersymbolik erwogen wird. Wundergeschichten kommen bestenfalls als Motivationen für sittliches Handeln in den Blick. »Unbehebbare« wie »behebbare« Defizite werden nur diskursiv bearbeitet (vgl. D. Stoodt: Religionsunterricht als Interaktion, Düsseldorf 1975, S. 65). Daß man damit die vielfach exzessive innere Traumsymbolik nicht einmal bei diskursiv geschulten Mittelschichtangehörigen erreicht, dürfte inzwischen klar geworden sein. Überraschend, daß auch bei der neuesten Rezeption des Symbolbegriffs durch psychologisch orientierte Religionspädagogen eine therapeutische Funktion der Wunder nicht erwogen wird. Vgl. die Beiträge in dem von H. G. Heimbrock herausgegebenen Band: Erfahrungen in religiösen Lernprozessen, Göttingen 1983. Das auf sozial-therapeutischer Theoriebasis konzipierte Schulbuch Religion 7/8 (erarbeitet von G. Brockmann/E. Bassarak/W. Rossel, Frankfurt 1982) bringt nur eine ethisierte, d.h. gesetzliche Auslegung von Wundern (S. 44 ff.: Jesus bringt Hilfe und sucht Helfer) und eine kognitiv diskursive Erklärung: »Die Wundergeschichten des Neuen Testaments sind Ausschmückungen der Erfahrung, daß Jesus immer den ganzen Menschen ansprach. Die Wundergeschichten sind darum auch Ausdruck des Glaubens, daß Gott niemanden im Stich läßt. Die Erfahrung, daß Jesus durch seinen Glauben heilend wirkte, war so wunderbar, daß dies vor 2000 Jahren in Wundergeschichten festgehalten wurde.« So im Schulbuch S. 208.

568 In: U. Früchtel/K. Lorkowski: Religion im 7./8. Schuljahr, S. 270 f. Der Vorschlag kann natürlich auch mit vergleichbaren Bildern und Texten durchgeführt werden. Wichtig ist, daß die Schüler die Bilder wie die Texte, also auch das Speisungswunder als »Träume« = Wunschvorstellungen verstehen.

569 Eine besonders in Hauptschulen erprobte vereinfachte Fassung findet sich in: K. Bätz/H. Hanisch: Kursbuch Religion 7/8. Lehrerhandbuch, Stuttgart/Frankfurt 1980, S. 130–133. Vgl. auch den wenig strukturierten, aber materialreichen Abschnitt in dem Schulbuch: Zeitzeichen. Religion ab 7. Schuljahr, erarbeitet von G. Jentsch/F. Munzel, S. 60–64. Wegmarken Religion, erarbeitet von U. Baltz/B. Buschbeck/G. Veidt/S. Wibbing, Frankfurt 1981 und Religion 7/8 (s.o. Anmerkung 567), berühren das Thema nicht.

570 Ständige Konferenz der Kultusminister der Länder (Hrsg.): Vereinbarung zur Neugestaltung der gymnasialen Oberstufe vom 7. Juli 1972, Loseblatt-Ausgabe, Neuwied (Luchterhand). Abgedruckt bei: K. Chr. Lingelbach (Hrsg.): Materialien zur Reform der Sekundarstufe II, Königstein 1975, S. 188 ff. In Bremen trat an die Stelle des RU entsprechend den dortigen Verhältnissen Religionskunde; der Status des RU in West-Berlin blieb unberührt.

571 Zur Stellung des Religionsunterrichts in der Sekundarstufe II. Eine Empfehlung der Kommission II für Fragen des Religionsunterrichts, in: Kirchenkanzlei der EKD (Hrsg.): Die evangelische Kirche und die Bildungsplanung. Eine Dokumentation, Gütersloh/Heidelberg 1972, S. 115.

572 Mit Ausnahme der Länder Nordrhein-Westfalen, Rheinland-Pfalz, Saarland und Schleswig-Holstein.

573 H. Sorge/S. Vierzig: Handbuch Religion I, Stuttgart 1979, S. 127.

574 Ausgenommen Sorge/Vierzig, ebd. S. 184 f., die ihr »kritisches« Wissenschaftsverständnis artikulieren: »Theologie und Religionswissenschaft können sich in unserem Verständnis nur als kritische Theologie und kritische Religionswissenschaft verstehen, deren Aufgabe es ist, einen Beitrag zur Freiheit als Ziel gesellschaftlicher Veränderung in Rekonstruktion religiöser Tradition zu leisten.«

575 So das jüngste Ländergesetz über die gymnasiale Oberstufe, Hessen § 3, Abs. 2, gültig ab 1. August 1982.

576 H. Sorge/S. Vierzig: Handbuch Religion I, S. 117 machen zwar ein berechtigtes didaktisches Interesse geltend, wenn sie interpretieren: »Die ›Lehre der jeweiligen Religionsgemeinschaft‹, das heißt konkret die christliche Tradition, soll also nicht für sich zur Darstellung gebracht werden, sondern im Zusammenhang mit allgemeinen Sozialisationsvorgängen, christlicher

Religionsunterricht als Beitrag zur Menschwerdung«; sie können sich aber nicht auf den Wortlaut berufen. Dieser läßt eine isolierte Darstellung sehr wohl zu.

577 Beschlüsse der Kultusministerkonferenz: Einheitliche Prüfungsanforderungen in der Abiturprüfung: Evangelische Religionslehre, Neuwied 1975 (Luchterhand), S. 9. Die entsprechenden Anforderungen für katholische Religionslehre vom gleichen Datum nennen ausschließlich Inhaltsbereiche der systematischen Theologie (ebd. S. 9 f.): 1. Religion – Bibel – Theologie – Wissenschaft; 2. Gott; 3. Jesus Christus; 4. Kirche; 5. Zukunft-Eschatologie; 6. Anthropologie; 7. Ethik.

578 Dies trifft insbesondere auf das Konzept von H. Sorge/S. Vierzig zu. Vgl. Handbuch Religion I, S. 187 f. Sorge/Vierzig sehen richtig, daß der Lebensbezug der Wissenschaften defizitär ist. Dem aber durch einen problem- und projektorientierten Unterricht abhelfen zu wollen, in dem »die wissenschaftlichen Theorien, Methoden und Forschungsergebnisse eingebracht« werden, »die zur Bearbeitung dieses Praxisproblems lösungsrelevant erscheinen«, ist doch reichlich naiv. Wer ist das Subjekt solchen »Einbringens«? Wer definiert – angesichts deformierter Erfahrung – was Probleme und was relevante Lösungen sind? Zur Kriterienbestimmung bedarf es einer globalen – und daher selbst ideologischen – gesellschaftlichen Entwicklungstheorie, wie sie S. Vierzig dann in der Tat im unterrichtspraktischen Folgeband (Religion in der Gesellschaft, Stuttgart 1979, S. 112 ff.) in Anlehnung an die evolutionstheoretische Entwicklungslogik von R. Döbert/J. Habermas und G. Dux den Schülern zur endgültigen Lösung des Problems von Religion in der Gesellschaft vermittelt. Ende dieser Entwicklung (S. 114): Autonome Ich-Identität und Ablösung partikularer Tradition. Rationalität, sinnliche Kommunikation in kleinen Gruppen, Glücks- und Ganzheitserfahrungen ersetzen dann »die traditionellen Lehraussagen der Kirchen«. (Vgl. Bd. I dieses Werks, Kap. IV, 3: Elemente einer säkularen Religiosität.)

579 Einige Länder lassen bei organisatorischen Schwierigkeiten Ausnahmen zu. Daß diese – hauptsächlich von katholischer Seite durchgesetzte konfessionelle Bindung weder wünschenswert noch notwendig ist, wurde im ersten Band (Kap. I, 4) dargestellt. Für die Oberstufe wäre eine gemeinsame Rahmenplanung sinnvoll, wie sie auch schon mit Erfolg praktiziert (Baden-Württemberg, Nordrhein-Westfalen), aber inzwischen wieder aufgegeben wurde.

580 Vgl. Rheinland-Pfalz Kultusministerium: Entwurf eines lernzielorientierten Lehrplans. Evangelische Religionslehre Leistungsfach Mainzer Studienstufe (Dezember 1974, S. 5): »Die Aufgabe des Leistungskurses besteht vor allem darin, dem Schüler ein tieferes Eindringen in ein spezielles Interessengebiet zu ermöglichen. Auf diesem Weg fördert der Leistungskurs vor allem das Problembewußtsein, die Ausbildung des Methodenbewußtseins und der Methodensicherheit und befähigt zum Methodentransfer und zur Aufdeckung erkenntnisleitender Interessen der Wissenschaften.«

581 Aus: E. Kastner: Neue Lehrpläne der gymnasialen Oberstufe, in: Religionsunterricht in höheren Schulen 26/1983, H. 1, S. 33. Die letzten Spalten (Schleswig-Holstein) konnten dank eines freundlichen Hinweises von frau Kastner korrigiert, d.h. dem neuen mit dem Schuljahr 1984/85 in Kraft tretenden Lehrplan angepaßt werden. Der bayerische curriculare Lehrplan hat für Klasse 12/13 eine entsprechende Struktur. 12/1: Glaube und Wissen; 12/2: Die Frage nach Gott; 13/1: Die Frage nach dem Menschen; 13/2: Der Christ in Staat und Gesellschaft. Vgl. R. Kramer: Die didaktische Grundkonzeption des Kollegstufenplans für den Religionsunterricht in Bayern, in: Religionsunterricht in höheren Schulen 26/1983, H. 1, S. 16 f. Die eher heilsgeschichtliche Variante des nordrhein-westfälischen Plans erhält durch die Grob-Inhalte eine analoge systematisch-theologische Aufgliederung.

582 Die Bezeichnungen sind aus den entsprechenden Lehrplanausgaben übernommen, die von den Ministerien zugesandt wurden. Baden-Württemberg: Sonderdruck aus »Kultus und Unterricht«, Lehrplanhefte 1/1977 und 8/1977. Bayern: Curricularer Lehrplan Evangelische Religionslehre Gymnasium Kollegstufe, 11. Jahrgangsstufe, Grundkurs (revidierte Fassung vom 25. 2. 1977); Leistungskurs, hrsg. von der gymnasialpädagogischen Materialstelle der Evangelisch-lutherischen Kirche in Bayern. Hamburg: Rahmenrichtlinien Religion im Vorsemester und in der Studienstufe, Referat S. 221/3, Amt für Schule. Nordrhein-Westfalen: Richtlinien für die gymnasiale Oberstufe in Nordrhein-Westfalen Evangelische Religionslehre. Die Schule in Nordrhein-Westfalen. Eine Schriftenreihe des Kultusministers, Heft 4727 setzen die »verbindlichen Elemente« (S. 32) – christliches Gotteszeugnis, Christusbekenntnis, Kirche,

christliche Anthropologie und Ethik − in Verbindung zu persönlichen, gesellschaftlichen, weltanschaulichen und allgemeinen Sinnfragen. Die Verbindung ist − wie in den Titeln der Lernbereiche zum Ausdruck kommt − nicht durchgängig zwingend. Die einzelnen Themen der Richtlinien sind entweder einem oder mehreren Lernbereichen zugeordnet.

583 Aus der jüngsten Fassung der fachdidaktischen Kommission: Handreichung zum lernzielorientierten Lehrplan Evangelische Religionslehre, 2. Folge (Januar 1979) Mainzer Studienstufe, S. 5. Die niedersächsischen Vorarbeiten sind nicht abgedruckt, weil sie z.Zt. der Abfassung noch nicht in rechtsverbindlicher Fassung vorlagen. Von einem ähnlichen Ansatz aus der Melanchthon-Schule, Willingshausen-Steinatal (Hessen, Juni 1977), hatte G. Adam berichtet: Kursunterricht gymnasiale Oberstufe zum Beispiel Melanchthon-Schule, in: forum religion 3/ 1978, S. 1−8 mit den folgenden allgemeinen Lernzielen: »Aufweisen und Erkennen von Religion als individuelle und kollektive Existenz bestimmende Dimension; Grundlagen und Ansätze christlichen Glaubens kennen- und verstehenlernen; Befähigtwerden, zwischenmenschliche Probleme von den Grundlagen christlichen Glaubens her anzugehen, Lösungen aufzuzeigen und evtl. zu verwirklichen; Bereitschaft wecken und Möglichkeiten entwickeln, anderen zu helfen.« Offensichtlich hatten diese »basisnahen Curriculumarbeiten« keinen Einfluß auf die hessische Rahmenrichtlinienentwicklung (s.u.).

584 Lehrplan Gymnasium Evangelische Religion Oberstufe (revidierte Fassung) − 1982 −, hrsg. vom Kultusministerium des Landes Schleswig-Holstein. Die im folgenden behandelten fachspezifischen Lernziele finden sich auf S. 5 f.

585 ebd. S. 11. Die Inhaltsbereiche sind auf S. 9−11 genannt, thematische Konkretion S. 14−16.

586 Kursstrukturplan Evangelische Religionslehre. Gymnasiale Oberstufe (1. 8. 1979). Vertrieb Diesterweg-Verlag Frankfurt.

587 ebd. S. 17.

588 H. Sorge/S. Vierzig: Handbuch Religion I, a.a.O., S. 157.

589 So die Forderung von A. Läpple: Sequenzialität − mehr als ein neues Wort, in: Religionsunterricht an höheren Schulen, 26/1983, Heft 1, S. 4 mit Verweis auf J. Ratzinger: Die Dimension des Problems, in: Internationale Theologenkommission: Die Einheit des Glaubens und der theologische Pluralismus (Sammlung Horizonte. Neue Folge 7), Einsiedeln 1973, S. 36 f.: »Der Glaube geschieht im Eintreten in das gemeinsame Ich des Credo . . . Das Ich des Credo ist die Kirche; der einzelne glaubt nicht aus Eigenem, sondern mitglaubend mit der ganzen Kirche . . . Wer das Ich des Credo aufnimmt, tritt damit auch in dessen sakramentale Realisierung ein und in die geistige Prägung, die sie gewährt und verlangt.«(J. Ratzinger) . . . Mit dem ›Grundkurs des Glaubens‹, der auf organische und systematische Entfaltung angelegt ist, sollen spätere Glaubenserfahrungen verwachsen, und zwar mit der ihnen angemessenen Gewichtung und an dem ihnen zukommenden ›Ort‹ im Glaubensganzen.

590 So die Richtlinien aus Nordrhein-Westfalen. Typisch die kritische Bewertung von D. Zilleßen: Quo vadis, Curriculum? Tendenzen in den Richtlinien der gymnasialen Oberstufe, in: Der Evangelische Erzieher 34/1982, Heft 2, S. 104−110. Zu Recht kritisert Zilleßen (S. 109 f.), daß die Zuordnung von Erfahrung und Lehre additiv bleibe, und fordert, bei der systematisch-theologischen Rezeption der Traditionen solle nicht auf alte Dogmatikschemata zurückgegriffen werden, sondern »Verbindlichkeit« in Zusammenspiel von Lehre und Erfahrung offengelegt und festgelegt werden. Die Kriterien des Zusammenspiels läßt Zilleßen allerdings offen.

591 Daß dies bei einer »dogmatischen« Strukturierung der Inhalte nicht ausgeschlossen ist, zeigen die beiden Unterrichtsbücher für die gymnasiale Oberstufe: W. Trutwin (Hrsg.): Religion − Sekundarstufe II. Ein Arbeitsbuch für den Kursunterricht, Düsseldorf 1977[3] (kath.) und: G. Böhm u.a.: Religion in der Sekundarstufe II. Zugänge − Entfaltungen − Perspektiven, Hannover 1979. Selbst die aufgrund der bayerischen Lehrpläne für katholische Religionslehre entwickelten Lernmittel sind um eine Vermittlung zwischen Erfahrungs- und Glaubensaussagen bemüht. Vgl. E. Schmidt: Richtpunkte. Lehrbuch für den katholischen Religionsunterricht in Jahrgangsstufe 11 des Gymnasiums, Donauwörth 1980[2], ders.: Die Frage nach dem Menschen. Katholische Religionslehre, Fundus Bd. 1, Donauwörth 1977/78; Die Frage nach Gott. Fundus Bd. 2., daselbst 1978/79; Die Frage nach dem Verhältnis von Glauben und Wissen, Fundus Bd. 3, daselbst 1978/79; ders./E. Krankl: Der Christ in Gesellschaft und Staat, Fundus Bd. 6, daselbst 1979.

592 Rheinland-Pfalz Kultusministerium: Handreichung zum lernzielorientierten Lehrplan. Evangelische Religionslehre 2. Folge, S. 6 + S. 15.

593 Auf eine interessante Analogie und Differenz aus der Geschichte der Oberstufen – Religionsdidaktik sei verwiesen. In seiner Frankfurter Dissertation (1968) hat G. R. Schmidt (Die theologische Propädeutik auf der gymnasialen Oberstufe, Heidelberg 1969) den RU der Oberstufe als theologisch-hermeneutische Propädeutik entfaltet. Christentum und Theologie wurden von ihm – im Gefolge des hermeneutischen Konzepts – als konstruktiver Kulturfaktor begriffen, der in der Schule – im Rahmen der Bildungsaufgabe ein Verständnis der Gegenwartskultur zu ermöglichen – in seiner konstitutiven Bedeutung verstanden und als Möglichkeit des eigenen Selbst- und Weltverständnisses erkannt werden soll. Deshalb schlägt Schmidt zwei unterrichtliche Aufgabenkreise vor: Selbstverständnis und Weltverständnis, letzteres unterteilt in die »Kulturbereiche« oder »Themenkreise«: Wissenschaft und Technik, Wirtschaft und Berufsleben, politisch-rechtlicher Bereich, Philosophie und Weltanschauung, Kirche. Die Fremdreligionen spielen noch eine Nebenrolle. Die Veränderung der hermeneutischen Voraussetzungen zeigt sich im Wandel der Begriffe (vom Verständnis zur Perspektive, zum Bereich, zum Feld, zu Strukturen usw.) und der Gegenstände hermeneutischer Anstrengung (vom überlieferten Text zur Vielfalt der kommunikativen Medien).

594 Unter Bezug auf das Problem der Kriterienreflexion betont der Lehrplan selbst S. 15 f.: » . . . muß jedes Kursfolgekonzept theologisch daraufhin überprüft werden, ob es den von den Fachlehrern zu verantwortenden theologischen Positionen einen geeigneten Rahmen für sachgerechte unterrichtliche Entfaltung bietet.« Schwierigkeiten aus der Unterrichtspraxis dürften im beigefügten Beispiel 1 zum Ausdruck kommen: »Der Beginn mit Themengruppe I (Erscheinungsformen des Christentums und der Religionen) in 11/1 darf nicht dazu führen, daß christliche Theologie (Themengruppe II) nur noch innerhalb der Religionsphänomenologie verstanden wird.«

595 Bekanntlich ist die Kurswahl stark von personenbezogenen Gesichtspunkten bestimmt. Dennoch sollten Schüler die thematischen Angebote orten können, und zwar sowohl im Blick auf eigene Fragen als auch im Rahmen einer ungefähren Vorstellung von den Inhalten des Religionsunterrichts. Dies ist gerade dort besonders wichtig, wo Ersatzkurse in Ethik, Werte und Normen oder Philosophie angeboten werden.

596 Maximal stehen 40 Unterrichtswochen zur Verfügung. Bei normalerweise zweistündigem Unterricht ergeben sich 80 Stunden, abzüglich Ausfälle durch Feiertage und Unterrichtszeit für aktuelle Bedürfnisse von ca. 8 Stunden, ergibt 72 : 4 = 18 Stunden. Wo dreistündiger Unterricht möglich ist, sind die folgenden Vorschläge inhaltsreich genug, um vertiefend zu arbeiten.

597 Geeignete Materialien in: G. Böhm u.a.: Religion in der Sekundarstufe II, Hannover 1979, S. 70 ff.; H. J. Herrmann/A. Lohrbächer: Wer sein Leben verliert . . . Die Frage nach dem Sinn, Stuttgart 1978.

598 P. Hoffmann/V. Eid: Jesus von Nazareth und die christliche Moral, Freiburg 1975.

599 Eine oberstufenspezifische Ausarbeitung für die hier konzipierte »Kursstruktur« liegt bisher nicht vor. Einzelne Materialien finden sich in: K. Heintz/R. Kaldewey: Religion. Konzepte 1, Frankfurt/München 1977; J. Betz/H. Buchner/G. Neumüller: Erfahrung und Erkenntnis. Zugänge zur Wirklichkeit. Konzepte 9, Frankfurt/München 1983.

600 Mit Fragebogen zu Gottesvorstellungen und Christusglauben ermittelte drei Typen: G. Wagner: Die Religiosität des Jugendlichen im Religionsunterricht der Sekundarstufe II, in: forum religion 4/1977, S. 1–5.

601 Vgl. dazu: Gespräch mit dem Atheismus. Reihen: Befragter Glaube Nr. 11, Theologisches Forum Nr. 1.

602 Neues Bewußtsein – Neue Religiosität. Reihen: Befragter Glaube Nr. 20, Theologisches Forum Nr. 14.

603 G. Theißen: Ergänzungsheft zu R. Bultmann: Die Geschichte der synoptischen Tradition, Göttingen 1971[4], S. 10 ff.

604 Für den Unterricht und als Privatlektüre für Schüler zu empfehlen: G. Lohfink: Jetzt verstehe ich die Bibel. Ein Sachbuch zur Formkritik, Stuttgart 1973.

605 Die Unterscheidung ganzheitlich-analytisch und elementenhaft synthetisch findet sich in: P. Heimann/G. Otto/W. Schulz: Unterricht – Analyse und Planung, Hannover 1970[5], S. 31.

606 Als Begleitlektüre: C. Westermann/G. Gloege: Tausend Jahre und ein Tag. Stuttgart 1979².

607 Das Prozeßschema stellt eine Kombination aus zwei Entwürfen dar: H. E. Tödt: Versuch zu einer Theorie ethischer Urteilsfindung, in: Zeitschrift für Evangelische Ethik 21/1977, S. 81—93 und der aus der diesbezüglichen Kritik erwachsene Korrekturvorschlag von O. Höffe: Bemerkungen zu einer Theorie sittlicher Urteilsfindung (H. E. Tödt), daselbst 22/1978, S. 182—188, neu abgedruckt in: ders.: Ethik und Politik, Frankfurt 1979, S. 394—403. Weitere Erläuterungen und Unterrichtshilfen zur Erschließung in meiner Didaktik des Ethikunterrichts Bd. 2, Stuttgart 1984, Kap. VI, 3. 1., 4. Rahmenthema.

608 Die Übersichtstabelle ist entnommen aus: Arbeitsmappe II. Theologische Sequenz, Thema Sozialethik, hrsg. von Pädagogisch-Theologisches Zentrum Stuttgart und Religionspädagogisches Institut Karlsruhe, o.J., S. 13 (Teilthema:Wie kommen Christen zu ethischen Urteilen?). Die Tabelle lehnt sich an eine Unterscheidung von drei Ansätzen an, die im Rahmen des Fernstudienlehrgangs für evangelische Religionslehrer entwickelt wurde: E. A. Küchler/P. Rieger/H.-J. Schmidt: Das Normenproblem. Deutsches Institut für Fernstudien an der Universität Tübingen, Weinheim 1974, S. 28—33. Die Autoren gebrauchen statt »Ethik der Nächstenliebe« die Bezeichnung »formale Ethik«, anstelle von »Ethik des Reiches Gottes« sprechen sie von »Ethik im Kontext der Geschichts- und Gesellschaftstheologie«. Zu Recht setzte der Autor des betreffenden Kapitels der theologischen Sequenz (K. Deßecker) die zugehörigen theologischen an die Stelle der formalen Bestimmungen.

609 Das Kursangebot sollte dort, wo Ersatzunterricht (Ethik, Werte und Normen, Philosophie) stattfindet, mit dem entsprechenden Angebot abgestimmt und so formuliert sein, daß die Schüler bereits in den Themen die Alternativen erkennen. Besonders schwierig ist dies bei der Auseinandersetzung mit den nicht-christlichen Religionen, die zu den Gegenständen beider Fächer gehören und bei denen sich eine eher religionswissenschaftliche oder eher theologische Zugriffsweise kaum in der Themenformulierung unterscheiden läßt. Man sollte aber nicht zur gleichen Zeit die gleichen Religionen anbieten.

610 Neuere Rechtsverordnungen einiger Bundesländer verlangen, die Schüler sollten trotz des wechselnden Themenangebots ein Jahr in ihrer Grundkursgruppe bleiben. Leistungskursgruppen seien für die gesamte Qualifikationsphase konstant zu halten. In diesem Fall sollten die evangelischen und katholischen Fachkonferenzen in Absprache mit dem »Ersatzfach« für eine gleichwertige Berücksichtigung der Zielperspektiven sorgen.

611 Vgl. die von C. Gilligan gegen L. Kohlberg geltend gemachte Unterscheidung zwischen einer »ethic of justice« und einer »ethic of care«. Beide sind als komplementäre Momente einer Verantwortungsethik zu betrachten. C. Gilligan: Justice and responsibility: Thinking about real dilemmas of moral conflict and choice, in: Chr. Brusselmans: Toward moral and religious maturity, Morristown 1980, S. 223—249.

612 Außer den schon zitierten Religionsbüchern für die Oberstufe vgl. G. Neumüller/F. W. Niehl: Gott und Gottesbilder, Konzepte 2, Frankfurt/München 1977.

613 K. Heintz/H. Jochum: Religionskritik, Konzepte 8, Frankfurt/München 1981.

614 Vgl. E. Eßlinger/H. Rupp: Der Mensch auf der Suche nach dem wahren Menschsein. Oberstufe Religion Heft 6, Stuttgart 1981. Im folgenden sind Elemente der Ziele und der Kursverlaufspläne, S. 4 und S. 99 f. übernommen bzw. zusammengefaßt, die im Rahmen dieser Zielperspektive anwendbar sind. Schüler- und Lehrerheft sind für den Unterricht zu empfehlen.

615 Materialien in K. Heintz/G. Neumüller: Moral und Gewissen, Konzepte 5, Frankfurt/München 1981; D. Volpert: Auf der Suche nach einer menschenfreundlichen Moral. Gesellschaftliche Normen als Problem theologischer Ethik. Oberstufe Religion 4, Stuttgart 1980.

616 Die ersten beiden Bausteine sind mit dem entsprechenden Thema aus meiner Didaktik des Ethikunterrichts, Bd. 2 identisch (Kap. VI, 3.3., erster Lernschwerpunkt, 2. Rahmenthema. Dann folgen aufgrund der theologischen Dimension der Schulderfahrung andere thematische Schwerpunkte.

617 M. L. Hoffman: Eine Theorie der Moralentwicklung im Jugendalter, in: L. Montada (Hrsg.): Brennpunkte der Entwicklungspsychologie, a.a.O., S. 252 ff.

618 J. Feix (Hrsg.): Herodot. Historien. Griechisch-deutsch (Tusculum-Bücherei) Bd. 1, München 1977², S. 29 ff.

619 W. Bauer/A. Gehlen (Hrsg.): Was ist Glück? Ein Symposium, München 1978.

620 N. Rescher: Welfare. The social issues in philosophical perspective, Pittsburg 1978: fortschreitende Bedürfniserfüllung durch den Wohlfahrtsstaat steigert die Erwartungen.

621 R. Spaemann in: W. Bauer/A. Gehlen (Hrsg.): Was ist Glück, loc.cit.; O. H. Pesch/R. Spaemann: Artikel »Glück«, in: J. Ritter (Hrsg.): Historisches Wörterbuch der Philosophie, Bd. 3.

622 Platon: Phaidon, übersetzt von R. Kassner, Jena 1920, S. 45, abgedruckt in: A. Backes/R. Kaldewey/A. Marx/F. W. Niehl: Tod, Konzepte 3, Frankfurt/München 1978, S. 32 f.

623 D. Sölle: Liebe deinen Nächsten wie dich, in: diess.: Sympathie. Theologisch-politische Traktate, Stuttgart 1978, S. 51.

624 In den ersten beiden Themen sind politisch-rechtliche und sozial-strukturelle Gesichtspunkte (s. Bd. I, S. 231 ff.) zusammengefaßt. Bei der Friedensproblematik dominiert die politische, bei der Umweltproblematik die menschheits- und schöpfungsgeschichtliche Dimension (Bd. I, S. 236 ff.).

625 Vgl. W. Huber/H. E. Tödt: Menschenrechte. Perspektiven einer menschlichen Welt, Stuttgart 1977; M. Honecker: Das Recht des Menschen. Einführung in die christliche Sozialethik, Gütersloh 1978; J. Moltmann: Menschenwürde, Recht und Freiheit, Stuttgart 1979.

626 W. Huber/H. E. Tödt: Menschenrechte, S. 175.

627 Hier sind das 2., 3. und 4. Hauptthema des folgenden Arbeitsheftes aufgenommen: F. Goedeking/V. Göhrum: Soziale Gerechtigkeit. Soziale Frage im 19. Jahrhundert – Dritte Welt – Arbeit – Frauen, Oberstufe Religion 5, Stuttgart 1980.

628 E. Röhm/J. Thierfelder: Kirche – Staat – Politik. Zum Öffentlichkeitsauftrag der Kirche, Oberstufe Religion, Heft 3, Stuttgart 1979. Diesem Heft sind wichtige Gesichtspunkte der folgenden Strukturplanung entnommen.

629 Zu entleihen in den kirchlichen Medienzentralen. Rede in: Mutter Erde – Bruder Himmel. Übersetzung: D. Weigert, Texte, P. Musall, Fotos: I. Werth, Gelnhausen 1980. Zum Rahmenthema geeignet: D. Ptassek: Hast du die Erde weinen hören. Reihe Studienhefte Religion 4, Stuttgart 1983 (umfangreiches Materialheft und Lehrerheft).

630 Bd. I, S. 241 ff.: a) Religiöse und weltanschauliche Elemente im eigenen Leben und in der pluralen Umgebung; b) Der Streit um die Wahrheit in Gegenwart und Vergangenheit; c) Der symbolische Charakter religiöser und weltanschaulicher Praxis und Sprache; d) Wahrheitsanspruch und Bewahrheitungskriterien religiöser und weltanschaulicher Orientierungen.

631 D. Sölle: Der Wunsch, ganz zu sein, in: I. Riedel (Hrsg.): Der unverbrauchte Gott. Neue Wege der Religiosität, Berlin 1976, S. 8 ff.

632 Zur psychologischen Paulusinterpretation neuerdings G. Theißen: Psychologische Aspekte paulinischer Theologie, Göttingen 1983; Zu Augustin: W. Thimme: Augustins Selbstbildnis in den Konfessionen, Gütersloh 1929; P. Schäfer: Das Schuldbewußtsein in den Confessiones des Hl. Augustin, Würzburg 1930; Zu Luther: E. H. Erikson: Der junge Mann Luther, Reinbek 1970; H. Bornkamm: Luther und sein Vater. Bemerkungen zu Erik H. Eriksons Young Man Luther, in: ZThK 60/1969, S. 38–61.

633 Texte in: K. Heintz/R. Kaldewey: Religion, Konzepte 1, Frankfurt/München 1978; S. Vierzig: Religion in der Gesellschaft, Stuttgart 1979.

634 Evangelische Zentralstelle für Weltanschauungsfragen, Hölderlinplatz 2A, 7000 Stuttgart 1.

635 Die drei ersten Bausteine sind aus meiner Didaktik des Ethikunterrichts entnommen, Bd. 2, Kap. VI, 3.3., 4. Rahmenthema.

636 K. Lorenz: Das sogenannte Böse. Zur Naturgeschichte der Aggressionen, Wien 1963; I. Eibel-Eibesfeldt: Liebe und Haß. Zur Naturgeschichte elementarer Verhaltensweisen, München 1970. Dagegen A. Plack: Die Gesellschaft und das Böse. Eine Kritik der herrschenden Moral, München 1967. Vgl. J. Dollard u.a.: Frustration und Aggression, Weinheim 1971.

637 Vgl. H. Rupp/V. Schott: Wege zur Wirklichkeit – Glaube und Naturwissenschaft. Oberstufe Religion 2, Stuttgart 1979; J. Betz/H. Buchner/G. Neumüller: Erfahrung und Erkenntnis. Zugänge zur Wirklichkeit, Konzepte 9, Frankfurt/München 1982.

638 E. Haeckel: Die Welträtsel. Volksausgabe, Leipzig 1908, S. 141 f.

639 J. Zink: Die letzten Tage der Schöpfung, in: ders.: Die Welt hat noch eine Zukunft. Eine Anregung zum Gespräch, Stuttgart/Berlin 1973.

640 R. D. Laing: Phänomenologie der Erfahrung, 1970³, S. 134 ff.

641 Sie sind in Analogie zum 4. Rahmenthema (Rationalität und Beherrschbarkeit) des Kap. VI, 3. 3. meiner Didaktik des Ethikunterrichts, Bd. 2 konzipiert.

642 C. F. v. Weizsäcker: Die Tragweite der Wissenschaft, Stuttgart 1964; H. Hirschler: Der Prozeß des Galilei, Göttinger Quellenhefte 12, Göttingen 1977.

643 R. Dsccartes: Auswahl und Einleitung von J. Frenzel, Frankfurt 1960, S. 160 f.

644 Zitiert nach J. Moltmann: Theologie in der Welt der modernen Wissenschaften, in: Kontexte, Bd. 4, Stuttgart 1967, S. 93.

645 Vgl. G. Dux: Die Logik der Weltbilder, Frankfurt 1982; S. Vierzig: Religion und Gesellschaft, Stuttgart 1979.

646 Ch. Frey: Was ist und leistet Religion, in: Evangelische Kommentare 7/1978, S. 403 f.

647 K. Heintz/H. Jochum: Religionskritik, Konzepte 8, Frankfurt/München 1981; H. G. Pöhlmann: Der Atheismus und der Streit um Gott, Gütersloh 1977; R. Schütz: Religion – eine Illusion? Religion Studienstufe, Heft 5, Stuttgart 1971.

648 B. Brecht: Gesammelte Werke, Bd. 10, Frankfurt 1967, S. 864.

649 E. Bloch: Atheismus im Christentum. Zur Religion des Exodus und des Reichs, Frankfurt 1968.

650 Vgl. A. Feige: Erfahrungen mit Kirche, S. 401.

651 H. Kasak: Die Stadt hinter dem Strom, Frankfurt 1983 (Neuausgabe) schildert das Leben in einer Totenstadt als »Karussell der Sinnlosigkeit« – besonders gut in der Szene, in der der Protagonist eine Fabrik besichtigt, in der Kunststeine zermahlen werden (S. 205 f.).

652 I. Bergmann: Wilde Erdbeeren, in: Spectaculum, Texte moderner Filme, Frankfurt 1961, S. 45 f. Die Textauszüge von Kasak und Bergmann sind neben anderen abgedruckt in: M. Hussong/P. H. A. Neumann: Das Ziel der Geschichte. Religion – Studienstufe, Heft 10, Stuttgart 1974, S. 7 ff.

653 Dieses Thema setzt die Behandlung des 4. Rahmenthemas der Klasse 11 (Abschnitt 3.1) und des 1. Orientierungskurses der Klasse 11 (Abschnitt 3.2) voraus.

654 G. Maier: Das Ende der historisch-kritischen Methode, ABC-Team, Wuppertal 1974, S. 69.

655 Text in W. Beyerlin (Hrsg.): Religionsgeschichtliches Textbuch zum Alten Testament, S. 118–122.

656 Vgl. D. Ptassek: Jesus der Christus. Christologie zwischen historischer Frage und existentiellem Betroffensein. Reihe Studienhefte Religion 1, Stuttgart 1980; F. Flieger/G. Neumüller: Jesus Christus, Konzepte 6, Frankfurt/München 1979; R. Mack/D. Volpert: Der Mann aus Nazareth – Jesus Christus. Oberstufe Religion, Heft 7, Stuttgart 1981. Die folgende Grobstruktur berücksichtigt die genannten Hefte.

657 Texte von Rahner und Moltmann in den angegebenen Arbeitshilfen. Das Zitat entstammt J. Feiner/L. Vischer: Neues Glaubensbuch. Der gemeinsame christliche Glaube, Freiburg/Zürich 1973, S. 284.

Autorenregister zu Band II

Adam, G. 306
Adam, J. 278
Adelson, J. 149 f.
Adorno, Th. 249
Aichinger, G. 184, 302
Albrecht, W. 290
Allport, G. W. 273, 290
Alt, E. 288
Amery, C. 245, 296
Andersch, A. 258
Angermeyer, H. 299
Aquin, Th. v. 235
Arens, E. 268, 292
Argyle, M. 267
Arieti, S. 281
Augustin 309
Aurin, K. 289
Ausubel, D. P. 77, 84, 208, 273, 281 f.

Babilon, F. W. 288
Back, D. 303
Backes, A. 308
Baeck, L. 264
Bätz, K. 292 f., 300, 303 f.
Baldermann, I. 280, 285, 287, 300
Baltz, U. 304
Bandura, A. 30, 270
Bargheer, F. W. 279
Bartholomäus, W. 290
Bassarak, E. 304
Bastian, D. 278
Baudler, G. 108, 276 f., 279, 286
Bauer, W. 308
Baumgart, R. 297
Beavin, J. H. 282
Becker, A. 84, 282 f.
Becker, U. 287
Begemann, E. 290
Bellah, R. N. 272
Ben Chorin, Sch. 264
Berg, H.-K. 295 f., 298, 301, 303
Bergmann, G. 281
Bergmann, I. 259, 310
Berkowitz, L. 278
Besier, G. 295
Beth, F. 279
Betz, J. 307, 309
Beyerlin, W. 310
Biehl, P. 181, 277, 291, 298, 300, 302
Biesinger, A. 291
Billow, R. M. 299
Bloch, E. 258, 310
Block, J. 296
Blume, F. 287
Blumhardt, Ch. 264
Bochinger, E. 280—283
Bock, D. 279
Böhm, G. 306 f.
Bohr, N. 255

Bonami, M. 278
Bonhoeffer, D. 249
Boos-Nünning, U. 267
Bopp, J. 267
Borchert, W. 288
Borke, H. 281
Bornkamm, H. 309
Bovet, P. 31 f., 270
Bower, G. H. 268
Brauchli, P. 303
Brecht, B. 233, 310
Breughel, P. 303
Breuning, K. 287
Brockmann, G. 304
Bronson, O. P. 284
Bruno, G. 255
Brummack, D. 287
Brusselmans, Chr. 286, 271—273, 275 ff., 308, 311
Bryne, D. F. 272
Buber, M. 264
Buchner, H. 307, 309
Buckow, W. D. 302
Bultmann, R. 300, 307
Bundesminister für Jugend, Familie u. Gesundheit 268
Burk, K. 276, 282, 285
Burst, R. 287
Busch, Chr. 286
Buschbeck, B. 268, 276, 304

Camara, D. H. 264
Campell, R. L. 277
Camus, A. 232, 258
Cardenal, E. 264
Carmichael, J. 264
Cassirer, E. 166, 297, 299
Chery, J. 137
Coleman, J. C. 291
Conger, J. J. 293
Conn, W. E. 272
Conrad, E. 280, 282 ff.
Crüsemann, F. 297, 303
Custer, A. 278
Czell, G. 302

Dahrendorf, R. 233
Damon, W. 282 f.
Decker, E. 282 f.
Descartes, R. 255, 309
Deßecker, K. 280—284, 301, 308
Dienst, K. 300
Dippel, C. 255
Döbert, R. 167, 272 f., 276, 290—297, 305
Doedens, F. 295 f., 298, 301
Doemming, R. v. 300
Dörger, H.-J. 287, 299
Doise, W. 282
Dollard, J. 309

Sachregister zu Band I und Band II

(Bd. I = I; Bd. II = II)

317